泸溪县志（一）

图书在版编目（CIP）数据

泸溪县志. —/泸溪县史志办公室编.—北京：
方志出版社，2017.8
ISBN 978-7-5114-2512-3

Ⅰ.①泸… Ⅱ.①泸… Ⅲ.①泸溪县—地方志 Ⅳ.
①K296.44

中国版本图书馆CIP数据核字（2017）第220032号

泸溪县志（一）

编　　者：泸溪县史志办公室
责任编辑：冯　松

出 版 人：翼祥德
出 版 者：方志出版社
地址：北京市朝阳区潘家园东里9号（国家方志馆4层）
邮编：100021
网址：http://www.fzph.org
发　　行：方志出版社图书经销中心
电话：（010）67110500
经　　销：各地新华书店
印　　刷：吉首蓝天印刷厂

开　　本：889X1194　　1/16
印　　张：52
字　　数：989千
版　　次：2017年8月第1版　　2017年8月第1次印刷
印　　数：001～800册

ISBN　978-7-5144-2512-3　　全套定价：650.00元

《泸溪民政志》编纂委员会

主　任:胡利华
副主任:罗云峰
成　员:唐黎明　符登松　包雨民　周　华
张世好　符　明　杨万里　张宗南
许世和　陈生国　康启忠
主　　编:唐黎明
执行主编:张宗南
编　　辑:张宗南　许世和　陈生国　康启忠　杨万里
文字后期统筹:张宗南　许世和
照片统筹:张宗南　许世和　田朴军
审　　校:许世和　张宗南　杨万里
编　　务:李　蓉　李雨生
审　　定:胡利华　罗云峰

泸溪县行政区划图

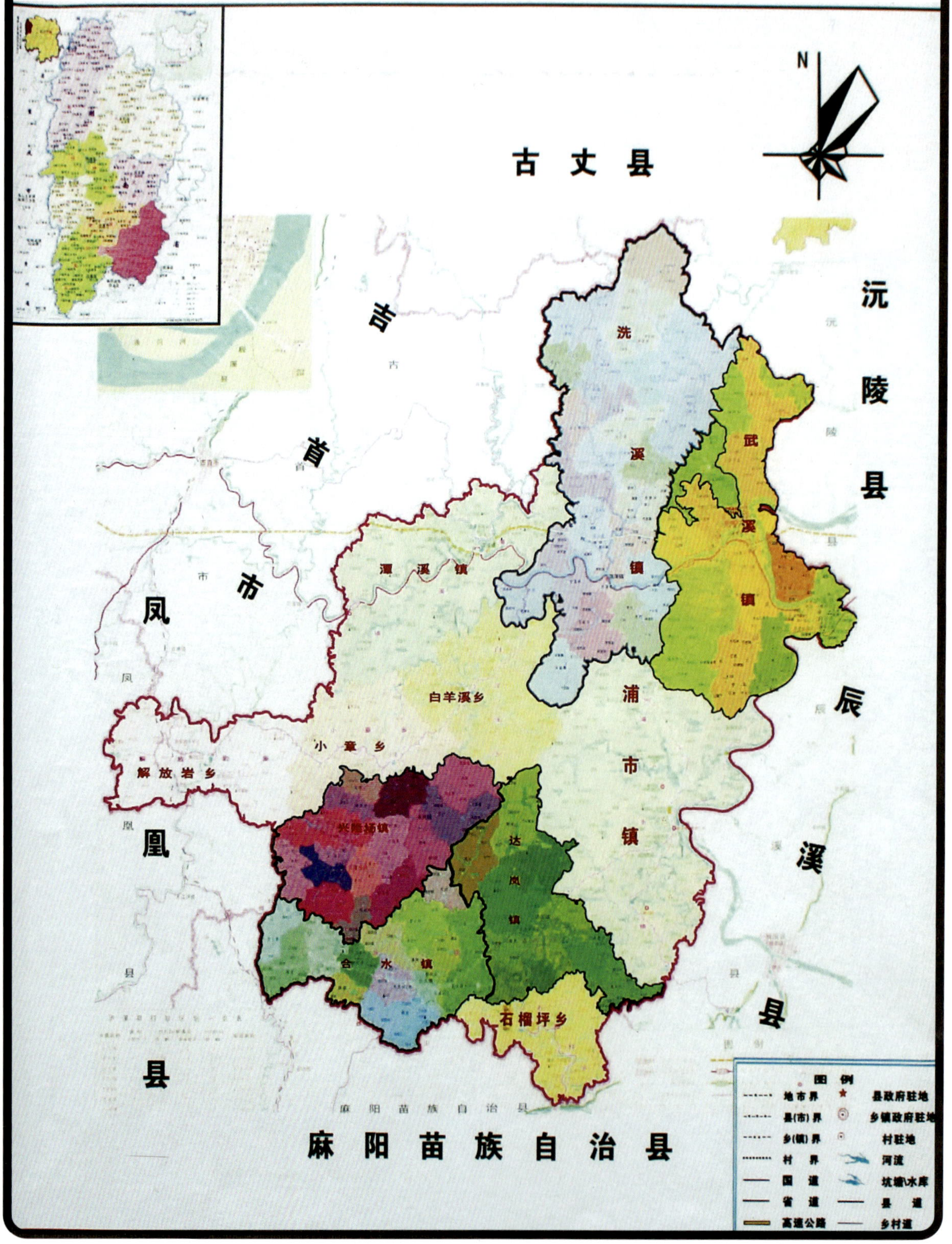
古 文 县
吉
首
市
沅
陵
县
辰
溪
县
凤
凰
县
麻 阳 苗 族 自 治 县
洗
溪
镇
武
溪
镇
潭 溪 镇
白羊溪乡
浦
市
镇
小 章 乡
解 放 岩 乡
兴隆场镇
达
岚
镇
合 水 镇
石榴坪乡
N
图 例
地市界
县(市)界
乡(镇)界
村 界
国 道
省 道
高速公路
县政府驻地
乡镇政府驻地
村驻地
河流
坑塘\水库
县 道
乡村道

2013年7月27日，州委书记叶红专（左一）在县委书记杜晓勇（左二）陪同下指导泸溪县抗旱救灾工作

2014年4月26日，省民政厅副厅长唐白玉（右四）在县人民政府副县长胡利华（右一）陪同下到潭溪镇小陂流村调研基层自治组织建设工作

2014年4月10日，县委书记杜晓勇（左二），县委常委、县委办主任石喜文（左一）在乡镇指导民政工作

2014年2月20日，县长向恒林（后排左二），县委常委、常务副县长毛家（后排左一）在白羊溪乡调研农村民政工作

2014年6月19日，县长向恒林（右二），县委常委、县委组织部部长吕永辉（右三）检查合水镇地质灾害灾情

2016年1月20日，县委副书记李云信（右一），县委常委、县委政法委书记李梦涛（右二）慰问驻泸武警中队官兵

2015年3月10日，县人大常委会主任符鸿雁（右一）在白沙镇红岩村与村民座谈精准扶贫

2015年1月21日，县政协主席胡成平（前排右二）看望梁家潭敬老院老人

2016年7月25日，县人民政府副县长胡利华（右二）、副县长罗云峰（时任县民政局局长）（右三）慰问抗战老兵

全县村支“两委”换届选举动员暨培训会议召开

武溪镇大溪村村民委员会换届选举会场

白沙镇乡镇行政区划调整改革座谈会现场

2013年10月21日，泸溪县召开政区大典编纂工作会议

泸溪、辰溪、沅陵三县边界联防联调会议召开

泸溪县举行革命老区认定仪式

泸溪县举行建军八十六周年老兵座谈会

泸溪县“一拓双带四促进”活动总结会召开

全州军休干部康乐运动会在泸溪召开，图为文艺晚会现场

县光荣院复退老兵庆祝“八一”建军节文艺演出

革命烈士墓

祭奠革命烈士

泸溪县社会福利院

达岚镇敬老院

洗溪镇中心敬老院

潭溪镇农村低保年审工作

李家田敬老院工作人员与老人在一起谈心

宁波湖南商会邓柳青（左一）为泸溪县敬老院捐赠亮化工程设备

中华慈善总会“鸿基金”为留守儿童捐赠学习用品

防灾减灾知识宣传

全州民兵应急分队在沅江进行抗洪救灾演练

县民兵应急分队转移武溪镇受灾群众

洪灾后卫生防疫人员在洗溪镇开展疾病防疫工作

永兴场乡政府为受旱村村民运送饮用水

县抗旱应急分队在兴隆场镇为受旱稻田抽水保苗

兴隆场镇抗洪救灾应急分队在山塘堤坝抢险

解放岩乡干部群众在洪灾后清除路面淤泥

2016年7月15日，副县长、时任民政局长罗云峰（右一）为困难群众送救灾物资

2017年3月10日，县民政局长符登松（左二）带领领导班子成员与贫困村低保户座谈

民政局机关爱心服务队在桌子潭村送温暖

民政办证大厅工作人员办证服务

全国孝亲敬老之星田要娣（左三）

全国孝亲敬老之星彭明善（中）

全体编辑人员左起：李蓉、康启忠、许世和、陈生国、唐黎明、符明、张宗南

序　一

泸溪位于湖南西部，是湘西自治州“南大门”，公元619年建县至今历时1398年，历史悠久，开化甚早。

这里山川灵秀，物产丰盈，沅江宛若游龙纵贯南北，滋养着勤劳勇敢的泸溪儿女，创造了不同时期的繁荣与文明。据《泸溪县志》载，民政事务在唐代建县就有相关内容记载，历经时代变迁已有一千多年时间。在历史的各个时期，民众、民生和社会管理，均是政府进行社会治理的一项重要内容。泸溪民政事业受经济、政治、军事和社会制度等因素影响，历经沧桑，蹒跚前行，风雨兼程，延续至今。

1949年，新中国成立后，泸溪社会事业沧桑巨变、欣欣向荣，进入了全新历史发展时期。经过半个多世纪建设发展，展现在我们面前的是政治清明、社会安定、经济发展、文化繁荣、人民安居乐业的新图画。泸溪民政工作者在党和政府的领导下，伴随时代脉搏跳动服务社会、关注民生、改变作风、锐意进取，工作开展有声有色，为经济发展、社会进步和民生改善，做出了不懈的努力，创造了可圈可点的骄人业绩。

盛世修志。为全面记录泸溪民政事业发展历程，县民政局和县史志办调有识之士，集各方之力，续先人遗绪，补断章空白，历二载寒暑，几易其稿，乃成斯志。既为昔日创业者树立丰碑，又为当今建设者提供借鉴，也为后来者留下珍藏。

鉴古知今，继往开来。修志之意，旨在不忘历史、激励当代、启迪后世。当前，正值泸溪县委、县人民政府举全县之力，实施“工业强县、产业富民、环境创优、民生改善”发展战略，着力推进“五大工程，打造五个泸溪”建设进程，全面打响精准脱贫攻坚战关键时刻，诚望广大民政工作者承先辈壮志，尚拼搏精神，谋发展大计，为创造泸溪更加美好的未来而努力奋斗！

是为序

杜晓勇

2017年7月

序　二

在湘西土家族苗族自治州成立60周年之际,《泸溪民政志》付梓面世,这是一件十分有意义的事情。

泸溪自唐初建县以来,这片土地上的人民为谋求自身发展、社会进步和文化繁荣生生不息、顽强拼搏、奋勇前行,留下了光辉足迹,取得了丰硕成果。尤其是改革开放后,泸溪大地发生了翻天覆地的变化。县域经济迅猛发展,城乡面貌变化巨大,社会事业快速发展,民生保障得到改善,社会福利遍布城乡,民主法制建设进程加快,基层政权日益巩固,社会大局日趋稳定。这些写在历史上的辉煌成就,是全县人民共同努力奋斗的结果。

民生、民政,是历届县委县政府工作重点,涉及基层政权建设、社会保障、社会福利、社会优抚、社会事业多个方面,千头万绪,任务繁重。泸溪民政工作者在自己的工作中,秉承"上为党委政府分忧,下为人民群众解愁"工作宗旨,以建设发展为中心,尊民心、顺民意、行善事,几十年如一日坚持不懈、默默耕耘,圆满地完成了各个阶段的历史使命,给党和人民交出了一份份满意答卷,其中艰辛和付出理应为后来者所铭记。

《泸溪民政志》尊重志书编纂原则,略远详近,用翔实的史料客观的记载了泸溪民政工作历史变迁,重点记述了中华人民共和国成立后泸溪民政事业发展历程,体现了以人为本,注重民生,经济社会发展成果惠及人民群众的历史成就。真实反映了泸溪民政工作者上下求索、努力拼搏的精神面貌,是一部泸溪民政工作的百科全书。

一书在手,洞烛县情;一志相传,教益民众。泸溪人民将以史为鉴,同心同德,继往开来,开拓创新,用勤劳和智慧共同创造泸溪更加绚烂多彩的明天。

以为序

向恒林

2017年7月

序　三

在全县进入精准脱贫的关键时刻,《泸溪民政志》付梓出版了,这是泸溪县政治生活中的一件大事,可喜可贺。

县级民政部门负有"维护民利,解决民生,落实民权"之职责。泸溪县民政事业在党和政府的领导下,坚持上为党委政府分忧,下为百姓解愁的宗旨,确立"民政为民、民政爱民"的理念,兢兢业业,扎扎实实工作,为保障人民群众基本生活权益,支持军队和国防现代化建设,巩固人民民主专政,发展社会主义民主,促进经济社会全面进步,维护社会稳定做了有益的工作,取得了显著成绩。这些,体现着民政工作者为民谋利、为民分忧的赤子之心;饱含着民政工作者为民政事业发展进步付出的心血和汗水。

《泸溪民政志》远略近详,运用丰富翔实的史料,准确记载了泸溪民政事业发展脉络,既是专业民政咨情史料,又是民政工作者承前启后,致力于推进民政事业进步发展的百科全书,不仅具有深远的历史意义,而且具有重要的现实意义。在此,我对为志书出版付出辛勤劳动的全体编纂人员致以深深的谢意!

抚卷沉思,浮想联翩,聊写数语,以为序。

胡利华

2017 年 7 月

序　四

“治世民政兴，乱世民政衰”。民政是历代官府社会事务管理的重要内容，中国历史上，民政是检验政治清明的试金石。

泸溪建县后，历代官府均有民政事务记载。中华人民共和国成立后，泸溪民政工作机制日趋完善，基层政权建设、行政区划、烈军属及伤残军人优待抚恤、复退军人和军队离退休干部安置、救灾救济、社会救助、社会福利等民政事务管理事业快速发展。民政工作者恪守“只予不取”道德精神，逐步实现由传统狭义的民政服务对象向涵盖全体社会成员的深刻转变，各项工作有新的进展，整体水平有新的提高，赢得了人民群众的拥护和赞扬。这些成绩的取得，得益于党和政府的领导和社会各界支持，得益于民政战线广大干部职工团结拼搏、奋发进取、开拓创新精神。

志者，史之镜也，识往鉴今，革故鼎新。六十八载艰辛与跋涉，六十八载探索与积淀，六十八载希冀与荣耀，历史将永远不会忘记。让我们在新的历史时期，不忘初心，继承和发扬艰苦奋斗、与时俱进、超越创新的优良传统，团结奋进，众志成城，为实现民政事业持续协调发展和全面进步再续新篇章！

是为序。

罗云峰

2017 年 7 月

前　言

泸溪自唐武德二年(619)建县，县府便有了民政工作机构，从事民政事务。受政治、军事、经济、社会制度等因素的影响，民政事务历经沧桑，延续至今。

中华人民共和国成立后，泸溪民政事业进入快速发展时期，民政工作者恪守“只予不取”职业道德，在民政沃土上默默耕耘，经过半个多世纪的艰苦努力，民政工作逐步实现由传统的民政服务对象，向涵盖全体社会成员的深刻转变，建立了惠及全民的新型工作机制，开创了民政工作新局面。

盛世修志。《泸溪民政志》是在全县民政工作取得显著成就，进入新的发展时期的新形势下编定的，具有鲜明的时代特色和专业特征，不仅可以使民政战线的工作者自勉自励，再创新业，也是向党和人民汇报工作的一份答卷。

编纂《泸溪民政志》是一项浩繁工程，是艰辛的创造性工作，凝聚了各级领导、专家、学者和全体编撰人员的智慧和心血。值志书出版之时，向全体参编人员致以最真诚的感谢！

回忆历史，浮想联翩，展望未来，任重道远。泸溪民政人将在新的历史起点上，以史为鉴，开拓创新，为全县全面建成小康社会继续谱写新的篇章。

符登松

2017 年 7 月

凡 例

一、本志书以马克思列宁主义、毛泽东思想、邓小平理论、“三个代表”重要思想、科学发展观为指导，贯彻落实习近平总书记系列讲话精神和治国理政新理念新思想新战略，坚持辩证唯物主义和历史唯物主义的立场、观点、方法，本着古为今用，略远详近的原则，记述了上至事物发端，下至2017年泸溪民政工作发展历史，特别是中华人民共和国成立后的发展历程。力求思想性、科学性、资料性相统一，为民政建设提供经验和借鉴，达到存史、资政、教化目的。

二、全志横排门类，按类系事，以时为经，以事为纬，纵横结合，逐节阐明。在体裁上采用记、图、表、录等结构式样组织成书。

三、全志坚持实事求是科学分析的态度，秉笔直书，在文字上简明通顺，力求达到雅俗共赏、图文并茂目的。

四、全志包括序、凡例、照片、总述、大事记、正文九章四十六节、附录、编后记等内容，较为详细地记述泸溪县民政局68年来的工作实绩。

五、年代表述，中华人民共和国成立以前沿用各个朝代名称，括注公元年份，中华人民共和国成立后，采用公元纪年。

六、《泸溪县民政志》是泸溪县第一部民政工作的系统史料，富有地方特色，为历史留存资料，为后来人们提供借鉴。

七、本志数字使用阿拉伯数字，文字用国务院公布的简化汉字。

八、本志中叙述的机构名称，第一次出现时使用全称，以后出现时采用被广泛使用又力求规范的简称。

目　录

总 述

泸溪县是盘瓠文化发源地，古代诗人屈原流放地，文学大师沈从文解读上古悬棺之谜笔耕地，“东方戏曲活化石”辰河高腔保存地。中华人民共和国成立后，泸溪县民政工作取得长足进步，先后荣获“湖南省农村五保供养工作先进县（市、区）”“湖南省福利彩票发行先进县（市区）”“湖南省农村危房改造工作先进县（市、区）”称号。县民政局被授予全国“民政系统行风建设示范单位”“全省和谐社区建设工作先进单位”等荣誉。

地理位置 泸溪县位于湖南省西部、湘西土家族苗族自治州东南部，东邻沅陵县，南界辰溪县、麻阳县，西接吉首市、凤凰县，北连古丈县。地理位置北纬27° 54—28° 28，东经109° 40—110° 14，东西宽79.5公里，南北长104公里，地域面积1565.50平方公里。

气候特征 县境处于武陵山脉和雪峰山脉过渡地带，境内有大小山头2700多座，一般海拔300～500米，最高处县西南八面山主峰巴斗山，海拔884.3米，最低点武溪镇东北龙溪出口，海拔97.1米。地貌自东向西南排成“川”字形状，西高东低，由西向东倾斜，大部分属低山地区。武水自西向东汇入沅江，沅江沿县境南向北流入洞庭湖。境域气候属中亚热带季风性湿润气候，年平均气温16.9℃，无霜期年均285天，日照1432小时，年降水量1326毫米。成土母质较多，土壤可分为7大类，其中以紫色土居多，通气性能良好，土壤酸碱度适中，有利于各种农作物的生长。境域有大小溪河127条，分属武水、辰水和酉溪三大水系，最后注入沅江，水资源量年均240亿立方米。

历史悠久 旧石器时代，境内就有人类在沅江、武水两岸生存繁衍，三皇五帝第三位帝王高辛氏（帝喾）之女辛女与盘瓠成婚隐居沅水流域的神话传说，渊源于此。楚三闾大夫屈原被贬流放期间，曾溯沅水而上，途经泸溪，停留于屈望村一带，遍访民间疾苦。受巫傩文化影响，写出《九歌》等著名诗篇。域内有旧石器、新石器时代和战国时期遗址11处，浦市桐木垅古墓群有战国墓50座、汉墓15座。

梁天监十年(511),分武陵郡置卢州,州治在今武溪镇岩龙头村一带。梁萧铣鸣凤三年(619,即唐武德二年),始建卢溪县,治所在卢州旧址。唐天宝元年(742),改辰州为辰州卢溪郡,郡治设县治所地。卢溪县治所迁往洗溪口,在洗溪口建治所。北宋靖康二年(1127),洗溪口县署被四都蛮民田仕罗、龚志能攻占烧毁。南宋绍兴九年(1139),复迁至沅、武两水交汇处卢江口楠木洲,在洲上建治所。清顺治六年(1649)改卢溪县为泸溪县。清代,泸溪县属湖南省辰沅永靖道辰州府。民国初属湖南辰沅道。民国29年(1940)属湖南省第九行政督察区。中华人民共和国成立后,泸溪县属湘西行署沅陵专区。1952年,属湘西苗族自治区。1955年,属湘西苗族自治州。1957年,属湘西土家族苗族自治州,县城及县署治所仍设在武溪镇。20世纪90年代,国家建设五强溪水电站,武溪镇属五强溪电站库区淹没区。1995年3月,县城迁至距武溪镇9公里处白沙镇。2015年,乡镇行政区划调整,白沙镇并入武溪镇,县城仍在原白沙镇。

革命老区　泸溪县属于湘鄂川黔革命老区,是贺龙、任弼时等老一辈革命先辈家曾经战斗过的地方。1926年,共产党员谢策智、宋鳌等受中共湖南省委派遣到泸溪县开展活动,发展党组织。1935年11月27日,贺龙、任弼时率领红二、六军团长征,到达并攻战辰溪县城。28日,前卫五师第十三团团长刘汉卿率600红军战士进驻浦市。29日至30日,在红土溪、清水坪一带激战,十三团团长刘汉卿等5人在浦市激战中牺牲。在国内革命战争、抗日战争、解放战争、剿匪以及抗美援朝战争、援越抗美战争中,泸溪县先后有117名优秀儿女光荣牺牲。1977年,浦市镇在毛家坡修建烈士公园。2012年,县政府在城南公园修建烈士公园。

交通条件　泸溪县是湘西自治州通公路最早的县,1937年修建的湘川公路(319国道)泸溪段,是全州第一条公路。2016年,全县公路里程1595.78公里。其中高速公路31公里,G319国道58.07公里,省道149.45公里,县道271.26公里,乡道323公里,村道763公里。全县15个乡镇、150个行政村(社区)通公路。

人口民族　2016年,全县辖武溪镇、浦市镇、达岚镇、合水镇、兴隆场镇、潭溪镇、洗溪镇、石榴坪乡、永兴场乡、白羊溪乡、小章乡、解放岩乡7镇4乡,16个社区131个行政村690个村民小组1283个自然村寨。全县户数8.82万户,人口31.42万人,其中农业人口25.64万人,男女性别比为103∶100,人口密度每平方公里172人,人口城镇化率40.04%。人口出生率12.34‰,人口自然增长率7.14‰。是一个以苗族、土家族为主的少数民族县,全县少数民族人口191125人,其中苗族

134345 人，土家族 56079 人，其他少数民族 701 人，少数民族占 60.86%。

政权建设　泸溪自唐武德二年(619)设县至 2017 年，已有 1398 年县级政权建设历史。乡镇政权建设，唐代对乡行政长官称为乡正，宋、元、明时期实行里社制。明洪武年间，全县编户 54 里，里设里长，社设社长。后因地域缩小，至清乾隆二十年(1755)，全县编户为十九里。民国 16 年(1927 年)，全县划分 8 个区，设区公所，区下设保。民国 27 年(1938 年)，设 8 乡 2 镇，乡镇设乡(镇)公所。中华人民共和国成立后，1952 年 8 月，全县划为 6 个区，设区人民政府，辖 85 个乡和 11 个街公所，行政村改为乡建制，乡成为最基层政权组织。1953 年 3 月，建立武溪、浦市 2 个镇。1954 年 3 月，区、镇政府改为区、镇公所。1955 年，设农村生产合作社，农村经济管理和社会事务均由社长负责。1956 年 6 月，撤区并乡，全县设 20 个乡。1958 年 9 月，改乡为人民公社，实行政社合一体制。村设政企合一的生产大队，生产大队既是农民群众集体经济的基层组织，又是村级行政管理机构。1983 年 1 月，撤销人民公社，全县设 19 个乡镇。1984 年，撤销生产大队，改为村民委员会。1987 年，《中华人民共和国村民委员会组织法》明确规定，村民委员会是农村基层群众性自治组织。1988 年，开始村委会成立以来第一次换届选举。1994 年初，乡镇调整为 8 镇 10 乡。是年 6 月，划出上堡乡白沙村设立白沙镇，时有乡镇 19 个。2005 年，行政区划调整，设 8 镇 7 乡。2015 年，行政区划调整，设 7 镇 4 乡。2016 年，全县有 147 个村(社区)，有村(社区)干部 735 人，其中女性 158 人。至 2017 年 6 月，全县村级组织共进行十次换届选举，换届率 100%，参选率 88.5%。

救济救灾　1950 年，社会救济主要是对游民、流浪灾民、流浪乞讨人员的救助、教育、安置和遣返。其工作主要由公安局负责收容。1972 年，设立县收容遣送所，隶属县民政科管理，1979 年撤销。1982 年，国务院发布《中华人民共和国城市流浪乞讨人员收容遣送工作改革问题的意见》，收容遣送所改名为县城市无着落人员救助管理站，由县民政局直接管理。2003 年 6 月，国务院公布《中华人民共和国城市生活无着落流浪乞讨人员救助管理办法》，县民政局设立救助站。至 2016 年，全县设立县级救助站 1 个，乡镇临时救助点 11 个，村(社区)咨询引导点 147 个。累计救助流浪乞讨人员 4120 人，支出救助资金 550 万元。

1953 年，社会救济列入区、乡民政工作范畴，主要对因自然灾害、意外事故和残疾等原因无力维持基本生活的灾民、贫民提供救助，以维持其基本生活需求。1956 年，社会救济成为民政日常工作。1985 年，社会救济转入社会救助，对于遭受自然灾害、失去劳动能力或者其他低收入公民给予物质帮助或精神救助，以维持其基本生活需求，保障其最低生活水平的各种措施。社会救助目标是扶危济贫，救助社会脆弱群体，对象是社会的低收入人群和困难人群。在救灾工作中，县委、县政府贯彻落实"依靠群众，依靠集体，生产自救，互助互济，辅之以国家必要的救济和扶持"救灾工作方针。在灾害发生后及时采取各种措施应对，搞好"统计、核实、报告"三个环节，开展生产自救和应急救援工作，管理发放救灾款物，帮助受灾群众恢复生产生活。1994—1996 年、2004 年四次特大洪涝灾害和 2007 年特大山体滑坡地质灾害，累计下拨救灾款 1.25 亿元、救济粮 1400 吨、帐篷 365 顶，紧急转移安置受灾群众 53 万人次，帮助受灾群众建房 2300 栋(间)18690 平方米，及时安置救济受灾群众，确保全县社会的稳定。至 2016 年，累计发放救济救灾款 4.31 亿元。

民间组织管理　1950 年，国家颁布《中华人民共和国社会团体登记暂行办法》，但县民政科没有正式开展此项工作。1989 年 10 月，国家颁布《中华人民共和国社会团体登记条例》，明确民间组织管理归口于民政局管理。2005 年，全县有社团组织 10 个，民办非企业单位 4 个。2010 年 10 月，成立县民间组织管理工作领导小组，办公室设在民政局，具体负责民间组织管理工作。2012 年 12 月，行政区划及基层政权建设办公室负责社会组织登记管理工作。2016 年 12 月，全县社会团体登记有 70 个，民办非企业单位 42 个。

婚姻登记　1950 年 12 月，实行婚姻登记制度，提倡婚姻自主，规定结婚年龄为男 20 周岁，女 18 周岁，由乡镇(公社)确定专人负责婚姻登记。1978 年 12 月，提倡晚婚，规定结婚年龄为男 25 周岁，女 23 周岁。1988 年 12 月，根据《中华人民共和国婚姻法》规定，结婚年龄为男 22 周岁，女 20 周岁。2007 年 5 月，全县婚姻登记统一归口县民政局办理。2014 年，设立泸溪县婚姻登记管理所。

优待抚恤　1951 年 1 月，县政府设立民政科，管理优待抚恤工作。1954 年 12 月，由县人民委员会民政科管理优待抚恤。1976 年 3 月，成立县民政局，管理优待抚恤。1981 年，编撰《泸溪县革命烈士英名录》。1985 年 5 月，设立军民共建领导小组。1998 年 5 月，县设双拥工作领导小组。每年"八一"建军节期间，县委、县政府组织对伤残军人进行走访慰问，召开军休干部座谈会，增进军民关系。抚恤采用牺牲病故抚恤、残伤抚恤、定期定量补助、临时补助、集中供养多种形式。2004 年后，确立优抚对象补助标准自然增长政策，即所有享受优抚双定对象的补助标准在上年的基础上每年自然增长一元，经费由县财政列支。是年，成立泸溪县军队离退休干部管理所，加强全县军队离退休干部的思想政治工作，保证“两个待遇”的落实。至2016年，全县优抚对象1696人，发放优抚款519万元。现役义务兵223人，年发放义务兵优待款154.35万元。

社会福利　1951年10月，县人民政府采取多种形式，做好鳏寡孤独供养。1953年，开展五保户供养工作。1958年至1982年，农村五保户供养方式为生产队集体供养。1983至2000年，实行集体上交提留补助和国家补助相结合方式。从2001年起，改为国家补助，实行集体供养和分散供养两种方式，集体供养是将五保老人统一安排在乡镇敬老院生活。各乡镇开始修建敬老院。2007年，在白沙镇岩头河村选址修建县福利院，供养白沙地区“五保”老人和全县符合条件优抚对象。2012年，县光荣院、敬老院、福利院、救助站、孤儿院、养老院（老年公寓）实行多院合一。至2016年，全县有五保户对象1811人，其中集中供养487人，供养标准为每人每年7200元，分散供养1324人，供养标准为每人每年2760元。

退伍军人安置　1954年，全县部分复员、退伍、转业军人安置到工厂、机关等单位工作，大部分退伍军人本着“从哪里来到哪里去”原则，回到农村参加社会主义建设。1955年2月，县人民委员会提出复员退伍工作“只准做好，不准做坏”安置原则，成立“县复员退伍军人安置办公室”，由民政科负责。1985年，成立泸溪县退伍军人和军队离休干部安置领导小组。1995年起，对持有安置卡的城镇退伍军人安置到企事业单位工作。2005年起，鼓励、扶持城镇退役士兵自谋职业。经批准同意自谋职业的城镇退役士兵，由负责安置地方政府给予一次性经济补助，不再为其安排工作。2011年，安置制度由城乡双轨制并轨，确立以扶持就业为主，自主就业、安排工作等多种方式相结合退役士兵安置制度。义务兵和服现役不满12年士官退出现役，由人民政府扶持资金自主就业。对自主就业退役士兵由部队以给一次性退役金，地方人民政府在做好职业教育和技能培训同时，实行城乡统一地方经济补助政策。2016年，接收退伍义务兵102名，发放自主就业经济补助57万元。

农村扶贫　1982年，县政府成立扶贫领导小组，办公室设民政局。开始规划部署扶贫工作，实行救灾救济与扶贫扶优、发展生产相结合，国家救济与群众自救相结合，以工代赈等办法，提高困难群众自我保障能力，加快农村扶贫脱贫进度。1987年至2007年，先后扶贫1.48万户次，脱贫和致富0.38万户，累计投入资金63.80万元。2008年后，以“温饱工程”形式，每年对全县100至150户进行扶贫救助，每户救助3000至5000元，并进行定期跟踪帮扶，确保救助对象户能脱贫致富。对重大自然灾害的救助坚持做到及时有效。2016年，县民政局担负精准扶贫“五个一批”中社会保障对象兜底脱贫工作，经审查认定全县有社会保障兜底对象1787户5505人。

最低生活保障　1998年4月，县人民政府成立城乡居民最低生活保障制度建设工作领导小组。2005年11月，成立县城乡最低生活保障和医疗救助工作领导小组。2013年4月，县民政局设立低保核查中心，专职负责最低生活保障和五保供养工作。2013年，建立县政府办牵头，多部门参与的会审制度，健全家庭状况信息无缝连接、多项核实比对机制，有效解决收入核查难问题。2016年，全县城市最低生活保障户7788人，农村最低生活保障户26694人，年发放低保金6407.69万元。

地名管理　1981年7月，泸溪县成立地名普查领导小组，下设办公室，抽调人员集中办公，每个乡镇确定一名普查员。1986年7月，县政府成立设置地名标志领导小组。1989年10月，地名管理工作由县建设委员会划归民政局管理，并设立泸溪县地名委员会办公室，负责全县地名管理和行政区划工作。1995年3月，城区街、路、巷统一命名，并在适当位置设置标牌。1996年，开展勘定地区界、县市界工作。1997年12月至1999年12月，泸溪县与吉首市、古丈县、凤凰县、麻阳县、沅陵县、辰溪县边界线全部完成勘定工作，共埋设界桩14座，泸溪县行政区域边界线勘定工作全面完成。2015年，开展第二轮地名普查工作，至2017年4月，完成普查工作任务。

福利彩票　1987年10月，县民政局成立募捐办公室。1995年10月，成立有奖募捐领导小组，县政府常务副县长任组长，民政局局长任副组长，办公地点设民政局。至2016年12月，全县设有21个福利彩票投注站(点)。

老龄工作　1990年，在县政府办设老龄工作办公室，配备一名办公室主任负责管理老龄工作。2002年9月，老龄工作移交县民政局管理。2005年9月，县政府对60岁以上老年人实行社会优待服务。2013年12月31日，全国老龄办等24个部门提出加强老年人优待工作，包括政府服务、卫生保健、交通出行、文体休闲、维权服务、百岁老人优待等。2014年1月，县政府制定《泸溪县城市社区基层老年协会发展规划》，提出2015年全县建设示范性城市社区老年人协会5个，老年人协会组织覆盖率达到95%、老年人参与率达到60%目标。至2016年12月,全县100周岁以上高龄老人有15人,每人每月发放老龄补贴300元。

民政事业费管理　民政事业费初为上级拨款,后改为上级拨款和地方财政安排两个资金渠道。1978年前民政事业费每年增加幅度不大。1979年后,随着经济发展和财政收入增加,民政事业费投入幅度加大,全部列入县财政预算,县乡通过统筹优待金,建立农村扶贫救灾基金会,扶贫救灾互助会,发行销售社会福利彩票,争取外援,接受社会捐赠等多渠道筹集资金和物资,对增强民政事业调控能力和提高广大民政对象自我保障能力发挥积极作用。为管好民政事业费,县委、县政府和民政部门采取强有力监管措施,确定民政事业费使用原则是专款专用,重点使用,不挪作他用。救灾救济款实行政策公开,群众公议,村委审查,乡镇批准,张榜公布方法,实现"一卡通"打卡发放。民政局机关事业经费列入县财政预算,按月拨付。局主要领导不直接分管财务,由分管副局长一支笔审批。民政事业费由县审计、财政部门监督使用。县民政局对下拨民政事业费使用情况不定期进行检查。对违规操作、贪污、冒领的除追回外,交由相关部门给予党纪、政纪处分,情节严重交司法部门处理。

民政基础设施建设　县民政局从1950年民政科成立时一张桌子,一把椅子,与其他科室同在一间屋里办公,发展到拥有综合服务大楼,基础设施得到加强。人员由最初2名工作人员发展到拥有43人干部职工队伍,并实现知识化、年轻化,队伍建设得到加强;工作职能由最初收容遣送工作发展到负责全县行政区划、地名管理、基层政权建设、民间组织管理、优抚安置、社会福利事务、救灾救济、最低生活保障、五保供养、医疗救助、婚姻登记、老龄工作、收养登记、慈善事业、殡葬管理、革命老区、福彩发行等多项政务工作,职责范围进一步扩大。

在全体民政工作者不懈努力和辛勤开拓下,泸溪县民政工作在保障人民群众基本生活权益和民主政治权利方面,在维护社会稳定和国防建设方面作出重要贡献,各项工作都取得显著业绩,农村五保供养、福利院管理服务、社区建设分别进入全国、全省先进行列。

展望未来,泸溪民政工作者将一如既往不畏艰难、奋发图强,在深化改革中,不断开拓创新,抓住契机,与时俱进,为实现建成小康泸溪宏伟目标而努力奋斗。

大 事 记

南北朝

梁天监十年(511)　分武陵郡置卢州,州治在今武溪镇北郊岩龙头村一带,领南阳郡,辖建昌(今辰溪、溆浦)、沅陵、酉阳(今永顺、古丈)、盐泉、龙标(今黔阳)五县,南阳郡郡治设在浦市附近。

隋代

隋末梁萧铣鸣凤三年(619,唐武德二年)　析沅陵县地置卢溪县,县治在卢山下原卢州治所。

唐代

武德三年(620)即梁鸣凤四年　梁将董景珍以地降唐,卢溪县名及治所不变,辖今泸溪、吉首、花垣及古丈、凤凰、麻阳部分地域。

武则天垂拱三年(687)　从卢溪分地置招谕县,即今麻阳、凤凰部分地域。

天宝元年(742)　辰州卢溪郡司马驻卢州旧治,卢溪县治迁洗溪口。

宋代

熙宁三年(1070)　置镇溪寨(今吉首市)。熙宁中,置丰溪寨(今花垣县吉卫)。

绍兴九年(1139)　县治从洗溪迁回卢江口,在楠木洲建治所。

绍兴中期　设浦口(今浦市镇)千户所,岳飞部将谭子兴任千户。

元代

延祐七年(1320)　罢浦口千户所。

明代

洪武初　设溪洞(今浦市)巡检署,于河溪置巡检署。

洪武三十年(1397)　置镇溪(今吉首市)千户所,隶属辰州卫。

永乐十四年(1416)　在洗溪口置院场坪巡检署。

万历十一年(1583)　知县吴一本清丈田亩。

明代县府设户房,在旧县治北山麓建养济院。

清代

顺治五年(1648)　秋大旱,斗米折银一两,民饥疫死甚多。

顺治六年(1649)　改卢溪县为泸溪县。

顺治九年(1652)　四至八月不雨,大旱,死道者甚多。

康熙十年(1671)　自六月至八月不雨,大旱,民饥。

康熙十五年(1676)　裁洗溪院场坪巡检署。

康熙二十三年(1684)　五月大雨,舟行入市,层墙倾塌,民搬山上避灾。

康熙四十三年(1704)　裁镇溪千户所,设乾州厅。

康熙五十二年(1713)　裁浦市溪洞巡检署和池蓬巡检署,由辰州府通判直接管理浦市地域。

雍正八年(1730)　划出六里苗地,设永绥厅(今花垣县)。

雍正十一年(1733)　知县张弘烈奉文捐俸修建育婴堂,收养弃婴,救济院、育婴堂隶属于察院署户房管理。

乾隆二年(1736)　知县周相奉文重建养济院。

乾隆十五年(1750)　五月十九日至六月初五日,连日大雨,洪水冲坏田舍。

道光二十八年(1848)　夏秋大雨不止,淹没田庐人畜不胜计。各种农副产品荡然无存。新谷登场,尽生牙蘖。

道光二十九年(1849)　秋旱,米贵如珠,饥死者极多,俗称“己酉大荒”。

光绪四年(1878)　八月大水,稻无收。

宣统二年(1910)　大水,浦市河街下至大码头一带民房漂流殆尽。

中华民国

民国 3 年(1914) 划上五都所属河溪等 63 个村寨归属乾城县(今吉首市)管辖。沅江西岸红土溪、铁柱潭、麻溪口、浦市、浦溪、马子桥等村寨从沅陵县划归泸溪县管辖。

民国 10 年(1921) 大旱,饥民四散逃荒,饿殍遍野。入夏后 50 余日不雨,中稻颗粒无收,饥民有饿死者或因饿而自尽者甚多。是年,贺龙在浦市建饥儿收容所。

民国 13 年(1924) 县政府设立一科,主管民政事务工作,黔阳县人士向楚卿任首任科长。

民国 14 年(1925) 大旱,禾稻俱损,饥民逃荒。

民国 18 年(1929) 春旱。入夏尤旱,灾情惨重。

民国 19 年(1930) 一月至二月奇寒,连续冰冻,交通中断,人畜冻死。

民国 19 年(1930) 5 月暴雨,沅水、武水齐涨。

民国 24 年(1935) 6 月下旬起连续两月雨,沅水大涨,水淹入城。

同年 11 月 27 日 贺龙、任弼时率领红二、六军团长征,到达并攻战辰溪县城。28 日,前卫五师第十三团刘汉卿率 600 人进驻浦市。29 日,派出 140 人向泸溪县城侦察前进,在红土溪与国民党追兵李觉部激战一个多小时。30 日,敌尾追至浦市,在清水坪一带激战后,红军撤离浦市返回辰溪。十三团团长刘汉卿等 5 人在浦市激战中牺牲。

民国 27 年(1938) 奉省政府令,改一科为民政科,配科长一人,科员 1 至 2 人,下设户籍室,配事务员 1 人。江苏省人士耿性存任科长。

同年 8 月 撤区改乡,全县改为八乡两镇,即忠安、孝安、仁安、爱安、信安、义安、和安、平安 8 乡,设武溪、浦市 2 镇。

民国 34 年(1945) 春夏之际,连续 52 天不雨。

民国 37 年(1948) 5 月至 6 月淫雨不止,沅水暴涨。

民国 38 年 (1949) 9 月 21 日凌晨 5 时,中国人民解放军 38 军 112 师 336 团一营分三路攻占县城,泸溪县宣告解放。

中华人民共和国

1949 年

10 月 2 日　驻泸部队在县城召开庆祝中华人民共和国成立大会，组织千余群众进行环城游行庆祝。

10 月至 11 月　二野大军沿湘川公路进军大西南。在白沙、九家杨、洗溪、能滩等处设粮秣供应站。

11 月 8 日　省委派赵志钧、张拯民率南下工作队 38 人分批到达泸溪，开展接管建政工作。

11 月 18 日　中共泸溪县委员会和县人民政府成立，赵志均任县长。内设三科一室，即民教科、司法科、财粮科、秘书室，民教科负责民政、教育工作。民教科首任科长为黄维智。

11 月 24 日　二野大军沿湘川公路进军大西南。刘伯承、邓小平等率总部在铁山河渡口待渡时稍事停留。总部到达泸溪县城后住县简师学校省心楼。30 日，离开泸溪县西进四川。

11 月 28 日　泸溪县第一区委员会、区人民政府成立，区址设县城伏波庙内，管辖武溪镇解放前 6 个保和忠安乡 8 个保。

12 月 8 日　设立第四区人民政府，区址所在地先后设梯溪坪村、布条坪村。1950 年迁往潭溪张家湾村。

12 月 12 日　设立第二区人民政府，区址设浦市天主堂内，辖解放前浦市镇 7 个保，仁安乡 8 个保。

1950 年

1 月 10 日　国民党暂编第九师一旅三团副团长杨云飞伙同乾城县（今吉首市）熊高宙、梁光湘等聚集一千多土匪，在湘川公路泸溪县与乾城县（今吉首市）交界的麻扎渔梁段，抢劫中国人民解放军 47 军山炮营一个排护送去乾城县 48 只盐船，24 名解放军指战员牺牲，5 万公斤食盐及物资被抢劫。

2 月 20 日　中国人民解放军 47 军 139 师 416 团政委李光旭任泸溪县委书记。

4 月 20 日　三区人民政府设立，区址在兴隆场，辖兴隆场、永兴场、小章、白羊溪、解放岩16个乡(保)。

5月　五区人民政府设立,区址设达岚坪,辖达岚、石榴坪14个保。

8月　民教科分成民政科和教育科,郭天锡任民政科副科长,主持工作。

1951年

1月　县委决定,郭天锡任民政科科长。

4月　废除保甲制度,建立乡级人民政权,一般1000人至2000人为一个乡,以商业、手工业为主的设镇,后改设区,每区辖10至25个乡。

4月23日至26日　县政府召开抗美援朝代表大会,成立"中国人民保卫世界和平反对美国侵略委员会泸溪分会",号召各区成立宣传小组,进行拥护缔结和平公约签名和反对美国侵略投票活动,会后进行广泛宣传教育。广大青年自愿报名参军,全县先后有600人入朝作战,其中80多人在朝鲜战场牺牲。

5月1日　县城武溪镇和浦市镇举行抗美援朝示威旅行,13700人参加。至9月,全县捐献4.24万元(新币),购买飞机大炮,1440名青年报名参军。

5月中旬至8月下旬　大旱,全县8.33万亩田受灾,杂粮大部分枯死。部分地方吃水困难。

10月　县委决定,李珍任民政科科长。

1952年

8月　湘西苗族自治区成立,泸溪县从沅陵专区划出,隶属湘西苗族自治区管辖。

是日,设立第六区,区址在白羊溪场。辖原三区大水坪、小章、云上、白羊溪、排口、周家寨、马王溪、密灯、三冲坪和原四区下且已、松柏潭、小能溪、能滩、宋家寨14个乡。

1953年

4月　县委决定,张宗国任民政科科长,杨保民任副科长。

5月　境内连降暴雨,淹没稻田4450亩,冲毁房屋及其他建筑物176栋,沉船14只,淹死4人。

是年　县政府成立各界人民代表选举委员会,在四区欧溪乡试点,由选民选举乡（镇）人民代表大会代表，然后召开乡（镇）人民代表大会，选举产生县人民代表大会代表。

1954 年

2 月　二区岩碑乡建立全县第一个初级农业合作社，即金井邓九元农业社。

3 月　境内多次暴雨，农业生产受损失。

6 月下旬至 8 月下旬　干旱。全县 4.45 万亩稻田受灾，部分溪水断流，饮水困难。

9 月　四区下且己乡建立向文产初级农业社。

10 月 21 日　省民政厅发文，通报泸溪县欧溪乡召开第一届人民代表大会第一次会议选举县人民代表大会代表成功经验。

1955 年

4 月 23 日　县民政科正式启用印章，全称为“泸溪县人民委员会民政科”。

6 月 17 日　根据省人委〔55〕会办字第 0357 号文件《关于县辖区公所的名称改为按地名称呼的指示》精神，更改各区区名，原一区改名峒河区，二区改名浦阳区，三区改名兴隆场区，四区改名潭溪区，五区改名达岚区，六区改名白羊溪区。

1956 年

1 月 20 日　泸溪县召开县区乡三级干部扩大会，参加会议 1334 人，会议内容是宣传贯彻《中华人民共和国兵役法》，实行义务兵役制。24 日，成立泸溪县兵役委员会办公室，当年全县征集义务兵 200 人。

6 月　县委决定，符忠森任民政科科长。

6 月 29 日　根据湖南省人民委员会《关于扩大乡的行政区划和撤销县属区级建制的决定》精神，全县撤区并乡。撤销 6 个区，全县 97 个小乡、2 个镇合并为 20 个乡、2 个镇。

6 月下旬至 11 月中旬　夏秋干旱持续 140 天，农作物受灾 15.12 万亩，粮食减产 1.81 万吨。县委成立以常克良、郭天锡、王荣湘等 17 人生产救济委员会，发放大米 9.42 吨，赈灾款 28 万元，贷款 39.18 万元，其他资金 18.66 元，解决 6200 人生产生活困难。从外地调进马铃薯种 170 吨、荞种 50 吨，分发到乡、社、户，扩种秋杂 9.32 万亩、冬种粮油 7.34 万亩。

10 月　全县农村实现高级社化，建立 224 个农业合作社，入社农户 27856 户，占总数 98%。

12 月 3 日　改武溪、浦市两镇人民政府为镇人民委员会。

12 月 25 日　在完成撤区并乡工作后，县人民委员会设立兴隆场、达岚、白羊溪三个办事处和上堡、浦阳、潭溪、梁家潭 4 个基点工作组。

1957 年

4 月 27 日　辰溪县船溪乡铁山高级合作社第一生产组（今刘家滩村）划归泸溪县管辖。

6 月 20 日　撤销兴隆场、达岚、白羊溪三个办事处和上堡、浦阳、潭溪、梁家潭 4 个基点工作组。

9 月 20 日　湘西土家族苗族自治州成立，泸溪县隶属自治州管辖。

10 月 5 日　县委对农村整风点上 31 位组员进行培训，时间 3 天。9 月入队开展农村整风工作。第一批试点 5 个社，县委试点在五里洲社，其他试点有浦阳乡燎原社、兴隆场乡七一社、八什坪乡黎明社、上堡乡白沙社。

1958 年

1 月 18 日　县委发出通知，要求做好 1958 年退伍安置工作。是年有 200 名退伍军人回县，绝大部分安置到农业生产第一线，参加农业生产。

9 月 5 日　上堡乡成立全县第一个人民公社，即红旗人民公社。至 9 月底全县共成立 13 个人民公社，实行政社合一。

1959 年

5 月　县人民委员会办公室主任胡君到北京参加全国烈军属代表会议。

7 月至 9 月　连续干旱。7 月 4 日至 8 月 10 日降雨量为 12.40 毫米，8 月 15 日至 9 月 13 日，降雨量为 1.80 毫米，受灾严重。

是年，符家坪、桃竹潭 2 个大队从吉首县划出，归泸溪县潭溪人民公社管辖。

1960 年

4月16日　发放人民公社穷队投资款45万元,发放救灾救济款2.52万元。

是年,大旱,自7月14日至10月24日,102天仅降雨71毫米,山塘水库干涸,溪涧断流,农作物枯死,粮食大面积减产,全县粮食产量低于1949年。

1961年

是年　大旱。自夏至秋,久晴不雨,粮食减产,比1960年旱灾严重,农村重灾区有15所学校停办一年之久。

11月10日　经省人民委员会批准,辰溪县船溪驿人民公社铁山、岩头河两个大队210户923人1318.30亩土地归泸溪县上堡人民公社管辖。

1962年

1月　县委决定,王家福任民政科科长。

1—3月　调整人民公社管理体制,将原143个大队1640个生产队,调整为239个大队1733个生产队,以生产队为基本核算单位。

1963年

4月16日　梁家潭、八什坪两个公社遭受冰雹、狂风、暴雨袭击,毁坏房屋189栋、牛栏57间、油坊水碾17座,冲坏溪坝460道,冲毁稻田1010亩,伤12人,损失春收作物39.5万公斤。灾情发生后,县委、县人民委员会组织2个慰问组48人深入灾区慰问,帮助群众开展生产自救,恢复生产。

6月16日　全县集中16个公社党委书记、县直机关单位干部67人,在上堡公社开展清账目、清仓库、清财务、清工分"四清"试点工作。

1964年

1月11日　县委书记刘异带领126名工作队员进驻洗溪公社开展社会主义教育运动试点工作。工作队员分成13个工作组进驻13个大队和一个社直机关。进行为期4个月的宣传《前十条》和《后十条》精神。

1965年

7月5日至6日　境内普降暴雨，降雨量421.40毫米，河水陡涨，淹没农作物3.20万亩，冲毁各种建筑物2523处，其中房屋140栋、石桥15座，流失木材2679立方米，电话中断3天，汽车停驶6天。州委组成4个工作组到县慰问。县委抽调35名干部组成9个工作组，深入灾区各地进行慰问，帮助受灾社队组织恢复生产，安排群众生活。

12月30日　县委、县人民委员会决定：农村社队在1965年前所欠国家农业贷款、赊销款、预付款、预购定金未归还的，一律豁免。属贫下中农的1961年前个人贷款，一律豁免。

1966年

3月　县委决定，张义源任民政科科长。

7月16日至10月1日　大旱。仅降雨13.9毫米，夏秋连旱80多天。

8月15日　武溪农业中学、一中、武溪小学组织“红卫兵”开展破“四旧”运动，拆毁城区贞节牌坊，更改街巷名称。

1967年

4月12日　县人民委员会拨出救济款15700元，解决部分社队生产救灾和渡过春、夏荒困难。

1968年

3月12日　泸溪县革命委员会成立，下设政治工作组、生产指挥组、办事组、人民保卫组。县武装部政委邢耀华任县革命委员会主任。

5月　全县16个农村人民公社相继成立公社革命委员会，下辖221个大队革命委员会。

7月20日　根据泸革发〔68〕047号文件通知，县革命委员成立四大组，即办事组、政工组、生产指挥组、人民保卫组。办事组内设综合、民政2个小组。

12月25日　全县掀起干部、工人、知青、居民下放农村参加生产劳动热潮，共下放7592人，其中知青811人，医务人员34人，干部946人，工人290人，居民5511人。

12月　县革命委员会决定，张祖敏任民政组组长。

1969 年

1 月　民政组改为民群组，张祖敏任组长。

7 月 16 日　沅水武水齐涨，暴雨成灾，淹没农作物 10.82 万亩，冲毁各种建筑物 963 处，流失木材 8387 立方米，死亡 5 人。

1970 年

1 月　县革命委员会决定，向仕恒任民群组组长，向昌喜任副组长。

5 月　改民群组为民政小组，向仕恒任组长。公社设民政员。

7 月 12 日　县境内降暴雨，沅水猛涨。14 日，浦市水位高达 123.03 米，街上行船。武溪街上进水，沅江两岸各社、队农作物受损 1.18 万亩，流失木材 1241 立方米。

7 月下旬　全县水稻发生虫害，受灾面积 9.12 万亩，其中受损严重 1.84 万亩。

1971 年

7 至 9 月　夏秋严重干旱，降雨稀少，受旱作物面积 11.81 万亩。

10 月　县革命委员会成立生产指挥组，内设农村、工交财贸、文教卫 3 个小组，民政工作由生产指挥组代行职权。

1972 年

6 月下旬至 9 月初　少雨干旱，受旱作物 11.23 万亩。成灾面积 3.34 万亩，339 个生产队吃水困难。

1973 年

1 月　县革委会办事组副组长杨通求兼任民政组组长。

2 月　县革命委员会决定，免去杨通求民政组组长职务，县革委会办事组副组长何忠兼任民政组组长，唐荣德任副组长。

3 月　县革命委员会决定，免去何忠民政组组长职务。

4月　全县更换复员、退伍、转业证书，至11月结束，历时7个月。全县属于核发范围的2658人，其中复员1318人、转业43人、退伍1297人。根据换证规定，实换发新证2551人。

6月15日　撤销县革命委员会办事组，恢复县委办公室，内设秘书组、调研组、民政组。

11月18日　县委召开全县烈军属、荣誉退伍军人代表大会，到会代表320人。

1974年

6月30日　全县普降暴雨，沅水、武水猛涨，淹没农作物1.97万亩，流失木材2000立方米，淹死4人，车辆停驶6天。

11月17日　县委、县革命委员会召开第十四次优抚代表会议，会期5天。参会代表337名(女代表61人)，其中烈属代表7人，军属代表150人，荣誉军人代表12人，复员军人代表64人，退伍军人代表71人，转业军人10人，特邀代表9人。

12月15日　县委、县革委下拨社镇救济棉衣1054件，棉被189床，救济款15000元。拨给部分公社火灾救济款4700元，棉布5.35万尺，棉花460斤。

1976年

1月2日　全县征集兵员202名，其中女兵2名，为泸溪女性入伍当兵之始。

1月10日　全县召开第十五次优抚工作代表会，会期3天，参会代表800名。会议主要内容是总结交流经验，动员优抚对象投入农业学大寨运动。

3月27日　县革命委员会发文通知，成立县民政局，唐荣德任副局长，主持工作。

3月至5月　县文化馆组织工作人员对1935年11月29日红二、六军团长征时在泸溪县浦市镇的战斗情况进行调查，编写调查资料。

1977年

1月25日至2月11日　全县出现严重冰雪天气，平地积雪9厘米，最深积雪22厘米，地面温度低至零下17.2℃，冰冻持续11天。造成全县1368亩柑橘树冻死，冻死耕牛180头，汽车停驶10天。

4月13日　梁家潭、八什坪、达岚、合水、石榴坪、长坪、浦阳7个公社58个大队遭受冰雹灾害，并引发山洪。打烂秧田1603亩，损坏稻种8.5万公斤，砸毁油菜1526亩、麦子2777亩，房屋受损192栋，伤1人，冲毁田坎堤坝300处，冲毁稻田300亩，山体滑坡压死耕牛1头、伤21头。

6月30日　普降大雨，降雨量543.51毫米，洪水淹没农作物6.75万亩，其中冲坏2.26万亩，淹没田地5.06万亩，冲倒房屋39栋，冲垮水库1座，山塘20口，溪坝1349道，水电站3座。

8月　浦市镇在毛家坡村南猴子坡为1935年11月29日辰浦战役中牺牲的红二军团五师十三团3名红军战士修墓刻碑。县民政局在长坪公社中塘大队林场和浦阳公社青草大队黄家人村附近，分别为2名被害的红军战士修墓立碑。在梁家潭公社红岩排村、兴隆场公社、解放岩公社为1950年1月剿匪战斗中牺牲的5名解放军战士修墓立碑。

1978年

10月10日　全县召开烈军属、荣誉军人、转业退伍军人代表会，会期4天。

11月28日　州革命委员会根据泸溪县各社、镇受灾情况，下拨灾欠减免稻谷指标110.5万公斤。12月24日，发放救灾经费51.8万元。

是年，雨量仅967毫米，为新中国建立以来降雨量最少年份，受旱作物16.05万亩，其中枯苗4.62万亩。

1979年

6月15日　县委为参加南疆保卫战立功人员举行庆功大会，颁发部队发给的15名立功人员立功证明书。全县荣立一等功1人，二等功1人，三等功13人。

6月26日　境内连降暴雨，浦市、浦阳、上堡、武溪、长坪、石榴坪6个公社19713亩稻田被淹，其中绝收4337亩。冲毁山塘水库5座，冲垮渠道4070处，倒塌房屋2栋，压死生猪21头。

9月10日　参加对南疆保卫战立一等功刘躲爱回乡探亲。在县直机关干部职工大会上报告英雄事迹。县委采用广播会形式，向全县各族人民实况直播。

1980年

4-5月　武溪、浦市两镇革命委员会更名为人民政府，16个公社革命委员会复名为管理委员会。

6月至8月　连续降雨，降雨量964.40毫米。8月11日暴雨成灾，淹没农作物5.71万亩，其中冲毁2.22万亩。

1981年

1月26日　县革命委员会为16个公社下拨救灾款24600元，对受灾较重的潭溪镇公社另拨统销指标0.5万公斤。

3月　县委决定，李德胜任民政局局长。

4月　境内开展地名普查。全县抽调30人分赴各公社开展地名普查工作。

6月12日至9月8日　连续89天无雨，全县1156个生产队无水抗旱，740个生产队14179户59600人和21579头大牲畜饮水困难。水稻受旱面积13.87万亩，其中绝收3.5万亩。经济作物受旱1.54万亩。

1982年

10月　根据民政部和省民政厅文件精神，县民政局从1981年开始至1982年10月，对革命烈士、病故军人、失踪军人历史资料统一建档。在1979名优抚对象普查基础上，对全县已核实符合追认烈士条件的23名失踪军人呈报县政府批准，追认为革命烈士，编印《泸溪县革命烈士英名录》，共计102人。

1983年

4月25日　境内遭受9级大风和暴雨袭击，乡镇全部受灾，少数村寨房屋被风吹倒，大树吹断。解放岩乡杨家滩电站引水渠被洪水冲垮。

4月30日　县委选择长坪公社进行人民公社改乡、大队改行政村政社分设试点工作，至5月29日结束。

5月14日　县政府下拨救济款6万元，生活无息贷款15万元，统销粮指标100万公斤，化肥124万公斤，农业银行发放支农贷款37.90万元，帮助遭受水灾公社发展生产。

是年，根据省民政厅通知精神，县民政局对全县牺牲和病故的194名军人家属发给民政部统一印制的《革命烈士证明书》和一次性抚恤金，其中符合换证、补证的革命烈士家属52户。同时对人民警察、国家机关工作人员，民兵、民工等因公牺牲者，对其家属发放《革命烈士证明书》和一次性抚恤。对特等残废军人罗志凤、谭子龙、杨昌桃等88名残废军人（特等3名、一等1名、二等26名、三等58名）发放抚恤金9554元，护理费2106元，副食补贴1692元。配发三轮车2辆，假肢1副、拐杖4根，特制鞋1双，眼镜2副。对享受“双定补助”（烈军属定期定量补助）的367人（占优抚对象总数3694人的9.9%），发放双定补助45624元，人均124元。

1984年

3月　根据上级安排，对全县缺衣少被困难户实行棉布棉被赊销，县政府成立副县长田传连任组长的赊销工作领导小组。根据州政府安排，计划赊销23000人，指标分配到乡镇。实际赊销23012人，赊销棉布42.94万米，人平18.70米，赊销棉花5.71万公斤，人均2.50公斤，共计金额92万元。赊销工作到5月结束。

3月至4月初　全县18个人民公社完成社改乡工作，公社管理委员会更名为乡人民政府，大队改为村民委员会。

5月　县委决定，免去李德胜民政局局长职务，杨秀炎任民政局局长。

5月31日至6月1日　受暴雨影响，浦市水位120.47米，致使浦阳、长坪、浦市、上堡、武溪、李家田6个乡镇和34个县直机关单位遭受水灾。淹没稻田9653亩，旱粮作物1549.50亩，棉花和蔬菜等经济作物3838.50亩，其中绝收3447亩。损坏房屋357栋，直接经济损失210.77万元。

9月30日　中共中央、国务院决定对老革命根据地、少数民族地区、边远和贫困地区免征农业税5年，全县每年免征48万元。

10月　经省州批准，洗溪、潭溪、合水、达岚、兴隆场5乡改为镇，复建踏虎乡。全县辖7个镇11个乡223个行政村1149个村民小组，14个居委会57个居民小组。

10月27日　县人民政府、县人民武装部联合制发《关于落实胡耀邦同志指示，发动和组织群众、民兵、青年帮助群众解决住房难活动通知》，成立军民扶贫建房领导小组，解决全县1200户无房户住房困难。

1985年

3月22日　县人民政府印发《泸溪县农村五保户供养试行条例》。

3月　兴隆场镇修建光荣院，是泸溪县第一所光荣院。

4月　全县进行第二次“两棉”赊销，全县95800人受益，人均折合资金30元。1984—1985年两次累计赊销33014户118812人，占全县农业人口61.90%。赊销棉絮金额397.40万元，户均86.84元。赊销款原定期限为5年偿还，后全部豁免。

1—9月　全县仅降雨827毫米，比历年少300多毫米。春播受旱面积3.43万亩，经济作物受旱3.95万亩。插下早稻脱水裂口4.30万亩，中稻少插1.05万亩，晚稻少插3467亩。

是年，全县扶贫建房筹资45万元，群众投工210万个，新建农村住房1132栋，1100户无房户得到安置。

1986年

4月15日至5月30日　连续45天未雨，全县有35座上型水库干涸，3.60万亩稻田脱水开坼。

5月15日　县老龄问题工作委员会成立，办公室设在县政府办公室。

10月30日　县九届人大常委会第十八次会议作出《关于将县城从武溪镇搬迁到上堡乡白沙村的决定》。

1987年

1月13日　撤销浦阳乡，整体并入浦市镇。合并后浦市镇辖22个村，129个村民小组，3个居委会22个居民小组31193人。

3月18日　县境遭受冰雹灾害袭击，毁坏民房583栋691间，死1人，伤4人，砸死大牲畜107头，受灾2221户11297人，受灾农作物1.85万亩。

4月23日晚　全县普降暴雨、大风、冰雹，12个乡镇受灾，涉及161个村760个村民小组21974户104082人。损毁房屋1414栋，伤12人，冲毁稻田323.4公顷，造成经济损失458.82万元。

5月12日　县残疾人协会成立，设办公室于民政局。时有各类残疾人16349人，占全县总人口7%。

6月10日　县扶贫工作领导小组成立，办公室设民政局。

9月27日　县委、县政府批转县老龄委《关于贯彻省委省政府通知，做好老龄工作的报告》。决定每年农历九月初九日“重阳节”（老年节），在全县开展敬老活动。

11 月　县扶贫工作领导小组更名为经济开发领导小组，下设经济开发办，为正科级机构，隶属县农业委员会管理，农村扶贫工作职能从民政局剥离。

1988 年

1 月至 4 月　全县仅降雨 140.3 毫米，发生严重春旱。

5 月 17 日　省委副书记杨正午一行到县检查指导工作，调查了解春旱情况，省里解决统销粮指标 50 万公斤。

5 月 21 日　全县普降暴雨，水淹稻田 2.38 万亩，冲毁房屋 48 栋，伤 13 人，死亡 4 人，直接损失 186.70 万元。

6 月 29 日至 8 月 16 日　境内降水仅 35.7 毫米。全县 4.83 万亩稻田脱水受旱。

8 月 16 日—9 月 17 日　全县连日降雨，沅水、武水暴涨。水淹晚稻 6450 亩，550 亩秋季杂交稻制种绝收。收割稻谷无法翻晒，一些农户采用火烧炒熟方法储存。

11 月　《中华人民共和国村民委员会组织法》实施，县委组织部、县民政局组成工作组，以洗溪镇洞头寨村为试点，实现村民委员会成员“海选”。

1989 年

3 月 17 日　县委、县政府批转县人民武装部、县民政局《关于实行义务兵优待金以县统筹的报告》。同意实行以单位统一筹集优待金，城乡义务兵每人每年按 350 元筹集。

7 月 20 日　恢复农业税征收。

8 月 15 日　白沙新城建设工程指挥部成立，县委副书记李德清任指挥长。

10 月 1 日　县委、县政府在白沙村岩坪组举行新县城开工仪式。

1990 年

5 月　县委决定，免去杨秀炎局长职务，肖志农任民政局局长。

6 月 13—16 日　全县连降特大暴雨。18 个乡镇 4.76 万户 20.89 万人受灾，稻田受灾 16.46 万亩，20 多个村山体滑坡，死亡 10 人，伤 261 人，冲走大牲畜 565

头，倒塌房屋453栋，损坏房屋2959间，冲垮水库1座，直接损失10934万元。民政部和省州各级领导先后到县考察灾情，下拨救灾粮413.3万公斤， 救灾款26万元，水毁工程款21万元，水毁公路款4.54万元，救灾化肥210吨，减免农业税62万元。

7月20至9月20日　仅降雨72.91毫米，造成夏秋连旱。旱中稻脱水10.50万亩，晚稻脱水3万亩，其中开坼1.55万亩，干枯3000亩。

7月3日　民政部副部长张德江率国务院救灾组一行12人到泸溪察看灾情，慰问灾民。

8月25日　欧洲共同体2名代表向泸溪县捐赠棉被800床，发电机组4台。

1991年

3月7日下午5时　县境遭受冰雹袭击，14个乡镇126个村受灾，伤37人，毁坏房屋476栋，经济损失480万元。

3月8日　副州长李遨夫及州人大常委会领导带领州民政局等部门领导到县，指导抗灾救灾工作。

5月11日　设立残疾人联合会，为副科级事业单位，实行独立核算，隶属民政局管理，同时撤销县残协及办公室。

7月1—12日　全县连降暴雨。12天内降特大暴雨4次，18个乡镇229个村1159个村小组45028户184152人受灾。其中重灾乡镇7个，重灾村131个，重灾村民小组671个。山体滑坡61处，稻田受灾1万亩，冲毁稻田3489亩，冲毁房屋94栋，伤3人，直接损失3189万元。

7月　县委决定，免去肖志农民政局长职务，廖浩富任民政局局长。

1993年

1月至4月　全县仅降雨153.22毫米，发生严重春旱。导致无水犁田，不能及时插秧。

4月24日　泸溪县政府办发文《关于对残疾人实行优惠待遇的暂行规定》，批转《泸溪县残疾人事业“八五”计划纲要实施细则(1991-1995)》。

7月8—10日　因沅水上游普降暴雨，沅水猛涨，县城水位高达107.40米，县境有5个乡镇41个村177个村民小组部分田土、房屋被淹，损失较重。

10月 县民政局白沙新城办公大楼和民政宾馆正式动工修建。

1994年

6月29日 白沙镇正式成立，辖4个居委会，1个村，地域面积22.80平方公里，成为泸溪县第19个乡镇。

6月下旬至8月上旬 少雨，造成夏秋连旱，全县70%稻田脱水开坼。

8月6日 省委书记王茂林一行15人到县进行访贫问苦，调查研究。8月7日上午，走访梁家潭乡桌子潭村贫困农户。

10月9—11日 由于沅水中上游地区连日暴雨，加上五强溪电站关闸蓄水，导致沅水、武水水位上升。10日上午，县城水位110.31米，县城被淹，3万居民被洪水围困，全城停电48小时。洪灾造成6个乡镇53个村2.42万人受灾，淹没稻田1.8万亩，直接经济损失1.13亿元。10日凌晨，州委副书记蔡四桂、州委常委彭诗来、副州长武吉海及州有关部门领导连夜到县，察看灾情，指导抗洪抢险，慰问受灾群众。

10月15—16日 州长向世林率州政府办、民政局、财政局、建委、粮食局、以工代赈办、卫生局等部门负责人到县，指导抗洪抢险、恢复生产工作。

10月22日 省长陈邦柱和副省长郑培民一行12人在州领导石昌禄、向世林、李遨夫陪同下到县察看灾情，慰问群众。

10月 泸溪县纳入全省17个少数民族贫困县之一，8个乡镇72个村定为全省特贫乡镇、特困村。

12月 县民政综合大楼建成。

1995年

3月28日 泸溪县人民政府迁往新址白沙镇办公，民政宾馆成为县委、县政府主要接待场所。

4月9日 县委、县人大、县政协同时迁往白沙新城办公。

6月30日至7月3日 全县连降暴雨，洪水成灾，武溪、浦市两镇被淹，3.4万人被困。全县受灾人口23.5万人，3人失踪，586人受伤，农作物受灾面积13.29万亩，60家企业停产，经济损失5.17亿元。永顺县组织20支皮划艇赶到支援，沅陵县派一艘客轮和10艘小船支援救灾，州武警支队派出110名指战员支援抗洪抢险。

7月3日 省军区出动5架次直升机，在武溪镇一中操场空投食品药品等救灾物资。

7月9日 省委书记王茂林写信给县委书记、县长，指导泸溪县抗洪救灾工作。

7月30日 省长陈邦柱一行到县，考察浦市镇青草村“6·30”洪灾抗灾自救工作。

7月3日至8月1日 30天内仅降雨19.9毫米，全县15万亩稻田中，脱水8万亩，开拆4.05万亩。

1996年

3月 县民政局办公大楼投入使用，局机关搬入新办公楼办公。

4月19—20日 株洲市市长王汀明率市扶贫考察团到县进行对口扶贫工作考察。

7月13—17日 全县普降暴雨，县城武溪镇水位117.31米，浦市镇水位126.30米。两镇城区悉数被淹，5.5万人被困，武溪城区被淹7昼夜。全县19个乡镇203个村23.66万人受灾，死亡10人，伤2700人，农作物受灾18.80万亩，被淹房屋12650栋194.20万平方米，冲毁倒塌房屋2150栋20.30万平方米。319国道中断，武溪、浦市工商业停产停工，直接经济损失12.05亿元。县委、县政府组织1.20万人抗洪救灾，出动车辆200台次，船只250艘。沅陵县、永顺县出动力量支援。省州领导陆续到县察看指导抗洪救灾，全省支援泸溪救灾单位37个，各级及社会各界捐款2000万元和大量物资。全县发放救灾粮3000吨，救灾款2000万元，衣物100万件(套)，救灾药品38万元。

7月16日至18日 省政协副主席、省委统战部部长石玉珍受省委、省政府委托，率领省直有关单位负责人一行12人到县，慰问受灾群众，指导抗洪救灾。

7月19日 县委、县政府发出《关于在全县范围内开展为灾民赈灾募捐活动的通知》，启动募捐活动。

7月30日 株洲市委书记程兴汉率株洲市救灾慰问团一行到县，向泸溪灾区捐赠人民币500万元，粮食250万公斤，衣物100万件。

8月3日 省委书记王茂林到县，考察浦市镇青草村抗灾自救工作。

8月17—19日　省长杨正午，省委常委、副省长周伯华率省直相关部门负责人到县，指导抗灾救灾，慰问受灾群众。

是年，泸溪与周边县市开展勘定边界工作，历时4年，勘定泸吉、泸古、泸凤、泸沅、泸辰、泸麻6个县市界，总长362.4公里，设界桩14处。

1997年

1月20日　省委常委、副省长周伯华带领省移民局等16个省直部门27人到县，慰问灾区人民。

4月5日　省委书记王茂林一行到县，指导淹没区移民安置工作。

8月　白沙镇调整居委会名称，原军田、岩坪居委会更名为兴沙、沅江居委会，屈望居委会不变，增设朝阳居民委员会。

1998年

6月13—18日　县境内梁家潭、八什坪、长坪、达岚、石榴坪、合水等15个乡镇相继遭到大暴雨袭击。梁家潭、石榴坪乡政府进水受淹。

7月22日　沅水猛涨，沿河乡镇遭受洪水袭击，稻田受损严重。

7月30日　白羊溪乡部分村遭特大暴雨袭击，粮食和经济作物损失惨重。

1999年

6月30日至7月16日　全县三次遭特大暴雨袭击，境内绝大多数乡镇、村组受灾。峒河3座水电站遭受严重损失。

7月1日　全县实施城乡最低生活保障制度。

12月18日　石榴坪乡民力村宽口田自然村发生火灾，烧毁民房23栋68间，32户149人受灾。

2000年

4—5月　春旱。雨量比平常年份少40%，造成春播春插困难。

6—7月　总雨量比往年减少50%，大量稻田脱水受旱。

9月7日　全县第四次居民委员会换届选举工作会议在县城召开，县人大常委会副主任杨永珍主持会议，县民政局局长廖浩富做工作报告，县委副书记彭继春讲话。此次选举引进竞争机制和公开招聘机制。

11月30日　县民政局加挂县民间组织管理局牌子。是年全县17个社会团体和民办非企业单位依法登记。

2001年

9月28日　县委下发《关于做好乡镇党委换届选举工作的意见》文件，指导乡镇党委换届选举。

12月　县人民政府决定，免去廖浩富局长职务，任命杨斌为民政局局长。

2002年

1月30日中午　洗溪镇洞头寨村发生火灾，16户农户房屋及家产全部被烧毁，70人无家可归，直接损失50万元。县政府积极组织救灾，发动县直机关单位干部职工募捐3700元，衣物200件。

3月9日晚　上堡乡黑塘村发生火灾，烧毁房屋11栋，死1人、伤1人，10户41人无家可归。消防大队赶到现场救火，县领导罗亚阳带领县民政局与相关部门到现场救灾，安置受灾群众。

4月下旬　境域遭受寒潮低温和降雨袭击，烂秧现象严重，春季作物遭受严重损失，全县受灾农户3.22万户，直接经济损失1600万元。

5月13日　州长武吉海在县长周云陪同下到解放岩、小章、白羊溪等乡镇检查农村受灾情况。

8月22日　因五强溪电站关闸和沅江上游连降暴雨，浦市、上堡、武溪等乡镇遭受洪涝灾害，受损稻田1530亩，经济作物被淹900亩。

2003年

1月3日　中国石化集团扶贫领导小组组长、销售公司副总经理赵锦会与长岭炼油化工公司及湖南省石油公司领导到县，开展“送温暖，献爱心”活动，捐赠扶贫救灾资金305万元，衣被1万件。

9月20日　省民政厅厅长余长明一行到县，检查指导民政工作。

2004 年

6 月 23 日　境内普降暴雨，全县 11 个乡镇受灾。

7 月 17—18 日　境内普降暴雨，19 个乡镇受灾，其中石榴坪、梁家潭等 4 个乡镇政府机关所在地进水，1.2 万人被洪水围困，损坏房屋 630 间，倒塌房屋 320 间，公路中断 8 处，冲毁桥涵 426 处，水库山塘冲毁 20 处，受灾群众 5.8 万人，农作物受灾 8 万亩，直接损失 1.56 亿元。

7 月 20 日上午　浦市防洪堤排涝泵站因出水管爆裂，导致江水倒灌，镇区被淹。州领导童名谦、李德清、胡章胜赶到浦市察看灾情，指挥救灾工作。

△中共中央政治局委员、国务院总理回良玉率水利部、民政部、财政部、交通部负责人在省委书记杨正午、省长周伯华、州领导童名谦和杜崇烟等陪同下，到县察看了解灾情。

7 月 22 日　省委常委、省委宣传部部长蒋建国一行由州、县领导陪同，到浦市察看灾情，指导抗灾救灾。

7 月 23 日　州领导杜崇烟、王承荣、李德清、胡章胜、符兴武等率领 15 家对口部门负责人在浦市召开现场办公会议，研究灾后恢复工作。

2005 年

3 月 13 日　省民政厅副厅长刘金生一行到县，了解困难群众生活救助情况。

5 月 22 日　泸溪县成立乡镇行政区划调整工作领导小组。

5 月 26 日　县政府制定《关于调整乡镇村行政区划的意见》。

5 月 27 日　全县召开乡镇行政区划调整工作会议。

7 月 28 日　省民政厅副厅长刘金生一行到县，检查调研乡镇行政区划调整工作。

10 月　全县乡镇行政区划调整完成，上堡乡 8 个村、李家田乡 2 个村并入武溪镇，长坪乡整体、李家田乡 6 个村并入浦市镇，上堡乡 4 个村、李家田乡 2 个村并入白沙镇，踏虎乡整体并入合水镇，李家田乡 1 个村并入洗溪镇。全县设 15 个乡镇 150 个村居委会。

11 月 2 日　民政部救灾救济司领导到泸溪，检查救灾救济工作和农村特困户、五保户供养工作。

11月17日　上堡乡暮江头村发生火灾，烧毁房屋25栋，26户117人受灾。县民政局发放50床棉被、1000件衣物和2万元救灾款，帮助受灾村民维持生活。

2006年

3月26日　八什坪欧溪村发生火灾，烧毁房屋26栋，27户受灾，烧死1人，直接经济损失26万元。

4月18日　县委、县政府发文《关于建立城乡社会救助体系的实施意见》。

7月18日　县委、县政府印发《泸溪县第六次社区居委会换届选举工作实施方案》文件。

2007年

7月27日　受连日暴雨影响，潭溪镇朱雀洞村发生重大山体滑坡灾害事故。由于预警及时，及时转移村民68户156人，未造成伤亡。州领导第一时间赶到现场察看灾情，指导抗灾救灾。

7月28日　民政部救灾救济司巡视员宋继华由省民政厅副厅长唐白玉、副州长梁秋松陪同，察看朱雀洞山体滑坡及高速公路垮塌灾害现场，慰问受灾群众。

7月29日　省国土资源厅副厅长颜学毛一行在州委副书记刘路平陪同下，察看乡镇和重点项目工程建设灾害情况，研究抗灾救灾方案。

8月6日　省委常委、副省长徐宪平带领省政府办公厅、水利厅、国土资源厅、发改委、财政厅等部门负责人在州委书记董名谦、州委副书记徐克勤等领导陪同下，到县察看灾情，慰问受灾群众。

8月9日　梁家潭乡因连日暴雨，发生洪涝灾害，乡政府驻地被淹，1020户受灾，直接损失200万元。

8月11日　省委常委、省委宣传部部长蒋建国一行到县，察看灾情，指导抗灾救灾工作。

11月6日　省财政厅救灾处处长陈自力、低保处副长刘灵芝一行到县，检查潭溪镇朱雀洞村灾后重建和五保户供养工作。

2008年

1月13日至20日　境内遭遇50年来最长时间的雨雪冰冻天气，平均气温

在 -1℃—1℃之间，最低温度为 -3℃，是 1956 年、1977 年以来持续时间最长的冰冻天气，农作物受害面积 34 万亩，受灾人口 28 万人，直接经济损失 1.62 亿元。

1 月 23 日　县委办、县政府办联合下发〔2008〕4 号文件《关于切实做好当前抗冻救灾工作的紧急通知》。

1 月 26 日晚 11 时　潭溪镇楠木冲村火麻冲小组发生火灾，烧毁房屋 10 栋 30 间，受灾 18 户 97 人，直接经济损失 95 万元。县委副书记、县长刘时进等赶赴现场组织救灾事宜。

1 月 31 日　州委书记何泽中，州委常委、州委秘书长向兴仁，州政协副主席贾高飞率州直有关单位负责人由县委书记董清云，县委副书记、县长刘时进陪同到潭溪镇大陂流村、洗溪镇能滩村、武溪镇、白沙镇慰问看望受灾特困群众。

2 月 25 日　县委办、县政府办发出《关于切实做好灾后恢复重建工作的紧急通知》，部署灾后重建工作。

3 月　泸溪县被列入全省“农村安居工程”重点推进县。

4 月 1 日　县委办、县政府办发《关于印发 2008 年泸溪县“农村安居工程”实施方案的通知》。

5 月 15 日　四川汶川发生特大地震后，县委、县政府发出《关于切实做好支援灾区抗震救灾工作的通知》，组织开展支援地震灾区献爱心活动。

5 月 16 日　在向四川地震灾区“献爱心”捐赠仪式上，全体与会人员为遇难同胞默哀，随后进行捐款活动。

5 月 19 日 14 时 28 分　全国人民悼念汶川特大地震遇难同胞。县委、县政府在办公大楼前广场举行吊念集会，县委书记董清云、县长刘时进等县四大家领导及数百名机关工作人员向汶川特大地震遇难同胞默哀。

是日，由国务院办公厅应急办副调研员越会强、国务院行政司副调研员杨胜利等组成的国务院调研组来泸溪县调研总结地质灾害防御工作经验。对 2007 年“7·27”特大地质灾害中，朱雀洞村落实“七捆一”责任制（一套预案、一名县级领导、一名乡镇干部、一名村干部、一名技术人员、一名看守监测人员、一支应急抢险队伍），紧急疏散群众，使灾害区 500 多名群众得以全部安全撤离，没有造成人员伤亡的情况给予高度评价，并将这一经验向全国推广。

6 月 23 日　州人大常委会副主任董道平到县，调研城乡低保和敬老院建设工作。先后到潭溪镇大陂流村，潭溪镇敬老院、洗溪镇邓家坪村、洗溪镇敬老院和白沙镇屈望社区与低保户、五保老人交谈，了解生活和低保金发放情况。对敬老院走办实体，以院养院，大搞院办经济路子表示赞赏。

6月30日　由港澳同胞捐资330万元援建“农村安居工程”全部竣工，330户因冰灾倒房户住进安居房。

11月7日　县政府召开防汛紧急会议，应对连日泸溪及周边地区连续降雨造成沅水水位接近警戒水位线状况。会议制定防汛方案，强调各级领导和人员到位，切实负责，对汛情进行24小时监控。

是日，副州长吴彦承一行到县，察看受灾最严重的浦市镇洪水灾情。

11月8日　中南设计院水利专家史长生、五凌公司计划部副部长刘兴义到泸溪就秋冬洪灾灾害进行调查了解。

2009年

1月5—6日　全州民政工作年终总结分析暨敬老院管理工作现场会在泸溪召开。州民政局局长向顶天率8县市民政局参观潭溪、洗溪、梁家潭敬老院和筹建中的县社会福利院。

1月19日　州委常委、州委秘书长向兴仁，州政协副主席贾高飞带领州委、州政府新春慰问组一行由县委副书记、县长刘时进等陪同，到武溪镇城南社区、五里洲村慰问困难群众和五保户老人。

1月28日　州政协主席李德清等领导由县委副书记、县长刘时进等陪同，到浦市镇敬老院看望慰问敬老院老人。

5月6日　在建中能滩电站大坝输水洞闸门因吊环断裂无法打开，严重影响库内瀑涨洪水泄洪，如果溃坝殃及下游3000多名群众生命财产安全。接警后，县立即启动《洗溪镇能滩电站下游防洪疏散转移预案》，县委副书记包太洋率水利局防汛办、武装部等部门负责人赶赴现场部署防洪抢险工作。县委副书记、县长刘时进连夜从长沙赶回与州委常委、副州长吴彦承连夜到能滩电站，实地指导抢险工作。5月8日凌晨2点导流闸开启，险情化解。

5月8日　省水电厅农电局副局长刘振林带领相关技术人员到能滩电站进行现场勘查指导，要求安装弧形闸门，修建好大坝下游两岸护坡，减少洪水对坝基的回水冲刷。

6月26日　省民政厅社会救助管理局负责人朱宽海带领长沙、邵阳、湘西州等民政社会救助管理部门工作人员到县，检查指导农村低保及社会救助资金使用情况。

9月9日　县委办、县政府办发文批转县民政局《2009年泸溪县“农村危房改造工程”实施方案》。

10月20日-21日　州民政局局长刘光复等一行到县，指导农村危房改造与社会福利院建设工作。

11月3日　国家住房和城乡建设部村镇建设司副司长赵晖率检查组到县，检查农村危房改造工作情况，实地察看武溪镇五里洲农村危房改造现场。

11月12日　兴隆场镇寿星向仁妹以107岁高龄荣获全州“十大寿星”称号。

2010年

1月29日　州委常委、州委秘书长向兴仁带领州委办、州民政局、州劳动局、州财政局、州总工会等单位负责人组成州委州政府新春慰问团到浦市、白沙两镇慰问特困户和五保老人。

2月6日　县领导刘时进、杜晓勇、杨昌和、张大厚等到白沙廉租房住房小区为44户入住特困家庭每户赠送一台29英寸彩电，并安装调试。

6月2日　县委副书记、县长杜晓勇率县财政局、国土局、民政局、建设局等单位负责人，到潭溪镇朱雀洞村慰问看望因地质灾害导致房屋受损受灾户。

6月7日　县委副书记、县长杜晓勇率相关部门负责人到合水镇晒州田村四组地质灾害隐患点察看险情，指导防治，组织49名村民撤离转移。

6月8日凌晨　暴雨导致15个乡镇受灾，全县受灾人口20万人，死亡1人，失踪2人，垮塌房屋515间，淹没房屋520栋，损坏房屋1350间，直接经济损失3.50亿元。

6月8日　省委副秘书长、省委档案局党组书记瞿海率省水利厅厅长、省委办公厅总值班室主任戴志光到县，在州委常委、州委秘书长向兴仁，县委书记刘时进等陪同下，前往浦市、达岚等地了解察看灾情。

6月9日　国家防总办公室副主任史方斌、省水利厅副厅长刘佩亚、州委副书记、州长叶红专等领导到县考察灾情，指导抢险救灾工作。

是日，民政部救灾司副巡视员李全茂，国家减灾中心应急部副主符吴建等一行在省民政厅副厅长邓磊等陪同下，到县察看灾情，慰问受灾群众，指导救灾工作。

6 月 9—10 日　中共中央政治局委员、国务院副总理、国家防汛抗旱总指挥回良玉一行专程到泸溪，实地察看潭溪盘古岩村雀儿溪自然村灾情，看望慰问受灾群众。省委书记周强、代省长徐守盛等及州委书记何泽中、州长叶红专等领导陪同。

6 月 13 日　县委书记刘时进等县领导带领县委办、县民政局负责人到潭溪镇盘古岩村雀儿溪组灾区安置点看望慰问受灾群众。

是日，县委副书记、县长杜晓勇到石榴坪乡察看“6•8”特大暴雨受灾情况，指导生产自救。

7 月 11 日 20 时至 12 日 12 时　全县普降大到暴雨，受灾人口 9.15 万人，直接经济损失 1.13 亿元。州委常委、州委秘书长向兴仁，州人大常委会副主任罗天明，吉首军分区政治部主任谭峰分别到县指导抗洪救灾。

7 月 15 日　泸溪县顺利通过革命老区认定，正式被省人民政府认定为革命老区县。省民政厅领导代表省人民政府在县委 6 楼会议室举行泸溪县革命老区认定仪式。

8 月 4 日　香港特区政府捐赠价值 30 多万元救灾物资运抵解放岩乡水卡村，发放给受灾群众。同日，州、县红十字会为水卡村受灾群众发放 100 吨大米、100 床棉被、100 顶蚊帐。

8 月 26 日　县委办、县政府办发《关于在全县迅速开展为舟曲灾区赈灾捐款活动的通知》，号召干部群众为甘肃灾区捐资赈灾。

10 月　县委、县人民政府决定，免去杨斌县民政局党组书记、局长职务，任命戴安为局党组书记、局长。

2011 年

1 月 1 日 8 时至 1 月 2 日 8 时　全县最低温度零下 2.4 摄氏度，最厚结冰 35 毫米。

1 月 14 日　县委副书记、县长杜晓勇率领相关部门负责人到白羊溪、永兴场、兴隆场、合水、石榴坪等乡镇慰问福利院老人和贫困户。

1 月 27 日　州委书记何泽中，州长叶红专等一行在县委书记刘时进、县长杜晓勇等陪同下，到潭溪镇朱雀洞村慰问因山体滑坡搬迁村民。随后到武溪镇廉租房安置区，慰问搬迁进新家的渔民和廉租房住户，并送上彩电等物资。

4月　春季降雨不足历年并均数60%，春旱导致7万亩稻田无法翻耕，秧田无水育秧。

5月12日　州委常委、副州长吴彦承带领州农业局、水利局、气象局等部门负责人，由县领导刘时进，杜晓勇、毛家等陪同到浦市、石榴坪等乡镇检查指导抗旱工作，为泸溪县解决50万元抗旱专项资金。

5月　李家田敬老院院长田要弟在全国第六届"中华孝亲敬老楷模""全国孝亲敬老之星"和"全国敬老模范单位"评选活动中，荣获"全国孝亲敬老之星"荣誉称号。

6月7日　县长杜晓勇，副县长毛家、向明江率县直相关部门负责人到6月3日暴雨受灾的石榴坪、合水、兴隆场等乡镇查看灾情，指导灾后恢复生产工作。

6月13日　省农业厅副巡视员左平权一行在副县长向明江陪同下，到达岚镇受灾村组察看灾情。

9月5日　省水利厅党组成员，省防汛抗旱指挥部主任白超海一行到县调研指导防汛抗旱非工程措施落实情况及抗旱救灾工作。

2012年

1月7日　县委书记杜晓勇，县委副书记、县长向恒林，县委常委、常务副县长石泽龙等县领导带领相关部门负责人到浦市、白沙、武溪、洗溪、潭溪5个乡镇看望慰问生活困难群众。

1月17日　副州长周云带领州人社局、财政局等单位负责人到县，慰问特困职工、城镇低保和五保老人。

5月14日　县人民政府办公室发《泸溪县农村五保供养工作实施细则（试行）》。

7月15—17日　境内连降暴雨，平均雨量95.73毫米，全县受灾人口12.65万，直接经济损失2.96亿元。县委、县政府领导分赴各乡镇组织抗洪抢险。州委常委、副州长吴彦承率州直相关部门负责人到重灾乡镇指导抢险救灾。

8月7日　副县长向明江带领县委办、民政局、国土局、住建局、林业局、规划办和白沙镇政府等相关部门负责人到白沙镇桥东社区就烈士公园选址工作进行现场考察，拟定在城南公园内修建烈士公园。决定将散落安葬在全县8乡镇21处54名烈士墓迁葬至烈士公园安葬。

9月12日　省民政厅副厅长杨明波由州民政局副局长罗贤兵、县政府副县长向明江等陪同就保障性安居工程建设进行调研。

是日，副县长向明江带领县民委、民政局、洗溪镇、潭溪镇负责人及部分村干部赴吉首市寨阳乡参观、考察特色民居建设，借鉴指导泸溪杭瑞高速公路沿线村寨民居建设和改造，打造地域特色文化名片。

11月3日　省民政厅厅长余长明在州委常委、副州长邝邹飞和县人民政府县长向恒林等陪同下，检查指导泸溪县民政工作。

12月25日　省民政厅副厅长李劲夫一行在州民政局领导和县政府副县长胡利华等陪同下，到洗溪镇察看敬老院、看望低保户，检查指导民政工作。

2013年

5月30日　省民政厅副厅长唐白玉一行在副州长何益群、县人民政府副县长胡利华陪同下，到部分乡镇调研指导民政工作。

6月中旬　久旱无雨，全县受灾人口18.91万人，农作物受灾面积26.37万亩，其中绝收面积8.45万亩，椪柑受灾面积14.98万亩，全县8.01万人、2.33万头大牲畜饮水困难，直接经济损失3.14亿元。

7月31日　国家防汛抗旱指挥部办公室副主任王翔、调研员贾汀在副州长何益群陪同下到县考察旱灾情况。

2014年

5月20日　省民政厅村民委员会换届选举督查组到泸溪，督查第九次村民委会员换届选举工作。

6月2日　从凌晨四时开始，县内连降3小时暴雨，10个乡镇受灾，农作物大面积被毁，多处交通中断。达岚社区受灾严重，洪水漫过墟场，淹没民居商铺260户。

7月3—4日　境内普降暴雨，平均降雨量175毫米，其中7个乡镇降雨在200毫米以上，解放岩乡场上村降雨量277毫米，全县溪河洪水暴涨，国道319出现30多处塌方，能合公路白羊溪、小章段出现多处大面积塌方，车辆通行受阻，梁家潭墟场、石榴坪乡政府积水深2米。

7月4日　省水利厅副厅长王跃生一行到县指导抗洪救灾工作。同日，副州长何益群带领州水利局负责人到县察看灾情，指导灾后生产自救工作。

7月14日20时至15日13时　境内普降特大暴雨，境内溪河水位暴涨，石榴坪乡政府及兰村村被淹，浦市镇太平街内涝严重，解放岩乡多处塌方，沱江沿岸村寨被淹，车辆无法通行。全县受灾人口11.57万人，转移人口0.38万人，淹没房屋232栋，损坏房屋1120间。

7月14日　州委副书记刘小明一行到县察看灾情，指导抗洪救灾。

7月15日　杭瑞高速公路潭溪镇朱雀洞村段发生山体滑坡，交通中断2小时。

是日，受连续强暴雨袭击，洞河水位暴涨，319国道潭溪、洗溪段多处水淹，交通中断8小时。

9月30日　县人民武装部、县民政局组织相关部门干部职工和学校学生在烈士公园举行"重温历史、缅怀先烈"首个烈士纪念日公祭活动。

11月16日　省民政厅厅长段林毅在副州长向清平等领导陪同下到县调研民政工作，考察民政服务大厅、社会福利院工作。同时到潭溪镇松柏潭村灾后建房现场。

2015年

3月26日　县人民政府下发《泸溪县第二次地名普查实施方案》文件，启动第二次地名普查工作。

6月8日下午　省民政厅副巡视员余跃率省厅相关处室负责人、省消防总队专业人员到县检查养老院消防安全工作。

7月1日　全县普降暴雨。合水镇兴砂村大面积受灾，溪坝等基础设施被冲毁，刘家湾自然村发生山体滑坡，冲毁房屋一栋，死亡1人。

8月　县人民政府决定，免去戴安民政局长职务，任命罗云峰为民政局局长。

8月26日　省民政厅副厅长陈慈英带领检查组在州民政局局长刘光复、副局长杨明仁、向建胜等陪同下到县，检查民政安全生产工作。

9月17日　洗溪镇峒头寨村92岁抗战老兵符隆乾受广州军区邀请，参加9月3日在北京举行的抗战胜利大阅兵活动。

10月14日　县政府召开乡镇区划调整工作会议，部署乡镇区划调整工作。

11月30日　省民政厅下文批复泸溪县乡镇区划调整方案，同意白沙镇、武溪镇成建制合并设立武溪镇;梁家潭乡、八什坪乡、洗溪镇成建制合并设立洗溪镇。撤销永兴场乡,将原永兴场乡上广、下广、三冲坪、密灯4个村成建制划归兴隆场镇管辖;将原永兴场乡呈田建制村划归合水镇管辖;将原永兴场乡溪头村划归达岚镇管辖。本轮乡镇区划调整后,全县辖武溪、浦市、达岚、合水、兴隆场、洗溪、潭溪7个镇,小章、白羊溪、石榴坪、解放岩4个乡。

2016年

3月 县启动编纂《泸溪民政志》工作,胡利华任编委会主任,罗云峰、唐黎明任副主任。

4月16日凌晨1时 浦市、达岚、石榴坪、合水四个乡镇遭受冰雹袭击,冰雹持续约10分钟,最大冰雹直径3.5厘米。造成2.92万人受灾,农作物受灾面积1065公顷,成灾面积725公顷,绝收面积105公顷,损坏房屋347户1041间,直接经济损失600万元。

5月24日 县民政局在社会福利院举办全县养老机构安全知识培训班,县社会福利院及各乡镇敬老院院长及安全管理工作人员60人参加培训。

7月3—5日 境内遭受特大暴雨袭击,沅江泸溪段水位急速上涨。7月4日,16点45分浦市水文站超警戒水位;5日凌晨3点55分沅江出现最大洪峰值,流量18080立方米/秒,洪峰水位119.04米,超警戒水位1.54米。全县11个乡镇33285人受灾,紧急转移人口12030人,农作物受灾面积20640亩,成灾面积14025亩,绝收面积5925亩;损坏房屋93户279间,直接经济损失2864万元。

8月22日 州扶贫办领导带州扶贫办工作人员到县督查指导社会兜底保障脱贫对象认定工作。

9月2日 县人民政府副县长胡利华一行到浦市镇和石榴坪乡督查社会保障兜底脱贫对象认定工作的进展情况。

11月 县民政局局长罗云峰升任县人民政府副县长。

2017年

1月 县人民政府决定,免去罗云峰局长职务,任命符登松为民政局局长。

第一章　民政机构

民政泛指中国历代国家或政府以人民群众为对象，与人民群众切身利益密切有关社会性、政治性行政管理工作。其工作内容无论从历史还是当代，都极为广泛。对于当代民政来说，他涉及国家政权建设、社会保障、社会福利和社会行政管理等各个方面。民政部门是主管社会行政事务常设行政管理机构。中华人民共和国民政机构设置为：国家设民政部，省（市、自治区）设民政厅（局），市（州、盟）及县（市、区、旗）设民政局。

第一节　机构设置

一、泸溪县历史上民政机构

泸溪县民政工作随建立县级政权组织而设立。清雍正十一年（1733），知县张弘烈奉文捐俸修建育婴堂，收养弃婴。乾隆二十年版《泸溪县志》载：明代县府设户房，并在旧县治北山麓建养济院，几经损毁，几经复建。清乾隆二年（1737），知县周相奉文重建。养济院工作主要是收养城里无劳动能力鳏寡孤独对象，灾荒时期接济灾民。

民国13年（1924），县政府设立一科，主管民政事务工作。民国27年（1938），奉省政府令，改为民政科，配科长一人，科员2人，下设户籍室，配事务员1人。民国时期县政府民政业务范围是：为县政府起草掌管文件、信访、代行县长出缺处理县府事务；掌握审理职员履历，任免职员，行政区划，乡保甲自治，户口异动登记；出征军人家属优待，掌管婚姻以及残废人员情况；执行禁烟和掌管卫生行政医药事项；社会救济、救灾；管理名胜古迹、古物、寺庙财产以信劳动服务等有关民政事项。

1924—1949 年泸溪县民政科科长名录

机构名称	职务	姓　名	任职时间	籍　贯	备 注
一科	科长	向楚卿	1924.5-1924.11	湖南省黔阳县	
一科	科长	舒显龙	1927.4-1927.8	湖南省沅陵县	
一科	科长	陈楚衡	1931.1-1932.11	湖南省衡山县	
一科	科长	王希楷	1933.12-1935.11	湖南省长沙	
一科	科长	刘民鹤	1935.11-1936.8	湖南省常宁县	
一科	科长	谭宣烈	1936.9-1937.9	湖南省衡山县	
民政科	科长	耿性存	1938.10-1940.2	江苏省	
民政科	科长	王希楷	1940. 2-1942.12	湖南省长沙	
民政科	科长	杨志伟	1943.11-1944.8	湖南省长沙	
民政科	科长	章长年	1944.8-1948.9	湖南省泸溪县	
民政科	科长	伍　忠	1948.9-1949.3	湖南省浏阳县	
民政科	科长	余　致	1949.5-1949.7	湖南省辰溪县	

二、中华人民共和国成立后泸溪县民政机构

(一)机构沿革

1949 年 9 月 21 日,泸溪县城解放。11 月 18 日,县人民政府成立,内设三科一室,即民教科、司法科、财粮科、秘书室,民教科负责民政、教育工作。1951 年 1 月,撤民教科分设民政科、教育科。1954 年底,县人民政府改为县人民委员会。1955 年 4 月 23 日,民政科正式启用印章,全称为“泸溪县人民委员会民政科”,至 1968 年 3 月。

1968 年 4 月,泸溪县革命委员会成立,设民政组,代行民政工作职能。1969 年 1 月,改设民群组。1970 年 5 月,改为民政小组,公社始设民政员。1971 年,县革命委员会成立生产指挥组,内设农村、工交财贸、文教卫 3 个小组,民政工作由工农业生产组代行职权。

1976 年 3 月 27 日,根据上级指示,县革命委员会成立县民政局,全称为“泸溪县革命委员会民政局”。属县革命委员会工作部门序列。主要工作任务是社会救济、社会福利、优抚、部队离退转业军人安置管理、基层政权建设、行政区划、婚姻登记、残疾人协会、殡葬改革与收容遣送等工作。乡镇设专职民政助理员。

1979 年 7 月 1 日,全国人大五届二次会议通过《关于修正中华人民共和国宪

法若干决定的决议》，决定取消地方各级“革命委员会”名称，改为地方各级人民政府。1980年，泸溪县革命委员会正式改称泸溪县人民政府，召开泸溪县人民代表大会选举新一届人民政府，县民政局属于县人民政府组成部门。

(二)机构职能

1.职能演变

1949年11月至1968年12月　1950年，民政工作以救灾和政权建设工作为重点，主管地方行政机关设置、行政区域划分调整；社会福利、社会救济、优待抚恤、烈士褒扬；农村土地改革，城市公共房地产保护、退伍安置；干部和退休工作人员管理；社团和宗教团体登记等事项。1950年10月，干部管理工作划入县人事部门管理。1952年6月，红十字会划归卫生部门指导。8月，城市营建规划考核工作移交县财经部门。1953年1月，民政科牵头组织开展戒烟、禁种鸦片和收缴农村存毒工作。1953年10月，确定民政职能为：政权建设、优抚、救济、地政、户政、行政区划、民工动员、婚姻登记、社团登记等。1954年2月，对部分民政业务作出如下调整：麻风病人收容与治疗由卫生部门管理，麻风村由民政部门管理体制保持不变，对生活困难麻风病人救济由民政部门负责；精神病人治疗由卫生部门负责，已治好但无家可归者由民政部门负责；文物古迹管理交由文化部门负责；幼儿教育归口教育部门和卫生部门管理；调解工作由人民法院管理。1955年1月，确定“以优抚、复员、救灾、社会救济为主要业务，并相应地做好其他民政工作”民政工作方针。1956年1月，农村户口登记、统计工作交给公安部门管理。1959年7月，第五次全国民政会议确定民政部门主要业务是：优抚、复员安置、救灾、社会救济、社会福利和政府系统人事工作；做好地方选举、基层政权组织建设、行政区划、土地征用、婚姻登记、婚丧礼俗改革等工作。

1969年1月至1978年2月　1972年3月，国务院将民政工作职能进行分解，行政区划、收容遣送等工作划归公安部；救灾、救济、优抚、拥军优属等工作划入财政部；盲人、聋哑人、麻风病人、精神病人安置教育和管理工作划入卫生部；国家机关工作人员待遇和退职退休及复员转业军人安置等工作划入国家计委劳动局。

1978年3月至2006年12月　1978年3月，国家设立民政部，民政工作主要职能是：优抚、复退安置、生产救灾、社会救济和社会福利，承办行政区划、婚姻登记和殡葬改革等工作。10月，县、社直接选举具体事务划入民政部门负责。1981年3月，明确城市居民委员会工作由民政管理。1982年4月，对社会上无依无靠、无家可归、无生活来源者由民政部门主管。1982年7月，召开全国民政工作会议，确定民政部门主要任务是促进社会安定，除抓好救灾、救济、优抚安置、收容遣送等工作外，把加强基层政权建设，特别是农村基层政权建设列为重要任务之一。根据这次会议精神，民政部职责任务是：做好地方政权建设、优抚安置、救灾救济、社会福利等工作。1983年3月，第五届全国人大常委会第二十六次会议通过《关于县级以下人民代表大会代表直接选举的若干规定》，民政部门不再承担县、乡两级选举日常工作，只负责基层政权建设工作。1983年7月，军队离休干部移交地方后由民政部门管理。1980年4月，县级民政局负责基层政权建设、行政区划，社会救灾、救济、福利、优抚，军队离(退)休、转业军人安置管理，民间组织管理，婚姻登记以及收容、遣送等项工作。1987年8月，地名工作由城乡建设环境保护部门划归民政部门管理。1987年12月，残疾人联合会由民政部门代管。1988年3月，减灾工作由民政部门牵头组织开展。1988年7月，国家机构编制委员会确定民政部门主要任务是：通过做好基层政权建设和村民委员会、居民委员会建设工作，促进城乡经济发展，推进基层民主生活制度化；通过管理社会行政事务，调整人际关系，缓解社会矛盾，推进社会行政管理法制化；通过发展社会福利与社会保障事业，推进公共福利事业社会化；通过做好优抚安置工作，加强军政军民团结，促进国防建设现代化。1988年10月，国家机构编制委员会批准中国老龄问题全国委员会挂靠民政部。1990年7月，国务院确定农村社会养老保险由民政部负责。1991年6月，民政部负责拥军优属拥政爱民工作领导小组办公室日常工作。1994年9月，国务院确定社会福利彩票发行由民政部负责。1998年机构改革，民政职能做出调整。划出职能：农村社会养老保险职能交给劳动和社会保障部门管理。划入职能：民办非企业单位登记管理工作由民政部负责；将国家经济贸易委员会承担的组织协调抗灾救灾的职能交民政部；撤销国务院退伍军人和离退休干部安置领导小组、国务院勘界工作领导小组，其工作由民政部承担。

2.泸溪县民政局机构职能。从1951年设立民政科起，县民政局(科)职能多次调整和变化，2010年，民政工作职能基本定型。是年，县委、县人民政府印发《关于印发〈泸溪县人民政府机构改革实施意见〉的通知》，明确泸溪县民政局是县人民政府工作部门，对职责进行调整。职责调整后，增加社会救助职责，统筹城乡社会救助体系建设；增加指导基层群众自治组织和社区组织干部表彰职责；加强促进慈善事业发展职责；增加指导社会工作人才队伍建设职责；增加组织协调减灾防灾工作职责。

职能调整后主要职责:

(1)贯彻执行党和国家关于民政工作法律法规和方针政策;制订全县民政事业发展规划和年度计划,并组织实施和监督检查;推进民政工作改革与发展。

(2)组织、协调全县救灾减灾工作;组织自然灾害救助应急体系建设;组织核查、统计上报并统一发布灾情;筹措、管理、分配救灾物资并监督使用;组织、指导救灾捐赠工作;指导救灾物资储备和发放工作;承担县减灾委员会日常工作;会同有关部门组织实施农村危房改造。

(3)组织实施全县社会救助工作;负责城乡居民最低生活保障、医疗救助、临时救助工作;负责农村五保供养和敬老院建设与管理工作;负责城乡社会救助体系建设工作。

(4)贯彻执行国家优抚政策;主管全县各类优抚对象抚恤、优待、补助和国家机关公务员、人民警察伤亡抚恤工作;负责烈士褒扬工作;指导烈士纪念建筑物保护单位管理;组织、协调、指导拥军优属、拥政爱民工作;承担县双拥工作领导小组日常工作。

(5)负责全县退役士兵、转业士官、复员干部和移交地方政府安置军队离退休干部、退休士官及军队无军籍退休退职职工接收安置工作:指导退役士兵、转业士官的培训、就业工作。指导军队离退休干部管理所建设与管理。

(6)承担全县社会团体、民办非企业单位登记管理和监察责任。依法对全县社会团体、县直各部门审查批准民办非企业单位所设机构进行登记管理、年检和执法监察。

(7)指导城乡基层群众自治组织建设和社区建设工作;提出加强和改进城乡基层政权建设建议;指导、组织城乡社区建设和服务管理工作;推动村(居)务公开和基层民主政治建设;指导基层群众自治组织和社区组织干部表彰。

(8)承办县人民政府交办行政区划有关工作;研究和修订行政区域规划;负责行政区域界线勘定和管理工作; 负责全县法定行政区域界线争议调查和调处工作;规范全县地名标志设置和管理;负责组织和管理地名资料档案。

(9)组织实施全县福利事业发展规划;指导全县社会福利机构建设和管理:指导老年人、孤儿和残疾人等特殊群体权益保障行政管理工作;指导福利彩票发行和福利彩票公益金使用管理:组织促进慈善事业发展工作;组织、指导社会捐助工作。

(10)贯彻执行国家婚姻登记、殡葬管理和儿童收养法律法规和政策并组织实施；负责全县孤儿弃婴收养工作；指导并监督实施国家机关儿童收养法律法规；推进婚俗和殡葬改革；指导婚姻、殡葬、收养服务机构管理工作。

(11)推进社会工作人才队伍建设和相关志愿者队伍建设；指导全县基层民政干部职工队伍建设；推进民政科技和民政行业标准化工作。

(12)指导监督全县民政事业经费管理和使用；负责民政事业经费内部审计和监督；负责民政事业财务、国有资产管理和统计、审计工作。

(13)协调老龄工作法律法规和方针政策贯彻执行；拟订本县老龄工作相关政策；编制全县老龄事业发展规划并组织实施和监督检查；协调和推动有关部门加强对老龄工作宏观指导和综合管理，推动开展有利于老年人身心健康各种活动；承担县老龄工作委员会日常工作。

(14)承办县委、县人民政府交办其他事项。

(三)历届领导名录

1. 民教科(1949.11—1951.1)

科　长：黄维智(1949.11—1950.12)

副科长：郭天锡(1949.11—1950.12)

2. 民政科(1951.1—1966.10)

科　长：郭天锡(1951.1—1951.10)

李　珍(1951.10—1953.4)

张宗国(1953.4—1954.1月)

副科长：杨保民(1953.7—1965.4)

科　长：符忠森(1956.6—1962.1)

王家福(1962.1—1965.12)

张义源(1966.3—1966.10)

3. 民群组(1968.12—1970.9)

组　长：张祖敏(1968.12—1969.12)

向仕恒(1970.1—1971.10)

副组长：向昌喜(1970.9—1970.10)

4. 民政组(1971.10—1976.3)

组　长：向仕恒(1971.10—1972.12)

杨通求(1973.1，县革委会办事组副组长兼)

何　忠(1973.2，县革委会办事组副组长兼)

唐荣德(1973.2—1976.3)

5.民政局(1976.3—2016.10)

1976.3—1981.2,局长空缺,副局长主持工作。李德胜(1981.3-1984.5),杨秀炎(1984.5-1990.5),肖志农(1990.5-1991.6),廖浩富(1991.7-2001.12),杨斌(2001.12-2010.10),戴安(2010.12-2015.11),罗云峰(2015.11-2017.1),符登松(2017.1-)

副局长:唐荣德(1977.3—1978.10),向仕恒(1978.10—1986.3),杨顺成(1986.3-1988.3),杨心明(1988-1990.5),杨忠爱(女1990.5-2001.12),田连清(1993.2-1996.8),刘支朝(1996.12-2005.12),金有贵(2001.12-2015.11),周华(2010.12.—),包雨民(2005.12—),刘光金(2005.12-2007.12),张世好(2016.11—)

第二节 内设机构

一、内设机构

从1949年11月设立民教科到1976年成立民政局,内设机构是办公室。1971年,设立泸溪县收容遣送所,隶属民政局管理。1976年至1980年,内设机构有办公室、财务室、收容遣送所。2001年,制订机构“三定”方案,设办公室、救灾救济股、优抚安置办、计划财务股、基政社会事务股、局纪检组共6股室(组)。二级机构及事业单位有县救灾扶贫福利服务站(1992年3月成立,自收自支)、县农村社会养老保险所(1993年5月成立,自收自支)、县低保中心(1999年成立,全额拨款)。有干部职工23人,其中局机关10人,局属事业单位13人。2010年,县编制委员会办公室批准设立内设机构6个,即办公室、救灾救济股(加挂泸溪县减灾委员会办公室牌子)、优抚安置办(加挂泸溪县双拥工作领导小组办公室牌子)、计划财务股、基政社会事务股、县老龄工作委员会办公室(归口管理单位)。至2017年,内设机构有办公室、救灾救济股、优抚安置办公室、计划财务股、社会事务股、行政区划与基层政权建设办公室、低保中心(社会救助局)7个股室(中心)。

二、内设机构职能

(一)办公室

负责协助处理机关政务和日常工作;组织草拟民政事业发展规划和承担机关

规范性文件合法性审核工作;组织民政系统先进单位评比表彰活动;协调组织民政行政复议及行政应诉工作;负责局机关督查督办、新闻宣传、政务信息、公文运转、提案建议办理、档案管理、机要保密、信访、办公自动化、政务公开、安全保卫和机关行政管理等工作;负责重要会议组织服务工作。

(二)救灾救济股(泸溪县减灾委员会办公室)

监督实施救灾减灾工作法律、规章及政策;组织协调救灾减灾和应急管理工作:组织自然灾害救助应急体系建设;组织灾情核查、统计、上报和统一发布灾情,慰问受灾群众;承办州和县下达救灾款物管理,分配及监督使用;会同有关方面组织和协调紧急转移安置受灾群众,农村受灾群众毁损房屋恢复重建补助和受灾群众生活救助工作;会同有关部门组织实施农村危房改造工作;指导全县救灾物资储备、管理工作,管理全县救灾物资储备工作;组织和指导全县性救灾捐赠工作;承担县减灾委员会日常工作。

(三)优抚安置办公室(泸溪县双拥工作领导小组办公室)

负责全县优抚对象和烈属的抚恤优待, 主管革命伤残人员伤残评定审核报批,烈士褒扬伤残抚恤、福利院管理、退伍义务兵及转业士官安置,军队离退休干部安置管理等工作。

(四)计划财务股

负责民政事业费管理、使用、审计和监督,管理本局及下属事业单位国有资产、编制民政事业统计报表,拨付各项民政事业费,管理局机关财务。

(五)社会事务股

负责婚姻登记管理及婚姻执法检查、收养登记、社团管理、社会福利、社会事务等。同时,负责监督社团和民办非企业单位行政复议工作。

(六)区划基层政权建设办公室(社区建设办公室)

负责基层政权建设、基层群众性自治组织建设、行政区划变更等日常工作;负责调查了解基层政权现状和存在问题,总结交流基层政权建设经验,拟订修改有关意见和制度;负责宣传贯彻《村(居)民委员会组织法》和换届选举工作,抓好村民委员会后备干部的培养,定期组织培训村(居)委会干部;负责指导村务公开、村民自治示范村活动的开展,建立健全村民代表会议、村务公开等各项工作制度,并实施验收、检查;制定社区发展规划,指导社区服务管理工作;协助办理行政区划变更具体事宜,勘定行政边界,解决边界纠纷,整理行政区划资料。负责边界线的管理工作;负责勘界成果资料汇总、整理及报批工作;负责勘界资料档案管理;组织地名调查、审定、编辑出版行政区划和地名图书资料及工具书。

(七)低保中心(社会救助局)

根据国民经济和社会发展规划,制订全县社会救助事业发展战略,编制社会救助事业中长期发展规划,制定年度工作计划,落实上级有关

社会救助工作方针、政策、法规和各项工作目标并组织实施、督查;管理城乡低保工作,建立和完善城市和农村居民最低生活保障制度,坚持“公开、公平、公正”和“动态管理”原则,实现应保尽保;管理敬老院和五保供养工作,指导乡镇敬老院和民办养老社会福利机构建设和管理,负责农村五保供养工作,兴办和发展敬老养老事业,不断提高五保集中供养率;管理城乡大病医疗救助工作,建立和完善城市和农村困难群众大病医疗救助制度,负责实施对城乡困难群众大病医疗救助工作;管理精简退职老职工生活救济工作;承办交办的其他工作。

第三节　所属机构

一、社会福利院

泸溪县社会福利院,属于全额事业拨款单位,核定编制5名。是以收养全县境内社会弃婴、孤残儿童、“三无老人”和社会托养老人为主要职责的社会福利性事业机构。其职责是:

贯彻执行国家有关法律法规和政策,坚持社会福利性质,保障供养、收养、代养、休养人员合法权益;坚持依靠社会、依靠集体、依靠群众,民主管理、文明办院、敬老、养老办院方针;管理服务规范化,为收养、休养人员提供生活、医疗护理、康复等优质服务;敬老院实行院长负责制,院长负责全面工作;敬老院设立院务管理委员会,负责贯彻落实办院方针,原则、审议院内重要事宜,监督院长、工作人员的工作;提供较完善的生活服务设施,做到方便、整洁、卫生、规范;保障收养、休养人员生活费标准不低于当地居民平均生活水平;发展院办经济,增强自身发展活力,不断提高供养人员生活水平。

二、革命老根据地经济开发促进会办公室

县革命老根据地经济开发促进会办公室,属于全额事业拨款单位. 工作职责是:抓好老区扶贫开发建设;老区专项扶贫资金和贴息贷款发放、管理;老区扶贫

项目审查、审定和申报。

三、军队离退休干部管理所

泸溪县军队离退休干部管理所属于全额事业拨款单位，工作职责是：

1. 落实军休人员政治待遇。定期走访慰问，及时解决实际问题；建立政治学习制度，学习传达上级文件。听报告、出席会议，参加重大活动；为军休人员订阅报刊，积极组织军休人员参加社会各界举办的各项政治活动。

2. 落实军休人员的生活待遇。严格执行文件规定标准，将每个军休人员生活费和各项补贴，以及每年调增工资，及时足额发放到位；每年为军休人员进行健康体检，建立健康档案；丰富军休人员精神文化生活，开展文化活动。

四、婚姻登记管理所

泸溪县婚姻登记管理所，属于全额拨款事业单位，是具有依法履行婚姻登记职权行政机关。其主要职责是，负责办理全县婚姻登记工作，补发婚姻登记证，出具婚姻登记记录证明、撤销受胁迫婚姻；宣传婚姻法律法规，倡导文明婚俗。负责本登记机关办理的婚姻登记材料收集、整理、立卷、归档、管理及办理婚姻档案移交工作，承办全县收养登记工作。

五、城市无着落人员救助管理站

泸溪县城市无着落人员救助管理站，属于全额拨款事业单位。职责是：根据《城市生活无着的流浪乞讨人员救助管理办法》对城市生活无着落流浪乞讨人员实施临时性救助；根据规定对受助人员提供下列救助服务：提供符合食品卫生要求食物；提供符合基本条件住处；对在站内突发急病的，及时送医院救治；帮助与其亲属或者所在单位联系；对没有交通费返回其住所地或者所在单位的，提供乘车凭证；完成上级交办的工作任务；编制本地区救助工作统计报表；指导乡镇救助管理工作。

六、殡葬管理服务所

泸溪县殡葬管理服务所，属于差额拨款事业单位。殡葬管理服务所工作职责是：贯彻执行上级殡葬管理的政策法规；掌握全县殡葬改革情况，提出建议，制订规章，拟定殡葬改革规划；监督检查全县殡葬改革和殡葬法规执行情况，对违反殡葬法规的行为作出行政处罚；加强殡葬行业干部职工队伍建设，指导乡镇做好辖区内殡葬管理工作；做好公墓管理、丧事管理和丧葬用品市场管理等日常工作；做好殡葬改革的宣传工作，协助乡镇制止和处理丧事中封建迷信活动；指导红白理事会和殡葬行业协会工作。

第四节 乡镇民政办公室

乡镇民政办负责本乡镇优抚、慈善、殡葬、社会救济、社会事务、婚姻登记、地名标识及门牌、村级机构、民间组织等项事务处理，保障基层民政和社会救助工作开展。民政办直接面对均是农村困难群众、孤寡老人、优抚对象等。民政事业各项任务、法规政策靠基层民政办宣传、贯彻落实。基层民政办组织，在履行社会行政事务管理服务职能，维护社会稳定，化解社会矛盾等方面发挥重要作用。泸溪县乡镇民政办设立于 1970 年，每个乡镇配备民政助理员一名，行政上隶属于乡镇(公社)管理，业务上由县民政局指导。

乡镇民政办工作职责是，贯彻执行党和国家方针政策和民政工作有关政策、法律、法规，协助分管领导搞好民政工作；贯彻和实施城乡居民最低生活保障制度，申报、发放最低生活保障金，实行动态管理；贯彻执行党和国家有关老龄事业政策、法规，承担老年人、孤儿、五保户等特殊困难群体权益保护行政管理工作；负责本乡镇优抚对象抚恤金、优待金、定期定量补助发放工作；组织、指导拥军优属活动，承担拥军优属日常工作； 负责本乡镇因灾生活困难群众救济和社会临时救济工作，检查灾情，做好灾情上报工作；负责婚姻、收养登记等有关规定宣传和咨询工作；指导村民委员会民主选举、民主决策、民主管理和民主监督工作，推动村务公开和基层民主政治建设；负责民政信访工作，为群众排忧解难；按时完成乡镇党委政府和民政局交办各项工作。

第五节 党的建设

一、组织建设

(一)党组。泸溪县民政局党组设立于 2001 年 12 月。17 年来，局党组坚持加强理论学习，提高思想政治素质，制定政治理论学习计划，确定学习主题，每季度集中学习一次，把学习情况纳入年底考核，做到人员、时间、内容、效果“四落实”。坚持民主集中，实行集体领导，制定完善《党组会议制度》《局党组民主生活会制度》等系列制度；实行民主集中、科学决策，党务、政务财务每月公示一次；局人事调整、基础设施建设、经费安排、大额开支等重大事项，坚持由局领导班子以会议形式集体讨论决定，接受监督；局党组成员带领分管股室每人每年联系2个乡镇和10户特困家庭结成帮扶，进行重点扶持。坚持每月带领分管股室下基层走访慰问20户困难户和重点优抚对象，访贫问苦，树立民政系统良好形象。

历任党组书记

杨斌(2001.12-2004.12)，罗仲春(2004.12-2005.12)，杨秀勇(2006.1-2013.1)，彭晓云(2013.1-2013.12)，戴安(2013.12-2015.11)，罗云峰(2015.11-2016.12)，符登松(2016.12-)。

(二)党支部。泸溪县民政局党支部设立于1977年3月。党支部职责是，宣传和执行党的路线、方针、政策，宣传和执行党中央、上级组织和本组织决议，发挥党组织战斗堡垒作用和党员先锋模范作用；组织党员加强政治、法律、科学、文化和业务知识学习，提高党员政治思想素质、文化知识水平和业务能力；严格管理，督促党员履行义务，保障党员权利，落实"三会一课"制度、"民主评议党员"制度，开展党员党性分析活动；围绕民政工作实施科学化管理，不断提高工作能力；对党员进行监督，严格执行党的纪律，加强党风廉政建设；做好所属党员思想政治工作，推进文明建设，了解反映基层党员群众意见，维护正当权益，帮助解决实际困难；对入党积极分子进行教育、培养和考察，负责审查发展党员，严格按照有关规定做好发展党员工作；按时收缴党费；领导所属工会、妇委会等群众组织，支持依照各自章程独立负责地开展工作；承办局党组交办其他任务。

党支部成立以来，发挥战斗堡垒作用，及时组织全体党员参加各种活动，培养党建积极分子，注重党员发展工作，抓好党支部"三会一课"等制度落实，建立健全党建和行政工作各项规章制度，形成长效机制。至2012年，累计发展党员24名。2013年5月，制定《2013—2022年发展党员工作规划》，确定10年内民政系统发展党员目标是：每年发展新党员1—2名左右，其中35岁以下达到70%以上，高中以上文化程度达到85%以上，女性比例达到26%以上。

3、历任党支部书记名录

唐荣德(1977.3—1978.10)，向仕恒(1978.10—1981.3)，李德胜(1981.3-1984.5)，杨秀炎(1984.5-1990.5)，肖志农(1990.5-1991.6)，廖浩富(1991.7-2001.12)，金有贵(2001.12-2015.11)，包雨民(2015.12-)

(三)纪检监察

纪检组职责是,负责民政局系统党风廉政建设和反腐败工作,组织开展党风党纪教育,检查处理局属单位和党员干部违反党纪政纪案件,受理纪检监察方面来信来访和案件举报,负责全局行政监察工作和纠正行业不正之风工作,承办县纪委监察局交办工作。

局纪检组设立后,坚持围绕中心、服务大局,全力推进民政系统党风廉政建设。严明党的纪律,确保县委、县政府各项重大决策部署,特别是民政民生政策全面贯彻落实,切实保护好全县民政事业发展良好环境、保护好广大民政对象利益不受侵害、保护好广大民政干部健康成长。定期开展社会保障政策落实情况专项执法监察,对最低生活保障政策落实情况进行全面督查。每年定期对各项民政资金管理使用情况进行专项督查,各项民政资金检查内审面100%。对民政资金管理使用存在问题乡镇和局属单位下发整改通知书限期整改,对限期不整改移交县纪检监察机关依纪依法处理。2005年起,牵头组织开展社会救助、最低生活保障、农村危房改造等专项检查26次,查处违反政策规定问题14件次,下发整改通知书限期整改问题12件次。加强以民为本理念教育、示范教育、警示教育和岗位风险教育,健全和完善各项规章制度,深入开展廉政风险点的排查,建立内控机制,筑牢制度防线。坚持进行工作纪律检查,治理上班打牌、炒股、玩游戏、工作日午餐饮酒等不良作风。重点加强婚姻登记、流浪乞讨人员救助、城乡低保、五保供养、医疗救助等窗口单位作风建设,开展群众满意窗口单位创建活动,增强责任意识、强化自身形象,加强党性修养,弘扬良好作风,让人民群众满意。

历任纪检组长名录

刘本京(2001.11—2015.11)

2015.11—2017.3,纪检组长空缺

胡大勇(2017.3-)

(四)群团组织

1.工会

工会职责是,认真贯彻执行《中华人民共和国工会法》《中华人民共和国女职工权益保护法》等法律法规及上级工会组织的工作部署;做好职工思想政治工作,经常对职工进行社会主义核心价值观、爱国主义、集体主义、共产主义和社会公德、职业道德、家庭美德、个人品德教育;依法维护职工民主权利,健全职工代表大

会制度，切实加强职工参政议政民主管理工作；抓好工会委员管理工作，做到组织健全，任务明确；协助有关股室做好困难职工生活补助工作，参与调解家庭矛盾纠纷；维护职工合法权益，定期开展安全教育活动，参与安全检查和伤亡事故处理；维护女职工合法权益，针对女职工特殊问题，做好女职工保护工作；积极开展文化活动，经常组织各类体育比赛。丰富职工业余精神文化生活。

民政局工会成立后，围绕民政工作中心，以落实重点工作目标为主线，强化措施，狠抓落实。深入开展创先争优活动，着力为困难群众办实事、做好事。强化组织管理，切实维护职工权益。以“加强制度建设规范权力运行”活动为契机，进一步强化工会建设，建立完善培训教育制度等一系列制度。成立职工维权小组，随时掌握职工实际困难和思想动态，在生活、工作上关心职工，维护合法权益，做到急职工所急，想职工所想，把工会真正办成职工之家。强化学习教育机制，努力提高职工素质。积极协助局党支部从强化政治和业务学习入手，以建设学习型机关为目标，狠抓会员工作作风和学风建设，定期组织全体工会会员开展政治学习，提高政治素质。组织会员学习《中华人民共和国工会法》和相关社会救助、优抚政策等民政法律法规，进一步提高会员的综合素质、业务水平和工作能力。开展形式多样文体活动，推动文明建设。以开展相关活动为契机，树立干部职工在本职岗位上努力创新，团结协作和爱岗敬业的理念。制定工会活动年度计划，开展多种形式活动增强工会组织凝聚力，使全体会员树立团队意识。重大节日积极组织工会活动。在每年“三八”“五一”节日期间，组织全体会员召开座谈会，就维权等主题进行交流。组织职工开展各类活动。积极参加慈善捐款活动。在“慈善一日捐”“送温暖、献爱心”等社会捐赠活动中，全体会员积极参与，为弱势群体捐钱捐物，献爱心。2016 年全体会员为慈善事业共捐款 26000 元。

历任工会主席名录

候长南（2012— ）

2.团支部

团支部工作职责是，组织青年学习党的各项方针政策，了解国内外大事，及时传达党支部和上级团组织工作精神，创造性地贯彻落实；主动关心团员青年成长进步，帮助解决学习、工作和生活中遇到各种问题，向机关党支部和上级团组织汇报请示工作，提出建设性意见；组织开展支部各项活动，齐心协力完成各项任务；做好组织发展和教育管理工作，组织支部组织生活会，建立支部工作档案，负责团费收缴和上缴；做好团员青年思想政治工作，向党支部推荐优秀团员作为党组织发展对象。

1990年，随着局机关干部职工尤其是年轻人增多，成立机关团支部，配备团支部书记。26年来，团支部在强化青年工作，突出思想教育引导作用，坚定理想信念方面，做了大量工作。每年3月，组织以“传承雷锋精神，牢记责任担当”主题活动。5月，结合“五四”青年节，深入进行读书体会交流，撰写读书体会，打造交流平台，创建“青年讲堂”品牌，提升青年干部思想素质。立足岗位，投身民政服务领域，在婚姻登记高峰期、清明祭扫高峰期等特殊时期，积极发挥青年主力军作用，确保服务好群众。强化业务学习，主动参加局党支部举办的各项活动。每年进行3次以上业务交流，在青年职工中形成学业务、比业务、争当业务骨干良好氛围。以增强团队意识，提升青年群体综合素质，积极组织青年干部参与各项活动。每年组织青年参观烈士陵园，向烈士纪念碑献花等活动。经常组织青年开展户外活动，如爬山、篮球比赛等，促进青年间的交流与融合，增进情感。26年间，有12名青年加入中国共产党，受到州以上表彰奖励8人。

二、历次学习教育活动

社会主义教育运动　1963年，党中央决定在城市和乡村开展社会主义教育运动，也称“四清”（清政治、清经济、清组织、清思想）运动，根据县委部署和要求，民政科认真组织干部职工参加社会主义教育运动。在运动中重点纠正干部多吃多占、强迫命令、欺压群众等作风问题。

整党活动　1984年，根据县委安排部署，民政局全面开展整党工作。这次整党任务是：统一思想，进一步实现全党思想上政治上高度一致，纠正一切违反四项基本原则、违反十一届三中全会以来党的路线“左”和“右”的错误倾向；整顿作风，发扬全心全意为人民服务革命精神，纠正各种利用职权牟取私利行为，反对对党、对人民不负责任官僚主义；加强纪律，坚持民主集中制组织原则，反对无组织、无纪律、无政府主义、自由主义和家长制、派性、改变党组织软弱涣散状况；纯洁组织，按照党章规定，把反对党、危害党的分子清理出来，开除出党。在整党活动中，局党支部组织全体党员按照要求认真开展活动，重点针对党员尤其是党员领导干部思想、组织、作风、纪律方面开展整顿，力求达到思想统一，作风过硬，纪律严明，推进民政事业和民政管理工作规范化。整党期间，对一名党员进行通报批评，责令整改。这次整党对全体党员普遍地进行党的基本理论和党的路线方针政策教

育，进一步弘扬了实事求是思想路线，党员队伍组织、思想、作风和纪律建设明显加强。

"三讲"学习教育活动 1997年4月，落实县委部署，开展"三讲"(讲学习、讲政治、讲正气)学习教育活动，同时开展"三为"(为中心、为基层、为群众)"三实"(谋实略、干实事、求实效)作风建设活动。在开展"三讲、三为、三实"思想作风建设活动中，全局领导干部下到基层乡村走访贫困户542户，发放民政救助金75万元。党支部领导班子召开民主生活会2次，结合思想、工作、作风开展批评与自我批评，整改存在问题7个。

保持共产党员先进性教育活动 2005年4月，县民政局根据县委统一部署和总体安排，组织开展保持共产党员先进性集中教育活动。这次活动取得显著成效。全体党员受到一次马克思主义教育，机关党支部创造力、凝聚力、战斗力进一步提高，党组织和党员服务群众行动更加自觉，党员干部工作作风进一步改进。

学习实践科学发展观活动 根据党的十七大部署，中央决定从2008年9月开始，用一年半左右时间，在全党分批开展深入学习实践科学发展观活动。县民政局落实县委部署，按照县学习实践活动办公室要求，认真组织开展活动，全面完成科学发展观学习实践活动任务。

创先争优活动 2012年，深入开展创先争优活动，把创先争优活动作为推动民政工作开展抓手，各项工作呈现新局面。为深入扎实有效开展好"创先争优"各项活动，成立以局长为组长活动领导小组，下设办公室，制定创先争优实施方案，召开全局创先争优活动动员大会，明确工作目标和工作举措，进一步激发全局广大党员干部参与活动热情。为确保创先争优活动扎实有效开展，不断健全完善党组织建设、纪律作风建设等相关规章制度，完善党务、政务公开内容，加强对行政权力运行过程和结果动态公开，给群众最广泛知情权。通过设立咨询举报电话，聘请社会监督员等形式主动接受监督，建立沟通平台，及时了解群众关切的问题和情况。通过建制度、抓公开、严监督，形成靠制度管人、管事工作格局。结合自身特点，组织广大党员干部开展 "走出机关、服务群众"活动，向社会和全县人民做出郑重承诺。定期召开民主生活会，开展党员评议活动，组织党员认真开展批评和自我批评。

党的群众路线教育实践活动 2014年3月26日，局机关召开党的群众路线教育实践活动动员大会，贯彻中央、省委、州委和县委有关要求，对开展教育实

践活动进行动员和部署。提出统一思想，提高认识，提升民政为民服务能力和水平，为维护良好党群干群关系发挥积极作用。明确任务，抓住重点，推进教育实践活动扎实开展。党员干部必须把“照镜子、正衣冠、洗洗澡、治治病”总体要求贯彻始终，开展批评与自我批评。以党章为镜，以廉政准则为镜，以群众期盼为镜，找到切实有效的针对性举措，提高思想、转变作风、密切党群干群关系、树立为民务实清廉形象。坚持深入基层倾听民意，消除形式主义、官僚主义、享乐主义和奢靡之风“四风”。县委常委、县纪委书记石利民、县督导组长张忠成，直属工委纪检组长杨树生参加会议进行督导。活动中开展集中学习、专题讨论活动6次，班子成员专题讲座4场次，收看专题影片5场次，编制发放《学习手册》《应知应会100问》等学习资料80套。4月，局党组成立“特困群众慰问组”“村委会换届组”“优抚维稳组”三个小组，由局领导带领到全县乡村开展为期一个月调查研究，广泛听取群众意见建议，了解不同层面群众所思所想所需。在潭溪镇敬老院，干部职工同植爱心树，共育敬老林，为老人们种下香樟树、桂花树等100株爱心树苗。在梁家潭乡芭蕉坪村，局长带领干部职工走访慰问困难群众，进行“五必访五必问”活动。在潭溪镇且己村、小陂流村，局班子成员与困难户促膝相谈，嘘寒问暖，给10户困难户送上慰问金5000元。至6月底，党员干部下基层走访群众350人次，解答咨询320件，解决群众困难1120件，发放救助金13万元。8月25日，召开领导班子专题民主生活会。县委督导组及县纪委、县委组织部、县委直属机关工委有关领导到会全程参与指导。参会人员首先集中收看《兰考县委常委班子专题民主生活会视频》和《泸溪县委常委班子专题民主生活会视频剪辑》。随后，局党组书记、局长戴安就民主生活会准备工作进行简要介绍，代表局党组班子进行检查发言。班子成员对存在18个问题进行认领表态，并逐一作个人对照检查，深刻剖析存在问题思想根源，明确提出整改方向和主要措施。在批评与自我批评环节，班子成员之间坦诚相见、敞开心扉，开展辣味十足又善意坦诚相互批评。在指出问题同时，也指出具体表现，既勇于揭短亮丑，又真心建议帮助，收到红脸出汗、排毒健体、加油鼓劲效果，达到“团结—批评—团结”目的，民主生活会得到督导组肯定。9月，全面进入整改阶段，至12月，18个问题全部整改完毕。

“三严三实”专题教育活动　　2015年7月，县民政局部署开展“三严三实”（严以修身、严以用权、严以律己，谋事要实、创业要实、做人要实）专题教育活动，采取五种学习模式，推进活动顺利进行。首先，领导带头学。动员会后，局党组组织

召开中心组理论学习，深入学习习近平总书记“三严三实”要求和调研指导兰考县教育实践活动时重要讲话精神，局党组书记戴安作“三严三实”专题报告。其次，组织集中学。每周安排一个半小时学习时间，组织全体干部职工深入学习习近平总书记“三严三实”重要精神。再次，利用多媒体自学。在自学活动中，由办公室提供网络链接，大家利用休息时间，通过网络文字、图片、视频多角度开展“三严三实”活动。第四，交流讨论。在学习活动中，每个月开展一到两次以“三严三实”为主题交流讨论会，结合实际工作，就贯彻落实“三严三实”情况积极发言，查找自身差距，明确努力方向。第五，做读书笔记。每次集中学习活动中，要求大家认真记录学习要点和学习感悟，结合自身总结学习心得，由局办公室不定期检查，巩固学习成果。认真诠释全心全意为人民服务理念，把服务理念渗透到“三严三实”活动全过程，强化大局意识、服务意识，进一步转变工作角色，“变监督员为指导员，变管理员为服务员，变执法员为宣传员”，坚持“热心接待办事对象、细心交代审批程序、诚心解决存在问题”，提高办事效率，提升服务水平。同时健全各项规章管理制度，依法履行职能，积极解决群众普遍关注的民政热点问题，开展民政执法专项行动，全力营造“办事成本最低、速度最快、心情最好”服务环境。

“两学一做”学习教育活动　2016年2月，中共中央办公厅印发《关于在全体党员中开展“学党章党规、学系列讲话，做合格党员”学习教育方案》，要求各地区各部门认真贯彻执行。5月20日，县民政局召开“两学一做”教育动员大会，活动部署是：学习党章党规，明确基本任务、树立行为规范；学习习总书记重要讲话，加强理论修养、统一思想行动；做合格共产党员，坚持以知促行。结合民政工作实际，立足自身岗位实际找准问题，有针对性整改。

三、“三型”党组织建设

2012年至2016年，县民政局结合各个学习教育实践活动，开展学习型、廉洁型、先进型“三型”活动，加强党的建设，推进机关党建工作。

学习型党组织建设　通过开展“讲党课”“评先进”等活动，健全以党组中心学习为龙头，党支部学习为重点，集体学习与个人学习相结合，创新形式、丰富内容，坚持学文件、学法律、学制度、学业务，推进学习型组织建设。坚持学习与考试、考核相结合；理论学习与实践工作相结合方式，提高党员、干部职工素质。

廉洁型党组织建设　全局认真学习贯彻落实党中央、省、州、县党风廉政建设文件精神，进一步改进工作作风，扎实推进惩防制度建设，确保干部职工不出问

题。坚持落实党风廉政建设责任制，完善反腐倡廉工作机制，将干部职工业务工作与党风廉政、行政效能建设同检查、同考核。落实民主生活会及“三重一大”事项集体决策，适时组织廉政风险防控体系。党员民主生活会每年不少于一次。推进党务公开，认真开展党员民主评议，切实保障党员的知情权、参与权、选举权和监督权，建立并完善党建工作监督和考评机制。加强干部队伍反腐倡廉教育工作，建立以日常教育为基础，警示教育为重点，提醒教育为补充的教育机制，深入学习中央八项规定、省委九项规定、州委七项规定和县委“六个一律”等廉政准则。在日常工作中，严格监督控制各类资金使用；严格控制“三公”经费支出；严格控制公务接待标准，规定接待内容、程序、陪同人员；严禁公务活动签单消费；严禁非公务用车，公车调用、报修、用油实行专人专管。认真执行党风廉政各项规定，严禁党员干部职工参与任何形式的“黄、赌、毒”活动和封建迷信活动；严禁参与任何形式黑社会、非法团体组织活动。领导干部以身作则，带头执行，率先垂范，加强对身边工作人员、亲属、子女教育和约束，树立务实廉洁形象。

先进型党组织建设　在全体党员干部队伍中，树立与时俱进、时不我待思想意识，树立“学、比、赶、超”精神，在学习、工作、生活上更新观念、强化功能、改进方法、提高能力，更好地服务群众、凝聚人心、促进和谐、推动发展。严格发展党员工作程序和标准，认真做好对入党积极分子培养教育和考察。每年培养积极分子2名，按规定培养发展新党员。

第六节　服务窗口建设

2010年前，县民政局综合大楼办公场所分布在2至5楼，布局分散，狭小拥挤，群众办事要跑多个楼层、多个办公室，办事效率不高，群众不满意。为切实转变工作作风，提高办事效率，给困难群众在生活、就医等方面提供优质便捷服务，2011年，县民政局以“为民服务，创先争优”活动为契机，统一思想，筹资21万元，将局机关一楼原有10间200平方米店面全部收回，改建成民政服务大厅，购置办公桌椅、档案柜、电脑、打印机、电子显示屏、沙发、饮水机等办公设备，把与群众密切相关、业务量大、社会关注度高城乡低保、城乡医疗救助、五保供养、临时救助、婚姻登记等业务集中入驻服务大厅，实行“一站式”服务。单项业务十分钟内即可办理完毕，较复杂的业务办理最多不超过半个小时。民政服务大厅开展“一站式”服务后，民政对象在定点医院的住院救助金，出院当日即可由服务大厅业务员与医院通过网络结清。在非定点医院住院的困难群众只要符合民政救助政策，凭发票到服务大厅，十分钟内便可完成审批手续，当场领到救助金。

为确保服务大厅正常运行，局机关加强大厅管理和服务工作，制定《工作人员行为规范》《首问负责制度》《工作人员考勤制度》等各项工作制度，并上墙予以公示，明确每个工作人员岗位责任，使大厅日常工作做到有章可循，照章办事。同时，设立意见箱，公布举报电话，接受群众咨询监督。以法律法规、职业道德、业务知识等为主要学习内容，加强工作人员教育学习。通过日常自学、每月集中学习和选派业务骨干参加州、县相关部门培训等多种形式，提高工作人员业务水平和工作能力。服务大厅每周召开一次工作例会，集中把一周工作中遇到难点、热点问题提出来，共同商议解决，促进各项工作开展。同时，开展每月一考评活动，按照“德、能、勤、绩、廉”5个方面评选“服务之星”，对当选者给予一定的物质奖励和精神鼓励，并作为干部年终绩效考核和评优评先依据。为方便办事群众，服务大厅通过电子显示屏、宣传册、展板等方式，把相关的政策、法律法规及业务办理流程等告之群众，让前去办事的群众能迅速理解，快速办理相关业务。同时，对服务对象实行“一次性告知”制度，前来办事的群众手续不全或不清楚政策的，不管询问到大厅哪一位工作人员，都必须将相关政策、办事程序和需准备的资料一次性向群众解释明白。各种手续齐备，婚姻登记、城乡医疗救助事项当场予以办结。城乡低保自村（社区）和乡镇调查、民主评议上报到县局之日起，服务大厅十五个工作日内完成核查、公示和审批工作。最低生活保障金和五保供养金按照政策规定，及时通过农村信用社足额打卡发放。服务大厅工作人员统一佩戴工作牌上岗，并设立党员示范岗。在服务理念上做到三个“一样办”：即把群众要办的事当作领导交办的事一样办，当作亲人的事一样办，当作自己的事一样办。在服务原则上，做到“四个好”：即符合政策在第一时间办好；属于政策边缘创造条件办好；政策无法解决耐心细致解释好；职权范围以外详细具体告知好。在服务态度上做到“五个一”：即一张笑脸对人，一条凳子让座，一杯热茶暖心，一句好话沟通，一腔热情解难。积极营造和谐融洽的气氛，使前来办事的群众切身体会到在“家”的感觉，不论事情办好与否都一样的高兴愉快。2012年，民政服务大厅被民政部评为民政系统为民服务创先争优活动“群众满意窗口”和全国民政系统行风建设示范单位。

服务大厅运行五年来，累计办理婚姻登记2826对，累计服务五保对象2124人次，城乡低保及医疗救助对象10721人次，其他困难群众3215人次，累计发放五保供养金、医疗救助金、城乡低保金共计 6300 万元。

第七节 所获荣誉

泸溪县民政局成立以来，以扎实的工作劲头和朴实的工作作风，取得优异工作业绩，先后获得国家、湖南省、湘西州和县委、县政府授予的多种荣誉称号。主要有：全国“民政系统行风建设示范单位”、全省“农村五保供养工作先进县（市、区）”“湖南省福利彩票发行先进县（市区）”、全省“福利院（中心）管理与服务先进单位”“全省农村危房改造工作先进县（市、区）”“全省文明窗口单位”“全省和谐社区建设工作先进单位”等荣誉。

第二章　基层政权及基层自治组织

国家基层政权包括农村基层政权和城市基层政权两部分。按照宪法和地方组织法规定，在农村，是指乡、民族乡、镇一级；在城市，是指不设区的市、市辖区一级。为便于行政管理，城市基层政权一般设有派出机关街道办事处。从组织机构上说，基层政权是指乡、镇、民族乡人民代表大会和人民政府。

第一节　乡村政权历史沿革

一、元代以前乡村治理制度

中国古代社会在漫长历史长河中逐渐形成以乡村基层组织为核心、国家间接控制与乡村社会自治相结合治理体制，基层政权管理体制也大体经历了从乡遂制到乡官制再到职役制的历史变迁。

西周时期，实行"国""野"分治乡遂制，全国设六乡六遂。乡为天子、诸侯、士大夫及工商业者居住区域，乡之下设比、间、族、党、州，以户为单位，分置比长、间胥、族师、党正、州长。遂为农户居住区域，其下设邻、里、赞、鄙、县、遂，以编户组织而成，分置邻长、里长、赞长、鄙师、县正、遂大夫等官职。乡遂制实行行政组织与军事组织结合，兼具军事、教化和监控社会功能。春秋战国时期县下设乡、乡下设里，乡里制已成为基层行政组织，分别由乡长或有司掌管。

秦朝建立后实行专制主义中央集权制，将全国划分为三十六郡，郡下设县，县下设乡、亭、里等乡里组织，十里一亭，亭有亭长；十亭一乡，设三老、有秩、啬夫、游徼四职，三老掌教化，有秩掌行政，啬夫听讼、征税，游徼负责治安，循禁盗贼。

汉代进一步细化里以下组织，建立什伍制度。里以上组织仍然沿袭秦制，置三老、有秩、啬夫、游徼。但官职隶属关系出现分化，"有秩"为郡府委任，其余都是县衙委派，其中"三老"地位崇高，但既无行政权，也无俸禄。

隋唐时期，乡的职能进一步削弱，里以下乡村社会治理功能不断强化，开始了"王权止于县政"新时期。隋文帝时，实行乡里两级制，乡以下以五家为保、五保为间、四间(里)为族(党),置保正、间(里)正、置族(党)正,掌管核实户口、催征赋役。唐代基本沿袭隋时制度,里正负责"按比户口,课植农桑,检察非为,催驱赋役"等实际工作,而乡的职责开始简化,其官员多由六品以下没有实际官职勋官充当,甚至由当地富户白丁出任。

宋初基本沿袭唐代基层治理制度,里正、户长都是以服役人的身份从事工作。而宋神宗时期王安石变法中募役制度和保甲制度,更是将乡村治理中职役属性更加强化。

元代实行里甲制与村社制并存的制度。里甲职责主要是管理户口,催征赋役,掌控治安,里正一般由上等户充任,轮流担当。村社主要负责劝课农桑,管理农业生产,处理民众事务,其首领不具有官员身份,只行职役之责。

二、明、清时期乡村治理制度

(一)乡村治理制度演变。明代乡村治理制度有南北两种治理方式,北方乡村行政组织层级较为单一,而南方受宋代都保制度影响,乡村行政组织层级比较复杂,名称多样,有乡、里、都、图、保、村、区、社、甲等。明代乡村治理制度发展经历两个阶段,即初期里甲制和中后期保甲制。《明史·食货一》载:"洪武十四年诏天下编赋役黄册,以一百十户为一里,推丁粮多者十户为长,余百户为十甲,甲凡十人。岁役里长一人,甲首一人,董一里一甲之事。先后以丁粮多寡为序,凡十年一周,曰排年。在城曰坊,近城曰厢,乡都曰里。里编为册,册首总为一图。"里、甲组织设有里长、甲长,其职责主要负责调查田粮丁数,编造赋役册籍,催办钱粮。里、甲组织起着基层政权作用,里长、甲长是国家政权里最低级别半官职人员。洪武年间重倡老人制,在里中由老人担任里长,在甲中委任年过五十者充任甲长,负责教化乡民,查田缴粮,解决民间纠纷。洪武四年(1371)设粮长制,推选田地粮多者担任粮长,每年秋收粮食收割入库后,粮长先行向国家纳粮,并向乡民催纳。明代中后期,取消里甲制度,推行保甲制度。期间还出现乡约制度与保甲制度相结合情况,每约百家选保正一人,乡约制度与保甲制度相结合使得百姓受到更加严密社会控制。

清代乡村治理制度基本沿袭明朝。顺治元年(1644),继续实行明代保甲制,四年后变更为里甲制。清朝中叶后,随着土地兼并强化,人口流动增多,商品经济萌芽并发展,清朝政府改变赋税政策,推行"摊丁入亩",里甲制存在基础受到破坏。从雍正四年(1726)起,里甲制便被保甲制所替代,保甲组织功能除承担人口管理、互保连坐、治安报警之类任务外，还承担一切地方公务管理，成为地方基层行政组织。清代保甲组织主要职责有三项：征收赋役钱粮，承办差务，包括各项杂差杂役等；协助办理地方司法事务，包括查造户口，参与民间词讼，整顿社会治安等；办理各种社会福利事务，如救灾贩济等。进入20世纪，清王朝被迫于宣统年间实行新政，传统的乡里制度、保甲制度被乡镇地方自治所取代。

(二)泸溪县乡村组织机构设置。明代，县以下设都(一都二图)、图(十庄为图)、里(百家为里)等行政单位。泸溪县明代前编户五十八里，明初为五十四里。清康熙二十二年(1683)更定保甲法，十户为甲，立甲长，三年更代；十甲为保，立保长，一年更代；甲长、保长经选举产生，报县府备案。在保甲区域内，有盗窃、邪教、赌博、窝逃、奸拐、私铸、私盐、贩卖硝磺、敛财、聚会等事以及形迹可疑者，责令查报，户口迁移要随时登记。康熙四十七年(1708)，增加审查户口内容，出则注明所往，入则稽其所来，客店、寺庙也立簿稽查。月底由保长出具证明，报官府备查，违者问罪。进入清代，由于瓮流溪(今保靖县境)三百里苗地、镇溪(今吉首)千户所、丰溪(今花垣县吉卫)千户所划出，泸溪县辖域缩小，清乾隆时期编户仅十九里。里以单家独户为基础，以姓氏宗族编户，再参考地区而定。故在一里中，有的户近在县城，有的则远达百里边境。里长则是依据同姓、同族、邻近地进行管理。

三、民国时期乡村治理制度

(一)乡村治理制度演变。民国17年(1928)，国民政府制定法律政策，明确所有乡村社会与政府之间保持隶属关系。民国18年(1929)6月5日，国民政府颁布《重订县组织法》，县以下设区，划区原则由按户口及地形改为按户口及地方情况；区长任职，原规定由县长遴选、省民政厅委任改由省民政厅训练考试合格人员委任。区长免职，原规定由县长罢免、呈民政厅备案改为县长呈报，省政府罢免。每区以20—50个乡组成。民国22年(1933)10月，国民政府行政院通令实施保甲制度。保甲以户为单位，每户设一户长；十户为甲，设一甲长，甲长由一甲内过半数户长共推产生；十甲为保设一保长，保长由一保内过半数甲长共推出一户长充任。保长、甲长任期三年，均可连任。保甲长负责本保甲范围内户口调查，检查取缔歹人入境，防范水火和盗贼，修筑道路桥梁，组织保卫，提倡生产，调解乡民纠纷等。五个保至十个保为一乡镇，设乡镇长，乡镇长由一乡镇内过半数保长共同推出一个兼任，并以保长任期为任期，必要时可由县长呈请省民政厅核准，指定乡镇长。乡镇以上为区。在编组保甲中，实行连坐切结法，凡保甲内住民如有勾结窝藏逃犯等,除依法惩处外,并对曾具连坐切结的各户长及甲长也予以处罚。民国25年(1936),国民政府规定百户以上村设乡,百户以下村设保甲,保甲长须由县区长委任。民国29年(1940),又规定乡镇公所下设民政、警卫、经济、文化4个股,各股设主任1人,干事若干人。

(二)泸溪县乡村政权设置。民国时,改变编户制度,原则上以地区管理居户,县以下设区、乡。民国16年(1927)全县共划8个区:城东区,辖上堡乡、李家田乡、武溪镇。南一区,辖浦市镇、浦阳乡。南二区,辖长坪乡、达岚乡、石榴坪乡。南三区,辖合水乡、踏虎乡。南四区,辖兴隆场乡、永兴场乡。北区,辖八十坪乡、梁家潭乡。西一区,辖潭溪乡、洗溪乡。西二区,辖狗爬岩(今解放岩)乡等地。

民国27年(1938),废区并乡,全县设8乡2镇,辖86个保。即忠安乡、孝安乡、仁安乡、爱安乡、信安乡、义安乡、和安乡、平安乡,武溪和浦市两镇(民国10年浦市设特别镇)。乡镇下设保甲。武溪镇镇公所设东正街,浦市镇镇公所设烟房弄瞿三毛院内,忠安乡乡公所设在上堡村,孝安乡乡公所设花园坪村,仁安乡乡公所设浦市上庵九母殿,爱安乡乡公所设达岚坪,信安乡乡公所设合水场上,义安乡乡公所设兴隆场场上,和安乡乡公所设潭溪场上,平安乡乡公所设水卡村。

民国38年(1949),设2镇、8乡、84个保、1161个甲。2镇即武溪镇公所、浦市镇公所。8乡即忠安乡、孝安乡、仁安乡、爱安乡、信安乡、义安乡、和安乡、平安乡。各乡设立乡公所,乡辖保,保辖甲,保、甲均以数字命名。

民国时期各区乡公所设有相关机构,民国18年(1929)前,在区设置保卫团分局,挨户团分局、团防分局,区公所及所属机构经费由各地就地征收。民国18年(1929),奉省清乡司令部及省民政厅令,取消挨户团分局,改为区总治筹备分处。民国29年(1940)9月,县政府整顿区政,改区总办事处为区公所。各区乡经费每月规定30元,在各区范围内摊派征收。

第二节　中华人民共和国基层政权建设

一、基层政权建设历程

1949年,中华人民共和国成立后,农村基层政权建设大致可以分为三个阶段。第一阶段(1949—1958年),确定乡作为最基层政权组织。新中国成立后,在全国范围内逐步开展土地改革和基层政权建设,实行县、区、乡三级人民代表会议。此时，区相当于现在乡镇，乡是区下面一级政权组织。1950 年 12 月，政务院颁布《乡(行政村)人民政府组织通则》，明确乡与行政村同为农村基层行政区划，同属区管辖，一般不设内部机构，只配备数名专职甚至是不脱产工作人员，分管民政、公安、财政、粮食、调解等事务。1954 年 1 月，中央人民政府内务部发出《关于健全乡镇政权建设的指示》，规定乡人民政府应设置各种工作委员会。一般应按生产合作、文教卫生、治安保卫、人民武装、民政、财粮、调解等方面工作分设各种工作委员会，也可根据具体情况合并或调整，最多不超过七个。1954 年，宪法和地方组织法首次明确规定，乡镇是国家最基层政权组织，村一级退出政权体系。1956 年，农村实行撤区并乡，区不再作为县以下一级政权组织存在，乡镇成为我国最基层政权组织。

第二阶段(1958—1980 年)，1958 年初，毛泽东主席正式提出农业生产合作社要实行小社并大社主张。到 1958 年 10 月底，全国农村已基本实现人民公社化。人民公社实行政社合一体制，乡镇党委改称公社党委，原乡镇人民委员会改为公社管理委员会。公社管理委员会受县人民委员会领导，下设各种管理机构，负责管理生产建设、财政、粮食、文教卫生、民兵、调解民事纠纷等。生产大队是分片管理工农商学兵和进行经济核算基本单位，生产队是劳动组织单位。人民公社实行“政社合一”体制，公社兼有国家行政管理和集体经济经营管理双重职能。1962 年 6 月，中共中央《农村人民公社工作条例修正草案》规定：人民公社管理层级可以是两级，即公社和生产大队；也可以是三级，即公社、生产大队和生产队。生产大队一般设大队长 1 名，副大队长 1-2 名，设治保、调解、民政、妇女等委员各 1 人，设民兵连(或营)长 1 人。生产队为独立核算单位。设队长、副队长、会计、出纳员、保管员各一人。

第三阶段(1980—1985 年)，1978 年 12 月，随着农村家庭承包制普遍实行，人民公社体制逐渐解体。1982 年 12 月，宪法规定“乡、民族乡、镇设立人民代表大会和人民政府”，“乡、民族乡、镇人民政府执行本级人民代表大会决议和上级国家行政机关决定和命令，治理本行政区域内行政工作”，“农村按居住地设立村民委员会是基层群众性自治组织”，从此确立起“乡政村治”体制模式。至 1985 年，人民公社全部解体，乡镇重新成为国家最基层政权组织。县和乡镇上下级关系形成主要是通过政府部门，即“条条块块”双重领导“七站八所”来推动，其中“所”性质是政府机构，“站”性质是行政性事业机构。

二、泸溪县基层政权建设

(一)解放建政时期(1949.11—1956.6)

1.设立区政府(区公所)。1949年11月18日,泸溪县人民政府成立,着手基层政权建设,在全县辖区内成立区、乡人民政府。到1950年夏,全县人民政权建设全部完成。区、镇人民政府主要工作任务是:在县委和县人民政府领导下,发动群众,成立农民协会,进行剿匪、反霸、土地改革、民主建政成立乡级人民政权,组织农业生产。

1949年11月28日,在县城武溪镇成立第一区人民政府,地址设东正街伏波庙,1950年4月迁至同善社,管辖武溪镇6个保和忠安乡8个保。1950年1月至1954年3月,先后任区长有文政、崔仲义、康志、王荣湘、王明辉,先后任副区长有康志、王荣湘、李政用。

1949年12月8日,成立第四区人民政府,区址初设梯溪坪村。1950年1月迁至布条坪村,3月迁至潭溪场上。管辖原孝安乡8个保、和安乡10个保。1949年12月至1954年3月先后任区长的有崔仲义、赵仕芳、符隆汉(苗族);先后任副区长有徐魁临、张清基(苗族)、符隆汉、张传家。

1949年12月12日,在浦市成立第二区人民政府,地址设在天主堂,管辖原浦市7个保和仁安乡8个保。1949年12月至1954年3月,先后任区长有张文、张鸿禧、李珍、梁守训;先后任副区长有郝静恩、李珍、梁守训、刘开华。

1950年4月20日,在兴隆场成立第三区人民政府,地址设在兴隆场场上,管辖原义安乡15个保和平安乡6个保。1950年4月至1954年3月,先后任区长有崔仲义、张春旭;先后任副区长有吴若愚、张广林、谈华文。

1950年5月,在达岚坪设第五区人民政府,管辖原爱安乡10个保、信安乡6个保。1950年5月至1954年3月,先后任区长有张鸿禧、杨耀武;先后任副区长有商恩沛、张显斌、杨耀武。

1952年8月,在白羊溪成立第六区人民政府,地址设白羊溪场上,管辖由三区划出的大水平、小章、云上、排口、密灯、三冲坪、马王溪、白羊溪、周家寨等9个小乡和四区划出下且己、松柏潭、小能溪、宋家寨、新寨坪、能滩等6个小乡。1953年,从五区划进洗溪乡和增设大章乡,区管辖17个乡。1952年8月至1954年3月,徐魁临任区长,任副区长有徐魁临、谢祖发(苗族)。

1953年3月29日,县人民政府决定将武溪、浦市分别从一区、二区划出,成立两个县直属镇公所。至1954年3月，先后任武溪镇镇长有杨明成、杨业；先后任浦市镇镇长有黄桥来、胡君。

1954年3月，根据中央关于建立四级政权、区为县级派出机构精神，改各区人民政府为区公所。1955年6月，根据省人民委员会《关于县辖区公所的名称改按地名称呼的指示》精神，将1-6区依次改为峒河区公所、浦阳区公所、兴隆场区公所、潭溪区公所、兴隆场区公所、潭溪区公所、达岚区公所、白羊溪区公所。

在建立区、镇人民政府同时，各区、镇先后成立中共区、镇委员会，设书记、副书记和组织、宣传、武装、财粮等委员。至1956年6月撤区并乡，先后任第一区区委书记有崔仲义、李春潮、杨斌臣，任副书记有李春潮、王荣湘、杨斌臣、李德胜；任第二区区委书记有张文(副书记主持工作)、施学成、田昌家，任副书记有卞学义、田昌家、黄桥来；任第三区区委书记有张春旭、赵来存、杨玉贵，任副书记有杨长发；任第四区区委书记有崔仲义、赵来存(副书记主持工作)、赵仕芳、谭必文，任副书记有杨芝武、谭必文、李德胜、王同信；任第五区区委书记有张鸿禧、卞学义、张显斌，任副书记有卞学义、张显斌、向仁贤；任第六区区委书记有李珍、戴荣兴，任副书记有杨芝武、冯福全、戴荣兴、符天禄；任武溪镇委书记龚世长(副书记主持工作)；任浦市镇委员会书记田政民，副书记张传家、龙明乾。

2.成立农会，建立乡级政权。区人民政府成立后，在县工作队帮助下，干部深入村寨访贫问苦，扎根串联，发动贫苦农民成立农民协会(简称农会)，原则上在原设保村寨(含街道)成立农会，设甲村寨成立农协小组。至1951年12月，全县成立农会87个，农协小组1161个，民国时期留下84个保，1161个甲制度即行废除。农会在乡人民政府尚未建立前实行“一切权力归农会”，推行政令，进行减租减息、清匪反霸、土地改革等。

1952年至1953年初，全县完成土改和复查，先后在建立农会村寨组建乡级政权，成立乡人民政府。至1953年3月，全县共建乡人民政府95个，后又增设2个，共97个。乡政府设妇代会、民兵中队、团支部组织。至此，全县基层政权建设任务基本完成。

乡级政权建立后，农会仍然存在，但行政权集中在乡人民政府。乡政府设乡长、副乡长、文书、民兵中队长。农会设主席、副主席、生产委员等，成立党支部的支部书记由乡农会主席兼任。乡政府和农会主要干部均不脱产，其报酬从反霸、土改胜利果实中予以补贴。

(二)撤区并乡时期(1956.6–1958.7)

1956年6月至12月,遵照上级指示全县撤区并乡,撤掉6个区,将97个乡并为20个乡, 撤销222个高级和2个初级农业生产合作社。20个乡是上堡、团结、李家田、高大坪、红土溪、浦阳、达岚、潮地、石榴坪、合水、踏虎、兴隆场、永兴场、小章、解放岩、白羊溪、潭溪、松柏潭、梁家潭、八什坪。

1956年11月,乡镇人民政府改为人民委员会,行使人民政府职能。同时,全县进入高级合作社阶段,实行以社代政。12月25日,成立兴隆场、达岚、白羊溪3个办事处和上堡、浦阳、潭溪、梁家潭4个基点工作组。1957年6月22日,撤销各办事处和工作组。

(三)人民公社时期(1958.7—1984.3)

1.设社试点。1958年8月29日,党中央在北戴河召开政治局扩大会议,正式通过《关于在农村建立人民公社问题的决议》,决议宣传人民公社优越性。《关于在农村建立人民公社问题的决议》传达到县、乡镇后,泸溪县农村干部群众要求立即成立人民公社。9月,县委规划建立13个农村人民公社,决定由县农村工作部负责先在上堡、红土溪两乡试点合建人民公社,取得经验后指导全县。建社试点工作从8月29日开始,至9月10日结束。工作分三步进行:第一步,宣传发动,作好思想工作。首先两个乡党委吸收各战线代表15人组成建社筹备委员会,上堡乡党委书记戴荣兴任主任委员,在筹委会领导下由党内到党外,由干部到群众层层宣传发动。8月29日一30日,召开两乡干部和高级社干部、党员会议,30日至9月1日,召开第一次社员代表(原乡人民代表)大会。一部分干部下到各高级社开展建立人民公社的宣传,宣传人民公社性质和人民公社优越性。联乡并社转人民公社运动很快形成。两个乡凡16岁以上社员群众以写申请书或集体签名形式向党委要求加入人民公社,红土溪乡国庆社在4小时内收到170份要求建立人民公社入社申请书。群众入社积极性又转化为劳动干劲,两个乡生产出工人数由原来3300人增加到4800人,5000亩未收中稻4天收完,2935亩晚稻普遍追肥一次。为向公社成立献礼,两个乡社员苦干7昼夜,修通马车道15公里,整修乡村道路61条105公里,整修田间道路150条,赶制各种车辆80辆。天门溪高级社全体社员8月30日写入社申请后,当晚出动120多个劳力修马车路,群众入社积极性和劳动热情高涨。第二步,制定公社1959年初步规划和"二五"期内远景规划。9月3日,公社筹委会按照《泸溪县社会主义建设规划纲要(草案)》要求,制定

1959年初步计划和1962年远景规划，作为全公社奋斗目标。第三步，建立机构，制定《人民公社章程(草案)》，召开人民公社成立大会。

红旗人民公社由原来上堡乡13个高级社和红土溪乡6个高级社共2个乡19个高级社合并组成，全社2115户9229人，劳动力3684人，稻田13638亩，旱地4587亩。在全县人民公社化运动中，县委又将红旗人民公社所辖范围进行变动：将原红土溪乡国庆(红岩)、辛女溪两社分出，从团结乡划来红旗、屋场坪、五星、李家棚4个高级社，从高大坪乡划来斧头寨、蜂子岩两个高级社，共由23个高级社组成，下辖11个大队80个生产队，2410户11341人，耕地18680.60亩，其中稻田14486.50亩，旱地4194.10亩。

公社成立党委会和管理委员会，戴荣兴任公社党委第一书记，杨忠林任公社社长，原上堡乡13名干部、原红土溪乡9名干部、原团结乡3名干部、原高大坪乡4名干部划入公社管理，配备干部29人。1958年9月11日，红旗人民公社在上堡乡九家杨召开公社成立庆祝大会，到会群众4500人，县党政机关和工厂、商店派代表参加，州财贸部部长、县委书记李世振、县委副书记郭天锡等领导到会祝贺。公社社长杨忠林致辞，公社党委第一书记戴荣兴作报告，郭天锡代表县委讲话，会后社员们渡过武水在县城大街上举行游行。同日，经社员代表大会制定通过《红旗人民公社章程(草案)》公布施行。《社章》共27条，主要内容是：人民公社是劳动人民自愿联合起来社会基层组织；宗旨是巩固社会主义制度，为积极过渡到共产主义创造条件；年满16周岁公民都可入社成为正式社员；社员都有遵守社章，执行社内决议，遵守劳动纪律，爱护公共财物的义务；社员有选举权、被选举权、表决权和监督社务权；地主、富农、反革命分子及其他被剥夺政治权利人允许入社作非正式社员，恢复政治权利人可为正式社员；各农业社应将一切公有财产交给公社，原来债务由公社偿还；社员入公社应交出自留地，并将私有牲畜、林木等生产资料转归公社所有；公社实行乡社合一，最高管理机构是社员代表大会；公社实行集体领导，分级管理；公社实行工资制和粮食供给制，组织公共食堂、托儿所、缝纫小组和幸福院；公社实行统一核算分配，实行计划管理和民主管理。

红旗人民公社建立后，立即组织开展秋季生产，办工厂，搞车运，抓收入。同时，经公社党委会、管委会研究，按统一办法处理并社中公社与原高级社和社员各项经济问题，确定公社分配办法。

2.推行农村人民公社化。红旗人民公社建立后，县委于1958年9月12日至

19日召开扩大干部会议，1300名乡、社干部和县直机关部门领导参加。会议学习传达毛主席“还是办人民公社好”讲话，学习传达中央北戴河会议《关于在农村建立人民公社问题的决议》和省委、州委指示，部署在全县农村建立人民公社。会议由县委第一书记常克良作生产工作报告，总结1957年冬季以来开展生产运动成绩和存在问题。14日，县农工部长王文科作如何办好人民公社报告，介绍全国人民公社化运动发展形势和泸溪县红旗人民公社试点工作情况，对全县农村建立人民公社工作做出安排。县委委员、白羊溪乡党委第一书记李春潮介绍参观湖北省麻城中稻高产“卫星”和河南省遂平县人民公社情况。会上，对人民公社优越性、体制和建立作法、步骤及建社中一些具体问里进行讨论，统一思想认识；对合并建社乡和需要调剂高级社作出规划；对将建立人民公社领导班子及干部配备进行安排。9月19日，县委作出《关于在九月底实现全县人民公社化的决议》。会后，全县以乡或联乡召开党委会，召开乡干部和高级社干部会议，成立建社筹备委员会，采取先党内后党外、先干部后群众层层发动，传达县扩干会议精神，开展人民公社化运动宣传。县委宣传部在《泸溪报》刊登《人民公社宣传提纲》和《有关人民公社问题问答》进行宣传。在宣传发动同时各乡组建人民公社机构。从9月19日县扩干会散会到9月底，11天成立12个人民公社。至此，全县农村实现人民公社化，即将原全县20个乡级政权撤销，264个高级社合并，组建成13个农村人民公社，人民公社管理委员会行使人民委员会职能。全县13个农村人民公社下辖116个大队、765个生产队、1589个生产作业组，参加公社农户29573户，占全县农户数99.8%，入社人口13万人，占全县农村人口数99.1%。

1960年2月，县委根据党中央上海会议在城市推广和试办人民公社的精神，将武溪镇、浦市镇改建成人民公社，分别成立党委会、管委会。武溪人民公社下辖2个分社，一个农业大队3个生产队，共1302户9504人，其中农业户604户1894人，公社党委书记杨毓湘，公社社长张时梅。浦市人民公社下辖3个分社，1个农业大队2个生产队，共1657户7653人，其中农业户311户868人。公社党委书记刘海生，公社社长李代龙。同时，扩大公社规模，将八什坪公社并入梁家潭公社，石榴坪公社并入达岚公社，小章公社并入白羊溪公社。红旗人民公社更名为上堡人民公社。

1961年3月，成立洗溪、永兴场两个公社。11月，成立长坪人民公社。至此，全县共16个农村人民公社，加上武、浦两镇人民公社，共18个公社。1963年12月，武、浦两镇公社管委会，改为武溪、浦市镇人民委员会。

人民公社成立后，实行政社合一、工农商学兵“五位一体”体制，既是集体所有制经济组织，又是基层政权组织。公社设党委会和管委会，党委会下设党委办、组织部、宣传部、监委会、团委、妇联；公社党委设第一书记、书记、副书记，多数从原乡党委正副书记中选任；副书记兼任公社社长。公社管委会7—9人组成，设社长、副社长各1人，下设管委办、计委会、武装部、经管部、内务部、农业部、林业部、工交部、文教部、财贸部、会计室、科研所。全县建立116个大队，大队设立党总支委员会，5-7人组成，总支书记由原高级社支部书记或社长担任，委员由所属支部书记担任。大队设大队长1人，副大队长1—2人，秘书兼会计1人，大队设管理委员会，由各生产队干部5—7人组成。大队以下设生产队为基层生产单位，全县辖329个大队，1733个生产队。

3.人民公社组织形式。人民公社实行生活集体化，组织军事化，行动战斗化。生活集体化就是改变原来一家一户各自生活习惯，实行集体开餐，大办公共食堂。全县办农村食堂1130个，办托儿所784个，入所婴儿4927人，幼儿园248所，入园幼儿7242人，办敬老院58个。组织军事化就是按照大办民兵师要求，劳动力实行军事编组，按师、团、营、连、排、班编组，县设民兵师，公社设民兵团，大队设民兵营，生产队设民兵连、排、班。行动战斗化就是所有劳动力归公社统一领导、统一调配、统一指挥，组织大兵团作战，并以击鼓敲钟、吹号、喊喇叭为行动信号。人民公社收益由公社统一收支，统一核算，实行工资制与伙食、医疗药费供给制相结合分配制度。工资分为7级，最低1级劳力月工资1.24元，最高7级劳力月工资5.15元。全县劳力月平均工资2.85元，具体到各公社、大队又有区别，浦阳公社最高，劳动力月平均工资3.15元，白羊溪公社最低，劳动力月平均工资1.51元。人民公社建立后，强调发挥“一大二公”优越性，进一步开展工农业生产“大跃进”，强调高指标、高速度。

人民公社成立后，推行工农业生产“大跃进”，实行生产集体化，各家各户以自然村或生产队建食堂，社员统一在食堂集体开餐。食堂场地无偿地占用社员住房，炊具、用具及桌、椅、碗钵无偿地从社员家里拿用。至1958年底，全县公共食堂1130个，炊事员3475人，在食堂就餐人数131806人，其中红旗公社(后改为上堡公社)办食堂128个，李家田公社53个，浦阳公社162个，达岚公社76个，石榴坪公社48个，合水公社78个，兴隆场公社119个，解放岩公社56个，小章公社87个，白羊溪公社58个，潭溪公社107个，梁家潭公社69个，八什坪公社69个，武溪镇7个，浦市镇13个。

食堂实行供给制，吃饭不要钱，用粮不定量。家庭妇女不需要做饭养猪围着灶台转，和男社员一起出工，挖掘劳动潜力，体现一定优越性。但是由于用粮不定量，浪费严重。1959 年起实行用粮定量，由于人多管理混乱，食堂普遍出现吃不饱现象。由于统一开餐，食堂成为干部强迫命令工具，一些干部对违反劳动纪律或完不成生产任务社员采取停餐、扣饭来惩罚。公共食堂办起后，为烧柴蒸饭对村子附近树木大量砍伐，把许多风景树、庵堂庙宇林、经济果木林砍了当柴火烧。据县林业志记载：食堂化全县烧掉木材 32.13 万立方米。

1959 年下半年至 1961 年，全县人民经历连续三年国民经济困难时期，俗称"苦日子"。因粮食缺乏，人们以糠、野菜、野果、树叶、树皮、神仙土充饥，出现严重水肿病、干瘦病、妇科病、小儿病等营养缺乏症，并出现非正常死亡。县委遵照党中央和省州指示，认真贯彻"调整、巩固、充实、提高"八字方针和人民公社"六十条"，采取一系列非常措施救灾度荒，恢复和发展国民经济，改善党群关系和干群关系。

贯彻《农村人民公社工作条例》　1961 年 3 月，中共中央发布《关于农村人民公社工作条例(草案)》，对人民公社性质、基本政策等基本问题作出规定。3 月 28 日，县委书记、县长王荣湘带领 31 人工作队(其中公社书记 3 人，公社党委委员 9 人)到李家田公社办贯彻《六十条》试点，摸索经验，指导全县。方法是首先召开群众会议，宣读文件，展开讨论，领会精神。其次组织队伍，调整力量，统一作法，确定公社在杨斌庄大队搞试点，面上大队搞一个生产队作试点，以摸索经验，并将工作队 31 个干部分到 9 个大队，以大队成立工作组。再次宣传发动群众提意见，采用全面宣传与重点贯彻相结合，逐条学习与重点讲解相结合，一般发动与重点发动、个别发动和小型会议发动相结合。第四是边贯彻边解决问题，即从检查政策入手，发现什么问题解决什么问题，对原来执行政策上遗留尾巴，如平调兑现、决算找补、生猪下放、稻田养鱼、自留地找补等十多个问题一次性割断，不留后患。在大队成立社员代表大会，根据《六十条》精神，将允许社员开荒、供给制与工资制比例、超产粮与结合粮分成等问题先交群众讨论，再经代表大会决定实行。对社员家庭副业问题经社员反复讨论，形成统一意见：在不损坏森林和水土保持前提下经过批准，社员利用假日每个劳力可开两天荒种植粮食，其收益分配四成留食堂，六成按参加人工分分配到人。对自留地不足的 29 个食堂补足自留地 130 亩；对 609 户社员欠自留地 109.71 亩给补开垦 99.31 亩，补兑现平调实物 177 件，现金 3387.90 元。政策得到落实，调动群众生产积极性，各队都落实"三包""三结合"

和“一年早知道”，超包产、超计划运动在全社开展。李家田办点为贯彻落实《六十条》提供了经验。

调整社队规模　1961年3月，县委根据《关于农村人民公社工作条例（草案）》关于人民公社规模不宜过大精神，结合县里实际情况，对人民公社体制、社队规模进行调整。恢复石榴坪、小章、八什坪人民公社，并从上堡公社划出洗溪大队、里岩大队、洞底大队、屋场坪大队，从潭溪公社划出能滩大队、甘溪大队、峒头寨大队、望天堂大队，从白羊溪公社划出邓家坪大队、宋家寨大队，从梁家潭公社划出张家坪大队，从县畜牧场划出仲溪畜牧场，成立洗溪人民公社，公社机关设洗溪场上。

从兴隆场公社分出上广大队、下广大队、龙井大队、木坨大队、密灯大队、三冲坪大队、一都杨大队、天台龙大队、溪头大队、呈田大队共10个大队，成立永兴场人民公社，公社机关设永兴场场上。

1961年11月，从浦阳人民公社分出大坪大队、马王溪大队、白头溪大队、毛茂田大队、丰堆大队、硬晒大队、长坪大队、麻垅大队、庄上大队、中塘大队、清水垅大队共11个大队，成立长坪人民公社，公社机关设长坪大队。

根据居住分布，将原规模过大大队、生产队规模缩小。全县将原138个大队调整为245个，将原 844个生产队调整为1752个。调整后，大队平均户数为146户，最大的大队石榴坪公社兰村大队335户，最小的大队白羊溪公社打台冲大队46户。调整后生产队实行劳力、土地、耕牛、农具“四固定”，长期不变，以利生产。大队规模缩小后党组织由总支委员会改为支部委员会。此后社队体制在较长时期内基本稳定不变。

实行以生产队为核算单位的“三定包干制”。1958年9月成立农村人民公社后，以公社为核算单位的工资制，即劳动力定级别，由人民公社统一发工资，因缺乏资金来源，只几个月就无法执行。从1959年3月起，全县改为以大队为核算单位，实行固定工资、比例分红、粮食供给“三结合”分配办法，即大队根据当年收入作出全年分配规划，然后在社员分配所得部分中以三分之一作为供给，三分之一作为固定工资按月预分，剩余三分之一留作年终决算，比例分红。1962年2月，县委根据《人民公社工作条例(草案)》和《中共中央关于改变农村人民公社基本核算单位问题的指示》，在全县改大队核算单位为以生产队为基本核算单位，即将原大队统一经营土地、耕牛、农具、劳力全部下拨固定到生产队，称之为“四固定”，并发放证书，长期不变。生产队统一实行定产量、定征购、定上交“三定”包干责任制。

为帮助困难队，国家发给穷队投资款40万元、农业贷款11万元、救济款4.72万元，帮助发展生产。为减轻农民负担，农业税率调整降低4.2%。以生产队为基本核算单位，贯彻"三级所有，队为基础"，除提留少量给大队和公社外，其余都归生产队所有，生产队不仅获得产品分配权还取得一定程度生产种植自主权，农业生产得到较好恢复发展。

1966年，全县取消自留地，制止家庭副业，限制集市贸易，强调政治挂帅，取消劳动定额，县社无偿抽调生产队劳力、物资，分配积累，限制社员口粮标准，搞平均主义，导致一些社员积极性受挫，劳动效率低。以生产队为核算单位体制一直延续到农村实行家庭联产承包责任制。

1968年3月，县成立革命委员会，行使县人民委员会职能。各公社成立革命委员会，取代公社管理委员会职能，设革命委员会主任一名，副主任1-2名，委员3-5人。各生产大队亦成立革命委员会，设主任1名，行使大队长职能。1980年，恢复县人民政府，公社革命委员会和大队革命委员会恢复管理委员会。公社管理委员会设主任、副主任，大队革命委员会主任恢复为大队长。

(四)公社改乡镇时期(1983.4—2005.6)

1983年4月27日，根据全国人大五届五次会议修改《中华人民共和国宪法》精神和上级指示，县委、县人民政府研究决定成立县农村体制改革工作领导小组，领导小组由5人组成，县委副书记罗国兴任组长，县人大常委会副主任、党组书记高振山和县委组织部副部长杨胜春任副组长，并决定将长坪人民公社作为政社分设改革试点。4月30日，由县委副书记罗国兴带队，38人组成县委长坪人民公社政社分设体制改革试点工作组，进驻长坪人民公社开展工作，于5月29日结束长坪人民公社改乡、大队改行政村试点工作。根据中共中央、国务院〔1983〕35号《关于实行政社分开建立乡政府的通知》，1984年3月中旬至4月初，全县15个人民公社全部改为乡，完成政社分设工作。经县委组织部考察，县委集体研究确定，对乡镇领导班子进行调整。各乡镇先后召开党代会和人民代表大会，选举产生乡镇党委会和乡镇人民政府。在公社改乡同时，将大队改为村民委员会，生产队改为村民小组。同年10月26日，经省人民政府批准，将乡人民政府所在地一平方公里范围内有常住人口2000人以上合水、兴隆场、潭溪、洗溪、达岚5个乡改为建制镇。为便于生产和管理，又兼顾历史沿革和地属习惯，11月23日，省人民政府批复同意从面积大、人口多的合水镇划出7个村恢复成立踏虎乡。至此，全县共有7

个建制镇、12个行政乡，下辖223个行政村1149个村民小组14个居委会57个居民小组。1987年1月，经省人民政府批准撤销浦阳乡，并入浦市镇。合并后浦市镇下辖22个村129个村民小组和4个居委会22个居民小组，人口35702人，是当时全州最大镇。社改乡后各乡镇分别召开乡镇人民代表大会，根据《中华人民共和国地方各级人民代表大会和地方各级人民政府组织法》第十四条精神，选举产生乡镇人民代表大会主席团常务主席，主持乡镇人大日常工作与会务安排。翌年，乡镇人大主席团常务主席设为专职。1994年4月，因县城迁址白沙新城，经省人民政府同意建立白沙镇，下辖5个居委会和1个由上堡乡划出岩头河行政村。

(五)二次行政区划调整时期(2005.6—2016.12)

2005年6月，根据上级部署，进行行政区划调整，撤销踏虎乡，整体并入合水镇。撤销上堡乡，部分并入白沙镇，大部并入武溪镇。撤销长坪乡，整体并入浦市镇。撤销李家田乡，6个村并入浦市镇，2个村并入武溪镇，2个村并入白沙镇。至此，全县共设15个乡镇。2015年10月，进行第二次行政区划调整，撤销梁家潭、八什坪乡，整体并入洗溪镇。撤销永兴场乡，4个村并入兴隆场镇，1个村并入合水镇，1个村并入达岚镇。12月，武溪镇蜂子岩、榆树坪村并入城北社区，兴隆场镇芭斗山山村并入五里坪村，全县辖11个乡镇、16个社区、131个行政村。

乡镇机构设党委会、人民政府、人大主席团三套班子，乡镇党委会每3年进行一次换届选举，由党代表选举产生党委会委员，再由党委会委员选举产生书记1名，副书记1-2名，委员5-7名。人大主席团、人民政府每3年进行一次换届选举，通过选民无记名投票选举乡镇人大代表，由人大主席团主持召开乡镇人民代表大会，选举产生乡镇长1名，副乡镇长2-3名。2010年后，根据上级规定，乡镇党委会、乡镇人民政府每届任期为5年，与县市党委政府同步换届。

第三节 基层群众性自治组织

一、基层群众性自治组织形式

(一)村民委员会

1.村民委员会设置。村民委员会根据村民居住状况、人口多少，按照便于群众自治的原则设立。村民委员会的设立、撤销、范围调整，由乡镇人民政府提出，经村民委员会讨论同意后，报县级人民政府批准。

2.村民委员会职责任务。根据村民委员会组织法规定,村民委员会任务主要有:

(1)宣传宪法、法律、法规和国家政策。教育和推动村民履行法律规定义务,爱护公共财产,维护村民合法权利和利益,发展文化教育,普及科技知识,促进村与村之间团结、互助,开展多种形式文明建设活动;

(2)办理本村公共事务和公益事业,调解民间纠纷、协助维护社会治安,向人民政府反映村民意见、要求和提出建议;

(3)协助乡镇人民政府开展工作;协助有关部门对被剥夺政治权利村民进行教育、帮助和监督;

(4)支持和组织村民依法发展各种形式合作经济和其他经济,承担本村生产服务和协调工作,促进新农村建设;

(5)尊重集体经济组织依法独立进行经济活动自主权,维护以家庭承包经营为基础、统分结合的双层经营体制,保障集体经济组织和村民、承包经营户、联营或者合伙的合法财产权和其他合法权利和利益;

(6)依照法律规定,管理本村属于村民集体所有土地和其他财产,教育村民合理利用自然资源,保护和改善生态环境;

(7)教育和引导村民加强团结、互相尊重、互相帮助。

3.村民委员会组织。村民委员会由主任,副主任和委员共3—7人组成,其中,妇女应当有适当名额。村民委员会成员由年满18周岁未被剥夺政治权利村民直接选举产生。每届任期3年,其成员可以连选连任。本村1/5以上有选举权村民可以要求罢免村民委员会成员,罢免村民委员会成员须经有选举权村民过半数通过。村民委员会根据需要设人民调解、治安保卫、公共卫生等委员会。村民委员会实行村务公开制度。村民委员会向村民会议负责并报告工作。村民会议是由本村18周岁以上村民组成村民群众自治最高组织形式。涉及全村村民利益问题,村民委员会必须提请村民会议讨论决定。村民会议有权撤换和补选村民委员会的成员。村规民约是由村民会议制定,报乡镇人民政府备案,由村民委员会监督、执行具有公约性质规范性文件,但不得与宪法、法律和法规相抵触。

4.村委会换届选举

(1)成立村民选举委员会。一般由5—9人组成,由村民会议或者各村民小组或者村民代表会议推选产生。其他任何组织和个人不得委派或指定,村民选举委员会履行职责,从组成之日起至新一届村民委员会选举产生后止。村民选举委员会成员被确定为村民委员会成员候选人的，其村民选举委员会成员资格自行终止。

(2)选民登记。审定选民资格：选民为年满18周岁未被法律剥夺政治权利的本村村民；无法行使选举权和被选举权精神病患者和无法表达意志痴呆人员，经选举委员会确认可不列入选民名单；外出2年以上、在选举日未能回村参加选举而又未办理委托投票的选民，经选举委员会确认，可不计算在本届选民数内。登记程序：选民登记前，村选举委员会公告选举日和选民登记日。选民登记前，村选举委员会确定选民登记员并进行上岗培训。第一次进行选民登记要做到"五登""三不登"，换届选举时要进行补登，做到"四增""四减"。五登即有本村户口；年满18周岁；履行村民义务；享有政治权利；具有表达意志行使选举权利行为能力。三不登即患有精神病经医院证明和其合法监护人确认不能行使选举权利的；无法正常表达意志严重智力障碍的；被依法剥夺政治权利的。四增即新满18周岁村民；新迁入本村村民；因婚姻家庭等关系住进本村半年以上村民；被剥夺政治权利期满后恢复政治权利村民。四减即迁出本村村民；因婚姻家庭等原因不居住在本村，但户口尚未迁出本村村民；死亡选民。登记造册：印制选民登记名册，在投票选举时，凭选民证核对选民名册，准确无误后发给选票。以村民小组为单位设立登记站，村民到站登记。按户口登记册进行登记，可由选民登记员挨家挨户登记。审核、确认并公布选民名单：户籍不在本村，但在本村居住1年以上且尽村民义务，经原籍证明、村民代表会议同意，应予以登记；户籍不在本村，自愿到该村工作和生活并竞选村委会成员、具有大专以上学历或中级以上专业技术职称及其他优秀人才，经村民代表会议同意，应予以登记；造册登记选民名单经选举委员会审核确认后，在选举日前20天，按村民小组顺序在本村显要位置予以公布。受理村民申诉：村民对选民名单有异议，可在选举日15天前向村选举委员会申诉，村选举委员会应在选举日10日前调查核实，并作出处理决定；村民对选民名单有意见，可向村委会申诉，3日内调查核实，并纠正或解释；仍不服，可向乡镇选举领导小组申诉，选举日前5日作出裁定；仍不服，可向当地人民法院起诉，以人民法院最后判决为裁决；选民名单和选民数以调整后的名单为准。颁发选民证：村选举委员会根据选民名单填写选票，以村民小组为单位发放，并将选民证亲自发放到选民手中。

(3)提名确定候选人。候选人基本条件：贯彻执行党的路线方针政策和法律、法规、有坚定政治信念；甘于奉献、扎实肯干、认真负责，热心为村民服务，有较高思想觉悟；开拓进取、敢于创新，有一定科学文化知识和技能，能够带头致富和带领群众共同致富；遵纪守法、廉洁奉公、作风民主、公道正派，有较高群众威信；身体健康，能胜任工作。直接提名方式：即召开村民会议进行投票和召开各村民小组会议进行投票两种直接提名方式。召开村民会议进行投票由村选举委员会召集选民投票，当场唱票、计票，公布提名结果；参加投票选民应当超过本村全体选民半数；按得票多少顺序确定候选人。召开各村民小组会议进行投票以村民小组为单位召集选民投票，参加投票选民应当超过本组全体选民半数，在村选举委员会成员主持下集中各村民小组选票，统一唱票、计票，公布提名结果，按得票多少的顺序确定候选人。候选人名额：主任、副主任候选人数应比应选人数多 1 人；委员候选人数应比应选人数多 1—3 人。提名不同候选人时，应在同一选票上分别提出，但不得在同一选票上重复提名同一候选人。同一选民(在同一张选票上)提名的候选人数不得多于应选人数，否则该选票无效。计票时，一人同时被提名为两种以上职务候选人，若其高职务得票不能确定为候选人，应当把高职务得票加到低职务得票中。同一职务被提名的候选人得票相等，并且超过规定应提名候选人名额时，应对相等候选人再次投票，得票多为候选人。提名村委会成员候选人，不得委托他人投票，候选人自愿放弃候选人资格的，应在选举日 7 日前以书面形式向村选举委员会提出。缺额候选人按提名时得票多少顺序递补，并予以公布。公布候选人名单：候选人产生后应在选举日 5 日前，按得票多少顺序张榜公布候选人名单；依法确定的村委会成员候选人，任何组织或者个人不得调整或者变更。介绍候选人情况：候选人确定后，村选举委员会负责向选民介绍候选人有关情况，可采取口头、书面等形式。候选人确定后，候选人可以向选民演讲任期目标，并回答选民提出问题，但其内容不得违背法律法规、规章，不得违法承诺。演讲形式可采取召开单独竞选演讲会，也可以组织候选人在各村民小组巡回演讲。选举日当天一般不宜搞竞选演讲活动。

(4)投票选举。差额选举：村委会主任、副主任和委员实行差额选举，等额选举违法，选举结果无效；主任、副主任设差额 1 人，委员设差额 1—3 人；差额具体人数由村选举委员会确定。选举形式(两种形式)：可以一次投票直接选举出主任、副主任和委员；可以由选民选举出村委会成员，再投票从中选举出主任、副主任(实行简单多数当选原则，按得票多少的顺序分别确定主任、副主任)，以上两种形式都符合直选原则，具体采用何种形式，由村选举委员会根据本村实际情况确定。

投票选举：举行选举时，一般应召开选举大会集中投票，并当场推选唱票人、计票人和监票人。人口较多或居住分散的，可以设中心投票站和若干个投票分站，选民在规定时间内到指定投票站投票，唱票人、计票人和监票人应在选举日前由村民代表会议推选出来。每个投票站选举工作人员不得少于5人。候选人及其直系亲属不得担任唱票人、计票人和监票人。选民投票方式和权利：选举采取无记名投票方式进行。每一选民在一次选举中只有一次投票权。选民对候选人可以投赞成票，可以投反对票，可以另选其他人，也可以弃权，任何人不得干预。设立秘密写票处：选举会场和投票站应当设立发票处和秘密写票处，选民凭"选民证"依次领取选票后，由本人到秘密写票处填写选票，然后投票。选民领取选票时，选举工作人员要在其"选民证"上加盖参选章，以确认该选民已领选票。选民是文盲或者因残疾不能填写选票的，可以由他人按照该选民的意志代为填写选票。委托投票：选民因外出打工、经商等，在选举日不能参加投票选举又不愿放弃投票权，可办委托投票。可用多种方式表达本人委托投票的意愿，经村选举委员会确认后，向被委托人发"委托投票证"。被委托人在选举日凭"委托投票证"，亲自领取、填写选票，亲自投票，不得将"委托投票证"交他人再"委托投票"；每一选民接受的委托不得超过两人。投票结束后，集中所有票箱，由唱票人、计票人和监票人当时当众开箱，公开唱票、计票。统计选票结果出来后，在村选举委员会成员在场情况下，当场公布选票数和当选名单，并于当日或次日向全体村民公告。选举结果要由全体监票人进行笔录、签字，对选举过程和结果的客观性、真实性、合法性和有效性进行认定；由村选举委员会负责当众封存选票。审查选举、选票是否有效：审查选举是否有效，清点收回的选票数：等于或少于投票人数的，选举有效；多于投票人数的，选举无效；有选举权村民过半数投票，选举有效；审查选票是否有效，每一选票所选数，等于或少于应选人数的，选票有效；多于应选人数的，选票无效；选票全部无法辨认的，经村选举委员会确认，全票无效；选票部分无法辨认：可以辨认部分有效；无法辨认部分无效；统计并公布有效票、废票、弃权票各自张数；无效票和部分无效票均计入选票总数。选举主任、副主任和委员使用一张选票的：对同一候选人只能投一次赞成票；对同一候选人投两种职务以上赞成票，则该张选票上该候选人得票不计；统计票时，同一候选人高职务没有当选，把高职务得票加到低职务得票中。候选人获得参加投票选民过半数选票的，可以当选；获得半数以上选票候选人人数多于应选名额时，以得票多当选。如果票数相等不能确定当选人时，应当就票数相等候选人再次投票，以得票多当选。名额暂缺及另行选举：当选人数达到三人，但是仍不足应选名额时，不足名额可以暂缺：主任暂缺，由得票多副主任临时主持村委会工作；主任、副主任都暂缺，由村民代表会议推选一名村委会成员临时主持村委会工作；暂缺名额应当在三个月内另行选举；另行选举由新的村委会组织。当选人数不足三人，不能组成村民委员会的，不足名额应另行选举。另行选举可当场举行，也可以在第一次选举日后三十日内举行。另行选举时，按第一次投票时得票多少顺序确定候选人再选，以得票多当选，但得票数不得少于选票三分之一。另行选举由村选举委员会组织进行。颁发当选证书：村委会成员选举成果，由村选举委员会报乡镇人民政府和县级行政主管部门备案。乡镇人民政府和县级行政主管部门应向当选人颁发《当选证书》。当选证书由乡镇人民政府或县级行政主管部门领导在大会会场，宣布选举结果后当场颁发，或在选举结束后，把全乡镇当选干部集中到乡镇政府统一颁发。产生村委会下属委员会：村委会产生后，应在三十日内推选或选举人民调解、治安保卫、公共卫生等下属委员会成员。村委会下属委员会成员由村委会提名，经村民会议表决的，以到会人员过半数通过；经村民代表会议表决的，以三分之二以上村民代表通过。村委会成员可以兼任下属委员会成员，村委会的下属委员会成员任期与村委会任期相同。工作移交：村委会选举应当在省人民政府统一规定时限内完成；新一届村委会选举产生后，上一届村委会应当于 10 日内向新一届村委会交接工作；交接具体内容为：办公设施、财务账目、经营资产、档案资料等，特别是村委会的公章要在选举日的次日交接。逾期不交接的，乡镇人民政府可以派人监督交接或者由有关机关依法处理。

5.村民委员会“海选”。“海选”产生于吉林省梨树县双河乡平安村第二次村委会换届选举过程中。1991 年 3 月，该村进行第二次换届选举，按照当时选举规定，村委会候选人提名方式有村党支部提名、村民小组提名、村民 10 人以上联合提名和本人自荐四种形式。该村在提名候选人过程中，出现两种提名形式，即村党支部提名和村民 10 人以上联名提名。这两种提名形式提出候选人不一致，并且村党支部与联名村民双方都不放弃各自提名权，同时坚持认为各自提出候选人是最合适绝对不能调整变更。在双方意见僵持，县乡调解无效情况下，有村民提出：既然双方互不相让，干脆由谁做候选人让全体村民决定，村民选谁是谁。这一意见双方都认可，上级指导部门也同意。于是，出现了“海选”这种提名形式。

出现于 1991 年村委会第二次换届选举中“海选”，同现在“海选”存在一定差别，当时“海选”只是村民就村党支部提出候选人、村民小组提出候选人、村民10人以上联名提出候选人和本人自荐提出候选人等几种形式提出候选人进行投票，最后根据得票数按照等额选举要求确定正式候选人，还不是候选人一种提名形式，实际上是一次预选，并不是完整意义上“海选”。到1994年第三次换届选举时，对“海选”做法统一规范和推广。1996年11月28日，湖南省第八届人民代表大会常务委员会第25次会议通过《湖南省村民委员会选举办法》，规定：“海选”是指本村半数以上村民直接提名候选人并根据得票多少按照差额选举原则确定正式候选人，并要求各地都要搞一定比例“海选”。至此，“海选”提名确定候选人做法得以统一固定。1997年，第四次换届选举对“海选”提名确定候选人做法进行推广，省政府文件要求：各地“海选”面不能低于60%。1998年11月4日，第九届全国人大常委会第五次会议通过的《中华人民共和国村民委员会组织法》第14条规定：选举村民委员会，由本村有选举权村民直接提名候选人。从此，“海选”成为法定选举办法。2000年7月29日，湖南省第九届人民代表大会常务委员会第17次会议《关于修改〈湖南省村民委员会选举办法〉的决定》，对《湖南省村民委员会选举办法》第一次修正；2013年7月25日湖南省第十二届人民代表大会常务委员会第3次会议进行第二次修订。从法规上对提名确定候选人的办法做了统一规定：“村民委员会成员候选人，由本村有选举权的村民直接投票提名产生。”村民委员会成员确定候选人的制度在全省得到全面实行。至2014年，第九次村民委员会换届选举，“海选”率100%。

6.泸溪县九次村民委员会换届选举。1988—2014年26年间，县民政局严格按照《中华人民共和国村民委员会组织法》规定办事，坚持“直接、平等、无记名”的原则，先后进行9次村民委员会换届选举工作。1994年前，村委会换届选举大多采取村党支部提名方式确定候选人办法进行。1996年后，采取村党支部提名方式和村民联合提名方式相结合方法确定候选人。1998年，《中华人民共和国村民委员会组织法》全县村委会领导班子全部是由村民直接民主选举产生。在历次换届选举中，县委、县政府把这项工作作为中心工作，摆上议事日程。采取以会代训方式集中培训乡镇选举工作骨干；各乡镇采取分散办班方式对乡镇干部和村选举骨干开展学习培训，重点培训《换届选举实施方案》和《换届选举工作规程》；各村采取分片培训村民代表。县政府在县电视台开辟宣传专栏，各乡镇印发宣传资料，张贴横幅标语，出板报，开展宣传发动工作。成立由县委书记任组长的村委会换届选举工作领导小组，出台泸溪县村民委员会换届选举工作实施方案，召开全县村委会换届选举工作会议。乡镇、村相应成立以乡镇党委书记和村党支部书记为第一负责人村委会换届选举工作机构。县“四大家”领导分片包乡镇，指导联点乡镇换届选举工作；乡镇领导分组包村指导各村换届选举工作，并下派联村干部具体指导所驻村换届选举，全县联村干部都做到分工明确，责任到人。各村召开村委会换届选举动员会、选举骨干培训会、村民代表大会。县村委会换届选举领导小组办公室实行换届选举工作进展情况通报制度，促进全县工作平衡发展。规范工作程序，首先，按照《湖南省村民委员会选举规程》规定，各村制定工作流程。明确选民登记程序、推选产生候选人程序、选举程序等；明确村民参选环节、投票选举环节、案件查处重点环节；确定选举方式。2014 年，全县坚持先易后难，以点带面，推进换届选举，对 32 个重点村、难点村，逐个解剖，重点帮助和指导，及时化解矛盾并对可能出现问题村制定应急预案，使整个换届选举工作有秩序稳步推进。其次，严格按照法律程序，围绕重要环节，严把“五关”：严把选举委员会产生关，坚持依法由村民会议或村民小组会议推选产生，使选举委员会具有广泛代表性，严防家族势力把持选举委员会。严把选举方案制定关，各乡镇在制定选举方案不搞照抄照搬，不搞“一刀切”。严把选民登记关，各村在选民登记环节上，在法定选举日内对在龄选民逐人登记，张榜公布，做到不错登、不漏登、不重登，然后对本届选民逐一核实，分开登记，进行二榜公布，并及时发放选民证。严把候选人产生关，产生候选人普遍采用村民直接投票提名办法，并制定候选人资格条件，引导教育群众正确行使民主权利。做到“三不选”，即违纪违法不选，庸庸碌碌不选，作风霸道不选。严把选举投票关，严格一人一票，控制多投票。实行秘密划票与分散划票相结合，保障选民选择权。严格开箱监票、唱票、计票和当场宣布选举结果程序，提高公信度。落实“五个第一责任制”工作机制，即落实乡镇党委书记“第一责任人”责任制，做到领导责任上肩；落实驻村乡镇领导“第一指导人”责任制，做到指导责任上岗；落实村党支部书记“第一执行人”责任制，做到落实责任到位；落实村民代表“第一监督人”责任制，做到监督责任到点；落实村民群众“第一参与人”责任制，做到参与责任到人。坚持逐级负责，分责到人，问责到人，而且问责横向到边、纵向到底。在九次村委会换届选举中，对 2 件违反选举工作程序问题进行问责，给予 3 名责任人予以党纪政纪处分。2014 年，全县第九届村委会换届选举，选出村委会主任、副主任和委员 507 人，其中村主任 133 人，村支书记兼村主任 1 人，副主任26人,委员348人,女性118人,党员360人。连选连任81人,占村委会主任61%; 新当选52人, 占村委会主任39%。年龄30岁以下36人, 占7.1%; 31-49岁以下325人,占64.10%;50岁以上146人,占28.8%。高中以上学历162人,占32.4%;初中学历299人,占59%。每次换届选举后,乡镇人民政府给每个当选的村民委员会成员颁发由省人民政府印制的《当选证书》,进一步确定其合法性,并分批到县进行任职前业务培训。

(二)居民委员会。1954年12月31日,全国人民代表大会常务委员会通过《城市居民委员会组织条例》。1989年12月26日,第七届全国人民代表大会常务委员会第十一次会议通过《城市居民委员会组织法》,自1990年1月1日起施行。

1.居民委员会设置。居民委员会设立是以实现居民自治为目的,以根据居民居住状况、便于居民自治为原则,以100—700户作为所辖居民户数范围。根据《城市居民委员会组织法》第6条第2款规定:居民委员会的设立、撤销、规模调整,由不设区的市、市辖区人民政府决定。

2.居民委员会组织。居民委员会由主任、副主任和委员共5—9人组成。居民委员会组成成员既可以是本居住地范围内全体年满18周岁没有被剥夺政治权利居民选举产生,也可以由每户派代表选举产生,还可以由每个居民小组选举代表2—3人选举产生。居民委员会每届任期为3年,其成员可以连选连任。居民委员会根据需要设人民调解、治安保卫、公共卫生等委员会,也可不设下属委员会,而由居民委员会成员分工负责有关工作。凡是涉及全体居民利益重大问题,居民委员会必须提请居民会议讨论决定。居民会议是居住地范围内18周岁以上居民组成的居民自治民主决策机构。居民公约由居民会议讨论制定,报不设区的市、市辖区的人民政府或者他的派出机关备案,由居民委员会监督执行。居民应当遵守公约,居民公约内容不得与宪法、法律、法规和国家政策相抵触。居民委员会办理本居民区公益事业所需费用,经居民会议讨论决定,可以根据自愿原则向居民筹集,也可以向本居民区受益单位筹集,但须经受益单位同意,收支账目应当及时公布,接受居民监督。

3.居民委员会任务。根据居民委员会组织法. 居民委员会任务主要有:

(1)宣传宪法、法律、法规和国家政策,维护居民合法权益,教育居民履行法律规定义务,爱护公共财产,开展多种形式文明建设活动。

(2)办理本居住地区居民公共事务和公益事业。

(3)调解民间纠纷。

(4)协助维护社会治安。

(5)协助人民政府或者派出机关作好与居民利益有关公共卫生、计划生育、优抚救济、青少年教育等项工作。

(6)向人民政府或者派出机关反映居民意见、要求和提出建议。

4.居民委员会选举。居民委员会换届选举是指居委会依照民主程序和自身章程,更新领导层的组织行为。居委会换届选举基本程序:

(1)选举准备。开展调查摸底,掌握各社区人口状况、干部设置、往届选举情况以及居民关心热点难点问题。制定方案。居委会换届选举与村委会换届选举同步安排,制定具体工作方案,规定选举基本程序和方法步骤。培训骨干,县、镇举办专门培训班,培训驻社区指导员、党支部书记和工作人员。

(2)成立机构。县、镇分别成立指导小组和办公室。县指导小组办公室组建督查指导小组,各自负责一个社区全程监督指导选举工作。镇成立驻社区指导组具体包抓。各社区推选产生居民选举委员会,主持和组织选举工作,原则上社区党支部书记经推选担任选举委员会主任。

(3)制定选举办法。县指导小组办公室根据法律法规和上级文件精神,参考村委会选举办法,制订居委会选举办法参考件,交由各社区选举委员会根据实际情况和居民意见作出详细修改,经过居民代表大会讨论后实施。

(4)宣传动员。重点宣传国家法律法规和上级关于推进居委会直选要求。宣传实施方案和选举办法,动员所有选民参与选举。

(5)选民登记。主要登记年满18周岁未被剥夺政治权利户口在本社区的居民和户口不在但已经居住一年以上且愿意参加选举居民。经过选举委员会审查资格后予以公布。

(6)提名确定候选人。由全体选民根据职位和职数,一人一票直接提名居委会成员候选人,选举委员会依据得票多少,按照差额选举原则确定正式候选人,并张榜公示。

(7)推选社区成员代表会议代表。选举委员会根据居民小组人口多少,分配代表名额。各居民小组组织选民一人一票直接推选,社区选举委员会依据提名得票多少,确定各居民小组正式代表,并张榜公示。

(8)召开社区成员代表大会选举。各社区在统一规定的选举日,召开代表大会选举居委会成员。五分之四以上代表参加选举有效，候选人得赞成票超过到会人数一半以上始得当选。同时，代表大会上通过代表提名确定候选人、全体代表无记名投票选举办法，选举产生居民监督委员会。

5.泸溪县居民委员会换届选举。1988 年至 2012 年，泸溪县居民委员会经历了 8 次换届选举。在历次换届选举中，根据《中华人民共和国城市居民委员会组织法》有关规定，在坚持"公开、平等、竞争、择优"原则下，每 3 年全县 8 个镇 19 个居委会班子组织开展一次换届选举工作。县委县政府成立县基层政权建设工作领导小组，由一名县委副书记任组长，县人大常委会副主任、县人民政府副县长各 1 人任副组长，每次制定《泸溪县居民委员会换届选举工作实施方案》。从县人大、县委组织部等单位抽调专人集中办公，以县民政局为主对居民委员会换届选举工作进行督导。2000 年，第四次居民委员会换届选举，引入招聘和竞争机制，确定对武溪镇南正街、浦市镇十字街两个居委会主任职位实行公开选聘。各个镇紧密配合、协调工作，认真组织实施，严格招聘程序，使每次换届选举工作顺利进行。

泸溪县第八次社区居委会换届选举自 2012 年 8 月 1 日开始至 9 月 30 日结束。8 月 1 日，县委县政府成立由县委副书记任组长，县委常委、县委组织部部长，县政府分管副县长任副组长，县委组织部、县纪委监察局、县民政局等相关部门负责人为成员的第八次居民委员会换届选举工作领导小组，由县民政局负责日常工作。8 个镇分别组建第八次社区居民委员会换届选举领导小组及办公室，制定工作实施方案。8 月 10 日，县政府召开动员大会，进行安排部署。镇政府召集社区书记、主任召开选举工作大会，从组织领导、宣传发动、维护秩序、严肃换届纪律、把握节点等方面进行全面部署。各社区结合实际，制定详细工作方案及应急处置预案，确保责任明晰，人员到位。8 月 11 日，组织工作人员开展专题培训，确保人员全面掌握投票选举操作办法。根据"居民委员会组织法"规定，确定这次全县居民委员会由主任、副主任和委员共 5 人组成。候选人提名方式为直接提名，在选举日 10 日前，各居民小组召开选民会议，一人一票提名候选人，按职位数等额推荐，由社区居民选举委员会汇总投票结果，按相对多数原则确定初步候选人。候选人提名设立验证发选票处、秘密写票处、投票处(票箱)，并确定 3 名以上工作人员负责提名投票工作，当场开箱验票计票当众公布结果。9 月 18 日，各社区正式候选人进行公示。9 月 25 日，各镇党政班子成员、机关干部全部联点到各社区，协助开展选举日工作。本次选举采取代表选举方式，每 20-50 户产生 1 名选举代表。上午

9时，选举投票正式开始。整个换届选举投票过程按照“公开、公正、公平”原则，切实做到法定程序不变通，规定步骤不减少，经过投票、验票、计票等环节，选出居委会主任、副主任各16名，居委会委员48名，共80名社区居委会成员。本届新当选社区居委会成员中，男性比例为52.6%，女性为47.4%。党员占比例90%，非党员为10%。大专及以上学历占45.5%，中专学历占45.5%，高中及以下占9%。9月28日，各镇召开新当选社区居委会成员会议，颁发省统一制作的“当选证书”，经镇人大主席团监督指导，完成上届社区居委会和新一届社区居委会交接工作。9月30日，社区居委会完成并上交关于本次换届选举工作各项报告单、统计表以及工作总结。10月10日起，各社区居委会开始建立健全各项内设机构和规章制度， 10月15日，县选举办对社区居委会换届选举进行全面总结验收，验收结果全部合格，至此，全县第八次社区居民委员会换届选举工作全部完成。

二、泸溪县1987、2016年村(居)民委员会

(一)1987年各乡镇村、居民委员会

武溪镇1987年度村居民委员会一览表

基本情况	村、居民委员会	村、居民小组
武溪镇人民政府驻地在西正街。辖4个居委会、16个居民小组、3个村委会、共10个村民小组	西正街居委会	西河街、广场路、紫气巷、王家弄、石家弄、汤家弄、文家弄、杨家弄、大坳口、一中路、革新巷、堤上4个小组
	东正街居委会	东门头、东河街、冯家弄、钟家弄、曹家弄、红旗弄、细弄、十字街弄、大弄、邹家弄、印家弄共15个小组
	北正街居委会	花果山、新桥、砂子波、后街4个居民小组、1个菜农小组
	南正街居委会	共3个居民小组
	城郊村委会	岩龙头、暮江头、草坪头共3个小组
	五里洲村委会	洲尾、张家村、洲头共5个小组
	秤砣山村委会	秤砣山、担杆溪、焦冲共1个小组

浦市镇1987年度村居民委员会一览表

基本情况	村、居民委员会	村、居民小组
浦市镇人民政府驻地在西正街。辖4个居委会、22个居民小组、21个村委会、127个村民小组	太平街居委会	太平街、正街、前河路、史巷弄、余家弄、杨家弄、胜利弄
	十字街居委会	十字街、上正街、吉家头、新建路、印家路、新巷弄、谢家弄、吉家弄
	新建路居委会	原果园大队湾里、新桥两居民小组、3村民小组
	烟房弄居委会	烟房弄、下后街、李家弄、下横街、下节街
	印家桥村委会	黄土坡、印家桥、毛家坡、新桥、弄口、下湾共4个小组、新建农民街和企业厂矿街道
	城乡村委会	桐木垄、张家湾、姚家湾、老坪冲、铜盆井、罗家村8个小组
	黄家桥村委会	茶叶坳、黄家桥、上庵、土桥溪5个小组
	浦溪村委会	浦溪、岩龙头等4个小组
	小岸坪村委会	小岸坪、半坡、马子桥4个小组
	高桥村委会	上高桥、下高桥、红禾冲、木粟坪、姚家人共6个小组
	青草村委会	瞿家有、唐家人、黄家人、杨家人、观音坡、印家坡、高龙头、龙头园、进谷冲9个小组
	银井冲村委会	碑石坳、塘冲、银井冲、连溪湾、桥头、晒头、木横井10个小组
	新堡村委会	冲头、岩坡、岩坪、下湾、温溪、扇桥、桑子坳、金井、岩碑、唐家人10个小组
	都歧村委会	岩屋品、石家人、雷家人、向家坨、三湾岭、晚延冲6个小组
	田家溪村委会	磨刀岩、老子场、牛栏冲、田家溪、蒋家垄、徐家岭、拦牛坳、温水洞、盖皮冲、板寨9小组
	高山坪村委会	上坪、下坪、李贺、当门坡、各儿寨、蛇形索、下岩寨6个小组
	灰洞坳村委会	叶家坡、铁炉湾、唐家坨、烂泥田(统属楠木洞片村)、灰洞坳、陈家岭、龚五寨、香炉岩7个小组
	鱼坪村委会	天王庙、鱼坪、逻寨、磨家冲、高寨坡、黄金冲共5个小组
	小麻村委会	叶家山、杨家人、三房台、四房台、下寨、傍坎(统属小麻片村)、虾公溪、黑里界5个小组
	岩门溪村委会	岩门溪、张家头、秦家人、王家人、白莲溪、花园坪共6小组
	五果溜村委会	下弄、古树坪、桅子坪(统属五果溜片村)、土桥溪、桃子坳、长溶8个小组

续表

	毛家滩村委会	毛家滩、深泥田、纱帽山、白岩头、全家坪、木家溪3个小组
	麻溪口村委会	段家村、习弓寨、白马坪、田家坪、杨柳冲、廖家村、麻溪品、桥坳、李家村、向宇坪7个小组
	铁柱潭村委会	铁柱潭、戴家村、丝瓜坪3个小组
	擂鼓坡村委会	擂鼓坡共1个小组
	镇管组	牛角湾、后冲1个小组

洗溪镇1987年度村居民委员会一览表

基本情况	村、居民委员会	村、居民小组
洗溪镇人民政府驻地设洗溪。共11个村委会、71个村民小组。2个居委会，5个居民小组	上街居委会	洗溪、虎形滩、上街3个居民小组
	下街居委会	三羊坪、江排、下街2个居民小组
	能滩村委会	能滩、二房头、桑树坪、芭蕉冲、岩田坪、金花洞7个小组
	干溪村委会	下干溪、符家坪、卡屋、鸾团湾4个小组
	望天堂村委会	大田溶、仓坳、锣鼓坪、当石寨、团鱼岩、大营盘、上望天堂、下望天堂、坪冲、长潭头、铁井坪6个小组
	峒头寨村委会	峒头寨、高寨、后寨、大房头、六房头、边木冲、铜鼓寨、五羊坡6个小组
	张家坪村委会	张家坪、岩塘、当风岭、曹家、庙坪、竹坪、高家、石家寨、新岩、抱儿坪10个小组
	仲溪村委会	仲溪、大坳、印家、坨田、观音形、葛坪、风阳坪、螃蟹塘6个小组
	邓家坪村委会	黄连坡、邓家坪、穆家棚、狮子坪、李家棚、脉重坡、双凤溪6个小组
	宋家寨村委会	桑树坳、宋家寨、联二寨、杉树寨、塘家寨、下田溶、碓冲、上田溶7个小组
	李岩村委会	大坝塘、李岩、枞林、天坪、猫坨、高家岭、溪边寨、坨里、中寨、下坪9个小组
	洞底村委村	人形岭、洞底坪、桐油坨、小长坡、大长坡、黑溪、梳木桥、行岩路6个小组
	屋场坪村委会	洞底、屋场坪、下寨、田溶4个小组

兴隆场镇1987年度村居民委员会一览表

基本情况	村、居民委员会	村、居民小组
兴隆场镇人民政府驻地设兴兴隆，共17个村委会、78个村居小组，1个居委会、2个居民小组	兴隆场居委会	场上2个居民小组
	兴隆场村委会	兴隆场、祠堂、大坪、大冲共5个村民小组
	东广寨委会	东广寨、桐木垴、连垴上共4个村民小组
	彭总管村委会	彭总管、鱼水坪、桐木坳共4个小组
	得堡村委会	下得堡、上得堡共3个小组
	龙头寨村委会	龙头寨、坪地场、铅矿岭、豆岭上、岩门口、龙头冲、枫木垄、老头冲、细坨共5个小组
	后塘村委会	后塘、冲塘共3个小组
	都兰山村委会	都兰山、上豆夹山、下豆夹山共4个小组
	岩坡村委会	当坡、庵堂边、中寨、岩坡、马家冲、杨家人共6个小组
	坪布亮村委会	湾田、坪布亮、太坪村(原名鸡公坨)、六宝田共3个小组
	锡瓦村委会	上锡瓦、下锡瓦(属锡瓦片村)、五里坡、坳花坨、雷家坨、大坳共5个小组
	都里坪村委会	都里坪、糜家人、康家人、磨冲、田坨(统属都里坪片村)、张家岭共5个小组
	麦坨村委会	养育坡、桐木坳、中龙上、当门溪、印家(统属麦坨片村)、新安寨共4个村民小组
	巴斗山村委会	巴斗山、上打皮冲、下打皮冲(二村统称打皮冲)、南湾冲共4个小组
	五里坪村委会	姚家人、冲梁、梁家、唐家(统属五里坪片村)、寨家、大塘共5个小组
	甘田坪村委会	甘田坪、冲木桥、半冲、黄岩冲、塘地坡、长冲共7个小组
	烂泥田村委会	烂泥田、野坟坡、杨柳塘、欧家人、坪沙溪、杉树坨共6个小组
	五堰村委会	五堰、朱家人、陈家湾、辞良坳、避坨湾共6个小组

潭溪镇1987年度村居民委员会一览表

基本情况	村、居民委员会	村、居民小组
潭溪镇人民政府驻地设潭溪，共14个村委会、72个村民小组，2个居委会、5个居民小组	土麻寨居委会	3个居民小组
	张家湾居委会	2个居民小组
	下都村委会	3个村小组
	朱雀洞村委会	朱雀洞、瓦窑坪、谷池、油坊坪、女私田、牛困塘、大鹏湾、野猫坪6个村民小组
	盘古岩村委会	盘古岩、雀儿溪、扯夫溪、施茶溪、桃竹潭、桥上4个小组
	小能溪村委会	小能溪、新寨、龙家冲、千丘田、铁窝溪、海螺溪、三婆寨、李家坪、大坝6个小组
	新寨坪村委会	新寨坪、棚家坡、船坪坳、老屋场、毛包坪、后门冲、老屋冲、粟木寨、狭窄坪、甘田坪、枞树坡9个小组
	桃子坳村委会	桃子坳、要屋场、牛角田、新田坡、新田冲、姑婆溪、下坡路5个小组
	兴隆寨村委会	兴隆寨、楠竹溪、富独角、马入田、油坊坪、烂泥田、鸡坨溪、牛打溪、寨风坳、桌子坪、葫芦形、黄泥坪、独垄田、扯蓬溪4个小组
	符家坪村委会	猫儿岩、符家坪、山脚岩、阿湾溪、桐油坪4个小组
	且己村委会	落坪桥、中且己、下且己、上若木溪、下若木溪、桐木冲、其山坡6个小组
	松柏潭村委会	松柏潭、上且己、田大溪、多家坨4个小组
	大陂流村委会	大陂流、石板溪、木冲溪、铺锄6个小组
	小陂流村委会	小陂流、上河坪、虎形地、虎洗滩、急河坪、坪上田、坡头溪、上婆伍、下婆伍、鱼从溪6个小组
	楠木冲村委会	楠木冲、火麻冲、火麻垄、火麻坪、竹山冲、老屋场、长潭尾、茶壶溪6个小组
	虎食溪村委会	虎食溪、婆落寨、二家坪3个小组

达岚镇1987年度村居民委员会一览表

基本情况	村、居民委员会	村、居民小组
	达岚坪居委会	达岚坪、狗来坡、岩寨、刘家坡、谢家坡7个小组、其中2个居小组
	岩门村委会	上岩门、下岩门、先生坡、岩寨、姚冲、红旗队5个小组

续表

达岚镇人民政府驻地设达岚共15个村委会、86个村民小组,1个居委会,2个居民小组	冲木村委会	冲木、公羊、朱儿田、五房头、坨里、塘山坪6个小组
	企冲村委会	企冲、蛇湾、官爱岭3个小组
	六一村委会	梓木溪、龙头坪、黄岩溪、凉坪冲、龙溪口4个小组
	六里村委会	黄泥田、头冲、坡垴上、大湾、水冲5个小组
	潮地村委会	潮地、毛家头、老鸦冲、正冲、沙坪溪、脂肪冲、岩冲6个小组
	细羊田村委会	细羊田、大羊田、富家冲、岩牛山5个小组
	新田村委会	田家溪、土家坡、上麻冲、下麻冲、大岩洲、瓦子冲、王潭、半坡、黑屋、坨里、达岚坳12个小组
	都用村委会	都用、马颈坳、白坪、护国寨、旧场、岭上、徐家坡、阳都司6个小组
	车头村委会	车头、老师坡、向家3个小组
	麻坪村委会	麻坪、高寨、炭冲、天堂坡、田冲、对门坡5个小组
	五德村委会	眉毛冲、新屋场、中岭上、园里、大院子、问得垄、下寨、猪槽洞7个小组
	八一村委会	锡洞垄、芋头田、黑冲、罩子坡3个小组
	覃木阳村委会	覃木阳、新桥上、天星堂、白岩、寨丘田5个小组
	黄毛田村委会	黄毛田、冲里、竹园、上坡岭6个小组

合水镇1987年度村居民委员会一览表

基本情况	村、居民委员会	村、居民小组
合水镇人民政府驻地设合水,共11个村委会、64个村民小组,1个居委会、4个居小组	合水居委会	4个居民小组
	合水村委会	新屋场、老儿坪、李家湾、廖家坨、迷水坪、祖坟山4个小组
	溪洲村委会	乃野溪、田家人、李家人、磨洲4个小组
	蓄鱼坪村委会	蓄鱼塘、坪上、边山3个小组
	木龙村委会	细头中、坡上黄、寨上场、吴家、守野坪、烟竹湾、清水冲、烂场7个小组
	新桥村委会	袁家场、黄坪、干冲、龙舟坪、杨家人5小组
	横坡村委会	上徐家、下徐家、来龙寨、湾里、拱冲、冲口、瓦屋场、大连冲、峦田坪、垄里、棉花坪、双江口12个小组
	塘冲村委会	塘冲、铜鼓塘、王湾共3个小组

续表

	罩子坪村委会	谭家人、市场坳、屋场坳、老婆坳、新屋场、杨家人、田家人、向家人、徐家人、茅坪、朱司冲12个小组
	三合村委会	问野、蝴蟆坳、麦湾、阳重4个小组
	杨家人村委会	杨家人、椰木溪、舒家人、东瓜冲4个小组
	中垄山村委会	牛老坳、宋家坨、茅头冲、下老头冲、黑冲、岭上、中垄山、栏坳、金鸡湾、亭子坳、山角坪6个小组

上堡乡1987年度村居民委员会一览表

基本情况	村民委员会	村民小组
上堡乡人民政府驻地在城南车站，共18个村委会，99个村民小组	车站村委会	1个村民小组
	联盟村委会	上堡、麻羊坳、河边4个小组
	王家庄村委会	王家庄、添新寨、杨家寨、小岩排、犁子坪、中风岭6个小组
	大溪村委会	木鱼包、山竹偏、虎头桥、柑田坳、王家岭、炉场湾、石家岭、曹家溪4个小组
	团爱村委会	戒指岭、龙头上、羊岭上、好汉坡、岩界、凤形地、虾公溪、庄屋等5个小组
	黑塘村委会	小子排、郑家坡、来溪、儿婆塘、黑塘、李家庄5个小组
	上寨村委会	下寨、上寨、周家庄、覃家庄、上坳门前、狮子山6个小组
	天门溪村委会	天门溪、活岩溪、田家岭、椰木冲、陀螺山、田金山、莫家岭7个小组
	刘家滩村委会	刘家滩、岩角、旧村、坳里、枞山、枣子坪、龙家、下溪尾、侯家10个小组
	白沙村委会	岩坪、屈望、白沙等7个小组
	红土溪村委会	桥上、桥下、沙洲坪、屋场坪、红土溪3个小组
	铁山村委会	铁山、溪里、塘田3个小组
	岩头河村委会	湖三冲、王仕冲、萧溪、岩头河、水茅头5个小组
	侯家村委会	候家、黄金坨、桃子坪(原名仡佬坪)4个小组
	榆树坪村委会	榆树坪、狗坐岩、黄泥田、九子田、翁水坪5个小组
	暮岗头村委会	文家、曹家、同溪、磨石溪、下断渠、坟坨、上断渠7个小组
	蜂子岩村委会	山羊冲、近家坨、白牛洞、蒲溪、尾寨、中寨、湾里、梨子坪、蜂子岩9个小组
	高大坪村委会	高大坪、唐家、上桃溪、下桃溪、低大坪、大树坳、田子冲、桐木坪、八里槽、千丘田、坳排口10个小组

李家田乡 1987 年度村居民委员会一览表

基本情况	村民委员会	村民小组
李家田乡驻在顺江田，共 11 个村委会、56 个村民小组	李尧溪村委会	老屋场、旧屋场、新屋场、蓄竹岭 3 个小组
	岩头山村委会	岭上、梨子湾、石家头、覃家坪、黄土坝、水井坎、坡脚、后洞 5 个小组
	茶林溪村委会	大溪口、茶林溪、上鸡笼洞、下鸡笼洞 4 个小组
	黑竹坳村委会	高岩坎、黑竹坳、上密枞、下密枞、余家坨、椰木坳、上姚家岭、下姚家岭、下坨 7 个小组
	引家冲村委会	张家湾、吴木寨、横岭上、水尾、刘家庄、茅寨、引家冲 4 个小组
	辛女溪村委会	张家湾、下马寨、李家岭、杨家岭、中等、山脚下 5 个小组
	李家田村委会	大寨、小寨、邓家岭、吕木溪、白岩头、院子、庄屋岭、坳后地、杨后洞、张家岭、岩洞头、打狗冲 8 个小组
	李家寨村委会	李家寨、大坪、风响坪、瞿家寨、桐林溪共 5 个小组
	猪食洞村委会	猪食洞、顺江田联、调解坪、符家寨、烂泥田 5 个小组
	杨斌庄村委会	大寨、小寨、杨子溪、白羊溪、老白羊溪、赵家溶 6 个小组
	红岩村委会	楼屋、八房头、溪里、印家岭、大茅坪 4 个小组

长坪乡 1987 年度村居民委员会一览表

基本情况	村民委员会	村民小组
长坪乡人民政府驻地设长坪，共 11 个村委会、58 个村民小组	长坪村委会	长坪、大寨 3 个小组
	白头溪村委会	白头溪、店上 3 个小组
	茅茂田村委会	茅茂田、冲河、莫家、合水桥 5 个小组
	峰堆村委会	峰堆、岩冲、大岩头、田冲、边山 6 个小组
	硬晒村委会	硬晒、唐家、倒头坡 3 个小组
	茅冲口村委会	大坪、邓家坡、茅冲 3 个小组
	麻垄村委会	麻垄、剥鹿冲、岩板坡、管山、过鹿冲、栎树林 7 个小组
	庄上村委会	庄上、官木塘、铁伞溪、蒋家人、青江洞 4 个小组
	中堂村委会	中堂、团圆山、罗家寨、李茶口、蒋家坪、海螺冲、杜家垄、桐木冲、岩头坡、边山脚、边山坎 8 个小组
	青水垄村委会	上青水垄、野鸡岩、下青水垄、大禾冲、灰竹园、老溪、刘家旁、接垄坳、斋堂坡 8 个小组
	蚂蝗溪村委会	石家、毛家、刘家、周家、旧寨、广瓶冲 7 个小组
	乡柑桔场	1 个村民小组

解放岩乡 1987 年度村居民委员会一览表

基本情况	村民委员会	村民小组
解放岩乡人民政府驻解放岩村，共12个村委会、55个村民小组	解放岩村委会	解放岩、岩坎、忙耕、往抢、滚龙溪、坳口垄5个小组
	水卡村委会	水卡、都蛮坡、冒洲、长潭坪、江南岸、乌锄、勾腰湾、大树湾9个小组
	都蛮村委会	都蛮、滕家、破牛坪、腊洞坪、举阳坡4个小组
	东风村委会	八房、下万溶、晒田坪、到头坡、老林坨、姚家坡、白羊坨4个小组
	万口村委会	大路湾、万口、司堡寨、三房、岩落潭3个小组
	利略村委会	3个小组
	大坪村委会	淹水垄、大坪、油麻寨、双岔溪、大溪5个小组
	大塘坳村委会	大塘坳、半坡、妹儿溪、田坪、宋家坨3个小组
	茨冲村委会	万溪坪、坨里、大寨、阿坪、江家坪、硬冲、占坳5个小组
	万金山村委会	庵堂坪、刘家湾、黄豆坪、中寨、黄老坳、马金坡、雷洞冲、沙坪、岩坳、老屋场5个小组
	牛场村委会	大寨、小寨、冲板4个小组
	已溶村委会	大寨、杨家、中寨、土蛮冲、桐坪、多落坪、四路溪、夯洞门、黄茅坪5个小组

永兴场乡 1987 年度村居民委员会一览表

基本情况	村民委员会	村民小组
永兴场人民政府驻地设永兴场，共10个村委人地、49个村民小组	上广村委会	鹅梨坡、湾里、黄泥冲、上广、永兴场、沙坪溪、烟竹坪7个小组
	一都杨村委会	一都杨、大溪、都溪垄、大溪田4个小组
	三冲坪村委会	坳头寨、高家台、七家坪、廖家村7个小组
	天台垄村委会	三层坡、天台垄2小组
	密灯村委会	高寨、王爪田、坡上、头木坨、大冲坪、老虎孔、田家5个小组
	下广村委会	坡垴上、梁家边、曹家垄、茅板坳6个小组
	木坨村委会	新坨、台边、下寨、塘冲湾3个小组
	龙井村委会	龙井、老寨、坪木坨4个小组
	呈田村委会	呈田、旧冲、磨家溪、黄家寨3个小组
	溪头村委会	枞树岭、塘里、桥家头、杨竹坡、溪头、槐子湾、长冲、唐家寨8个小组

小章乡1987年度村居民委员会一览表

基本情况	村民委员会	村民小组
小章乡人民政府驻小章村，共11个村委会、42人小组	小章村委会	小章、下能溪河、大木冲、新开田、搭耙冲、坨田4个小组
	烟竹坪村委会	烟竹坪、长冲、野鸡冲、头上寨3个小组
	川洞村委会	川洞、大岭、旧寨坨、金子坪、池凉、后门冲、大章、亮洞7个小组
	大水坪村委会	大水坪、大黄泥冲、小黄泥冲、黄泥垄、马踏磴、略寨、龙井、桑树冲4个小组
	白泥塘村委会	吊边溪、切草坳、棉花坳、杨家坡、竹山冲、夯自来、龙劲坳、白泥塘5个小组
	梓木坪村委会	梓木坪、竹坪、牛洞、黄土田、老寨、桐木冲、瓦窑田、黄家湾(前5村统属地回垄片村)共4个小组
	洞上村委会	洞目、冷水田、坪布亮、池塘垄、隔婆溪、桃子坳、甘田坪、蛇冲、龙仙堖3个小组
	塘坪村委会	长田、对门田、拦杨寨、桥排坡、杉林湾、塘坪3个小组
	能溪河村委会	庄屋冲、上能溪河、缸子坟3个小组
	瓦槽村委会	瓦槽、大坪、冒洞口3个小组
	大西垄村委会	小寨、大寨、禾场坳3个小组

白羊溪乡1987年度村居民委员会一览表

基本情况	村民委员会	村民小组
白羊溪乡人民政府驻白羊溪，共13个村委会、45个村民小组	白羊溪村委会	白羊溪、中湾水、黑塘坪、下湾水、上湾水、瓦窑坪、码瓦坳、窑基排、沙子包4个小组
	茅坪村委会	茅坪、高家、桐坪、王食冲共3个小组
	周家寨村委会	周家寨、旧寨、板冲垄、土麻田、乡脚坪、戴家寨、林家冲、珠溪坪、上石家岭、下石家岭8个小组
	麻溪村委会	边山、麻溪、大土墙、桐木岭、榆树寨、李家、上甘溪7个小组
	马王溪村委会	马王溪、大坪、川坳、新冲、瓦屋场5个小组
	湖田村委会	1个小组
	报木坨委会	1个小组
	打头冲村委会	打头冲、向屋场2个小组

续表

	排口村委会	桐坪、水井湾、小龙头、岩板潭、枞树岭、夯寨坪、后排口、前排口4个小组
	云上村委会	云上、来坡垴、大旁山2个小组
	老寨坪村委会	1个小组
	马入田村委会	马入田、湖马田、下寨、场冲、洞冲3个小组
	双溪村委会	双溪、黄树坪、耙山、杉山、野猫坳4个小组

石榴坪乡1987年度村居民委员会一览表

基本情况	村民委员会	村民小组
石榴坪人民政府驻石榴坪，共11个村委人地、64个村民小组	石榴坪村委会	石榴坪、田家人、棚里、坡垴上、园田坪、黄家人、廖里、傅家人、坨里8个小组
	板桥村委会	板桥、老冲、黄狗湾、天星寨共6个小组
	兰村村委会	田坎上、塘湾、屯里、沙湾、旺里、羊牯垴、包家垴统叫兰村(昔名蛮村)8个小组
	碧溪村委会	老冲垴、塘冲湾、碧溪、冲儿湾7个小组
	人头坳村委会	料草坳、大良冲、人头坳、蒋家坪、汤家人、陡岩戕4个小组
	红桥村委会	土桥、宋家垄、红岩坳、坳上、白栎坪、塘湾6个小组
	民力村委会	寨口垄、黑潭垄、宽口田、高椅坡、故毛冲、界世冲、庵堂岭6个小组
	芒田村委会	桐木嘴、长田坎、庵堂坡、桐坨、芒田5个小组
	坪里村委会	要不分、土溪、杨家坡、刘家坨、螃蟹戕6个小组
	牛角冲村委会	牛角冲、军家湾3个小组
	三村村委会	猢狲冲、五银匠、老塘田、小溪5个小组

踏虎乡1987年度村居民委员会一览表

基本情况	村民委员会	村民小组
踏虎乡人民政府驻踏虎村，共7个村委会，47个村民小组	踏虎村委会	踏虎、塘坎上、张家人、王茅枪、岩板枪、徐家人、龙头寨、黄家人、旁刺路、擢冲、梁家人、老冲、桐坪、三角坪、东边、藏躲山15个小组
	麻铺村委会	麻铺、谭家5个小组
	晒洲田村委会	晒洲田、长岭坡、架桥溪、坪里6个小组
	南洪溪村委会	桐坡、南洪溪、奄堂坡、保泥田4个小组

续表

	登云寨村委会	登云寨、桃树坪、长岭上、塘坳、黄泥塘、板桥冲、红土垄6个小组
	砂子坳村委会	砂子坳、狭岩冲、大冲、满口边、杉木坨、塘坨湾4个小组
	马龙口村委会	马龙口、西达田、茶冲、巴坨、三角坪、刘家湾、六塘、凉坪岭7个小组

梁家潭乡1987年度村居民委员会一览表

基本情况	村民委员会	村民小组
梁家潭乡人民政府驻地在梁家潭，共14个村委会、53个村民小组	梁家潭村委会	梁家潭、东瓜坪、土马坪6个小组
	桌子潭村委会	桌子潭、亮排坡2个小组
	芭蕉坪村委会	芭蕉坪、上土地坪、下土地坪、斗蓬界、周家3个小组
	红岩排村委会	红岩排、洪水坪、黄金坳3个小组
	下湾村委会	下湾、湾潭、梁家坡2个小组
	茶坪村委会	茶坪、东古坪、桐油坪3个小组
	猫子溪村委会	猫子溪、粟林、椿木冲、九寨、球木坪4个小组
	岩寨村委会	上岩寨、下岩寨、鸡子坪、龙角坪、雷打潭3个小组
	达勒寨村委会	达力寨、二郎坪、上白土村、下白土坪、纸棚4个小组
	灯油坪村委会	灯油坪、麦李山、太阳冲、磨岩坪、芭蕉溪、向家岭、上屋场7个小组
	椰木溪村委会	椰木溪、八房界、王家、印家、坪里、石家田、大烟竹坨、小烟竹坨4个小组
	拖船坡村委会	拖船坡、上芋头溪、下芋头溪、黄泥溪、亭子溶、大风岭4个小组
	鸡子潭村委会	鸡子潭、鸡溪坳、瓦窑田、检儿坪、白马坪、杨柳溪4个小组
	布条坪村委会	布条坪、桃树坨、大坪、不溪、茶溪4个小组

八什坪乡1987年度村居民委员会一览表

基本情况	村民委员会	村民小组
八什坪乡人民政府驻八什坪，共10个村委会、60个村民小组	花园坪村委会	花园坪、八什坪、浸水溪、香炉冲、上构皮溪、下构狗皮溪8个小组
	杜家寨村委会	杜家寨、高村、大底坪、许家、木排溪、猴狲洞、昌棚坳、梅溪6个小组

续表

	梯溪坪村委会	梯溪坪、倒水坪、上覃家坡、下覃家坡、唐家坪、梯溪口、土脚坡、三角潭、岩排滩 7 个小组
	龙背山村委会	3 个小组
	塘食溪村委会	店上、官寨、排龟、塘食溪、石家寨、毛粟寨、猪食溪、芝麻溪 9 个小组
	李什坪村委会	李仕坪、老鸦溪、卧狗溪、上云界、烧肉溪、牛食坡 7 个小组
	大村潭村委会	大村潭、趴潭、桃坨、白杨坪 5 个小组
	池塘村委会	池塘、岩坳、唐家坪 4 个小组
	欧溪村委会	欧溪、烟竹坨、岭上、婆田、军田坪、茶坪溪、高山、龙湾、侯家、王家 6 个小组
	五村村委会	殿湾、坳上、新寨、老寨、牛家、曹家、撑架冲、洪水溪、庄屋 5 个小组

(二)2014 年-2016 年全县村(居)民委员会

2014 年各乡镇村居民委员会一览表

镇	乡	社区居民委员会		村民委员会	
		个数	名称	个数	名称
白沙		5	屈望、沅江、朝阳、兴沙、桥东	3	红土溪、红岩、刘家滩
武溪		2	城南、城北	10	五里洲、朱食洞、天门溪、黑塘、上堡、蜂子岩、大溪、榆树坪、暮江头、高大坪
浦市		4	十字街、太平街、新建街、印家桥	24	麻溪口、毛家滩、五果溜、岩门溪、高山坪、田家溪、鱼坪、李家田、岩头山、黑竹坳、城乡、新堡、银井冲、浦溪、青草、高桥、都歧、黄家桥、马王溪、毛茂田、长坪、中塘、庄上、麻垄
达岚		1	达岚坪	8	麻坪、龙溪口、六里、覃木阳、五德、都用、新田、潮地
合水		1	合水	11	横坡、罩子坪、溪洲、祖坟山、木龙、新桥、兴砂、踏虎、晒州田、麻铺、登云寨

续表

兴隆场		1	兴隆场	10	德堡、彭总管、烂泥田、岩坡、巴斗山、五里坪、锡瓦、甘田坪、都里坪、武堰
潭溪		1	潭溪	11	下都、朱雀洞、盘古岩、大陂流、小陂流、楠木冲、小能溪、且己、兴隆寨、松柏潭、新寨坪
洗溪		1	洗溪	8	峒头寨、能滩、甘溪桥、张家坪、邓家坪、宋家寨、洞底坪、李岩
	石榴坪			7	石榴坪、兰村、芒田、民力、坪里、碧溪、牛角冲
	永兴场			6	上广、下广、三冲坪、密灯、呈田、溪头
	小章			7	梓木坪、大水坪、川洞、白泥塘、瓦曹、烟竹坪、小章
	白羊溪			8	麻溪、马入田、周家寨、毛坪、白羊溪村、马王溪、云上、排口
	梁家潭			9	达力寨、芭蕉坪、红岩、岩寨、梁家潭、灯油坪、鸡子潭、布条坪、椰木溪
	八什坪			6	欧溪、三角潭、塘食溪、李仕坪、杜家寨、花园坪
	解放岩			6	都蛮、利略、水卡、场上、已用、和兴
合计 8 镇 7 乡		16		134	

泸溪县2015年底各乡镇村居民委员会一览表

镇	乡	社区居委会		村委会	
		个数	名称	个数	名称
武溪		7	屈望、沅江、朝阳、兴沙、桥东城南、城北	13	红土溪、红岩、刘家滩、五里洲、朱食洞、天门溪、黑塘、上堡、蜂子岩、大溪、榆树坪、暮江头、高大坪
浦市		4	十字街、太平街、新建街、印家桥	24	麻溪口、毛家滩、五果溜、岩门溪、高山坪、田家溪、鱼坪、李家田、岩头山、黑竹坳、城乡、新堡、银井冲、浦溪、青草、高桥、都歧、黄家桥、马王溪、毛茂田、长坪、中塘、庄上、麻垄
达岚		1	达岚坪	9	麻坪、龙溪口、六里、覃木阳、五德、都用、新田、潮地、溪头
合水		1	合水	12	横坡、罩子坪、溪洲、祖坟山、木龙、新桥、兴砂、踏虎、晒州田、麻铺、登云寨、呈田
兴隆场		1	兴隆场	14	德堡、彭总管、烂泥田、岩坡、巴斗山、五里坪、锡瓦、甘田坪、都里坪、武堰、上广、下广、三冲坪、密灯
潭溪		1	潭溪	11	下都、朱雀洞、盘古岩、大陂流、小陂流、楠木冲、小能溪、且己、兴隆寨、松柏潭、新寨坪
洗溪		1	洗溪	23	峒头寨、能滩、甘溪桥、张家坪、邓家坪、宋家寨、洞底坪、李岩、达力寨、芭蕉坪、红岩、岩寨、梁家潭、灯油坪、鸡子潭、布条坪、椰木溪、欧溪、三角潭、塘食溪、李仕坪、杜家寨、花园坪

续表

	石榴坪			7	石榴坪、兰村、芒田、民力、坪里、碧溪、牛角冲
	小章			7	梓木坪、大水坪、川洞、白泥塘、瓦曹、烟竹坪、小章
	白羊溪			8	麻溪、马入田、周家寨、毛坪、白羊溪村、马王溪、云上、排口
	解放岩			6	都蛮、利略、水卡、场上、已用、和兴
合计7镇4乡		16		134	

2016年全县居委会、村委会一览表

乡镇名称	居委会	村委会
武溪镇	屈望、沅江、朝阳、兴沙、桥东、城北、城南7个社区居委会	红土溪、红岩、刘家滩、五里洲、朱食洞、天门溪、黑塘、上堡、大溪、暮江头、高大坪11个村委会
洗溪镇	洗溪社区居委会	峒头寨村、能滩村、甘溪桥村、张家坪村、邓家坪村、宋家寨村、洞底坪村、李岩村、达力寨村、芭蕉坪村、红岩村、岩寨村、梁家潭村、灯油坪村、鸡子潭村、布条坪村、椰木溪村、欧溪村、三角潭村、塘食溪村、李仕坪村、杜家寨村、花园坪村23个村委会
兴隆场镇	兴隆场社区居委会	上广村、下广村、三冲坪村、密灯村、德堡村、彭总管村、烂泥田村、岩坡村、五里坪村、锡瓦村、甘田坪村、都里坪村、武堰村13个村委会
合水镇	合水社区居委会	横坡村、罩子坪村、溪洲村、祖坟山村、木龙村、新桥村、兴砂村、踏虎村、晒州田村、麻铺村、登云寨村、呈田村12个村委会
达岚镇	达岚坪社区居委会	麻坪村、龙溪口村、六里村、覃木阳村、五德村、都用村、新田村、潮地村、溪头村9个村委会

续表

浦市镇	十字街、太平街、新建街、印家桥4个社区居委会	麻溪口村、毛家滩村、五果溜村、岩门溪村、高山坪村、田家溪村、鱼坪村、李家田村、岩头山村、黑竹坳村、城乡村、新堡村、银井冲村、浦溪村、青草村、高桥村、都岐村、黄家桥村、马王溪村、毛茂田村、长坪村、中塘村、庄上村、麻垄村24个村委会
潭溪镇	潭溪社区居委会	下都村、朱雀洞村、盘古岩村、大陂流村、小陂流村、楠木冲村、小能溪村、且己村、兴隆寨村、松柏潭村、新寨坪村11个村委会
石榴坪乡		石榴坪、兰村、芒田、民力、坪里、碧溪、牛角冲7个村委会
小章乡		梓木坪、大水坪、川洞、白泥塘、瓦曹、烟竹坪、小章7个村委会
白羊溪乡		麻溪、马入田、周家寨、毛坪、白羊溪村、马王溪、云上、排口8个村委会
解放岩乡		都蛮、利略、水卡、场上、已用、和兴6个村委会
合计	16个	131个

第四节　社区建设

一、社区

社区是指固定地理区域范围内社会成员以居住环境为主体，行使社会功能、创造社会规范，与行政村同一等级行政区域。社区建设是指城市基层社会在党和政府的支持、指导下，通过调整、强化社区自治组织和其他社区组织，依靠社区力量，利用社区资源，整合社区功能，发展社区事业，改善社区经济、社会和文化环境，把社区与整个国家社会生活融为一体。

社区建设基本任务。社区服务，开展面向社区老人、儿童、残疾人等生活救助和福利服务，面向全体社区成员便民利民服务和面向属地单位社会化服务；社区卫生，包括社区公共卫生、医疗保健和计划生育等；社区治安，包括社区内治安保卫、民事调解、帮教失足青少年、防火防盗和其他社会治安综合治理工作；社区环境，包括绿化、环境建设和环境保护等；社区文化，包括各种群众性文化、体育、教育、科普活动以及其他形式文明建设活动；社区组织，包括社区党组织、社区自治组织建设等。

二、社区建设

泸溪县社区建设始于2005年，以原居委会划分社区，发展于"十二五"时期。2012年3月，县民政局制定泸溪县社区建设"十二五"发展规划，提出目标任务是，到2015年，全县所有社区基本建立与城乡经济社会发展相适应、覆盖社区全体成员、服务水平较高的社区公共服务体系，兴沙、朝阳、沅江、屈望、桥东等5个城区社区、农村建制镇社区达到省级合格社区标准。主要工作内容是：

(一)完善居民自治。推进民主选举，完善社区居委会选举制度，居委会成员须经民主选举产生，逐步提高直接选举和户代表选举比例。2014年换届选举中，实行居民或户代表直接选举的社区达80%。实行民主决策，完善社区居民代表会议制度，社区成员代表会议每季度召开一次。加强民主管理，建立健全社区居委会各项工作制度，社区居委会向社区成员代表会议负责并报告工作。社区居委会组织引导居民参与社区建设。强化民主监督，100%社区居委会设立居务公开栏，公开内容及时真实完整，每年组织一次代表评议社区居委会干部和机关单位干部活动。

(二)推动社区服务体系建设。建设社区综合服务平台，设立社区服务中心(站)建设，推行"一站式、一门式"服务。白沙、武溪、浦市11个社区建设了综合性社区服务中心，社区综合服务系统实现与民政、劳动保障、公安、人口计生等信息资源联网。开展就业再就业和社会保障服务，通过提供就业再就业咨询、培训、岗位信息服务，加强创业项目推介、创业指导宣传和社区公益性岗位开发等，完善社区公益性岗位储备制度和就业援助长效机制，对就业困难人员提供针对性服务和援助。实现"零就业"家庭动态"消零"，为有劳动能力和就业愿望失业人员提供就业服务，为有职业技能培训意愿的失业人员提供政府给予补贴职业技能培训，2015年，各社区就业率达到80%。落实临时救助、城市医疗救助和低保边缘家庭救助制度，困难群众帮扶率100%。2012年，推行县直机关单位与社区联点共建制度，11个社区与54个县直机关单位建立联点共建关系，派驻了11名社区党支部第一书记。

(三)社区网格化建设。2013 年,全面实施社区网格化服务管理工作,按照"区域集中、服务配套、便民利民"原则,把县城所在地白沙镇划分为 24 个网格化小区,从公安、计生、人社、民政、卫生等部门抽调人员组建群众工作组 24 个,组长由镇或社区干部担任。群众工作组进驻小区,把计划生育、矛盾排调化解、低保办理等公共服务带进小区,实现"人进、权进、事进"小区。群众工作组为民办实事 460 件,梳理群众意见 183 条,帮助解决群众合理化建议 80 条,化解各类矛盾纠纷 168 件。派出所警务下移到社区,建立社区警务室,社区民警定期走访居民群众,针对常住、暂住人口,困难群众和重点人员开展信息采集、意见建议征集,并记入工作台账。通过发放宣传单、入户、发放社区民警联系卡等方式对辖区群众进行法律法规和治安常识普及工作。2014 年共入户走访 5000 户,清理、核实常住人口 17000 人、暂住人口 1200 人,接处警 624 起,破获各类案件 113 件。投入 6000 万元在城区各个社区街道安装电子监控设施,"天网"工程发挥作用,社会治安稳定好转。

(四)农村社区建设。制定新型农村社区建设规划,提高农村社区综合配套水平,使基础设施向农村延伸,公共服务向农村覆盖,公共财政投入向农村倾斜,努力实现社区建设城乡同步。每个社区建有一个统一标识的综合性社区服务中心,具备办公、管理、服务、活动等多种功能。健全农村社会保障、福利救济、养老等保障和救助服务体系,扩大农村低保覆盖面,做到应保尽保,2015 年,"五保"老人集中供养率达到 70%。

(五)社区党组织建设。扩大社区党务公开和党内民主,推行社区党组织领导班子公推直选。加强社区居委会建设。建立健全社区居民自治体系,完善居民会议、居民代表会议、党群议事会、民主协商议事会议、市民论坛等民主制度,加快推进社区居委会依法直选进程,2014 年社区居委会直选率 80%。推进居务公开、财务公开,完善社区听证、民主评议和民主监督制度,凡涉及居民切身利益重要事项,都广泛听取居民意见。加大社区工作专项经费投入,社区工作专项经费用于社区"两委"主要成员、社区工作者等人员生活补贴、工资、保险和社区办公、服务经费等开支,具体标准由县自行制定。其中,每个社区办公经费每年平均 40000 元。至 2015 年,全县 17 个社区按照 400 平方米标准配套建设,设置办公室、警务室、调解室、文化娱乐室、图书阅览室、文化培训室、社区服务站等。

三、联建共创

2012年，县委组织部、县委政法委、县委宣传部、县委统战部、民政局在兴沙社区开展社区联建共创试点。2013年，在取得实效基础上，组织54个单位在白沙、武溪、浦市三镇11个社区全面开展以县直单位与社区联合组建服务中心，共创党建示范社区、平安社区、文明社区、同心社区、幸福社区等“五型社区”为主要内容“联建共创”工作。10月县委、县政府制订《白沙、武溪、浦市三镇社区联建共创工作方案》。11月1日，县委县政府召开白沙、武溪、浦市三镇社区联建共创工作启动仪式。各联点县委常委、人大常委会主任、政协主席、白、武、浦三镇党政一把手、联建单位一把手、11名第一书记、11个社区支书、主任共100人参加启动仪式。白沙镇兴沙社区第一书记邓潇波介绍试点工作经验，详细地介绍工作中如何摆正位置、快进角色协调沟通联建单位争取资金、项目，并协助社区积极争创“党建示范、园林、文明、平安”四个社区。兴沙社区联建共创试点联建单位县卫生局在会上作典型发言，介绍该单位扶持社区建卫生室、配工作人员、开展居民健康体检及服务等。县委书记杜晓勇就做好联建共创工作从思想认识、组织领导、责任落实等方面提出要求。工作中，每个社区明确1名县级领导联点；为每个社区指定4个重点县直部门作为联建责任单位。联建单位从资金、技术、信息等方面对联建社区进行重点扶持。从联建单位中每两年选派1名工作人员担任社区第一书记。县财政为每个社区每年预算1万元，每个联建单位每年为社区帮扶不少于1万元。同时，配套建好社区服务中心，为社区留守儿童、空巢老人、伤残病人、困难企业职工、特困户等弱势群体解急、解危、解困、解难，切实解决衣、食、住、行、病等生活困难，提高居民生活幸福指数。通过各成员单位齐抓共管，“机构上联合、工作上联动”，构建以乡镇党委为核心、社区党支部为基础、社区党员为主体、社区各类基层党组织共同参与社区建设区域化新格局。

2013年，兴沙社区被授予“全省和谐社区建设示范社区”。

第三章　行政区划

行政区划简称政区，是国家为进行分级管理而实行的区域划分。行政区划随着国家的产生而产生，按地域划分行政区而不依氏族划分部落，是国家区别于氏族组织的一个基本特点。不论何种类型的国家，行政区域的划分总要符合统治阶级的根本利益，同时顾及政治、经济、文化、民族、地理、人口、国防、历史传统等多方面因素。

按照“宪法”规定，中国行政区划分为省、县、乡三级，现行行政区划实行如下原则：全国分为省、自治区、直辖市；省、自治区分为自治州、县、自治县、市；自治州分为县、自治县、市；县、自治县分为乡、民族乡、镇；直辖市和较大市分为区、县；国家在必要时设立特别行政区。现行行政区划，即省级、地级、县级、乡级、村级、组级，其中省、县、乡三级为基本行政区。

第一节　县域政区

一、县域

（一）沿革。在夏、商、周代，南方均属荆州管辖，泸溪属荆州地域。春秋战国时属楚，为巫中地。秦代将楚、四川、贵州、江南之地设黔中郡，泸溪属黔中郡。西汉高祖五年，改黔中郡为武陵郡，设沅陵县，泸溪属沅陵县。东汉建武二十三年（47），精夫相单程等大寇郡县。建武帝派武威将军刘尚发兵，乘船溯沅水入武溪击之，刘尚军大败。建武二十五年（49），遣伏波将军马援、中郎中将刘匡、耿舒、孙永等击破之。单程等乞降，遂平。此次征战地域在沅水至武溪一带。三国时期，泸溪初属蜀汉，蜀亡后属吴。晋、宋、齐朝属荆州辖地。梁武帝天监年中，设置卢州。陈代改卢州为沅陵郡。隋代废沅陵郡，改设辰州。隋末梁萧铣鸣凤三年（唐武德二年，619）析沅陵地，置卢溪县，此为建县之始。次年，唐朝接管县地，辖今泸溪、吉首、花垣县地及保靖的瓮流溪、麻阳招谕、辰溪船溪驿、古丈古仗坪等地。唐垂拱二年（686），划出招谕地，建招谕县（今麻阳县）。宋袭唐制。明时，洪武中卢溪县辖今泸溪、吉首、花垣地，隶属于辰州府管辖。唐天宝元年(742)，改辰州为辰州卢溪郡，郡治设县治所地。卢溪县治所迁往洗溪口，在洗溪口建治所。五代时期，卢溪县属楚地辰州管辖。宋熙宁三年(1070)，卢溪县境内设镇溪砦(今吉首市)。北宋靖康二年(1127)，洗溪口县署被四都蛮民田仕罗、龚志能攻占并烧毁。南宋绍兴九年(1139)，复迁至沅、武两水交汇处卢江口楠木洲，在洲上建治所。元代改辰州府为辰州路，卢溪属辰州路管辖。明代改辰州路为辰州府，卢溪县属辰州府管辖。明神宗万历二十九年(1601)，封益宣王庶十五子朱常淄为卢溪王，不久即废。清代初，卢溪县袭明制不变，顺治六年(1649)，因卢溪因卢水而得名，故改卢溪县为泸溪县。清康熙三年(1664)，设分巡辰沅靖道，辖辰州、沅州2府11县，泸溪县属于分巡辰沅靖道辰州府管辖。雍正八年(1730)，改分巡辰沅靖道为分巡辰永靖道。雍正十三年(1735)，改辰永靖道为辰永靖兵备道，泸溪县属之。乾隆元年(1736)，改辰永靖兵备道为辰沅永靖兵备道，泸溪县属之。至清末，辰沅永靖兵备道辖3府、1直隶州、4直隶厅、16厅(散厅)州、县，泸溪县属辰州府。0

民国3年(1914)，改辰沅永靖道为辰沅道，辖20县，泸溪县属之。民国24年(1935)5月，国民政府设湘西绥靖区，设沅泸辰溆行政督察区、永保龙桑行政督察区、乾凤古绥行政督察区、慈石庸行政督察区、芷黔麻晃行政督察区，泸溪县属沅泸辰溆行政督察区。民国25年(1936)，湘西绥靖处改为湘西绥靖行政公署，设4个行政督察区。泸溪县属第一行政督察区。民国26年(1937)，属第三行政督察区。民国29年(1940)4月，省调整为10个行政督察区，原湘西绥靖区辖域内县划归第八、第九和第十行政督察区，泸溪县属第九行政督察区。

(二)疆域。县境疆域，历代有变化。唐代初建县开始至宋、元、明代，卢溪县管辖地域面积最宽，共有编户五十八里。明洪武时全县编户五十四里。疆域以县城为中心，东至沅陵界陆路60里，水路70里；西至镇溪千户所(今吉首市)120里；南至麻阳县280里，至五寨长官司(今凤凰县)380里；北至沅陵、明溪巡检司220里；东北至沅陵县界西溪(扒潭)130里；东南至辰溪80里；西北至保靖宣慰司830里。宋神宗熙宁三年(1070)，设立丰溪寨(今花垣吉卫)，管理境域苗族聚居腹地。明洪武二十八年(1395)，设镇溪军民千户所，直接隶属辰州府管辖。分设镇溪军民千户所后，卢溪地域管辖变得参差不齐。明嘉靖时，瓮流溪三百亩地并入保靖宣慰司管辖，编户减至十二里。

明旧志记载十二里简表

名称	下坊一里	上坊一里	一都一里	二都一里	三都五里	四都一里	上下五都
地址	在县西	在县东	在县东		在县南	在县西南	在县西
民族	汉族					瑶族	苗族

清康熙四十三年(1704),裁镇溪千户所,改设乾州厅(今吉首)。雍正八年(1730),析六里苗地,增设永绥厅(今花垣)。乾隆二年(1737),船溪驿划归沅陵县管辖。至乾隆二十年(1755),全县编户为十九里。

清乾隆二十年记载的十九里简表

名称	上坊里	中坊里	下坊里	在坊里	一图	一都	二都	三都	四都	上五都	上五都	二图	三图	四图	五图	六图	七图	归仁都	怀德坊

乾隆二十年(1755),泸溪县疆域是:东至沅陵县界5里,至大龙溪交界,水路西至乾州厅界80里,至河溪交界,抵乾州厅治所120里;南至辰溪县界70里,水路北至永顺县60里至王溪坪交界;东北至沅陵县界30里,至杜家寨扒潭交界;东南至沅陵县界20里,至桐木坳交界;西南至镇竿五寨长官司及麻阳县界150里,至踏虎地停溪交界;西北至乾州界70里,至古石寨交界。

清末,全县疆域是:县城东至沅陵边境8里,以大龙溪为界;东5里以百子桥为界,20里以沅陵县桐木坳为界;南至辰溪县张家溜80里;西至乾州厅兔岩、古石寨150里;北至永顺县王溪坪60里;东北至沅陵县棋坪40里;西南至凤凰县木江坪150里,至麻阳县板栗树150里。县境东西宽170里,南北长210里。

民国3年(1914)省令将上五都河溪、振武营、马颈坳、双塘、寨阳等63个村寨划给乾城县管辖,同时将沅水西岸自白沙以上铁柱潭、麻溪口、五果溜、浦市(沅、泸共管)、马子桥等地划归泸溪县管辖。民国27年(1938)《泸溪续志》载,民国时期泸溪县疆域为:东至沅陵县大龙溪桥8里,秤砣山百子桥5里;南至辰溪县界70里;西至乾城县界黄连溪80里;北至古丈县王溪坪黄鹿坳60里;东南至沅陵县界桐木坳20里;西南至镇竿(凤凰县)五寨长官司和麻阳县界(踏虎地停溪)150里;东北至沅陵界(杜家寨扒潭)40里;西北至乾城县界古石寨100里。全县东西宽85里,南北长160里。按照八个区计算方里:北区(梁家潭、八什坪地域)170方里;南四区(兴隆场、小章、白羊溪地域)160方里;西一区(潭溪、洗溪地域)140方里；南二区（达岚、石榴坪地域）120 方里；城东区（上堡、武溪地域）110 方里；西二区（解放岩地域）90 方里；南三区（合水、踏虎地域）50 方里；南一区（浦阳部分地域）40 方里。

二、政区

（一）清代行政区划

1.上坊里。辖县城、虎头寨、曾家溪、上堡、蜂子岩、近开坨、洞底、屋场坪、红岩、桐木坳、欧溪、低穴坪、李家寨、洗溪洲上、杜家寨、构皮溪、秤砣山、高大坪、大地坪、椰木溪、唐家寨、狗坐岩、宝而坪、庙坪、八十坪、八方界、猢狲洞、烟竹坨、擂鼓坡、拖船坡、布条坪、东瓜坪、登油坪、能滩、红岩排、桑树坪、碓场冲、芭蕉坪、榆树寨、搭角寨、大土墙、旧寨、高家寨、茅坪、向蛮、排口、瓦漕、川洞、横溪、镇溪所、小溪、瓦窑坪、黄泥溪、新岩、茶盘溪、宋家寨、兔岩等村寨。

2.下坊里。辖草坪头、军田坪、千丘田、茅坨、里岩上、洗溪、高村、茶坐、覃家坡、秤砣山、构皮溪、诸始洞、辛女溪、条家坪、垒蓬溪、瞿家寨、邓家坪、吴毛寨、密丛、斗蓬界、长冲、席草坳、皮耳坨、乌锄、姚家岭等村寨。

3.在坊里。辖生宝、陀圆、老寨场、下冲头、上冲头、石桥、高坡、岩田、旧寨、晚旦、温水洞、六里冲、大婆田等村寨。

4.中坊里。辖高家坡、孙家村、罗家坪、武口洲、刘家滩、白杨溪、白沙村、辛女溪、黄树坪、浦溪、蚂蝗溪、双溪、高儿坡、乌锄等村寨。

5.一都。辖新桥头、暮江头、天门山、岩角、上下儿婆潭、白杨溪、桐油坨、黄泥田、杨斌庄、苏木溪、洗溪、下欧溪、覃家坡、老鸦溪、李什坪、黄泥溪、鸡子潭、岩寨、麻溪、烧燃溪、湖田、羊重、陈田、土溪、龙舟坪、黑木坪、网戕、三冲坪、武演、牛场、忙冒、忙耿、跳虎桥等村寨。

6.二都。辖江南、椒冲、丛山、茅兜冲、洞底、儿婆塘、梅子山、长坡、顺江田、石家寨、新田坳、桐木、黑粟界、桐油坪、垒蓬溪、麦丛坡、石茅寨、后洞、小麻、桥头、茨冲、坪哨坡、都蛮、利略等村寨。

7.一图。辖刘毛寨、桃树坨、岩头、鸡笼洞、浦市、蛾眉湾，土桥溪、岩田村、高山坪、坡头印、都旗、登云寨、天堂村、踏虎等村寨。

8.二图。辖欧溪（又属上坊里、一都）、洪水溪、浦市（属一、五图）、陇头园、黑潭等村寨。

9.三图。辖向家村、椰木溪、高桥、老溪、岩门、合水、车潭、岩坡、木龙、晒竹田、下广、踏虎、乾州桶冲、三十捞、木坨等村寨。

10.四图。辖金子坪、金井、下湾、温溪、生宝、毛板冲、田家溪、磨刀岩、六里、岩冲、碧溪、刘老冲、沙坪溪、纸房冲、铺塘、雾露、石榴坪、板桥、岩坡、兰村、猢狲冲、老冲、蓬里、陇头、塘坳、天星塘、晒竹田、麻铺、干田坪、都里坪、池梁等村寨。

11.五图。辖浦市、浦溪、田溶、连溪、柳树湾、木横井、中塘、岩头寨、岩头坡、边山、丛冲、海螺冲、国家峰、团泥山、黄铜寨、庄上、干岩岭、鸡嘀冲、麻垄、黄茅田、寨上、福禄冲、管山、大丘田、毛冲、当门冲、覃麻阳、塞竹田、龙潭冲、梁坪冲、天星塘、葛荫冲、黄岩溪、梓木溪、猪儿田、土桥、忙田村、坳上、宽口田、白粟坪、园里、溪里、坪里、楠木嘴、芋头田、石榴坪、窑古分、大布坳、牛角冲、瓦窑田、蓬里、踏虎村、夹岩冲、螃蟹戕等村寨。

12.六图。辖暮岗头、芦洞溪、打狗冲、符家寨、岩龙头、青草坪、大禾冲、横坡、木龙冲、杨家坡等村寨。

13.七图。辖姚家岭、蛾眉湾、白莲溪、楠木洞、岩坡、龚吴寨、下岩坡、高山坪、板寨、青草、茶林溪、新地、狗来坡、密灯等村寨。

14.三都。辖周家庄、岩坪、桃坨、大坪、木横井、逻寨、大寨、高龙头、新田、老溪、长田坎、雾露坡、朱氏冲、豆夹、大冲、塘冲、烟竹坪、山冲坪、得报、都里坪等村寨。

15.四都。辖山冲坪、武演、东瓜寨、坪地、龙头寨、麻路头、锡瓦、新安寨、红滕班、大塘、上广、坳头、茅坪、略寨、护国寨、熟泥塘、高寨、麻坪、场都司、合水、大皮冲、万溪山、纪容、溪头、唐家寨、磨钩溪、南红溪、得报、后塘、都岚山等村寨。

16.下五都。辖虎冲溪、纸朋、龙崩山、后寨、戴李寨、峒头寨、重溪、二老坪、冬鼓坪、茶坪、梁家潭、官寨、斗蓬界、下湾、红岩排、盘古岩、下都、湾水、岩田、瓦漕、潭溪、小陂流、大陂流、铺锄、烟竹坪、高山坪、粟木寨、白泥塘、且岐、黄头寨、小能溪、小张、大张、洞上、蒲骨坡、香炉岩、平布粮、河溪、溪口、问仰、丑坨等村寨。

17.上五都。辖张排寨、五经坪、大庄、窝那、青山湾、懒同、土姜坡、小庄、坡上、栗树、狗儿寨、丫溪、乾州、小溪桥、兔岩、坪哨坡、寨龙、龙潭、平蛮、皮儿坨、江南岸、仡佬寨、肖家坪、星寨、镇溪所、华司铺、陈街、新街、黄土坡、冲虎、双寨、姚家岭、铁寨、横溪、小溪、桐木潭、仙镇营、岩盘、施溪坪、杨家寨、彭家寨、两头田、三十捞、吴家寨、阴上、振武营、上老、溪头坪、马坳、小木耳、石寨、窑灰、冲角营、土蛮营、马襄营、周家寨、半坡场、紫荆坪、大坝坪、龚家寨、双塘、上琴盘、寨阳等村寨。

18.归仁都。辖麻溪、青竹溪、构皮冲、晒头、长坪、高山坪、下岩寨、硬寨、青草、风堆、茅坪田、白头溪、大梁冲、鸡啼冲、冲河、冲木、下寨、都用、龙舟坪、大布坳、铜鼓坪、大西老、烟竹坪、下广、横坡、后塘、平总官、麦地坨、舒家坨、五里坪、锡瓦等村寨。

19.怀德里。辖下德报、长冲等村寨。

归仁都和怀德里原系康熙三年(1664)辰州卫所屯田处,后知县卓飞编定增加属县编民籍。

(二)1949年行政区划

武溪镇辖7个保:一保辖岩龙头、暮江头等村寨;二保辖冯家巷、曹家巷;三保辖十字街、印家巷一片;四保从印家巷到草坪头;五保从寺巷到草坪头;六保五里洲;七保辖天门溪、唐家排、九甲杨等村寨。

浦市镇辖8个保:一保从吉家头到十字街(龚恒兴店);二保十字街到屠户庙;三保屠户庙到元太和店;四保元太和到大码头;五保太平街到烟房弄;六保烟坊弄到下湾;七保湾里到印家桥;八保印家桥到堤上;

忠安乡辖8个保,民国26-27年设14保,减至12个保,后稳定为8个保。一保辖岩头山、茶林溪、吕蓬溪、李家田、鸡笼洞、磨刀岩、牛栏坳、丫山头等村寨;二保辖顺江田、猪食洞、条家坪等村寨;三保辖杨斌庄、老白羊溪、高家岭等村寨;四保辖白沙、屈望、刘家滩、红土溪等村寨;五保辖上寨、下寨、黑塘、儿婆塘等村寨;六保辖上堡、岩门界、凤形地、洞底等村寨;七保辖大溪、王家庄、曾家溪等村寨;八保辖高大坪、低大坪、暮岗头等村寨。

孝安乡辖8个保:一保辖八什坪、铁炉冲、花园坪、三角潭等村寨;二保辖芋头溪、拖船坡、桐木坳、东瓜坪、布条坪等村寨;三保辖灯油坪、二郎坪、杨家寨、鸡子坳等村寨;四保辖桌子潭、下湾、芭蕉坪、茶坪、斗蓬界等村寨;五保辖官寨、塘食溪、池塘、李什坪、大村潭、趴潭、龙背山等村寨;六保辖烟坨、均田坪、标家寨、榆树坪、欧溪等村寨;七保辖老寨、红水溪、椰木溪、上曹家、高家、印家等村寨;八保辖望天堂、达勒寨、甘溪、高寨、仲溪、洞头寨等村寨。

仁安乡辖8个保:一保辖土桥溪、岩龙头、黄家桥、马子桥、小岸坪、浦溪等村寨;二保辖青草、高桥等村寨;三保辖中塘、清水垄等村寨;四保辖桥头、高儿头、银井冲等村寨;五保辖岩坪、岩碑、石桥、新堡等村寨;六保辖灰洞坳、鱼坪、高山坪等村寨;七保辖铁柱潭、岩门溪、麻溪口等村寨;八保辖五果溜、毛家滩等村寨。

爱安乡辖10个保:一保辖刘家坡、岩门、猪儿田、干岩岭、岩寨、达岚坪等村寨；二保辖六里、羊儿田、田家溪、新田等村寨；三保辖麻坪、车头、臭鱼塘、护国寨、都用等村寨；四保辖坨里、螃蟹戕、要不分、田家人、牛角冲、廖里、石榴坪等村寨；五保辖包家垴、石冲、兰村、板桥、塘坳湾、必溪等村寨；六保辖庵堂坡、芒田、蒋家坪、土桥等村寨；七保辖茄打田、黄毛田、梓母溪、麻垄、割耳冲、白岩、覃木阳等村寨；八保辖硬晒、庄上、中堂、蜂堆、向家寨、大寨、长坪等村寨；九保辖高坡、马王溪、毛茂田、和水、广木冲、莫家冲、白头溪等村寨；十保辖脂肪冲、都歧、沙坪溪、岩冲、潮地等村寨。

信安乡辖 6 个保：一保辖新桥、中龙山、合水等村寨；二保辖茅田、谭家人、陈家人、罩子坪等村寨；三保辖乃野溪、新层场、李家人、溪洲等村寨；四保辖清水冲、烟竹湾、坡胜黄、木垄等村寨；五保辖双江口、塘冲、杨家人、横坡等村寨；六保辖踏虎、沙子坳、马龙口、登云寨、晒洲田等村寨。

义安乡辖 15 个保：一保辖麦坨、后塘、新安寨、冲塘、兴隆场等村寨；二保辖得堡、都兰山、豆夹山、彭总管等村寨；三保辖烂泥田、麻龙头、平沙溪、欧家人、岩坡等村寨；四保辖巴斗山、锡瓦、大冲、栏洪冲、打皮冲、雷家坨、五里坪等村寨；五保辖平不亮、半冲、龙头寨、冲木溪、干田坪等村寨；六保辖武也、陈家湾、张家岭、六保田、鸡公坨、都里坪等村寨；七保辖大水坪、川洞、竹坪、子母坪、黄泥垄、大章等村寨；八保辖能溪河、瓦槽、小章等村寨；九保辖云上、排口、塘排、大西垄、禾场坳、烟竹坪等村寨；十保辖茅坪、打头冲、白羊溪等村寨；十一保辖麻溪、马如田、胡马田、周家寨等村寨；十二保辖马王溪、胡田、老寨坪、沙山、耙山、报木坨、双溪等村寨；十三保辖一都阳、三层坡、高家头、天堂垄、三冲坪等村寨；十四保辖毛坡坳、密灯、木坨、下广等村寨；十五保辖上广、龙井、东瓜寨、烟竹坨、永兴场等村寨。

和安乡辖 10 个保：一保辖潭溪、猪脚洞、龙舟坪、斗蓬湾、虎视溪、土麻溪、盘古岩等村寨；二保辖铺锄、小陂流、楠木冲、婆伍、长潭尾、大陂流等村寨；三保辖上扯旗、牛打溪、桃子坳、桌子坪、下扯旗等村寨；四保辖罗坪桥、新寨坪、楠木溪、洞上、平步亮、松柏潭等村寨；五保辖户家寨、千丘田、铁窝寨、小龙溪等村寨；六保辖二家坪、婆落寨、月亮坳、下都等村寨；七保辖桑树坪、二房头、能滩等村寨；八保辖猢狲滩、印家、洗溪等村寨；九保辖宋家寨、连儿寨、鲤鱼洞、李家棚、黄连溪、邓家坪、穆家棚等村寨；十保辖猫坨、李尧溪、梳木岭、秀金岭、李岩等村寨。

平安乡辖 6 个保：一保辖三房、万口、天星坨、老林坨、腊洞坪、都蛮等村寨；二保辖大塘坳、淹水垄、妹儿溪、油麻寨、野猪塘、大坪等村寨；三保辖乌锄、江南岸、忙冒、利略等村寨；四保辖水卡、轿顶山、忙耕、网戗等村寨；五保辖牛场、茨冲等村寨；六保辖已容、多罗坪、万金山等村寨。

第二节　中华人民共和国泸溪县疆域和政区

一、疆域

中华人民共和国成立后，在大湘西地区设立湘西行政区，行政事务管理机构为"湘西行政公署"，下辖会同专区、沅陵专区、永顺专区。泸溪县属沅陵专区。1952 年 9 月 2 日湘西行政区撤销，泸溪县属湘西苗族自治区。

1957 年 4 月，辰溪县船溪乡铁山高级合作社第一生产组（今刘家滩村）划归泸溪县管辖。1959 年，由吉首县划出符家坪，桃竹潭两个大队；1961 年，由辰溪县划出铁山、岩头河两个大队，先后共五个大队归泸溪县管辖。至此，泸溪县疆域以县城为中心，东至萧溪 11.50 公里、大龙溪桥 4 公里、秤砣山百子桥 2.50 公里，与沅陵县交界；南至石榴坪乡板桥天星寨村 64 公里，与麻阳县吕家坪交界；西南至合水镇踏虎李家垄村 73 公里，解放岩乡双叉溪村 68 公里；西至潭溪镇桃子坳村 47.50 公里；西北至梁家潭乡土地坪村 40 公里；北至八什坪乡李什坪饿狗溪村 40 公里；东北至武溪镇暮江头桐溪村 25 公里。东西最宽处 79.50 公里，南北最长处 104 公里，全县地域面积 1565.5 平方公里。

二、行政区划

（一）1950 年行政区划。1949 年 11 月，县人民政府和区、乡人民政权相继建立，至 1950 年 5 月，全县设立 5 个区：一区（区址设武溪）、二区（区址设浦市）、三区（区址设兴隆场）、四区（区址设潭溪）、五区（区址设达岚），辖 84 个乡。1952 年 8 月，设立六区（区址设白羊溪）。1953 年 3 月，设立武溪、浦市两个县直属镇公所。全县 6 个区、2 个镇，85 个乡、11 个街公所。

一区辖白沙、天门溪、五里洲、上寨、高大坪、猪食洞、虎头桥、岩门溪、磨家冲、都歧、铁柱潭、新堡、岩碑 14 个乡。

二区辖浦溪、土桥溪、青草、中塘、高山坪、长坪、麻溪口、岩门溪、磨家冲、都岐、铁柱潭、新堡、岩碑 13 个乡。

三区辖岩坡、都蛮、利略、坪木岭、上锡瓦、牛场、解放岩、彭总管、上广、已容、都里坪、大坪、溪洲、木垄、麻坡、兴隆场 16 个乡。

四区辖大陂流、八什坪、梁家潭、斗蓬界、欧溪、布条坪、椰木溪、潭溪、下都、朱雀洞、望天堂、烧肉溪、塘食溪、后寨14个乡。

五区辖硬晒、麻坪、岩门、忙田、麻垄、陈大牙、枣子坡、兰村、蚂蝗溪、横坡、新田、潮底、祖坟山、石榴坪14个乡。

六区辖大水坪、小章、营上、排口、同家寨、下且已、小龙溪、能滩、白羊溪、密灯、三冲坪、松柏潭、马王溪、宋家寨14个乡。

武溪镇辖4个街公所,浦市镇辖7个街公所。

1956年6月,全县撤区并乡,撤掉6个区,将97个乡合并为上堡、团结、李家田、高大坪、红土溪、浦阳、达岚、潮地、石榴坪、合水、踏虎、兴隆场、永兴场、小章、解放岩、白羊溪、潭溪、松柏潭、梁家潭、八什坪20个乡。

(二)1958年至1983年行政区划。1958年9月,贯彻落实中央《关于在农村建立人民公社问题的决议》,全县撤销乡政权机构,成立13个人民公社:

红旗人民公社由上堡乡13个高级社和红土溪乡6个高级社合并建成。1960年,改称上堡人民公社。

李家田人民公社,由李家田乡,红土溪乡国庆、辛女溪和团结乡李尧溪共11个高级社组成。辖6个大队。

浦阳人民公社由浦阳乡,潮地乡都歧、磨刀岩、温水洞、徐家岭共36个高级社组成。辖13个大队。

达岚人民公社由达岚乡、潮地乡岩冲、夕阳田、沙坪溪、六里、胜利(溪头)共21个高级社组成。辖12个大队。

石榴坪人民公社由石榴坪乡15个高级社转建。辖8个大队。

合水人民公社由合水乡15个高级社、踏虎乡9个高级社共2个乡24个高级社组成。辖11个大队。

兴隆场人民公社由兴隆场乡19个高级社、永兴场乡6个高级社共2个乡25个高级社组成。辖11个大队。

解放岩人民公社由解放岩乡15个高级社转建。辖4个大队。

白羊溪人民公社由白羊溪乡、团结乡对冲、勤劳、人民、邓家坪共17个高级社组成。辖6个大队。

小章人民公社由原小章乡、永兴场乡密灯、原松柏潭乡洞上共20个高级社组成。辖6个大队。

潭溪人民公社由潭溪乡，松柏潭乡2个乡，团结乡高峰、农林、仲溪、甘溪、栾团湾，梁家潭乡啊湾溪，吉首县排调乡桃竹潭、符家坪共26个高级社组成。辖15个大队。

梁家潭人民公社由梁家潭乡16个高级社转建。辖6个大队。

八什坪人民公社由八什坪乡，高大坪乡暮江头、低大坪、榆树坪共15个高级社组成。辖7个大队。

1961年3月，成立洗溪、永兴场两个公社。11月成立长坪人民公社。1963年12月，武溪、浦市两个公社改为武溪镇、浦市镇。至此，全县共16个农村人民公社，2个镇。

1983年街道居委会、大队一览表

社镇	居委会、大队	所属生产队、街巷、居民小组
武溪镇辖4个居委会、16个居民小组、3个大队、共12个生产队	西正街居委会	西河街、广场路、紫气巷、王家弄、石家弄、汤家弄、文家弄、杨家弄、大坳品、一中路、革新巷、堤上4个居民小组
	东正街居委会	东门头、东河街、冯家弄、钟家弄、曹家弄、红旗弄、细弄、十字街弄、大弄、邹家弄、印家弄15个居民小组
	北正街居委会	花果山、新桥、砂子波、后街4个居民小组、1个蔬菜生产队
	南正街居委会	3个居民小组
	城郊大队	岩龙头、暮江头、草坪头共3个生产队
	五里洲大队	洲尾、张家村、洲头5个生产队
	秤砣山大队	秤砣山、担杆溪、焦冲3个生产队
浦市镇辖4个居委会委会居委会23个居民小组、1个大队3个生产队	太平街居委会	太平街、正街、前河路、史巷弄、余家弄、杨家弄、胜利弄
	十字街居委会	十字街、上正街、吉家头、新建路、印家路、新巷弄、谢家弄、吉家弄
	新建街居委会	原果园大队，湾里、新桥2个居民小组、3个生产队
	烟房弄居委会	烟房弄、下后街、李家弄、下横街、下节街

续表

浦阳公社辖20个大队198个生产队	印家桥大队	黄土坡、印家桥、毛家坡、新桥、弄口、下湾6个生产队
	城乡大队	桐木垄、张家湾、姚家湾、老坪冲、铜盆井、罗家村8个生产队
	黄家桥大队	茶叶坳、黄家桥、上庵、土桥溪5个生产队
	浦溪大队	浦溪、岩龙头4个生产队
	小岸坪大队	小岸坪、半坡、马子桥4个生产队
	高桥大队	上高桥、下高桥、红禾冲、木粟坪、姚家人共6个生产队
	青草大队	瞿家人、唐家人、黄家人、杨家人，观音坡、印家坡、高龙头、龙头园、进谷冲9个生产队
	银井冲大队	碑石坳、塘冲、银井冲、连溪湾、桥头、晒头、木横井10个生产队
	新堡大队	冲头、岩坡、岩坪、下湾、温溪、扇桥、桑子坳、金井、岩碑、唐家人10个生产队
	都岐大队	岩屋品、石家人、雷家人、向家坨、三湾岭、晚延冲6个生产队
	田家溪大队	磨刀岩、老子场、牛栏冲、田家溪、蒋家垄、徐家岭、拦牛坳、温水洞、盖皮冲、板寨9个生产队
	高山坪大队	上坪、下坪、李贺、当门坡、各儿寨、蛇形索、下岩寨7个生产队
	灰洞坳大队	叶家坡、铁炉湾、唐家坨、烂泥田、灰洞坳、陈家岭、龚五寨、香炉岩8个生产队
	鱼坪大队	天王庙、鱼坪、逻寨、磨家冲、高寨坡、黄金冲6个生产队
	小麻大队	叶家山、杨家人、三房台、四房台、下寨、傍坎、虾公溪、黑里界8个生产队
	岩门溪大队	岩门溪、张家头、秦家人、王家人、白莲溪、花园坪6生产队
	五果溜大队	下弄、古树坪、桅子坪、土桥溪、桃子坳、长溶8个生产队
	毛家滩大队	毛家滩、深泥田、纱帽山、白岩头、全家坪、木家溪6个生产队

续表

	麻溪口大队	段家村、习弓寨、白马坪、田家坪、杨柳冲、廖家村、麻溪品、桥坳、李家村、向宇坪10个生产队
	铁柱潭大队	铁柱潭、戴家村、丝瓜坪3个生产队
	擂鼓坡大队	擂鼓坡3个生产队
	镇管组	牛角湾、后冲2个生产队
洗溪公社12个大队76个生产队	洗溪大队	虎形滩、上街、下街3个生产队
	能滩大队	能滩、二房头、桑树坪、芭蕉冲、岩田坪、金花洞7个生产队
	干溪大队	下干溪、符家坪、卡屋、鸾团湾4个生产队
	望天堂大队	大田溶、仓坳、锣鼓坪、当石寨、团鱼岩、大营盘、上望天堂、下望天堂、坪冲、长潭头、铁井坪11个生产队
	峒头寨大队	峒头寨、高寨、后寨、大房头、六房头(属峒头寨片村)、边木冲、铜鼓寨、五羊坡共6个生产队
	张家坪大队	张家坪、岩塘、当风岭、曹家、庙坪、竹坪、高家、石家寨、新岩、抱儿坪共10个生产队
	仲溪大队	仲溪、大坳、印家、坨田、观音形、葛坪、风阳坪、螃蟹塘共8个生产队
	邓家坪大队	黄连坡、邓家坪、穆家棚、狮子坪、李家棚、脉重坡、双凤溪共7个生产队
	宋家寨大队	桑树坳、宋家寨、联二寨、杉树寨、塘家寨、下田溶、碓冲、上田溶共8个生产队
	李岩大队	大坝塘、李岩、枞林、天坪、猫坨、高家岭、溪边寨、坨里、中寨、下坪共10个生产队
	洞底大队	人形岭、洞底坪、桐油坨、小长坡、大长坡、黑溪、梳木桥、行岩路共8个生产队
	屋场坪大队	洞底、屋场坪、下寨、田溶4个生产队
兴隆场公社17个大队85个生产队	兴隆场大队	兴隆场、祠堂、大坪、大冲共5个生产队
	东广寨大队	东广寨、桐木垴、连垴上共4个生产队
	彭总管大队	彭总管、鱼水坪、桐木坳共4个生产队

续表

	得堡大队	下得堡、上得堡共3个生产队
	龙头寨大队	龙头寨、坪地场、铅矿岭、豆岭上、岩门口、龙头冲、枫木垄、老头冲、细坨共9个生产队
	后塘大队	后塘、冲塘共3个生产队
	都兰山大队	都兰山、上豆夹山、下豆夹山共4个生产队
	岩坡大队	当坡、庵堂边、中寨、岩坡、马家冲、杨家人共6个生产队
	坪布亮大队	湾田、坪布亮、太坪村、六宝田共4个生产队
	锡瓦大队	上锡瓦、下锡瓦、五里坡、坳花坨、雷家坨、大坳共5个生产队
	都里坪大队	都里坪、糜家人、康家人、磨冲、田坨、张家岭共5个生产队
	麦坨大队	养育坡、桐木坳、中龙上、当门溪、印家、新安寨共6个生产队
	巴斗山大队	巴斗山、上打皮冲、下打皮冲、南湾冲共4个生产队
	五里坪大队	姚家人、冲梁、梁家、唐家、寨家、大塘共6个生产队
	甘田坪大队	甘田坪、冲木桥、半冲、黄岩冲、塘地坡、长冲共7个生产队
	烂泥田大队	烂泥田、野坟坡、杨柳塘、欧家人、坪沙溪、杉树坨共6个生产队
	五堰大队	五堰、朱家人、陈家湾、辞良坳、避坨湾共6个生产队
潭溪公社16个大队93个生产队	土麻寨大队	3个生产队
	张家湾大队	2个生产队
	下都大队	共3个村生产队
	朱雀洞大队	朱雀洞、瓦窑坪、谷池、油坊坪、女私田、牛困塘、大鹏湾、野猫坪共8个生产队
	盘古岩大队	盘古岩、雀儿溪、扯夫溪、施茶溪、桃竹潭、桥上共5个生产队
	小能溪大队	小能溪、新寨、龙家冲、千丘田、铁窝溪、海螺溪、三婆寨、李家坪、大坝共6个生产队

续表

	新寨坪大队	新寨坪、棚家坡、船坪坳、老屋场、毛包坪、后门冲、老屋冲、粟木寨、狭窄坪、甘田坪、枞树坡 11 个生产队
	桃子坳大队	桃子坳、要屋场、牛角田、新田坡、新田冲、姑婆溪、下坡路共 5 个生产队
	兴隆寨大队	兴隆寨、楠竹溪、富独角、马入田、油坊坪、烂泥田、鸡坨溪、牛打溪、寨风坳、桌子坪、葫芦形、黄泥坪、独垄田、扯蓬溪 8 个生产队
	符家坪大队	猫儿岩、符家坪、山脚岩、阿湾溪、桐油坪共 5 个生产队
	且己大队	落坪桥、中且己、下且己、上若木溪、下若木溪、桐木冲、其山坡共 6 个生产队
	松柏潭大队	松柏潭、上且己、田大溪、多家坨共 4 个生产队
	大陂流大队	大陂流、石板溪、木冲溪、铺锄共 6 个生产队
	小陂流大队	小陂流、上河坪、虎形地、虎洗滩、急河坪、坪上田、坡头溪、上婆伍、下婆伍、鱼从溪共 10 个生产队
	楠木冲大队	楠木冲、火麻冲、火麻垄、火麻坪、竹山冲、老屋场、长潭尾、茶壶溪共 8 个生产队
	虎食溪大队	虎食溪、婆落寨、二家坪共 3 个生产队
达岚公社 16 个大队 92 个生产队	达岚坪大队	达岚坪、狗脑坡、岩寨、刘家坡、谢家坡共 9 个生产队
	岩门大队	上岩门、下岩门、先生坡、岩寨、姚冲、红旗共 5 个生产队
	冲木大队	冲木、公羊、朱儿田、五房头、坨里、塘山坪共 6 个生产队
	企冲大队	企冲、蛇湾、官爱岭共 3 个生产队
	六一大队	梓木溪、龙头坪、黄岩溪、凉坪冲、龙溪口共 5 个生产队
	六里大队	黄泥田、头冲、坡垴上、大湾(统属六里片村)、水冲共 5 个生产队
	潮地大队	潮地、毛家头、老鸦冲、正冲、沙坪溪、脂肪冲、岩冲 6 个生产队
	细羊田大队	细羊田、大羊田、富家冲、岩牛山共 5 个生产队

续表

	新田大队	田家溪、土家坡、上麻冲、下麻冲、大岩洲、瓦子冲、王潭、半坡、黑屋、坨里、达岚坳12个生产队
	都用大队	都用、马颈坳、白坪、护国寨、旧场、岭上、徐家坡、阳都司共8个生产队
	车头大队	车头、老师坡、向家共3个生产队
	麻坪大队	麻坪、高寨、炭冲、天堂坡、田冲、对门坡共5个生产队
	五德大队	眉毛冲、新屋场、中岭上、园里、大院子、问得垄、下寨、猪槽洞共8个生产队
	八一大队	锡洞垄、芋头田、黑冲、罩子坡共3个生产队
	覃木阳大队	覃木阳、新桥上、天星堂、白岩、寨丘田共5个生产队
	黄毛田大队	黄毛田、冲里、竹园、上坡岭共6个生产队
合水公社12个大队126个生产队	合水大队	新屋场、老儿坪、李家湾、廖家坨、迷水坪、祖坟山等8个生产队
	溪洲大队	乃野溪、田家人、李家人、磨洲共4个生产队
	蓄鱼塘大队	蓄鱼塘、坪上、边山共3个生产队
	木龙大队	细头中、坡上黄、寨上场、吴家、守野坪、烟竹湾、清水冲、烂场共8个生产队
	新桥大队	袁家场、黄坪、干冲、龙舟坪、杨家人共5生产队
	横坡大队	上徐家、下徐家、来龙寨、湾里、拱冲、冲口、瓦屋场、大连冲、峦田坪、垄里、棉花坪、双江口共12个生产队
	塘冲大队	塘冲、铜鼓塘、王湾共3个生产队
	罩子坪大队	谭家人、市场坳、屋场坳、老婆坳、新屋场、杨家人、田家人、向家人、徐家人、茅坪、朱司冲共12个生产队
	三合大队	问野、蝴蟆坳、麦湾、阳重共4个生产队
	杨家人大队	杨家人、榔木溪、舒家人、东瓜冲共4个生产队
	中垄山大队	牛老坳、宋家坨、茅头冲、下老头冲、黑冲、岭上、中垄山、栏坳、金鸡湾、亭子坳、山角坪共11个生产队

续表

	踏虎大队	踏虎、塘坎上、张家人、王茅枪、岩板枪、徐家人、龙头寨、黄家人、旁刺路、擢冲、梁家人、老冲、桐坪、三角坪、东边、藏躲山共17个生产队
	麻铺大队	麻铺、谭家共5个生产队
	晒洲田大队	晒洲田、长岭坡、架桥溪、坪里共6个生产队
	南洪溪大队	桐坡、南洪溪、奄堂坡、保泥田共4个生产队
	登云寨大队	登云寨、桃树坪、长岭上、塘坳、黄泥塘、板桥冲、红土垄共7个生产队
	砂子坳大队	砂子坳、狭岩冲、大冲、满口边、杉木坨、塘坨湾共6个生产队
	马龙口大队	马龙口、两达田、茶冲、巴坨、三角坪、刘家湾、六塘、凉坪岭共8个生产队
上堡公社18个大队,110个生产队	车站大队	2个生产队
	联盟大队	上堡、麻羊坳、河边共4个生产队
	王家庄大队	王家庄、天星寨、杨家寨、小岩排、犁子坪、中风岭共6个生产队
	大溪大队	木鱼包、山竹偏、虎头桥、柑田坳、王家岭、炉场湾、石家岭、曹家溪共8个生产队
	团爱大队	戒指岭、龙头上、羊岭上、好汉坡、岩界、凤形地、虾公溪、庄屋、柳共9个生产队
	黑塘大队	小子排、郑家坡、来溪、儿婆塘、黑塘、李家庄共5个生产队
	上寨大队	下寨、上寨、周家庄、覃家庄、上坳门前、狮子山共6个生产队
	天门溪大队	天门溪、活岩溪、田家岭、槲木冲、陀螺山、田金山、莫家岭等7个生产队
	刘家滩大队	刘家滩、岩角、旧村、坳里、枞山、枣子坪、龙家、下溪尾、侯家共10个生产队
	白沙大队	岩坪、屈望、白沙共9个生产队
	红土溪大队	桥上、桥下、沙洲坪、屋场坪、红土溪共5个生产队
	铁山大队	铁山、溪里、塘田共3个生产队

续表

	岩头河大队	湖三冲、王仕冲、萧溪、岩头河、水茅头共5个生产队
	侯家大队	侯家、黄金坨、桃子坪(原名仡佬坪)共4个生产队
	榆树坪大队	榆树坪、狗坐岩、黄泥田、九子田、翁水坪共5个生产队
	暮岗头大队	文家、曹家、同溪、磨石溪、下断渠、坟坨、上断渠共7个生产队
	蜂子岩大队	山羊冲、近家坨、白牛洞、蒲溪、尾寨、中寨、湾里、梨子坪、蜂子岩共9个生产队
	高大坪大队	高大坪、唐家、上桃溪、下桃溪、低大坪、大树坳、田子冲、桐木坪、八里槽、千丘田、坳排口共11个生产队
李家田公社 11个大队 68个生产队	猪食洞大队	猪食洞、顺江田联、调解坪、符家寨、烂泥田联5个生产队
	杨斌庄大队	大寨、小寨、杨子溪、白羊溪、老白羊溪、赵家溶共6个生产队
	红岩大队	楼屋、八房头、溪里、印家岭、大茅坪共5个生产队
	李尧溪大队	老屋场、旧屋场、新屋场、蓄竹岭4个生产队
	岩头山大队	岭上、梨子湾、石家头、覃家坪、黄土坝、水井坎、坡脚、后洞共8个生产队
	茶林溪大队	大溪口、茶林溪、上鸡笼洞、下鸡笼洞共4个生产队
	黑竹坳大队	高岩坎、黑竹坳、上密枞、下密枞、余家坨、椰木坳、上姚家岭、下姚家岭、下坨共9个生产队
	引家冲大队	张家湾、吴木寨、横岭上、水尾、刘家庄、茅寨、引家冲共4个生产队
	辛女溪大队	张家湾、下马寨、李家岭、杨家岭、中等、山脚下共6个生产队
	李家田大队	大寨、小寨、邓家岭、吕木溪、白岩头、院子、庄屋岭、坳后地、杨后洞、张家岭、岩洞头、打狗冲共12个生产队
	李家寨大队	李家寨、大坪、风响坪、瞿家寨、桐林溪共5个生产队
	长坪大队	长坪、大寨共3个生产队
	白头溪大队	白头溪、店上共3个生产队

续表

长坪公社 11 个大队 62 个生产队	茅茂田大队	茅茂田、冲河、莫家、合水桥共 5 个生产队
	峰堆大队	峰堆、岩冲、大岩头、田冲、边山共 6 个生产队
	硬晒大队	硬晒、唐家、倒头坡共 3 个生产队
	茅冲口大队	大坪、邓家坡、茅冲共 3 个生产队
	麻垄大队	麻垄、剥鹿冲、岩板坡、管山、过鹿冲、栎树林共 7 个生产队
	庄上大队	庄上、官木塘、铁伞溪、蒋家人、青江洞共 4 个生产队
	中堂大队	中堂、团圆山、罗家寨、李茶口、蒋家坪、海螺冲、杜家垄、桐木冲、岩头坡、边山脚、边山坎共 11 个生产队
	青水垄大队	上青水垄、野鸡岩、下青水垄、大禾冲、灰竹园、老溪、刘家旁、接垄坳、斋堂坡共 9 个生产队
	蚂蝗溪大队	石家、毛家、刘家、周家、旧寨、广瓶冲共 7 个生产队
	乡柑桔场	1 个生产队
解放岩公社 12 个大队 70 个生产队	解放岩大队	解放岩、岩坎、忙耕、往抢、滚龙溪、坳口垄共 5 个生产队
	水卡大队	水卡、都蛮坡、冒洲、长潭坪、江南岸、乌锄、勾腰湾、大树湾共 9 个生产队
	都蛮大队	都蛮、滕家、破牛坪、腊洞坪、举阳坡共 4 个生产队
	东风大队	八房、下万溶、晒田坪、到头坡、老林坨、姚家坡、白羊坨共 7 个生产队
	万口大队	大路湾、万口、司堡寨、三房、岩落潭共 3 个生产队
	利略大队	利略共 3 个生产队
	大坪大队	淹水垄、大坪、油麻寨、双岔溪、大溪共 5 个生产队
	大塘坳大队	大塘坳、半坡、妹儿溪、田坪、宋家坨共 5 个生产队
	茨冲大队	万溪坪、坨里、大寨、阿坪、江家坪、硬冲、占坳共 7 个生产队
	万金山大队	庵堂坪、刘家湾、黄豆坪、中寨、黄老坳、马金坡、雷洞冲、沙坪、岩坳、老屋场共 10 个生产队

续表

	牛场大队	大寨、小寨、冲板共4个生产队
	已溶大队	大寨、杨家、中寨、土蛮冲、桐坪、多落坪、四路溪、夯洞门、黄茅坪共9个生产队
永兴场公社10个大队54个生产队	上广大队	鹅梨坡、湾里、黄泥冲、上广、永兴场、沙坪溪、烟竹坪共7个生产队
	一都杨大队	一都杨、大溪、都溪垄、大溪田共4个生产队
	三冲坪大队	坳头寨、高家台、七家坪、廖家村共7个生产队
	天台垄大队	三层坡、天台垄共2生产队
	密灯大队	高寨、王爪田、坡上、头木坨、大冲坪、老虎孔、田家共7个生产队
	下广大队	坡垴上、梁家边、曹家垄、茅板坳共6个生产队
	木坨大队	新坨、台边、下寨、塘冲湾共4个生产队
	龙井大队	龙井、老寨、坪木坨共4个生产队
	呈田大队	呈田、旧冲、磨家溪、黄家寨共4个生产队
	溪头大队	枞树岭、塘里、桥家头、杨竹坡、溪头、槐子湾、长冲、唐家寨共9个生产队
八什坪公社10个大队71个生产队	花园坪大队	花园坪、八什坪、浸水溪、香炉排、上构皮溪、下构狗皮溪共8个生产队
	杜家寨大队	杜家寨、高村、大底坪、许家、木排溪、猢狲洞、昌棚坳、梅溪共8个生产队
	梯溪坪大队	梯溪坪、倒水坪、上覃家坡、下覃家坡、唐家坪、梯溪口、土脚坡、三角潭、岩排滩共9个生产队
	龙背山大队	龙背山共3个生产队
	塘食溪大队	店上、官寨、排龟、塘食溪、石家寨、毛粟寨、猪食溪、芝麻溪共9个生产队
	李什坪大队	李仕坪、老鸦溪、饿狗溪、上云界、烧肉溪、牛食坡共7个生产队
	大村潭大队	大村潭、趴潭、桃坨、白杨坪共5个生产队

续表

	池塘大队	池塘、岩坳、唐家坪共4个生产队
	欧溪大队	欧溪、烟竹坨、岭上、婆田、军田坪、茶坪溪、高山、龙湾、侯家、王家共10个生产队
	五村大队	殿湾、坳上、新寨、老寨、牛家、曹家、撑架冲、洪水溪、庄屋共9个生产队
梁家潭公社14个大队67个生产队	梁家潭大队	梁家潭、东瓜坪、土马坪、场上、杨家寨共6个生产队
	桌子潭大队	桌子潭、亮排坡共3个生产队
	芭蕉坪大队	芭蕉坪、上土地坪、下土地坪、斗蓬界共5个生产队
	红岩排大队	红岩排、洪水坪、黄金坳共3个生产队
	下湾大队	下湾、湾潭、梁家坡共2个生产队
	茶坪大队	茶坪、东古坪、上桐油坪、下桐油坪共4个生产队
	猫子溪大队	猫子溪、粟林、椿木冲、九寨、球木坪共4个生产队
	岩寨大队	上岩寨、下岩寨、金子坪、龙角坪4个生产队
	达勒寨大队	达力寨、二郎坪、上白土村、下白土坪、纸棚共4个生产队
	灯油坪大队	灯油坪、麦李山、太阳冲、磨岩坪、芭蕉溪、向家岭、上屋场共9个生产队
	椰木溪大队	椰木溪、八房界、王家、印家、坪里、石家田、大烟竹坨、小烟竹坨共9个生产队
	拖船坡大队	拖船坡、上芋头溪、下芋头溪、黄泥溪、亭子溶、大风岭共5个生产队
	鸡子潭大队	鸡子潭、鸡溪坳、瓦窑田、检儿坪、白马坪、杨柳溪共4个生产队
	布条坪大队	布条坪、桃树坨、大坪、哑巴溪、茶溪共5个生产队
石榴坪公社11个大队64个生产队	石榴坪大队	石榴坪、田家人、棚里、坡垴上、园田坪、黄家人、廖里、傅家人、坨里共8个生产队
	板桥大队	板桥、老冲、黄狗湾、天星寨共6个生产队
	兰村大队	田坎上、塘湾、屯里、沙湾、旺里、羊牯垴、包家垴共8个生产队

续表

	碧溪大队	老冲垴、塘冲湾、碧溪、冲儿湾共7个生产队
	人头坳大队	料草坳、大良冲、人头坳、蒋家坪、汤家人、陡岩戕共4个生产队
	红桥大队	土桥、宋家垄、红岩坳、坳上、白栎坪、塘湾共6个生产队
	民力大队	寨口垄、黑潭垄、宽口田、高椅坡、故毛冲、界世冲、庵堂岭共6个生产队
	芒田大队	桐木嘴、长田坎、庵堂坡、桐坨、芒田共5个生产队
	坪里大队	要不分、土溪、杨家坡、刘家坨、螃蟹戕共6个生产队
	牛角冲大队	牛角冲、军家湾共3个生产队
	三村大队	猢狲冲、五银匠、老塘田、小溪共5个生产队
白羊溪公社 13个大队 63个生产队	白羊溪大队	白羊溪、中湾水、黑塘坪、下湾水、上湾水、瓦窑坪、码瓦坳、窑基排、沙子包共9个生产队
	茅坪大队	茅坪、高家、桐坪、王食冲共3个生产队
	周家寨大队	周家寨、旧寨、板冲垄、土麻田、乡脚坪、戴家寨、林家冲、珠溪坪、上石家岭、下石家岭共10个生产队
	麻溪大队	边山、麻溪、大土墙、桐木岭、榆树寨、李家、上甘溪共7个生产队
	马王溪大队	马王溪、大坪、川坳、新冲、瓦屋场共5个生产队
	湖田大队	湖田3个生产队
	报木坨大队	报木坨3个生产队
	打头冲大队	打头冲、向屋场共2个生产队
	排口大队	桐坪、水井湾、小龙头、岩板潭、枞树岭、夯寨坪、后排口、前排口8个生产队
	云上大队	云上、来坡垴、大旁山共4个生产队
	老寨坪大队	老寨坪3个生产队
	马入田大队	马入田、湖马田、下寨、场冲、洞冲共5个生产队

续表

小章公社 11 个大队 66 个生产队	双溪大队	双溪、黄树坪、耙山、杉山、野猫坳共 5 个生产队
	小章大队	小章、下能溪河、大木冲、新开田、搭耙冲、坨田共 6 个生产队
	烟竹坪大队	烟竹坪、长冲、野鸡冲、头上寨共 3 个生产队
	川洞大队	川洞、大岭、旧寨坨、金子坪、池凉、后门冲、大章、亮洞共 8 个生产队
	大水坪大队	大水坪、大黄泥冲、小黄泥冲、黄泥垄、马踏磴、略寨、龙井、桑树冲共 8 个生产队
	白泥塘大队	吊边溪、切草坳、棉花坳、杨家坡、竹山冲、夯自来、龙劲坳、白泥塘共 8 个生产队
	梓木坪大队	梓木坪、竹坪、牛洞、黄土田、老寨、桐木冲、瓦窑田、黄家湾 8 个生产队
	洞上大队	洞上、冷水田、坪布亮、池塘垄、隔婆溪、桃子坳、甘田坪、蛇冲、龙仙塆共 9 个生产队
	塘坪大队	长田、对门田、拦杨寨、桥排坡、杉林湾、塘坪 6 个生产队
	能溪河大队	庄屋冲、上能溪河、缸子坟共 3 个生产队
	瓦槽大队	瓦槽、大坪、冒洞口共 3 个生产队
	大西垄大队	小寨、大寨)、禾场坳共 3 个生产队

1983年全县社镇村基本情况一览表

乡镇	大队个数	生产队个数	户数	人口数	备注
武溪镇	3	26	3381	13266	
浦市镇	1	8	1857	7716	
达岚公社	16	177	2959	14016	
合水公社	18	296	3995	19627	
兴隆场公社	17	215	3537	16905	
潭溪公社	15	195	2919	13347	
洗溪公社	12	127	1880	9579	
上堡公社	18	100	2848	13396	
李家田公社	11	56	1581	7626	
浦阳公社	20	121	4365	21316	
长坪公社	11	55	1880	9004	
石榴坪公社	11	60	2397	11501	
永兴场公社	10	49	2092	10203	
解放岩公社	12	54	2539	12119	
小章公社	11	42	1911	9234	
白羊溪公社	13	46	1651	7806	
梁家潭公社	14	53	1999	9200	
八什坪公社	10	59	1821	8704	
其他		5			
合计	223	2516	45612	214565	

(二)1984年至2004年行政区划调整

1983年4月,县委、县人民政府成立"农村体制改革工作领导小组",并组织工作组在长坪人民公社搞政社分设体制改革试点,为时一个月。至1984年4月,全县农村其余15个人民公社都相继改为乡,完成政社分设工作,同时将生产大队改为村、生产队改为村民小组。10月26日,经省人民政府批准,将合水、兴隆场、潭溪、洗溪、达岚等5个乡改为建制镇;11月23日,省人民政府又批复同意从合水镇划出7个行政村恢复建立踏虎乡。1987年1月13日,撤销浦阳乡,原辖村并入浦市镇,实行镇管村。1994年,从上堡乡划出白沙、岩头河两个行政村,筹建白沙镇。6月29日,白沙镇正式成立,辖4个居委会,1个村,地域面积22.8平方公里。至此,全县辖8个镇,11个乡,240个行政村(街),1240个村(居)民小组(包括县军亭界林场和县麻溪口种羊场代管村民小组4个)。

1983年至1994年乡镇名录

镇	社改镇时间	乡	社改乡时间
武溪镇	保持不变	石榴坪乡	1984.3
浦市镇	1987.1浦阳乡并入	踏虎乡	1984.11
达岚镇	1984.4	永兴场乡	1984.3
合水镇	1984.4	小章乡	1984.3
兴隆场镇	1984.4	白羊溪乡	1984.3
潭溪镇	1984.4	解放岩乡	1984.3
洗溪镇	1984.4	上堡乡	1984.3
白沙镇	1994.4成立	李家田乡	1984.3
		长坪乡	1983.5
		梁家潭乡	1984.3
		八什坪乡	1984.3

1987年全县乡镇村基本情况一览表

乡镇	村居委个数	村居小组个数	户数	人口数	备注
武溪镇	7	12	4862	17093	
浦市镇	26	128	6889	31193	
达岚镇	15	81	3116	14461	
合水镇	11	64	2721	13171	
兴隆场镇	17	80	4105	17828	
潭溪镇	14	75	3169	13771	
洗溪镇	11	71	1995	10037	
上堡乡	18	99	2949	13543	
李家田乡	11	56	1657	7876	
长坪乡	11	58	1986	9549	
石榴坪乡	11	64	2504	12216	
踏虎乡	7	47	1518	7392	
永兴场乡	10	49	2173	10787	
解放岩乡	12	55	2644	12516	

续表

小章乡	11	42	2028	9707	
白羊溪乡	13	45	1863	8210	
梁家潭乡	14	53	2144	9833	
八什坪乡	10	60	1963	9447	
其他		4			
合计	229	1143	50286	228630	

1996年全县乡镇村基本情况

乡镇	村居委个数	村居民小组个数	户数	人口数	备注
武溪镇	7	21	4576	11110	
浦市镇	26	140	9213	34684	
达岚镇	15	83	3680	16591	
合水镇	11	66	3190	14762	
兴隆场镇	17	78	4488	20317	
潭溪镇	14	75	3568	15817	
洗溪镇	11	71	2634	11988	
白沙镇	5	16	5828	16279	
上堡乡	16	89	3086	12614	
李家田乡	11	56	1968	9029	
长坪乡	11	59	2445	10472	
石榴坪乡	11	68	3194	13975	
踏虎乡	7	47	1826	8518	
永兴场乡	10	49	2725	12250	
解放岩乡	13	60	3010	13935	
小章乡	11	42	2541	11222	
白羊溪乡	13	46	2126	9639	
梁家潭乡	14	63	2507	11098	
八什坪乡	10	69	2244	10468	
其他		4			
合计	233	1202	64849	264768	

2000 年，全县辖 8 个镇 11 个乡，人口 256869 人，其中白沙镇 19845 人、浦市镇 36864 人、达岚镇 15786 人、合水镇 13910 人、兴隆场镇 18815 人、潭溪镇 15388 人、洗溪镇 11607 人、武溪镇 9471 人、上堡乡 14411 人、李家田乡 8127 人、长坪乡 9128 人、石榴坪乡 12644 人、踏虎乡 8691 人、永兴场乡 11059 人、解放岩乡 12681 人、小章乡 9951 人、白羊溪乡 8859 人、梁家潭乡 10336 人、八什坪乡 9296 人。

2001 年 6 月 27 日，民政部批准（民发〔2001〕165 号）将泸溪县人民政府驻地由武溪镇迁至白沙镇。

2004 年，全县辖 8 个镇 11 个乡：白沙镇、合水镇、达岚镇、兴隆场镇、武溪镇、洗溪镇、浦市镇、潭溪镇、八什坪乡、上堡乡、小章乡、白羊溪乡、石榴坪乡、永兴场乡、李家田乡、长坪乡、梁家潭乡、解放岩乡、踏虎乡。

白沙镇辖沅江、朝阳、兴沙、屈望 4 个社区；岩头河村委会。

浦市镇辖十字街、太平街、烟坊街、新建街 4 个居委会；城乡、黄家桥、浦溪、小岸坪、高桥、青草、银井冲、新堡、都歧、田家溪、高山坪、灰洞坳、鱼坪、小麻、岩门溪、五果溜、毛家滩、麻溪口、铁柱潭、擂鼓坡、印家桥、柑桔场 22 个村委会。

达岚镇辖达岚坪居委会；岩门、企冲、冲木、五德、麻坪、车头、都用、新田、潮地、细羊田、六里、六一、黄毛田、覃木阳、八一 15 个村委会。

合水镇辖合水居委会；木龙、杨家仁、横坡、塘冲、祖坟山、新桥、蓄鱼塘、三合、中垅山、罩子坪、溪洲 11 个村委会。

兴隆场镇辖兴隆场居委会；兴隆场、麦坨、后塘、得堡、东广寨、都兰山、彭总管、烂泥田、岩坡、巴斗山、五里坪、锡瓦、龙头寨、干田坪、坪布亮、都理坪、武堰 17 个村委会。

潭溪镇辖土麻寨、张家湾 2 个居委会；符家坪、盘古岩、朱雀洞、下都、虎食溪、小陂流、大陂流、楠木冲、且己、松柏潭、小能溪、新寨坪、桃子坳、兴隆寨 14 个村委会。

洗溪镇辖上街、下街 2 个居委会；能滩、甘溪、望天堂、峒头寨、张家坪、仲溪、邓家坪、宋家寨、李岩、洞底、屋场坪 11 个村委会。武溪镇辖：南正街、东正街、北正街、西正街 4 个居委会；五里洲、城郊、称砣山 3 个村委会。

上堡乡辖侯家、红土溪、铁山、刘家滩、天门溪、车站、黑塘、上寨、联盟、大溪、团爱、王家庄、蜂子岩、榆树坪、高大坪、暮江头 16 个村委会。

李家田乡辖红岩、辛女溪、杨斌庄、猪食洞、李家田、引家冲、茶林溪、黑竹坳、岩头山、李家寨、李尧溪 11 个村委会。

长坪乡辖白头溪、蚂蟥溪、茅茂田、峰堆、硬晒、茅冲口、麻垅、庄上、清水垅、中塘、长坪11个村委会。

石榴坪乡辖板桥、兰村、碧溪、人头坳、民力、红桥、芒田、坪里、牛角冲、石榴坪、三村11个村委会。

踏虎乡辖登云寨、踏虎、砂子坳、马龙口、麻铺、晒洲田、南洪溪7个村委会。

永兴场乡辖一都阳、三冲坪、下广、上广、龙井、木坨、密灯、呈田、溪头、天台龙10个村委会。

解放岩乡辖万口、东风、都蛮、大坪、油麻寨、利略、水卡、场上、牛场、茨冲、万金山、己溶、大塘坳13个村委会。

小章乡辖梓木坪、大水坪、川洞、峒上、白泥塘、塘坪、瓦槽、烟竹坪、大西垅、小章、能溪河11个村委会。

白羊溪乡辖打头冲、白羊溪、茅坪、周家寨、马入田、麻溪、马王溪、双溪、湖田、老寨坪、报木坨、云上、排口13个村委会。

梁家潭乡辖桌子潭、芭蕉坪、红岩排、下湾、茶坪、猫子溪、岩寨、梁家潭、达勒寨、灯油坪、布条坪、鸡子潭、拖船坡、榔木溪14个村委会。

八什坪乡辖五村、欧溪、杜家寨、梯溪坪、花园坪、塘食溪、池塘、龙背山、李什坪、大村潭10个村委会。

(四)2005年乡镇行政区划调整

2005年,县委、县政府根据中共中央、国务院《促进农民增收若干政策的意见》文件精神和省委、省人民政府“关于进行乡(镇)、村行政区划调整”部署和有关法律法规,按照2005年4月19日全州乡镇、村行政区划调整暨第六次村委会选举工作会议统一部署,县委、县人民政府下发《关于全县乡镇、村行政区划调整工作的意见》文件。根据文件精神,采取“先调研、后决策,先并村、后并乡,先试点、后推广”的办法,坚持群众自愿、尊重历史、尊重习俗、整体调整、适度规模,留大并小、维护稳定原则,积极稳妥地推进全县乡镇、村行政区划调整。从2005年4月开始至年底结束。全县对部分乡镇、村进行调整:撤销踏虎乡,将其所辖7个村、47个村民小组、2420户9712人整体并入合水镇;撤销长坪乡,将其所辖11个村58个村民小组2576户11820人整体并入浦市镇;撤销上堡乡,将其车站、王家庄、大溪、团爱、黑塘、上寨、天门溪、榆树坪、蜂子岩、联盟、暮江头、高大坪12个村、67个村民小组2703户9525人并入武溪镇,将刘家滩、铁山、红土溪、侯家4

个村22个村民小组1005户4155人并入白沙镇;撤销李家田乡,将其引家冲、岩头山、茶林溪、黑竹坳、李家田、李家寨6个村33个村民小组1350户5397人并入浦市镇;将杨斌庄、猪食洞2个村11个村民小组482户2067人并入武溪镇;将李尧溪村3个村民小组83户409人并入洗溪镇,将辛女溪、红岩2个村9个村民小组316户1420人并入白沙镇。全县调整后乡、镇由19个减为15个,比调整前减少4个;村(社区)由240个调整为150个,减少90个。

2006年全县乡镇村基本情况一览表

乡镇	村居民委员会个数	村居民小组个数	户数	人口数	备注
白沙镇	8	31	10619	29373	
武溪镇	12	60	8678	21765	
浦市镇	28	158	17720	56975	
达岚镇	9	55	4268	16540	
合水镇	12	67	5789	25196	
兴隆场镇	11	40	5155	21079	
潭溪镇	12	45	4133	17524	
洗溪镇	9	35	3260	12754	
石榴坪乡	7	42	3207	15510	
永兴场乡	6	30	2931	13002	
解放岩乡	6	33	3256	14684	
小章乡	7	27	2652	11571	
白羊溪乡	8	25	2381	10294	
梁家潭乡	9	41	2800	11750	
八什坪乡	6	32	3447	10983	
其他					
合计	150	644	80296	28900	

(五)2015年乡镇行政区划调整

根据《省委省政府关于开展乡镇区划调整改革工作的意见》(湘发〔2015〕15号)文件精神,2015年11月,泸溪县对乡镇行政区划再次进行调整。

1.撤销白沙镇,并入武溪镇,合并建立武溪镇。新设立武溪镇人民政府驻地设武溪,辖原武溪镇城北、城南2个社区,五里洲村、朱食洞村、天门溪村、黑塘村、上堡村、蜂子岩村、大溪村、榆树坪村、暮江头村、高大坪村10个建制村和原白沙镇屈望、沅江、朝阳、桥东、兴沙5个社区居委会及红土溪村、红岩村、刘家滩村3个建制村。共计7个社区,13个村。地域面积179.10平方公里。人口112095人,其中非农业人口88292人,少数民族人口38364人。政府驻地人口87875人,其中非农业人口76798人。

2.撤销梁家潭乡、八什坪乡,并入洗溪镇,合并建立洗溪镇。新设立洗溪镇人民政府驻地设洗溪,辖原洗溪镇洗溪社区、峒头寨村、能滩村、甘溪桥村、张家坪村、邓家坪村、宋家寨村、洞底坪村、李岩村9个村(社区)和原梁家潭乡达力寨村、芭蕉坪村、红岩村、岩寨村、梁家潭村、灯油坪村、鸡子潭村、布条坪村、榔木溪村9个建制村及原八什坪乡欧溪村、三角潭村、塘食溪村、李什坪村、杜家寨村、花园坪村6个建制村,共计23个村、1个社区。区域面积307平方公里,人口37164人,其中非农业人口2372人,少数民族人口32281人。

3.撤销永兴场乡,将原永兴场乡上广村、下广村、三冲坪村、密灯村4个建制村析出,并入兴隆场镇。调整后兴隆场镇辖原兴隆场镇兴隆场社区和德堡村、彭总管村、烂泥田村、岩坡村、巴斗山村、五里坪村、锡瓦村、甘田坪村、都里坪村、武堰村11个村(社区)及原永兴场乡上广村、下广村、三冲坪村、密灯村4个建制村。共计1个社区,14个村。区域面积132.02平方公里。人口34637人,其中非农业人口3467人,少数民族人口22004人。兴隆场镇人民政府驻地不变。

将原永兴场乡呈田村析出,并入合水镇。调整后合水镇辖原合水镇合水社区和横坡村、罩子坪村、溪洲村、祖坟山村、木龙村、新桥村、兴砂村、踏虎村、晒州田村、麻铺村、登云寨村12个村(社区)和原永兴场乡呈田村。共计1个社区,12个村。区域面积139.24平方公里。人口27990人,其中非农业人口1001人,少数民族人口13974人。合水镇人民政府驻地不变。

将原永兴场乡溪头村析出,并入达岚镇。调整后达岚镇辖原达岚镇达岚坪社区、麻坪村、龙溪口村、六里村、覃木阳村、五德村、都用村、新田村、潮地村9个村(社区)和原永兴场乡溪头村。共计1个社区,9个村。区域面积118.64平方公里。人口20240人,其中非农业人口778人,少数民族人口6681人,达岚镇人民政府驻地不变。

4.保留浦市镇、潭溪镇、石榴坪乡、解放岩乡、小章乡、白羊溪乡。7个乡镇行政区域和乡镇人民政府驻地不变,下辖建制村、社区名称及数量不变。

5. 行政区划调整后，泸溪县辖武溪镇、浦市镇、达岚镇、合水镇、兴隆场镇、先溪镇、潭溪镇、小章乡、白羊溪乡、石榴坪乡、解放岩乡，共7个建制镇、4个乡。

泸溪县乡镇合并前后社会经济情况对照一览表

序号		乡(镇)名称	乡(镇)政府驻地	面积(km²)	社区居委会(个)	村委会(个)	总户数(户)	总人数(人)
1	合并前	武溪镇	武溪	119.3	2	10	13630	54520
		白沙镇	白沙	58.8	5	3	1493	57575
	合并后	武溪镇	武溪	179.1	7	13	28023	112095
2	合并前	梁家潭乡	梁家潭	88		8	3139	12553
		八什坪乡	八什坪	91		6	2842	11371
		洗溪镇	洗溪	128	1	8	3310	13240
	合并后	洗溪镇	洗溪	307	1	23	9291	37164
3	合并前	永兴场乡(上广村、下广村、三冲坪村、密灯村)	永兴场	45.12		4	2884	11536
		兴隆场镇	兴隆场	86.9	1	10	5775	23101
	合并后	兴隆场镇	兴隆场	132.02	1	14	8659	34637
4	合并前	永兴场乡(呈田村)	永兴场	6.54		1	235	942
		合水镇	合水	132.7	1	11	6763	27048
	合并后	合水镇	合水	139.24	1	12	6998	27990
5	合并前	永兴场乡(溪头村)	永兴场	13.84		1	357	1429
		达岚镇	达岚	104.8	1	8	4703	18811
	合并后	达岚镇	达岚	118.64	1	9	5060	20240

2015年底泸溪县乡镇行政区划调整一览表

乡镇名称	乡镇调整行政区划说明	原下辖村、居委会名称	并入行政村、居委会名称
武溪镇	白沙镇并入武溪镇，设立武溪镇	白沙镇：屈望、沅江、朝阳、兴沙、桥东5个社区，红土溪、红岩、刘家滩3个村 武溪镇：城北、城南2个社区，五里洲、朱食洞、天门溪、黑塘、上堡、蜂子岩、大溪、榆树坪、暮江头、高大坪10个村	屈望、沅江、朝阳、兴沙、桥东、城北、城南7个社区，红土溪、红岩、刘家滩、五里洲、朱食洞、天门溪、黑塘、上堡、蜂子岩、大溪、榆树坪、暮江头、高大坪13个村。计7个村社区，13个村。
洗溪镇	梁家潭乡、八什坪乡并入洗溪镇，设立洗溪镇	洗溪镇：洗溪社区、峒头寨村、能滩村、甘溪桥村、张家坪村、邓家坪村、宋家寨村、洞底坪村、李岩村，计9个村社区。 梁家潭乡：达力寨村、芭蕉坪村、红岩村、岩寨村、梁家潭村、灯油坪村、鸡子潭村、布条坪村、椰木溪村9个村。 八什坪乡：欧溪村、三角潭村、塘食溪村、李仕坪村、杜家寨村、花园坪村6个村	洗溪社区、峒头寨村、能滩村、甘溪桥村、张家坪村、邓家坪村、宋家寨村、洞底坪村、李岩村、达力寨村、芭蕉坪村、红岩村、岩寨村、梁家潭村、灯油坪村、鸡子潭村、布条坪村、椰木溪村、欧溪村、三角潭村、塘食溪村、李仕坪村、杜家寨村、花园坪村。计23个村，1个社区
兴隆场镇	永兴场乡4个村并入兴隆场镇，设兴隆场镇	永兴场乡：上广村、下广村、三冲坪村、密灯村4个村 兴隆场镇：兴隆场社区，德堡村、彭总管村、烂泥田村、岩坡村、巴斗山村、五里坪村、锡瓦村、甘田坪村、都里坪村、武堰村11个村社区	兴隆场社区、上广村、下广村、三冲坪村、密灯村、德堡村、彭总管村、烂泥田村、岩坡村、巴斗山村、五里坪村、锡瓦村、甘田坪村、都里坪村、武堰村。计14个村，1个社区。
合水镇	永兴场乡1个村并入	永兴场乡：呈田村 合水镇：合水社区、横坡村、罩子坪村、溪洲村、祖坟山村、木龙村、新桥村、兴砂村、踏虎村、晒州田村、麻铺村、登云寨村12个村社区。	合水社区、横坡村、罩子坪村、溪洲村、祖坟山村、木龙村、新桥村、兴砂村、踏虎村、晒州田村、麻铺村、登云寨村、呈田村。计1个社区，12个村

续表

达岚镇	永兴场乡1个村并入	永兴场乡：溪头村 达岚镇：达岚坪社区、麻坪村、龙溪口村、六里村、覃木阳村、五德村、都用村、新田村、潮地村9个村社区。	达岚坪社区、麻坪村、龙溪口村、六里村、覃木阳村、五德村、都用村、新田村、潮地村、溪头村。计1个社区9村。
浦市镇	不变		
潭溪镇	不变		
石榴坪乡	不变		
小章乡	不变		
白羊溪乡	不变		
解放岩乡	不变		

2015年底泸溪县乡镇基本情况一览表

乡镇名称	总面积（平方千米）	行政村、居数	户籍人口总数	人口数	土家族人口占%	苗族人口占%	农业产值（万元）
武溪镇	179.1	20	28023	59839	15.93	47.67	15455
洗溪镇	307	24	9291	37164	12.28	74.32	19275
兴隆场镇	132.02	15	8659	34637	16.38	43.43	15107
合水镇	139.24	13	6998	27990	28.76	20.13	9384
达岚镇	118.64	10	5060	20240	10.79	18.60	7617
浦市镇	236.14	28	18379	60634	8.05	27.03	20384
潭溪镇	147.80	12	4621	18492	51.89	47.36	10166
石榴坪乡	54.86	7	3875	15881	2.44	20.43	5490
小章乡	69.69	7	3007	12650	3.65	95.68	4444
白羊溪乡	92.38	8	2523	11171	30.35	61.37	5740
解放岩乡	86.58	6	3604	15862	23.90	36.25	5029
合计	1565.6		88240	313721	17.88	42.84	118091

(六)2016年建制村合并

2016年3月,根据省委、省人民政府《关于开展乡镇区划调整改革工作的意见》和州委、州政府关于建制村合并工作部署安排,进行建制村合并,全县建制村(社区)在150个基础上,合并3个。合并工作从3月1日开始至6月15日结束,并村工作保持"八个不变":涉并村原村干部补贴不变,发至2019年12月31日;原村级运转经费不变,拨付至2019年12月31日;原村级项目支持不变;原扶贫村不变;精准扶贫政策不变;村医务室和村小学不变;县级领导联村不变;扶贫工作队不变。

合并的建制村是:武溪镇蜂子岩、榆树坪村,并入城北社区;兴隆场镇巴斗山村并入五里坪村。全县共16个社区居委会,131个行政村。

更名的建制村是:花园坪村更名为八什坪村,兴沙社区更名为白沙社区。

第三节 乡镇行政区划

一、1949年至2016年全县行政区划

1949年至2016年全县行政区划,经历了六次变化,其中1956年撤区并乡、2005年和2015年撤乡并镇变化最大。具体见下表:

全县1949至2016年行政区划

年份	区	乡	镇	社区(居委会)	村	村民小组
1949	3	84	2	5		
1950	5	84	2	5		
1951	5	85	2	5		
1952	6	94	2	5		
1956	6	97	2	5		
1958		97	2	5	133	844
1959		20	2	5	136	886
1960		20	2	5	141	765
1961		13	2	5	240	1752
1962		13	2	5	247	1807
1963		10	2	5	241	1833
1964		16	2	5	239	1820
1965		16	2	5	235	1742

续表

1966		16	2	5	221	1460
1967		16	2	5	222	1440
1968		16	2	5	222	1414
1969		16	2	4	224	1402
1971		16	2	4	224	1415
1978		16	2	4	222	1482
1979		16	2	4	222	1627
1981		16	2	4	223	1683
1982		16	2	5	223	1811
1984		16	2	6	225	2115
1985		12	7	6	225	2588
1986		12	7	7	223	2516
1987		12	7	15	223	1149
1988		12	7	15	222	1146
1989		12	7	15	222	1337
1992		12	7	15	221	1143
1993		11	8	18	221	1148
2000		11	8	18	221	1167
2001		11	8	19	221	1164
2005		7	8	19	221	1167
2006		7	8	16	134	690
2014		7	8	16	134	690
2015		4	7	16	134	690
2016		4	7	16	131	690

2016 年全县行政区划

乡镇	镇	乡	村(居)	居委会	村	村民小组
武溪镇	1		20	7	13	92
浦市镇	1		28	4	24	152
达岚镇	1		10	1	9	59
合水镇	1		13	1	12	40
兴隆场镇	1		14	1	13	69

续表

潭溪镇	1		12	1	11	46
洗溪镇	1		24	1	23	107
石榴坪乡		1	7		7	42
小章乡		1	7		7	28
白羊溪乡		1	8		8	25
解放岩乡		1	6		6	33
合计	7	4	147	16	131	693

二、乡镇行政区划

(一)浦市镇

1.名称来历

南宋时，浦溪出口南北村地统称为浦口。元代，浦口南村寨称浦溪，也称浦阳；浦口北市镇因商业发达，经济繁荣，明代改称浦市。后浦阳、浦市并称浦市。

李家田，因公社所在地设在李家田村而得名。

长坪，因公社所在地长坪大队有一处25公顷长形平地得名。

浦市镇位于县境东南部沅水中游西岸，东与辰溪县板桥乡、孝坪镇隔河相望，南邻辰溪县潭湾镇，西接达岚镇、白羊溪乡，北与武溪镇、白沙镇相连。地域面积236.14平方公里。白沙至麻阳县四新公路、泸溪至辰溪县公路穿境而过，沅水自马子桥流经境内五果溜、毛家滩、麻溪口村，在辛女桥进入白沙镇，流长20公里。镇政府驻十字街社区二小区，距县城21公里，距湘西自治州州府所在地吉首市64公里。2010年12月，被国家住房和城乡建设部、国家文物局授予“国家历史文化名镇”。

2.沿革。从1921年建镇至2016年，浦市镇经历几次行政区划调整，尤其是2005年调整，长坪乡整体、李家田乡6个村并入，形成泸溪县第一大镇。

元仁宗延祐七年(1320)，设沅陵之浦口千户所。明代以前，由沅陵县管辖。明清时期，由沅陵与泸溪两县共同管理，泸溪县设溪洞巡检司，沅陵县设池蓬巡检司，分而治之。清时，撤销两县巡检司，由辰州府通判驻此管理，俗称“三府衙门”。民国3年(1914)，街区及郊区全部划为泸溪县管辖。民国10年(1921)，设特别镇。民国16年(1927)，属南一区。民国27年(1938)，废区建乡镇，市内设浦市镇，镇郊设仁安乡。1949年11月，设泸溪县第二区，区政府设浦市镇区内。1953年，设浦市镇。1956年6月，撤区并乡，分设浦市镇和浦阳乡。1958年，浦阳乡改为浦阳人民公社。1960年浦市镇改为浦市人民公社。1962年，恢复镇建制。1984年3月，改浦阳公社为浦阳乡。1987年1月，撤销浦阳乡，辖区全部划归浦市镇管辖。2005年，行政区划调整，长坪乡11个村、李家田乡6个村并入浦市镇。

3.行政区划。民国27年(1938)，浦市镇辖吉家头、十字街、屠户庙、大码头、太平街、烟坊弄、湾里、印家桥8个保。仁安乡辖土桥溪、青草、中塘、银井冲、新堡、灰洞坳、岩门溪、五果溜8个保。李家田、岩头山、茶林溪、吕蓬溪、鸡笼洞、磨刀岩、牛栏坳、丫山头8个保属忠安乡(1953年改为上堡乡)。1953年3月，全县设两镇六区，改大乡为小乡。浦市镇公所设余家弄，辖7个街公所。二区区政府设原天主堂内，辖浦溪、土桥溪、青草、中塘、高山坪、长坪、麻溪口、岩门溪、磨家冲、都岐、铁柱潭、新堡、岩碑13个乡。1956年，撤区并乡，二区13个小乡合并为浦阳乡。1958年，设立浦阳人民公社，辖印家桥、城乡、黄家桥、浦溪、小岸坪、高桥、青草、银井冲、新堡、都歧、田家溪、高山坪、灰洞坳、鱼坪、小麻、岩门溪、擂鼓坡、五果溜、毛家滩、麻溪口、铁柱潭、白头溪、马王溪、毛茂田、峰堆、硬晒、毛冲口、麻垅、庄上、清水垅、中塘、长坪32个大队。浦市镇辖十字街、太平街、新建街、烟坊街4个居委会。李家田公社辖茶林溪、引家冲、李家寨、李家田、岩头山、黑竹坳、猪食洞、杨斌庄、红岩、李尧溪、辛女溪11个大队。

1961年，从浦阳公社析出白头溪、马王溪、毛茂田、峰堆、硬晒、毛冲口、麻垅、庄上、清水垅、中塘、长坪11个大队，设立长坪公社。

1984年，浦阳、长坪、李家田公社分别改为乡，各村沿用原大队域名。2005年，行政区划调整，铁柱潭、擂古坡并入麻溪口村，灰洞坳、小麻并入岩门溪村，柑桔场、小岸坪并入浦溪村。长坪乡白头溪村并入毛茂田村，丰堆、毛冲口、硬晒村并入长坪村，清水垄并入中塘村。李家田乡6个村33个村民小组并入后，茶林溪村并入鱼坪村，引家冲、李家寨村并入岩头山村。至2014年，辖4个社区，24个村，即十字街社区、太平街社区、新建街社区、印家桥社区。麻溪口村、毛家滩村、五果溜村、岩门溪村、高山坪村、田家溪村、鱼坪村、李家田村、岩头山村、黑竹坳村、城乡村、新堡村、银井冲村、浦溪村、青草村、高桥村、都歧村、黄家桥村、马王溪村、毛茂田村、长坪村、中塘村、庄上村、麻垄村，下设152个村(居)民小组。

2016年，全镇18379户59641人，其中常住人口56120人，流动人口6236人。有苗族、土家族、瑶族、侗族4个少数民族，少数民族占35.08%，其中苗族27.03%，土家族8.05%。

(二)武溪镇

1.名称来历

武溪，古名武水，又名卢江口，汉代称武阳乡，因位于武水与沅水交汇处而得名。是一座具有1300多年历史古镇，系县城所在地。

上堡，因原公社所在地设上堡村而得名。

白沙，瓦乡语叫“颇娑”，就是有白色沙子的地方。

武溪镇位于泸溪县南部，地处沅水、峒河交汇处，东邻沅陵县盘古乡，南交沅陵县筲箕湾镇、辰溪县船溪乡，西接洗溪镇，北连洗溪镇(原梁家潭、八什坪乡)，319国道、杭瑞高速公路、武溪至浦市公路穿境而过。沅江自红土溪村流入境内，经白沙、五里洲、城郊至小龙溪流入沅陵县境，境内流长26公里，常年通航。武水自洗溪镇洞底坪村流入境内，经覃家庄、上堡、镇区在楠木洲汇入沅江。区域面积179.10平方公里。镇政府设老县城内，1995年，搬迁至城南社区金天大道左后侧。距县城7公里，距州府吉首市城区43公里。2010年，全国爱国卫生运动委员会授予“全国卫生县城”称号，2011年，中央精神文明工作指导委员会授予“全国文明县城”称号，2014年，国家环境保护部授予白沙镇“国家级生态乡镇”称号。

2.沿革。自1938年建镇至2016年，武溪镇经历3次行政区划调整。2005年调整时，上堡乡整体、李家田乡朱食洞、杨斌庄2个村并入。2015年行政区划调整时，与白沙镇合并。

南宋绍兴九年(1139)，县治迁建于卢江口之楠木洲。民国27年(1938)，废区并乡，设立武溪镇。1950年，属一区。1953年，成立县直属镇公所。1960年，成立武溪人民公社。1963年，改社为镇。1985年，辖东正街、西正街、北正街、南正街4个居委会和五里州、城郊、称砣山3个村委会。

上堡乡1950年属一区。1956年建乡。1958年，成立人民公社。1984年，社改乡，辖18个村99个村民小组。2005年，行政区划调整，上堡乡整体并入武溪镇。

20世纪80年代初，国家重点工程五强溪电站开工建设，泸溪县城武溪镇属淹没区迁建白沙。1993年9月，湖南省人民政府下发设立白沙镇批复文件，从上堡乡划出白沙、岩头河两个行政村，设置白沙镇。1994年6月29日，正式成立白沙镇，辖兴沙、沅江、屈望3个居民委员会和岩头河村，是泸溪新县城所在地。1997年7月，白沙镇人民政府向县政府提出，原白沙镇居民区设置已不适应白沙地区经济发展和人口管理需要。拟把原岩坪、军田2个居民区分别更名为沅江、兴沙居民区，保留屈望居民区名称，增设朝阳居民区。8月，经县人民政府批准后正式更名和增设沅江、朝阳、屈望、兴沙4个居民区。2005年，行政区划调整，原上堡乡刘家滩村、铁山村、红土溪村、侯家村，原李家田乡红岩村、辛女溪村并入管辖。岩头河村与铁山村合并设立桥东社区，侯家村并入红土溪村，辛女溪村并入红岩村，屈望、沅江、兴沙社区和刘家滩村维持原状不变。至2014年，白沙镇辖桥东、屈望、沅江、朝阳、兴沙5个社区及刘家滩、红土溪、红岩3个行政村，24个居民小组和18个村民小组。

3.行政区划。民国16年(1927)，武溪、上堡、李家田属城东区。民国27年(1938)，废区并乡，设武溪镇、忠安乡。武溪镇镇公所设东正街，辖7个保，一保岩龙头、暮江头；二保冯家巷、曹家巷；三保十字街、印家巷；四保印家巷至龙须巷；五保寺巷至草坪头；六保五里洲；七保天门溪、唐家排、九家杨。忠安乡乡公所设上堡村，辖八个保。岩头山、李家田、茶林溪等村寨属一保，猪食洞村属二保，杨斌庄村三保，白沙、红土溪、刘家滩村属四保，黑塘、上寨村属五保，上堡、团爱村属六保，大溪、王家庄村属七保，高大坪、暮岗头村属八保。1952年，分属武溪镇和一区管辖。1953年3月，武溪镇镇公所设伏波庙，辖东正街、西正街、十字街等四个街公所。一区区公所设东正街，辖白沙、天门溪、五里洲、上寨、高大坪、猪食洞、虎头桥、红土溪、红岩、蜂子岩、洗溪、岩头山、李岩、上堡14个乡。1956年6月，撤区并乡，武溪镇体制不变。白沙、红土溪属红土溪乡，天门溪、五里洲、上堡、上寨属上堡乡，岩头山、猪食洞、虎头桥、红岩属李家田乡，高大坪、蜂子岩属高大坪乡，洗溪、李岩属团结乡。

1958年9月，撤销红土溪、高大坪、上堡、团结乡，设立上堡人民公社。白沙、红土溪、天门溪、五里洲、上堡、上寨、高大坪、蜂子岩、洗溪、李岩属上堡公社。岩头山、猪食洞、虎头桥、红岩属李家田公社，村改为大队。1984年，社改乡，大队改为村。1993年9月，从上堡乡划出白沙、岩头河两个村设置白沙镇。2004年，武溪镇辖东正街、西正街、北正街、南正街4个居委会和五里洲、城郊、称砣山3个村委会。上堡乡辖侯家、红土溪、刘家滩、铁山、天门溪、车站、黑塘、上寨、联盟、大溪、团爱、王家庄、蜂子岩、榆树坪、高大坪、暮江头16个村91个村民小组。2005年，行政区划调整，上堡乡天门溪、车站、黑塘、上寨、联盟、大溪、团爱、王家庄、蜂子岩、榆树坪、高大坪、暮江头12个村71个村民小组和李家田乡朱食洞、杨斌庄2个村9个村民小组划入武溪镇。原上堡乡刘家滩村、铁山村、红土溪村、侯家村和原李家田乡红岩村、辛女溪村并入白沙镇管辖。白沙镇至2014年，辖桥东、屈望、沅江、朝阳、兴沙5个社区及刘家滩、红土溪、红岩3个行政村，24个居民小组和18个村民小组。行政区划调整后，实行并村，上寨、黑塘村合并为黑塘村，团爱村并入上堡村，王家庄村并入大溪村；李家田乡朱食洞村、杨斌庄村合并为朱食洞村；武溪镇称砣山村并入五里洲村，东正街、西正街、北正街、城郊村合并为城北社区，南正街、车站村合并为城南社区；暮江头、高大坪、榆树坪、蜂子岩、天门溪5个村保持现状不变。调整后全镇辖10个村和2个社区，60个村(居民)小组。

2014年，武溪镇6579户24220人。少数民族以苗族、土家族为主，其中苗族占53.67%，土家族占8.93%。白沙镇11896户36027人，其中少数民族占65.15%，其中苗族占41.23%，土家族占23.48%，其他少数民族占0.44%。

2015年行政区划调整。撤销白沙镇，并入武溪镇，合并建立武溪镇。新设立的武溪镇人民政府驻地设武溪，辖原武溪镇城北、城南2个社区，五里洲村、朱食洞村、天门溪村、黑塘村、上堡村、蜂子岩村、大溪村、榆树坪村、暮江头村、高大坪村10个建制村和原白沙镇屈望、沅江、朝阳、桥东、兴沙5个社区居委会及红土溪村、红岩村、刘家滩村3个建制村。共计7个社区，13个村。人口112095人，其中非农业人口88292人，少数民族人口38364人。政府驻地人口87875人，其中非农业人口76798人。

2016年，建制村合并，蜂子岩村、榆树坪村并入城北社区。全镇有行政村11个，社区居委会7个。

(三)达岚镇

1.名称来历

相传宋代，胡姓三兄弟胡高、胡金和胡银征战有功，皇上赏赐每人一壶御酒，被奸臣庞洪暗中换成毒酒。胡家兄弟带御酒回乡省亲，途中三人取出御酒解乏，相继中毒。途径一个村寨时耷拉着抬不起头，民间将此地称为耷拉，演化成达岚。

达岚镇地处泸溪西南面，东临浦市镇，与麻阳县、辰溪县接壤。南接石榴坪乡，西连兴隆场镇、合水镇，北交白羊溪乡。区域面积118.64平方公里。白沙至麻阳县四新公路、达岚至石榴坪至麻阳县吕家坪镇公路穿境而过，太平溪自合水镇流入境内，流经麻坪等村进入石榴坪境内汇入锦江。镇政府设达岚坪社区，距县城35公里，距州府吉首市城区85公里。

2.建制沿革。民国16年(1927)属南二区，民国27年(1938)废区并乡属爱安乡，乡公所设达岚坪。1950年属五区，区公所设达岚坪。1956年撤区并乡设达岚乡，同年改为办事处。1958年，成立达岚人民公社。1984年改社为乡，同年11月改乡为镇。

3.行政区划。民国16年(1927)，属县南二区。民国27年(1938)，废区并乡，设爱安乡，乡公所设在达岚坪。辖今达岚、石榴坪、长坪地域。下辖10个保，岩门、达岚坪、企冲、冲木村属一保，六里、夕阳田、新田村属二保，麻坪、车头、都用村属三保，六一、黄毛田、覃木阳、八一村属七保，潮地村属十保。1952年8月，达岚属第五区，区政府设达岚坪。辖麻坪、岩门、新田、潮地等14个乡。1956年6月，撤区并乡，麻坪、岩门合并设达岚乡，新田、潮地合并为潮地乡。1956年12月，设达岚办事处。1958年9月，达岚、潮地乡合并成立达岚人民公社，村改大队，辖达岚坪、岩门、车头、冲木、企冲、五德、麻坪、夕阳田、新田、都用、潮地、六里、六一、黄毛田、覃木阳、八一16个大队。1984年社改镇，大队改为村委会。2005年，行政区划调整，岩门、冲木并入达岚坪，设立达岚坪社区居委会；企冲、六一合并改称龙溪口村；夕羊田并入六里村；车头并入麻坪村；八一、黄毛田并入覃木阳村。区划调整后，16个村合并为8个村、1个社区，分别为覃木阳村、龙溪口村、麻坪村、潮地村、新田村、五德村、都用村、六里村、达岚坪社区，辖55个村(居)民小组。

2015年，行政区划调整，原永兴场乡溪头村析出并入达岚镇。调整后达岚镇辖原达岚镇达岚坪社区、麻坪村、龙溪口村、六里村、覃木阳村、五德村、都用村、新田村、潮地村9个村(社区)和原永兴场乡溪头村。共计1个社区，9个村。区域面积118．64平方公里。人口20240人，其中非农业人口778人，少数民族人口6681人。

(四)合水镇

1.名称来历。合水镇因乃野溪与横坡溪在镇政府所在地太平溪汇合得名。合水镇地处泸溪县西南部，北与兴隆场连接，南与麻阳县谷达坡乡接界，西与凤凰县木江坪镇相邻，东与达岚镇接壤，区域面积139.24平方公里。白沙至麻阳县四新公路和合水至能滩公路穿境而过。镇政府设合水社区，距县城46公里，距麻阳县大垅火车站15公里，距州府吉首市城区94公里。2008年，被文化部授予“中国民间文化艺术之乡”。

2.建制沿革。民国17年(1927)，属县南三区。民国27年(1938)，废区并乡，设信安乡，乡公所设合水墟场。1952年8月，属县第五区。1956年，撤区并乡，分成合水乡、踏虎乡。1958 年 9 月，两乡合并成立合水人民公社。1984 年 3 月社改乡，同年 11 月从合水乡析出设置踏虎乡，合水乡改名合水镇。2005 年，行政区划调整，踏虎乡整体并入合水镇。2015 年，行政区划调整，将原永兴场乡呈田村析出并入合水镇。

3.行政区划。民国 38 年(1949)，信安乡(合水)下辖 6 个保，新桥、合水、中龙山村属一保，罩子坪村属二保，溪洲村属三保，塘冲、杨家人、横坡村属四保，踏虎、马路口、沙子坳、登云寨、晒州田村属六保。1952 年 8 月，横坡、祖坟山在五区管辖 14 个乡之内。1956 年 6 月，撤区并乡，横坡、祖坟山合并设合水乡，另设踏虎乡。1958 年 9 月，合并成立合水人民公社，村改大队。1985 年，辖合水居委会、合水、溪洲、蓄鱼塘、木龙、新桥、横坡、塘冲、罩子坪、三合、杨家人、中垄山 12 个行政村(居委会)。踏虎乡辖踏虎、麻铺、晒州田、南洪溪、登云寨、沙子坳、马路口 7 个村。2005 年 3 月，行政区划调整，撤销踏虎乡，所辖 7 个村 47 个村民小组整体并入。中龙山村并入祖坟山村，蓄鱼塘村、三合村并入新桥村，塘冲村、杨家仁村并入横坡村，南洪溪村并入溪洲村。踏虎乡马龙口村与砂子坳村合并为兴砂村，合水居委会更名为合水社区居委会。踏虎村、晒州田村、麻铺村、登云寨村、罩子坪村、木垅村六个村保持不变。合并后全镇辖 1 个社区、11 个村、67 个村（居民）小组。2014 年，辖合水社区、登云寨村、踏虎村、兴砂村、麻铺村、晒州田村、木垅村、溪洲村、罩子坪村、祖坟山村、新桥村、横坡村 12 个村(社区)，67 个村民小组。

2015 年，行政区划调整后合水镇辖原合水镇合水社区和横坡村、罩子坪村、溪洲村、祖坟山村、木龙村、新桥村、兴砂村、踏虎村、晒州田村、麻铺村、登云寨村 12 个村(社区)和原永兴场乡呈田村。共计 1 个社区，12 个村。人口 27990 人，其中非农业人口 1001 人，少数民族人口 13974 人。

(五)兴隆场镇

1.名称来历

兴隆场，古时称“四都坪”，是泸溪西南地域凤凰、麻阳、吉首四县边区商贸聚集之地。清光绪年间，因商贸经济兴隆繁荣改名“兴隆场”。

永兴场，清代咸丰年间，上广村四都坪设墟场，因地理位置偏僻，商业贸易不旺，改迁上广村和下广村结合部，墟场得以兴盛。人们盼望墟场永远兴隆而得名。

兴隆场镇位于县西南部，东临白羊溪乡，南接合水镇，西接凤凰县木江坪镇，北接解放岩乡、小章乡。区域面积 132.02 平方公里。能滩至兴隆场环线公路经过全境。镇政府驻兴隆场社区三组，距县城66公里，距州府吉首市城区84公里。

2.建制沿革。清乾隆二十(1755)，属四都。民国16年(1927)，属县南四区。民国27年(1938)，设义安乡，乡公所设在墟场。1952年8月，设县三区人民政府，区政府设在墟场。1956年6月，撤区并乡，分设兴隆场乡、永兴场乡。12月，设立兴隆场办事处。1958年9月，成立人民公社，永兴场并入兴隆场人民公社。1961年，从兴隆场公社分离设永兴场公社。1965年，因修建天台龙水库，合水公社所辖溪头、呈田大队划入永兴场公社。1984年3月，社改乡，10月兴隆场乡改兴隆场镇。

3.行政区划。民国38年(1949)，义安乡辖15个保，包括今兴隆场、小章、永兴场、白洋溪辖地。麦坨、后塘、兴隆场村属一保，德保、都岚山、彭总管、麦坨村属二保，烂泥田、岩坡村属三保，巴斗山、五里坪、锡瓦村属四保，坪布亮、龙头寨、甘田坪村属五保，都里坪、武堰村属六保，一都阳、三冲坪村属十三保，密灯、木坨、下广村属十四保，上广、龙井、永兴场村属十五保。呈田村属信安乡(合水)二保，溪头村属爱安乡(达岚)十保。1952年8月，三区辖兴隆场、岩坡、锡瓦、彭总管、都里坪等16个乡。上广乡属三区，密灯、三冲坪乡属六区。1956年，撤区并乡，兴隆场、岩坡、锡瓦、彭总管、都里坪等小乡合并设兴隆场乡。上广乡、密灯、三冲坪、木坨、一都阳等小乡合并设立永兴场乡。1958年，成立兴隆场人民公社，村改为大队。1984年改镇，辖18个村78个村民小组。2005年，行政区划调整，后塘、东广寨并入德堡村，兴隆场、居委会、麦坨合并设兴隆场社区，都岚山并入彭总管村，坪布亮、龙头寨并入甘田坪村。全镇辖10个行政村1个社区40个村民小组。至2014年，辖德堡村、甘田坪村、都里坪村、武堰村、锡瓦村、五里坪村、彭总管村、烂泥田村、岩坡村、巴斗山村10个行政村和1个社区，40个村(居)民小组。

永兴场乡1961年设立人民公社，辖三冲坪、密灯、上广、下广、龙井、木坨、天台龙、一都阳8个大队。1984年社改乡，辖三冲坪、密灯、上广、下广、溪头、呈田、龙井、木坨、天台龙、一都阳10个行政村49个村民小组。2005年，行政区划调整，一都阳村并入三冲坪村，龙井村并入上广村，木坨村并入密灯村，天台龙村并入下广村，全乡辖上广、下广、三冲坪、密灯、溪头、呈田6个行政村30个村民小组。2014年，全乡辖6个村，34个村小组。

2015年，行政区划调整，撤销永兴场乡，将原永兴场乡上广村、下广村、三冲坪村、密灯村4个建制村析出并入兴隆场镇。调整后兴隆场镇辖原兴隆场镇兴隆场社区和德堡村、彭总管村、烂泥田村、岩坡村、巴斗山村、五里坪村、锡瓦村、甘田坪村、都里坪村、武堰村11个村(社区)及原永兴场乡上广村、下广村、三冲坪村、密灯村4个建制村。共计1个社区,14个村。人口34637人,其中非农业人口3467人,少数民族人口22004人。2016年6月,建制村合并,巴斗山村并入五里坪村。心隆场镇建制村减至13个。

(六)洗溪镇

1.名称来历

洗溪,古称洗溪口。因有一小溪与峒河交汇,每到雨季小溪山洪泥水在出口处被峒河冲洗干净,故因小溪得名洗溪。

八十坪因境内有大小坪地80处得名,后演化为八什坪。

梁家潭因原政府驻地村冲溪有一处深潭,村落以梁姓人居多,故名梁家潭。

洗溪镇位于泸溪县中西部,东邻武溪镇和天桥山自然保护区,南接浦市镇,西邻潭溪镇和白羊溪乡,北与吉首市、古丈县、沅陵县交界。区域面积307平方公里。319国道、杭瑞高速公路、省道S252泸溪至古丈公路穿境而过,武水流经境内12公里。镇人民政府驻洗溪社区,距县城21公里,距吉首火车站59公里。1994年,被湖南省人民政府授予"全省乡镇企业百强乡镇"。2014年,原梁家潭乡被湖南省精神文明建设指导委员会授予"全省文明村镇"称号。

2.沿革。唐天宝元年(742),县治由卢江口迁于此。南宋绍兴九年(1139),县治复迁卢江口楠木洲。明代设院场坪巡检司。清嘉庆二年(1797),筑石堡于古县署处,配把总1员率兵驻防。民国时期,陈渠珍派兵驻此。民国16年(1927),属一区。民国27年(1938),废区设乡,分属和安、忠安、孝安3个乡。1949年,分属一区、四区政府。1956年,撤区并乡后属团结乡。1961年,建立洗溪人民公社。1984年3月,社改乡,同年10月改乡为镇。

原梁家潭、八什坪乡清代属上坊里。民国16年(1927)属北区。民国38年(1949)设孝安乡(含八什坪)。1950年,属四区管辖。1956年6月,撤区并乡置梁家潭乡、八什坪乡。1958年9月,成立梁家潭、八什坪人民公社。1960年,并入梁家潭公社。1961年,复置八什坪公社。1984年,社改乡。

3.行政区划。民国27年(1938),洞底属忠安乡六保。能滩村属和安乡七保,洗溪、印家村属八保,宋家寨、邓家坪村属九保,李岩村属十保。张家坪村属孝安乡七保,望天塘、甘溪、仲溪、洞头寨村属孝安乡八保。1950年,全县设6个区85个乡,洗溪乡、李岩乡属一区,望天塘乡、后寨乡属四区,能滩乡、宋家寨乡属六区。

1956年，撤区并乡，洞底村属上堡乡，洗溪、李岩、邓家坪、能滩、望天塘、甘溪、洞头寨、仲溪村属团结乡，宋家寨村属白羊溪乡，张家坪村属梁家潭乡。1958年，设立人民公社，洞底、洗溪、李岩、邓家坪大队属上堡公社，望天塘、洞头寨、仲溪大队属潭溪公社，宋家寨、能滩、甘溪大队属白羊溪公社，张家坪大队属梁家潭公社。1961年，设立洗溪公社，辖上街、下街、洞底、屋场坪、李岩、邓家坪、宋家寨、望天塘、洞头寨、仲溪、能滩、甘溪、张家坪13个大队76个生产队。1984年，社改乡，10月改为镇。全镇辖2个居委会、11个行政村，76个村(居)民小组。2005年，行政区划调整，望天堂村与甘溪村合并为甘溪桥村，屋场坪村与洞底村并为洞底坪村，上街居委会、下街居委会、仲溪村合并为洗溪社区居委会，原李家田乡李尧溪村并入邓家坪村，能滩村、峒头寨村、张家坪村、宋家寨村、李岩村保持不变。调整后全镇辖洗溪社区、能滩村、甘溪桥村、峒头寨村、张家坪村、邓家坪村、宋家寨村、李岩村和洞底坪村9个村(居)民委员会，5个居民小组，30个村民小组。至2014年，辖1个社区8个行政村35个村民小组。

民国27年(1938)，八什坪、梁家潭属孝安乡，辖8个保。八什坪、花园坪、三角潭、梯溪坪村属一保；拖船坡、布条坪、猫子溪、岩寨村属二保；灯油坪、梁家潭、鸡子潭村属三保；桌子潭、芭蕉坪、下湾、茶坪村属四保；塘食溪、池塘、龙背山、大村潭村属五保；杜家寨、欧溪村属六保；洪水溪、椰木溪村属七保；达力寨村属八保。1952年，属四区，境内设八什坪、欧溪、塘食溪、烧肉溪、梁家潭、斗篷界、布条坪、椰木溪、达力寨9个乡，达力寨属后寨乡。1956年，八什坪、欧溪、塘食溪、烧肉溪4个乡合并为八什坪乡。梁家潭、斗篷界、布条坪、椰木溪乡合并设立梁家潭乡。1958年9月，成立梁家潭人民公社，达力寨村从后寨乡划出并入，辖梁家潭、岩寨、红岩、芭蕉坪、桌子潭、茶坪、下湾、猫子溪、拖船破、布条坪、灯油坪、鸡子潭、达力寨、椰木溪14个大队63个生产队。

八什坪公社辖花园坪、杜家寨、梯溪坪、龙背山、塘食溪、李什坪、大村潭、池塘、欧溪、五村10个大队60个生产队。1984年，社改乡，八什坪乡辖10个村60个村民小组。梁家潭乡辖14个行政村63个村民小组。2005年行政区划调整，八什坪乡池塘村和龙背山村并入塘食溪村，五村并入欧溪村，梯溪坪村与大村潭村合并设立三角潭村。调整后辖李什坪、塘食溪、花园坪、三角潭、杜家寨、欧溪6个村32个村民小组。梁家潭乡桌子潭村并入芭蕉坪村，红岩排、茶坪、下湾3个村合并设立红岩村，猫子溪村并入岩寨村，拖船坡村并入鸡子潭村。全乡辖9个行政村41个村民小组。

2015年，洗溪镇有4146户13240人，其中少数民族10588人，占79.83%，其中苗族9160人，占69.28%，土家族1395人，占10.55%。梁家潭乡3323户12553人。其中常住人口12200人，流动人口1880人。少数民族人口11402人，占90.72%，苗族10064人，占80.18%，土家族1338人，占10.64%。八什坪乡2836户11371人，其中少数民族占97.8%，其中苗族8666人，占80.4%，土家族1870人，占17.4%。

2015年，行政区划调整，撤销梁家潭乡、八什坪乡，整体并入洗溪镇，合并建立洗溪镇。新设立洗溪镇人民政府驻地设洗溪，辖原洗溪镇洗溪社区、峒头寨村、能滩村、甘溪桥村、张家坪村、邓家坪村、宋家寨村、洞底坪村、李岩村9个村（社区）和原梁家潭乡达力寨村、芭蕉坪村、红岩村、岩寨村、梁家潭村、灯油坪村、鸡子潭村、布条坪村、椰木溪村9个建制村及原八什坪乡欧溪村、三角潭村、塘食溪村、李什坪村、杜家寨村、花园坪村6个建制村，共计23个村、1个社区。人口37164人，其中非农业人口2372人，少数民族人口32281人。

（七）潭溪镇

1.名称来历

潭溪，因丹青河、白虎溪两水自东北向南流入峒河，三水交汇成一深潭而得名。

潭溪镇地处泸溪县西北部，东邻洗溪镇，南接白羊溪乡、小章乡，西连吉首市河溪镇，北与吉首市丹青镇、太平镇交界，东北接洗溪镇。地域面积147.80平方公里。319国道、杭瑞高速公路穿境而过，潭溪至吉首市排吼、丹青、排绸3个乡镇公路在此接线，梁家潭乡至潭溪镇公路在朱雀洞村接线。洞河从吉首市河溪镇流入境内改名武水，与319国道并行，至下都村流入洗溪镇、武溪镇汇入沅江。镇政府驻潭溪社区土麻寨，距县城白沙镇40公里。距吉首火车站33公里，

2.沿革。清乾隆二十年（1755），属下五都。民国16年（1927），属西一区，民国27年（1938），属和安乡，乡公所设张家湾村。1950年，设第四区人民政府，1956年，撤区并乡为潭溪乡、松柏潭乡。1958年，与松柏潭乡合并成立潭溪人民公社，辖15个大队69个生产队。1958年，省州批准将乾城县（吉首市）排绸乡符家坪、桃竹潭两个大队划入潭溪公社。1971年，社址由张家湾大队迁至土麻寨大队，紧靠319国道。1984年3月，社改乡，同年10月改为镇。

3.行政区划。民国27年（1938），和安乡下辖10个保，潭溪、朱雀洞、虎食溪、

土麻寨村属一保，小陂流、大陂流、楠木冲村属二保，且己、桃子坳、兴隆寨村属三保，新寨坪、松柏潭村属四保，下都村属五保。1950 年设四区，有大陂流、下都、朱雀洞等 14 个乡，松柏潭乡属六区管辖。1956 年，潭溪乡辖潭溪、朱雀洞、盘古岩、虎食溪、土麻寨、小陂流、大陂流、楠木冲、下都等村。松柏潭乡辖且己、小能溪、桃子坳、兴隆寨、新寨坪、松柏潭等村。1958 年，成立人民公社，辖张家湾、土麻寨、朱雀洞、盘古岩、虎食溪、小陂流、大陂流、楠木冲、小能溪、下都、松柏潭、且己、桃子坳、兴隆寨、新寨坪 15 个大队。1961 年，增设符家坪大队。1984 年，社改镇，大队改为村。2005 年，行政区划调整，将桃子坳村并入松柏潭村，符家坪村并入盘古岩村，土麻寨居委会、张家湾居委会和虎食溪村合并设立潭溪社区居委会。时有下都村、朱雀洞村、盘古岩村、大陂流村、小陂流村、楠木冲村、小能溪村、且己村、兴隆寨村、松柏潭村、新寨坪村和潭溪社区 12 个村(社区)47 个村(居)民小组。

2016 年，全镇 4834 户 18792 人，少数民族人口 18373 人，占 99.25%，其中土家族 9596 人，占 51.9%，苗族 8758 人，占 47.4%，其他少数民族 19 人。

(八)石榴坪乡

1.名称来历

石榴坪，因乡政府驻地村曾有棵古石榴树而得名。

石榴坪乡地处泸溪县最南端，东邻麻阳县吕家坪镇，南接麻阳县兰里镇，西连合水镇，北交达岚镇。行政区域面积 54.86 平方公里。达岚至麻阳县吕家坪镇公路穿境而过。太平溪自达岚镇流入境内，经兰村汇入锦江河。乡政府驻石榴坪村墟场，距县城 45 公里，距州府吉首市城区 93 公里。

2.沿革。清乾隆 20 年(1755)，属五图。民国 16 年(1927)，属南二区。民国 27 年(1938)属爱安乡。1950 年，属县第五区人民政府管辖。1956 年撤区并乡，建石榴坪乡。1958 年，成立人民公社时并入达岚公社。1961 年，从达岚公社分出设石榴坪公社，1984 年社改乡。

3.行政区划。民国 16 年(1927)，属县南二区(达岚)管辖。民国 27 年(1938)，废区并乡，属爱安乡管辖。坪里、三村、牛角冲、石榴坪村属四保，兰村、碧溪、板桥村属五保，人头坳、民力、红桥、芒田村属六保。1950 年，属五区，三个保合并，设芒田、兰村、石榴坪 3 个乡。1956 年，撤区并乡，3 个乡合并为石榴坪乡。1961 年，成立人民公社，辖 11 个大队。1984 年社改乡，辖板桥、三村、碧溪、人头坳、民力、石榴坪、红桥、芒田、坪里、牛角冲、兰村 11 个行政村，55 个村民小组。2005 年行政区划调整，板桥村并入兰村村，三村并入石榴坪村，红桥村、人头坳村并入芒田村。行政区划调整后全乡辖石榴坪、兰村、芒田、民力、坪里、碧溪、牛角冲7个行政村，42个村民小组。

2016年，全乡3875户15836人，其中常住人口14200人，流动人口2370人。土家族3573人，占24.2%，苗族3084人，占21.7%。

(九)白羊溪乡

1.名称来历

白羊溪，民间传说，远古时期驻地溪边洞穴中常有神秘白羊出没而得名。

白羊溪乡地处泸溪县西南面，东与浦市镇连接，南与兴隆场镇接壤，西与小章相连，北接洗溪镇。区域面积92.38平方公里。能滩至兴隆场公路穿境而过，能溪河从小章乡流经境内排口、云上、白羊溪村，出境流入洗溪镇能滩村汇入武水。乡政府设白羊溪村墟场。距县城40公里，距州府吉首市城区53公里。

2.建制沿革。清乾隆二十二年(1755)，属四都。民国16年(1927)，属南四区。民国27年(1938)，属义安乡。1952年8月，设第六区人民政府，区政府设白羊溪墟场。1956年6月，撤区并乡，设白羊溪乡。1958年，成立白羊溪人民公社。1984年3月，社改乡。

3.行政区划。民国27年(1938)，义安乡辖15个保，云上、排口村属九保，茅坪、打头冲、白羊溪村属十保，麻溪、马入田、周家寨村属十一保，马王溪、湖田、老寨坪、报木坨、双溪村属十二保。1952年，设云上、排口、周家寨、白羊溪、马王溪5个小乡。1956年，合并为白羊溪乡。1958年，成立人民公社，辖胡田、马王溪、老寨坪、报木坨、云上、打头冲、白羊溪、麻溪、马入田、周家寨、毛坪、排口12个大队。1984年，社改乡，大队改为村委会。2005年，行政区划调整，胡田村并入马王溪村，老寨坪村和报木坨村并入云上村，打头冲并入白羊溪村。全乡辖麻溪、马入田、周家寨、毛坪、白羊溪村、马王溪、云上、排口8个村46个村民小组。2014年，辖8个村25个村民小组。

2016年，全乡2523户10885人，少数民族人口10270人，占91.72%，其中苗族6865人，占61.4%，土家族3391人，占30.4%。

(十)小章乡

1.名称来历

明末，有章姓两兄弟逃难至四都坪，弟弟定居于此，故名小章。

小章乡地处泸溪县西北部，东邻白羊溪乡，南接兴隆场镇，西连解放岩乡，北与潭溪镇、吉首市河溪镇交界。区域面积 69.69 平方公里。能滩至兴隆场、小章至兴隆场公路穿境而过，能溪河流经 3 个村经白羊溪乡汇入武水。乡人民政府驻小章村，距县城 46 公里，距州府吉首市城区 59 公里。

2.沿革。清乾隆二十年(1755)，属下五都。民国 16 年(1927)，属南四区。民国 27 年(1938)，属义安乡。1952 年，属县六区人民政府管辖。1956 年，撤区并乡设小章乡。1958 年，成立人民公社。1984 年，社改乡。

3.行政区划。民国 38 年(1949)，属义安乡 7-9 保。大水坪、川洞、梓木坪、大章村属七保，能溪河、瓦曹、小章村属八保，塘坪、大西垅、烟竹坪村属九保。1952 年 8 月，属六区，设大水坪、小章 2 个乡。1956 年，撤区并乡，大水坪、小章合并设小章乡。1958 年，松柏潭乡洞上村并入，成立人民公社，村改为大队。至 1983 年辖小章、能溪河、烟竹坪、大西垅、瓦曹、塘坪、白泥塘、洞上、川洞、大水坪、梓木坪 11 个大队。1984 年，公社改为乡政府，大队改为行政村。2005 年，行政区划调整，能溪河村并入小章村，大西垅村并入烟竹坪村，塘坪村并入瓦曹村，洞上村并入白泥塘村。调整后辖 7 个村 27 个村民小组。2014 年，辖梓木坪、大水坪、川洞、白泥塘、瓦曹、烟竹坪、小章 7 个行政村 27 个村民小组。

2016 年，全乡 3110 户 12921 人，其中苗族 12103 人，占 95.7%，土家族 462 人，占 3.6%，是泸溪县苗族人口最多乡。

(十一)解放岩乡

1.名称来历

解放岩原名狗爬岩，因河对岸古道有一处悬崖峭壁，路人经过此处时需要爬行才能通过，形似狗爬状，故称狗爬岩。解放后改名解放岩。

解放岩乡地处泸溪县西南部。东连小章乡、兴隆场镇，西邻凤凰县吉信镇，南接凤凰县木江坪镇，北交吉首市双塘镇。焦柳铁路过境 9.9 公里，设四等小站 1 个。区域面积 86.58 平方公里。吉首市至凤凰县公路、泸溪县至吉首市公路穿境而过。沱江自凤凰县木江坪镇流入境内，从江南岸村出境流入吉首市河溪镇汇入洞河。乡政府驻场上村，距县城 77 公里，距州府吉首市城区 30 公里。

2.沿革。清乾隆二十年(1755)，分属一都和二都。民国 16 年(1927)，属西二区。民国 27 年(1938)，设平安乡。1950 年，属县三区人民政府管辖。1956 年 6 月，撤区并乡，设狗爬岩乡。1957 年，更名解放岩乡。1958 年 9 月，成立解放岩人民公社。1984年,社改乡。

3.行政区划。民国27年(1938),平安乡辖6个保,万口、三房(后改为东风)、都蛮村属一保,大塘坳、油麻寨、大坪村属二保,利略、江南岸村属三保,水卡、芒耕村属四保,牛场、茨冲村属五保,己用、万金山村属六保。1950年,境内设狗爬岩、己用、牛场、利略、都蛮、大坪6个乡。1956年6月,合并设立狗爬岩乡。1958年9月,成立解放岩公社,村改大队。至1983年,辖万口、东风、大坪、都蛮、大塘坳、利略、水卡、场上、牛场、己用、万金山、茨冲12个大队55个生产队。1984年,社改乡,辖12个行政村55个村民小组。2001年,增设油麻寨村,有13个行政村60个村民组。2005年,行政区划调整,万口、东风、大坪并入都蛮村,油麻寨、大塘坳并入利略村,牛场并入场上村,万金山、茨冲合并改名和兴村,共有6个行政村33个村民小组。2014年,辖都蛮、利略、水卡、场上、己用、和兴6个行政村,33个村民小组。

2016年,全乡3604户15862人。少数民族人口占60.15%,其中苗族5750人,占36.3%,土家族3791人,占23.9%。

第四章　优抚安置

优抚安置，是指国家对军人及其亲属予以优待、抚恤、安置的一项社会保障制度。优抚安置对象主要是烈军属、复员退伍军人、残疾军人及其家属。中华人民共和国建立后，国家制定政策法规对保障对象、保障范围、保障手段、保障标准、保障形式、管理体制等，做出明确具体规定。

优抚安置保障措施分为三类：优待，即对于符合条件军人及其家属给予物质、精神生活上照顾和帮助。抚恤，即对于符合条件军人及家属给予伤残抚恤或死亡抚恤待遇。养老和安置，即对于符合条件军官给予离退休养老待遇，并予工作安排。优待、抚恤、养老和安置制度共同构成军人社会保障体系。军人社会保障政策以《军人抚恤优待条例》《关于军队干部退休的暂行规定》及《关于军队干部离职休养的暂行规定》等法规为依据，坚持政治褒扬和物质保障相结合，群众优待和国家优待相结合方针，坚持国家、社会、个人三结合，军人社会保障与国民经济的发展水平相适应，待遇标准与人民生活水平同步提高。

第一节　拥军优属

一、支前

（一）解放初期支前。1949 年 11 月，中国人民解放军第二野战军总部和第三、五兵团选择湘西泸溪县、乾城县（今吉首市）、永绥县（今花垣县），作为进军四川通道，解放大西南。自 11 月初至 1950 年 11 月，从泸溪境内湘川公路沿线、县北西溪河孝安乡（八什坪、梁家潭）、县南浦市至凤凰、浦市麻阳三条线路，数万解放军战士经过泸溪入川作战。筹集粮食、保障供给成为泸溪解放后县政府首要工作。泸溪征粮支前工作经历两个阶段。

第一阶段，“泸溪人民工作委员会”假政权时期征粮支前。1949 年 9 月 21 日，泸溪县城解放。由于解放军继续西进，来不及在县城建立政权，一段时间，出现政权空白。国民党特务、反动军官郭盖英冒充共产党员窜入泸溪，组织“泸溪人民工作委员会”，窃取县内军、政大权。11月初，二野部队过境时郭盖英别有用心地应付，抽调人员成立军粮、柴草、茶水供应组，象征性地支前，因此任务未能完成。11月6日，二野十二军十三师路过浦市，马师长、鲁政委派人催粮，但粮秣仍供应不上。

第二阶段，南下工作队进入泸溪县和县人民政府成立后征粮支前。11月初，赵志均率领南下工作队38人进入泸溪县城，与二野先头部队负责人陈星配合，加强对筹集粮草、支援前线工作领导。14日，将原征粮支前三个组改成股，增调工作人员，在县城南岸汽车站设兵站，并将所有支前工作人员一律搬到车站食宿，日夜值勤接待，抽调南下工作队干部担任兵站负责人，确定专人筹集管理粮食。11月18日，泸溪县人民政府成立，即对 “泸溪人民工作委员会”支前所派粮草及完成情况进行清理，清理发现“泸溪人民工作委员会”向4个乡镇分配柴薪10万公斤，稻草5万公斤，而两项数额仅完成五分之二。立即着手整顿和改组原支前机构，成立泸溪县支前指挥部，县长赵志均兼任指挥长，自卫总队副队长杨元玑任副指挥长兼参谋长，下设秘书科、供应科、交通运输科，配备工作人员22人。指挥部还在白沙渡口、县汽车站、能滩吊桥三处设立茶水供应站，大军饮食休息均在县汽车站接待。

11月下旬，县政府召开区乡干部会议，合理调整筹集粮草任务，抽调干部深入乡、保召开会议，分配任务，限期完成。制定具体措施：每交木柴50公斤折付稻谷1斗(约20市斤)，每交稻草50公斤折付稻谷3升(约3公斤)。派送柴草随征粮任务下达：每征粮100公斤附交50公斤木柴25公斤稻草，大户多派，小户少派，无征粮任务而有劳动力可交木柴、稻草换算稻谷。

从1949年11月至1950年6月，全县分配征粮任务139.70万公斤稻谷，到1950年6月完成征粮127万公斤，占分配任务90%。其中支援二野大军任务48.50万公斤，到1950年3月完成42万公斤。分配木柴20万公斤，完成17.50万公斤，分配稻草10万公斤，完成7.50万公斤。运粮中借用民船15支，劳力50人。支援部队木板100块，布鞋200双，为过境二野部队送治病员5名，埋葬病故军人2名。1950年1月，二野部队过境完毕，泸溪县堆在城东区体育场内筹集的柴草至1951年底才处理干净。

在县人民政府领导下，泸溪县征粮支前工作成效得到湘西军区肯定。二野首长刘伯承、邓小平经过泸溪县时见白沙渡口和能滩吊桥未遭敌人破坏，使二野向西南顺利进军，称赞泸溪县自卫总队守卫有功，并嘱咐县人民政府要将县自卫总队作为人民武装看待。临走时四十七军给县自卫总队士兵每人发一套棉军装。重庆解放后，二野司令部又给守卫能滩吊桥自卫队士兵每人奖赏2块银圆。

(二)抗美援朝时期支前。1950年6月，美国打着联合国军旗号，纠集16个国家军队发动侵朝战争，战火烧到鸭绿江边，出动飞机轰炸东北边境城市和乡村。10月8日，毛主席、党中央发出抗美援朝、保家卫国号召，10月25日，中国人民志愿军开赴朝鲜前线抗美援朝。在抗美援朝运动中，泸溪县人民响应号召踊跃捐献，参军参战。

针对崇美、恐美思想，县委、县政府开展时事宣传教育，县区利用节日、纪念日、赶场集会召开群众大会，由领导作报告宣传形势。各机关单位建立每天学习2小时制度，组织干部职工学习政治时事。县城和浦市各阶层团体组建时事学习小组，由机关干部分组辅导，学习文件，讨论形势。全县各学校开办冬学41所，学员3044人，重点进行时事学习宣传。机关、行业、街道组织读报组，农村以片、保召开群众会，针对怕美国原子弹、怕国民党再回来等思想顾虑进行正面宣传教育。县里成立收音站、集体收听新闻广播。城镇不定期办油印小报，出黑板报、漫画，演出街头剧、话剧等，农村动员乡校教员学生以短剧、秧歌、漫画等形式进行时事宣传。1951年4月26日，县政府召开抗美援朝代表会议，成立中国人民保卫世界和平反对美国侵略委员会泸溪分会，主持县委工作的县委副书记傅洪任主任委员，周仕强、邹金海、郭恒新、陈桂兰、杨世家、唐国胜、赵志均、张拯民、张厚交、赵春华为委员。制订和通过《泸溪县各界人民九项爱国公约》，全县有49536人响应世界和平理事会号召，进行拥护缔结和平公约签名和反对美帝武装日本的投票，推进反侵略斗争运动。5月1日，全县组织大规模抗美援朝、反对美帝武装日本、保卫世界和平集会和游行，武、浦两镇和各区政府所在地13700名群众参加。1951年，国庆二周年纪念日，全县又分11处召开庆祝国庆大会，29000人参加庆祝大会，受到一次形势教育和爱国主义教育。特别是反霸土改、镇反运动打击了敌人嚣张气焰，揭穿匪特散布谣言，提高了群众觉悟，打消了恐美、惧美心理，激发人民对祖国热爱和感情和工作、学习、生产热情。

在爱国主义、国际主义精神鼓舞下，泸溪县广大青年和民兵响应抗美援朝、保家卫国号召，积极报名参军参战。1950年6月，组建泸溪县大队、区中队时全县300多名青年民兵应征入伍，经过训练后移交沅陵军分区充实暂编团，参加抗美援朝作战。1951年2月，解放军四十七军完成湘西剿匪任务，开赴朝鲜前线时在泸溪招收一批青年入伍参加志愿军。416团派一名教导员到五区扩军，爱安乡一保有60多名青年民兵报名参军，县一中女生王支云、杨菊英等积极报名参军，同男青年一起奔赴朝鲜前线。416团还在浦市集训的投诚被俘人员中，选拔思想表现好、体检合格的113人组建一个连，由原县人民自卫总队副总队长杨元玑任连长、人民自卫总队一中队长符胜虎任副连长随志愿军入朝作战。1950年至1953年，全县青年应征入伍参加志愿参军1440人，其中入朝作战600人。

1951年6月1日，中国人民抗美援朝总会向全国发出“订立爱国公约，捐献飞机大炮和优待军烈属”号召，泸溪城乡积极响应，纷纷捐钱捐物，以实际行动支援抗美援朝。全县五个区133876人共捐献购买飞机大炮款4.27亿元(旧币1万元折新币1元，下同)，比分配任务多捐2363万元，捐献布鞋4300双。为支援前线，农民除捐献购买飞机大炮款外，还踊跃交售爱国公粮。1951年，全县农民交售公粮487万公斤，比分配任务超交146万公斤，超交任务42.8%。

二、拥军优属

1949年11月，县人民政府成立后，尤其是泸溪青年报名参军参加抗美援朝后，全县拥军优属工作在抗美援朝运动中同时开展。1951年春节，全县人民自觉捐献劳军人民币4330万元，猪肉2750公斤和其他物资，向军烈属拜年，挂光荣牌。5月20日，县政府召开烈军属、荣退军人代表会，130人出席。会上赴朝慰问团代表介绍朝鲜战场形势、美帝侵朝罪行、中国人民志愿军抗击美国侵略者英勇事迹。县政府还将报告印发各区乡，向群众宣传。人民群众主动搞好拥军优属，尊敬、优待烈军属在社会上形成风气。在武溪、浦市两镇，每逢节日工商户减价优待烈军属，机关单位组织上门慰问。在农村，对缺劳动力的烈军属生产实行包耕、代耕。1953年春统计，全县为554户烈军属代耕田937亩，发放烈军属优待款99.43万元。

实行义务兵役制后，拥军优属作为一项光荣传统继承发扬下来，并形成制度化。每年春节、“八一”等重大节日，县委、县政府安排部署开展拥军优属活动。其主要内容有：①组织拥军优属慰问。在春节、“八一”等重大节日期间，由县委、县政府领导带队组织慰问团，到县人民武装部、县公安消防大队、县武警中队、光荣院走访慰问，赠送慰问品、慰问金。通过召开座谈会、联欢会等形式，征求对地方政府的意见。农村乡镇对烈军属、残废军人等优抚对象登门慰问，挂光荣牌，赠送慰问金和慰问品。②召开烈军属、残废军人、复员退伍军人座谈会，表彰先进。发动青年、民兵、妇女、学生为优抚对象做好事，为优抚对象解决困难。③民政局负责组织实施优抚、安置政策全面落实。

军属待遇包括:①挂光荣牌。挂光荣牌是拥军优属的有效形式,体现党和政府对军人军属褒扬和关怀之情,从而激发军人军属光荣感和自豪感。②走访慰问活动。每逢元旦、春节和建军节,民政部门走访慰问现役军人家属、残疾军人等优抚对象,发放慰问金、慰问品,了解并帮助其解决实际困难。③享受有关福利待遇。按照《军人抚恤优待条例》的规定,义务兵和初级士官入伍前是国家机关、社会团体、企业事业单位职工(含合同制人员)的,服现役期间,其家属继续享受该单位职工家属的有关福利待遇。按照《中华人民共和国兵役法》和《军人抚恤优待条例》规定,义务兵服现役期间,其家庭由当地人民政府发给优待金或者给予其他优待,优待标准不低于当地平均生活水平。

义务兵家庭优待金制度内容:义务兵家庭优待有货币形式即优待金、其他形式优待。优待金最低标准不低于当地平均生活水平。义务兵家庭优待金由当地人民政府(民政部门)负责发放,资金渠道明确。义务兵不分城乡入伍,其家庭一律给予优待,体现利益分配公平原则。

(一)拥军。自解放初期起,县委、县政府贯彻落实上级部署和要求,组织开展拥军活动。一方面,加强对人民武装的宣传报道,一方面积极为驻泸部队排忧解难。在宣传活动中,运用有线广播、标语、黑板报、墙报等不同形式开展宣传人民解放军及优抚对象的模范事迹。随着拥军优属工作不断深入,全县各级党政组织和广大人民群众想部队之所想,急子弟兵之所需,关心优抚对象,重视部队建设。1958年,大办民兵师活动中,从财力物力支持县人民武装部工作,落实民兵军事训练工分补贴和生活补助。二十世纪六十至七十年代,武器弹药装备到大队民兵营一级。为解决基层武器库建设问题,县委主动协同县人民武装部,发动乡镇、单位腾出住房,加固维修,改建成武器库。1972年,县武装部根据上级指示,修建军用物资仓库和民兵训练靶场,县委立即做出在上堡公社选址征用土地决定,解决土地征用补偿费,同时解决5万元建设资金,调拨钢材、水泥等物资,使工程建设按期竣工,投入使用。1982年,县武装部每年组织开展基干民兵集中到县训练,民兵训练生活费由县财政补贴,误工由所在生产队记工分。1983年后,每年民兵训练费用由乡镇人民政府承担,列入上交提留费用中。1991年,县城搬迁,县政府无偿划拨土地15亩,用于县人民武装部搬迁建房。1992年至1995年,县政府累计投入资金180万元修建县武装部办公楼和宿舍楼。1995年至1997年,无偿划拨土地26亩修建县公安消防大队、武警中队营房和办公楼。1998年由于县武警中队营房建设滞后，县政府将武警中队安置在县武装部。并投入建设资金210万元修建武警中队营房，2001年，武警中队正式入驻新营房。每年春节、“八一”建军节，县委、县政府领导带队登门慰问，召开座谈会、现场办公会，为驻泸部队解决实际困难。

做好涉军婚姻保护工作，把破坏军婚案件列入打击处理违法犯罪重要内容，涉军婚姻得到保护，使军人安心服役，投身国防建设。1950年-1967年，全县查处破坏军婚案件17起，判处有期徒刑4人；1968年—1975年发生破坏军婚案件12起，处理10起，拘留5人，判处有期徒刑5人。1979年《中华人民共和国刑法》和1980年《中华人民共和国婚姻法》颁布后，县民政局与相关部门加强军婚保护工作法律法规宣传教育。随着人们法律意识的增强，至2016年，全县涉军婚姻纠纷走上法律渠道，涉军婚姻纠纷减少，连续35年没有发生破坏军婚犯罪案件。

(二)优属。县委、县政府制定优待政策，对在乡困难烈军属，在生产生活上予以帮助和救济，普遍实行代耕、包耕和优待劳动日或优待金制度。集体化时期，各大队落实烈属优待金，落实军属优待劳动日，公社每年组织一次检查。1982年，实行农业承包责任制后，对军属优待补助采取集体提留方法执行，每年每家军属补助600—1000元。1984年《中华人民共和国兵役法》颁布后，明确规定“义务兵服现役期间，其家属由当地人民政府给予优待，优待的标准不低于当地平均生活水平”。根据规定，军属优待金由县里统筹。1994年后改为县财政承担，列入民政事业费统一支付。全县每年在开展拥军优属活动中，重点宣扬烈军属、革命残废军人为革命和建设作出的贡献，教育广大干部职工、人民群众从政治上关怀他们及其家属，经济上予以优待照顾。从1952年至1984年，全县共有3201户优抚对象享受优待，优待金额17.59万元，照顾劳动日292.83万个。1985年至2015年，全县累计有2200户享受优待，优待金额46万元。

(三)拥军优属(优抚)代表会。自1952年起，县委、县政府每年召开一次拥军优属(优抚)代表会，总结工作，表彰先进，激励烈军属和军人政治热情和献身国防事业牺牲精神。至1982年，全县共召开18次拥军优属(优抚)代表大会。1983年后，由于实行生产责任制，拥军优属工作会议由乡镇召开，县里每年举行一次议军会议，总结工作，表彰先进。

1952年4月12日—13日，召开全县第一次拥军优属代表会。会期2天，到会代表70名。其中烈属5名，军属54名，工属3名，残废军人3名，拥军优属模范5名。会议主要内容是总结交流经验，动员搞好生产，反对细菌战。

1953年9月1日—3日，召开全县第二次拥军优属代表会。会期3天，总结1952年优抚工作，表彰先进，部署优抚工作任务。出席会议代表182名。其中烈属6人，军属126人，残废军人5人，工属2人，转业军人13人，拥军优属模范个人15人，先进集体2个，机关代表5人，民政助理3人。

1954年7月30日—8月1日，召开全县第三次拥军优属代表会。会期3天，到会代表69名。表彰潭溪乡大陂流村复员军人向昌铨自1951年带残（三等甲级）回乡，发动群众搞好生产先进事迹。会议学习宣传兵役法草案。

1956年7月4日—6日，召开全县第四次拥军优属代表会。会期3天，到会代表97名，其中烈属5人，军属31人，残废军人3人，复员转业军人41人，列席代表23人。总结工作，表彰复员军人向自成带头种好双季稻、二等残废军人廖明海克服困难搞农业、特等残废军人罗志凤、复员军人杨国、烈属袁世寿、军属谢身小妹等先进事迹。

1957年2月25日—28日，召开全县第五次拥军优属代表会。会期4天，到会代表136名。其中社干56人，党员18人，团员47人。总结交流经验，表彰先进，动员巩固农业合作社成果，开展生产救灾节约度荒运动。

1958年12月25—26日，召开全县第六次拥军优属代表会。会期2天，到会代表76名，动员广大优抚对象解放思想，参加大跃进，评选6名参加省优抚先进代表大会代表。

1959年11月25日—27日，召开全县第七次拥军优属代表会。会期3三天，到会代表145人。总结工作，评选出席州优抚积极分子大会代表16名。大会表彰特等残废军人谭子龙、二等残废军人唐复章、复员军人梅友钧、杨国、符登先，军属刘求英等。

1962年4月2日—5日，召开全县第八次拥军优属代表会。会期4天，到会代表99人。总结典型，树立红旗，表彰达岚公社六十多岁烈属李正典一心为集体、潭溪军属向明进积极劳动不要队上和国家照顾、上堡公社残废军人张茂玉上山开荒积肥搞生产先进典型。

1964年3月13日—15日，召开全县第九次拥军优属代表会。会期3天，到会代表241名。总结工作，进行社会主义与国际主义教育，动员积极投入三大革命运动。副县长彭武顺作“认清形势，鼓足干劲，为争取一九六四年农业大丰收而奋斗”工作报告。

1965年12月27日—29日，召开全县第十次拥军优属代表会。会期3天，到会代表227名。总结工作，表彰八什坪公社模范军属杨冬妹、梁家潭公社二等残废军人吴斌、浦阳公社军属向旺发及兴隆场公社德堡大队优抚工作先进事迹，评选五好烈属11人，五好军属82人，五好残废军人14人，五好复员退伍军人104人，拥军优属先进单位5个，分别发给奖状和物质奖励。

1966年11月16日—20日，召开全县第十一次拥军优属代表会。会期5天，到会代表350名。总结交流经验，表彰先进，评选出席省优抚先进单位上堡公社大溪大队1个，军属石远聪、杨冬妹，特等残废军人谭子龙、退伍军人向宏富等先进个人代表5人。

1970年1月15日—19日，召开全县第十二次拥军优属代表会。会期5天，到会代表380名，其中烈属8人，军属205人，荣誉残废军人7人，复退转业军人155人，驻泸部队代表5人。总结交流经验，表彰先进，进一步动员大战1970年，做好反侵略战争准备。

1972年2月2日—5日，召开第十三次拥军优属代表会。会期四天，到会代表316名。总结交流经验，表彰先进，研究部署年度优抚工作。

1974年11月17日—22日，召开全县第十四次拥军优属代表会。会期5天，到会代表337名。其中烈属代表7人，军属代表150人，荣誉军人代表12人，复员军人代表64人，退伍军人代表71人，转业军人代表10人，特邀代表9人，妇女代表61人。总结交流经验，鼓励以优异成绩迎接全国四届人民代表大会召开。

1976年元月10日—12日，召开全县第十五次拥军优属代表会议。会期3天，到会代表800名。总结交流经验，动员优抚对象投身于农业学大寨运动，实现县委提出一年粮食跨纲要、三年建成大寨县、五年基本实现农业机械化目标。

1977年10月21日—25日，召开全县第十六次拥军优属代表会议。会期5天，到会代表380名。其中特、一等残废军人代表3人，老红军代表1人，转业军人代表4人，部队离职休养干部代表1人，特邀代表9人。总结交流经验，表彰先进，进一步落实毛主席关于“拥军优属”重要指示。

1978年10月14日—18日，召开第全县十七次拥军优属会议。会期5天，到会代表450名。总结交流经验，表彰先进，动员为实现毛主席、周总理生前遗愿在本世纪内把国家建设成工业、农业、国防和科学技术现代化的伟大社会主义强国，为把泸溪县建成大寨县而奋斗。

1982年11月24日-28日，召开全县第十八次拥军优属会议。会期5天，到会代表295名。其中特邀代表6人，老红军代表1人，离退休老干部、转业军人代表8人，其他代表280人。总结交流经验，表彰先进，深入学习贯彻党的十二大文件精神，全面开创泸溪县优抚工作新局面。会上评选出席州、省优抚先代会代表19人。

第二节　优待

社会优待是指国家、社会、群众对服现役义务兵家属和抚恤补助对象给予优待金，以及在医疗、交通、住房、就业、入学、生活困难补助、救济等方面提供优惠待遇。

一、民国时期社会优待

民国时期泸溪兵役由庸兵制转为征兵制，归属县政府第一科(民政科)办理。民国26年(1937)，协助国民兵团训练“壮丁”，为抗日储备力量，组织公教人员接受军训，协同各师管区实行抽签征兵补给前线。当时兵员征招办法实行“三丁抽一”“五丁抽二”，凡中签者必须入营。

民国27年(1938)全县各乡镇兵役征集一览表

乡镇	合格甲级壮丁	中签甲级壮丁	合格乙级壮丁	中签乙级壮丁	备注
武溪镇	48	28	32	20	
浦市镇	50	50	33	33	
忠安乡	266	155	144	75	
孝安乡	152	146	92	71	
仁安乡	266	226	143	114	
爱安乡	376	166	253	89	尚有三保因匪患未抽
信安乡	212	115	90	44	
义安乡	448	223	177	127	
和安乡	150	150	80	80	
平安乡	132	65	41	39	
合　计	2900	1324	1077	712	

壮丁入营后，所在部队发给服役证明书或参与作战证明书，由服役所在单位或本人寄回家，凭证优待。民国31年(1942)9月1日，陆军第一八五师司令部给上等兵刘元清家颁发优字第844号《出征抗敌军有家属证明书》:“兹证明下表所

列人氏为本师五五三团输送连上等兵刘元清之家属，应得享受优待出征军人家属条例所规定之一切权利此证”。地方政府根据证明书对参军者家属落实优待权利。

民国27年(1938)至28年(1939)全县优待出征军人家属调查报告表

资金来源	金额(元)	支出类别	金额(元)	备注
献金提成	337.93	救济款	463.00	
游艺募捐	392.31	资　金	54.00	
没收贿款	291.30	埋葬费	15.00	
罚　款	48.11			
合　计	1069.55		532.00	结存537.55

尽管国民政府规定对“壮丁”家属实行优待制度，但是由于战乱和地方政府腐败，所谓优待权利很难得到落实，即使得到落实也是地方官员一些亲属。

二、中华人民共和国成立后社会优待

1950年11月25日，中央人民政府政务院批准《革命烈士家属、革命军人家属优待暂行条例》。1952年，随着现役军人增加和复员回乡，优待工作进入县委、县政府民政工作范畴。优待对象包括现役军人、复员军人(指1954年10月31日前入伍，经批准从部队复员人员)和带病回乡退伍军人(指在服现役期间患病，尚未达到评定残疾等级条件并有军队医院证明，从部队退伍人员)，参战军人、参核参试军人、退伍军人。

(一)社会优待内容

1.政治上给予高度评价。政府以各种形式褒扬革命烈士，慰问现役军人及其家人，开展拥军拥属活动，表彰为革命牺牲的烈士。以此教育人民群众尊敬爱戴投身国防事业军人，缅怀为革命事业抛洒热血烈士，学习他们献身祖国和人民崇高精神。

2.物质上予以补偿。即给予优抚对象补助以保证其一定生活水平和质量。《中华人民共和国兵役法》第56条规定，城镇军人等待安置期间，由当地政府按照不低于当地最低生活水平的原则发给生活补助费。《军人抚恤优待条例》第31条规定：“义务兵服现役期间，其家庭由当地人民政府发给优待金或者给予其他优待，优待标准不低于当地平均生活水平。”同时，对军人优待还体现在国家给予现役军官以微高于同级公务员的薪金。优待金来源包括：一是财政拨款；二是军属所在单位或军人参军前所在单位承担；三是通过社会统筹方式解决。优待金标准确定依据：与当地经济条件和群众生活水平相适应；保障优抚对象相当或略高于当地一般群众生活水平；考虑优待金筹集可行性。

3.优先照顾。对优抚对象在治病、升学、就业和子女入托（学）、工作调动、分配、修缮房屋、补助救济以及乘车（船）、购物、邮政等方面优先照顾。《中华人民共和国兵役法》第56条规定，城镇军人自谋职业的，给予一定政策优惠。义务兵退出现役后报考国家公务员、高等院校或中等专业院校，按照有关规定予以优待。

4.生活帮助和扶持。对生活有困难优抚对象，由所在村、社区组织有关方面帮助解决困难。对其中一些贫困户在银行贷款上予以扶持。各级领导定期到优抚对象家中走访，帮助解决具体问题，并在精神上予以抚慰。根据《军人抚恤优待条例》规定，军人享受优待措施具体还有：(1)义务兵入伍前是农业户口的，在农村承包责任田和山林等继续保留；入伍前是企业事业单位职工的，其家属继续享受原有的劳动保险福利待遇。(2)医疗待遇。二等乙级以上（含二等乙级）革命伤残军人，享受公费医疗待遇；三等革命伤残军人不享受公费医疗待遇的，伤口复发所需医疗费由当地民政部门解决；革命烈士、因公牺牲军人、病故军人、现役军人家属以及带病回乡复员退伍军人，不享受公费医疗待遇的，因病无力支付医疗费，由当地卫生部门酌情给予减免。(3)伤残优抚。在国家机关、社会团体、企业事业单位工作因战、因公致残革命伤残军人，享受与所在单位因公（工）伤残职工相同的生活福利待遇。革命伤残军人因伤残需要配制假肢、代步三轮车等辅助器械，由民政部门审批并负责解决。(4)优抚对象在与其他群众同等条件下，享有就业、入学、救济、贷款、分配住房优先权。农村革命烈士家属符合招工条件当地人民政府应安排其中一个就业。革命烈士、因公牺牲军人、病故军人子女、弟妹，自愿参军又符合征兵条件的，在征兵期间可优先批准一人入伍。复员军人未工作，因年老体弱、生活困难的，按照规定条件由当地民政部门给予定期定量补助，并逐步改善生活待遇等。

(二)国家补助。1962年，国家规定，对孤老、病残烈军属和复员退伍军人经群众优待后，生活仍有困难的给予定期定量补助。1963年，县人民委员会制定的优抚对象享受定期定量补助条件：(1)男65岁以上、女60岁以上，基本丧失劳动能力无依无靠的。(2)年龄虽未到65岁以上、60岁以上，但身体残废、长期病弱又无依无靠的。(3)老年烈属家中虽有子女，但因正在上学，不能参加生产劳动的。(4)烈士孤儿女年在16岁以下，不能独立生活或超过16岁正在上学的。(5)老年烈属家中虽有子女依靠，但因儿女多劳力少，无能力负担老人生活的。(6)烈士配偶虽是全劳力，但因携带八岁以下小孩两个以上实际不能参加生产劳动的。是年，全县开始实行定期定量补助，重点解决一部分孤老病残烈军属人员，通过“双定”办法给予固定数量补助。

1978年，根据第七次全国民政工作会议提出改进定期定量补助意见，优抚对象定期定量补助扩大到在乡困难复员退伍军人，国家增拨定补专款。1979年10月，县革命委员会制定优抚对象定期定量补助条件，凡符合五类条件给予定期定量补助：(1)孤老烈士家属和孤老病故军人、失踪军人家属。(2)没有亲属抚养或虽有亲属而无力抚养的烈士、病故或失踪军人未成年子女。(3)丧失劳动能力而其子女又无力供养烈士、病故军人、失踪军人父母和配偶。(4)带病回乡不能经常参加生产劳动，生活特别困难复员退伍军人。(5)完全丧失劳动能力，生活困难复员军人。是年，县民政局对全县优抚对象全面进行一次普查登记，通过宣传发动，本人申请，按照上述条件，逐人核实，把好审查关，定准补助对象，至1982年底，全县享受双定补助367人，占优抚对象数9.9%，补助金额45624元，人平补助金额124元。

1983年5月，根据上级民政部门意见，调整孤老优抚对象“双定补助”标准：退伍红军老战士在原定补标准基础上每人每月增加10元；孤老烈属、孤老复员军人一律在原定补标准基础上每人每月增加5元。

1983年优抚对象定期定量补助统计表

社(镇)别	总人数	实享受补助人数	总金额(元)	占优抚对象总人数%	人平金额(元)	备注
上堡公社	253	21	2544	8	121	
洗溪公社	155	20	2376	13	117	
李家田公社	76	14	1536	18	110	
浦阳公社	658	33	3924	5	119	
长坪公社	117	26	3288	22	126	
达岚公社	214	25	2820	12	113	
石榴坪公社	246	24	2724	10	114	
合水公社	449	44	5352	10	122	
永兴场公社	141	15	1896	11	126	
兴隆场公社	294	25	3168	9	127	
解放岩公社	165	19	2112	12	111	

续表

小章公社	63	13	1440	21	111	
白羊溪公社	124	13	1536	10	118	
潭溪公社	228	24	2772	11	116	
梁家潭公社	117	22	2568	19	117	
八十坪公社	139	16	3432	12	215	
武 溪 镇	114	3	444	9	148	
浦 市 镇	141	10	1693	7	168	
合　计	3694	367	45624	9.9%	124	

优待照顾情况比较表

年　代	户数	优待落实			备注
		实享受优待户	金额	劳动日	
二十世纪五十代年	15209	6149	8868	632450	
二十世纪六十代年	20660	9348		824756	
二十世纪七十代年	39513	12486		1035340	
二十世纪八十代年	16613	4028	167073	435820	
二十世纪九十代年	14566	3328	201600		
合　　计	106561	35339	377541	2928366	

1984年，农村实行生产责任制，除“双定”补助继续实施外，优待工作发生变化，义务兵优待金由过去生产队工分补助承担转为以乡镇集体提留承担。1985年，县政府改革农村义务兵优抚政策，全面推行基本优待金加奖励优待办法，即农村义务兵每人每年优待金的标准是200—250元，在部队立功者另行奖励。现役军人家属表现突出，评为乡镇级先进代表者奖20元，评为县、州级先进代表者奖50元，省以上先进代表者奖100元。若战士在部队犯错误受处分者扣除基本优待金20%—30%。对在乡复员退伍军入、烈属、残废军人被评为各级先进者，其奖励标准与现役在乡军属相同，以上办法经各乡镇人民代表大会讨论，作出决议，县人民政府明文下达，年终兑现。对城镇义务兵优待，1986年10月10日，县人民政府发文《关于城镇义务兵家属优待和退伍安置的通知》，明确规定：农村义务兵优待金调整提高为人每年250-300元；原在职工人服役期间，按其入伍前标准工资70%发给优待金，由所在单位代为储存，待军人退伍后一次性发给本人，其家属按一年补助350元实行优待，奖励标准与农村优待办法相同。

1987年，根据省政府部署和规定，扩大在乡复员军人定期定量补助面，并提高补助标准，国家增拨“双定补助”经费，全县所有复员军人全部享受定期定量补助。至年底，对4897名优抚对象发放了优待金。其中复员军人1226人，退伍军人2959人，现役义务兵318人(城镇35人)，现役军官和志愿兵164人，烈属、牺牲病故军属51户。

1991年，改革农村义务兵优待金发放办法，实行优待金提留储存方案。即乡镇人民政府和民政工作办公室把优待金的大部分或全部以现役军人的名义储存起来，待义务兵退伍时一次性交给退伍军人本人，改变以往每年12月底兑现一次的办法，帮助退伍军人回乡成家立业，安心农村，建设农村。

1999年，把“服务于经济建设和国防建设，促进社会稳定，支持军队的改革与建设”作为优抚工作出发点和落脚点。在1998年基础上，为全县49户烈属、病故军人家属和因公牺牲军人家属，每人每月提高生活补贴标准27元，929人在乡复员军人每人每月提高生活补助标准30元。对各类革命伤残军人、在乡失散红军和军队离、退休干部抚恤补助标准提幅。利用扶贫建房资金为27户在乡老复员军人修建新居，对义务兵家属优待金由300元提高到500元。

2000年后，城镇义务兵家庭优待金标准为每户每年1500元，农村义务兵家庭每户每年1000元。2002年，省财政厅、民政厅制定城镇义务兵家属优待政策。从2003年1月1日起，对全省城镇义务兵家属实行优待并发给优待金。优待金发放标准由各地人民政府根据当地经济发展状况和人民生活水平，按略高于农村义务兵优待标准的原则自行确定。所需经费列入各级财政预算。省财政以各市州2001年、2002年城镇义务兵实际应征入伍人数核定为基数，按每人每年150元标准给予补助，其余部分由市州、县市区财政解决，及时足额发放。2004年，在乡老复员军人再次调整补助标准，调整后执行标准为:抗日战争时期入伍每人每月补助150元;解放战争时期入伍每人每月补助140元;抗美援朝时期入伍每人每月补助120元;带病回乡军人每人每月补助53元。2005年，城镇义务兵家庭优待金每户每年提高到2000元，农村义务兵家庭每户每年提高到1500元，一直延续到2009年。2010年，县政府参照城乡人均生活水平，制定义务兵家庭优待金标准政策。规定:城镇义务兵家庭优待金按照每户每年12000元发放，农村籍义务兵家庭优待金按照每户每年4500元发放，到新疆、西藏等艰苦地区服役义务兵家庭由当地政府给予10000元的一次性奖励。退役大学生士兵服役期间，视为基层工作经历，每年公安、司法和专武干部招录时，安排一定比例面向退役大学生士兵单独报名、单独考试、单独录取。每年重点招录四类退役士兵：服役12年以上转业士官，荣立二等功(含)以上退役士兵，因战因公5-8级伤残退役士兵和烈士子女。开展免费职业技能培训，城乡自主就业退役士兵在退役1年内，免费参加3个月至2年的职业教育和技能培训。同时规定，凡拒绝、逃避服兵役的，依照兵役法由县人民政府依据情节轻重予以处罚，处罚规定为罚款500至3000元，两年内不准参加升学考试、不准参加公务员考录和企事业单位员工招聘，各级党团组织不予批准办理和接纳其为党团员。2015年，农村义务兵家庭优待金由每户每年4500元提高到5500元。

(四)群众优待。群众优待是农民群众对农村烈军属、革命残废军人和复员退伍军人在物资生活上的优待照顾。建国初期，实行包耕代耕帮工帮粮方式，1956年至1982年，实行优待劳动日制度，1983年，实行生产责任制后，采取优待现金方式。

1.包耕代耕帮工帮粮。1949年11月，县人民政府成立，对烈军属补助采取筹粮方式给予补助。1950年后，由过去单纯筹粮优待改变为包耕、帮工、帮粮等相结合优待办法。1954年，以互助组集体代耕土地。是年，全县实际代耕土地2130亩，占应代耕土地95%。在推行包耕代耕优待制度同时采用帮工、帮粮等优待办法。对此，优待对象也自觉发扬革命传统，开展力所能及生产活动，减轻政府和人民群众负担。

2.优待劳动日。1957年，实行农业生产集体化，在全县范围内取消代耕制度，实行劳动日优待，即对丧失劳动力和缺乏劳动力不能维持一般社员生活水平烈属和二等以上残废军人、个别年老体弱复员军人给予劳动日补助，义务兵家属符合上述条件者亦同样给予优待。计算方法是：以农业社(生产队)为单位，以全社(大队)人口全年平均所做劳动日为社员生活水平，优待对象自己劳动所得和其他生活来源所折成劳动日，如达不到一般社员生活水平，不足部分以优待劳动日补足。对一户一人者以一个半人计算，一户三人者适当提高；本人劳动力仅达到一个整社(队)壮劳力四分之一者和一等以上残废军人，自做劳动日不记在劳动收入之内，小孩可按成人标准计算。在计算收入时，凡是国家给予临时补助费和残废抚恤金以及亲友接济钱物亦不作为其收入扣除。在评定优待劳动日时，各社(队)在摸底排队的基础上，根据当地一般社员生活水平和优待对象实际情况，采取民主评议、领导审定办法，评定完毕后一次通知到户。优待劳动日和自做劳动日一并纳入夏秋收入分配计划，参加口粮分配和副业分红，一般年终决算分配时，根据全社

(队)所做劳动日以及一般农户生活水平情况再次进行一次合理调整。实行劳动日优待初期,按百分之一负担原则来负担优待劳动日,但当时全县所需优待劳动日已远远超过实际负担能力。为减轻群众负担,不影响优抚对象生活,国家每年要拿出资金做劳动日补助,以解决优抚对象生活困难。

1962 年,根据国家对部分烈军属和残废军人实行定期定量补助规定以及泸溪县具体情况,将评定优待劳动日方法划分两个标准:(1)“五四三”优待法。即凡是享受国家定期定量补助的烈属、军属、残废军人生活仍有困难的,属一户一人者,优待劳动日不超过 50 个;一户二人者,每人优待劳动日不超过 40 个;一户三人及三人以上者,每人优待劳动日不超过 30 个。(2)“七六五”优待法。不享受定期定量补助的,一户一人者,予以优待劳动日 70 个;一户二人者,每人优待劳动日不超过 60 个;一户三人及三人以上者,每人优待劳动日不超过 50 个。

1979 年,县政府开展优抚对象普查,贯彻“群众优待和国家抚恤相结合”方针,坚持“春评、夏查、秋落实”办法,纠正一些社队“年初按户一次评,年底多少不调整”的做法,并且根据普查情况,对部分长期未能享受优待劳动日的优抚对象给予优待。优抚对象通过自己劳动,加上群众劳动日优待以及政府帮助,生活基本得到保证。劳动日优待制度并非完美无缺,由于各社队生产和经济发展不够平衡,以致同等条件优抚对象享受不同样优待标准,实际收入悬殊。那些劳动日值只有 3—4 角钱低收入社队,优抚对象实际生活水平很低,难以解决温饱,因此,国家制定政策给予临时补助。此种优待劳动日标准及评定办法一直延续到 1982 年。

3、优待现金。1982 年,全县实行农村家庭承包生产责任制,激发社员群众生产积极性,但同时也给优待工作带来一系列新问题。为使农村优待工作适应新形势,保证广大优待对象正常生活,根据省民政厅相关文件精神,在全县范围内开展改进群众优待办法工作,将过去对烈属和军属部分户优待改为普遍优待和多种形式优待。优待形式分评定劳动日折成粮食或现金、直接优待现金、直接优待粮食三种。全县以生产大队为单位统筹负担,纳入农户上交提留费用之中。1984 年,对义务兵家属统一实行给予优待金办法,全县享受优待对象 1158 人,优待现金 58 万元。1984 年后,考虑到乡镇之间负担平衡性,义务兵现金优待以乡镇统筹,由乡镇人民政府根据乡镇义务兵优待数额测算,列入乡镇上交提留之中,各村收取后上交到乡镇,统一掌握,年底一次性发给优待户。群众优待现金提取方法是按人口和田亩各半办法负担。2006 年,取消农业税和上交提留后,改为县统筹负担。

第三节 抚恤

抚恤即安抚体恤。指在战争中牺牲以及因公牺牲和导致病故人员，对其家属支付给一定数额抚恤金，对其致伤致残人员按期付给一定数额伤残抚恤金。同时，对伤残人员和家属给以精神上的安抚。

一、牺牲、病故抚恤

民国36年(1947)12月，国民党联勤总司令部抚恤处载:“泸溪县在北伐期间有忠烈将士2名。在抗日期间，有忠烈将士85名”。民国36年(1947)9月8日，泸溪县政府奉省府令:“春秋二季(3月29日和9月3日)致祭阵亡将士典礼……各机关、法团、学校一律参加”。国民政府虽然制定《陆军平战时抚恤暂行条例》等相关抚恤规定，也拨出一定抚恤金，由于战乱，加之地方政府和基层剥夺，许多忠烈将士家属没有得到抚恤金，即使到手也只是一点微薄照顾。

中华人民共和国成立后，党和人民政府高度重视优抚工作，全国第一届政治协商会议通过共同纲领中明文规定:“革命烈士和革命军人家属，其生活困难者，应受到国家和社会的优待。”1950年12月11日，又公布《革命残废军人优待抚恤暂行条例》。从1954年“五四宪法”到“八二宪法”以及历次修改，都明确规定:“国家关怀和保障革命残废军人、革命烈士家属的生活”。抚恤分牺牲、病故抚恤和伤残抚恤两类。抚恤对象是伤亡革命军人、人民警察、革命工作人员和参战民兵民工。恤金分三种:牺牲、病故给予一次性抚恤金，伤残人员给予残废抚恤金，烈士和牺牲病故军人家属给予定期抚恤金。

1950年12月，中央人民政府内务部公布抚恤条例，规定人民解放军和人民公安部队指战员、国家机关工作人员、参战民兵民工牺牲、病故抚恤以粮食补助为标准。

1950年-1952牺牲、病故抚恤粮标准表

单位:市斤

军队指战员	国家机关工作人员	牺牲抚恤粮	病故抚恤粮
战士	勤警人员	600	450
班、排、连长	区长、县科长以下	800	600
团、营长	县长	1000	750
旅长以上	专员以上	1200	900
民兵民工		500	

1952年牺牲、病故抚恤粮标准表

单位：市斤

军队指战员	国家机关工作人员	牺牲抚恤粮	病故抚恤粮
战士	勤警人员	1200	900
班、排、连长	区长、县科长以下	1800	1350
团、营长	县长	3000	2250
旅长以上	专员以上	4000	600
民兵民工		1200	

1953年，中央人民政府内务部决定，改抚恤粮食为抚恤金，对牺牲、病故人民解放军和人民公安部队指战员、国家机关工作人员、参战民兵民工牺牲、病故抚恤以现金补助为标准。一次性抚恤金发放顺序是：有父母（或抚养人）无配偶的，发给父母（或抚养人）；有配偶无父母（或抚养人）的，发给配偶；既有父母（或抚养人）又有配偶的，各发半数；无父母（或抚养人）和配偶的，发给子女；无父母（或抚养人）、配偶、子女的，发给未满18周岁以下弟妹；无上述亲属的不发。

1960年初，对牺牲、病故抚恤对象进行过一次追恤工作大普查，在区乡（镇）协助下，县民政科对全县牺牲、病故、失踪军人实行全面登记，逐个核实，按照抚恤政策有关规定给予追恤，并召开追恤对象直系亲属会议，发给《抗美援朝军人牺牲证明书》，其亲属凭证享受抚恤优待。

1953年–1955年牺牲、病故抚恤金标准表

单位：元

军队指战员	国家机关工作人员	牺牲抚恤金	病故抚恤金
师旅长以上	专员以上	550	410
营、团长	县长	350	260
班、排、连长	区长、县科长	210	160
战士	勤杂人员	140	110
民兵民工		140	110

1955年–1979年牺牲、病故抚恤标准表

单位:元

军队指战员	国家机关工作人员	牺牲抚恤金	病故抚恤金
师长以上	13级以上	650	520
团长	14-16级	450	360
营长	17-18级	350	280
排、连长	19-22级	280	230
班长	23-24级	230	200
战士	25-29级	180	150
参战民兵民工		150	120

1979年牺牲、病故抚恤金标准表

单位:元

军队人员职级	国家机关工作人员职级	牺牲抚恤金	病故抚恤金
师职或13级以上干部	副专员以上及行政13级以上干部	700	600
团职或14—17级干部	副县级以上行政14—17级干部	650	550
营职或18—20级干部	副科长以上及行政18—20级干部	550	450
连、排职或21级以下干部	行政21级以下干部参战民兵民工	500	400

随着国民经济不断发展和人民生活水平逐步提高,牺牲、病故抚恤标准曾多次调整。

1979年,县政府根据上级规定,对牺牲、病故抚恤进行调整:1979年2月1日前,《革命军人牺牲、病故褒扬暂行条例》《革命工作人员伤亡褒扬抚恤暂行条例》和《民兵民工伤亡抚恤暂行条例》公布以后牺牲、病故的,仍按1955年制定标准发给。在上述三个条例公布前无论其家属是否享受过抚恤,都不发给一次性抚恤金,生活有困难按照现行政策规定,凭家属持失踪者所在团以上机关证明,补发《革命烈士证明书》,与牺牲、病故人员同样对待。

1984年至1986年,革命烈士一次性抚恤金按其牺牲时40个月计发,具体标准是:①1984年4月1日后牺牲,经批准为革命烈士的军人和其他人员,一次性抚恤金发放标准是:烈士生前有工资收入的,按牺牲时40个月工资计发;烈士生前无工资收入或低于军队23级正排职干部工资标准的,按牺牲时军队23级正排职干部40个月工资计发。②被军委或大军区授予英雄模范称号的烈士,增发应领一次抚恤金的三分之一。荣立二等功以上的军人、参战民兵民工被批准为革命烈士的,增发应领一次抚恤金的四分之一。③1984年4月1日后经批准为革命烈士的,已发一次性抚恤金的,应按规定补发其不足部分。④为便于地方政府贯彻规定,批准革命烈士的机关应将烈士牺牲时的职务、军龄或工龄、工资级别等通知烈士家属居住地县市区人民政府。⑤调整革命烈士一次性优抚金需要增加的经费,由省、市、自治区地方财政拨款解决。

1987年7月1日开始执行新的抚恤标准:①从1986年7月1日起,军人、机关工作人员、参战民兵民工因公牺牲、病故的一次性抚恤金,发放规定是:军队干部、志愿兵、机关工作人员因公牺牲的一次性,按牺牲时20个月工资计发;军队、志愿兵、机关工作人员病故的一次抚恤金,按病故时10个月工资计发,但其最高数额不得超过3000元;义务兵、参战民兵民工和工资收入低于所在部队23级正排职干部的军队院校学员、志愿兵因公牺牲的一次抚恤金,均按军队23级正排职干部20个月工资计发,病故一次抚恤金,按军队23级正排职干部10个月工资计发。②被军委或大军区授予英雄模范称号的军人因公牺牲或病故,增发应领一次抚恤金的三分之一。荣立二等功以上的军人因公牺牲或病故,增发应领一次抚恤金的四分之一。③离退休军人机关工作人员因公牺牲或病故的一次抚恤金标准,也按上述规定执行(退休人员按本人退休时的金额工资计发)。(四)上述规定适用于1986年7月1日以后因公牺牲、病故人员。因公牺牲、病故一次抚恤金标准所需经费,由地方财政解决。

1988年《军人抚恤优待条例》和1989年民政部《关于贯彻执行(军人抚恤优待条例)若干具体问题的解释》规定,一次性抚恤金标准为:革命烈士按40个月工资计发;因公牺牲军人按20个月工资计发;病故军人按10个月工资计发;义务兵和月工资低于军队正排职军官工资标准的其他军人,按正排职军官工资标准计一次性抚恤金;对立功和获得荣誉称号的现役军人死亡,一次性抚恤金分别按比例增发:①被中华人民共和国主席或者中央军事委员会授予荣誉称号,增发35%。②被军区(方面军)授予荣誉称号,增发30%。③立一等功,增发25%。④立二等功,增发15%。⑤立三等功,增发5%。

2004 年,国务院、中央军委颁布《军人抚恤优待条例》。规定抚恤金发放标准是:革命烈士按牺牲时 80 个月工资计发;因公牺牲的,按牺牲时 40 个月工资计发;因病死亡的,按病故时 20 个月工资计发。义务兵和月工资低于军队正排职军官工资标准的,按军队正排职军官工资标准发给其家属一次性抚恤金。立功和获得荣誉称号的现役军人死亡后,一次性抚恤金分别按下列比例增发:①被中华人民共和国主席或者中央军事委员会授予荣誉称号,增发 35%。②被军区(方面军)授予荣誉称号,增发 30%;立一等功,增发 25%。③立二等功,增发 15%。④立三等功,增发 5%。对于多次获得荣誉称号或多次立功的,以其获得的最高荣誉称号或最高立功等级增发一次性抚恤金。对于虽在服役期间荣立功勋,但在退出现役后死亡,不再增发一次性抚恤金。

2011 年,民政部、财政部调整一次性抚恤金发放标准,抚恤金发放标准是:从 8 月 1 日起,烈士和因公牺牲的,为上一年度全国城镇居民人均可支配收入的 2 倍加本人生前 40 个月基本工资;病故的,为上一年度全国城镇居民人均可支配收入 2 倍加本人生前 40 个月基本工资或基本离退休费。发放一次性抚恤金所需经费仍按现行渠道解决。

至 2016 年,全县为 194 名革命军人、1 名人民警察家属发给《革命烈士证明书》和一次性抚恤金,对 14 名国家机关工作人员、民兵、民工等因公牺牲者家属发放一次性抚恤金,其中因公牺牲 5 人、病故 9 人。

二、伤残抚恤

在战争年代和社会主义建设时期,泸溪县有不少军人、机关工作人员、民兵、民工为革命工作负伤致残。1963 年起,县民政局(科)根据党和国家抚恤政策有关规定,对这些对象实行终身抚恤。残废等级是根据残废者残废轻重和丧失劳动能力大小确定。划分为特等(因战、因公)、一等(因战、因公、因病)、二等甲级和二等乙级(因战、因公、因病)、三等甲级和三等乙级(因战、因公)。抚恤种类分为在职、在乡两种。抚恤金发放方式是:根据残废人员残废等级和抚恤标准,由县民政科(局)每半年发放一次,上半年在 6 月 25 日发放,下半年在 12 月 25 日发放。不同残废人员享受不同的抚恤待遇。

除抚恤之外,对残废军人、残废工作人员、残废人民警察和残废民兵民工还规定:外出乘车可优先购票,并享受半价优待;残疾人伤口复发治疗,在职由所在单位按照工伤落实待遇,在治疗期间工资照发,在乡的由民政局负责;二等以上残废军人由县以上卫生部门给予公费医疗待遇；因伤口复发致死者，经医院证明县以上人民政府核准，追称为革命烈士，家属享受《革命军人牺牲褒扬条例》规定的抚恤。残废军人需要配置手摇车、假肢、辅助器械、病理鞋以及镶牙补眼等，由民政局免费提供，生活不能自理的按规定补助护理费。

革命残废人员抚恤金标准从1952年至2015年63年时间内进行过24次调整。

1965年8月，湖南省民政厅、财政厅联合发出《关于对在乡三等革命残废军人发给残废补助费的联合通知》，规定凡持有内务部制发的残废抚恤证件的在乡三等革命残废军人（包括在乡三等残废人民警察、残废工作人员、参战残废民兵民工）予以发放残废补助。残废补助标准是：三等甲级，每人每年补助30元；三等乙级，每人每年补助24元。

1977年后，随着职工工资和市场物价调整，两次提高在乡残废军人恤金标准，对在乡三等残废人员由发残废补助费改为长期抚恤。具体标准：（一）军人、机关工作人员、人民警察残废人员年抚恤金发放标准是：在职特等因战90元，因公78元；在乡因战520元，因公480元；在职一等因战76元，因公66元；在乡一等因战460元，因公430元；在职二等甲因战60元，因公54元；在乡二等甲因战260元，因公240元；在职二等乙因战52元，因公46元；在乡二等乙因战196元，因公186元；在职三等甲因战46元，因公40元；在乡三等甲因战100元，因公100元；在职三等乙因战40元，因公36元；在乡三等乙因战80元，因公80元。（二）属参战残废民兵民工抚恤标准是：在职特等90元，在乡特等460元；在职一等76元，在乡一等400元；在职二等甲66元，在乡二等甲230元；在职二等乙52元，在乡二等乙170元；在职三等甲因战46元，因公40元，在乡三等甲100元；在职三等乙因战40元，因公36元，在乡三等乙80元。

1977年全县在乡革命残废人员抚恤标准

	特等		一等		二等甲级		二等乙级		三等甲级	三等乙级
享受残废抚恤人员种类	因战致残	因公致残	因战致残	因公致残	因战致残	因公致残	因战致残	因公致残	因战或因公致残	因战或因公致残

续表

革命残废军人、残废工作人员、残废人民警察	520	480	460	430	260	240	196	186	100	80
参战残废民兵民工	460		400		230		170		100	80

至1979年，全县18个社(镇)加上县直实有革命残废人员88人，其中特等残废人员3人，一等残废人员1人，二等残废人员26人，三等残废人员58人，年发放抚恤金额9554元，护理费2016元，配备三轮车3部，假肢1付，拐杖2付，特制鞋1双，眼镜2付。特等残废军人罗志凤、谭子龙、杨昌桃回乡后，县政府拨款为他们在武溪镇、浦市镇各修建一栋住房，配置手摇三轮车、假肢病理鞋等辅助用品，落实了用粮标准和生活补贴、护理费等，解决配偶工作和子女入学、就业等问题。

1983年残废军人抚恤情况统计表

社(镇)别	实有人数					抚恤费金额	护理费(元)	三轮车(部)	假肢(付)	拐杖(根)	特制鞋(双)	眼镜(付)
	特等	一等	二等	三等	合计							
上堡公社		1	1	1	3	746	432	1			1	
李家田公社				1	1	80						
浦阳公社			1	5	5	532						
长坪公社			2	8	10	1216				1		
达岚公社				3	3	260						
石榴坪公社			1	5	6	656						
合水公社			6	5	11	1808				1		2

续表

永兴场公社			1	2	3	376						
兴隆场公社			5	4	9	1074						
解放岩公社				4	4	380						
小章公社				1	1	2	340					
白羊溪公社				1	1	40						
潭溪公社				2	2	200						
梁家潭公社			2		1	196						
八十坪公社			2		2	382						
武溪镇	1				1	78	432					
浦市镇	2		1	2	5	400	1152	2	1			
县直			4	14	18	790						
合计	3	1	6	58	88	9554	2016	3	1	2	1	2

1986-2000 年，全县有革命伤残军人 82 人，每年发放伤残抚恤金 88928 元，年人均 1084.40 元。其中在乡伤残军人 40 人，分别是二等甲级 6 人、二等乙级 8 人、三等甲级 17 人、三等乙级 9 人，每年发放抚恤金计 70608 元，年人均 1765.20 元。在职伤残人员 40 人，分别是二等甲级 3 人、二等乙级 10 人、三等甲级 12 人、三等乙级 15 人，年付抚恤金 18320 元，人均 458 元。特等伤残军人 2 人，年发放抚恤金 2740 元，人均 1370 元。

2003 年，民政部、财政部以民发〔2003〕89 号联合发文，提高革命伤残人员（含革命伤残军人、伤残人民警察、国家机关伤残工作人员、伤残民兵民工）伤残抚恤（保健）金、烈属（含因公牺牲军人家属、病故军人家属）定期抚恤金和在乡退伍红军老战士（含在乡西路军红军老战士、红军失散人员）生活补助标准：①在乡革命伤残人员伤残抚恤金，在 2002 年标准基础上，特等每人每年提高 1560 元，一等每人每年提高 1200 元，在职革命伤残人员伤残保健金，在 2002 年标准基础上，特等每人每年提高 340 元，一等每人每年提高 280 元，其他等级依次递减。②烈属、因公牺牲军人家属和病故军人家属定期抚恤金在2002年标准基础上，居住在城镇，每人每月提高60元，居住在农村，每人每月提高30元。③在乡退伍红军老战士、在乡西路军红军老战士和红军失散人员生活补助标准，在2002年标准基础上，每人每月分别提高130元、105元、20元。

2003年革命伤残人员抚恤金标准表

单位：元/年

伤残等级	伤残性质	抚恤金标准(在乡)	保健金标准(在职)
特等	因战	9960	2140
	因公	9800	2110
一等	因战	7680	1720
	因公	7550	1680
	因病	7420	1670
二甲	因战	3880	810
	因公	3770	790
	因病	3680	770
二乙	因战	2600	680
	因公	2520	660
	因病	2480	650
三甲	因战	1560	510
	因公	1540	490
三乙	因战	1390	430
	因公	1390	420

2004年伤残抚恤标准

单位:元/年

残疾等级	残疾性质	抚恤金标准
一级	因战	11200
	因公	10800
	因病	10440
二级	因战	10080
	因公	9600
	因病	9200
三级	因战	8960
	因公	8400
	因病	7800
四级	因战	7280
	因公	6600
	因病	6000
五级	因战	5600
	因公	5040
	因病	4560
六级	因战	4480
	因公	4200
	因病	3600
七级	因战	3360
	因公	3000
八级	因战	2240
	因公	1920
九级	因战	1680
	因公	1440
十级	因战	1120
	因公	960

民政部颁发2006-2012年
残疾军警、伤残公务员、伤残人员历年抚恤金一览表

单位:元

残疾等级	致伤原因	2006 061001执行	2007 070801执行	2008 081001执行	2009 091001执行	2010 101001执行	2011 111001执行	2012 121001执行
一级	战	14560	18900	22680	26080	28690	32990	37940
	公	14040	18300	21950	25250	27780	31950	36740
	病	13570	17700	21240	24430	26870	30900	35540
二级	战	13100	17100	20520	23600	25960	29850	34330
	公	12480	16200	19440	22360	24600	28290	32530
	病	11960	15600	18720	21530	23680	27230	31310
三级	战	11650	15000	18000	20700	22770	26190	30120
	公	10920	14100	16920	19460	21410	24620	28310
	病	10140	13200	15840	18220	20040	23050	26510
四级	战	9470	12300	14760	16970	18670	21470	24690
	公	8580	11100	13320	15320	16850	19380	22290
	病	7800	10200	12240	14080	15490	17810	20480
五级	战	7280	9600	11520	13250	14580	16770	19290
	公	6550	8400	10080	11590	12750	14660	16860
	病	5930	7800	9360	10760	11840	13620	15660
六级	战	5820	7500	9000	10350	11390	13100	15070
	公	5460	7080	8520	9800	10780	12400	14260
	病	4680	6000	7200	8280	9110	10480	12050
七级	战	4350	5700	6840	7870	8660	9960	11450
	公	3880	5100	6120	7040	7740	8900	10240
八级	战	2880	3600	4320	4970	5470	6290	7230
	公	2480	3300	3950	4550	5010	5760	6620
九级	战	2180	3000	3600	4140	4550	5230	6010
	公	1870	2400	2880	3310	3640	4190	4820
十级	战	1450	2100	2520	2900	3190	3670	4220
	公	1250	1800	2160	2480	2730	3140	3610

2014年9月29日，民政部、财政部联合发出通知，10月1日起再次提高优抚对象等人员抚恤和生活补助标准。从10月1日起，伤残人员(残疾军人、伤残人民警察、伤残国家机关工作人员、伤残民兵民工)残疾抚恤金标准、城镇“三属”(烈士遗属、因公牺牲军人遗属、病故军人遗属)定期抚恤金标准、“三红”(在乡退伍红军老战士、在乡西路军红军老战士、红军失散人员)生活补助标准，在现行基础上提高20%，农村“三属”定期抚恤金标准在现行基础上提高40%；在乡老复员军人定期定量补助标准在现行基础上每人每年提高1200元，以上提标经费由中央财政承担。带病回乡退伍军人、参战参试人员生活补助标准由现行每人每月320元提高至360元，中央财政和地方财政按比例承担经费。同时，国家对2011年纳入优抚保障范围烈士老年子女和农村籍老义务兵生活补助标准进行首次调整，烈士老年子女中央财政补助标准每人每月增加70元，农村籍老义务兵每服一年义务兵役每月增加补助5元。

调整后，一级因战、因公、因病残疾军人抚恤金标准分别为每人每年52360元、50700元、49040元，分别比2013年提高8730元、8450元、8170元；居住在城镇烈属定期抚恤金标准提高到每人每年16630元；居住在农村烈属提高到每人每年11160元。在乡退伍红军老战士及在乡西路军红军老战士和红军失散人员生活补助标准分别提高到每人每年36300元、36300元和16380元。这次调整是国家第23次提高残疾军人残疾抚恤金标准。

2015年，民政部、财政部联合发出通知，再次提高优抚对象等人员抚恤和生活补助标准。从2015年10月1日起，伤残人员(残疾军人、伤残人民警察、伤残国家机关工作人员、伤残民兵民工)残疾抚恤金标准、城镇“三属”(烈士遗属、因公牺牲军人遗属、病故军人遗属)定期抚恤金标准、“三红”(在乡退伍红军老战士、在乡西路军红军老战士、红军失散人员)生活补助标准，在现行基础上提高15%，农村“三属”定期抚恤金标准在现行基础上提高30%；在乡老复员军人生活补助标准在现行基础上每人每年提高2400元，烈士老年子女生活补助标准每年7200元，以上提标经费由中央财政承担。带病回乡退伍军人生活补助标准由现行每人每月360元提高至410元、参战参试人员生活补助标准由现行每人每月360元提高至460元，农村籍老义务兵每服一年义务兵役每月增加补助5元，以上提标经费由中央财政和地方财政按比例承担。调整后，一级因战、因公、因病残疾军人抚恤金标准为每人每年60210元、58310元、56400元，分别比2014年提高了7850元、

7610 元、7360 元。居住在城镇烈属定期抚恤金标准提高到每人每年 19120 元；居住在农村的烈属提高到每人每年 14510 元。在乡退伍红军老战士及在乡西路军红军老战士和红军失散人员生活补助标准，分别提高到每人每年 41750 元、41750 元和 18840 元。

第四节　烈士褒扬

烈士褒扬是对为保卫国家、民族和社会利益而牺牲人员所进行的纪念活动，泛指为正义事业死难的人进行各种形式纪念活动，以教育、鼓舞和激励社会全体成员发扬献身精神的一种政治社会行为。

一、烈士褒扬工作

根据《革命烈士褒扬条例》规定，5 种情形可以授予革命烈士称号：①对敌作战牺牲或对敌作战负伤后因伤死亡者；②对敌作战受伤致残后不久（一年内）因伤口复发死亡者；③在作战前线担任向导、修建工事、救护伤员、执行运输等战勤任务时牺牲，或在战区守卫重点目标牺牲者；④因执行革命任务遭敌人杀害，以及被敌人俘虏、逮捕后坚贞不屈遭敌人杀害，或受折磨致死，或在敌人狱中病故者；⑤为保卫或抢救人民生命、国家财产和集体财产而壮烈牺牲者。其他死难情节特别突出，足为后人楷模的，也可授予革命烈士称号。

在长期革命战争中，泸溪县有不少优秀儿女在第一、二次国内革命战争、抗日战争、解放战争、抗美援朝战争、抗美援越战争中英勇作战，光荣牺牲。1960 年，县人民委员会根据上级部署，对全县革命烈士进行调查摸底，全县有革命烈士 94 名。1982 年，根据《革命烈士褒扬条例》规定和民政部《关于贯彻执行〈革命烈士褒扬条例〉若干问题的具体解释》以及湖南省民政厅《关于贯彻执行〈革命烈士褒扬条例〉几点具体意见通知》（湘民优字〔81〕226 号）精神，县民政局组织开展革命烈士、病故军人、失踪军人清理工作，对历史资料进行整理，按人建立档案。对全县已核实并符合追认烈士条件的 23 名失踪军人呈报县政府和上级政府批准予以追认。在省民政厅指导下，编印《泸溪县革命烈士英名录》。1983 年，按照省民政厅关于换发和补发《革命烈士证明书》的通知精神，为全县 51 户符合换证、补证的烈属全部发给了民政部统一印制的《革命烈士证明书》。至 2016 年，全县革命烈士共有 107 名，其中国内革命战争时期 4 人，抗日战争时期 2 名，解放战争时期

14 名，抗美援朝战争 74 名，清匪反霸时期 11 人，抗美援越战争 1 名，社会主义建设时期 1 人。中华人民共和国成立以来，县委县政府对革命烈士进行表彰，对其家属予以优待抚恤。

二、革命烈士传略

姚鉴雪　姚鉴雪(1902-1927)女，原名姚敏，中共党员。1902 年 4 月 5 日生，浦市镇人。父亲姚宣屏曾任四川川边助理政务，宣化县知事等职，后弃官还乡经商为业。姚鉴雪姊妹二人因母亲早逝，由继母抚养成人。1915 年，姊妹二人同时考入桃源湖南省立第二女子师范学校。1916 年，学校战乱停课。一年后，姚鉴雪姊妹重返学校读书，1920 年毕业。毕业后，姚鉴雪先后执教于桃源第二女师附属小学、沅陵县立女子高等小学。

1926 年春，姚鉴雪加入共产主义青年团。同年冬，协助国民党特派员郭达在沅陵开展党务工作。1927 年 1 月，国民党沅陵县党部正式成立，姚鉴雪任县党部秘书，姐姐姚瑞任二科科长。后经郭达介绍，姚鉴雪加入中国共产党。其间，她与省妇运派员李瑞远组建沅陵县妇女协会，姚鉴雪担任副会长兼青年干事。姚鉴雪白天教书，晚上串联活动，对妇女群众进行思想教育，经过她工作而分别参加妇女协会有近百人。姚鉴雪还在妇女协会下设贫女院，收留童养媳等苦难妇女 33 人，贫女院聘请两名教师分别教学国文和针线，增强妇女谋生能力。她还善于带领妇女参加反封建社会活动。在她的带领下，妇女们参加有农民、工人、店员、学生等 6000 多人示威游行。当时沅陵县县长梁云铨、征收局局长周保定、盐局向收枝等三人都成为批判对象。姚鉴雪在群众大会上慷慨陈词，怒斥梁云铨罪行，要求推选进步人士为县长，大会响应她的号召，一致推举邱兆鲲为代理县长。当时代表沅陵封建势力唐凤麟、蔡仲书等人，纠集帮凶持刀威胁省特派员唐来芹，姚鉴雪挺身而出，同反动势力进行斗争。她与郭达等九人组成沅陵县工农群众特别法庭，推选为法庭审判员，特别法庭将民愤极大的劣绅向光福父子、陈克俭判处死刑，没收恶霸官绅唐凤麟、章伯升、富豪蔡德斋等三家财物，同时还宣布查收太古洋行、亚细亚洋行、正大洋行的白糖、洋油(煤油)等物资，给当地封建势力以沉重打击。

长沙“马日事变”前，驻防沅陵国民党三十旅熊震部奉命调离沅陵，开赴常德。以反共著称独立十九师陈斗南部进驻沅陵县城，形势陡变。面对险恶局面，姚鉴雪毫不畏惧，坚持工作。1927 年 5 月 25 日，姚鉴雪通知一些单位负责同志下午七时在县党部开会，当她和一些主要负责人提前到达县党部时，突然枪声四起，陈斗南反动武装包围县党部。姚鉴雪和十余人同时被捕，当晚被捕者达二百余人。姚鉴雪被捕后，与敌人作斗争，表现了革命者大义凛然与坚贞不屈。1927 年 5 月 26 日，姚鉴雪和程涛等 8 人被杀害于沅陵县东关河滩坪，年仅 25 岁。

程涛　程涛(1891-1927)，原名长清，学名兆庚，中共党员，浦市镇人。其父程梧岗，清末由江西迁到浦市，经营绸缎，为浦市首届商会会长，其母为浦溪农家妇女。程涛兄妹六人，其排行第二，兄妹均以经商为业，唯程涛饱读诗书。1912 年，程涛读完私塾即考入北京民国大学。在校期间受新思潮影响，积极参加进步学生组织，接受革命思想教育。毕业后，在北京铁矿工作，后晋升为工程师。1925 年，程涛回湖南长沙教书。1926 年，程涛受湖南省委派遣为工运特派员，到沅陵开展工农革命运动，任国民党沅陵县党部组织部长、沅陵县工会负责人。当时，湖南各地工农运动蓬勃兴起，而沅陵县长梁云铨(浦市人)却顽固抵制农运。程涛与农运特派员姚鉴雪决心斗倒反动县长。回到浦市家乡，程涛邀集工农运动积极分子 40 余人赶赴沅陵县，参加批斗反动县长梁云铨。

1927 年 5 月 21 日，许克祥部在长沙发动“马日事变”，大肆捕杀共产党人和革命人士。5 月 22 日，独立十九师陈斗南团进驻沅陵，导致形势骤变。面对危险局势，程涛毫不畏惧，仍坚持调查情况，指导工农运动，与敌人进行斗争。5 月 25 日，陈斗南接到镇压工农革命运动命令，许多工农运动骨干、特派员、共产党员和其他进步人士纷纷被捕，程涛不幸被捕。审讯中程涛正气凛然，宁死不屈。5 月 26 日，程涛被反动军队杀害在沅陵，年仅 36 岁。程涛牺牲后，群众收殓了其遗体，将他安葬沅陵县龙船山顶。新中国成立后，泸溪县人民政府追认程涛为革命烈士。

卢冬生　卢冬生(1906-1945)，学名卢家富，又名卢炳洪，曾用名宋明，中共党员。1906 年出生于湖南湘潭县一个矿工家庭，为谋生计，从小随父迁住浦市，父亲以卖烧饼为生。为减轻家庭负担，卢冬生常利用课余时间提篮卖葵花。

1920 年，贺龙率湘西巡防军驻浦市半年，部队开拔后，卢东生等 15 人参加贺龙部队，跟随贺龙入川。1927 年，卢东生随贺龙参加“八一”南昌起义，同年 12 月加入中国共产党。1929 年，随贺龙到湘鄂西建立革命根据地，是湘鄂西苏区和红二方面军创始人之一。在革命战争中，卢历任排长、连长、营长、团长、独立师师长等职，后又任红三军第十一师师长兼政委、第七师师长、红二军团第四师师长等职。

他身经百战，多次负伤，在二万五千里长征途中，拖着伤腿，坚持战斗。抗日战争初期，卢出任八路军一二〇师三五八旅旅长。1937 年，组织选送到“抗大”学习，1939 年，又被送到苏联养伤和学习。在苏联期间，曾任苏联红军远东军区独立特别八十八旅政治部组织科科长职务。1945 年 8 月 15 日日本投降后，随周保中乘苏军飞机由苏联抵达长春。回国任务是与苏联红军一起担负各城市卫戍工作，并与东北抗联一起参加对日本帝国主义最后作战。在长春市期间负责中共长春市委组织工作。

1945 年 11 月底，卢冬生随军撤离长春到哈尔滨市，任松江军区副司令员和哈尔滨市卫戍司令员。卢当时住哈尔滨市南岗大直街 26 号，虽身为司令员仍穿苏联红军军装，佩戴尉官肩章。后陈云到哈尔滨，住南岗花园街。为联系工作方便，陈云让卢冬生和他搬到一块住。1945 年 12 月 14 日晚，卢冬生一个人回去搬东西，走到半路，碰到两个苏军士兵，见卢冬生扛个箱子认为是金银财宝，他们便行抢并将卢冬生枪杀。箱子打开后全是书籍。身经百战红军将领竟无辜死在苏军士兵枪口下，时年三十九岁。

杨元丞　杨元丞(1911—1945)，抗日烈士，白羊溪场上人，其父以经营染坊为业，家道殷实。杨曾在县立高小及辰郡中学读书，考入湖南省第一师范。毕业后在一师附小教授体育及美术等课。

民国 26 年(1937)，杨投笔从戎，考上杭州览桥航空学校。因抗战需要航校第八期提前毕业，调入空军作战部队参加对日作战。民国 27 年(1938 年)3 月，在四川重庆上空与日机作战身负重伤。民国 30 年(1941)3 月，调航空委员会工作，驾机空战，击落击伤日机 6 架，三次负伤，屡立战功，升为空军上尉、飞行副中队长，获一级星序奖章。民国 34 年(1945)3 月 18 日，奉命自四川凉山驾驶美式飞机往成都部队提取作战要件。返航途中飞机失事牺牲，时年 34 岁。

刘本栋　刘本栋 (1941-1986)，石榴坪乡人， 1941 年生于贫苦农民家庭。1961 年参加中国人民解放军，在部队 17 年，多次被评为五好战士。1965 年加入中国共产党。历任班长、排长、人民武装部参谋。1978 年，转业回本县兴隆场公社工作。1981 年，调入县公安局，在洗溪派出所任副所长。1985 年 5 月，刘本栋调任泸溪县林业派出所指导员。

1986 年 6 月 23 日晚 9 时许，刘本栋从乡下调查盗伐林木案件刚回到所里，正准备洗澡时，突然听到屋外有人急促地喊：“老刘，县武装部武器仓库正在冒烟起火……”刘本栋闻声，打开房门见是县人民武装部武器库管理员，他连打湿的短裤也顾不上换套上长衣长裤，携手电和武器，跨上自行车与报警人向现场奔赴。

进入武器库道路转弯处，不料遭到隐藏在路边作案凶犯射击，身中数弹，壮烈牺牲。罪犯于次日被抓获，于7月7日依法处决。7月下旬，公安部授予刘本栋二级英雄模范称号，追认为烈士。8月6日，州委、州人民政府在泸溪召开表彰大会，表彰破获此案有功单位和有功人员，宣读公安部《关于授予刘本栋二级英雄模范称号的决定》。同时，州委、州人民政府作出《关于开展向优秀共产党员、二级英模刘本栋学习的决定》。

三、烈士英名录(见下表)

烈士英名录

姓　名	性别	出生年份	家庭住址	参加革命时间	牺牲时所在单位及职务	牺牲时间地点及原因	安葬地点	备注
姚鉴雪	女	1902	浦市	1926	沅陵县妇联负责人	1927年“马日事变”时，被杀害于沅陵	沅陵县	《沅陵县志》有传
钟干卿	男	1894	浦市	1926	中共武汉市委成员之一	1927年在武汉市被国民党反动派杀害	武汉市	
程涛	男	1891	浦市	1926	沅陵县工会负责人	1927年“马日事变”时，被杀害于沅陵	沅陵县	
刘天支	男	1896	石榴坪	1926	连长	1929年在山东作战牺牲	山东省	
李发祥	男	1907	白羊溪	1922	红二军团副连长	1930年在大庸县作战牺牲	甘溪	
卢东生	男	1906	浦市	1920	哈尔滨市卫戍司令员	1945年12月14日牺牲	哈尔滨市	
杨树勋	男	1925	洗溪	1948	志愿军四十军一二〇师三五八团战士	1951年在朝鲜华川阻击战中作战牺牲	朝鲜	

续表

李记臣	男	1911	达岚	1948	四十军一二〇师三六〇团战士			1949年9月失踪，1982年追认为烈士
杨胜鸾	男	1927	合水	1948	新疆军区建设兵团战士	1950年4月在新疆军区建设兵团因公牺牲	新疆维吾尔自治区	
满福清	男	1926	兴隆场	1948	志愿军三十八军战士	1951年10月在朝鲜上甘岭作战牺牲	朝鲜	
王仕印	男	1926	解放岩	1948	四十军一一九师三五五团战士	1950年5月8日在海南岛作战牺牲	海南岛	立小功二次
杨心俭	男	1924	白羊溪	1948	二十军六十师炮兵营战士			1950年在朝鲜失踪，追认为烈士
周早孙	男	1928	白羊溪	1948	志愿军三十八军一一四师三四一团通讯员			1951年在朝鲜失踪，追认烈士
徐学斌	男	1926	浦市	1948	志愿军四十七军一三九师四一六团副班长	1951年在朝鲜作战牺牲	朝鲜	立二等功一次
滕九林	男	1921	凤凰县	1948	川东一〇三团三营战士			1952年在四川璧山县剿匪战斗中失踪，追认为烈士
张孝坤	男	1925	上堡	1949	三野战军第九兵团战士			1950年失踪，追认为烈士
向福海	男	1908	上堡	1949	十五军十军四十五师一三五团战士			1951年失踪，追认为烈士

续表

张云	男	1926	上堡	1949	三十九军一一六师三四八团战士			1954 年年失踪，追认为烈士
邓云卿	男	1927	洗溪	1949	志愿军三十九军一一六师三四七团战士	1951 年在朝鲜作战牺牲	朝鲜	
杨甲子	男	1921	洗溪	1949	志愿军三十军八十九师二六五团战士	1951 年在朝鲜咸镜南道作战牺牲	朝鲜	
李开芝	男	1927	李家田	1949	志愿军铁道工程兵十一师三十二团班长	1954 年在朝鲜执行兴建任务时牺牲	朝鲜	
李兴顺	男	1922	浦阳	1949	十七军四十九师一四五团战士	1952 年在贵州省盘县剿匪中牺牲	贵州省盘县	
徐志德	男	1926	浦阳	1949	志愿军三十八军一一三师炮兵团战士	1952 年在朝鲜江原道铁原郡作战牺牲	朝鲜	
李泽生	男	1930	达岚	1949	志愿军十一师三十一六师三四六团战士	1951 年在朝鲜作战牺牲	朝鲜	立三等功一次
刘本元	男	1928	石榴坪	1949	志愿军四十军一一九师三五七团战士			1950 年在朝鲜失踪追认为烈士
徐渊泉	男	1924	合水	1949	志愿军四十七军一三九师四一六团战士	1951 年在朝鲜临津江东岸阻击战中牺牲	朝鲜	

续表

康云	男	1919	合水	1949	志愿军十一军三十一师九十二团战士	1952年在朝鲜作战牺牲	朝鲜	
张显贵	男	1932	合水	1949	第四野战军战士	1952年在朝鲜作战牺牲	朝鲜	立一等功一次
杨广树	男	1928	永兴场	1949				在和川途中失踪，追认为烈士
李涛	男	1929	兴隆场	1949	志愿军三十九军一一七师三五〇团班长	1950年在朝鲜第一次战役中作战牺牲	朝鲜	
王显生	男	1925	兴隆场	1949	志愿军三十九师一一七师三五一团班长	1952年在朝鲜一九〇高地作战牺牲	朝鲜	
唐友德	男	1930	兴隆场	1949	志愿军二十军五十九师一七五团战士			1951年失踪，追认为烈士
张云洪	男	1922	小章	1949	志愿军五十军一四九师四四七团战士	1951年朝鲜石云里作战牺牲	朝鲜	
杨富均	男	1923	小章	1949	志愿军四十七军一四〇师四一九团连长	1951年在朝鲜石云里作战牺牲	朝鲜	立二、三等功各一次
杨仲刚	男	1925	白羊溪	1949	志愿军三四三团机枪连副班长	1年在朝鲜连952川郡马良山作战牺牲	朝鲜	立功二次

续表

符清管	男	1925	潭溪	1949	解放军一军三师七团战士			1950年在青海失踪，追认为烈士
陈官义	男	1933	八什坪	1949	志愿军战士	1952年在朝鲜作战牺牲	朝鲜	
胡大刚	男	1930	武溪	1949	志愿军四十七军一四〇师四一九团文化教员	1951年在朝鲜临津江东岸作战牺牲	朝鲜	
李绍林	男	1921	武溪	1949	志愿军后勤汽车十三团汽车助手	1951年在朝鲜执行任务时牺牲	朝鲜	
杨光汉	男	1915	浦市	1949	志愿军四十七军一三九师排长	1950年在朝鲜军隅里作战牺牲	朝鲜	
毛端智	男	1932	浦市	1949	志愿军四十七军一三九师政治部工作队队员	1951年在朝鲜江原道金川郡作战牺牲	朝鲜	
李云祥	男	1926	武溪	1949	八九三四二部队后勤处副处长	1975年在辽宁省赤峰县病故	辽宁省赤锋县	1975年由部队追队共产党员
石元仙	男	1930	浦市	1949	解放军四十军一一八师三五二团战士			1949年广东失踪，追认为烈士
向彪	男	1930	浦市	1949	湖北省阳新县大队副班长			1952年在湖北省失踪，追认为烈士
符天坤	男	1928	洗溪	1950	志愿军二十军五十八师一七二团排长	1951年在朝鲜华川阻击占中作战牺牲	朝鲜	

续表

徐朝旺	男	1928	浦阳	1950	志愿军四十七军一三九师四一六团战士	1951 年在朝鲜江原道铁原郡作战牺牲	朝鲜	
向六金	男	1931	浦阳	1950	志愿军四十七军火一三九师四一六团战士	1952 年在朝鲜江原道铁原郡作战牺牲	朝鲜	
唐虎	男	1927	浦阳	1950	志愿军四十七军一三九师四一六团战士	1953 年在朝鲜临津江西岸作战牺牲	朝鲜	
李泽恩	男	1931	长坪	1950	志愿军四十七军一三九师四一六团战士	1951 年在朝鲜秋季攻势中作战牺牲	朝鲜	
石浩然	男	1928	长坪	1950	志愿军四十七军一三九师四一六团战士	1951 年在朝鲜秋季攻势中作战牺牲	朝鲜	
周天高	男	1927	长坪	1950	志愿军四十七军一三九师四一六团战士	1951 年在朝鲜秋季攻势中作战牺牲	朝鲜	
李万良	男	1930	长坪	1950	志愿军四十七军一三九师四一六团战士			1951 年 11 月朝鲜失踪，追人为烈士
杨广万	男	1933	达岚	1950	志愿军四十七军一三九师四一六团通讯员	1951 年在朝鲜作战牺牲	朝鲜	

续表

张永保	男	1928	达岚	1950	志愿军四十七军一三九师四一六团战士	1951 年在朝鲜秋季攻势中作战牺牲	朝鲜	
李正权	男	1923	达岚	1950	志愿军四十七军一三九师四一六团战士	1951 年在朝鲜秋季攻势中作战牺牲	朝鲜	
李成仁	男	1930	达岚	1950	志愿军四十七军一三九师四一六团战士			1951 年在朝鲜失踪，追认为烈士
李光富	男	1927	潭溪	1950	志愿军二十七军八〇师二四〇团战士			1951 年失踪，1983 年追认烈士
刘天有	男	1934	石榴坪	1950	志愿军四十七军一三九师四一六团战士	1951 年在朝鲜秋季攻势中作战牺牲	朝鲜	
龚超和	男	1919	石榴坪	1950	志愿思四十七军一三九师四一六团战士	1952 年在朝鲜平安道南顺安郡作战牺牲	朝鲜	
刘克其	男	1927	石榴坪	1950	志愿军四十七军一三九师四一六团战士			1951 年在朝鲜失踪，追认为烈士
刘玉松	男	1930	石榴坪	1950	志愿军四十七军一三九师四一六团战士			1952 年在朝鲜失踪，追认为烈士
张望改	男	1921	合水	1950	志愿军四十七军一三九师政治部炊事	1952 年在朝鲜黄海道青云洞作战牺牲	朝鲜	

续表

梅有安	男	1931	合水	1950	志愿军四十七军一三九师四一六团战士	1951 年在朝鲜临津江东岸阻击战中牺牲	朝鲜	
张显锐	男	1931	合水	1950	志愿军四十七军一三九师四一六团战士	1951 年在朝鲜江原道铁原郡作战牺牲	朝鲜	
张再英	男	1930	合水	1950	志愿军四十七军一三九四一六团战士	1951 年在朝鲜江原道铁原郡作战牺牲	朝鲜	
向务刚	男	1928	合水	1950	解放军芷江军分区直属八连班长	1952 年在沅陵县因事故牺牲	沅陵县新村	
杨躰荀	男	1929	合水	1950	志愿军四十七军一三九师四一六团战士	1953 年在朝鲜黄海道作战牺牲	朝鲜	立二等功一次
梁永锡	男	1920	永兴场	1950	志愿军四十七军一三九师四一六团战士	1951 在朝鲜江原道铁原郡作战牺牲	朝鲜	
吴兴松	男	1929	兴隆场	1950	志愿军四十七军一三九师四一六团战士	1951 年在朝鲜秋季攻势中作战牺牲	朝鲜	
杨胜刚	男	1922	兴隆场	1950	志愿军四十七军一三九师四一六团战士	1951 年在朝鲜江原郡作战牺牲	朝鲜	
刘清泉	男	1932	兴隆场	1950	湘西苗族自治区公安大队四中队班长	1954 年在桑植县剿匪中牺牲	桑植县城西门外	

续表

刘清泉	男	1932	兴隆场	1950	湘西苗族自治区公安大队四中队班长	1954年在桑植县剿匪中牺牲	桑植县城西门外	
吴春生	男	1932	兴隆场	1950	志愿军四十七军一三九师四一六团战士			1952年在朝鲜失踪，追认烈士
陈官保	男	1927	八什坪	1950	志愿军四十七军一三九师四一六团战士	1951年在朝鲜临江东岸阻击战中牺牲	朝鲜	
郑世鉴	男	1928	李家田	1951	志愿军四十七军一三九师四一五团战士	1951年在朝鲜临江东岸作战中牺牲	朝鲜	
向明富	男	1931	浦阳	1951	志愿军四十七军一三九师四一六团战士	1951年在朝鲜江原道郡作牺牲	朝鲜	
王显均	男	1927	浦阳	1951	志愿军四十七军一三九师四一六团战士	1951年在朝鲜江原道郡作牺牲	朝鲜	
李泽维	男	1933	达岚	1951	志愿军四十七军一三九师四一六团战士	1951年在朝鲜秋季攻势中作战牺牲	\ 朝鲜	
李云基	男	1926	达岚	1951	志愿军四十七军一三九师四一六团战士	1951年在朝鲜秋季攻势中作战牺牲	朝鲜	立三等功一次
李泽焕	男	1934	达岚	1951	志愿军四十七军一三九师四一六团战士	1951年在朝鲜秋季攻势中作战牺牲	朝鲜	

续表

毛志乾	男	1926	达岚	1951	志愿军四十七军一三九师四一六团战士	1954年在朝鲜被敌刺杀牺牲	朝鲜	
王光生	男	1933	石榴坪	1951	志愿军四十七军一三九师四一六团战士	1951年在朝鲜秋季攻势中作战牺牲	朝鲜	
刘支增	男	1933	石榴坪	1951	志愿军四十七军一三九师四一六团战士	1951年在朝鲜秋季攻势中作战牺牲	朝鲜	
宋兴家	男	1930	石榴坪	1951	志愿军四十七军一三九师四一六团战士	1951年在朝鲜秋季攻势中作战牺牲	朝鲜	
包湘	男	1929	石榴坪	1951	志愿军四十七军一三九师四一六团战士	1951年在朝鲜秋季攻势中作战牺牲	朝鲜	
王先勇	男	1935	石榴坪	1950	志愿军四十七军一三九师四一六团战士	1951年在朝鲜秋季攻势中作战牺牲	朝鲜	
刘广清	男	1934	石榴坪	1951	志愿军四十七军一三九师四一六团战士	1951年在朝鲜秋季攻势中作战牺牲	朝鲜	立功一次
王公保	男	1929	石榴坪	1951	志愿军四十七军一三九师四一六团战士	1951年在朝鲜作战牺牲	朝鲜	
黄官清	男	1928	合水	1950	志愿军四十七军一三九师四一六团战士	1951年在朝鲜秋季攻势中作战牺牲	朝鲜	

续表

黄才富	男	1930	合水	1951	志愿军四十七军一三九师四一五团战士			1951 年在朝鲜失踪追认为烈士
杨广成	男	1930	永兴场	1951	志愿军四十七军一三九师四一六团战士	1951 年在朝鲜江原道铁原郡作战牺牲	朝鲜	
杨胜水	男	1930	永兴场	1951	志愿军四十七军一三九师四一六团战士			1952 年 10 月在朝鲜失踪，追认为烈士
杨成生	男	1931	兴隆场	1951	志愿军四十七军一三九师四一六团战士	1951 年在朝鲜秋季攻势中作战牺牲	朝鲜	
向昌高	男	1931	兴隆场	1951	志愿军四十七军一三九师四一六团战士	1951 年在朝鲜秋季攻势中作战牺牲	朝鲜	
吴学池	男	1928	兴隆场	1951	志愿军四十七军一三九师四一六团战士	1951 年在朝鲜江原道铁原郡作战牺牲	朝鲜	
邓文好	男	1927	兴隆场	1951	志愿军四十七军一三九师四一六团战士	1952 年在朝鲜黄海道作战牺牲	朝鲜	
向清栋	男	1927	潭溪	1951	志愿军四十七军第四兵站警卫连战士	1951 年在朝鲜被敌机轰炸牺牲	朝鲜	
杨世来	男	1924	梁家潭	1951	志愿军四十七军一三九师四一六团战士	1951 年在朝鲜江原道铁原郡作战牺牲	朝鲜	

续表

胡正理	男	1934	武溪	1951	志愿军六十军一八封妻〇师五四〇团后勤见习员	1953年在朝鲜临津江白岩山作战牺牲	朝鲜	青年团员
陈秀文	男	1942	浦市	1960	解放军一六二三部队汽车教导连学员	1960年在广东省东莞县因事故牺牲	东莞县鸡岗	
王支香	男	1927	武溪	1949	解放军第二野战军某部参谋	1949年9月在进连湘西途中翻车牺牲	常德德山	共产党员
黄生喜	男	1931	麻阳	1950	志愿军四十七军一三九师四一七团战士	1951年在朝鲜作战牺牲	朝鲜	烈属住达岚覃木阳
刘子珍	男	1933	石榴坪	1951	志愿军四十七军一三九师四一六团战士	1951年在朝鲜作战牺牲	朝鲜	
包太广	男	1929	石榴坪	1950	志愿军四十七军一三九师四一六团战士		黑龙江省依兰县	1952年6月在黑龙江病故，1953年追认为烈士
王志高	男	1921	解放岩	1949	志愿军六十三军一八九师五六五团战士			1953年失踪，1983年追认为烈士
张显平	男	1942	合水	1961	解放岩空军高炮七师二十一团班长	1967年在越南牺牲	越南陶美烈士陵园	共产党员追记二等功
陈胜忠	男	1949	八什坪	1968	解放军五三二一部队司务长	1973年在陕西因公负伤后牺牲	陕西省临潼县	共产党员

续表

杨必爱	男	1943	上堡	1963	解放军六九三八部队战士	1963年在南岳因事故牺牲	南岳康护烈士陵园	

四、修建烈士墓

泸溪县是湘鄂川黔革命老区，是贺龙等革命先辈曾经战斗过的地方。1935年11月28日，贺龙、任弼时率领红二六军团长征攻占辰溪县城后，11月29日，派出前卫五师13团进驻浦市，先后在红土溪、毛家坡、青草、中塘等地与国民党追剿部队激战，至12月1日撤出战斗。团团长刘汉卿及14名战士在浦市战斗中英勇牺牲。为纪念红军长征和长征途中牺牲的红军战士，县人民政府在浦市毛家坡、青草、长坪等地分别修建红军烈士墓，镌碑以志其铭，并把红军经过地方命名为红军湾、红军坡、红军桥等。

1949年11月至1952年，在泸溪县剿匪作战中，先后有35名解放军战士在潭溪麻扎渔梁、梁家潭乡红岩排、兴隆场、达岚、解放岩等地英勇牺牲。县人民政府在烈士牺牲地修建烈士墓，镌碑纪念，列入爱国主义教育基地。

(一)麻扎渔梁烈士公墓。1950年1月24日(农历腊月初七日)，中国人民解放军第47军139师416团军直属机炮营3连3排30名解放军战士武装守卫下，满载货物的48支小船自泸溪县城出发，沿峒河溯水而上，运往乾城县。25日，在船队经过泸溪县潭溪与乾城县(今吉首市)河溪交界的麻扎渔梁滩时，遭到早已埋伏在此准备抢劫货物的土匪袭击。国民党暂九师三团副团长杨云飞纠集李祥云、李子斌及乾城县梁光湘、熊高宙匪部千余人，在两侧山上居高临下向运输船队攻击。激战3小时，副连长王贵学等24名战士终因寡不敌众，壮烈牺牲。

1955年，泸溪县、乾城县联合修建了烈士墓，并派人守墓。1981年7月，两县民政部门共同出资再次修建烈士公墓，将原处在麻扎渔梁下侧沟槽的烈士遗骨搬移到两县边界线处的山湾里，修建烈士公墓，并修建了守墓人住房等设施。

每年清明节，泸溪县、吉首市两地组织干部群众及青年、学生到烈士公墓祭奠烈士，成为湖南省爱国主义教育基地。

(二)浦市烈士公园。1935年11月30日，红二军团五师13团与国民党追剿部队十九师郭汝栋部在浦市镇北郊毛家坡发生战斗，两名红军战士在战斗中光荣牺牲，团长刘汉卿不幸中弹受伤，医治无效，壮烈牺牲，时年25岁。当地群众将两名烈士埋于猴子坡(即毛家坡)。1977 年,县革命委员会拨款修建烈士墓。1997 年,由浦市镇知名人士雷建喜等倡议,采取募捐形式修建浦市人民公园,对修建烈士墓进行修缮,并修建了 13 团团长刘汉卿衣冠冢,立碑纪念。

(三)中塘红军湾烈士墓。1935 年 11 月 30 日,红五师 13 团在浦市激战后撤回辰溪县城,一名红军战士因病掉队,途中在鸡公坡被歹人抢劫杀成重伤。12 月 1 日,被村民徐元生发现受伤红军战士,与唐易成将红军战士抬到黄家人村里救治,黄姜疤、陈黑妹护理。由于伤势严重,加之生活条件差,这位姓吴的红军战士终因失血过多而牺牲。徐元生四人将红军战士安葬在黄土坡。1955 年,当地政府修建烈士墓。1977 年,县政府拨款对烈士墓进行修缮,并将该地改名为红军湾。此外,兴隆场、达岚、梁家潭乡红岩排村、解放岩等地安葬有 5 名因剿匪作战牺牲的解放军战士,修建烈士墓。

五、修建城南烈士公园

2013 年,根据国家民政部、省州人民政府部署,泸溪县选择在城南公园修建烈士公园,投资 210 万元,占地面积 150 亩。烈士公园入口处雕塑贺龙、任弼时等领导率领红二、六军团长征经过泸溪征战和刘伯承、邓小平进军大西南途径泸溪征战浮雕群。烈士陵园四周为苍松翠柏,内安葬着"辰浦战役"中牺牲的红二军团 5 师 13 团团长刘汉卿与 14 名红军战士,以及刘邓大军挺进大西南时在泸溪县剿匪作战中英勇牺牲 11 名战士。

六、祭奠革命烈士

20 世纪 60 年代,县政府将境内各地烈士墓列入爱国主义教育基地,每年清明节由县武装部、团县委、教育局、相关乡镇组织青年团员、学生开展扫墓祭奠烈士活动,缅怀先烈丰功伟绩,铭记历史,继承先烈遗志,引导青年认知历史、传承文化,培养爱党、爱国、爱社会主义情感。

1997 年,浦市烈士公园建成。2013 年,县城城南公园修建烈士公园。两地作为湖南省爱国主义集中教育基地。

2014 年 8 月 31 日,十二届全国人大常委会第十次会议表决,通过了《关于烈士纪念日的决定(草案)》,以法律形式将 9 月 30 日设立为中国烈士纪念日,并规定每年 9 月 30 日国家举行纪念烈士活动。是年 9 月 30 日,泸溪县社会各界 500 多人到白沙城南公园烈士纪念碑前,向烈士敬献花圈花篮,举行烈士纪念活动。

2015年4月3日，泸溪县人武部联合团县委组织干部职工、青少年学生到浦市镇烈士陵园进行“缅怀革命先烈、践行强军使命”革命传统主义主题教育。

2016年，是中国共产党成立95周年、红军长征胜利80周年，为弘扬长征精神，学习英烈勇于奉献、一心为民高尚精神，发扬先烈们求真务实、艰苦奋斗优良作风，在本职岗位上履职尽责。3月31日中午，泸溪一中团委组织了由该校学生会、青年志愿者协会和自强班共计25名学生组成志愿者，到县城南国防教育基地开展以“弘扬革命精神，继承先辈遗志”为主题清明祭扫活动。4月1日，泸溪县人武部机关干部、县武警中队官兵和县民政局工作人员一起，到县城南公园烈士陵园，向纪念碑敬献花篮，向英烈默哀并重温入党誓词，随后，全体人员将烈士墓周围杂草、落叶清扫干净。

第五节　安置

一、复员退伍军人安置

(一)安置机构。1952年，部队大批干部、战士转业复员到地方参加社会主义建设。县、区两级成立转业建设委员会，县长、区长分别担任各级转业建设委员会主任，下设办公室负责日常工作。1954年，县转业建设委员会与民政科合署办公。1955年，实行义务兵役制，转业建设委员会更名为复员退伍军人安置领导小组。1961年，成立退伍安置办公室，由武装部、县委组织部、团县委、县妇联、粮食局、民政科等单位组成，办公室设武装部。1977年，办公室设民政局。1984年，县复员退伍军人安置工作领导小组更名为退伍军人和军队离退休干部安置领导小组，领导小组办公室设民政局，负责接收退伍军人和军队离退休干部安置和管理。

(二)安置措施

1.1952年-1957年安置措施。1952年，县政府正式开展转业、复员军人安置工作。至1955年，全县累计接收、安置复转军人1138人。其中1955年接收复员军人271人，分别安置到国家、集体单位工作9人，安置回农村262人，其中担任初、高级社正副职主干22人，一般农业社干部112人，占51.50%。

2.1958年-1986年安置措施。1958年5月3日，国务院颁布《关于处理义务兵退伍的暂行规定》，本着“从哪里来到哪里去”原则，把安置工作重点放在农村。安置原则是：①入伍时，本人户口在农村安排回农村社、队参加农业生产。个别要求到爱人所在地农村社、队落户安置的，当地政府和有关部门应予允许，有关社、队积极接收并给予妥善安置。②入伍时本人户口在城镇，由原户口所在地负责接收安置工作，退伍军人原系城镇上山下乡知识青年，退伍后由父母所在地的县、市接收安置工作，也可由征集地接收安置工作。③入伍时是国家机关、人民团体、厂矿企事业以及县属以上集体、所有制单位正式职工，复员退伍后一般应回到单位复工复职。少数特殊情况（指技术方面），也可另行安置工作。④入伍时属于大、中专院校学生（含军队大、中专院校，由军队进入地方大、中专院校和由国家统一分配军队中等专业学校和毕业生），退伍后由入伍前户口所在地县、市接收安置工作。⑤对基建工程兵部队工改兵战士，退伍后原则上由整编前所在系统主管部门负责分配工作，也可由原籍或爱人所在地县、市接收安置工作。⑥军队复员干部工作安置按照国务院、中央军委有关文件规定办理。⑦对少数家在农村落户有实际困难退伍军人，其住房、生活、生产工具缺乏，采取“自力更生，集体帮工，国家补助”原则，通过呈报审批手续，酌情给予补助解决。⑧对二、三等革命残废军人、带病回乡退伍军人回到农村生产确实有实际困难，当地社、队予优先安排本社队企业工作。疾病医疗问题，除二等以上残废军人外，仍按自力更生解决。确有困难采取集体给予补助，辅之以国家必要补助办法解决。⑨退伍精神病员安置，协同医务部门采取收容和分散疗养办法，住院经费在地方经费中开支，伙食吃粮标准或交纳不足由民政部门出具证明，由粮食部门补足，护送费民政部门补助，所在队给予补助劳动日（优待金），以保证这些对象生活落到实处。⑩志愿兵退出现役安置。按国务院、中央军委有关文件精神安置。

从 1951 年至 1959 年，全县接收复员退伍军人 1658 名，其中安置回乡生产 1476 人，占总数 88.9%。有 589 人担任村民委员会和村民小组（大队、生产队）主干，有 628 人为民兵骨干，安置在全民单位和集体企业的有 182 人，占 11.1%。

1960 年 -1969 年，全县接收复员退伍军人 657 人，回乡后担任大队、生产队干部和民兵班、排长 553 人， 占 84.4%。安置在国家单位和集体企业 104 人，占 15.6%。

1970 年 -1979 年，全县接收复员退伍军人 1393 人，安置在国家和集体单位 322 人，占总数 23.1%，回乡生产 1071 人，占 76.9%，其中担任大队，生产队干部 389 人，任民兵班、排长 482 人。

至 1984 年，全县累计接受复员退伍军人 4518 名，其中复工复职 50 人，安置上山下乡知识青年退伍军人44人，居民户口退伍兵城镇就业77人，有技术专长安置就业279人，安置退伍兵是农村户口，其爱人为工作单位人员的“半边户”37人，农村女兵2人，安置农村孤儿退伍兵和残废军人6人。按政策安置1969年至1976年间复员干部32人，医治退伍精神病员6人。据统计，退伍军人回乡后担任大队、生产队主干1343人，任民兵班、排以上干部1768人。

3.1987年－1998年安置措施。1987年12月12日，国务院发布《退伍义务兵安置条例》，规定具体安置办法。

退伍义务兵原是农业户口的按下列规定安置：①对确无住房或者严重缺房而自建和靠集体帮助又确有困难的，按照国家规定安排一定数量的建筑材料和经费帮助解决；②在服役期间荣立二等功(含二等功、下同)以上安排工作；③对有一定专长的，向有关部门推荐录用；④各用人单位向农村招收工人时，在同等条件下应当优先录用退伍义务兵。对在服役期间荣立三等功、超期服役退伍义务兵和女性退伍义务兵，应当给予适当照顾。

退伍义务兵是城镇户口安置：原是城镇户口退伍义务兵，服役前没有参加工作的，由国家统一分配工作，实行按系统分配任务、包干安置办法，各接收单位必须妥善安排。具体安置规定：①每年退伍义务兵回到原征集地前，省、 自治区、直辖市应当下达预分劳动指标，退伍义务兵回到原征集地后先安置，待国家计划下达后统一结算。②在部队获得大军区(含大军区)以上单位授予荣誉称号和立二等功以上，安排工作时，应优先照顾本人志愿。③在部队荣立三等功和超期服役，安排工作时，在条件允许情况下，应当照顾本人特长和志愿。④在部队被培养成为有一定专业和特长， 安排工作时，应当尽量做到专业对口。⑤无正当理由，本人要求中途退伍和被部队开除军籍或除名的；在部队或者退伍后待安排期间犯有刑事罪(过失罪除外)被判处有期徒刑以上处罚，退伍军人安置机构不负责安排工作，按社会待业人员对待。

因战、因公致残二等、三等革命伤残军人原是城市户口的，由原征集地退伍军人安置机构安排工作。原是农业户口原征集地区有条件的，可在企业、事业单位安排适当工作；不能安排按照规定增发残废抚恤金。

义务兵入伍前原是国家机关、人民团体、企业、事业单位正式职工，退伍后原则上回原单位复工复职。对于因残，因病不能坚持八小时工作的，原工作单位应当按照对具有同样情况一般工作人员安排原则予以妥善安置。退伍义务兵原工作单位已撤销或合并的，由上一级机关或合并后的单位负责安置。

义务兵入伍前原是学校（含中等专业学校和技术学校）未毕业学生，退伍后要求继续学习而本人又符合学习条件，在年龄上可适当放宽，原学校在他们退伍后下一学期准予复学。如果原学校已经撤销、合并或者由于其他原因在原学校复学确有困难，可以由本人或者原学校申请县、市以上教育部门另行安排他们到相应学校学习。

1987 年至 1989 年，全县共接收退伍军人 951 人，其中城镇退伍军人 126 人，均已安排为全民工，安置率 100%。农村退伍军人 825 人，招干 16 人，招工 82 人，办经济联合体 17 人，个体经营 26 人，专业户 58 入，任农村基层干部 238 人，任民办教师 14 人，其他安置 57 人，共安置 508 人，占农村退伍总数 61.6%。

20 世纪 90 年代，安置工作注重城镇居民退伍兵，城镇应征青年增多。1990-1992 年，全县接收退伍军人 312 名，其中城镇兵 127 人，全部安置。1994-1996 年泸溪县连续三年遭遇特大洪灾，大部分国有企业、乡镇企业面临破产，企业转换经营机制、职工分流下岗，使退伍安置工作形势艰难。1997 年，全县冬季征兵实行“非农户口应征青年入伍登记卡”制度，城镇退伍兵没有安置卡均视作挤占农村指标或异地入伍等原因对待，政府不负责其工作安排。同时探索安置工作新办法，在“有偿转让安置”“鼓励自谋职业”“向非国有单位安置”等方面制定具体办法和制度。20 世纪 90 年代 10 年里，全县接收退伍军人 1135 人，安置在国家和集体单位 314 人，占总数 30.3%，回乡生产 821 人，占 79.7%。其中担任村、组干部 168 人。

4.1999 年－2010 年安置措施。为贯彻执行国务院、中央军委关于严格控制征集非农业户口青年比例规定，1999 年 10 月 26 日，省民政厅、省人民政府征兵办公室根据 1998 年 12 月 3 日第 21 次省长办公会议关于“退伍兵的安置，要从源头抓起，要严格控制城镇兵比例，建立征兵安置卡”的决定，报经省人民政府和省军区批准，决定从 1999 年冬季征兵起，全省实行城镇青年应征入伍发放安置卡制度。“湖南省城镇青年征兵安置卡”由省民政厅统一印刷和组织实施。每年征兵时，根据省征兵办分配给各地非农户口青年征集任务，省民政厅将安置卡逐级核发到县（市、区）退伍安置部门，待审批定兵后，与《入伍通知书》一并发入。安置卡作为城镇士兵退伍后安置工作凭证，凡无安置卡城镇退伍士兵，当地政府不负责安排工作。每年征兵时，民政部门派得力干部参与征兵办工作，保证城镇兵员征集不超过上级规定指标。

2002年，民政部根据国务院、中央军委《征兵命令》和《退伍通知》精神，在全国实行"优待安置证"制度。该证是义务兵及其家属、复员士官享受现行优待安置政策合法凭证，没有"优待安置证"一律不享受各级政府规定优待安置政策。"优待安置证"是根据国务院、中央军委每年下达的全国非农业户口与农业户口青年征集比例和数量，由民政部统一制发。所以，"优待安置证"具体发放范围是所有被征集新兵。按照实行"优待安置证"制度有关通知，农业户口士兵其家属凭证享受优待，本人退役后回农村安置；非农业户口士兵本人及家属凭证按规定享受优抚，持有"优待安置证"，自己联系工作单位后，人事部门予以安排工作。

1999年-2010年，全县接收退伍军人687人，安置在国家和集体单位214人，占总数31.1%，回乡生产473人，占68.9%。

5.2011年后安置措施。2011年10月，国务院、中央军委发布第608号令，公布《退役士兵安置条例》，自11月1日起施行。对复员退伍军人安置进行了重大改革。改革后，城乡退役士兵享有同等安置待遇。退役士兵安置方式有自主就业、安排工作、退休、供养四种。

退役士兵符合下列条件之一的，由人民政府安排工作：(1)士官服现役满12年的；(2)服现役期间平时荣获二等功以上奖励或者战时荣获三等功以上奖励的；(3)因战致残被评定为5级至8级残疾等级的；(4)烈士子女。

《退役士兵安置条例》施行前入伍、服役期间因公致残被评定为5级至8级残疾等级的退役士兵，可选择按《退役士兵安置条例》施行前政策由政府安排工作或自谋职业；《退役士兵安置条例》施行后(2011年11月1日以后)入伍、服役期间因公致残被评定为5级至8级残疾等级的退役士兵，政府不负责安排工作。

退役士兵在艰苦地区和特殊岗位服现役的，优先安排工作。艰苦地区是指国家规定的几类地区，那里工作、生活条件艰苦和特殊，作出牺牲贡献较大；特殊岗位是指机要保密、涉放射性、潜艇等岗位。这两个特殊条件下的退役士兵，退役后在就业等方面享有更多关心优待。

在招录公务员、参照公务员法管理机关(单位)工作人员，招聘事业单位工作人员时，在同等条件下优先录用(聘用)符合政府安排工作条件的退役士兵。边疆、民族地区乡镇机关招录公务员时，可拿出一定数量职位，招录符合职位要求、政府安排工作的退役士兵。财政支付工资的各类工勤辅助岗位遇有空缺时，应首先用于接收由政府安排符合岗位条件退役士兵。

国有、国有控股和国有资本占主导地位企业在新招录职工时留出5%工作岗位，在符合政府安排工作条件退役士兵之间公开竞争，用人单位择优招录。接收退役士兵单位裁减人员时，优先留用退役士兵。

不符合安排工作、退休、供养条件的退役士兵，退役后均采取政府扶持、自主就业方式安置，主要是义务兵和服现役不满12年士官。

自主就业的退役士兵享受一次性退役金、免费职业教育和技能培训等待遇。同时，在考学、考公务员、就业应聘、参加社会保险和个体经营时的贷款、纳税等方面，对退役士兵实行优待优惠。

退役1年以内自主就业退役士兵报考普通高等学校以及接受成人教育的，享受加分及其他相应优惠政策。退役1年以上，考入全日制普通高等学校（包括全日制普通本科学校、全日制普通高等专科学校和全日制普通高等职业学校）自主就业退役士兵，原则上退役士兵学生应交多少学费中央财政就资助多少，最高不超过年人均6000元，高于6000元部分自行负担。资助学费由财政、教育部门按程序补助退役士兵学生所在学校；生活费及其他奖助学金资助，直接补给退役士兵学生本人。资助期限包含全日制普通高等学历教育一个学制期。入伍前已被普通高等学校录取并保留入学资格，或者入伍前正在普通高等学校就学退役士兵，退出现役后2年内允许入学或者复学。入伍前已被普通高等学校录取并保留入学资格，或者入伍前正在普通高等学校就学退役士兵，入学或者复学后可按照国家有关规定享受奖学金、助学金和减免学费等优待，家庭经济困难的，按照国家有关规定给予资助（由学校酌情减免学费）；入学或者复学后参加国防生选拔，参加国家组织农村基层服务项目人选选拔以及毕业后参加军官人选选拔的，优先录取。应征入伍高校毕业生退役后报考政法干警招录培养体制改革试点招生时，教育考试笔试成绩总分加10分。报考公务员、应聘事业单位职位的，在军队服现役经历视为基层工作经历，同等条件下应当优先录用或者聘用。自主就业退役士兵入伍前是国家机关、社会团体、企业事业单位工作人员或者职工的，退出现役后可以选择复工复职；入伍前农村土地承包经营权应保留。

自主就业退役金由中央财政专项安排，地方政府可以根据当地实际情况给予一次性经济补助，士兵服现役每满1年，发给4500元。

退役金包括基本部分和增发部分。基本部分：自主就业退役士兵服现役每满一年按照国家统一的标准计发。即基本部分退役金数额=退役金标准×服现役年限。增发部分：《退役士兵安置条例》第二十条规定，获得荣誉称号或者立功的退役士兵，由部队按照下列比例增发一次性退役金：以基本标准为基数，获得中央军事委员会、军队军区级单位授予荣誉称号，或者荣获一等功增发15%；荣获二等功增发10%；荣获三等功增发5%。在退役时，士兵所在的部队为退役士兵办理退役金专用卡，先到地方安置部门报到再领取退役金。

退役士兵退休安置条件：(1)年满55周岁；(2)服现役满30年；(3)因战、因公致残被评定为1级至6级残疾等级；(4)经军队医院证明和军级以上单位卫生部门审核确认因病基本丧失工作能力。退休士官主要生活待遇包括：退休费、护理费、残疾抚恤金、特别抚恤金、丧葬费、遗属生活补助费等。

2011年至2016年，全县接收退伍军人421人，安置在县直机关事业单位65人，回乡从事农业生产356人。

二、军队离退休干部接收安置

1958年7月，国务院颁发《关于现役军官退休的暂行规定》，部队现役军官中年龄大、身体弱的干部开始退休，交地方政府长期供养。1970年12月，中国人民解放军沈阳部队工程兵后勤处协理员陈清云，因病经组织批准分散安置在泸溪离职休养。陈清云离休后主动协助县人民武装部工作，被吉首军分区、湖南省军区、广州军区授予“学雷锋标兵”等称号，三次荣立三等功。1981年12月24日因患脑溢血逝世。

1981年10月13日，国务院、中央军委颁发《关于军队干部退休的暂行规定》(〔1981〕39号)，建国以前参军退休军官全部改为离休。离休后工资不变，并根据参加革命工作时间给予补贴：1937年7月6日以前参加革命工作的，每年增发2个月离休前标准工资；1937年7月7日至1942年12月31日参加革命工作，每年增发一个半月离休前标准工资；1943年1月1日至1945年9月2日参加革命工作，每年增发一个月离休前标准工资，作为生活补贴。

至2016年底，全县共接收军队退休人员6人，目前健在1人。

第六节　光荣院建设

光荣院是集中供养孤老优抚对象社会福利机构，是国家对广大优抚对象关心照顾集中体现。民政局对光荣院集中供养工作进行管理、监督和检查，光荣院建设所需经费列入同级政府财政预算。

供养对象为：老年、残疾或者未满16周岁的烈士遗属、因公牺牲军人遗属、病故军人遗属和进入老年的残疾军人、复员军人、退伍军人，无法定赡养人、扶养人、抚养人或者法定赡养人、扶养人、抚养人无赡养、扶养、抚养能力且享受国家定期抚恤补助待遇，可以申请享受光荣院集中供养待遇。申请进入光荣院集中供养，由本人向乡镇人民政府提出申请，报民政局审核批准。

根据上级民政部门要求，泸溪县投资兴办光荣院，对孤老优抚对象实行集中供养。在光荣院建设中，主要以巩固提高为主，坚持以院养院，稳步发展。1985年3月，兴隆场镇光荣院建成，是全县第一个光荣院，入院安置无依无靠孤老复员军人17人，均是二十世纪五十年代抗美援朝战争回乡复员军人。1993年5月，该院经省民政厅验收达到合格标准，被评为省、州“先进光荣院”。经过近30年建设和发展，小平房变成两层楼房。院内干净整洁，健身活动室、洗衣房、洗浴间等设施一应俱全。

泸溪县光荣院位于武溪镇桥东社区319国道右侧，与敬老院、福利院、孤儿院、养老院、救助站六院（站）合一，统称为泸溪县社会福利院。修建于2008年，至2016年入住优抚对象26人。

第五章 救灾减灾及扶贫

第一节 泸溪县主要自然灾害

泸溪县地处武陵山向雪峰山过渡“沅麻盆地”边缘地带，夏秋之际南来暖湿气流被雪峰山及南部高山阻挡，北来次冷气流又能多受武陵山阻隔，故县境内夏秋少雨而多干旱。由于处于沅水中游，境内溪河纵横，山坡陡峭，土质松散，遇大雨或上游暴雨，易造成溪河水陡涨、山体滑坡，故而又多水灾。境内夏秋少雨而多干旱，有“十年九旱”之说。自然灾害主要有暴雨、山洪、高温干旱、低温冻害、大风、冰雹、农作物病虫害及气象灾害等。1950 年至 2016 年共发生较大自然灾害 57 次，其中旱灾 22 次，水灾 35 次。水灾最严重为 1996 年，直接经济损失 12.5 亿元，旱灾中尤 1988 年、2013 年最严重，粮食减产 42%，群众饮水困难。一年内受灾 3 次以上有 1998 年、2004 年、2014 年。

泸溪自然灾害种类较多，对农业生产和人民生命财产威胁和影响最大的主要是夏秋干旱、暴雨洪涝、大风冰雹及地震等自然灾害。

一、干旱

据史料记载，从 1921 年到 2016 年的 95 年中，全县干旱 26 年，其中大旱有 1921 年、1953 年、1956 年、1959 年、1972 年、1978 年、1985 年、1990 年、1994 年、1995 年。特大旱灾有 1960 年、1971 年、1981 年、1988 年、2013 年。民国 10 年(1921)“泸溪五十余日不雨，早、中稻俱已绝望，饥民日有饿死或因饿而悬梁投河自杀”。新中国建立后，泸溪干旱持续超过 50 天有 17 次。

泸溪县 1445-2016 年旱情一览表

年　代	灾　情　简　况
明天顺三年(1459)	大旱。自正月至八月不雨,溪涧断流,种植几绝。
弘治元年(1488)	大旱,免本年夏税。
嘉靖十八年(1539)	大旱。饥荒。
嘉靖二十四年(1545)	自正月至五月大水。六月至次年正月不雨,民大饥。
嘉靖三十年(1551)	大旱。民大饥,巡抚奏免赋税十分之六。
崇祯十六年(1643)	自二月至八月不雨,民大饥,米奇贵,无葛可采,民掘土中白泥为食,名曰佛粉。食者多以哽塞害焉。
清顺治四年(1647)	大旱。斗粮银五钱。
顺治五年(1648)	秋大旱。斗米折银一两、民饥疫死甚多。
顺治九年(1652)	四至八月不雨,大旱,斗米银钱,尸道旁者甚多。
顺治十年(1653)	大旱。饥荒严重。
康熙六年(1667)	大旱。
康熙十年(1671)	旱。自六月至八月不雨。虫食禾。
康熙十八年(1679)	自五月二十四至十月不雨,大旱。饥甚。
康熙四十三年(1704)	大旱。
乾隆十八年(1753)	夏秋连旱。民有食树皮、佛泥(观音土)。
乾隆四十三年(1778)	大旱。民大饥。
嘉庆十二年(1807)	大旱。
道光二十九年(1849)	秋旱大饥,城乡饿死者极众。因春初间雨水太多,中禾推移。入秋久晴不雨,禾苗枯萎,米贵如珠。此年俗称"己酉大荒"。
同治元年(1862)	旱。

续表

同治三年(1864)	大旱。
同治四年(1865)	旱。
光绪五年(1879)	旱。大饥。
民国10年(1921)	入夏后,50余日不雨,中稻颗粒无收、饥民有饿死者或因饿而自尽者甚多(俗称“辛酉大旱”)。
民国17年(1928)	全县受灾,杂粮干坏。
民国34年(1929)	春旱,入夏尤旱。灾情惨重。
民国34年(1945)	春复之际大部分地区52天不雨,灾情严重。
1951年	5月中旬至8月下旬,全县8.33万亩稻田受灾,棉花、杂粮大部分枯死,个别地方吃水困难。
1953年	6月下旬至8月下旬干旱,4.45万亩稻田受灾,部分溪水断流,饮水困难。
1956年	6月下旬至8月中旬,连旱77天。全县稻田受旱15.1万亩,杂粮受旱90%。
1959年	7月至9月,干旱严重。7月4日至8月10日,降雨量仅12.4毫米;8月15日至9月13日,降雨量仅1.8毫米。
1960年	特大旱。7月14日至10月23日,102天仅降雨71毫米。溪、塘、水库大部分干涸,农作物枯黄,粮食减产。
1961年	6、7、9月雨少,夏秋连旱。全县粮食产量降至新中国成立以来最低水平,亩产仅124斤。
1966年	夏秋连旱80多天,7月16日至10月1日,仅降雨13.9毫米。
1971年	夏秋严重干旱,7、9两月雨稀少,受旱作物11.8万亩。

续表

1972 年	6 月下旬至 9 月初少雨，受旱作物 11.2 万亩。成灾 3.34 万亩，339 个生产队吃水困难。
1978 年	年雨量仅 967 毫米，为新中国建立以来最少年份。受旱作物达 16.05 万亩，其中枯亩 4.60 万亩。
1980 年	春旱至 5 月，全县水库、山塘蓄水仅 3000 万平方米，为应蓄量的 32%。
1981 年	自 6 月 12 日至 9 月 8 日连旱 89 天，山塘、水库干涸，溪涧断流，1156 年生产队无水抗旱，740 个生产队饮水困难。水稻受旱 13.8 万亩，其中无收 8.6 万亩；秋杂粮受旱 4.3 万亩，其中无收 3.5 万亩，经济作物受旱 1.5 万亩。
1985 年	1-9 月，全县仅降雨 827 毫米，比历年少 300 毫米。插下的早稻脱水开坼 43075 亩，中稻少插 10522 亩，晚稻少插 3467 亩，春播作物受旱 34320 亩，占实播面积 54.9%。经济作物受旱 39510 亩，占实播 65.4%。
1986 年	从 4 月 15 日至 5 月 30 日共 45 天未雨，全县有 35 座上型水库干涸，有稻田 3.606 公顷脱水、开坼。
1988 年	元月至四月底仅降雨 140.3 毫米，比常年平均值减少 54.95%。从 6 月 29 日至 8 月 16 日仅降水 35.7 毫米。全县 4.80 万亩山改旱田全部脱水，当年粮食产量仅 43.33 吨，比正常年份减产 42.6%。
1990 年	7 月 20 至 9 月 20 日，仅降雨 72.9 毫米，比历年同期减少 80%，造成夏秋连旱。全县早中稻脱水 10.50 万亩，晚稻脱水 3 万亩，其中晚稻开坼 1.54 万亩，干枯 3000 亩。
1993 年	元月至 4 月底仅降雨 153.20 毫米，比历年平均值减少 51.73%。导致无水犁田，不能及时插秧。

续表

1994 年	6 月下旬至 8 月上旬少雨，造成夏秋连旱，全县 70%稻田脱水开坼。
1995 年	7 月 3 日至 8 月 1 日，连续 30 天内仅降雨 19.90 毫米。全县 15 万亩稻田脱水 8 万亩，开坼 4.05 万亩。
2000 年	4 月至 5 月雨量比平常年份少 40%，造成春插困难。6-7 月雨量偏少，大量稻田脱水受旱。
2011 年	入春以来降雨不足历年并均数的 60%，春旱严重。7 万多亩稻田未翻耕，秧田无水育秧。
2013 年	6 月中旬后，久旱高温无雨。全县受灾人口 18.91 万人，占总人口 61%，农作物受灾面积 26.37 万亩，占农作物播种面积 86%，绝收面积 8.45 万亩，占农作物播种面积 27.5%，椪柑受灾面积 14.98 万亩，占椪柑面积 49.90%。8.01 万群众、2.3 万头大牲畜饮水困难，直接经济损失 3.14 亿元。

二、暴雨洪涝

从 1922 年到 2016 年 94 年中，全县出现洪水灾害 35 年，占 36.84%。每五年出现三次水灾。35 年水灾中有 16 年出现大灾。民国 15 年(1926)大水，舟船入城，溪河两岸田地被淹。1977 年 6 月，连续降雨量 543 毫米，属历来少见，洪水淹没农作物 6.70 万亩，其中冲坏 2 万多亩，冲毁建筑物 1599 处。1982-2016 年的 34 年中，全县遭受暴雨洪涝袭击有 18 年，其中的 1988 年、1994 年、1995 年、1996 年、2004 年、2008 年、2014 年、2016 年八年遭受特大洪涝灾害。

1994 年至 1996 年连续三年特大洪涝灾害情况：

1994 年 10 月 9 日，五强溪水库关闸蓄水不久，沅水上游黔阳、会同、怀化等地连续 10 天普降暴雨，沅水出现 3 次大洪峰，洪水流量每秒 18400 立方米至 20500 立方米，沅水水位以每小时 22 厘米速度上涨。县城武溪镇水位上涨至 110.31 米，浦市地区上涨至 121.60 米，分别超过警戒水位 3.3 米和 6.26 米，沿河房屋民居被淹。武溪、浦市供水设施被冲毁，一批企业厂房、仓库被淹没，县城四面临水成为孤岛。供电、供水、交通全部中断，通信部分中断。浦市镇主要街道被淹，大部分房屋被浸泡在水中，成为一座水城。库区 13 个村 8000 亩稻田被洪水淹没。这次洪水上涨快、消退慢，持续在 108 米以上水位时间 82 小时，三天后才消退到警戒线下。全县洪灾淹没稻田 1.80 万亩、经济作物 1.37 万亩。房屋损毁严重，生活设施毁坏大，工商企业多遭破坏，生产难以恢复。洪灾涉及全县 6 个乡镇，53 个村(居委会)，173 个村(居)民小组，83 个工商企业和 120 多个机关单位，受灾 2.4 万人，伤 37 人，死亡 1 人，失踪 1 人，直接经济损失 1.13 亿元。

1995 年 6 月 30 日至 7 月 1 日，境内连降暴雨和大暴雨，加上沅水、武水上游地区普降暴雨，洪水猛涨，武溪、浦市两镇被淹。全县特别是五强溪电站库区遭受历史上特大洪灾。这次洪涝灾害的特点：①暴雨强度大，受灾地域宽。6 月 30 日 8 时至 7 月 1 日 20 时，境内连续 36 小时普降大暴雨和特大暴雨，西南部 11 个乡镇日降雨量 250-325 毫米，东北部 8 个乡镇日降雨量 165-200 毫米。②洪水来势猛，洪峰水位高。6 月 30 日 8 时至 7 月 2 日 15 时，浦市水位由 110.91 米上升到 123.45 米，洪峰水位高出警戒水位 5.25 米，武溪镇水位 113.43 米，洪峰水位高出警戒水位 5.43 米。③洪水消退慢，受淹时间长。武溪镇水位从 6 月 30 日 10 时超 108 米，到 7 月 4 日 6 时才回落到 108 米，受淹时间 82 个小时。浦市地区水位在 118 米警戒线上时间长达 84 个小时。④受灾面广，灾损严重。洪灾涉及全县 19 个乡镇 193 个行政村(居委会)、225 个机关单位、69 家工矿企业、584 家商店，受灾人口 23.5 万人，占全县人口 89%；重灾区 13 个乡镇 18.7 万人，其中库区武溪、浦市两镇最为严重，3.4 万人被洪水围困，586 人受伤，3 人失踪。农作物受灾 13.29 万亩，直接经济损失 5.17 亿元。

1996 年 7 月 13 日至 19 日，境内又一次遭受更为严重特大洪涝灾害。这次灾害特点是：①降雨地域广，暴雨强度大。7 月 13 日 20 时至 17 日 8 时，全县境内普降大暴雨和特大暴雨，平均雨量在 250 毫米以上，境内溪河山洪爆发。7 月 13 日至 17 日，沅水、武水上游多地同时普降大暴雨和特大暴雨，降雨量均在 250 毫米以上，造成沅水洪水猛涨，泛滥成灾。②上游流量大，下游泄流小。由于五强溪水库集雨面积范围内普降大到暴雨和特大暴雨，入库流量增大。为了调洪，省防汛指挥部站在全局高度，适当限制出库流量。7 月 15 日 20 时，入库流量为每秒 2.5 万立方米，7 月 16 日 20 时，入库流量为每秒 4 万立方米，而泄流量为每秒 2.62 万立方米，截流高达每秒 1.37 万立方米，水库在二十年一遇的洪水位上拦截超蓄水量为 13.77 亿立方米。③洪峰水位高，持续时间长。武溪镇设计移民搬迁线 20 年一遇洪水位为 113.20 米，7 月 15 日 20 时洪水位达到 113.20 米后，武溪镇和浦市镇一直处于高水位淹没之中。18 日 22 时，武溪镇水位达到 117.32 米，超过二十年一遇洪水位 4.10 米。浦市水位达到 126.32 米，高水位淹没长达 7 天以上。④汛情变化快，灾民疏散难。7 月 15 日上午汛情预报，武溪镇洪水位为 110—111 米。此后，分段预报为 112 米、113 米、114 米、115 米、116 米、117 米、118 米，预报水位时间与洪峰实际到达时间间隔短，洪水上涨速度快，灾民多次向高处转移难以奏效。洪水位达到十年一遇水位(111.07 米)淹没线后，武溪、浦市两镇被洪水分割成若干块，供电、通讯、道路中断，灾民疏散更为困难。全县 19 个乡镇、203 个村(居委会)23.62 万人受灾。其中重灾乡镇 10 个(主要是库区、沅水及峒河流域)人口 10 万人。武溪、白沙、浦市、上堡、洗溪等库区乡镇进水和积水，城乡 5.52 万人被洪水围困，2700 多人受伤，10 人死亡，直接经济损失 12.05 亿元。

泸溪县 1086–2016 年水灾一览表

年　代	灾　情　简　况
元祐元年(1086)	大雨，沅水、武水两水相斗。
明洪武三十一年(1398)	大水。沿河一带居民财物漂流殆尽。
永乐四年(1406)	大水，官舍民居淹没，文卷尽失。
成化五年(1469)	大水入城，街市通舟，漂没官民房舍，民依山居。
正德七年(1512)	大水，街市通舟。
嘉靖二十四年(1545)	自正月至五月大水，六月至次年正月不雨，先大水，后大旱，民大饥。
隆庆五年(1571)	五月二十七日至六月四日大雨不止，沅、武两水俱涨，官舍民房毁没十之八九，百姓移民居山坡。
万历二十六年(1598)	大雨十日不止，水高数十丈，舟行屋上，城垣民舍尽倒，浦市居民财货源流殆尽。

续表

万历四十一年(1613)	大水入城。
万历四十六年(1618)	大水，舟入城，田舍多冲坏。
康熙二十年(1681)	雨一月，大水猛涨，山崩沙壅，田地成溪。
康熙二十三年(1684)	五月大雨，旬日水涨，淹城。舟行人市，屋宇墙垣倾倒，民依山避之。本年因饥，钱粮免去一半。
康熙二十五年(1686)	九月十二日立冬，风雨昼晦，雨、冰雹。
康熙二十七年(1688)	五月十二日大水，居民避水山上。
康熙五十二年(1713)	正月至五月，淫雨。
康熙五十二年(1714)	大雨，水入城。
康熙六十年(1721)	四月二十一日申刻，迅雷暴风雨，屋瓦飘落空中如燕雀。墙倾舟覆，拔延禧观前古松。
雍正三年(1725)	大水入城。
乾隆十一年(1746)	四月大雨，河水猛涨。
乾隆十三年(1748)	大水入城。
乾隆十五年(1750)	五月十九日至六月初五日，连日大雨，水冲坏田舍。
道光二十八年(1848)	夏秋大雨不止，淹没田庐人畜不胜计，各种农副产品荡然无存。新谷登场，尽生牙蘖。
清同治八年(1869)	淹城廓，漂庐舍。
光绪四年(1878)	八月大水，稻无收。
光绪三十四年(1908)	四月大水。
宣统二年(1910)	大水，浦市河街下至大码头一带民房漂流殆尽。
民国4年(1915)	沅水大涨，街市通舟。

续表

民国 11 年(1922)	6 月以来,沅水上游发生山洪。
民国 15 年(1926)	大水,舟入城。
民国 19 年(1930)	5月,沅、武水大涨,武水出口倒流 5 里。
民国 20 年(1931)	沅、武二水齐涨,武水倒流 5 里。6 月初 9 日淹城,11 月才退。
民国 24 年(1935)	6 月下旬起,连续下两月雨,沅水大涨,水淹入城。
民国 37 年(1948)	5 月至月淫雨不止,沅水暴涨。
1952 年	暴雨,大部分棉桃沤落。
1953 年	5 月 20 日暴雨,继发大水,淹田地 4450 亩,冲毁各种建筑物、设施 176 年,沉船 14 只,淹死 4 人。
1965 年	7 月 5、6 日暴雨(400.9 毫米)。河水陡涨,淹设农作物 2 万余亩,冲垮各种建筑设施 2523 处,流失木材 2679 立方米,电话中断 3 天,汽车停驶 6 天。秤坨山地裂一华里,能滩二房头山崩。
1969 年	7 月 16 日暴雨,大水,淹没农作物 10.87 万亩,冲毁各种建筑设施 963 处,流失木材 8387 立方米,淹死 5 人。
1970 年	7 月 12 日暴雨,14 日浦市水位达 123.03 米,水通浦市、武溪两镇街巷,靠沅水两岸田地被淹 1.18 万亩,流失木材 1241 立方米
1973 年	6 月 21 日至 23 日暴雨,冲坏农田 0.77 万亩
1974 年	6 月 30 日,沅、武二水猛涨,淹没农作物 1.97 万亩,流失木材 2000 多立方米,淹死 4 人、车辆停驶 6 天
1975 年	6 月 10 日,上堡等公社暴雨,大溪大队鸡尾水库被洪水摧垮,冲走土地石 45000 方

续表

1977年	6月雨量543.5毫米，洪水淹没农作物6.75万亩，其中冲坏2.26万亩，冲毁建筑设施1599处
1979年	6月暴雨，山洪汹涌，淹没农作物1.97万亩(部分浸没4昼夜)，无收0.43万亩
1980年	6月至8月降雨量964.4毫米，8月11日暴雨成灾，淹没农作物5.71万亩，其中冲毁2.22万亩
1983年	4月25日，境内遭受9级大风并夹暴雨，乡镇全部受灾，少数村寨房屋被风吹倒，大树被吹断。解放岩乡杨家滩电站引水渠被洪水冲垮。
1987年	3月18日，县境遭受冰雹灾害，毁坏民房583栋691间，死1人，伤4人，砸死大牲畜107头，受灾2221户11297人，受灾农作物1.85万亩。 4月23日晚，全县普降暴雨，大风、冰雹，12个乡镇受灾，涉及161个村760个村民小组21974户104082人。损毁房屋1414栋，伤12人，冲毁稻田4836亩，经济损失458.80万元。
1988年	5月21日，县境普降特大暴雨，冲毁山塘1口，溪坝472道，渠道1051处，淹没电站7处，冲毁稻田、秧苗、田坎不计其数，冲走油茶籽59.70万公斤，流失春粮13.10万公斤。继夏涝之后，又出现秋涝。 8月16日至9月17日33天中，县城降雨433.10毫米，其中出现4次暴雨，日降雨量在53-80毫米之间，造成山洪暴发，河水猛涨，当年粮食产量比上年减产32170吨，减产42.60%。
1990年	6月13日，沅江上游大暴雨，县城街道进水，河溪泛滥成灾，冲垮稻田2.20万亩，粮食比上年减产17.26%，

续表

1993年	7月8—日，沅水上游普降暴雨，沅水猛涨，县城水位107.40米，县境有5个乡镇41个村177个村民小组的部分田土、房屋被淹，损失较重。
1994年	10月9日，沅水上游普降暴雨，五强溪水电站试关闸蓄水，造成河水陡涨，全县受灾6个乡镇53个村，被淹稻田1.80万亩，损坏房屋2700间，直接经济损失1.13亿元。
1995年	6月30日，县境大雨和沅水上游洪峰夹击，老县城街道全部淹设，除民房、水利设施受损外，农作物受灾面积25.80万亩，其中绝收7.50万亩，全县粮食比正常年份减产11.4%。
1996年	7月13日，沅水上游暴雨，老县城和浦市镇全城淹没，尚未搬迁的民房大多倒塌。长坪中塘、浦市青草及下游沿岸、五里洲、联盟村等稻田绝收。工商企业停产停业。319国道中断。水淹7天以后方退去。洪灾死亡10人，经济损失12.05亿元。
1998年	6月13-18日，县境内梁家潭、八什坪、长坪、达岚、石榴坪、合水等15个乡、镇相继遭到暴雨袭击。 7月22日，沅水猛涨，沿河乡镇遭受洪水袭击，稻田严重受损。 7月30日，白羊溪乡部分村遭特大暴雨袭击，农业生产损失惨重。
1999年	6月30日、7月16日，先后三次遭特大暴雨袭击，县境绝大多数乡镇、村组受灾，峒河3座水电站遭受严重损失。
2002年	8月22日，因五强溪电站关闸和沅江上游连降暴雨，浦市、上堡、武溪等乡镇遭受洪涝灾害，受损稻田1530亩，经济作物受淹900亩。

续表

2004 年	6 月 23 日，境内普降暴雨，全县 11 个乡镇受灾。7 月 17 日至 18 日，境内普降暴雨，19 个乡镇受灾，其中 4 个乡镇政府机关所在地进水，1.2 万人被洪水围困。损坏房屋 630 间，倒塌房屋 320 间，公路中断 8 处，冲毁桥涵 426 处，水库山塘冲毁 20 处，受灾群众 5.80 万人，农作物受灾 8 万亩，直接损失 1.56 亿元。 7 月 20 日上午，浦市防洪堤排涝泵站因出水管爆裂，导致江水倒灌，镇区被淹。
2007 年	7 月 22 日至 26 日，境内连续出现大到暴雨，最大降雨量 301.70 毫米。 7 月 27 日凌晨 1 时，潭溪镇朱雀洞村发生了特大山体滑坡。滑坡体长 1000 米，宽 500 米，厚 60 米，滑落土石方 3500 万立方米，共造成 17 栋房屋倒塌，117 户 583 人受灾，冲毁稻田 192 亩，毁坏经济林 608 亩，垮塌高速公路路基 1000 米，损坏通信线路 700 米，电排一座，压死耕牛 5 头，直接经济损失 6800 万元。
2010 年	6 月 8 日凌晨暴雨，导致 15 个乡镇均不同程度受灾，受灾人口 20 万人，造成死亡 1 人，失踪 2 人，垮塌房屋 515 间，淹没房屋 520 栋，损坏房屋 1350 间，直接经济损失达 3.5 亿元。 7 月 11 日，20 时至 12 日 12 时，15 个乡镇普降大到暴雨，全县受灾人口 9.15 万人，直接经济损失 1.13 亿元。
2012 年	7 月 15 日至 17 日，连降暴雨，雨量平均 95.73 毫米，15 个乡镇均不同程度受灾，受灾人口 12.60 万，直接经济损失 2.90 亿元。

续表

2014 年	6 月 2 日，从凌晨四时开始，县内连降 3 个多小时的暴雨，10 个乡镇严重受灾，大面积农作物被毁，多处交通中断。尤达岚镇社区受灾严重，洪水漫过墟场，淹没民房和商铺 260 户，河道多处大面积垮塌。 7 月 3 日至 4 日，普降暴雨，平均降雨量 175 毫米，其中 7 个乡镇降雨在 200 毫米以上，解放岩场上村降雨量 277 毫米，全县溪河水暴涨，国道 319 线 30 多处塌方，能合公路白羊溪、小章段出现多处大面积塌方，车辆通行受阻。梁家潭墟场以及石榴坪乡政府进水深 2 米，全县大面积农作物被淹，灾情严重。 7 月 14 日 20 时至 15 日 13 时，泸溪普降特大暴雨，导致境内溪河水位暴涨，石榴坪乡政府和兰村被淹，浦市镇太平街内涝严重。解放岩乡多处塌方，沱江沿岸村寨被淹，车辆无法通行。受灾人口 11.5 万人，转移人口 0.38 万人，淹没房屋 232 栋，损坏房屋 1120 间。 7 月 15 日，杭瑞高速公路潭溪镇朱雀洞段出现山体滑坡，交通中断 2 小时。同日，受连续强暴雨袭击，洞河水位暴涨，319 国道潭溪、洗溪段多处水淹，交通中断 8 小时，游客及村民靠渡船通行。
2015 年	7 月 1 日。全县普降暴雨。合水镇兴沙村大面积受灾，溪坝等基础设施被冲毁。刘家湾自然村发生山体滑坡，冲毁房屋一栋，死亡 1 人。
2016 年	4 月 16 日凌晨 1 点，浦市、达岚、石榴坪、合水四个乡镇遭受冰雹袭击。冰雹袭击持续 10 余分钟，最大冰雹直径 3.50 厘米，2.90 万余人受灾，农作物受灾面积 1065 公顷，成灾面积 725 公顷，绝收面积 105 公顷，损坏房屋 347 户 1041 间。共造成经济损失 600 万元。 7 月 3 日 20 时至 7 月 5 日 9 时，境内遭受特大暴雨洪灾袭击，沅江上游普降暴雨，沅江泸溪段水位急剧上涨。 7 月 4 日 16 点 45 分浦市水文站超警戒水位。 7 月 5 日凌晨 3 点 55 分沅江出现最大洪峰值，洪峰水位 119.04 米，超警戒水位 1.54 米，相应流量 18080 立方 / 秒。造成全县 11 个乡镇 33285 人受灾，紧急转移人口 12030 人，其中紧急转移安置人口 1130 人；农作物受灾面积 2.06 万亩，成灾面积 1.40 万亩，绝收面积 5925 亩；倒塌房屋 1 户 4 间，损坏房屋 93 户 279 间；直接经济损失 2864 万元。

三、病虫害

从1921年到2016年，全县发生严重病虫害23次，平均每6年一次。1950年，稻苞虫为害严重，全县有9万亩受灾。县委动员1.3万人捉虫，起初群众不敢捉，认为是"天虫"，经做思想工作，实行以工代账，用大米换虫，共捉虫15万公斤，换取大米2.76万公斤。

泸溪县1671年-1980年病虫灾害一览表

年　代	灾　情　简　况
清康熙十年(1671)	虫食禾
光绪十八年(1892)	虫食禾
光绪二十二年(1896)	虫食禾
光绪三十二年(1906)	四月十五，毛虫遍地
民国22年(1933)	虫害
1950年	7月下旬，全县发生稻苞虫灾，9万多亩受灾，每天出动1.3万多人，共捉虫15万多公斤
1952年	4月上旬至8月中旬，虫害猖獗，发生面积7.64万亩，全县共出动4.8万人次捉虫
1970年	7下旬虫灾严重，发生面积9.12万亩，严重的有1.84万亩
1971年	7月上、中旬，病虫发生面积7.14万亩，成灾1365亩
1974年	7月中旬，病虫害发生面积6.28万亩，严重的有6千亩
1975年	7月中旬，病虫害面积6.74万亩，成灾4900亩
1976年	6月中旬至7月中旬及9月下旬，稻田病虫面积10.27万亩，严重的有2.05万亩
1978年	6月下旬至7月中旬及9月上旬，稻田发生多种病虫守，面积10.38万亩
1980年	7月中旬至9月中旬，稻田病虫发生面积14.5万亩
1981年后，未统计	

四、地震

泸溪处在麻阳至溆家河断裂带中，又处在湖南地震从东至西的频度线上，故地震时有发生。据载明代以来全县发生地震99次，最为严重5级。

泸溪县历次地震情况表

年　代	震　情	备　注
明嘉靖七年(1528)	地震	乾隆《辰州府志》和《泸溪县志》载此地震为本年"二月十八日"
崇祯四年八月初六日(1631)	子夜地震，屋瓦掣动有声，墙多倾倒	《中国地震目录》记此次地震，震级为5级，震中位置为北纬28.3度，东经119.2度
清顺治三年七月(1646)	地震	
康熙四十九年三月十八日(1710)	申时地震	
康熙五十一年二月二十一日(1712)	地震	
咸丰元年六月朔(1851)	地震	
光绪三年(1877)	地震	
民国5年9月(1916)	时有地震	
1973年4月6日	兴隆场地震一次2.1级	据湖南省地震局张玉迪工程师1981年调查资料。

明崇祯四年(1631)在县境发生较剧烈的地震。七月十七日，常德发生一次近7级大地震，波及省内外68县。时任湖广巡按白土麟在《崇祯长编》里写道："同时……辰州府所属沅陵、沅州……等州县俱震"。清乾隆《泸溪县志》所记是农历八月初六，这次地震系常德大地震的波及，不算一次独立的地震。

五、冰冻

泸溪县是冰冻灾害多发地区，史料记载受灾严重的有10年。

康熙二十九年(1690)，十一月二十九日戌时大雪，至十二月初五日，雪深三尺，大寒。

康熙四十五年(1706)，二月大雪，山中竹木尽折，桃李花冻死。

光绪十二年(1887)，十二月十三日起十余日大雪，除夕日雪更大，直至次年正月二十日后才停止。山谷中雪深四五尺，许多行人陷入雪中死亡，雪消融后才发现尸体。

光绪十三年(1886)，十二月大雪，平地雪深度四、五尺。

民国19年(1930)，一至二月奇寒，连续冰冻灾害，导致交通中断，高寒山区出现人畜因寒冻死。

1955年1月，连续发生冰冻灾害。最低气温降至摄氏零下5.4度，交通阻塞，通信中断。

1974年1月31日至2月2日，境内连降大雪，出现严重冰雪天气，冻死耕牛227头。

1977年1月25日至2月11日，境内出现严重冰雪天气，遭受特大冻害。平地积雪厚达9厘米，最深积雪22厘米，地面温度低至零下17.2℃，冰冻积雪持续11天。这场特大冻害造成全县1368亩柑橘树冻死殆尽，冻死耕牛180头，汽车停驶10天。

2008年1月13日至20日，境内遭遇50年来最长时期的冷雨冰冻天气，平均气温在-1℃—1℃之间，最低温度为-3℃，是1956年以来最冷最长的冰冻天气，农作物受害面积34万亩，受灾人口28万人，直接经济损失1.62亿元。

2011年1月1日8时至1月2日8时，境内最低温度零下2.4摄氏度，最厚冰层35毫米。

第二节　救灾减灾

一、防灾减灾

县人民政府成立后，应对自然灾害成为政府救灾减灾工作主要任务，在加强抗灾救灾工作同时，整合相关防灾抗灾资源，注重加强减灾工作，建立健全救灾减灾体系。至2016年，全县救灾减灾体系基本健全，提高应对自然灾害能力。

（一）救灾减灾体系建设。建立完善防汛抗洪气象信息预报、雨（水）情信息预警、地质灾害信息收集上报及应急处置工作程序，形成指挥统一、社会联动、运转协调灾害预警工作体系。加强自然灾害信息员队伍建设，在乡镇、村社区设立自然灾害信息员210名，通过培训，提高灾害信息报送能力。装备气象预警、水文预警、地震监测等设备，提高灾害及时预警能力。建立自然灾害应急指挥中心，科学调度各方应急救援力量，以最快速度在最短时间内开展救援行动。加强专业救援队伍建设，改善技术装备水平和训练条件，注重发挥解放军、武警、公安民警和民兵主力军作用。全县建立35支1500人应急救援队伍，提高灾害应急救援能力。完善灾害应急救助制度，灾情发生后，民政、财政等部门在第一时间将资金物资送到灾区实施救助，开展核灾查灾，慰问受灾群众等工作，确保受灾群众有饭吃、有水喝、有衣穿、有临时住房、有病得到医治。完善灾后恢复重建政府补助制度，适当提高灾后倒房恢复重建补助标准，减轻受灾群众经济负担。动员社会力量参加抗灾救灾活动，建立对口帮扶机制，动员行政企事业单位对口帮扶灾区开展灾后重建，提高灾害救助能力。建立健全自然灾害救助应急预案体系，县、乡镇制订自然灾害应急预案，形成指挥有序，处置有力，科学调度，反应迅速的应急预案体系，提高灾害应急处置能力。推进预案建设和组织开展演练，适时组织机关、企事业单位、学校等开展各类防灾减灾应急抢险活动，组织开展防灾减灾业务研讨和应急演练。进一步完善预案，提高预案的实用性和可操作性，增强干部群众对预案的掌握和运用能力。2008—2016年，县民政局组织策划8次防灾救灾应急综合演练。参加演练群众3280人，出动医护人员50人次，出动救助车辆16台，救护车12台及其他救灾物资3260件。通过演练宣传，提高群众防灾避灾意识。加强防灾减灾宣传教育，2010年后以“防灾减灾日”宣传教育活动为契机，每年组织开展2次以上防灾减灾宣传活动，组织应急演练，提高全社会防灾减灾意识。机关工作人员深入基层和灾害易发地区广泛普及防灾减灾法律法规和基本知识教育，普及各类灾害基本知识和防灾避险、自救互救等基本技能，提高灾害防御能力。加大救灾资金投入和资金使用监管力度，提高救灾资金使用效益，畅通救灾应急资金快速下拨绿色通道。进一步完善救灾补助项目，提高救灾补助标准，保障受灾群众基本生活。加强救灾物资储备设施建设，进一步完善县、乡两级救灾物资储备设施，有针对性地丰富救灾物资储备品种，增加救灾物资储备，形成以县级库为中心、高风险区乡镇应急物资储备点为补充覆盖全县城乡救灾物资储备网络。

(二)灾害预警和灾情报告。灾害预警和灾情报告指气象、地震、水利、国土资源等负责灾害监测部门根据职责权限，按照早发现、早报告、早处置原则，及时发出预警，预测灾害对特定区域内群众财产造成威胁或损失程度，为领导决策和启动预案提供科学依据。灾情报告指自然灾害发生后，灾情责任报告单位在接到灾情报告 2 小时内向本级政府报告，同时向上级灾情处置主管部门和民政局报告。县民政局在接到灾情报告 1 小时内向县政府报告，同时以县政府名义向州、省民政厅和灾情处置主管部门报告；州、省民政厅和灾情处置主管部门在接到灾情报告 30 分钟内向州、省人民政府报告或主管部门报告。发生特大灾害，可以越级向上级人民政府或主管部门报告。灾情报告内容主要包括：灾害种类、发生时间、地点、范围、程度、灾害后果，救灾工作采取措施，灾区存在困难和需求等。

二、抗灾救灾

泸溪县历代政府重视抗灾救灾，抗灾实行政府组织抗灾自救和群众互救、自救相结合，开展抗灾工作；救灾实行政府拨付救灾款救助和群众互救互济相结合，多种措施开展抗灾救灾工作。1949 年 11 月，泸溪县人民政府成立后，在历次抗灾救灾工作中，采取一系列相应措施应对，减少自然灾害造成损失。

启动抗旱救灾预案　成立以县委书记为组长，县长为第一副组长，县委副书记、分管副县长为副组长，县直相关单位负责人为成员抗灾救灾工作领导小组，加强对全县抗灾救灾工作的组织领导，抗灾救灾工作领导小组办公室设县民政局。各乡镇也成立相应工作领导小组，加强对辖区内抗灾救灾工作组织实施。同时联乡县级领导、县直相关部门全部深入联系乡镇指导抗灾救灾工作，县直联村单位发挥扶贫工作队作用，带资金、带物资深入灾情严重地区，协助乡镇党委、政府全力开展抗灾救灾。

落实值班值守制度　灾情发生期间，各级领导和干部到岗到位，加强山塘水库、堤坝和河道的全覆盖巡查，及时转移受灾群众，积极抢险，把损失降到最低，确保人民群众生命财产安全。加强灾害隐患点查险排险工作，做好山洪暴雨、山体滑坡泥石流等灾害防范工作。交警部门投入警力在受灾严重各个路口引导车辆和群众，维持交通秩序。水利、水文、气象等部门加强对防洪设施巡查和监控，做好雨量、水情、灾情实时监测和预报。国土部门对全县地质灾害隐患点进行细致安全隐患排查，疏导群众，确保安全。

及时核实灾情　县、乡镇、村及时掌握灾情，按照程序实事求是上报，民政局

等相关部门及时进行汇总，及时向上级政府和部门上报灾情，争取上级政府及部门支持。针对洪涝灾害，重点解决灾区群众饮水安全，解决通电、通路、通讯等突出问题。民政局等部门配合乡镇搞好安置工作，确保转移群众有地方住，有饭吃，有衣穿，有病能医。突出重点受灾群体搞好帮扶，帮助实施灾后自救。相关部门及时帮助农民对农作物改种或补种，及时恢复洪涝灾害损坏的基础设施。

(一)历史上抗灾救灾。明清至中华民国时期，泸溪县发生旱灾 26 次，水灾 34 次，冰冻灾害 5 次。在救灾中，县衙相应开展抗灾救灾工作。乾隆十八年(1813)夏秋旱，"邑民告饥，谷价跃贵，乡民散四方，掘葛根充食，葛皆罄，乃挖山中白泥食之。劝邑之绅士，量力出资买谷，绅士咸踊跃，获谷三千担，数多如蒋贡生如松，唐贡生煌，王贡生嘉栋，各出谷五百担"。民国 17 年(1928)，大旱灾造成粮食严重减产，民不聊生。省府拨泸溪县救灾款 1.2 万元，并豁免民国 17 年前所有积欠田赋。民国 28 年(1939)2 月，泸溪战时工作团为赈济受灾户，在浦市向 68 户单位和富户筹集钱粮赈灾，收捐米 41.20 石，银洋 27.50 元，发放给近郊 9 个保的受灾户。历史上尽管采取了如拨付赈灾款、豁免税赋等政策措施，但是由于经济社会不发达，缺乏财力支撑，救灾如杯水车薪。

(二)中华人民共和国成立后抗灾救灾。社会主义建设时期，县委、县政府发动群众兴修水利，提高抗御旱灾能力，实行防灾减灾措施。每遇灾年，发动群众开展生产自救，互助互济，及时拨付一定数量救灾款和物资，扶持群众恢复和发展生产。20 世纪 50 年代至 1985 年，累计发放救灾款 473.38 万元，下拨救灾粮 1.02 万吨。

1986 年至 2000 年 15 年间，有旱灾年份 13 年，水灾则年年发生，其中全县性的严重水灾 8 年，遭受不同程度洪涝灾害袭击，死亡大牲畜 7534 头，羊 3932 只，倒塌民居 8911 间，损坏民居 104859 间，累计因灾缺粮 64112 吨，年均累计缺粮 91326 人次。1986-2000 年，全县发放救灾款 2535 万元及大批救灾物资基本解决受灾群众生产生活困难。

2000 年—2016 年 16 年间，发生旱灾年份有 2000 年、2011 年、2013 年三个年份。其中 2013 年旱灾严重，全县受灾人口 18.91 万人，农作物受灾面积 26.37 万亩，绝收面积 8.45 万亩，椪柑受灾面积 14.98 万亩，8.01 万群众和 2.3 万头大牲畜饮水困难，直接经济损失 3.14 亿元。发生水灾年份是 2002 年、2004 年、2007 年、2010 年、2012 年、2014 年、2015 年、2016 年，其中一年内发生 3 次以上洪涝灾害有 2004 年、2014 年、2016 年。16 年灾情累计农作物受灾面积 27.34 万亩，损坏房屋 5255 间，冲毁公路桥涵 426 处，水库山塘冲毁 20 处，受灾群众 53.26 万人，其中死亡 5 人，失踪 2 人，直接损失 9.40 亿元。在抗灾救灾中，全县各级层层成立抗洪救灾领导小组，把抗灾自救工作作为一个时期中心工作来抓。县委、县政府主要领导多次到灾区组织抗灾自救。县水利局组织技术人员到抗灾第一线，帮助灾民维护水利基础设施；县农业局组织技术骨干到田间地头帮助受灾群众恢复生产；县农机局组织支农服务队到受灾乡镇维护机具；县民政局及时筹集救灾资金和物资，帮助受灾群众抢修被毁设施，重建家园，渡过难关；县教育局派出专门工作组带钱带物到受灾中小学校帮助抗灾自救。2000 年至 2016 年，累计发放救灾资金 4474 万元，救灾衣被 3.73 万件(床)，救助困难群众 23.54 万人次。保障受灾群众基本生活，确保灾区社会稳定。

(三)1994 至 1996 年三次特大洪涝灾害抗洪抢险救灾。1994 至 1996 年，是泸溪县实施五强溪库区移民搬迁工程攻坚阶段，遭到连续三年特大洪涝灾害。在突如其来灾害面前，全县人民在县委、县政府领导下，同心同德，团结一致，奋力抗洪抢险，把灾害损失降到最低程度。

1.1994 年“10·9”洪涝灾害抗灾救灾。洪灾发生后，县委、县人民政府迅速召开紧急会议，安排部署抗洪抢险。

(1)成立抗灾救灾指挥部。县委书记李德清、县长秦湘赛担任正副总指挥，分设武溪镇南正街、武溪镇北正街、武溪后街，浦市、白沙 5 个分指挥部，分别由县级主要领导担任指挥长，统一指挥抗洪抢险。

(2)动员多方力量协同作战。组织公安、消防、武警、武装部集中精干力量，成立突击队，帮助受灾群众抗洪抢险，加强社会治安，维护社会秩序；动员县直单位及厂矿企业干部职工 3000 人投入抗洪抢险第一线，进行抗洪救灾。全县调动 55 台车辆、120 艘船只转移被洪水围困群众，抢运受灾物资。

(3)加强宣传。利用一切宣传工具随时通报水情动态，动员和组织单位、居民迅速转移，把灾损降到最低限度。州委、州人民政府领导闻讯后，对泸溪县灾情非常关注和关心，在公路中断情况下，冒雨连夜赶到泸溪，深入武溪、浦市重点灾区慰问灾民，指挥抢险。10 月 10 日上午，州委副书记蔡四桂，州委常委彭诗来、副州长武吉海、陆光祖带领州直 26 个部门领导到县，深入洪涝灾害第一线，指导抗洪救灾。10 月 11 日县委、县人民政府向州委、州人民政府报告灾情，请求州委、州人民政府向省委、省人民政府报告尽快帮助解决抗洪救灾五个主要方面的问题:①请求解决救灾资金1000万元,帮助灾区人民开展生产自救,重建家园。②请求解决救灾贷款1500万元,帮助工矿企业恢复生产,支持工商业组织物资,保障市场供应。③请求解决救济款500万元、统销粮150万公斤,核减定购粮20万公斤,帮助灾区群众渡过难关。④请求加大对泸溪县移民搬迁投入,确保资金及时到位,以推进移民搬迁进程,确保明年度汛。⑤请求解决部分防病治病资金和药物,防治灾区流行病传播。10月12日,洪水开始消退。县委、县人民政府召开县直机关紧急会议,部署灾后恢复生产、社会治安和疾病防治工作。至13日,全县组织2万名干部群众开展抗灾自救、恢复生产。

2.1995年"6·30"抗洪抢险。面对特大洪灾,县委、县人民政府紧急召开四大家领导及县直各部门、主要工商企业负责人会议,启动抗洪抢险预案,进行抗洪抢险紧急动员,采取紧急措施,组织全县广大干部、群众积极抗洪抢险。

(1)加强领导,保证抗灾救灾指挥系统高速高效运转。县委、县人民政府成立以县委书记李德清、县长秦湘赛为正副指挥长抗洪抢险指挥部,负责指挥全县抗洪抢险工作。

(2)突出重点,抓好抢险救灾工作,确保人民生命财产安全,做到"少损失,不死人"。把抗洪抢险重点放在险情大、灾情重的武溪、浦市两镇,从人力、物力、财力等方面给予全面倾斜,组织以公安民警、武警、民兵应急分队为骨干抢险队112个3540人,出动车辆186台、大小船只126艘。省、州及周边兄弟县支援大客轮1艘、小船10艘、皮划艇20只,调动武警消防指战员、公安民警110人支援泸溪抗洪救灾。7月3日,中国人民解放军出动直升机5架次在武溪镇县一中操场空投食品、药物、救生圈等抗洪抢险物资16吨。经过三天两夜连续奋战,将武溪、浦市两镇被洪水围困的3.24万人转移到安全区域。

(3)发动群众,抓好抗洪救灾工作。洪水回落后,抗洪救灾、降低灾损成为一个时期工作重点。县委、县人民政府及时向受灾群众特别是库区重灾区武溪、浦市两镇灾民群众传达江泽民总书记、李鹏总理、姜春云副总理和省、州领导对泸溪人民关心和抗洪救灾指示精神,做好思想工作,消除埋怨情绪,宣传省、州党委政府和有关部门、兄弟县市对泸溪抗洪救灾在人力、物力、财力上给予的大力支持,鼓舞人心,坚定信心,树立战胜洪灾带来困难的决心;千方百计妥善安排灾民生活,组织好粮食、蔬菜、饮水供应,县委、县人民政府从银行贷款80万元,粮食局预支50万公斤灾销粮解决无粮、无钱、无房、无救灾能力“四无”重灾户生活困难；组织灾民进行生产自救，7月6日，县委、县人民政府向州委、州人民政府汇报，并请州委、州人民政府向省委、省人民政府报告泸溪灾情及抗洪抢险情况和帮助解决的7个方面的问题：①安置灾区群众生活。请求解决救灾救济款2000万元，救灾粮1000万公斤。②工商企业灾损严重，恢复生产经营十分困难。请求解决贷款7000万元帮助启动生产，恢复运转，挽回损失。③洪涝污染严重，灾区消毒、防疫困难，请求解决部分消毒、防疫和流行性疾病治疗药品，防止灾后疾病发生、传播。④洪灾造成泸溪县移民安置工作难度，为解决库区群众生活困难和秋汛洪灾，请求加大对泸溪县移民搬迁投入，追加移民资金1000万元。请求省人民政府从移民搬迁预备费中解决300万元，解决这次洪涝灾害度汛和救灾急用。⑤这次洪灾使农田、交通、邮电、电力、供水、广播电视等基础设施损毁严重，请求上级政府和主管部门予以支持，请求省州从以工代赈资金中解决500万元，从特大防汛费中解决500万元帮助恢复生产、重建家园。⑥为搞好生产自救，请求省、州人民政府及有关主管部门帮助解决尿素、农药、柴油、汽油、钢材、水泥等救灾物资或灾销物资。开动机械排渍抽水、补种一季稻和改种秋粮30万亩，请求州、省解决7.5万公斤杂交稻种子款，解决救灾尿素1000吨，救灾柴油500吨。⑦县财政原已占用上级对口支援县直单位移民建房资金60万元，拖欠职工工资500万元，县直单位干部职工也遭灾严重，请求州、省解决财政调度资金800万元。同时，兵分四路开展救灾工作，县委、县人民政府领导带领农口各局62名领导和技术干部分赴各乡镇抓好当前生产，恢复农田和水利设施；由一名县委副书记和副县长带领经委战线领导和技术干部20人下到32家重灾企业帮助恢复生产；由一名县委常委和常务副县长带领财贸战线各单位干部，帮助商业企业、克服困难，争取贷款、组织货源，保证生产资料和人民生活资料供应；由一名县委副书记带队，带领城建、电力、移民、交通等部门的领导和干部，组织抢修水毁的供水、供电及交通设施，组织卫生、防疫、环卫等部门全力以赴，迅速清扫垃圾、污泥，及时消毒，抓好灾后疾病防治和流行性疾病预防工作。全县共有1585名县、乡镇干部投入抗洪抢险救灾工作。

3.1996年“7·13”洪灾抗洪抢险救灾。灾情发生后，县委、县人民政府组织广大干部群众积极投入抗洪抢险工作。

(1)加强领导，分工负责。7月13日成立以县委书记李德清、县长秦湘赛为正副指挥长的抗洪抢险指挥部。根据老县城武溪镇被洪水分割成数块、浦市灾情严重和农村普遍受灾的实际情况，县级领导实行分工负责，分别奔赴一线组织和指挥抗洪抢险。7 月 14 日，州委常委、州委组织部长孙在田带领州直有关部门负责人 37 人赶赴泸溪指挥抗洪抢险救灾。7 月 15 日，州委常委、吉首军分区司令员彭楚政，州人大常务会副主任罗国兴，副州长王承荣，州政协副主席田茂林带领武警、消防官兵 100 人赴泸溪帮助抢险。7 月 16 日，省政协副主席石玉珍及省水电厅、交通厅、民政厅负责人，州委书记李大伦和州委副书记、州长向世林，州委副书记、常务副州长武吉海，州人大常务会主任吴沅生，州政协主席向熙勤，州委常委、州委秘书长金述富等领导，赶赴泸溪抗洪第一线指挥抗洪抢险救灾。州直部门负责人也带领干部陆续赶赴泸溪灾区支援抗灾，并送来救灾物资。

(2)突出重点，抓好救灾工作。竭尽全力确保人民生命财产安全，把抢险重点放在险情大、灾情重的武溪、浦市两镇，将救人放在首位。组织以公安民警、武警、消防、应急分队为骨干的抢险队 400 多个共 1.26 万人次，出动车辆 200 多辆，大小船只 250 只，投入抢险救灾工作。省防汛指挥部派出 5 架次直升机空投物资，沅陵县派出一艘大轮船和 10 只机动船来泸溪县支援救灾，州委、州政府派出武警、消防战士 100 名、公安民警 50 名，永顺县派出 14 只皮划艇及时赶赴泸溪抗洪抢险前线。经多方艰苦奋战，将 4 万被洪水围困的群众转移到安全地带。

(3)及时安置受灾群众，迅速开展生产自救。灾情发生后，县委、县人民政府千方百计组织粮食、蔬菜、饮用水供应，安排灾民生活，腾出机关办公室、学校教室等 735 间 25000 平方米安置受灾群众，组织购买、调运、接收、发放各救灾物资 100 吨，筹措资金 86 万元，安排灾销粮 100 吨，解决受灾群众生活困难，卫生防疫部门全力以赴积极投入灾区消毒和疫病防治，确保大灾之后无大疫。

7 月 19 日，县委、县政府发出《关于迅速组织开展生产自救的紧急通知》，组织 1000 名县直机关干部奔赴灾区帮助指导灾区群众开展生产自救。同时，县委办、县政府办印发《关于在全县范围内开展为灾区赈灾募捐活动的通知》。社会各界共给泸溪捐款 2000 万元和大量物资。全县先后发放救灾粮 3000 多吨、救灾款 2000 多万元、衣服 100 万套和 38 万元救灾药品。

7 月 22 日，县委、县人民政府向州委、州人民政府并请州委、州人民政府向省委、省人民政府汇报泸溪“7·13”特大洪涝灾害和抗灾自救的情况。从五个方面汇报存在的困难和请求。①泸溪县粮食生产区被洪水淹没，国有粮库和灾民存粮又被洪水冲毁，生活十分困难，请求省人民政府从防汛费和民政救济款中解决 5000

万元的救灾款和2000万公斤救灾粮。②洪灾对泸溪县工商企业造成损失惨重，恢复生产经营十分困难，请求解决恢复生产经营贷款8000万元，并在项目投资上给予倾斜。③洪灾导致交通、邮电、电力、供水、广播电视、文教卫等基础设施受到严重损坏，恢复功能十分困难。请求省人民政府拨专款2000万元，以尽快恢复供水、供电、交通和各项基础设施。④帮助泸溪灾区农村恢复农田水利设施，尽快让农村灾民恢复生产，进行自救，请求省人民政府解决农业生产资金1000万元。⑤鉴于泸溪连续三年遭受特大洪灾，移民反映强烈，情绪较大。请求省人民政府组织有关部门来泸溪县调查研究，解决移民搬迁中有关问题。7月25—31日州人民政府副州长王承荣、泸溪县委书记李德清、县人大常务会副主任瞿东生、副县长胡章胜带县计委、移民办、财政、民政、民委、财办、交通、水电、纪委等部门负责人赴省，向省委、省人民政府汇报灾情，省委书记王茂林、省长杨正午、副省长周伯华、王克英等领导听取汇报并作出重要指示。

8月13日，县委、县人民政府在县人民电影院召开全县抗灾救灾动员大会。会上，县委书记李德清作动员报告。会议中心议题是：进一步统一全县各级各部门和广大干部群众的思想，明确当前抗灾救灾形势和任务，集中精力搞好抗灾自救，把灾害造成损失减少到最低限度，努力争取完成全年国民经济计划，夺取抗灾救灾全面胜利。县委、县人民政府提出“自力更生，分级负责，依靠群众，生产自救，互助互济，保持稳定”抗灾救灾指导思想。并确定全县抗灾救灾必须坚持实事求是，量力而行，坚持自力更生、互助互济，坚持统一安排、分级负责“三条基本原则”。重点抓好三项工作：切实做好受灾群众生活安置工作。在认真核实灾情、澄清底子基础上，突出重点，精心安排，千方百计解决好受灾群众吃穿住问题，重点解决重灾户、“四无户”，不搞平均分配。广泛开展互助互济活动，无灾帮有灾，轻灾帮重灾，干部职工帮城乡居民，实行乡镇互帮，厂矿互助，亲邻互助，和衷共济帮助受灾群众渡过难关。切实抓好生产和基础设施恢复，农作物绝收需补种改种，组织抢修恢复可恢复田土。提出养殖业“户均多养一头猪，人均多养一只禽”号召，把损失减少到最低限度。工业方面组织职工抓紧厂房、机械设备清洗、维修，尽快恢复生产。保险、金融、电力部门竭尽全力搞好支灾救灾工作。商业方面组织人力、物力、财力，重点抓好九个重灾商业企业恢复生产经营。教育部门尽快恢复被淹校舍，确保秋季恢复开学。切实加强思想政治工作，确保灾区社会政治稳定，发扬基层党组织战斗堡垒作用和共产党员先锋模范作用，对乘灾打劫不法分子坚决予以打击，维护灾区社会治安秩序。

三、救灾捐赠

中国有着扶危济困，互帮互助传统美德。每当发生天灾人祸，邻里、乡亲、亲友之间会互相接济，携手渡过难关，体现出感人至深的人间真情。一些宗教寺庙、大户和官宦人家也怀着行善积德、善有善报心理，开仓放粮赈济灾民。但这些民间互助互济行为多是自发的、零散的、局部和偶然的，难以成为有凝聚力群体。

1978 年，中国共产党十一届三中全会以后，为适应改革开放新形势下救灾工作的需要，救灾捐赠工作逐步走向社会化和规范化。这个时期，救灾捐赠不断开拓领域，扩大影响，并在组织、发动、管理、宣传等方面得到加强，成为救灾工作重要内容和途径。同时加强对救灾捐赠政策、管理和组织发动领导，形成救灾捐赠立体化新格局。

在历次重特大自然灾害抗灾救灾中，县民政局及时组织开展救灾捐赠活动。首先，加强领导。成立救灾捐赠工作领导小组，确定一名县级领导任组长，民政局长任副组长，负责捐赠日常事务，确定由救灾救济股接受各地捐赠资金和物资。积极协调，精心组织、周密安排，抽调专门力量，全力以赴开展捐赠活动。在 1994 至 1996 年连续三年特大洪涝灾害抗灾救灾工作中，全县启动救灾捐赠活动，在做好救灾各项工作同时，在全县干部群众中掀起开展“支援灾区，奉献爱心”捐款捐物活动高潮，县委县政府政府高度重视，把这项工作摆上重要议事日程，有关部门各司其职、各负其责，支持和配合民政部门做好捐赠工作。依靠工、青、妇等群众团体，在机关、企事业单位广泛动员，发动和组织群众积极参与捐助活动。三年中累计接收社会捐款 462 万元。在接收本级捐款同时，向上级部门汇报灾情，得到上级各有关单位支持，接收株洲市、省直机关和州直单位对口帮扶的捐赠 1640 万元，物资折款 210 万元，其中株洲市捐赠资金 700 万元，湘西州州直机关单位捐赠 267 万元。这些爱心捐款(物)支援了全县抗洪救灾工作。其次，宣传发动。在汶川县大地震、舟曲特大泥石流灾害等自然灾害救灾捐赠活动中。县委、县政府召开全县科级以上领导干部会议，举行抗灾救灾现场捐赠仪式，号召全县人民发扬“一方有难，八方支援”传统美德，积极奉献爱心，踊跃捐献，支援灾区。县四大家领导班子领导率先垂范，给全县救灾捐赠活动带了一个好头。县民政局捐赠点实行 24 小时值班制度，全天候接收社会各界捐赠。据统计，共接收社会各界捐款 115.20 万元。同时，县委组织部组织全县党员干部交纳特殊党费支援抗震救灾工作，全县共接收特殊党费271.32万元。其三，严格管理。在做好捐赠款物接收工作同时，做好捐赠款物的拨付和管理工作，向社会明确捐赠款物的使用范围，及时把捐赠款物拨付到最需要救助灾区群众手中。接收捐款时，及时给捐款者出具救灾捐赠专用收据，并且每天及时把接收到的捐助款汇总，缴款到县工行非税收入征收管理局捐赠专用账户。把接收到捐赠物资送入仓库，妥善保管。发放救灾捐赠款物时，坚持"民主评议、登记造册、张榜公布、公开发放程序"原则，做到账目清楚，手续完备、制度健全，及时向社会公布。监察、审计等部门对捐赠款物筹集、分配、拨付、使用及效果进行全过程跟踪审计，及时对救灾捐赠款物使用发放情况进行监督检查，定期将审计结果向社会公布，多年来，全县救灾捐赠工作没有发生任何违规违纪现象。

第三节 扶贫

一、历史上蠲恤

蠲恤即免除赋役，赈济饥贫。是旧时朝廷扶持贫苦大众一种扶贫措施，主要通过免除赋役措施来实现。明李东阳《明故文林郎河南道监察御史李君士常墓志铭》："(李士常)上疏言怀庆，诸府民父食子，兄食弟，骨肉亲党相噬死，徙十六七，虽蒙赦宥，宜大肆蠲恤，庶他变可弭。"清魏源《圣武记》卷九："自后，川、陕、湖北屡年蠲恤，视此不悉书。"

(一)清代蠲恤。清代蠲恤主要是减免田粮征收即赋税，每次皇帝换位更迭或饥荒之年或皇帝寿诞，都减免田粮赋税。其中康熙执政期间蠲恤最多。康熙二十三年(1684)奉旨，自十三年(1674)起至二十二年(1683)十年，民众所拖欠钱粮由康熙二十三年起，每年带征三年，以免民众一时并征亏累。康熙三十八年(1699)奉旨，所有三十九年(1700)地丁杂税等项钱粮，一概豁免。康熙四十四年(1705)奉旨，四十五年(1706)地丁粮米一概免征旧欠，未完的并停缴纳。康熙四十五年(1706)奉旨，四十三年以前未完纳地丁杂税等项钱粮按亩通行豁免。康熙五十年(1711)奉旨，五十一年(1712)应征田赋察明全免，并免征历年旧欠。康熙五十六年(1717)奉旨，地丁钱粮通行豁免。雍正十三年(1735)九月奉旨，民欠钱粮在十年以上概予蠲免，兹再行降旨，于恩诏外，将雍正十二年(1734)以前钱粮实欠在民的，一并豁免。乾隆十年(1745)奉旨，乾隆丙寅年钱粮，通告豁免。乾隆十五年

(1750)奉旨，免地丁，钱粮杂税不免。乾隆十七年(1752)奉旨，滇省现在办理清剿缅匪，湖南相连滇境，本省驿马不敷应用，未免捐资民力，将本年应征地丁钱粮全行缓征。乾隆三十三年(1768)奉旨，前岁大军进剿缅匪，军务未能及时告竣，沿路夫马运送，不无消费民力，再加恩，将直隶、河南、河北、湖南、贵州等五省所有军行经过各处，本年地丁钱粮，给予缓征。乾隆三十四年(1769)奉旨，云南省兵行所过地方，对地丁钱粮，分别豁免，并免十分之五，至湖北、湖南、贵州三省，兵行经过处所，前已两次缓征，今再行加恩，将本年地丁钱粮豁免十分之三。又奉旨，进剿缅匪，今已撤兵。其直隶、河南、湖北、湖南等省官员经过各州各县，明年应征地丁钱粮豁免十分之三。乾隆三十五年(1770)奉旨，今年六十岁诞辰，将各省应征钱粮通告豁免一次。乾隆五十五年(1790)奉旨，今年八旬寿辰，应征地丁钱粮，通告豁免。乾隆五十七年(1792)奉旨，湖南全省未完民欠银12760两全行豁免。乾隆六十年(1795)，永绥厅苗石三保和贵州松桃厅苗石柳邓滋事骚扰，命贝子福安康带兵督剿，奉旨将泸溪应征春季钱粮概行缓征。事定后，如查有被贼蹂躏，春收歉薄的再行豁免。嘉庆元年(1796)奉旨，各省应征地丁钱粮，通行豁免。又奉旨，下年田赋宽免十分之二。六月奉旨，湖南剿捕苗匪，附近苗疆地方多有被占田土，人民不免失业，着再加恩将来年征钱粮，通告豁免。嘉庆二年(1797)二月奉旨，泸溪县被苗骚扰地方时值青黄不接，自应量力接济，着再加恩开始赈救至五月底止。同治元年(1862)正月奉旨，所有咸丰九年(1859)以前未完正耗钱粮及因灾缓征粮谷及借给耕种口粮，及漕项屯饷芦溧等项实欠在民全行豁免。同治十一年(1872)九月，大婚礼成，十八日奉旨，所有同治六年(1867)以前欠钱粮，概行豁免。光绪元年(1875)三月初一日奉旨，豁免同治十年(1871)前各直省民欠钱粮一概豁免。

(二)民国蠲恤。民国5年(1916)，北兵过境，奉令减免田赋十分之四。民国7年(1918)，奉令，民欠田赋，概行豁免。民国10年(1921)大旱，奉令，在11年(1922)田赋减免十分之三。民国17年(1928)，恭逢南京政府成立大典，奉通令豁免民欠十七年以前历年积欠田赋。1930年后，国民政府再没有实行蠲恤政策。

二、中华人民共和国成立后扶贫工作

(一)工作历程。扶贫工作经历了三个阶段：

第一阶段，属于多种形式生产自救阶段。中华人民共和国建立后，中央政府贯彻生产自救方针，采取发放救济款资助生产和“以工代赈”等措施，取得显著成效。对改变农村面貌，保障贫困户生活起到一定作用。

第二阶段，属于个案型扶贫阶段。1978 年后，适应农村经济体制改革的形势，有组织、有计划地扶持贫困户从发展生产和商品经济入手，依靠国家、集体力量和群众互助，采取干部分工负责、富裕户扶助贫困户、逐户落实等办法，帮助贫困户发挥自身潜能，达到摆脱贫困目的。

第三阶段，属于以经济开发为主扶贫阶段。1983 年起，国家在继续扶持贫困户发展生产同时，投入更大力量对贫困地区实行经济开发。在政府的领导和帮助下，各有关部门、机关、团体积极配合支持，帮助贫困地区发挥当地优势，挖掘资源潜力，开辟生产门路，实行多种经营，增强自我发展能力，从根本上摆脱贫困，逐步走上致富道路。

国家第一次大规模扶贫开发政策调整始于 1986 年，从上到下正式成立了专门扶贫机构，确定开发式扶贫方针，确定划分贫困县的标准，划定 273 个国家级贫困县。后来将牧区县、“三西”项目县加进来，到 1988 年增加到 328 个国家级贫困县。第二次调整在 1994 年，国家启动“八七”扶贫攻坚计划，经过重新调整，国家级贫困县增至 592 个。第三次调整在 2001 年，出台《中国农村扶贫开发纲要(2001—2010 年)》，纲要取消沿海发达地区所有国家级贫困县，增加中西部地区贫困县数量，但总数不变，同时将国家级贫困县改为扶贫开发重点县。

2008 年前国家制定有两个扶贫标准，第一个是 1986 年制定人均纯收入 206 元为绝对贫困标准。第二个是 2000 年制定人均纯收入 865 元为低收入标准。2008 年，绝对贫困标准和低收入标准合一，统一使用人均纯收入 1067 元作为扶贫标准。此后，随着消费价格指数等相关因素的变化，标准进一步上调至 1196 元。2011 年 11 月 19 日，中央扶贫开发工作会议宣布，根据到 2020 年全面建设小康社会目标的要求，适应我国扶贫开发转入新阶段形势，中央决定将农民人均纯收入 2300 元(2010 年不变价)作为国家扶贫标准，2015 年，中央决定将农民人均纯收入 2800 元作为新的脱贫标准。

(二)农村扶贫。1950 年至 1978 年，全县扶贫工作主要体现在社会救济方面，属于“输血式”扶贫模式。1979 年后，重点是扶贫开发，实施“造血式”扶贫模式。

1950 年 3 月，县人民政府贯彻上级指示，在全县开展“减租减息”工作，共清退租谷 23 万公斤，退息金 8000 元。1952 年 10 月，县人民政府为扶持贫困农户，按照国家政策减免公粮 62.27 万公斤。1958 年，对民族地区农业税减免 10%，即减征稻谷 48.26 万公斤。1960 年、1961 年两年农业减产，国家发放穷队投资款 85

万元，农业贷款 11 万元，支持贫困地区恢复和发展生产。1965 年 12 月，县政府决定将 1966 年 1 月以前农村社队欠国家赊销款、预付款、预购定金、农贷等四项欠款，一律豁免；1961 年以前的贫下中农个人欠款全免，中农酌情减免一部分。1974 年 3 月，县人民政府拨出 6 万元，支援穷队搞好春耕生产。1979 年 11 月，全县免征穷队公粮 171 万斤，占总额 736 万斤 23.2%。

是年，县委、县政府在分析泸溪贫困户长期不能解决原因后，作出重点扶持贫困户工作决策。县民政局及时落实县委、县政府工作部署，选择洗溪公社作为扶持贫困户工作试点，宣传扶贫工作重要意义和党的社会救济方针政策，强调扶贫先扶志的重要性。洗溪公社党委组织各级干部深入开展“究竟是贫困户不争气，还是我们工作有差距；帮助贫困户改变面貌是我们责任，还是我们额外负担”两个问题大讨论，向广大干部和群众进行两个方面思想教育：第一，进行社会友爱和共同富裕社会主义教育，激发感情，提高扶贫认识和自觉性；第二，对贫困户进行生产自救教育，帮助克服依赖思想，树立自力更生，战胜困难信心和决心。在此基础上，对照条件规划到户，主要是对那些由于主要劳力死亡、病残或劳力体弱多病，遭受意外事故，以及人口多劳力少造成生活困难，不能维持基本生活社员（含优抚对象）进行扶助。对其中较严重的困难户采取重点扶持，确定帮扶人员，制定扶持规划，力争改变贫困面貌。在扶贫措施上，狠抓养殖业，发展种植业、食品加工业，坚持长计划，短安排，扶贫措施的重点放在当年，因人因户制宜，帮助贫困户创造转化条件，增加经济收入。对欠集体债务多且无偿还能力的贫困户，鼓励通过自己设法偿还，县政府给予适当补助，集体从公益金中给予部分或全部减免。

1978 年，全县扶贫工作有新进展，但农村大多数地区仍处于贫困落后状况。1983 年底统计，全县有贫困社镇 15 个，贫困大队 154 个，分别占全县社镇和大队总数 78.9%和 67.24%，贫困户 8.49 万户 45862 人，分别占贫困户数贫困人数 25%和 25.5%。1984 年后，泸溪县被列为湖南省重点贫困县。

1984 年 4 月 2 日，县人民政府成立泸溪县扶贫领导小组，由 15 人组成，分管副县长任组长，县农委主任、县政府办主任任副组长，下设办公室于县民政局。从解决贫困户温饱入手，合理安排劳力，从资金、物资、技术等方面帮助发展生产，使农村贫困人口面貌得到初步改变。

1984 年 9 月 30 日，中共中央、国务院发出《关于帮助贫困地区尽快改变面貌的通知》。县委、县政府贯彻执行中央和省、州指示精神，把治穷脱贫工作当作全县重要工作来抓。1985 年 3 月初,县委提出将“脱贫致富,提前翻番”作为全县经济工作首要任务,根据上级部署在全县采取以工代赈办法进行扶贫。9 月 25 日至 28 日,县委召开全县农村工作会议,各乡镇党委书记和乡镇长与县直部、委、办、局负责人共 180 人参加,全面规划调整产业结构、发展乡镇企业和治穷脱贫工作。1984 至 1985 年, 国家对少数民族地区人民缺衣少被困难实行“两棉” 赊销政策,体现党中央、国务院对少数民族地区人民生活关心。泸溪县共计向全县 33014 户 118812 人赊销棉布、棉絮金额 397.40 万元,每户平均赊销 86.84 元,同时,减免农业税 5 年。

1986 年 7 月 12 日至 15 日,县委、县政府召开全县扶贫工作会议,传达贯彻国务院开发贫困地区领导小组会议纪要和全省贫困地区工作会议精神,总结和部署全县扶贫工作。对传统救济式扶贫进行重大改革和调整,从单纯由民政部门扶持发展为各部门、全社会都参与扶持;从单纯给粮、钱、物救济式扶持发展为扶贫先扶志气、扶科学技术;从以单户扶持,发展为连片集中扶持。同时,在做法上注意以点带面。至此,初步形成予全社会关注治穷脱贫新局面。

1987 年 6 月 10 日,县委、县人民政府成立县扶贫工作领导小组,由 11 人组成,分管副县长任组长,县委常委、县委办主任,县政府办主任及县农委、县计委各一名副主任任副组长,下设办公室于县农委,县农委分管副主任兼任办公室主任。11 月 2 日,改县扶贫工作领导小组为县经济开发领导小组,下设办公室改为县经济开发办,属正局级事业单位,归口县农村工作委员会管理。县民政局扶贫工作职能主要是扶持贫困户经济开发和农村扶贫建房、农村危房改造工作。

1987—1992 年,县民政局累计筹措扶贫周转金 45 万元,重点扶持小章乡、潭溪镇,创办扶贫经济实体 1 个,经济联合体 1 个,扶持 14500 贫困人口发展种养业,年产值 130 万元,年纯利润 13 万元,人平均收入 650 元。其中,养猪 1.1 万头、牛 4000 头、羊 2000 头、兔 500 只、鸡 1.5 万羽、鸭 8000 羽、鱼苗 26 万尾,种花生 4000 亩、烤烟 1200 亩、茶叶 500 亩、苎麻 110 亩、药材 510 亩,柑橘 1.5 万亩。至 1992 年底,全县有 1200 户跨入富裕户行列,有 2100 户实现脱贫,其中优抚对象 380 户。1993 至 2000 年,全县投放扶贫周转金 25 万元,重点扶持 3 个乡镇 5 个村山地开发。至 2001 年,累计支出社会救济、社会福利和优抚事业费 3335.70 万元。

(三)农村扶贫建房

1.“军民共建”扶贫建房。1984 年 10 月 27 日,县人民政府、县人民武装部发出

《关于落实胡耀邦同志指示，发动和组织群众、民兵、青年帮助群众解决“住房难”活动的通知》。11 月 10 日，县委常委会议研究决定，成立县军民扶贫建房领导小组，7 人组成，分管副县长任组长，一名县委常委和县人武部政委任副组长，计划用三年时间解决全县无住房农民住房困难。据统计，全县农村时有无房户 1164 户 4331 人，茅屋户 927 户 4469 人，危房户 1436 户 6458 人，住房拥挤户 7581 户 44426 人，住房困难占全县总农户数 26.44%和总农业人口数 30.39%。在州委、州政府、吉首军分区帮助支持下，到 1986 年，全县筹集资金 82.94 万元(其中州下拨 14 万元，县和乡镇两级集资 1.41 万元，农户自筹 67.53 万元)，群众互助帮工 10 万个，捐助木材 410 立方米，帮助新建房屋 1132 栋，解决无房户 1132 户 5572 人住房困难，占无房户数 92.2%。同时，还帮助维修和扩建一部分房屋，使大部分贫困户住房问题得到解决。

2.“扶贫攻坚”阶段扶贫建房。经过 20 世纪 80 年代中期“军民共建”扶贫建房，县内贫困户住房难的问题得到初步解决，但仍有部分贫困户住房困难。1994 年春，县民政部门调查统计，全县有无房居住户 259 户，其中搭棚盖茅的有 139 户，借住他处 37 户，住温室和学校 64 户，住岩洞和桥洞 19 户。1994 年 9 月，湖南省委、省人民政府下发〔1994〕17 号文件，将扶贫建房列入“八七”扶贫攻坚九大任务之一。全县贯彻执行省委、省人民政府文件，组织开展“扶贫攻坚”阶段扶贫建房。成立以县长为组长、分管副县长任副组长的扶贫建房领导小组及办公室，多次召开扶贫建房工作会议，层层签订《扶贫建房责任书》。全县确定扶贫建房对象 242 户，其中“五保老人”25 户，孤儿 17 户，寡妇 36 户，残疾人 46 户，烈军属 70 户。在确定核实扶贫建房对象基础上，广泛发动群众参与扶贫建房。从 1994 年 10 月至 1996 年 3 月，全县有 2575 名共产党员、1302 名共青团员、935 名基层骨干和 19400 名群众参加扶贫建房行动，义务帮工 4.50 万个，捐助木材 554 立方米、火砖 9.10 万块、小青瓦 35.45 万匹，所帮物资折合人民币 22.45 万元。完成扶贫建房 267 栋 799 间 17864 平方米，为州下达该县扶贫建房任务 128.4%。先后有 267 户 1248 人搬进新居，县民政局连续两年被评为全州扶贫建房先进单位。

3.水毁建房。1994 至 1996 年全县连续三年遭受特大洪灾，水毁房屋严重，全县冲走和倒塌房屋 2150 栋 20.32 万平方米。县民政局在以县委副书记、县长任组长，3 位副县长任副组长水毁建房领导小组领导下，认真调查核实，多方争取资金，广泛发动群众，开展卓有成效工作。1995 年，全县完成水毁建房 187 栋，占州当年分配任务127.5%；1996年全县水毁建设767栋；至1997年，全县共建灾区群众新村7个224户，基本完成全县水毁建房任务。

(四)农村危房改造。2009年，县委、县人民政府成立农村危房改造领导小组，由分管副县长任组长，县民政局组织实施。

1.农村危房改造政策

(1)补助对象。补助对象范围：分散供养五保户，是指未进敬老院安置、仍在农村分散居住的五保户。农村危房改造补助资金原则上只安排无房或居住在危房中农村分散供养五保户。低保户，是指生活比较贫困，享受国家低保政策，有民政部门颁发低保证书农户。贫困残疾人家庭，是指家庭生活比较贫困，有残联部门颁发残疾人证书农户。其他贫困户，是指经济上比较拮据，收入在当地贫困线以下困难农户。补助对象住房情况：凡列为农村危房改造补助对象的，其居住的房屋，必须是按照住房城乡建设部《农村危险房屋鉴定技术导则(试行)》鉴定为C级或D级危房；不是C、D级危房不能列为农村危房改造补助对象。确定无房户为农村危房改造补助对象的，必须是经济上最困难农户，即属分散供养五保户、低保户、贫困残疾人家庭或其他贫困户，且没有自己住房、长期借住村集体房屋或私房。五保户、低保户、因灾倒房户且属于贫困户的，须经县级民政部门认定，贫困残疾人家庭、其他贫困户必须经县扶贫办认定。在确定危房改造补助对象过程中，应优先将自筹资金能力特别弱的贫困农户确定为危房改造补助对象，并在政府帮助下改造建成最基本安全住房。

(2)补助对象申请条件。农村危房改造以户为单位，由农户提出申请，申请人须同时具备下列条件：拥有当地农业户籍并在当地居住，且是房屋产权所有人；属于农村危房摸底调查统计在册危房户；属于农村分散供养五保户、低保户、贫困残疾人家庭、其他贫困户任意一种类型。

(3)补助标准。按东、中、西部每户补助6500元、7500元、9000元的标准；同时按人均1200元补助标准，支持建设危房改造供热等配套基础设施。

(4)补助对象确定程序。①自愿申请。由户主本人向户籍所在地村民委员会提出申请，并如实填报和提供下列资料：湖南省农村危房改造项目申请表；户口簿、居民身份证等资料；有权部门出具五保证、低保证、残疾证等贫困残疾证明。村民委员会受理申请后应如实登记。②村民民主评议及公示。申请人户籍所在地村民委员会收到申请资料后，应采取入户调查、邻里走访等方式进行调查核实，组织村民进行公开评议。入户调查时,至少应有 2 名村干部和 1 名以上本村群众参加。村干部和调查人应分别在表上签字盖章。调查核实结束后,村民委员会将调查结果在村务公开栏或村民主要活动场所进行公示,公示时间不得少于 7 天。群众有异议的,应及时核实并听取当事人陈述,不符合补助条件的,应取消补助对象资格。公示期满后,及时将相关材料整理上报乡镇人民政府。③乡镇人民政府审核及公示。乡镇人民政府对村民委员会上报材料进行审查,并组织有关人员对危房改造申报对象进门入户实地调查。对评议中争议较大以及公示有异议必须严格进行复查、核实。乡镇复查核实完毕后,应将符合条件拟补助对象名单、改造方式等在乡镇政务公开栏、村务公开栏、村民主要活动场所进行公示。公示时间不得少于 7 天。群众有异议,乡镇人民政府应及时组织复核并听取当事人陈述。公示期满后,及时将公示无异议或异议不成立评审结果和相关材料整理汇总上报县农村危房改造领导小组。经审核不符合政策条件,相关资料退回村民委员会,由村民委员会通知申请人,并书面说明理由。④县农村危房改造领导小组审批及公示。县民政部门或者扶贫部门审查申请人情况,对相关材料进行审查,对部分申请人组织重点复核及现场抽查。组织相关部门技术人员深入农户家中,按照《农村危险房屋鉴定技术导则(试行)》标准,对房屋危险程度进行调查和评定,填写《湖南省农村危房鉴定表》。申请人居住的房屋不属于 C、D 级危房的,不予上报审批。县农村危房改造领导小组对申请人、改造方式、补助资金进行审批,并将审批结果公示,公示时间不得少于 7 天。群众有异议的,及时组织调查核实并听取当事人陈述。不予批准的,县农村危房改造领导小组应书面通知申请人并说明理由。确定为补助对象的农户应与县政府签订农村危房改造协议书,按照协议拨付款项。对经批准确定为补助对象、因指标有限未列入当年危房改造计划的,可转入下一年度优先予以安排。

2.*泸溪县危房改造方案*。农村危房改造补助对象,是长期居住在危房中或者无房的农村分散供养五保户、低保户、赤贫农户、贫困残疾人家庭、计划生育特殊困难家庭、伤残军人困难家庭、水库移民避险及其他因不可抗的自然灾害灾倒房户。即帮助住房最危险、经济最贫困农户将其房屋改造成为基本安全住房。分散供养五保户是指未进敬老院安置,仍在农村分散居住五保户。低保户是指生活贫困,享受低保政策,有民政部门颁发低保证农户。贫困残疾人家庭是指家庭生活比较贫困,有残联部门颁发的残疾人证书农户。伤残军人困难家庭指长期生活在贫困线下且有国家颁发正规伤残军人证农户。计划生育特殊困难家庭指因计生手术或落实其他计生措施而丧失劳动能力导致家庭困难，无力建房且仍长期居住在危房中生活对象。其他贫困户是指经济上比较拮据，收入在当地贫困线以下困难农户。

3.实施过程。建立和完善工作机制。成立由县长任组长，常务副县长和分管副县长任副组长，县直相关部门负责人为成员农村危房改造工作领导小组，各乡镇相应成立领导小组，责任捆绑到人。由县长主持召开全县年度危房改造工作会议，安排部署年度危房改造工作。实行县级领导包乡镇、乡镇党委政府班子成员包村、干部包户责任制，县、乡、村层层签订责任状，按期如数保质完成任务。同时，统一建房方式、建房要求、申报标准和审批程序，规范资金管理、技术服务、质量监督和信息报送等一系列保障措施，明确各乡镇政府作为农村危房改造工作直接责任主体，形成"齐抓共管、整体联动"、全县"一盘棋"、上下"一条心"工作格局。

加强质量监管。为确定农村危房改造户对象，根据省、州有关规定，严格按照"本人申请、村组评议、乡镇审核、县里审批"程序进行，突出解决分散供养五保户、低保户、贫困残疾人家庭、因灾倒房户、其他农村贫困户的建房问题，对于不符合建房条件的，不予纳入建房名单。为切实加强项目监管，将农村危房改造工作纳入"四个文明"考核内容，实行县级领导包乡镇、乡镇领导包村、乡镇干部包户的"三包"责任制，列入年终干部绩效考核，凡不能按时完成规定任务乡镇，将实行一票否决。农村危房改造补助资金设立专户储存，实行建房资金社会化发放，由县民政局按建房工程进度进行审核并造具到户花名册，交由县财政分期分批直接打到建房户银行卡上，再由县民政局安排专人将卡直接发放到建房补助对象手中，为保证房屋质量安全，对农村危房改造质量实行定期和不定期督查，对建房过程发现问题及时纠正处理。

加强协调配合。县政府一方面要求各责任成员单位各司其职、各负其责，另一方面强调成员单位之间的协调配合，做到统筹规划，整合资源。为防止在农村危房改造工作中出现少数几个部门"单打独斗"状况，将扶贫搬迁、移民安置、自然灾害倒损农房恢复重建、残疾人危房改造与农村危房改造资金整合，捆绑使用，做到"渠道不乱、投向不变"，改变了过去项目资金"撒胡椒面"情况，使农村危房改造工作成效更加明显。

农村危房改造历时五年，至2013年12月，全县投入危房改造资金3.55亿元，其中上级专项资金7935万元，县级配套资金800万元，农户自筹资金2.49亿元，完成危房改造9725户，其中新建7323栋、维修改造危房2502栋，超额完成农村危房改造目标任务，改善农村贫困户住房条件，工作成效得到省民政厅高度评价。

2014年，农村危房改造工作由县民政局移交给县住房和城乡建设局管理。

(五)社会保障兜底扶贫。2016年，泸溪县按照“保基本、兜底线、促公平、可持续”基本原则，进一步完善农村最低生活保障制度，按照“五个一批”的要求，对无法通过产业扶持和就业帮助实现脱贫家庭实行政策性保障兜底成为民政扶贫工作内容。

1.“五个一批”精准脱贫工程。2015年11月27至28日，中共中央召开扶贫开发工作会议，习近平总书记在会上提出精准扶贫、精准脱贫举措，要求“构建好的体制机制”。按照贫困地区和贫困人口具体情况，实施“五个一批”精准脱贫工程。⑴发展生产脱贫一批，引导和支持有劳动能力人依靠自己双手立足当地资源，实现就地脱贫。⑵易地搬迁脱贫一批，贫困人口很难实现就地脱贫实施易地搬迁，按规划、分年度、有计划组织实施，确保搬得出、稳得住、能致富。⑶生态补偿脱贫一批，加大贫困地区生态保护修复力度，增加重点生态功能区转移支付，扩大政策实施范围，让有劳动能力的贫困人口就地转成护林员等生态保护人员。⑷发展教育脱贫一批，国家教育经费继续向贫困地区倾斜、向基础教育倾斜、向职业教育倾斜，帮助贫困地区改善办学条件，对农村贫困家庭幼儿特别是留守儿童给予特殊关爱。⑸社会保障兜底一批，对贫困人口中完全或部分丧失劳动能力人由社会保障来兜底，统筹协调农村扶贫标准和农村低保标准，加大其他形式社会救助力度。加强医疗保险和医疗救助，新型农村合作医疗和大病保险政策对贫困人口倾斜，重视和加强革命老区脱贫攻坚工作。

2.泸溪县社会保障兜底对象认定。根据省、州人民政府部署和要求，2016年8月17日，县政府办发《泸溪县社会保障兜底脱贫对象认定工作方案》，在全县部署开展社会保障兜底脱贫对象认定工作。⑴确定目标。立足“精准扶贫、精准脱贫”，建立社会保障兜底脱贫对象联合认定机制，精准认定社会保障兜底脱贫对象。⑵明确工作任务。确定由县政府牵头，建立社会保障兜底脱贫对象联合认定机制。建立社会保障兜底脱贫对象联合认定工作联席会议制度，县人民政府分管民政工作副县长任召集人，县监察局、民政局、财政局、扶贫办、人社局、卫计局、残联、人民银行泸溪支行等单位主要负责人为成员，办公室设民政局，民政局局长任办公室主任，扶贫办、民政局分管领导任副主任，各成员单位抽调一名业务骨干参与办公室工作，承担联合认定职责。

《方案》明确各单位分工及职责：民政局负责提供在册农村低保对象花名册，参与家庭经济状况核查核对，组织抽查和复核工作，组织联合认定审批。财政局负责根据保障标准和人员规模做好资金预算和资金保障；扶贫办负责提供农村建档立卡贫困户花名册和已享受低保政策贫困户名单，实行扶贫开发与农村低保的信息共享，参与家庭经济状况核查核对、联合认定审批等工作建立社会保障兜底脱贫对象电子和纸质档案；人社局负责提供贫困对象社保、医保等信息查询和核对；卫计局负责提供贫困对象病情和医保信息，共同组织参与社会保障兜底脱贫对象联合认定审批工作；残联负责提供现有农村一、二级残疾人，三、四级智力及精神残疾人，一户多残和老残同户家庭对象花名册，对身患残疾但尚未办证的贫困对象进行残疾程度认定，发放残疾证，共同组织参与社会保障兜底脱贫对象联合认定审批工作；人民银行泸溪支行负责协调相关金融部门提供社会保障兜底脱贫对象银行账户开户行信息及相关资金查询结果；监察局负责对社会保障兜底对象认定工作进行全过程监督，对相关违规、违纪、失职问题进行查处。

认定标准。社会保障兜底脱贫对象为：以户为单位，贫困家庭中主要劳动力完全或部分丧失劳动能力，无法依靠产业扶持和就业帮助脱贫的家庭。①无劳动力或者丧失劳动能力的家庭。家庭成员主要是老年人(60 周岁以上)或 16 周岁以下未成年人且无经济收入来源的；或其赡养、抚(扶，下同)养义务人均因病、因残丧失劳动能力，或家庭主要劳动力因服刑、强制戒毒、失踪等原因，无法履行赡养、抚养义务家庭。②因残重度贫困家庭。家庭主要劳动力是一、二级残疾人或三、四级智力及精神残疾人，或一户多残，或老残同户且无其他经济来源特殊困难家庭。③因病重度贫困的家庭。家庭主要劳动力因病(含慢性病)部分或完全丧失劳动能力且无其他经济来源，年累计自负医疗费用超过其家庭年可支配收入且需继续治疗家庭。④因灾或意外事故造成重度贫困家庭。因灾害、突发性事件造成家庭主要劳动力死亡、重残等致贫且无其他经济来源家庭。⑤因其他不可抗拒原因，无法依靠产业扶持和就业帮助脱贫的重度贫困家庭。

程序步骤。①宣传发动，加强政策宣传和引导，利用电视、网络、报纸等各类媒体，采取多种形式宣传中央和省州有关扶贫政策，做好动员培训工作，制定工作方案，将兜底脱贫对象认定标准张贴到村到组。②入户调查。每个乡镇派 2 名以上经办人员，驻村工作队配合乡镇对农村低保家庭和建档立卡贫困户逐一入户现场调查，提出拟纳入社会保障兜底脱贫对象名单。③家庭经济状况核对。由乡镇会同民政局、扶贫办、人民银行泸溪支行等相关单位对社会保障兜底脱贫对象家庭经济状况进行核对。④民主评议。由乡镇人民政府在各村组织民主评议。⑤初评结果公示。乡镇人民政府在拟纳入社会保障兜底脱贫范围对象所在村民委员会村务公开栏公示初评结果。⑥乡镇审核。乡镇人民政府对操作程序及相关材料进行审核，审核通过后报县社会保障兜底脱贫对象联合认定工作联席会议办公室审批。⑦县级审批。县社会保障兜底脱贫对象联合认定工作联席会议办公室对乡镇人民政府上报拟纳入对象进行逐一审核，并组织重点抽查和复核，重点抽查率不低于50%。对符合条件的，县人民政府委托乡镇人民政府在乡镇政务公开栏和村务公开栏对拟审批结果进行公示。公示期满，县民政和扶贫办将其纳入社会保障兜底脱贫对象范围，并采取适当方式进行长期公告。⑧汇总上报。民政局、扶贫办对联合认定对象逐一建档立卡，完成数据汇总，分别报州民政局和州扶贫办。

工作措施。①加强组织领导。成立以县长为组长，常务副县长为常务副组长，分管副县长为副组长，县直相关责任单位和乡镇人民政府负责人为成员领导小组，将社会保障兜底脱贫对象认定工作纳入重要议事日程，主要领导亲自抓，保障工作经费，抽调必需工作人员，确保在规定期限内全面完成社会保障兜底脱贫对象认定和统计上报工作。②准确把握政策。严格按照政策要求执行，不乱开口子和随意扩大兜底范围。确定社会保障兜底脱贫对象时以家庭经济状况为基础，以家庭为单位，不得将有赡养、抚养义务人重残、重病等个人从家庭中分离出来单独进行兜底保障。杜绝“政策保”“人情保”“关系保”。做到严把四关：严把入户调查关。坚持“谁调查、谁签字、谁负责”的原则；严把民主评议关。驻村干部牵头，驻村工作队配合，从村支两委成员、党员和村民代表组成民主评议组，按照宣读政策、介绍情况、现场评议、形成结论、签字确认步骤进行；严把公示关。按照审核公示、审批公示和长期公示要求落实对象公示制度，接受群众监督；严把联合认定关。县社会保障兜底脱贫对象联合认定工作联席会议办公室对乡镇上报对象逐一进行联合认定，按各类对象应该具备所有条件进行审核。③实施动态管理。加强对社会保障兜底脱贫对象动态管理，定期进行审核，原则上每年审核一次。凡符合扶贫对象条件兜底脱贫对象，由县人民政府在建档立卡贫困户规模上，实施动态调整，将其纳入建档立卡贫困户范围，享受国家扶贫优惠政策。④落实工作责任。社会保障兜底脱贫对象认定工作实行责任捆绑，乡镇政府为主、驻村工作队配合办法层层落实工作责任。县民政局负责指导兴隆场镇、小章乡、白羊溪乡、解放岩乡；扶贫办负责指导浦市镇、达岚镇、合水镇、石榴坪乡；攻坚办负责指导武溪镇、洗溪镇、潭溪镇。⑤加强指导督查。县监察局、民政局、财政局、扶贫办、人社局、卫计局、残联、人民银行泸溪支行等单位密切配合，加强社会保障兜底脱贫对象认定工作指导和督促检查，及时解决突出问题，促进工作有序推进，确保政策落实到位。⑥加强政策衔接。把符合农村低保条件建档立卡贫困家庭按规定程序纳入低保范围；对于符合扶贫条件的农村低保家庭，按规定程序纳入建档立卡范围。⑦严肃工作纪律。认定工作要严格按照规定程序，一道程序不能省，一个环节不能少，确保认定工作公平、公正。各认定部门严肃工作纪律，将认定工作纳入乡镇、村干部年度绩效考核；杜绝以权谋私，优亲厚友；杜绝"政策保""人情保""关系保"。对工作不到位，敷衍塞责、进度缓慢，引发不稳定因素或造成不良影响的严肃问责。

3.社会保障兜底实施方案。按照泸溪县精准脱贫工作规划，到2019年，全县国家现行标准下6万贫困人口全部脱贫（2016年脱贫1.75万人、2017年脱贫1.7万人、2018年脱贫1.62万人、2019年脱贫0.95万人），94个贫困村全部摘帽。到2020年，实现农民人均可支配收入增长幅度高于全国平均水平，基本公共服务主要领域指标接近全国水平。

发展生产脱贫一批，带动3.71万人脱贫。整合财政专项、结对帮扶、社会捐赠、信贷等资金，引导有劳动力贫困群众参与贫困村"一村一品"产业建设行动，盘活各类产权，让特色优势变资源、资源变资产、资产变资本、资本变股本，直接增加贫困群众收入。支持村级集体经济发展，改善贫困村公共服务条件，保障无生产能力贫困户基本生活。

易地搬迁脱贫一批，实现0.93万人脱贫。对居住在生存条件恶劣、生态环境脆弱、自然灾害频发、公益性水库淹没区、偏远分散和禁止或限制开发自然保护区、文化保护区等地贫困人口，积极稳妥实施易地扶贫搬迁。

生态补偿脱贫一批，带动0.24万人脱贫。扩大生态扶持政策实施范围，逐步提高生态补偿标准，发展林下经济、林区生态旅游，提高生态公益林补偿区内贫困人口护林造林参与度和受益水平，让部分有劳动力的补偿区贫困人口就地转为护林员或造林员。

发展教育脱贫一批，带动2.82万人脱贫。完善全覆盖的学生救助体系，对贫困家庭中小学生、大学生和学前幼儿救助率达100%；开展劳动力输出培训，大力发展劳务经济，实现贫困户免费培训全覆盖。

社会保障兜底一批，实现 1.12 万人脱贫。加快社会保障体系向完全或部分丧失劳动力贫困群众全面惠及，实现城乡低保、城乡居民社会养老保险应保尽保及社会救助和医疗救助等全覆盖。

社会保障兜底脱贫对象认定工作开展后，各乡镇、各村（社区）和各驻村扶贫工作队贯彻落实社会保障兜底脱贫对象认定工作政策文件精神，严格按流程规范操作，精准认定，全面摸清社会保障兜底脱贫对象。2016 年 11 月 9 日，全县召开社会保障兜底脱贫对象认定工作推进会，总结前段工作，部署后一个时期工作。各乡镇、各相关部门按照州督查组对泸溪县社会保障兜底脱贫对象认定工作提出意见建议和县攻坚办整改意见，开展社会保障兜底脱贫对象认定"回头看"工作，确保认定流程再规范、认定对象更精准、干群再认可、档册资料更完善。将社会兜底脱贫对象认定工作责任捆绑到乡镇村干部，高质高效完成社会保障兜底脱贫对象认定工作和档册资料完善，各相关部门各司其职、通力合作，把全县社会保障兜底脱贫对象认定工作抓紧抓实，确保全县 5131 名社会保障兜底对象与全县其他建档立卡贫困户同步脱贫。

第六章 社会救济与救助

社会救济，是指国家和社会对因各种原因无法维持最低生活水平公民给予无偿救助一项社会保障制度。社会救济是基础的、最低层次的社会保障，其目是保障公民享有最低生活水平。社会救助是指国家和其他社会主体对于遭受自然灾害、失去劳动能力或者其他低收入公民给予物质帮助或精神救助，以维持基本生活需求，保障最低生活水平各种措施，他对于调整资源配置，实现社会公平，维护社会稳定有非常重要作用。

第一节 社会救济

一、社会救济方式

(一)古代社会救济方式。历史上“赈穷”“恤贫”，含有恩赐、怜悯意思。主要内容有：抚恤鳏寡孤独。各个朝代都曾采用遣使巡行四方等方式，开仓放粮赈济鳏、寡、孤、独和穷民。假民田苑。将公有山林、陂池或荒地分给贫苦劳动人民耕种、渔猎，并减免租赋。赈贷。包括无偿的赈济和无息有偿借贷。工赈。即以工代赈，主要是兴修农田水利及其他公共工程，计工给值。平粜。丰年谷贱，朝廷则增价籴(买入)，以免谷贱伤农；荒年谷贵则减价粜(卖出)，以周贫民之急；此外，还进行移民就粟或调粟就民。施粥。古人认为救饥如救溺，施粥为最便捷、最有效的应急办法，历代多采用。如金章宗泰和五年(1205)三月，“命给米诸寺，自十月十五日至次年正月十五日作糜以食贫民”(《金史·章宗本纪》)。还有为救贫设置收容机构，史称“居养”。宋代设有福田院、安济坊、居养院，金朝有普济院，元、明两代有养济院、济众院，清代有栖流所、养济院、习艺所。太平天国在其所辖境内设有老人馆、能人馆，为其军民养老、养伤、治病之所。

(二)民国时期社会救济方式。官办救济院，下设养老、残废、孤儿、育婴等所，普遍设于各省、市、县政府所在地。民间救助，民间创办救助性和互济性的组织。

宗教慈善。宗教团体创办慈善事业，多为收养孤儿、弃婴等机构。

(三)战争时期社会救济方式。中国共产党领导的革命战争时期对社会救济工作采取了一些适应当时情况的措施。1937 年 8 月 25 日，中共中央政治局扩大会议通过《抗日救国十大纲领》，提出以救济失业、调节粮食、赈济灾荒作为改良人民生活的重要措施。1946 年陕甘宁边区参议会通过的《陕甘宁边区宪法原则》规定："人民有免于经济上偏枯与贫困的权利"。边区政府采取救济灾荒、扶养老弱贫困等措施。

(四)中华人民共和国成立后社会救济方式。中华人民共和国建立初期，人民政府承担大量社会救济工作，如资遣国民党军队散兵游勇，接收、改造旧社会慈善团体，收容和改造烟民、游民、妓女，救济城市失业工人和贫民以及安置孤老残幼、遣送外流农民等。从 1954 年起，历次宪法都有关于社会救济的规定。1982 年制定的《中华人民共和国宪法》第 45 条规定："中华人民共和国公民在年老、疾病或者丧失劳动能力的情况下，有从国家和社会获得物质帮助的权利。国家发展为公民享受这些权利所需要的社会保险、社会救济和医疗卫生事业。"根据这一规定，社会救济工作主要是依靠群众和集体，开展生产自救，实行邻里相助，国家辅之以必要的救济。现行社会救济分为两种形式：

1.城市社会救济。城市社会救济对象包括：①城市中无依无靠、无生活来源孤老残幼(定期定量救济对象)，无固定收入或收入不足以维持当地生活水平居民(临时救济对象)；②1961—1965 年 6 月 9 日期间被精简退职 1957 年年底以前参加工作老弱残职工；③原国民党起义、投诚人员，被宽大释放原国民党党、政、军、特人员中无家可归者，生活困难台湾同胞、去台人员亲属，因公致残、丧失劳动能力下乡知识青年，计划生育医疗事故造成生活困难人员，生活困难刑事犯罪分子家属，生活困难归国华侨和侨眷等。城市困难户救济标准以保证救济对象基本生活需要为原则，包括国家供应的生活必需品和一定数量必要生活费用。救济标准由各地区根据当地具体情况规定，并随着群众生活水平提高而适当调整。

2.农村社会救济。建国初期，农村社会救济主要由政府负责。农业集体化以后，主要由集体经济负担。20 世纪 80 年代以后农村社会救济的任务是：①对农村中无劳动能力、无生活来源、无依无靠老人、残疾人和孤儿，采取依靠集体供养，辅之以国家必要救济办法，实行"五保"，即保吃、保穿、保住、保医、保葬(孤儿保教)，保证生活达到当地一般群众生活水平。供养形式有集中供养和分散供养。②为家庭收入维持不了当地最低生活水平的贫困户，发给救济款。随着国家经济发展，社会救济正在逐步由低层次向高层次过渡。经济不发达地区已由单纯维持贫困人民最低生活水平，发展为以扶优扶贫为重心，解决贫困人民温饱问题，开始由救济型向福利型转变；经济较发达地区社会救济功能逐步由社会保险所代替，建立合作养老保险、合作医疗保险等。2010年后，社会救济纳入社会救助范畴。

二、1959年至I961年困难时期荒政措施

三年困难时期是指从1959年至1961年期间发生全国性粮食短缺和饥荒，农村经历过这一时期农民称之为过"苦日子"。在1980年前称为"三年自然灾害"，后改称为"三年困难时期"。

1959年至1961年，泸溪县连续3年粮食减产，1959年粮食产量32500万公斤，比1958年减产23.7%，1960年粮食总产25190万公斤，比1959年减产29%，1961年粮食总产20816万公斤，比1960年减产13.4%。三年中，连续两年粮食总产低于1949年水平。社员口粮缺乏，饥荒严重。1960年全县人均口粮175公斤原粮，1961年减至160公斤原粮，全劳力一天口粮不到一斤大米，小孩按年龄定口粮标准，16两秤餐均2—3两、4—6两，一日2餐。因饥饿人们吃糠、吃野菜、吃草根、树叶树皮、吃观音土，导致水肿病、干瘦病、妇科病，小儿病等营养缺乏症爆发。县委、县政府为度过灾荒采取了一系列荒政措施

(一)生产自救，节约度荒。面对严重灾荒，县委采取非常措施带领全县人民救灾度荒、治病解危，把安排好群众生活作为第一件大事抓好。县、社分别成立度荒委员会，专抓群众生活，负责食堂工作，提出"生产自救、节约度荒""低标准、瓜菜代""过好苦日子，争取大丰收"口号。具体措施是：种蔬菜荞麦，补充口粮不足。1960年7月1日，县委召开140人干部扩大会议，专题研究农村公共食堂蔬菜生产问题，提出每人种菜三分地，每天吃菜三斤，发动全县大种蔬菜。会后，全县1130个公共食堂固定种菜员3282人，全县种菜3.65万亩，种秋荞3.60万亩，种小麦、大麦蚕豆、豌豆6.49万亩。1961年，全县秋冬种荞麦10.15万亩，蔬菜产量20.90万担，多数地方社员每餐能吃上一斤以上蔬菜。县里还先后介绍小章公社川峒大队、合水公社祖坟山大队中垅山生产队办好食堂经验，在全县食堂推广炒米饭、双蒸饭，提高出饭率，一市斤米出6—7市斤饭"经验"。安排救济粮。1960年1月24日，县委召开公社党委书记会议，分配各公社救济粮183.90万公斤。3月，县委在李家田召开公社书记会议，又分配补助粮193.53万公斤，还从各方面挤出

稻谷13.80万公斤下拨到各个食堂， 1961年秋，县里挤出粮食157.83万公斤，以困难生产队缺粮统销、补助、预借等形式下拨到生产队。食堂解散后，县委下发通知，按每人0.07亩标准安排社员自留地种菜，自种自食，全县共安排社员自留地1.44万亩。是年，社员开始在田头地角自发开荒种菜种粮，一些地方出现砍火畲地现象。1961年秋冬，各社队普遍实行借田、借土给社员种蔬菜、种油菜，农民吃菜、吃油问题得到较好解决。1962年，社员新开荒地、田里养鱼、田塍种豆全归自己收割。县委还允许机关单位向附近生产队借田借土种菜，改善生活。是年春，全县农村砍火畲地种植杂粮，秋后小米、苞谷等杂粮大丰收，缓解全县粮食紧张局面，但对森林植被造成一定程度损害。

(二)放开集市贸易。1961年1月，县委贯彻中央关于农村集市贸易精神，全县开放农村市场13处，恢复5天赶场的传统习俗，县投放化肥3590担，农药728担，农药器械45部，棉布1222万米，胶鞋1.32万双，食盐2.46万担，香烟6.03万条，煤油4.80万公斤，还向市场投放高价餐、高价糖，不需粮票用钱就能买到，粮油允许上市交易，城乡市场开始活跃。

(三)防治“三病”。因口粮不足，营养缺乏，水肿病、干瘦病、妇科病、小儿营养不良等病爆发，水肿病、干瘦病、妇科病称为“三病”。1959年11月，全县水肿病人2000例。1960年2月，水肿病人增加到18351例，死亡257人。对此，县委成立以生活福利为基础的突击治疗水肿病指挥部，各公社建立消灭水肿病指挥站，大队设立指挥所，全县设立145个疗养院，安排384名服务人员，对严重病人集中治疗，一般病人由食堂设“营养灶”增加营养，送药上门，分散治疗。①组织医疗队服药治疗。1960年7月，县组织医务人员2601人(其中西医74人，中草医186人)、行政人员383人组成265个医疗组，下到各社队和疗养院，采取土洋结合、中西结合方法对“三病”病人进行治疗，还组织56人医疗组巡回治疗。12月，医疗队伍增加到1063人，其中县、社医务人员105人，大队以下赤脚医生958人。1961年1月22日，贯彻省委、州委突击防治“三病”指示，县委召开公社、大队治病负责人和大队以上医务人员300多人会议，进行大组织、大动员，抓紧现有病人治疗，防止新发病人，防止非正常死亡。从武溪、浦市两个城镇人民公社和县整风工作队抽调医务人员18人，州派卫生工作队52人，全县共组织医务人员和行政人员1133人投入“三病”防治，平均每百个病人有一个医生，重点地区每20个病人有一个医生，全县队队建有蒸汽室，对水肿病人普遍采取蒸气疗法，病人通过药水熏蒸消肿。同时组织中草医采集中草药，加工配制成药丸，有的制成药糖服用。②增加营养。县委通知对“三病”病人每人每餐增加2—3两大米，对每日口粮不足一斤大米的补足一斤，小孩每人每天补2—4两(均为16两秤)，每人月补食油0.25公斤，食糖0.25公斤，黄豆1公斤。1960年7月，县拨稻谷2.50万公斤，黄豆1.50万公斤，麦麸0.79万公斤，食油1000公斤，现金7000元到全县各食堂用于治病。1961年1月22日，县下拨稻谷6.13万公斤，黄豆0.90万公斤，食油0.75万公斤，食糖3430公斤，海带435公斤，红枣150公斤，鸡蛋1万个，柑橘4500公斤，分发到各社队，安排到病人治疗地。各公社下拨大米3.93万斤，黄豆1万斤，红糖1250公斤，食油1145公斤，蔬菜4000公斤，宰杀老牛5头，鸭、鹅210只，蛋5000个，鲜鱼2500公斤，牛奶150公斤，分到各疗养院，增加病人营养。各大队和各食堂拿出粮食1.20万公斤，肉类1743公斤，蛋1511公斤，其他物资1124公斤，用于照顾病人。③劳逸结合。县委执行省人民委员会规定，男社员每月休假2天，女社员每月休假4天，从1960年11月起至次年2月，社员劳动时间不超过8小时，不出夜工，雨雪天不在野外劳作。对重病号集中疗养，轻病号给予一定假期休养，对机关、厂矿、学校中“三病”患者与农村患者一样看待，给予治疗照顾。由于县委采取治病解危措施，使病患者得到治疗，大量病患者身体得到恢复，但仍有一些病人死亡。

三、时令救济

时令救济分为春夏荒救济和冬令救济两种形式，在时令救济工作中，为确保群众安全度荒，县民政局贯彻“依靠群众，依靠集体，生产自救，互助互济，辅之以国家必要救济和扶持”方针，做好时令救济工作。坚持区别不同情况，采取亲邻相帮、余缺调剂、供粮、救济等不同方式解决困难群众救济粮款问题。对一般轻灾户，发动群众亲邻相帮，通过互助互济自行解决；对缺粮不缺钱户，由粮食部门优先保证粮食供应；对缺钱、缺粮、缺劳力“三缺户”予以救济。救济粮本着就近供应原则，有条件的地方优先安排库存储备粮或周转粮供应。对各项救济款使用加强监督检查，严格按规定使用，确保资金及时足额到位，发挥救灾效益。按照专款专用、重点使用原则。把重点放在口粮救济上，重点救济重灾户、特困户，不平均分配。对下拨救济款实行跟踪调查，保证及时、足额到位，不得以任何理由拖延，更不得贪污、挪用、挤占，一经发现，依纪依法严肃处理。组织和发动群众开展多种形式生产自救活动，抢播抢种农作物，加强田间管理，开展工副业生产，广开生产门路，增加收入，提高困难群众生活水平。

(一)春夏荒救济。按国家有关规定,春夏荒救济属于农村临时生活救济制度一部分,时段为每年 3 至 5 月,救济对象主要是无口粮、无经济来源或无钱粮困难户和孤寡孤独户以及“双缺”户。救济形式是实物救济和现金救济相结合,包括口粮、衣服以及生活用款、购粮用款和扶持生产用款等。1950 年春,针对全县群众生产生活困难问题,县政府筹集 20 万斤救济粮,帮助贫困群众克服生活困难。进入社会主义建设时期后,每遇灾年,县委、县政府发动各族人民生产自救,互助互济,并及时拨出一定数量救济款和粮棉物资,扶持农民战胜灾荒,迅速恢复和发展生产。国民经济三年困难时期,全县下拨农村春夏荒救济款 90.32 万元,解决 24.31 万人次生活困难。1973 年 6 月,全县发生严重夏荒。县委、县政府下拨 200 万斤粮食分配给 18 个公社,发放到困难农户。1979 年 3 月,县民政局集中 18 个社镇民政专干组成 3 个调查组,深入 18 个公社 120 个大队 216 个生产队调查了解春荒情况,下拨春荒救济款 14 万元和自然灾害救济款 11846 元。1998 年 10 月 30 日,株洲市捐赠泸溪县救灾衣物 16 万件,县民政局及时与受灾乡镇协调,将上级的关怀和社会各界爱心送到受灾群众手中。至 2000 年,县民政局共发放救灾救济款 2535.33 万元,救济衣物 92.12 万件,棉被 11.12 万床(套),为 15.90 万户(次)66.95 万人(次)困难群众解决了吃饭、穿衣、住房、治病等困难。

(二)冬令救济。冬令救济是中华人民共和国成立后民政部门专设一项救济措施,重点解决贫困户过冬缺衣少被困难。1952 年,湘西苗族自治区政府下拨泸溪县冬令救济款 4200 元,用于困难群众过冬购买棉衣棉被。1965 年 12 月,县发放御寒衣物 344 件,棉被 299 床,救济款 1900 元。1978 年 10 月,县民政局下拨冬季御寒物资棉被 550 床,棉衣 1500 件,棉布 30100 尺,棉花 3325 公斤,11 月给上堡等 12 个公社及麻风村、林场代管队、麻溪口村追加衣被经费 11846 元。

20 世纪 50 年代, 全县发放冬季救济款 67.59 万元, 棉花 6000 公斤, 棉布 3.10 万米,棉衣 978 件,解决 15 个社镇 4156 万户 14.31 万人次的困难。六十年代, 全县下拨冬季救灾救济款 90.32 万元, 粮食 855 万公斤, 解决 18 个社镇 45156 户 16.30 万人次生产生活困难。70 年代,全县下拨救灾救济款 176.06 万元,棉花 1080 公斤,布匹 4166 米,棉衣 1054 件,棉被 189 床,解决 18 个社、镇 16541 户 8.84 万人次缺衣少被困难。八十至九十年代, 全县下拨救灾救济款 426.02 万元,棉花 1685 公斤,布匹 14166 米,棉衣 3054 件,棉被 580 床,解决 19 个乡镇 46706 户 16.82 万人次缺衣少被困难。1998 年,建立城乡最低生活保障制度，传统时令救济制度被最低生活保障制度取代。

上世纪五十年代至九十年代救灾救济款发放统计表

年代	下拨经费（万元）	社镇数	户数	人数	备注
五十年代	67.5977	15	30645	123556	
六十年代	90.3216	18	45156	243174	
七十年代	176.0584	18	16889	88419	
八十年代	142.4044	18	19541	104302	
九十年代	221.34	19	28150	102450	
合计	4763812.78	18	109231	559461	

四、精减退职职工

(一)精减情况。1960 年 11 月 2 日，县委根据中共中央《关于全党动员，大办农业，大办粮食的指示》、《关于认真清理劳动力加强农业第一线的紧急指示》精神，作出精简机构，下放人员的决定，制定工作方案以〔60〕227 号文件向州委报告。县委、县人委办事机构合并、撤销 17 个，精简人员编制 251 人，占县直机关干部 795 人的 31.6%。1960 年 12 月 24 日，县委下发〔60〕254 号《精减职工、压缩劳动力、充实农业的意见》指出：工矿企事业机关、学校的职工增加过快，全县全民所有制企业、事业、机关团体职工 4903 人，比 1957 年增加 2686 人，增加 52.75%，全县学生 25423 人，比 1959 年增加 14071 人增加 85.40%，出现脱离农业人员增加，农业战线劳力减少情况，全县从事农业生产劳力只占 75.40%，其中从事粮食生产的劳力只占 52.85%，平均每个劳力要负担 11.20 亩田地耕作，因此决定精减干部、充实农业第一线。县成立压缩城市、工矿人口领导小组，在全县机关、厂矿、学校、居民中精减压缩人口 4565 人。1962 年，再次从武溪、浦市及各集市压缩居民人口 600 人，减少菜农 600 人，全县共压缩城市人口 5765 人。

1.精减干部。1961 年 3 月《泸溪县国家机关全民所有制企事业单位下放干部情况》资料记载，全县 2765 名干部，计划精减下放 418 人，至 3 月底已下放干部 395 人，其中党员 81 人，团员 37 人，妇女 32 人，县科局级干部 20 人。对农村人民公社非生产管理人员实行按规模定编制，2 万人口以上的公社定编 18 人，1 至 2

万人口公社定编16人，1万人口以下公社定编13人，全县农村人民公社干部304人定编定员182人，精简122人，占公社干部数40.13%。干部精简对象主要是：1958年以来从农村招收的新干部；不宜继续工作干部；来自农村自愿要求回乡干部。精简下来干部采取以下办法解决：挑选一批优秀干部到农村任职加强基层领导力量；选择一部分思想作风好，有一定工作能力组织工作队，深入后进队帮助工作。改造后进队人员另列编制，作为县委机动力量。对参加工作时间不长，生活问题可以解决的不保留工资，直接回农村参加农业生产。精简回乡干部按不同情况享受待遇；作退职处理一次性发给不超过300元退职补助费，有特殊困难另加发1至3个月本人标准工资，作安家补助费；作离职处理的按参加工作年限和工龄长短，除当月工资外另发给半个月至3个月本人标准工资作为补助费；符合条件作退休处理，享受国家退休待遇。

2.精减职工。1960年12月24日，县委发文精减全民所有制企事业机关团体职工517人，其中工业152人，交通运输、邮电8人，农林、气象105人，商业饮食服务89人，文教卫生30人，金融5人，机关团体128人。县办工业18个，原有职工1758人，1961年1月核定职工1206人，一次性精减552人。1961年7月再次精减601人，全县只保留职工605人，县修路队92人保留51人，精减回农村41人；县基建队38人保留28人，精减回农村10人；州植物油厂104人保留6人，精减回农村98人；农、林、水场站265人保留63人，精减回农村202人；社办企业1124人保留595人，精减回农村529人。公社供销社、公私合营人员997人，保留安排487人，精减510人。其中下放到大队和分社345人，下放到畜牧场126人，下放到幼儿园7人，调出3人，回家休养作退休处理29人。

(二)精减退职人员救济。1965年6月9日，国务院下达《关于精减退职的老职工生活困难救济问题的通知》(〔65〕国内字224号)文件，对1961年至1965年6月精减下放干部职工中全部或大部丧失劳动能力或者年老体弱，或者长期患病严重影响劳动而家庭生活无依无靠的，由民政部门按月发放本人原工资40%的救济费，并补助其本人三分之二的医药费。不符合上述条件的困难者，由民政局予以临时救济。全县1961年精减干部418人，经过调查，符合〔65〕国内字224号文件规定条件的42人，按照标准给予了补助。1982年5月，根据上级相关文件规定，全县对1961年精减干部职工进行调查摸底登记，建立档案，至2016年12月，全县退职老职工享受定期定量补助188人，人均月发补助50元。

第二节 最低生活保障

最低生活保障是指国家对家庭人均收入低于当地政府规定最低生活标准人口给予定额救助，以保证该家庭成员基本生活所需社会保障制度。

一、城镇居民最低生活保障

建立城市居民最低生活保障制度，是《中华人民共和国国民经济和社会发展“九五”计划和2010年远景目标纲要》提出一项重要民生工作，保障对象是城市常住户口居民中所有家庭成员人均收入低于最低生活保障标准贫困对象。1997年9月，国务院制定下发《关于在全国建立城市居民最低生活保障制度的通知》，湖南省人民政府制定下发《关于进一步完善我省城市居民最低生活保障制度的通知》。是年，湘西自治州政府决定在吉首市实施城市最低生活保障试点工作，制定下发《关于吉首市实施城市最低生活保障制度若干问题的解答》通知。

1998年，泸溪县开始实施城市最低生活保障制度，由县民政局负责，对城镇居民最低生活保障相关情况调查摸底。1999年2月，州民政局下发关于城市居民最低生活保障工作文件，于当年7月1日正式实施。为贯彻落实文件精神，推进城市最低生活保障制度实施，县政府成立以县长为组长，常务副县长、分管副县长为副组长泸溪县城市最低生活保障制度工作领导小组，印发《泸溪县城市居民最低生活保障制度实施(暂行)办法》。至此，城市居民最低生活保障制度全面实施。是年，全县落实城镇居民最低生活保障户数211户800人，发放保障金9.60万元。人均每月补助10元。2000年，全县城镇居民最低生活保障进一步扩大保障面，有877户1392人纳入城镇居民最低生活保障对象，其中一类人员270人，二类人员499人，三类人员623人，人均月保障标准15元，全年发放低保金25.05万元。2001年，全县城镇居民最低生活保障金2528户7006人，发放保障金210.15万元，人均每月补助25元。

城市低保的实施，使部分生活困难群众的生活得到基本保证，被群众称为“凝聚力工程”。此后，随着社会救助范围不断扩大，城镇居民最低生活保障机制不断健全。2002年，县民政局经县编办批准设立居民最低生活保障中心，确定为全额拨款事业单位，核定编制5名。2006年，每个镇社区居委会设置专门或兼职基层低保工作人员。在低保对象相对集中的白沙镇、浦市镇、武溪镇设城镇居民最低生活保障工作站。每个低保站配有工作人员2人。是年，全县享受城镇居民最低生活保障3889户9537人，发放保障金264.50万元，补差标准人均每月33元。

2003年4月，湖南省人民政府下发《湖南省实施〈城市居民最低生活保障条例〉办法》。8月，湘西土家族苗族自治州印发《湘西自治州城市居民最低生活保障制度实施细则》。根据省、州政策，泸溪县当年落实城镇居民最低生活保障户数3791户9311人，发放低保金385.30万元。人均补差每月上调为35元。2004年，县人民政府办公室制定《关于落实城镇低保户"五项"优惠政策的通知》，对已享受城镇低保户对象按相关政策进行核对清查认证。全县落实城镇低保户3249户8124人，比2003年减少542户1187人，全年发放低保金422.40万元。2005年，城镇低保保障标准调整为每人每月人均补差60元。至年底，享受城镇最低生活保障3405户7830人，全年发放低保金542.80万元。

2006年4月，县委、县人民政府制定《关于建立城乡社会救助体系的实施意见》，出台泸溪县城镇居民低保救助相关政策。《实施意见》规定，凡县内非农人口，其共同生活的家庭成员人均月收入低于全县最低生活保障标准的城镇居民和低于全县城镇居民最低生活保障标准实行差额救助。城镇低保对象按照贫困程度补差施救。主要保障：①无生活来源、无劳动能力、无法定赡养、抚养、扶养的"三无"人员。②家庭成员中主要劳动力已经离异、伤亡孤儿（未满18岁）寡母（满45岁），或者家庭成员中患有常年重病，年支付医药费在2000元以上或家庭中有2人以上高中或大学读书，教育负担较重且人均收入在50元以上70元以下的。③家庭成员中无任何固定职业，且女满40岁，男满50岁未享受任何内退、生活费、各项救济等待遇家庭，且人均月收入在70元以上80元以下的。④家庭成员中双职工下岗失业，且有1人常年多病、缺乏劳动能力、未享受任何内退、生活费、各项救济金等待遇家庭，人均月收入在70元以上90元以下。⑤家庭人均收入在100元以上120元以下。

《实施意见》对城乡社会救助程序进行规范。申请城市低保待遇的家庭，由户主持身份证复印件、户口簿向户口所在地社区居委会申报；户口在厂矿、企业和单位的向辖区内社区居委会申报；户口与居住地不一致的（跨乡镇）或一家多户口的，向家庭常住地社区居委会申报。一户不得多地重复申报。申请时必须提供家庭成员户口簿、身份证复印件；家庭成员收入证明；民政部门规定提供的其他材料。

无劳动能力、无赡养人的孤老、孤儿需提供单位或主管部门证明;残疾人需提供残疾证;癌症病人、长期慢性病人需提供州以上医院证明、附病历,并注明一级、二级、三级等;工伤、职业病人需提供县以上劳动部门证明并附病历;近两年发生天灾人祸造成家庭生活困难和由单位或主管部门提供证明;夫妻双方下岗年龄在45岁以上,且患有常年性病未享受任何内退、生活费或其他救济待遇的提供县以上医院证明,并附病历;夫妻离婚需提供离婚证或离婚判决(调解)书;在劳动就业年龄内,有劳动能力的无业人员由就业服务部门出具的就业求职状况证明;近几年"农转非"家中无田土的,由村委会、乡镇民政办证明。

《实施意见》规定有关城镇低保审批发放程序。①社区居委会负责对申请人提供的证明材料进行调查核实。符合保障条件,进行一榜公布,5日内群众无异议后,签署初审意见,将核实材料上报乡镇民政办复审。对不符合条件的予以说明,退回其申请。②乡镇民政办负责对社区居委会上报申请人家庭成员、收入情况进行复审,将符合保障条件申请对象通知社区居委会进行二榜公布。5日内群众无异议,签署复审意见,报县民政局审批。对不符合条件,应予以说明,退回其申请。③县民政局对乡镇民政办上报申请人进行抽查审定,对符合条件申请对象,通知居委会进行张榜公布。5日内无异议,作出批准决定,确定低保对象及补助金额。由低保对象持户口簿,身份证和"城市居民最低生活保障金领取证"到指定的信用社或低保站领取。

《实施意见》规定对城市低保实行动态管理,坚持有进有出的原则,对低保对象家庭成员、收入状况进行定期检查。低保对象应接受乡镇民政办、社区居委会调查,一旦超过保障标准及时退出低保。对群众提出异议或家庭收入明显好转超过保障标准的,予以取消保障待遇。社区居委会规定低保对象无特殊原因,必须参加本社区组织公益性活动,如一年内三次拒不参加社区组织各项公益性活动,取消其保障待遇。"城市居民最低生活保障金领取证"实行一年一检,一月一核查,低保对象连续三个月未核证领取低保金,视同主动放弃保障待遇处理。

2008年,城镇低保提标。救助生活补贴不计入人均每月补差,人均补差上调至104元。是年,全县低保对象3780户8045人,发放低保金额1321.96万元。2010年8月,湖南省民政厅关于转发《民政部关于进一步加强城市低保对象认定工作的通知》,再次提标,当年全县城镇居民低保户3949户8155人,人均每月补差155元。2011年,城镇居民最低生活保障金人均每月补差含生活补助上调至

171 元。2012 年，县人民政府办公室发文《关于调整城乡居民最低生活保障线标准的通知》。城镇低保对象人均每月补差达到 238 元。全县低保户 3654 户 7867 人，发放低保金额 2247 万元。2013 年 10 月，湖南省人民政府颁发《关于进一步加强和改进最低生活保障工作的实施意见》，根据省人民政府文件精神，城镇居民最低生活保障补助标准上调，人均每月补差含生活补助为 243 元。

2016 年 4 月，县人民政府办公室下发《关于调整城乡居民生活最低生活保障标准的通知》，城镇居民最低生活保障人均每月补差标准调整为 236 元。是年，全县有低保对象 4197 户 7788 人，发放低保金 2307 万元。

1999-2016 年泸溪县城镇低保数据统计表

年份	户数(户)	人数(人)	发放金额(万元)	人均补差(元/月)
1999	211	800	9.6	10
2000	877	1392	25.056	15
2001	2528	7005	210.15	25
2002	889	9537	264.5	33
2003	3791	9311	385.3	35
2004	3249	8124	422.4	43(10 月达 48)
2005	3405	7830	542.8	60
2006	3614	7853	638.93	68(10 月达 85)
2007	3668	7976	820.25	86
2008	3780	8045	1321.96	104(生活补贴不计人均)
2009	3856	8196	1416	130(生活补贴不计人均)
2010	3949	8155	1357.28	141(当年 10 月达 155)
2011	3650	8028	1861.22	171
2012	3654	7867	2247	238(含补助)
2013	3759	8216	2475	243(含补助)
2014	4249	7964	2258	236(含补助)
2015	5226	7752	2492.55	267(含补助)
2016	4197	7788	2307	236

二、农村居民最低生活保障

根据省、州部署，全县 2004 年开始实行农村特困户救助制度，2006 年，改为农村最低生活保障。

2006 年 11 月，湘西自治州人民政府制定《湘西自治州农村居民最低生活保障制度实施办法(试行)的通知》文件,启动农村居民最低生活保障制度实施。是年,全县纳入农村居民最低生活保障222户5056人,人均补差每月15元,发放农村居民最低生活保障金67.66万元,保障面占农村居民总数2.1%。

2007年7月,县政府制定《泸溪县农村居民最低生活保障制度实施细则(试行)》文件,明确规定农村居民最低生活保障制度应遵循保障农村居民基本生活权益为原则,坚持国家保障与社会帮扶相结合,鼓励劳动自救的方针。实行县、乡镇人民政府负责制,县民政局具体负责本县内农村居民最低生活保障制度实施;县财政局按照规定落实和管理农村居民最低生活保障资金;乡镇人民政府负责本乡镇农村最低生活保障对象审核、统计、上报及档案建立,对低保增减或取消提出意见;村民委员会配合审批管理机关做好受理低保申请等日常管理和服务工作。

《实施细则》规定,持有本县农村居民户口、家庭年人均可支配收入低于本县当年农村居民最低生活保障标准的农村无生活来源、无劳动能力、无法定赡养人、抚养人或扶养人,因残、因病、因灾丧失劳动能力、共同生活成员人均收入低于680元难以维持基本生活居民,均可申请当地农村居民最低生活保障待遇。农村最低生活保障户, 按对象实行分类保障:A类是应保未保五保户或家庭成员中主要劳动力患有重大疾病或因残疾而完全丧失劳动能力,且子女年幼者,救助标准每人每月25元。B类是基本丧失劳动能力或不能从事劳动生产的残疾人和家庭成员中主要劳动力患常年性重大疾病影响家庭基本生产生活的,救助标准每人每月20元。C类是生活水平在农村低保标准以下或因天灾人祸导致家庭生活水平低于农村最低生活标准的,救助标准每人每月15元。

实施农村居民最低生活保障制度,坚持公开、公平、公正原则,坚持民主评议和张榜公布制度。村民委员会成立农村居民最低生活保障民主评议小组,评议小组成员经民主推选产生,一般为村组干部、党员代表以及德高望重、有影响力的农村居民代表。农村居民最低生活实行年审制度,坚持每季度核证一次。享受农村低保农村家庭收入状况发生变化的,村民委员会、乡镇民政办及时审查,并办理停保或调整农村低保金。对停止享受农村最低生活保障待遇家庭,乡镇民政办及时收回和公告注销"农村居民最低生活保障金领取证"。

农村居民最低生活保障资金来源,主要是上级拨款、县本级财政预算安排和社会捐赠。县财政将民政部门上报用款计划经审核后保障资金用款计划列入财政预算。资金纳入县财政社保专户管理,专款专用,由县财政实行社会化发放。农村低保对象子女义务教育阶段全部免除学杂费，部分学生减免课本费，对享受“两免”政策寄宿生适当给予生活补助。农村低保对象享受城乡大病医疗救助。

2007 年，县民政局在全县核定农村居民最低生活保障对象 3420 户 9967 人，发放最低生活保障金 202.40 万元，人均每月补差 30 元，保障人数占农业人口 4.1%。2008 年，县农村居民最低生活保障对象 5262 户 14399 人。人平每月补差低保金 40 元，保障人数占全县农业人口 6%，发放农村居民最低生活保障金 562.58 万元。2009 年，农村居民最低生活保障金人均每月领取低保金额提高到 45 元。2011 年，农村居民最低生活保障对象 5338 户，14617 人，人均每人补差标准上调到 65 元，发放农村低保金 1374 万元。2012 年，县人民政府办公室发文《关于调整城乡居民最低生活保障线标准的通知》，规定农村居民最低生活保障线划定为年人均收入 1800 元农户。是年，全县确定农村居民最低生活保障对象 6109 户 14736 人，发放低保金 1757 万元，人均每月补差标准提高到 100 元。

2013 年，对农村居民最低生活保障标准进行调整，降低补助标准，低保对象扩面。标准由上年人均每月补差 100 元调整为人均每月补差 67 元。当年全县共有农村居民补助对象户 14889 户 28719 人。发放农村居民最低生活保障金 2317.16 万元。农村低保对象保障人数占全县农业人口 11%。

2014 年 4 月，湖南省民政厅制定下发《关于全省规范农村低保对象认定工作的通知》。对农村低保对象认定作出具体要求：①严格保障标准及对象认定范围，其中家庭月人均收入低于 165 元农村特困家庭的应保尽保。②严格审核审批程序。③规范申请受理责任主体。④家庭收入和财产认定条件。⑤规范入户调整。⑥规范民主评议。⑦提高审批效率。⑧建立单位审批低保书面送达制度。是年，县政府对全县原领取农村低保户进行认定审核，对各乡镇上报新确定农村居民最低生活保障农户对象进行审核把关，确定当年全县农村低保对象 17751 户 25133 人，人均每月补差低保金 88 元，农村低保户对象占全县农业人口 10%，全年发放农村居民低保金 2654.723 万元。2015 年，泸溪县农村居民最低生活保障对象户人均补差标准上调为 110 元，农村居民低保对象户 17338 户 24441 人，发放农村居民最低生活保障金 3233.67 万元。

2016 年 4 月，根据湖南省政府《湖南省农村最低生活保障办法》，湖南省民政厅、湖南省财政厅《关于提高全省城乡最低生活保障指导标准的通知》精神，县人民政府办公室制定下发《关于调整城乡居民最低生活保障标准的通知》，决定调整城乡居民最低生活保障标准，城市居民最低生活保障标准由330元/月提高到420元/月，农村居民最低生活保障标准由165元/月提高到220元/月。新调整城乡最低生活保障标准从2016年4月1日起执行，原发布城乡最低生活保障标准不再执行。

9月，国务院办公厅下发《关于做好农村最低生活保障制度与扶贫开发政策有效衔接指导意见的通知》。部署做好农村最低生活保障制度和扶贫开发政策有效衔接工作。《意见》明确农村低保制度与扶贫开发政策衔接，符合农村低保条件的建档立卡贫困户，按规定程序纳入低保范围；符合扶贫条件的农村低保家庭，按规定程序纳入建档立卡范围；不在建档立卡范围内的农村低保家庭、特困人员，统筹适用相关扶贫开发政策。完善农村低保家庭贫困状况评估指标体系，以家庭收入、财产作为主要指标，根据地方实际情况适当考虑家庭成员因残疾、患重病等增加的刚性支出因素，综合评估家庭贫困程度。农村低保标准低于国家扶贫标准的地方，按照国家扶贫标准综合确定农村低保的最低指导标准；农村低保标准已经达到国家扶贫标准的地方，按照动态调整机制科学调整。县级民政部门、扶贫部门加强沟通，共享农村低保对象、特困人员名单和建档立卡贫困人口、脱贫农村低保对象名单等相关信息。

是年，泸溪县农村居民最低生活保障标准为每人每月220元，发放农村居民最低生活保障金4100.69万元。

2006–2016年泸溪县农村低保数据统计

年份	户数(户)	人数(人)	发放金额(万元)	人均补差(元/月)	保障面(%)
2006年	2222	5056	67.662	15(年末标准)	2.1%
2007年	3420	9967(年末)	202.408	30(年末标准)	4.15%
2008年	5262	14399(年末)	562.58	40	6%
2009年	5277	14440	879.565	45(年末)	6%
2010年	5293	14478	875.2	55	6%
2011年	5338	14617	1374	65(不含补贴)	6%
2012年	6109	14736	1757	100	6%
2013年	14889	28719	2317.16	67	11%
2014年	17751	25133	2654.728	88	10%
2015年	17338	24441	3233.67	110	10%
2016年	18976	26694	4100.69	153	11%

三、申请城乡居民最低生活保障待遇程序

(一)申请城市居民最低生活保障待遇程序

1.受理机构。申请人居住地社区。

2.申请条件。持有泸溪县常住非农业户口;长期共同生活家庭成员月人均收入低于本县城市低保保障线。

3.申请材料。(1)申请书;(2)家庭成员户口簿、身份证;(3)住(租)房证明;(4)结婚证、离婚证(判决书);(5)残疾人证;(6)学生证(入学通知书);(7)家庭成员就业状况证明;(8)申请前三个月家庭电话费、水电费交费单据;(9)下岗证、养老保险证明、失业保险证明、领取一次性补助费的数额及用途证明(买断工龄协议书);(10)家庭成员收入证明和收入调查委托书。(11)因各种原因造成的丧失全部或部分劳动能力的人员,需提供劳动鉴定部门发给的《企业职工因公伤残待遇证书》、《劳动鉴定表》或县级医院医务鉴定部门做出的因病丧失劳动能力状况证明;因重大疾病(符合泸溪城乡医疗救助办法所规定的病种)造成生活困难的,必须提供具有三甲以上资质的医院证明、附病历、诊断书、最近三个月的诊治费用收据和费用清单。(12)民政部门认为需要提供的其他材料等。

4.办理程序。(1)受理和民主评议。按照"谁入户、谁审核、谁签字、谁负责"的原则,由社区组织评议小组人员入户调查,填写县民政局统一印制的《低保申请家庭入户调查表》,并与被调查户主双方签字确认。组织评议小组进行评议,评议通过后进行张榜公布,5日内,群众无异议的,将调查审批表与相关材料上报乡镇民政办审核。(2)复审。乡镇民政办接到社区申报材料后,10个工作日内负责对上报申请人家庭成员、收入情况进行复审,将符合保障条件申请对象通知社区居委会进行张榜公布,5日内,群众无异议的,由分管民政工作的领导在调查审批表上签署复审意见,并署名加盖公章后上报县民政局审批。对不符合条件的,应予说明,并退回其低保申请。(3)审定。县民政局接到乡镇上报的申请对象材料后,10个工作日内进行抽查审定,对符合条件申请对象,核定保障类别和保障金额,通知社区居委会进行三榜公布。

(二)申请农村居民最低生活保障待遇程序

1.受理机构。居民居住地村(社区)

2.决定机构。泸溪县民政局。

3.办理条件。持有泸溪县农村居民户口、家庭年人均可支配收入低于本县当

年农村居民最低生活保障标准农村居民。

4.申请材料。(1)家庭成员户口簿、身份证的复印件;(2)家庭成员收入状况证明;(3)法定赡养(扶养、抚养)人家庭收入证明或赡养(扶养、抚养)协议等有关法律文书;(4)家庭成员中有残疾人,应提供残疾证复印件;(5)家庭成员中患有严重疾病,应提供医院病历证明、疾病诊断证明及医疗费用收据、新型农村合作医疗参合证复印件;(6)其他必需的有关证明。

5.办理程序。(1)受理和民主评议。村民委员会负责对申请人提供的证明和证明材料进行调查核实,根据调查核实的情况进行民主评议,对符合低保条件的,拟定低保对象救助类别和补差标准,指导其填写《农村居民最低生活保障金申请审批表》,在本村范围内张榜公示,无重大异议的,由村民委员会将评议意见和审批表及有关材料上报乡镇人民政府。(2)复审。乡镇人民政府对村民委员会上报的对象进行复查、审核,对符合条件的签具意见由村委会张榜公示,同时上报县民政局审批。(3)审定。县民政局对乡镇呈报的对象进行复核、审批,村民委员会对县民政局审批的对象予以第三榜公示,公示无异议后,由县民政局发给《农村居民最低生活保障金领取证》,从批准之日的下月起按月发放。

第三节　城乡医疗救助及临时救助

一、城乡医疗救助

2005年10月,泸溪县启动城乡医疗救助工作,由县民政局管理,又称大病救助。是年,全县救助21人次,发放城乡医疗救助金4.39万元。

2006年4月,县委、县政府制定泸溪县城乡大病医疗救助政策,从五个方面规范城乡大病医疗救助。(一)救助对象主要包括城镇低保对象、农村特困户家庭成员、农村五保户、残疾人以及在乡老复员军人。(二)救助病种主要包括尿毒症(肾功能衰竭)、重症胰腺炎(急性坏死型)、重症肝炎(急性或亚急性肝坏死)、重度大面积烧伤、重度精神病患者、白血病、癌症、重度脑血栓、大面积脑梗塞。(三)救助标准。①在县级以上(含县级)医院住院治疗,一次性住院治疗费在5000元以下(不含5000元)的,按支付治疗费金额8%给予救助。②一次性住院治疗费5000元(含5000元)以上按其支付治疗费金额10%计算救助金额,但救助金一年一人最高不超过1500元。③一年内多次住院且住院治疗费累计在10000元(含10000元)以下,按住院治疗费总额 8%给予救助。④一年内多次住院且住院费用累计在 10000 元(不含 10000 元)以上的按住院治疗费总额 10%计算救助金额,救助金一年一人最高不超过 1500 元。⑤集中供养五保对象住院费据实报销。(五)救助程序。本人向户口居住所在地村(居)委会提出书面申请;村(居)委会对申请人提供诊断书、医疗病史资料、医疗费用收据原始资料和本人身份证明材料等进行核实;医疗救助评议小组进行会审、评议,对符合条件填写《泸溪县申请医疗救助审批表》,并张榜公布救助人员名单(第一榜);村(居)委会将有关材料上报乡镇民政办。对符合条件由乡镇人民政府审核在申请表中填写救助意见和初步核定救助金额,并在村(社区)张榜公布(第二榜)。在村(居)委会受理、乡镇人民政府审核基础上,县民政局每月进行一次复查审定,对符合医疗救助条件,提交领导小组集体审批。审批后,及时将批准意见通知乡镇,并在村(社区)张榜公布一周后(第三榜),由县财政通知乡镇财政所支付。

是年,正式实施城乡大病医疗救助,当年救助 7406 人次,救助金额 24.87 万元。2007 年,救助 7511 人次,发放医疗救助金 30.66 万元。2008 年,全县城乡医疗救助扩大救助范围,全县救助 18566 人次,发放医疗救助金 81.49 万元。

2009 年,县人民政府政府出台《泸溪县城乡医疗救助实施办法》,进一步明确对全县困难群众医疗救助事项。确定城乡低保对象、特困供养人员、重点优抚对象、患规定的重大疾病其他困难群众等四类情况为城乡医疗救助对象。确定医疗救助对象参合参保、定额门诊救助、住院救助、特大病门诊救助等四类救助类型。简化救助程序,建立"一站式"救助平台。全县规模医疗机构经申请全部纳入医疗救助定点医疗机构,所有救助对象凭主治医生签字确认《入院通知单》,到驻院农合员(医救员)审核后,即可入院治疗,其中特困供养对象和城乡低保对象零交费入院。出院后由医疗机构与农村合作医疗局与县民政局结算。到县外治疗的对象,在经过农合补偿或城保报销后凭有效证件和结算单据到县民政局服务大厅现场申请救助,经审批后,民政服务大厅财务组发放救助金。是年,全县享受城乡医疗救助 41423 人次,发放城乡医疗救助金 157.58 万元。

2011 年 11 月,县政府对 2006 年出台《城乡大病医疗救助实施办法》进行修订。明确城乡医疗救助遵循个人负担为主,政府救济和社会互助为辅,实行分类救助,保障重点。坚持属地申请,逐级审核,简化手续,方便群众。与新型农村合作医疗和城镇居民基本医疗保障制度衔接,在县内医疗救助实行医疗服务机构定点制度。

《实施办法》明确县民政局负责牵头研究制定城乡医疗救助政策，建立健全城乡医疗救助管理有关政策制度。与县卫生局共同选定救助服务医疗机构。县财政局负责安排落实城乡医疗救助资金及工作经费，加强对城乡医疗救助资金的管理，并对资金的使用情况进行监督检查。县卫生局负责对城乡医疗救助服务医疗机构的监督管理，严格控制医疗费用不合理增长，规范医疗服务行为，提高服务质量和工作效率。县劳动和社会保障局负责做好城乡医疗救助与城镇居民基本医疗保险制度有关衔接工作。县监察局、审计局负责对医疗救助资金的监督、审计，确保医疗救助资金规范使用。乡镇人民政府负责对申请对象审查工作。村（社区）受乡镇人民政府委托，承办日常医疗救助申请的具体工作。

《实施办法》规定救助标准。 ①门诊医疗救助。对农村五保对象，城镇“三无”对象，重点优抚对象，城乡低保户中丧失劳动能力的重残人员、需长期维持院外治疗的重病人员、75岁以上的老人，每人每年定额救助150元；城乡低保对象、农村五保对象、城镇“三无”对象、重点优抚对象患有特殊慢性病，每人每年最高限额救助500元。②重大疾病门诊定额救助。城乡低保对象、农村五保对象、城镇“三无”对象、重点优抚对象患有重大疾病，因经济困难和治疗效果等原因，没有住院治疗，每人每年给予最高限额不超过1000元救助。③住院医疗救助。住院医疗救助实行医前救助和医后救助相结合原则。住院费用以医疗卫生单位统一住院费用结算票据为准，住院医疗救助需核定救助对象个人实际负担的住院费用。④住院费用不予救助情形。因第三方造成伤害或应由第三方负责而发生医疗费用中，依法应由责任人承担的部分；因自伤、自残、酗酒、吸毒和参与违法活动造成伤残或其他疾病所发生医疗费用；医学美容、生育治疗、气功疗法以及保健性的营养疗法产生医疗费用；各种减肥、增胖、增高等项目一切费用；城市居民基本医疗保险和新型农村合作医疗规定基本用药及规定诊疗项目目录以外发生费用；不能提供有效收据和有效原始证明费用。⑤参加新型农村合作医疗和城镇医疗保险救助。参加新农村合作医疗或城市居民基本医疗保险城乡低保对象，在乡级定点医院、县级定点医院、湖南省内县级以上具有三甲以上资格（含三甲）医疗、外省医院治疗，依次按个人自付住院费用35%、30%、25%、20%给予救助，每人全年累计救助总额不超过3500元。参加新型农村合作医疗或城市居民基本医疗保险的重点优抚对象，在乡级定点医院、县级定点医院、省内县级以上具有三甲以上资格（含三甲）医院、外省医院治疗，依次按个人自付住院费45%、40%、35%、30%给予救助。每人全年累计救助总额不超过5000元。对参加城镇基本职工医疗保险、城镇居民基本医疗保险或新型农村合作医疗的七至十级残疾军人、“三属”、在乡复员军人、带病回乡退伍军人、参战、涉核退役人员，在定点医疗服务机构所发生住院费用，在规定可报销（补偿）费用范围内获得按规定比例报销（补偿）、定点医疗服务机构费用减免及其他政策性补助和医疗补助后自付部分数额较大（个人承担确有困难），给予一次性特别补助。2000元至3000元的补助500元；4000元至5000元补助1000元；6000元以上补助2000元。其他困难家庭对象在乡级定点医院、县级定点医院、县外具有三甲以上资格（含三甲）医院治疗，农村居民个人自付住院费用5000元以上（含5000元）、城镇居民个人自付住院费用10000元以上（含10000元），依次按个人自付住院费用30%、25%、20%给予救助，每人全年累计救助总额不超过3000元。农村五保对象、城镇“三无”对象原则上在县内定点医疗机构住院治疗，住院费在新农合和城镇医疗保险报销范围内报销后，余下费用由新农合、城镇医疗保险和县民政局医疗救助各承担50%。特殊情况确需到县外医院治疗，须经县民政局批准，否则不予救助。

2011年，全县城乡医疗救助范围人次扩大，救助资金增加，当年医疗救助28751人次，发放医疗救助金475万元。2012年，全县城乡医疗救助25040人次，发放医疗救助金680.40万元。

2013年5月，《泸溪县城乡医疗救助实施办法》在2011年基础上再次修订，涉及内容有城乡医疗救助遵循原则；医疗救助定点机构；城乡医疗救助相关部门职能；救助对象；门诊医疗救助；住院医疗救助；患重大疾病政策所涉及因病致贫对象等。确定给予患重大疾病的参合农民单次住院费用达3万元以上（含3万元）的，可得到新农合二次补偿。是年，全县城乡医疗救助对象7752人次，发放医疗救助金518.77万元。

2014年，湖南省城乡社会救助体系建设工作领导小组制定下发《关于进一步完善医疗救助政策的通知》。县政府对城乡医疗救助实施办法相关政策进行调整。救助标准从原来的付费8%救助提高到25%—100%，封顶线由原来最高不超过2000元提高到不超过10000元。是年，全县城乡医疗救助8635人次，发放医疗救助金593.80万元。

2005-2015 年泸溪县城乡医疗救助统计表

单位:人次、万元

年份	2005	2006	2007	2008	2009	2010	2011	2012	2013	2014	015
人次	21	7406	7511	18566	41423	23535	28751	25040	7752	8635	7654
救助金额	4.39	24.87	30.66	81.49	157.58	244	475	680.4	593.8	518.77	450.5

二、临时救助

2006 年 4 月,泸溪县出台《关于建立城乡社会救助体系的实施意见》文件,制定城乡特困户临时生活救助办法。救助范围是,凡持有本县常住人口,符合下列条件之一的城乡特困人员可以申请临时生活救助:①无劳动能力、无生活来源,无法定赡养、抚养义务人或者法定赡养、抚养义务人没有赡养、抚养能力的老年人、残疾人和未成年人。②遭受危重疾病或长期疾病、自然灾害、火灾和其他不可预见严重人身伤害导致家庭生活困难,无法维持基本生活人员。③流浪乞讨人员。④其他法律、法规规定应当给予临时生活救助人员。

救助标准和救助程序。临时生活救助一年内可申请 2 次,每户每次限额在 100 至 200 元。可以发放现金,也可以发放实物。救助程序是,申请人或其直系亲属向村、社区提出书面申请,填写《泸溪县临时生活救助申请表》,并提交申请人家庭户口簿复印件;属患病应提交县级(含县级)以上人民医院出具的诊断证明书;属车祸应提交事故发生地县级交警大队道路交通事故损害赔偿调解书或事故证明。村、社区自收到申请之日起 5 个工作日内,集体讨论提出具体意见,由村、社区负责人签名并加盖公章,报乡镇民政办公室审核。乡镇民政办自收到村、社区上报材料之日起 7 个工作日内,提出具体解决意见,报乡社区救助工作领导小组审批。申请经批准后由乡镇民政办向村委会、社区和申请人发出批准通知,并列明临时救助金额。对不符合临时生活救助条件不予批准并说明理由,书面通知申请人。村、社区自收到乡镇民政办批准给予临时救助通知之日起 3 个工作日内,将救助款发放到申请人。乡镇民政办在每月 10 日前将上月救助人员的名单及金额上报县民政局备案。

救助管理。临时生活救助所需资金主要从上级下拨救灾救济资金中解决,县财政适当予以补助。临时救助款项发放情况纳入村、社区财务公开范围,定期向群众张榜公布,做到政策公开,对象公开、标准公开、金额公开,接受社会和群众监督。对不符合法定条件而领取临时救助款项的，任何单位和个人都有权向县、乡镇民政部门或信访部门提出意见。民政部门及时核查。对采用虚报或者隐瞒实情、伪造证明材料等手段骗取、冒领救助款的，追回已领取救助款。情节严重，构成犯罪依法追究刑事责任。

按照泸溪县城乡特困户临时生活救助办法，县民政局在2006-2009年期间，每年给予城乡贫困家庭一定数量资金救助，年均临时救助资金在40万元以内。

2009年5月，湖南省民政厅发布《关于贯彻落实省人民政府办公厅〈关于建立临时性生活困难救助制度的通知〉的通知》。8月，湘西自治州人民政府办公室制定下发《关于建立湘西自治州城乡困难群众临时性生活困难救助制度的通知》文件。两级文件明确临时救助指导思想、基本原则、管理体制、临时救助对象、临时救助范围、临时救助标准、临时救助受理和发放程序、临时救助资金筹集与管理和工作要求。2010年5月，县政府下发《泸溪县困难群众临时生活救助暂行办法》，确定临时救助对象、标准、方式、资金来源和审批程序。临时救助工作原则、救助对象、救助过程及救助程序逐步完善。是年，全县临时救助1143人，发放救助金40万元。

2011年，县政府再次明确临时救助对象主要三大类：城乡低保、低保边缘重病对象、特困职工、家庭月人均收入在低保标准2倍以下低收入人群；因不可抗拒因素导致基本生活出现暂时困难家庭；经所在乡镇政府认定其他特殊性、突发性、临时性等不可抗拒因素导致家庭特殊困难应予救助的对象。

救助标准和方式。依照对象困难程度和自救能力强弱实行分级、分类救助。一次性临时救助金最高限额2000元，一个家庭全年临时救助金累计最高限额3000元；对在劳动年龄段就业暂时有困难特殊人员，按城乡低保标准发放3～6个月定期定量生活救助金，联系劳动就业部门进行就业培训。

资金来源。临时救助资金按照政府主导、社会参与的原则，通过乡镇财政预算、福利彩票公益金地方留成和社会捐助等办法筹措。

审批流程。困难群众在遇到暂时困难时，可向所在村社区居委会提出申请，村、社区居委会进行核实后报乡镇审批，由村、社区居委会张榜公布，并报县民政局备案。对突发性天灾人祸造成无法维持基本生活的家庭，简化程序、特事特办，在事后再补办手续并备案。为全面掌握全县临时救助情况，开展救助对象信息录入工作，通过将救助对象数据录入全国低保信息系统方式，实现临时救助信息管理统一化。

2014 年，县级财政列入临时救助资金预算 80 万元，上级财政拨款 2.6 万元。全年救助 922 人，发放临时救助金 86.26 万元。

2010 年—2016 年泸溪县临时救助情况统计表

单位：人万元

年度	救助人数	救济金
2010	1143	40
2011	1600	40
2012	470	35.88
2013	607	53.9
2014	922	86.26
2015	3487	278.86
2016	3265	214.34

第四节　五保户供养

农村五保户供养制度是国家在农村地区实施的一种社会保障制度。“五保”是指对符合条件的供养对象提供保吃、保穿、保住、保医、保葬(孤儿保教)等五项生活保障措施。

一、五保供养历史阶段划分

(一)集体供养互助共济阶段(1956—1982 年)。五保供养制度产生于农业合作化时期，为解决农村中特殊困难群众生活问题，中央政府出台农村五保供养政策。《1956—1967 年全国农业发展纲要》《高级农业生产合作社示范章程》，是最早提出关于农村五保供养工作法规性文件，形成我国农村五保供养制度雏形。《高级农业生产合作社示范章程》第 14 条规定：“对于完全丧失劳动力，历来靠土地收入维持生活社员，应该用公益金维持他们生活。”合作社以及后来人民公社是五保供养责任主体，生产队成为五保口粮实际供应者。这一时期五保供养工作是农村高度集体化产物，五保供养款、物主要是来源于集体分配或公益金补助。

在国家财政投入缺位条件下，五保供养是以公社内部剩余和积累为基础互助共济，这种供养随着集体经济发展变化而变化。

(二)家庭联产承包制阶段(1983—2002年)。以村提留和乡统筹为经费来源进行供养。1985年《中共中央、国务院关于制止向农民乱派款、乱收费的通知》对解决五保对象问题做出明确规定："乡和村供养五保户等事业的费用，原则上应当以税收或其他法定收费办法来解决，在这一制度建立之前实行收取公共事业统筹费的办法"。1991年12月，国务院第92号令发布的《农村承担费用和劳务管理条例》第二章第8条规定："乡统筹费可以用于五保户供养，供养费从乡统筹中列支的，不得在村提留中重复列支。"1994月，国务院第141号令发布《农村五保供养工作条例》，规定五保性质、对象、确定对象的程序、供养内容和标准、经费来源与筹集办法等，五保供养所需经费和实物，从村提留或乡统筹费中列支，不得重复列支；在有集体经营项目的地方可以从集体经营的收入、集体企业上缴利润中列支。1997年民政部颁布《农村敬老院管理暂行办法》，明确五保供养筹资渠道，办法规定："敬老院所需经费实行乡镇统筹，并通过发展院办经济和社会捐赠逐步改善供养人员生活条件。村办敬老院所需经费由村公益金解决。"五保老人生活得到提高。

(三)农村税费改革阶段(2002—2006年)。2002年，农村费改税改革取消过去"村提留、乡统筹"以及所有其他专门针对农民征收行政事业性收费和政府性基金、集资。为确保农村税费改革后五保供养资金来源，2004年，民政部、财政部、国家发展和改革委员会发出《关于进一步做好农村五保供养工作的通知》，要求加强资金管理，确保五保供养资金落实，针对农村税费改革后五保供养资金发生变化提出过渡性办法："除保留原由集体经营收入开支以外，从农业税附加收入中列支；村级开支确有困难的，乡镇财政给予适当补助。免征、减征农业税及其附加后，原从农业税附加中列支的五保供养资金，列入县乡财政预算。地方在安排使用农村税费改革转移支付资金时，应当确保五保供养资金落实，不得截留、挪用。"五保供养不再强调"集体福利事业"性质，强调县乡财政转移支付责任。

(四)国家公共救助阶段(2006年后)。实行国家财政供养为主，集体保障为辅方针。2006年废除农业税后，国务院修订《农村五保供养工作条例》。条例以改革资金渠道为重点，将农村五保供养纳入公共财政范畴，建立与之相配套管理制度和措施办法，资金标准、权益保护等条款更加合理，更加规范。新条例实现农村五保供养从农民集体内部互助共济体制向国家财政供养为主现代社会保障体制历史性转变,《农村五保供养工作条例》确定了国家公共救助基本特征。

修订后《农村五保供养工作条例》七章二十六条,主要内容有五个方面。

1.地方财政是供养资金主渠道。条例规定,地方财政要在预算中,安排农村五保供养资金。有农村集体经营收入的地方可以从农村集体经营等收入中,安排资金用于补助和改善农村五保户生活。具体办法由省级人民政府自行规定。中央财政对财政困难地区农村五保户供养,在资金上给予适当补助。

2.明确五保供养内容。五保供养内容包括:供给粮油、副食品以及生活用燃料;供给服装、被褥等生活用品和零用钱;提供符合基本居住条件的住房;提供疾病治疗、日常诊疗,对生活不能自理给予照料;办理丧葬事宜。同时,对日常照料等作出明确。《条例》规定,集中供养对象由供养服务机构提供供养服务;分散供养对象可以由村(居)民委员会提供照料,也可以由供养服务机构提供代养、代管等服务。乡镇人民政府、街道办事处应当组织医疗机构为供养对象建立护理记录和健康档案,提供日常诊疗和体检服务。对因病需要住院治疗的,应当及时送往医疗机构诊治,并妥善安排其住院期间生活照料和护理。

3.保障五保对象受教育的权利。《条例》规定,对未满十六周岁或者已满十六周岁正在接受义务教育、高中教育(含中等职业教育)、普通高等教育的供养对象,在享受农村五保供养待遇同时,根据不同教育阶段需求,采取减免相关费用、发放助学金、给予生活补助等方式,保障其学习和生活。

4.满足五保对象精神需求。《条例》规定,供养服务机构应当组织文化娱乐、体育健身等活动,丰富集中供养对象精神生活。村(居)民委员会应当开放公共活动场所,方便分散供养对象健身、娱乐;鼓励社区居民通过邻里互助形式帮助分散供养对象。供养对象近亲属或者其他亲属应当看望和问候,给予供养对象家庭关爱和精神抚慰。

5.明确农村五保供养方式。农村五保供养对象可以在当地农村五保供养服务机构集中供养,也可以在家分散供养。农村五保供养对象可以自行选择供养形式。集中供养农村五保供养对象,由农村五保供养服务机构提供供养服务;分散供养农村五保供养对象,可以由村民委员会提供照料,也可以由农村五保供养服务机构提供有关供养服务。

二、农村五保户供养

1958 年,县人民委员会对农村丧失劳动能力又无亲属赡养鳏、寡、孤、独老人，确定由大队、生产队实行五保，即保吃、吃穿、保住、保医、保葬。并根据各地实际情况每年拨付一定数量专款予以补助。农村五保户实行生产队集体供养，凡是符合五保户条件的，每人每年由生产队提供300公斤稻谷，6公斤食用油，补助现金60元，县民政局每年解决一定救济款。因病住院，由生产队负责治疗费和生活费，民政局根据情况予以适当补助。五保户去世后，其家产归集体所有，由所在生产队负责丧葬事宜。1977年，全县16个公社2个镇共有五保户634户678人，其中集体供养626户616人，由国家救济28户29人。1981年，全县有五保户912人，集体供养五保户生活费支出57475元，国家救济10959元，人均救助金75元。

1983年3月，县人民政府制定《泸溪县农村“五保户”供养条例》。对五保户进行了界定，“五保”对象是指丧失劳动能力，生活没有来源的农村老、弱、病、残、鳏、寡和孤儿。对有女无儿但女儿已出嫁，而又无赡养能力的老人，经群众评议、大队审查、公社批准，也可列为五保户。进一步明确“五保”内容：保吃（由集体供给粮油等生活物资）；保穿（由集体供给衣、帽、鞋、袜和被子、蚊帐等生活用品）；保住（由集体负责安排好五保户的住房、并保证完好）；保医（由集体负责五保户的治病、护理的经费及平时看护的费用）；保葬（五保老人去世由集体负责妥善安葬）。对符合五保条件的孤儿，由集体负责上学的经费。

《泸溪县农村“五保户”供养条例》规定五保户生活标准。明确其生活标准应不低于所在队群众平均生活水平。一般供给标准是：全年人均口粮300—350公斤，食油3—6公斤，生活费60—100元，柴火1000—1500公斤，单衣裤2套，鞋袜各1双，每2年供给一顶帽子，每5年供给一套棉衣裤，每8年供给一床棉被及蚊帐。此外，每逢传统节日适当增加一些生活物资。五保户原则上不参加分配责任田及责任山，供养的粮、钱、物（包括护理费），按所分田亩分摊到户，列为上缴任务，由生产队统一收缴，送交五保户。但对少数有劳动能力且本人又要求种口粮田五保户，分给适当田土，但须负担上交提留和各种摊派任务，农忙重活由生产队或村民小组派人帮工。五保户有亲可投，亲人愿意接受的，可让其投亲靠友。亲友代耕的田土不负责上交各种提留费用，亲人照料粮、钱、物与集体供养五保户应一视同仁。五保老人生活不能自理雇请专人照料，护理费由所在社队筹付。

《供养条例》主张创造条件开办敬老院，对五保户实行集中供养。敬老院可以公社为单位兴办，可以大队为单位兴办，也可以自然村为单位兴办。敬老院集体福利事业必须坚持“依靠集体、以养为主、民主管理、勤俭办院”方针和“入院自愿、出院自由”原则。入院老人财物归个人所有，其房产由生产队代管。选配心地善良、作风正派、事业心强的人担任敬老院管理员。工资待遇与当地社、队企业管理人员水平同等。五保老人去世后，其遗产原则上归负责赡养集体所有。但其亲友担负赡养义务可根据实际情况，给予适当遗产予以补偿，未尽赡养义务亲属，不能继承其遗产。

是年5月至7月，县民政局开展全县五保户普查工作。经过普查，掌握全县五保户情况，制定和落实供给标准。经审查评定全县符合五保条件731户782人，比普查前增加64户69人。其中孤老663人，残疾人92人，孤儿27人。其中入敬老院21人，集体统筹供养605人，亲属代耕土地包养102人，其他方式供养54人。1987年，全县有五保户643户712人，其中城镇47户53人。国家救济47户43人，乡村统筹供养584户626人，自种8户28人，代耕12户33人。

2003年11月，湖南省政府办公厅发布《湖南省农村五保户供养暂行办法》。《暂行办法》规定具体内容：(1)界定五保户对象。农村居民中，无子无女、生活无来源老年人（男60周岁、女55周岁以上），无劳动能力、无依无靠的病残者和孤儿，均为五保对象。(2)五保供养内容。保吃（供给粮、油、柴、菜等生活物质）；保穿（供给衣、帽、鞋、袜和被子、蚊帐等生活用品）；保住（安排好住房）；保医（负责治病及特殊情况下雇请护理人员所需经费）；保后事处理（负责安葬）和孤儿教育。(3)五保对象供养经费的来源。省、市州、县市区农村税费改革转移支付用于农村五保户供养的资金；农业税中用于村级支出资金；新增农业税正税中用于村级支出资金；乡镇财政预算安排资金；乡镇、村企业和集体经济组织上交收入；乡镇其他收入。(4)供养方式实行集中供养或者分散供养。具备条件乡镇人民政府应当兴办敬老院。敬老院实行民主管理，文明办院，建立健全服务和管理制度。五保对象入院自愿，出院自由。提倡敬老院开展农副业生产，收入用于改善五保对象生活条件。各级人民政府和有关部门对敬老院农副业生产应当给予扶持和照顾。实行分散供养的，由乡镇人民政府或者农村集体经济组织、受委托的扶养人和五保对象三方签订供养协议。

根据《湖南省农村五保户供养暂行办法》，泸溪县2003年落实五保供养对象885人，其中集中供养57人，分散供养828人，供养金额63.71万元，人均年供养金720元。2004年，全县五保对象1087人，发放供养金94.44万元，其中分散供养900人，供养金72万元，集中供养187人。供养金22.4万元。

2008 年，全县提高五保供养标准，集中供养五保对象 432 人，发放供养金 51.84 万元，人均年供养金 1200 元。分散供养 1010 人，发放供养金 84.84 万元，人均年供养金 840 元。

2010 年 11 月，湖南省卫生厅、湖南省民政厅、湖南省财政厅联合下发《关于进一步加大农村五保对象基本医疗保障力度的通知》文件，对农村五保户对象在县、乡级新农合定点医疗机构住院基本医疗费用实行全额减免。

2011 年 11 月，县人民政府办公室下发《关于印发〈农村五保供养工作实施细则〉的通知》文件，对农村五保供养对象的审批和管理、供养标准和形式、供养经费的筹集、农村五保供养服务机构、农村五保户财产处理等进一步规范。是年，全县五保对象 1937 人，其中分散供养五保对象 1445 人，发供养金 216.75 万元。在县乡敬老院集中供养 492 人，发供养金 290.55 万元。

2013 年，五保供养标准调整提高到人平年均 2455 元，每月人均 205 元，全年供养对象 237 人，支出供养金 569.04 万元。2014 年，再次提高农村五保供养标准，全县有五保对象 2290 人，支出供养金 604.60 万元，每人每年 2640 元。2016 年，支出农村五保供养金 619.35 万元，供养五保对象 1811 人，分散供养五保对象 1324 人，集中供养 487 人，人均年供养金 3419 元。

1983年泸溪县五保户普查统计表

社镇名称	普查前		普查后人数、户数					供养方式								
			小计		老人	残废人	孤儿	集体供养人数							亲属代耕土地包养人	其他
	户数	人数	户数	人数				小计	入敬老院	统筹供养	包户小组照料	派人照料	亲属照料			
合计	667	713	731	782	663	92	27	626	21	605					102	54
上堡	39	46	44	51	38	12	1	49		49					2	
洗溪	31	33	35	38	34	4		35	6	29					1	2
李家田	17	18	21	22	18	1	3	19		19					3	
浦阳	54	56	54	56	54	2		52		52					4	
长坪	36	41	37	42	36	2	4	35		35					7	
达岚	51	56	52	58	51	7		39		39					19	
石榴坪	28	34	30	37	34	2	1	17		17					20	
合水	50	54	50	54	49	7		54		54						
永兴场	32	32	36	36	28	7	1	13		13					23	
兴隆场	49	49	53	53	44	71	2	43		43					10	
解放岩	48	48	51	51	49	2		51		51						
小章	29	29	32	34	26	5	3	21		21					13	
白羊溪	27	29	31	33	29	3	1	33		33						
潭溪	56	62	59	65	57	7	1	63		63						2
梁家潭	49	49	53	53	39	7	7	48		48						5
八什坪	30	33	34	38	26	11	1	38		38						
武溪镇	12	12	16	16	16			4		31						12
浦市镇	29	32	43	45	37	6	2	12	12							33

1987 年全县五保户基本情况统计表

乡镇	户数		人数		供养中								备注
	总户数	其中城镇	总人数	其中城镇	国家救济		乡村统筹		自耕		代耕		
					户数	人数	户数	人数	户数	人数	户数	人数	
合计	643	47	712	53	47	53	584	626			12	33	
上堡	38		41				37	40			1	1	
洗溪	32	1	36	1	1	1	31	35					
李家田	15		16				15	16					
浦阳	61		68				59	58			2	10	
长坪	38		42				37	40			1	2	
达岚	57	1	62	1	1	1	54	57			2	4	
石榴坪	40		42				39	40			1	2	
合水	24		29				21	24			3	5	
永兴场	28	1	32				26	28			1	3	
兴隆场	36		39				35	36			1	3	
解放岩	40		43				40	41				2	
小章	13		15				13	15					
白羊溪	30		32				30	32					
潭溪	45	1	50	1	1	1	44	49					
梁家潭	43	1	50	1	1	1	42	49					
八什坪	30		34				30	34					
踏虎	22		24				22	23					
武溪镇	17	8	19	10	8	10	9	9					
浦市镇	34	34	38	38	34	38							

2003-2010年泸溪县五保情况统计表

单位：人、万元

项目	2003年		2004年		2005年		2006年		2007年		2008年		2009年		2010年	
	人数	金额	人数	金额	人数	金额	人数	金额	人数	金额	人数	金额	人数	金额	人数	金额
分散供养	828	59.61	900	72	978	84.09	1055	88.62	905	76.02	1010	84.84	1150	139	1163	139.5
集中供养	57	4.1	187	22.44	193	29.82	179	21.48	401	48.12	432	51.84	505	72.72	62	74.52
合计	885	63.71	1087	94.44	1171	113.91	1234	110.1	1306	124.14	1442	136.68	1655	211.72	1784	214.0

2011年-2016年泸溪县五保情况统计表

单位：人、万元

项目	2011年		2012年		2013年		2014年		2015年		2016年		备注
	人数	金额	人数	金额	人数	金额	人数	金额	人数	金额	人数	金额	
分散供养	1445	216.75	1548	274.92	1868	448.32	1795	473.88	1818	581.76	1324	452.8	
集中供养	492	73.8	494	87.73	503	120.72	495	130.78	561	179.52	487	166.55	
合计	1937	290.55	2042	362.65	2371	569.04	2290	604.66	2379	761.28	1811	619.35	

第五节　敬老院

敬老院是为老年人养老服务的社会福利事业组织，又称养老院，是在农村实行五保基础上发展起来的。敬老院收养对象主要是五保老人，有条件的敬老院还接收享受退休金的自费老人。

一、县办敬老院

明代时期，县府户房在县城北大门外关帝庙下面建养济院，有屋五间，左房二间，前有大门，筑土墙围绕。养济院对象以居民穷无可靠的孤贫二十名为限，每口岁终发给银、米、布。明穆宗隆庆五年，因水漂废。明神宗万历元年(1573)，知县王京再建。明代末年被兵祸焚烧。清乾隆二年(1737)，知县周相奉省令再次建修。初定孤贫二十名，后再增加十名。每年口粮留在钱粮内坐支银三十六两六钱九分六厘，又在旧藩台库内清补荒银五两七钱八分。遇有闰月增加三两六钱。款项由朝廷拨给地方官下拨。社会上有善良之人给救济院捐物捐钱，县府资料记载施善人员救济各捐产业。

救济院各捐产业名册表

捐户姓名	捐赠名称	田地房产名称	数目	价值	备注
金元泰	店房	中和坊下首第三店房	二间	13 万，年租金各 10 元	粮米由捐户自兑
张远廷	店房	西门内	一间一进	4.8 万，当业	石光糯租金四千五百文
张尚友	田	犁子冲边田	一丘	6500 加 9.8 万	谷五斗
苏学喜	田	毛庵后长田又上口田	二丘	5600	当堂媳李氏
杨兴鸾	田	野毛坪田	四丘	1 万	当业
杨光楚	田	虎头寨磨刀岩坝水田	六丘	3000	
文子混	田	团鱼溪水田	二丘	100 元	计谷 6 运，粮一斗四升四合五勺，交红契一纸。
杜开保	田	生平溪边坝田，上木冲溶田	十四丘		载粮二升四合九勺二杪

中华人民共和国成立后，县政府把兴办敬老院列为社会福利事业之一。1958年，浦市镇在县民政局支持下创办泸溪县第一所敬老院。初期，当地群众称为“幸福院”，后被列为县办敬老院。1980年，武溪镇在东正街、西正街各建一所福利院，收养五保老人8人，安排专人服侍。1981年，兴隆场公社修建光荣院，入住革命伤残复员退伍军人17人，均为有伤残优抚对象。

1985年，全县有县办敬老院一所（浦市），福利院二所（武溪），光荣院一所（兴隆场），入住五保老人和革命伤残复员退伍军人53人。

1986年后，国家增加财政投入，加大社会救助力度。县民政局对县办敬老院、福利院、光荣院基础设施投入资金进行维修扩建，使各院条件得到改善。院址占地面积1576平方米，建筑面积3926平方米，共设有床位74张，入院老人58户61人，平均年龄64岁。管理人员7人，人均工资3500元/年。经州民政部门检查，达到规范化窗口管理3所。敬老院、光荣院、福利院在办院过程中，根据实际情况，结合入院老人的身体状况和体能，在入住老人们自愿乐意前提下，组织老人种菜、养鸡、养鸭、养猪、编制蔑织产品等，除院内自用自给外向市场出售，年收入9.52万元。浦市敬老院、武溪福利院、兴隆场光荣院先后被省、州民政局授予“先进单位”荣誉称号。2003年，浦市敬老院、兴隆场光荣院和武溪镇2所福利院转为乡镇管理。

2007年，县民政局选址白沙镇桥东社区，修建综合型福利院（即光荣院、养老院、敬老院、孤儿院），实行多院合一，由县民政局直接管理，建院投资980万元，2008年动工，历时2年，2010年完成第一期工程。

二、乡镇敬老院

（一）发展历程。1980年，洗溪公社经县民政局同意在洞头寨村建全县第一所社管队办敬老院，入住五保老人7人，由大队统一筹集入住老人所需粮油物资及零用钱。1983年，实行联产承包责任制，敬老院停办，原住五保老人散居，由集体或亲属供养。2003年，根据五保老人供养的实际情况需要，对原武溪镇2所福利院、兴隆场光荣院、浦市敬老院转为乡镇敬老院集中供养五保老人。

2004年，乡镇敬老院建设纳入社会福利项目建设，县民政局通过项目申报，相继在6个乡镇修建敬老院，对无依无靠五保老人实行集中供养。2006年至2007年，县政府筹措资金1800万元，全县扩建、新建敬老院17所，总面积45998.60平方米。

2008年10月，县人民政府办公室发文《关于转发〈湘西自治州人民政府农村敬老院管理办法〉的通知》，明确农村敬老院是乡镇人民政府直接承办的社会福利事业单位，农村敬老院由乡镇人民政府负责管理，县民政部门负责业务协调，监督指导工作，至2009年，全县17所乡镇敬老院集中供养入住对象472人。

2011年11月，泸溪县机构编制委员会办公室下发《关于设立武溪镇敬老院等十七所敬老院的批复》文件，批复17所农村敬老院，为县民政局与乡镇政府共同管理的公益性全额事业单位，以县民政局管理主为。乡镇敬老院按照实际供养人数与工作人员数额10∶1比例配备工作人员，并实行公开聘用。敬老院院长由乡镇人民政府从在编人员中选拔，经县民政局同意后任用。是年，全县十七所乡镇敬老院定编工作人员58名。

(二)规范管理。2013年筹集资金，加强基础设施建设。投入90万元改扩建达岚镇敬老院，改扩建后建筑面积1250平方米，床位数50张，使五保对象供养人数由原来25人增加到45人。投入资金240万元，对洗溪镇敬老院进行改扩建，改扩建后建筑面积1572平方米，床位数76张，供养对象由原来的45人增加到76人。筹集资金28万元，为浦市镇等四所敬老院更新床147张，衣柜165个、大圆桌12个、餐椅120个、贮物架45个、棉被和被套147套。成立敬老院财务核算中心，负责审查和核算全县敬老院收支活动的合法性、合规性、合理性。各敬老院实行报账制，各项开支经院长审核后由报账员到县核算中心报账。加强制度执行力度，提高安全责任意识。组织敬老院管理人员及供养对象，开展规章制度学习和安全隐患自查自纠，发现问题及时整改，全县各敬老院均配备应急灯，设置疏散标识。

2016年，全县17所乡镇敬老院建筑面积47916.6平方米，固定资产1700万元，有房间556间，床位665张，工作人员67人。集中供养入住对象424人，供养资金362.77万元，人均供养金8700元。

武溪敬老院　武溪镇敬老院始建于1996年10月，占地6亩，有住房16间。2005年，投入资金20万元扩建敬老院房屋一栋，新增住房面积366.40平方米，扩建后共有房间30间，设置床位35张。集中供养五保老人30人。人均建筑面积25.06平方米，居住面积21.94平方米，有工作人员2人。2016年入院五保老人23人，敬老院院长王和莲。

李家田敬老院　武溪镇李家田敬老院系2006年由原撤销的李家田乡政府办公生活区改扩建成，投入资金100万元，院址位于朱食洞村顺江田(现为杨斌庄村)。该院于2006年10月30日建成，占地面积7亩，建房占地面积4亩，生产用地13.22亩。有住房30间，床位38张。院内有专用食堂、公共卫生间、浴室、娱乐室、办公室、医务室等附属设施,并配有电饭煲、电热水器、全自动洗衣机、电视机等电器。建院初期住有五保老人 35 人,配有工作人员 2 人。2016 年,有工作人员 5 人,集中供养入住对象 22 人,敬老院院长田要娣。

浦市敬老院　浦市镇敬老院始建于 1979 年,1996 年投入资金 200 万元新建,1997 年 9 月竣工。2005 年,在维修旧房的基础上征收稻田 2.22 亩,扩建敬老院,扩建后敬老院占地面积 11 亩,生产用地 4 亩,猪栏 8 间,有 130 平方米经营用房,年创收 0.5 万元,有房间 40 间,设置床位 44 张。集中供养五保老人 40 人,工作人员 3 人,首任院长朱信云。至 2016 年集中供养入住五保老人 31 人。配备工作人员 5 人,敬老院院长唐正合。

达岚敬老院　2006 年,投入资金 100 万元新建达岚镇敬老院,院址位于达岚坪社区叉湾,占地面积 8.30 亩,其中建房占地面积 3.30 亩,生产用地 2 亩,果园 2 亩。有住房 35 间,床位 40 张。院内有专用食堂、公共卫生间、浴室、娱乐室、办公室、医务室等附属设施。并配有电饭煲、电热水器、全自动洗衣机、电视机等电器,2008 年入住五保老人 34 人,工作人员 3 人。2016 年入住五保老人 22 人,有工作人员 3 人,敬老院院长向兰香。

石榴坪敬老院　2006 年 10 月, 投入资金 100 万元新建石榴坪乡敬老院,院址位于该乡石榴坪村屋场岭,占地面积 13.10 亩,其中建房占地 3 亩,生产用地 4 亩,果园 6.10 亩。五保老人住房 35 间,床位 40 张,房间均配设卫生间。院内有专用食堂、公共卫生间、浴室、娱乐室、办公室、医务室等附属设施。配有电饭煲、电热水器、全自动洗衣机、电视机等电器。2008 年,住有五保老人 33 人,配有工作人员 3 人,其中院长 1 人,护理人员 1 人,炊事员 1 人。2016 年,有工作人员 4 人,入住五保老人 19 人,敬老院院长杨秀栋。

合水敬老院　2006 年 9 月,投入资金 100 万元建成合水敬老院。占地 14 亩,有房间 35 间,设置床位 38 张。2008 年,入住五保对象 35 人,工作人员 3 人。每间住房配有卫生间外,建有公厕一栋,猪栏两间 50.42 平方米,厨房、餐厅一栋,生产用地 4 亩。2016 年,集中供养五保老人 17 人,配有工作员 3 人,敬老院院长杨子平。

踏虎敬老院　合水镇踏虎敬老院由原撤销的踏虎乡政府办公生活区改扩建。位于踏虎村场上,距大龙村火车站 2 公里。该院于 2006 年 10 月 30 日建成,占地面积 6 亩。其中住房占地 3.8 亩,生产用地 3 亩,果园 5.12 亩,鱼塘 6 亩。有住房 35 间,设床位 40 张。院内有专用食堂、公共卫生间、浴室、娱乐室、办公室、医务室等附属设施。并配有电饭煲、电热水器、全自动洗衣机、电视机等电器，2008 年，入住五保老人 35 人，配有工作人员 3 人，护理人员 1 人，炊事员 1 人，第一任院长龚义锦。2016 年，入住五保老人 22 人，工作人员 6 人，敬老院院长谭满凤。

小章敬老院　小章乡敬老院于 2004 年 7 月动工，10 月中旬竣工，该敬老院占地面积 11 亩，有房间 35 间，设置床位 40 张。2008 年，集中供养五保老人 35 人，配有管理人员 2 人，院长 1 名。2016 年，配有工作人员 4 人，集中供养五保老人 28 人，敬老院院长杨世兴。

白羊溪敬老院　白羊溪乡新建敬老院院址距乡人民政府住地 2 公里。该院于 2006 年 10 月 30 日建成，占地面积 10.62 亩，其中建房占地 3.14 亩，生产用地 3 亩，果园 4.52 亩。建有住房 35 间，设床位 40 张。院内有食堂、公共卫生间、浴室、娱乐室、办公室、医务室等附属设施。配有电饭煲、电热水器、全自动洗衣机、电视机等电器。2008 年，入住五保老人 34 人，配有工作人员 2 人，其中院长 1 人，炊事员 1 人。2016 年，配有工作人员 4 人，集中供养五保老人 22 人，敬老院院长李胜清。

长坪敬老院　浦市镇长坪敬老院由原撤销的长坪乡政府办公生活区改扩建，位于长坪村。该院于 2006 年 10 月 30 日建成，占地面积 6 亩。其中建房占地 4 亩，生产用地 2 亩。建有住房 30 间，设床位 36 张。院内有食堂、公共卫生间、浴室、娱乐室、办公室、医务室等附属设施齐全。并配有电饭煲、电热水器、全自动洗衣机、电视机等家用电器。2008 年，住有五保老人 32 人，配有工作人员 2 人。2016 年，集中供养五保老人 22 人，配有工作人员 4 人，敬老院院长吴万湘。

永兴场敬老院　兴隆场镇永兴场敬老院于 2007 年 6 月开工建设，占地面积 12.50 亩。2007 年 10 月 30 日竣工，建有五保老人住房 35 间，设床位 40 张。院内食堂、公共卫生间、浴室、娱乐室、办公室、医务室等附属设施齐全，并配有电饭煲、电热水器、全自动洗衣机、电视机等家用电器。2008 年，入住五保老人 35 人，配有工作人员 3 人。2016 年，集中供养入住五保老人 24 人，有工作人员 4 人，敬老院院长梁永刚。

洗溪敬老院　洗溪镇敬老院始建于 20 世纪 80 年代。分为上、下两院，上院位于 319 国道旁，占地面积 16 亩(其中生产用地 13 亩)。下院由原洗溪镇卫生院改建而成，因住房年久失修，已成危房。加之附近又有一采石场，经常爆破作业，严重威胁到敬老院五保老人生命安全。因此，县民政局研究决定将下院搬迁到 1.5 公里外上院，在原址上新建住宿楼和综合楼，合并为中心敬老院。

洗溪镇中心敬老院改扩建工程于2013年6月开工，投入资金200万元，当年竣工。建有供养对象住房38套，设置床位76张。院内规划为生活、服务、生产、办公等四个区域。设有专用食堂、公共卫生间、浴室、娱乐室、办公室、医务室以及老年健身器材等附属设施。并配有电饭煲、电热水器、全自动洗衣机、电视机等电器。入住供养对象可达70人。2016年，配有工作人员7人，集中供养五保老人46人，敬老院院长穆世菊。

潭溪敬老院　潭溪镇敬老院位于潭溪镇潭溪社区，与潭溪中心完小和潭溪中学相邻。该院于2007年6月开工建设，占地面积13.50亩，2007年10月28日竣工，建有住房35间，设床位40张。院内有专用食堂、公共卫生间、浴室、娱乐室、办公室、医务室等附属设施。配有电饭煲、电热水器、全自动洗衣机、电视机等电器。2008年，住有五保老人35人，配有工作人员3人。2016年，集中供养五保老人19人，有工作人员4人，敬老院院长舒绍强。

梁家潭敬老院　梁家潭敬老院位于洗溪镇灯油坪村，距原梁家潭乡政府机关0.5公里。建于2007年11月。有生产用地50亩，已开发为水果蔬菜基地。建有房间40间，设床位40张。2008年，入住五保老人38人，工作人员4人，院内设食堂、娱乐室、浴室等附属设施，彩电、全自动洗衣机、DVD机、热水器等家电用品齐全。2016年，配有工作人员5人，集中供养五保老人32人，敬老院院长符水香。

八什坪敬老院　八什坪敬老院位于洗溪镇三角潭村倒水坪组，距原八什坪乡人民政府驻地2公里。2006年6月6日开工建设，10月30日完工，占地面积13.60亩，其中建房占地3.80亩，生产用地5.80亩，果园4亩.另有鱼塘15亩。建有五保老人住房35间，设床位38张，房间均有卫生间。院内有食堂、公共卫生间、浴室、娱乐室、办公室、医务室等附属设施。电饭煲、电热水器、全自动洗衣机、电视机等电器齐全。2008年，住有五保老人35人，配有工作人员3人。2016年，配有工作人员4人，集中供养五保老人19人，敬老院院长彭明善。

解放岩敬老院　解放岩乡敬老院建于2006年，院址位于该乡水卡村映山溪。距乡人民政府驻地350米。该院于2006年6月6日开工，10月30日完工，占地面积8.10亩，其中建房占地3.1亩，生产用地2.35亩。建有住房33间，床位40张，有专用食堂、公共卫生间、浴室、娱乐室、办公室、医务室等附属设施。并配有电饭煲、电热水器、全自动洗衣机、电视机等电器。2008年，住有五保老人35人，配有工作人员3人。2016年，集中供养入住五保老人16人，管理人员4人，敬老院院长张银保。

泸溪县乡镇敬老院情况一览表(敬老院建院情况)

乡镇	敬老院(所)	所在地	建筑面积(m²)	投资金额(万元)	修建时间	房间(间)	床位(张)	第一任院长	工作人员(人)
李家田	1	李家田村	1998	100	2006.10	38	38	田要弟	5
武溪镇	1	武溪镇	1886.68	200	1996.10	38	38	王和莲	4
浦市镇	1	浦市镇	3330	200	1996	36	34	唐正合	5
浦市镇长坪	1	长坪村	2131	100	2006.10	36	17	吴万湘	4
达岚镇	1	达岚镇	2664	100	2006.6	40	23	李德成	2
石榴坪乡	1	石榴坪乡	1665	100	2006.6	40	33	李忠发	4
合水镇	1	合水镇	3900	100	2006.9	38	21	杨子平	3
踏虎	1	踏虎	5661		2006.10	40	27	龚义锦	6
兴隆场镇	1	兴隆场镇	3100	100	1982.4	48	25	李作斌	5
小章乡	1	小章村	3996	100	2004.7	30	28	杨世兴	4
白羊溪乡	1	白羊溪乡	2331	100	2006.10	40	23	李胜清	4
永兴场	1	下广村	2314		2007.10	40	26	梁永刚	4
洗溪镇	1	洗溪镇	2050	200	1982.4	76	51	穆世菊	7
潭溪镇	1	潭溪镇	4662	100	2007.7	40	18	舒绍强	4
梁家潭	1	梁家潭村	2100	100	2007.11	10	34	符水香	5
八什坪	1	三角潭村	2600	100	2006	38	19	彭明善	4
解放岩乡	1	解放岩乡	1518	100	2006.6	40	28	张银保	4

泸溪县乡镇敬老院情况一览表(集中供养老人情况)

单位:人、万元

乡镇	2009年		2010		2011		2012		2013		2014		2015		2016	
	人数	金额	人数	金额	人数	金额	人数	金额	人数	金额	人数	金额	人数	金额	人数	金额
武溪	20				19		19	44.4	18	14.04	18	14.42	23	19.32	23	20.01
浦市	31				32		32	19.2	27	21.06	31	24.92	34	28.56	33	28.71
达岚	28				20		20	12	22	17.16	23	18.49	23	19.32	22	19.14
石榴坪	28				21		21	12.6	21	16.38	23	18.49	22	18.48	19	16.53
合水	27				20		20	12	23	17.94	21	16.84	19	15.96	17	14.79
兴隆场	27				23		23	13.8	22	17.16	25	20.10	25	21	22	19.14
小章	29				25		25	15	26	20.28	28	22.51	29	24.36	30	26.10
白羊溪	30				25		25	15	26	20.28	26	20.90	26	21.84	22	19.14
永兴场	31				27		27	16.2	26	20.28	25	22.51	29	24.36	24	20.88
洗溪	63				58		58	34.8	55	42.90	56	45.02	62	52.08	46	40.02
潭溪	25				18		18	10.8	18	14.04	18	14.47	20	16.80	19	16.53
梁家潭	28				35		35	21	36	20.08	38	30.55	39	32.76	32	27.84
八什坪	26				21		21	12.6	19	14.82	19	15.26	19	15.96	19	16.53
解放岩	27				26		26	15.6	27	21.06	27	21.70	28	23.52	29	25.23
长坪	16				16		17	10.2	17	13.26	17	13.6	16	13.44	16	13.92
李家田	22				21		22	13.2	21	16.38	21	16.8	22	18.48	22	19.14
踏虎	22				22		22	13.32	21	16.38	21	16.8	22	18.48	22	19.14
合计	480				429		431	258.60	425	331.50	440	352.0	458	384.72	417	362.79

第七章 社会福利

社会福利是国家和社会为增进与完善社会成员尤其是困难者的社会生活的一种社会制度。社会福利是指对生活能力较弱儿童、老人、母子家庭、残疾人、慢性精神病人等社会照顾和社会服务。社会福利所包括的内容十分广泛，不仅包括生活、教育、医疗方面福利待遇，而且包括交通、文娱、体育、欣赏等方面待遇。社会福利是一种服务政策和服务措施，其目的在于提高广大社会成员物质和精神生活水平，使之得到更多享受。同时，社会福利也是一种职责，是在社会保障的基础上保护和延续有机体生命力一种社会功能。

第一节 社会福利制度

一、社会福利制度

(一)社会福利制度内容与原则

1.社会福利制度内容

(1)社会津贴。社会津贴是国家在实行某一项政策或制度时，向法定或政策范围内社会成员普遍提供的保证一定生活水平的资金的社会福利项目。社会津贴制度具有保障性、临时性、普遍性三个特征。

(2)职业福利。职业福利是行业或单位通过提供集体生活服务设施、建立各种补贴制度，向职工提供物质帮助和社会服务总称。职业福利内容分为三种形式：以现金支付各种福利补贴；职工集体生活福利；职工集体文化生活设施。

(3)社会福利企事业。社会福利企事业包括社会福利事业和社会福利企业。社会福利事业是指通过民政部门主办的社会福利设施，满足特殊社会群体基本生活保障和特殊需求的社会福利项目。社会福利企业是国家安置有劳动能力的残疾人，解决他们劳动就业和生活问题，帮助他们走上自强自立的道路，具有福利性质的特殊企业。

(4)社区服务。社区服务主要内容为面向弱势群体和优抚对象福利服务，主要包括为老年人提供福利服务、为残疾人提供福利服务、为优抚对象提供福利服务、为少年儿童提供社区服务和为贫困者提供福利服务；面向普通居民群众便民利民日常生活服务；面向辖区企事业单位和机关团体部队后勤服务。

2.社会福利制度实施原则。国家社会福利事业实施原则：量力而行、循序渐进的基本原则；遵循社会福利发展规律的原则；社会公平与社会效率相统一的原则；适度引入市场机制原则；统一性与多样性相结合的原则。

(二)社会福利功能。以不同的方式分配再分配公民的收入；促进社会整合和社会和谐；社会福利本身也是社会控制的一种手段，维护和促进社会的稳定；出现社会问题时，社会服务能为有需要的人提供补偿；通过社会服务可以促进个人和整个社会福利状况改善；社会服务可以当作是一种社会投资；社会福利可以增强社会中利他主义助人要素。

二、福利制度建立和发展

(一)传统社会福利制度。中国社会福利制度建立于20世纪50年代，1951年8月，民政部发布《关于城市救济福利工作报告》，城市救济福利由民政部门负责组织实施，保障对象主要是无依无靠城镇孤寡老人、孤儿或弃婴、残疾人等。通过设立福利机构为这些孤老残幼人员提供保障。福利机构分为社会福利事业和社会福利企业两类。福利事业机构包括各种收养性福利院、精神病院等；福利企业主要是通过为残疾人提供就业机会，解决残疾人生活保障问题。1953年，劳动部公布《中华人民共和国劳动保险条例实施细则修正草案》，对企业职工生活困难补贴、探亲补贴、取暖补贴作出规定，同时还规定企业应设立食堂、托儿所，所需费用由企业行政或资方负责。是年5月，财政部、人事部发布《关于统一掌管多子女补助与家属福利等问题的联合通知》。1954年3月，政务院发布《关于各级人民政府工作人员福利费掌管使用办法的通知》。1956年，国务院发布《关于国家机关和事业、企业单位1956年职工冬季宿舍取暖补贴的通知》。1957年1月，国务院发布《关于职工生活方面若干问题的指示》。这些法规和政策对国家机关、事业单位职工的冬季取暖、生活困难补助、职工住宅、上下班交通、职工家属医疗补助、生活必需品供应等问题作出规定。由此，绝大多数企业职工及国家机关和事业单位工作人员福利需求按规定由其所在单位提供，成为国家社会福利的主体。企业职工的福利由劳动部负责和管理，而国家机关、事业单位工作人员的福利由政府人事部门负责。国家社会福利是由民政福利、企业职工福利和国家机关、事业单位职工福利三部分组成。

从20世纪50年代初建立社会福利制度至九十年代末期，城镇居民能够享受到的福利待遇不断增加，从职工生活困难补助、冬季取暖补贴、探亲补贴、交通补贴、休假疗养，到为职工建立托儿所、幼儿园、食堂、洗澡堂、医务室、阅览室、体育场、教育、住房再到为所有城镇居民提供粮油以及副食品价格补贴等，企业或单位是无所不管、无所不包小社会。在农村，根据1960年4月第二届全国人大二次会议通过的《1956-1976年全国农业发展纲要》第30条对农村中的孤老残幼实行“五保”制度，各地地建立养老院，收养农村孤寡老人。在计划经济时期“高就业、低工资”就业和分配制度下，城镇职工所享受到无所不包的福利待遇，填补职工由于低收入而造成亏空，改善和提高物质和精神生活水平。

(二)现行社会福利制度

1.社会福利企业。1978年，社会福利企业在国家政策扶持下，依靠社会力量得以迅速发展，在解决残疾人就业，改善残疾人生活，提高残疾人社会地位，促进社会安定团结，为国家创造财富，为开展残疾人职业康复等方面作出了贡献。进入九十年代后，由于社会福利生产发展某些外部环境发生变化，福利企业在激烈的市场竞争中处于劣势地位，一些福利企业举步维艰，社会福利企业面临越来越严重考验。同时，各级民政部门管理机构、管理方式和管理水平与福利生产的发展规模难以适应。管理粗放、不适应发展需要，成为影响和制约福利生产的主要因素。1992年1月4日，民政部发布《关于加强社会福利生产管理工作的决定》，明确改革内容：①加强宏观管理。按照转变职能和政企分开原则，设立统一专门行政管理机构。每年对社会福利企业进行一次检查和认定，把安置残疾职工的比例、残疾职工定岗和上岗情况以及残疾职工劳保福利待遇作为年检重要内容。加强福利生产管理费征收和税收减免金使用监督工作。②落实和完善扶持保护政策。争取地方政府和有关部门支持，对适合残疾人生产产品优先安排或调剂给福利企业生产。各专业银行和金融机构对福利企业贷款利息下浮20%优惠，对福利企业所需原材料由计划和物资部门保证供应。③进行技术改造和产品结构调整。以国家产业政策为依据，调整产品结构，开发一批新产品和拳头产品。发展创汇产品，形成一批外向型企业。民政部和地方民政部门每年从中募委资金中拿出1000万元用于福利企业技改贷款贴息。

2.公办社会福利机构。公办社会福利机构是社会福利发展的终极目标，为保障特殊困难群体生活权益，国家颁布《中华人民共和国老年人权益保障法》、《中华人民共和国残疾人保障法》和《农村五保供养工作条例》等法律法规。对城市孤寡老人、符合供养条件的残疾人和孤儿实行集中供养，对农村孤寡老人、符合供养条件的残疾人和孤儿实行集中供养与分散供养相结合，集中供养通过举办社会福利院、敬老院、疗养院、儿童福利院等福利机构进行。

3.社会福利有奖募捐。社会福利有奖募捐由各地具体举办，各地将筹集的资金按规定比例上缴、留成、使用。1994 年 12 月，民政部发布《中国福利彩票管理办法》，对福利彩票的发行与销售、资金使用、监督与处罚等内容作出规定，使福利彩票管理与运行有法可依。

4.社区服务。社区服务是在政府倡导下，为满足社会成员多种需求，以街道、镇和居委会组织为依托，具有社会福利性居民服务业。从 1987 年民政部倡导兴办社区服务业，至 1992 年，社区服务在全国大中城市已初具规模。1993 年 8 月 27 日，民政部、国家计委、国家体改委、国家教委、财政部、人事部、劳动部、建设部、卫生部、国家体委、国家计生委、中国人民银行、国家税务总局、中国老龄委十四家联合发布《关于加快发展社区服务业的意见》。对社区服务业任务、社区服务业统筹规划、对社区服务业扶持、社区服务业发展资金筹措、社区服务价格体系建立、社区服务业管理等问题作出规定，社区服务向县市区一级城市延伸。

社会福利制度示意图

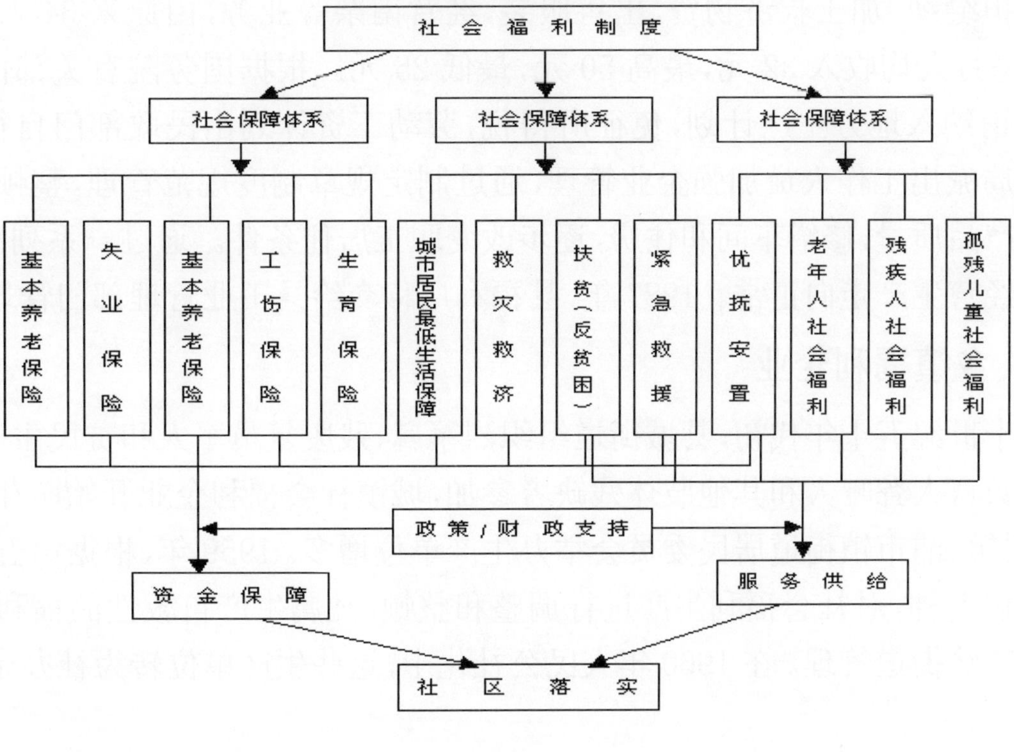

第二节　社会福利企业

一、县办福利企业

社会福利企业是集中安置有劳动能力残疾人、优抚对象、救济对象就业特殊性经济组织。国家对这类经济组织酌情减免产品税、营业税、增值税等，所减免的税金全部作为企业发展基金和集体福利基金。

20 世纪 50 年代起，县民政局（科）配合有关部门发展集体所有制街道生产和生活服务事业，解决城镇中缺乏正常就业条件烈军属和社会困难户生活困难，妥善安置城镇残疾人员，开展生产自救，辅之以政府必要的救济，使他们生活得到可靠保障，既对促进安定团结起到推动作用，又为国家减轻负担。1955 年，县民政科支持武溪镇开办麻袋厂、竹棕厂，安置烈军属和残疾人 30 名，民政科每年拨款 1000—2000 元扶持生产。1958 年，全县大办工业期间，民政科扶持武溪镇新办纺织印染社，有社员 21 人，设社长 1 人，财务人员 2 人，分 3 个班组，实行以班组核算。1959 年，由于形势发展和工业建设需要，麻袋厂、竹棕厂移交给工业部门管理，更名泸溪县麻袋厂、泸溪县竹棕厂，原有工人数保持不变。1964 年，麻袋厂、竹棕厂与武溪镇手工业缝纫厂合并。1982 年，经县计委和县劳动局报州批准，恢复泸溪县福利厂，武溪镇纺织印染厂整体并入泸溪县福利厂。工厂性质发生变更，主要承担缝纫、加工救济物资，出售服装，经营南杂等业务，由原来 34 人增加到 46 人，每月人均收入 32 元，最高 50 元，最低 25 元。根据国务院有关部门规定，产、供、销纳入地方生产计划，免征所得税，劳动工资计划由民政部门自行管理。县民政局派出工作人员加强企业管理，通过制定规章制度规范管理，整顿生产环境提高产品质量，修缮车间和住房，逐步改变职工居住条件。通过一系列措施，县福利厂经营生产走向正常。1987 年，县福利厂移交给县工业管理部门管理。

二、乡镇福利企业

二十世纪五十年代初，县城街道组织烈军属、残废复员军人和贫民生产自救，吸收少数盲人聋哑人和其他肢体残缺者参加，城镇社会福利企业开始萌芽。1958 年，武溪镇、浦市镇街道居民委员会举办生产单位增多。1959 年，根据第五次全国民政会议精神，对社会福利生产进行调整和整顿，凡属生产自救性的福利生产单位全部交给街道管理。在 1960 年人民公社化中，这些生产单位转为社办企业。20

世纪70年代，武溪镇、浦市镇又开始兴办街道福利工厂，以安排本地区残疾人和社会困难户为主，使其劳动就业解决生活问题。1984年起，县民政局协助和支持乡镇兴办福利工厂。是年，县民政局与武溪镇联合投资9万元，兴办武溪镇福利猪鬃厂，全厂职工30人，其中残疾人16人。1987年5月，民政局扶持0.5万元、浦市镇政府筹资3万元，从银行贷款14万元，兴办浦市塑料福利厂。全厂职工35人，其中残疾人15人。是年6月，县民政局扶持0.8万元、洗溪镇政府筹资4万元，从银行贷款18万元，兴办洗溪镇福利厂，全厂职工38人，其中残疾人15人。全县镇办福利工厂3家，安置就业103人，其中安置残疾人46人，残疾人安置就业率44.66%。1990年3月，县民政局在洗溪镇召开全县福利生产经验交流会，肯定并推广洗溪镇兴办福利厂的经验。并在总结提高的基础上，县民政局制定《泸溪县福利生产管理暂行办法》，明确福利厂是群众自办的社会福利生产单位，主要是安置城镇居民中有劳动能力、生活能够自理而劳动部门安排又确有困难的残疾人和社会救济对象参加劳动生产，坚持群众性、集体性、社会福利和生产自救性质。坚持小型为主、分散为主、集中和分散相结合的办法，生产人员可以集中在厂内劳动，也可以分散在家加工，还可以抽调工人上门为客户服务。办厂形式不拘一格，因地制宜，因人制宜。勤俭起家，就地取材，就地生产，面向市场，多种经营、薄利多销，拾遗补阙，修旧利废，为厂矿企业加工服务。

1995年后，随着国有集体企业改制破产，所有的乡镇福利厂相继解散。残疾人、优抚对象、救济对象进入社会保障，纳入最低生活保障范围，予以生活保障。

1987年城乡福利企业统计表

企业名称	建厂时间	投资总额(万元)	固定资产(万元)	占地面积平方米	建筑面积平方米	年产值(万元)	年利润(万元)	职工情况				备注
								总数	其中		职工月工资(元)	
									残疾人	技术员		
武溪镇福利猪鬃厂	1984	9	6.1	600	500	8	0.3	30	16	4	60	
浦市塑料福利厂	1987	17.6	12	880	680	10	1.2	35	15	1	75	
洗溪镇福利厂	1987	22.8	20	900	700	5	0.15	38	15	3	70	
合计		49.4	38.1	2300	1880	23	1.65	103	46	8		

三、福利企业资格认定

根据《社会福利企业管理暂行办法》(民福发〔1990〕21 号)《福利企业资格认定办法》(民发〔2007〕103 号)规定，申请福利企业资格认定的企业，应当具备的条件：企业依法与安置就业每位残疾人职工签订 1 年(含)以上劳动合同或者服务协议，并且安置每位残疾人职工在单位实际上岗从事全日制工作，且不存在重复就业情况；企业提出资格认定申请前一个月月平均实际安置就业的残疾人职工占本单位在职职工总数比例达到 25%(含)以上，且残疾人职工不少于 10 人；企业在提出资格认定申请前一个月，通过银行等金融机构向安置每位残疾人职工实际支付了不低于所在区县最低工资标准工资；企业在提出资格认定申请前一个月，为安置每位残疾人职工按月足额缴纳所在区县人民政府根据国家政策规定缴纳基本养老保险、失业保险和工伤保险等社会保险；基本医疗保险；企业具有适合每位残疾人职工的工种、岗位；企业内部道路和建筑物符合国家无障碍设计规范。

申请资料。福利企业资格认定申请书；企业营业执照、副本；税务登记证；适合安置残疾人就业可行性报告；企业与每位残疾人职工签订劳动合同副本；企业在职职工总数证明材料；残疾人职工的“中华人民共和国残疾人证”或“中华人民共和国残疾军人证(1 至 8 级)”；企业通过银行等金融机构向每位残疾人职工支付工资凭证；社保部门出具企业为每位残疾人职工缴纳社会保险费缴费记录；残疾人职工岗位说明书；企业内部道路和建筑物符合无障碍设计规范证明。

办理时限。民政局收到认定申请书及有关材料后，自次日起 20 个工作日内进行审查，对符合福利企业资格条件的，予以认定，颁发福利企业证书，并向申请人出具书面审核认定意见。对不符合福利企业条件不予认定，并对申请人书面说明理由。

第三节　老龄事业

一、老龄机构

泸溪县老龄工作管理委员会办公室，是全县专门针对老年人管理的机构，全称是泸溪县老龄工作管理委员会办公室，隶属于民政部门管理，在民政局设老龄委办公室。1990 年，县编制委员会批准设立泸溪县老龄工作管理委员会，下设办公室在县政府办公室，配备一名办公室主任负责管理老龄工作。2002 年 9 月，根据国家规定，老龄工作移交县民政局管理，设立泸溪县老龄人工作委员会办公室，具体负责全县老龄工作。

老龄工作委员会职责是：制定并组织实施全县老龄事业发展规划；依法维护老龄人的合法权益；组织老年人教育、文化娱乐和体育活动；加强老龄工作宣传，弘扬敬老、养老、助老传统美德和社会风尚；认真开展老龄工作调查，做好老年事业各项工作统计；负责老龄干部队伍建设；负责接待和处理老年人来信来访；以实现“六个老有”为工作目标，促进老龄工作规范管理；指导各乡镇建立健全老年人协会组织，并发挥其应有作用；及时为年满60周岁以上老年人办理“老年人优待证”；做好年度老龄事业情况调查统计和收录上报工作；加强对老年人组织指导和管理工作。

历任老龄办主任

唐荣生(1990.3—2008.7)

王志平(2008.8-)

二、工作范围

县老龄委办公室设立后，贯彻执行“六有”老龄工作方针，支持广大老年人老有所为，发挥余热，推动全县老龄事业健康发展。

(一)加强老年人社会保障。按照“广覆盖、保基本、多层次、可持续”方针，扩大基本养老保险覆盖范围。离退休人员基本养老金按时足额发放到位，城镇居民和农民老年人享受养老金。全县参加城镇职工基本医疗保险人数15085人，城镇居民基本医疗保险和新农合参合率100%。全县60周岁以上特困以及丧失劳动能力城镇居民基本医疗保险由政府代缴，各乡镇卫生医疗机构为辖区内60岁以上老年人建立健康档案，开展老年人义诊和咨询活动。

(二)普及惠老政策。制发老年优待证，让老年人在商业、交通、旅游等行业中享受到优质优惠优先服务和照顾。高龄津贴实现普惠，全县100岁以上老年人每人每月享受200元生活津贴，即使老年人生活得以完善，更提高老年人地位，促进家庭和谐。县委、县政府府每年召开专题会议向老同志汇报全县经济社会发展状况，虚心听取老同志意见和建议。每年敬老月期间，各级领导深入百岁老人家中走访慰问，并为每位百岁老人送去慰问金。县民政局等部门组建关爱空巢老人志愿服务队，定期开展“多助一”帮扶服务活动。县妇联将关心老年妇女工作列入妇女儿童工作要点，定期走访慰问，举办文艺演出，给予“两癌”救助。民政局、老龄办与相关乡镇民政办一起定期经常走访慰问高龄、空巢、失能贫困老人及老年伤残复转军人。县科协、老干局、社保局等部门组织老干部开展参观考察及各种联谊活动，使老同志深切感受到全县经济社会发展变化。县司法局组织开展老年法律援助和涉老政策法律咨询活动，严密防范并依法打击侵犯老年人人身财产安全的违法犯罪行为。各中小学、幼儿园、社区、企业，各艺术团体也经常组织人员到敬老院义务劳动和慰问演出。

(三)鼓励老年人参与经济社会建设。县老科协充分发挥老科研人员具有丰富经验与技术的优势，在柑橘生产、冬枣、蔬菜等方面深入开展研究，促进全县农业经济健康发展。县关心下一代工作委员会坚持“急党政所急，想青少年所想，尽关工委所能”工作方针，充分发挥基层关心下一代工作组织和“五老”人员优势，抓好“德育、关爱、致富”三大工程建设，形成完整的组织网络机制，有效合力育人机制，完善的工作活动机制。至2016年，全县有关工委组织34个，有192名“五老”人员从事关心下一代工作。

(四)丰富老年文体娱乐生活。老年人文化娱乐生活日益丰富，生活环境明显改善。政府在城镇规划建设中，投资兴建适宜老年人居住、养老、健身环境基础设施。全县老年人文体娱乐队伍134支397人，在满足广大农民多层次精神文化需求同时，促进经济社会进步与文化繁荣发展。县老龄委办公室支持老年团体协会工作，多方筹措资金，支持各老年团体协会开展工作，至2016年，累计为各老年团体(协会)资助活动经费65万元，老年团体协会15个。

(五)构建养老服务体系。根据经济社会发展水平，以实现人人享有基本养老服务为目标，推进以居家养老为基础、社区服务为依托、机构养老为支撑的养老服务体系建设，完善县、乡镇和村、社区居家养老服务网络和服务设施。2009年，投资800万元实施县老年公寓建设项目，2012年底完工，规划占地20亩，建筑面积5400平方米，内设老年公寓楼、老年活动中心、康复中心、餐厅、慈善超市等，设置床位216张，集中供养老人216名。2016年3月，泸溪县老年养护中心项目建设正式规划立项，规划完成老年养护中心120套住宿楼室内装修、水电改造及其他配套设施建设工程。按照“为民办实事”项目建设工作要求，老年养护中心120套住宿楼室内装修、消防设施改造已完成，正在着手生活用品的采购及室外环境改造，2017年初投入使用。

三、相关政策

(一)州委、州人民政府《关于加强老龄工作的决定》。2001年，湘西州委、州政府对老龄工作作出决定，对全州老龄工作进行安排部署。《决定》指出，全州60周岁以上老年人占总人口13.8%。并每年以3%速度递增。老年人日益增长的物质和精神文化生活的需求与老龄事业发展相对滞后的矛盾日益突出。如果不协调处理好经济社会与老龄事业发展的关系，不维护好庞大的老年群体的根本利益，必将影响全面建设小康社会和构建社会主义和谐社会总目标。为此，要求各级各部门强化老龄工作意识，认真解决当前人口老龄化带来的各种矛盾和问题，健全老年人社会保障体系，完善有关政策法规，加快公共老年服务设施、服务网络建设，提高服务质量和水平，让广大老年人共享经济社会发展成果，真正体现社会主义制度的优越性，促进社会进步与和谐。《决定》提出老龄工作措施：

1.落实养老政策。各级财政、劳动保障部门协调统筹管理好养老资金，从制度上防范养老保障金风险，确保机关、事业单位、企业退休职工基本养老金按时足额发放。建立新型农村基本养老保险制度，三年内将农民养老纳入社会养老保险范围。家庭人均收入低于城市和农村最低生活保障标准的城乡特困老年人全部纳入最低生活保障范围，享受标准应当高于一般低保对象。做好五保供养工作，认真调查核实五保人员，做到应保尽保。分散供养月标准不低于100元，集中供养月标准不低于250元，并随生活水平提高适当增长。乡镇对五保人员实行养护责任制，切实解决好衣、食、住等基本生活问题。落实老龄烈属、复员、退伍军人、残疾军人等重点优抚对象和精减退职老职工、社会孤老的抚恤补助政策，按时足额发放抚恤金和定期生活困难补助费。对残疾老人、贫困老人、高龄老人等特殊困难户给予适当照顾和救助。

2.健全医疗保障体系。扩大基本医疗保险覆盖面，让医疗保险制度能够惠及老年人。劳动保障部门加强医保资金管理，确保参保人员生病住院能按政策规定及时报销医疗费。民政部门对城镇特殊困难老年人医药费用，应从城市医疗救助资金中给予适当医疗救助。卫生部门完善新型农村合作医疗制度，提高参合率，将农村老年人全部纳入合作医疗，逐步解决好农村老年人就医问题。加强以乡镇卫生院为重点农村卫生机构基础设施建设，健全农村卫生服务体系。建立以社区医疗服务为基础的老年医疗保健体系，及时主动为社区老年人提供预防、医疗、护理和康复等多种服务。民政部门做好农村医疗救助工作，将农村五保户、老龄低保户和重点优抚对象、特困老年人纳入医疗救助范围，让他们既享受合作医疗政策，又享受医疗救助政策，实行双保险，尽量减轻他们医疗负担；特别是五保老人就医要全部救助。

3.发展养老服务业。继续坚持以居家养老为基础、机构养老为补充、社区服务为依托养老服务体制。加强农村敬老院建设，多渠道筹措资金，在“十一五”末期建成一批有规模、容量大、质量高、设施齐、服务好中心敬老院，改善农村五保老人集中居住条件，提高集中供养率，力争“十一五”末集中供养率达100%。乡镇、村（社区）建立老年人协会，乡镇老年人协会应有200平方米以上活动场所，村（社区）老年人协会应有100平方米以上活动场所。城镇社区充分利用现有设施，兴办不同形式、不同档次的老年福利院、老年护理院、老年公寓、托老所等，逐步形成为老年人提供家政服务、医疗保健、紧急救援、体育健身、看书阅报、休闲娱乐等综合化服务体系。鼓励民间投资兴办老年服务产业，有关部门对个人兴办老年服务产业要给予优惠和扶持。

4.维护老年人合法权益。政法部门加大执法力度，及时打击诈骗、伤害、遗弃、虐待老年人等侵害老年人合法权益严重违法行为，依法取缔和打击损害老年人身心健康的邪教组织和迷信活动。司法行政部门在城镇建立老年法律援助中心，在中心场镇建立老年法律援助站。财政部门适当安排资金用于法律援助和法律服务组织建设。人民法院对侵犯老年人合法权益案件优先立案、优先审理、优先执行，使老年人合法权益得到及时有效保障；对拒绝赡养或虐待父母的行为依法追究法律责任；做好涉老纠纷调解工作，纠纷调解成功后签订《纠纷调解协议书》并监督执行。加强对年轻人敬老教育，新婚夫妇在办理结婚登记时签订《家庭赡养责任书》，增强养老敬老意识。

5.广泛开展老年文体活动。教育、文体等部门把老年教育和文体工作纳入部门发展规划，与涉老部门一道办好老年大学。充分利用广场、公园、老干部活动中心、老年人活动中心、老年大学、文化馆、图书馆、体育馆等公共设施，开展群众性老年文体活动。每年有计划地组织开展一些老年文化演出、书法赛、门球赛、钓鱼赛、棋牌赛等适合老年人特点的专项比赛。定期召开综合性老年运动会，适时组织老年文体队下乡演出和比赛交流，丰富老年人的精神文化生活。

6.落实优待政策。60周岁以上老年人到州县（市）、乡镇、社区医院看病凭《老年人优待证》有效证件优先挂号、就诊、化验、检查、取药、缴费、住院。70周岁以上老年人在公立医院就诊，贫困老年人家庭病床免收出诊费。卫生部门有计划地组织医护人员开展巡回医疗活动，每年为本地100周岁以上老年人提供一次免费体检。在有条件医院设立老年病专科门诊，设立老年人家庭病床，80周岁以上老年人在医院使用仪器诊病时，超过100元的部分凭老年人优待证按80%收取。100周岁以上老年人每人每月生活补贴不低于300元，并随生活水平提高适当增长。补贴资金由省州县财政统一解决，由州县（市）老龄工作机构负责发放。不得强迫老年人参加各种社会集资活动。农村老年人不承担任何形式义务工和劳动积累工。老年人到州县（市）内收费风景旅游点游览观光，60周岁以上的全免。60周岁以上老年人进入收费公共厕所，一律免费。各车站及售票点、邮政、电信、银行、医院、影剧院等公共服务窗口设立“老年人优先”“老年人优惠”“老年人专座”等标志，并享有优先购票、进站、上下车和接受服务等权利。60周岁以上老年人乘坐公交车，凭老年人优待证免费。公共体育场馆为老年人进行文体活动提供方便和优惠服务。贫困老年人上老年大学学习，实行半价收费。残病老年人在房屋拆迁安置中，享受优先选择楼层待遇。老年人因合法权益受到侵害提起诉讼，交纳诉讼费确有困难的，可缓交、减交或免交；需要获得律师帮助，但无力支付律师费的，可以获得法律援助。公证机关办理抚养、助养、赡养老年人的协议公证时，可根据老年人经济状况按规定适当减免公证费。

7.加强思想道德教育。坚持集中教育与经常性宣传教育相结合，整合社会资源，发挥部门职能优势，利用广播、电视、报刊、网络等媒体和板报、专栏等形式广泛宣传党和国家老年法律法规、方针政策、优待规定等，特别是在每年“重阳节”敬老月期间集中进行宣传教育。把敬老教育纳入公民道德建设和精神文明建设重要内容，对干部职工、群众进行广泛深入教育。教育部门把敬老教育纳入教学计划，各学校开设敬老课，加强对青少年敬老教育，教育青少年读敬老书、写敬老文、做敬老事；在重大节日组织学生义务开展敬老助老活动。广播电视部门重视宣传敬老助老先进典型。老龄委办公室办好简报，及时交流敬老工作经验和好人好事。乡镇、各有关部门、企事业单位在醒目位置书写永久性敬老标语，在各服务窗口设立敬老标志。各级干部带头敬老、爱老、助老，为老年人做好事、办实事，在全社会营造良好敬老氛围。

（二）《泸溪县城市社区基层老年协会发展规划》。至2013年底，全县60岁以上人口4.72万人，占全县总人口15.3%，人口老龄化问题日益严峻。为应对人口老龄化、全面贯彻落实中央和省、州关于加强加强基层老年协会建设有关精神，2014年1月1日，县人民政府制定《泸溪县城市社区基层老年协会发展规划》，对进一步加强基层老年人协会建设，全面推动老龄事业发展做出发展规划(以下简称《规划》)。

《规划》确定发展目标。以服务老年人为宗旨，以加强老年社会管理工作为重点，以维护老年人合法权益为目的，通过政府主导、整合资源、政策扶持等渠道，采取以点带面办法，促进基层老年人协会发展。2013 年至 2015 年，全县建设示范性城市社区老年人协会 5 个， 老年人协会组织覆盖率达到 95%和老年人参与率达到 60%以上，实现好老有所养、老有所医、老有所教、老有所学、老有所乐、老有所为“六个老有”工作目标。

《规划》确定工作措施。①加强组织机构建设。根据《泸溪县老龄工作委员会文件精神，年内各乡镇参照调整老龄工作机构落实人员，保障工作经费。乡镇建立老龄工作委员会设立老龄办，乡镇长担任老龄委主任，民政办主任兼任老龄办主任，其他老龄委成员由相关站、所人员组成。乡镇老龄办指导村(社区)居委会组建老年人协会，建立健全县、乡镇、村(社区)三级老龄工作网络。②加快示范点建设。从 2013 年至 2015 年利用三年时间，全县建设 5 个城市老年人协会示范点。示范性村级老年人协会做到有组织、有场所、有设施、有活动、有经费，充分发挥先进典型在协会建设中示范效应和辐射带动作用，以点带面促进基层老年人协会全面发展。③进一步整合资源。把基层老年人协会建设与基层党组织建设、和谐社区建设相结合，把基层老年人协会办公和老年人活动场所建设纳入小区配套建设规划。坚持整合资源，依托社区综合服务设施、老年活动中心、福利院、光荣院、文化站、敬老院等场地作为基层老年人协会办公和老年人活动场所，配备必需办公以及文化娱乐和健身设施，为老年人协会开展工作以及组织老年人开展文体娱乐活动创造条件。④加大扶持力度。除争取上级扶持外，财政安排一定专项活动经费和工作经费，扶持社区老年人协会示范点建设。探索建立基层老年人协会经费投入长效机制，采取以奖代补和转移职能、购买服务等形式，支持基层老年人协会参与公共服务项目的组织实施；社区集体经济对基层老年人协会提供资金扶持，并为基层老年人协会创收提供条件，在法律允许范围内因地制宜组织老年人力所能及地参与经济社会活动，拓展经费来源渠道，提升协会自身可持续发展能力；积极动员社会力量资助扶持基层老年人协会发展。

四、泸溪县百岁老人健康状况调查

泸溪县辖 15 个乡镇，134 个村委会，16 个社区，总人口 29 万人，60 岁以上老年人口 3.2 万人，点总人口 11.43%。1998 年以来，全县百岁老人 22 人，占老年人口 0.68‰。到 2007 年,全县百岁老人健在有 12 人,占老年人口 0.37‰,属百岁老人县,排名全州第三名。

(一)百岁老人基本情况。根据 2007 年县老龄办和县老科协走访调查,泸溪县百岁老人目前健在有 12 名,其中 101 岁 4 名,102 岁 2 名,103 岁 1 名,105 岁 2 名,106、107、109 岁各 1 名。居住城镇 1 名,属丘陵 7 名,山区 4 名。12 名百岁老人 7 人是汉族,4 人是苗族,1 人是土家族。

2007 年,县老龄办和县老科协联合组织,经县医学协会进村入户免费体格检查,12 名百岁老人中,身高大于 140 厘米 4 人,大于 150 厘米 3 人,大于 160 厘米 2 人,大于 170 厘米 2 人,仅一人为 138 厘米。体重大于 40 公斤 5 人,大于 50 公斤 4 人,大于 60 公斤 2 人,仅一人小于 40 公斤。12 人中神经精神意识正常 11 人,只有 1 人反应迟钝。12 名百岁老人皮肤、面部、颈部、四肢、关节均正常,仅有 2 人脊柱弯曲。营养状况 4 名消瘦,8 名属正常。单眼视力 7 只正常,16 只下降,1 只失明。12 人中 1 名红绿色盲,单眼疾白内障,7 人翳状胬肉。听力正常 8 人,下降 4 人。嗅觉正常 10 人,失灵 2 人。耳鼻咽喉正常 11 人,1 人失声。牙齿全脱 8 人,脱 30 颗 2 人,脱 28 颗 1 人,脱 14 颗 1 人。肝脾正常 12 人,肺部正常 10 人,支气管炎 1 人,肺心病 1 人。心律正常 10 人,不齐 2 人,心率大于 70 的 1 人,大于 80 的 7 人,大于 90 的 4 人。血压正常 8 人,偏高 3 人,高血压 1 人。每日饭量 4 两 6 人;5 两 3 人,6—8 两各 3 人。生活完全能自理有 7 人,部分自理 3 人,完全不能自理 2 人。

(二)百岁老人长寿特点。在健康体检和调查访谈中,通过分析评估有如下重要因素和特点:①居住环境。老人一般居住在海拔 500—700 米的丘陵和山区,不仅地势平坦,山清水秀,绿树成荫,水质卫生无污染,整个生活环境靖新无污染,而且空气清新,日照充足,对人的健康生存非常有益。②勤奋劳动。生命在于运动。这些老人从小到老都是靠劳动养家糊口的勤奋劳动者,没有一个是游手好闲的。就是人到老年仍具好动的行为和心态。在调查 12 位百岁老人中,至今仍有 7 人生活能够自理,3 人能够部分自理。③性格开朗,和蔼友善。12 位老人有 11 位是和蔼友善,性格开朗人,仅 1 人有点好胜。④作息有规律。一般早睡早起,部分百岁老人有午睡习惯,起床后漱口刷牙,然后喝一杯白开水或山泉水,漫步或活动身体,进行心理调整。因此对 12 位百岁老人检查后,都没有传染病、慢性病和遗传病史,更没有一个体态臃肿的肥胖者,也无患糖尿病的,只有 1 人患肺心病,1 人患高血压。⑤家庭和睦，子女孝顺。在调查走访中，百岁老人100%家庭都很和睦，子女对老人非常孝敬。百岁老人心里善良，邻里关系和谐，这是保证老人晚年快乐幸福，健康长寿的重要因素。⑥饮食营养搭配合理。12名百岁老人中有11名都是终年生活在农村的农民，只有一人虽然居住在浦市镇，但也是从农村搬进城镇居住生活艰难城市贫民。定量饮食，每日饭量是定时定量或少吃多餐，一天饮食人平统计四两6人，五两3人，六两、七两、八两各3人。饮食营养多是粗茶淡饭，以素食为主，主粮多是大米、苞谷、红薯、荞麦。蔬菜也是靠自己用家肥种植绿色蔬菜和豆类为主，辅以鸡蛋、鸭蛋、豆腐和肉食。饭前半碗汤，饭后食用自家种植各类水果，百岁老人在饮食营养上调配是符合现代营养膳食要求的，由于饮食营养合理，因此，对泸溪县百岁老人健康长寿起有重要因素。⑦没有不良嗜好。县老龄办分别于2001年和2007年两次对百岁老人普查家访中，全县百岁老人不吸烟、不喝酒，也不饮茶，相对来说排除了一切吸烟的焦油、一氧化碳和酒精等有毒物质进入体内，保持了良好身体健康素质。⑧遗传基因决定寿命因素。根据医学调查分析，女性长寿者多余男性。有以下四种原因：一是女性雌激素对冠心病似乎有预防性。二是女性育龄期间一般月经流出的血较多，铁质丧失较多，使女性血红蛋白明显低于男性，铁离子对衰老似有促进作用。三是一些死亡率较高的恶性肿瘤发病率，男性多于女性。四是女性食量小于男性。

(三)关怀百岁老人。自2001年以来，省、州政府先后出台关于给百岁以上老人发放长寿保健补助费有关文件通知后，县人民政府每年对每位百岁老人年发放2400元长寿保健补助费。县老龄办属于主管单位，在抓好老龄工作的同时，着重开展了对百岁老人走访慰问，组织免费检查，发现病情，并给予必要的经费治疗。动员社会各界心系老人，馈赠社会敬老助老活动，每年的重阳节、春节，县直有关部门都要深入到特困老人和百岁老人家中开展献爱心活动，县人保公司对百岁老人开展百果红心挂牌活动，2007年春节期间，万家福超市经理杨志平先生和北京布鞋店泸溪分店张翠兰女士到百岁老人家中祝福，向每位百岁老人赠送320元物资和慰问金。乡村干部为百岁老人祝寿，把党和政府温暖及时送到百岁老人家中，使他们感受到党和政府的关心，社会的温暖。

五、2016年百岁以上老人名录

2016年泸溪县百岁以上老人名录

序号	姓名	性别	年龄	民族	身份证号码	家 庭 住 址	电话号码	备注
1	李珍秀	女	105	苗	433122190805291028	泸溪县浦市镇都岐村三组		
2	向发英	女	106	汉	433122190704021026	泸溪县浦市镇太平街社区四组		
3	姚明宣	男	103	汉	43312219101009003x	泸溪县浦市镇新建街社区一组		
4	谭竹英	女	106	汉	433122190707081526	泸溪县合水镇祖坟山村二组		
5	周秀珍	女	103	汉	433122191007077520	泸溪县合水镇踏虎村		
6	李银贵	女	100	苗	433122191306246064	泸溪县八什坪乡欧溪村五组		
7	唐仓妹	女	100	汉	433122191406071046	泸溪县浦市镇银井冲村五组		
8	宋友莲	女	100	汉	433122191408041027	泸溪县浦市镇麻溪口村八组		
9	向吉秀	女	100	汉	433122191312308022	泸溪县浦市镇麻垅村四组		
10	李金菊	女	100	土家	433122191605200023	泸溪县合水镇社区一组		
11	李春生	男	100	汉	433122191512084510	泸溪县兴隆场镇德堡村二组		
12	覃玉秀	女	100	汉	433122191609221024	泸溪县浦市镇麻溪口村五组		
13	张东秀	女	100	汉	433122191605155527	泸溪县石榴坪乡民力村一组		
14	吴金玉	女	100	汉	43312219161011252x	泸溪县浦市镇岩头山村		
15	李有珠	女	100	汉	433122191307020024	泸溪县石榴坪乡石榴坪村七组		
总计	15人							

第四节 募捐及慈善事业

一、社会募捐

社会募捐是指自然人、法人或其他社会团体出于爱心，自愿无偿地向公益性社会团体、公益性非营利单位、某个群体或个人捐赠财产进行救助的活动。

社会募捐不仅被列为民政部门一项日常性工作，而且也是乡镇、村、社区等基层组织工作重要内容，并逐步扩展为政府机关、社会团体、企事业单位、各类学校、人民解放军、武警官兵和热心群众积极响应一种奉献爱心公益活动。

1999 年 6 月，全国人大颁布《中华人民共和国公益事业捐赠法》，对捐赠和受赠行为、捐赠财产的使用和管理、优惠措施和法律责任等做出明确规定。2002 年 5 月，民政部发布《救灾捐赠管理暂行办法》，对救灾捐赠行为进行规范。2004 年 3 月 8 日，国务院公布《基金会管理条例》，明确对基金会的设立变更、组织管理、监督和法律责任等方面的行为。在实践中，民政部制定一套较为完整的监督管理机制，建立捐助款物管理使用的社会公示制度，自觉接受舆论和群众监督。

有计划地开展经常性社会募捐活动，对于灾区、农村贫困地区、城市中贫困户来说，物资或资金的捐赠与捐助，不仅在生活和物质上感受社会的温暖和人文关怀，迅速地恢复生产，重建家园，也在心理上感受到安全和稳定。社会募捐和捐助，有利于弘扬中华民族扶贫帮困、团结友爱、互帮互助的优良传统和美德发扬光大，提高国民素质，促进文明建设，执行和贯彻群众路线和根本宗旨，让广大人民群众安居乐业，共同富裕。因此，建立和健全经常性社会募捐和捐助活动，明确捐赠捐助的政策、责任、深化管理、规范性操作，将经常性社会募捐和捐助工作纳入灾害管理范畴，将其制度化、规范化、经常化、法制化，并推动工作深入、持久、健康发展。

（一）日常募捐。根据《慈善法》第 23 条规定，开展日常公开募捐可以采取以下方式：⑴在公共场所设置募捐箱。这种方式是慈善组织很早就开始采取公开募捐方式，有很高公众认知度，既为广大社会公众奉献爱心提供方便，又有利于慈善捐赠作为日常习惯养成，提升全社会慈善氛围。⑵举办义演、义赛、义卖、义展、义拍、慈善晚会等。这些形式能够利用社会名流和活动赛事影响力，吸引社会公众的眼球，提高慈善参与度。既可以鼓励社会公众 更大程度、更低门槛地参与慈善事业，又有利于改进资源的有效配置和实现利用价值最大化。⑶通过广播、电视、报刊、互联网等媒体发布募捐信息。慈善组织利用媒体平台发布募捐信息，能够跨越地域限制，以公开透明的运作模式、及时迅速互动使其慈善项目广为人知。(4)其他公开募捐方式，如街头募捐、上门募捐、邮寄劝募信函、发送劝募短信和邮件或开展特定活动等。通过这些方式进行募捐，有利于与捐赠人进行一对一深入交流，在具体合作中还可以体现更多捐赠人的想法和意愿。

1995 年前，社会募捐主要针对自然灾害、火灾、病灾进行。1996 年后，随着全县慈善事业发展，慈善募捐除民政局实施外，拓展到社会各个领域，救灾、助学、助医、助残等募捐种类扩大，广大人民群众纷纷奉献爱心，参与慈善募捐人数逐年增多。县民政局因势利导，加强规范管理，并且每年组织开展一次“慈善一日捐”活动，县直机关单位干部职工相应号召，投入到捐款活动之中。仅 2015 年 11 月 1 日至 12 月 30 日“慈善一日捐”捐款活动，就有 153 个单位干部职工及在校学生捐款 43.16 万元。

2015 年 11 月 1 日至 12 月 30 日“慈善一日捐”捐款单位名册

序号	捐 款 单 位	捐款金额(元)	备注
1	县委办	3730	
2	县人大	2660	
3	泸溪县政府办	8350	
4	县政协	1900	
5	县人武部	1200	
6	县检察院	5250	
7	县公安局	9650	
8	泸溪县纪委	2550	
9	县委组织部	4000	
10	县直属机关工委	450	
11	老干局	1700	
12	泸溪县编办	900	

续表

13	县党校	2977	
14	县总工会	700	
15	县团县委	400	
16	县妇联	900	
17	县科协	500	
18	县档案局	1000	
19	浦市经开区	1400	
20	武溪工业园	4000	
21	泸溪县政务服务中心	800	
22	县民族事务局	850	
23	县机关事务管理局	450	
24	泸溪县环保局	1600	
25	县财政局	7850	
26	县审计局	1750	
27	县人力资源和社会保障局	4750	
28	县就业局	700	
29	县社保局	1350	
30	县医保局	1400	
31	县工商保险管理局	500	
32	县城乡居保局	550	
33	县计生局	6000	
34	县移民局	1010	

续表

35	县国土局	5200	
36	县民政局	7750	
37	县残联	1000	
38	泸溪县体育局	600	
39	县信访局	600	
40	县安监局	1624	
41	泸溪县药监局	1900	
42	县委宣传部	1460	
43	县文联	300	
44	县文化市场综合执法局	410	
45	县旅游局	700	
46	县文广新局	1920	
47	县文物局	200	
48	县文化馆	900	
49	县图书馆	736	
50	县辰河高腔传习所	800	
51	踏虎凿花传习所	200	
52	县电影中心	720	
53	县电视台	1699	
54	县有线网络有限公司	3100	
55	县委统战部	708	
56	县委政法委	2000	

续表

57	县法院	8700	
58	县交警大队	2000	
59	县司法局	2950	
60	泸溪县消防队	1170	
61	县武警中队	830	
62	县农办	650	
63	县扶贫开发办	1900	
64	县农业局	5100	
65	蔬菜办	400	
66	县外资外援办	950	
67	县林业局	1750	
68	县森林公安局	700	
69	县天桥山管理局	500	
70	县水利局	3780	
71	县农机局	2600	
72	县畜牧局	2650	
73	县经管局	1100	
74	县气象局	840	
75	泸溪县水电公司	3000	
76	县发改局	800	
77	县科技局	1100	
78	县统计局	750	

续表

79	县物价局	1750	
80	县经信局	1650	
81	县国税局	400	
82	县地税局	3000	
83	县工商局	4300	
84	县供电公司	9800	
85	县邮政公司	760	
86	县教育局	10800	
87	县网络公司	120	
88	县屠宰场	1617	
89	县进修学校	500	
90	县第一中学	15869	
91	县第一职业中学	7000	
92	县思源实验中学	5450	
93	县明德小学	1000	
94	白沙小学	2000	
95	解放岩乡中心完小	1010	
96	石榴坪乡学校	7280	
97	小章乡民中	1280	
98	县幼儿园	500	
99	县卫生局	2100	
100	县卫生监督所	700	

续表

101	泸溪县疾控中心	1250	
102	县妇幼保健院	1250	
103	解放岩乡卫生院	370	
104	县住房和城乡建设局	4100	
105	县房管局	2380	
106	县规划局	1100	
107	县执法局	7190	
108	县自来水公司	2900	
109	县交通局	1800	
110	县交通运输管理所	1850	
111	县地方道路管理站	600	
112	县交通建设质量安全监督管理所	1416	
113	县海事处	2150	
114	县公路局	5400	
115	县粮食局	650	
116	县商业行管办	900	
117	物资行管办	340	
118	县烟草公司	5500	
119	市场服务中心	2580	
120	县石油公司	180	
121	白沙镇政府	1600	
122	武溪镇政府	2170	

续表

123	浦市镇政府	4850	
124	达岚镇政府	2200	
125	合水政府	2050	
126	兴隆场镇政府	1350	
127	洗溪镇政府	1950	
128	潭溪镇政府	2100	
129	石榴坪乡政府政府	1650	
130	白羊溪乡政府	1650	
131	小章乡政府	2100	
132	八什坪乡政府	1600	
133	梁家潭乡政府	1530	
134	解放岩乡政府	3418	
135	县新华书店	1620	
136	县白沙中学	10010	
137	永兴场中学	2600	
138	武溪小学	10200	
139	县二中	9000	
140	达岚小学	2000	
141	合水小学	3350	
142	达岚中学	2750	
143	合水中学	3550	
144	洗溪中心完小	5000	

续表

145	长坪学校	4000	
146	白羊溪中心完小	3500	
147	永兴场中心完小	2100	
148	兴隆场中心完小	3750	
149	梁家潭中心完小	2400	
150	县中医院	10890	
151	县人民医院	25819.39	
152	浦市镇中心完小	12418.5	
153	八什坪中心完小	1152	
	合计	431643.89	

(二)赈灾募捐。赈灾即赈济灾荒救助灾害救济灾民。募捐指以慈善为目的募集捐款或捐物。赈灾募捐是针对重大自然灾害造成人员伤亡和财产损失而进行慈善募捐活动。泸溪县除1994—1996年三年特大洪水灾害进行全县赈灾募捐活动之外,还对2008年汶川"5·12"大地震、2010年4月青海省玉树特大泥石流灾害和8月甘肃省舟曲特大泥石流灾害,进行全县性赈灾募捐活动。共计募集善款220万元,支援灾区人们恢复生产生活。至2016年,全县组织开展大型赈灾募捐活动12次,募集善款752万元。

二、福利彩票发行

中国福利彩票始于1987年,以"团结各界热心社会福利事业的人士,发扬社会主义人道主义精神,筹集社会福利资金,兴办残疾人、老年人、孤儿福利事业和帮助有困难的人",即"扶老、助残、救孤、济困"为宗旨。随后又设立了中国福利彩票发行中心作为发行机构。目前福利彩票种类有:刮刮乐、双色球、3D、地方福彩、七乐彩、35选7、29选7、东方6+1、华东15选5、新3D。

(一)彩票市场管理。中华人民共和国成立后,彩票市场经历了从分散到统一的过程。前期较混乱,名目繁多,既有政府批准的,也有企事业擅自搞的,甚至有私人发行的。彩票发行市场经历三个阶段:1987年至1993年为第一阶段。1987

年，国务院批准民政部门发行彩票后。各地开始出现“彩票大战”，大量非法彩票充斥市场，内容涉及金融、基建、广告、体育、电影、旅游、住房、购物等达50种以上。针对以上问题，国务院于1991年、1993年两次发出《关于加强彩票市场管理的通知》和《关于进一步加强彩票市场管理的通知》。1993年，全国人大常委会又通过并颁发《反不正当竞争法》，对包括有奖销售中舞弊的各种混乱现象进行法律规范，扼制了商业有奖销售中的各种不正当竞争行为。1993年至1994年5月为第二阶段。这一时间国家紧缩银根，严格控制基本建设，各地看到彩票的高集资功能，于是以政府名义相继批准发行一批彩票。为此，中共中央办公厅和国务院办公厅于1994年5月31日联合发文《关于严格彩票市场管理，禁止擅自批准发行彩票的通知》，重申彩票发行批准权集中在国务院。1994年5月后为第三阶段。经过清理整顿，经国务院批准的彩票发行只有中国社会福利彩票发行及为召开大型综合体育运动会筹集资金而一次性限地区发行体育彩票，进而规范彩票发行秩序。

(二)福利彩票资金分配。福利彩票是指以筹集社会福利资金为目的而发行的印有号码、图形或文字、供人自愿购买并按特定规则购买人获取或不获取资金的有价凭证。我国福利彩票从1987年开始发行，开始为传统型福利彩票，之后发展为即开型福利彩票，即开传统结合型福利彩票和电脑福利彩票。福利彩票是以适应经济发展和购买者的需求为前提而不断调整和变化的。1987年6月15日，民政部印发(民[1987]捐字22号)《关于转发中国社会福利有奖募捐委员会会议文件的通知》，随《通知》下发的《发行社会福利有奖募捐券试行办法》中规定：总额35%为资金返还给中奖者；总额15%为发行成本费用；除去奖金和实际发行费用的净收入作为社会福利资金。按当时情况，1元面值传统型福利彩票奖金占35%，发行成本占15%，福利金占50%。1988年，福利彩票即开型面市，当时规定奖金占40%，成本占15%，福利金占45%。1989年又进行调整，奖金返还调整到45%，福利金调整为40%，成本仍然是15%。1990年4月，中国募捐委员会下发《关于调整即开型社会福利奖券资金分配比例，统一全国结算办法的通知》，规定面值1元奖券，奖金返还率由45%调整为50%，发行成本调整为20%，福利资金调整为30%。面值2元奖券，资金返还率为55%，发行成本为15%，福利金为30%。1994年，12月2日，民政部颁发《中国福利彩票管理办法》第十八条对彩票奖金分配作出规定：奖金不得低于彩票资金50%，成本不得高于彩票资金20%，社会福利资金不低于彩票资金

30%。从上述变化可看出，成本价格基本没变，即占彩票面值的15%，其中10%为各级募办批发保管、运输和销售人员代销费，4%为彩票印制费，1%为中募委发行中办公、宣传、仓储、运输等费用。

(三)泸溪县福利彩票发行。1990年，泸溪县正式开展福利彩票发行工作，县民政局成立社会福利有奖募捐工作领导小组，由分管副县长任组长，日常工作由民政局具体负责。自1995年起，县社会福利有奖募捐工作领导小组每2年组织一次大型有奖募捐活动，其中1998年、2001年两次在白沙城区举办大型有奖募捐活动，每次历时15天以上。在福利彩票销售发行工作中，县民政局始终坚持"扶老、助残、救孤、济困"宗旨，确保健康有序、安全运行、稳定发展，为发展福利事业筹集资金。在福利彩票销售运作中对社会负责，对人民负责，自觉防止和消除社会负面影响，坚持公益性、伦理性、群众性和娱乐性的舆论导向，接受社会监督，做到公开、透明。2002年后，福利彩票销售发行工作统一由州福利彩票发行中心统一管理发行，在泸溪县设福利彩票管理中心，全县设置15个发行点。

三、慈善事业

2013年，泸溪县成立慈善总会。县慈善总会理事会会长由县人大常委会主任担任，常务副会长县人民政府分管副县长担任，县民政局局长、县教育局局长、县妇联主席、团县委书记任副会长，秘书长由县民政局分管副局长担任，县教育局分管副局长任副秘书长。理事成员单位由县委办、县人大常委会办公室、县政府办、县政协、县纪委、县委组织部、县委宣传部、县委统战部、县委政法委、县人武部、团县委、县妇联、县总工会、县民宗文旅局、县广播电视台、县工商业联合会、县财政局、县人力资源和社会保障局、县民政局、县残疾人联合会、县发展和改革局、县经信局、县农业局、县扶贫办、县林业局、县教育局、县卫生计划生育局、县红十字会、县住建局、县交通运输局、县人民银行、县工商银行、湖南金昊铝业公司、泸溪县金瑞冶化有限公司、国泰大酒店、泸溪县混凝土公司、泸溪县鑫隆紫砂陶瓷厂、泸溪县鑫兴冶化有限公司等单位组成。制定了《泸溪县慈善协会章程》。

(一)《章程》内容。《章程》规定，泸溪县慈善协会是由国内外热心慈善事业社会各界人士、企事业单位、慈善机构和有关团体自愿参加的全县性民间社会组织。系社会团体法人，其合法权益受国家法律保护。协会宗旨是在党和政府领导和关怀下，发扬人道主义精神，弘扬中华民族扶贫济困、助人为乐传统美德，在社会上倡导慈善意识，广泛发动和依靠社会力量，开展各种慈善活动，救助社会上处在困境之中困难群体和个人，促进社会公平和进步，为民解愁，为社会分忧。接受上级慈善机构和县民政局业务指导。《章程》确定七项业务范围：①募集善款。组织各种形式募捐活动，接受自然人、法人及其他组织捐赠，接受海外慈善组织和友好人士捐赠，为困难群众提供物质帮助和精神慰藉。②赈灾救助。协助政府开展救灾赈济工作，接收、分配通过本会捐赠的赈灾款物。③扶贫济困。组织各种社会活动，搞好扶贫开发项目，资助困难群众，开展扶贫救济工作。④慈善救助。开展安老、抚孤、助残、助学、助医、助困等多种慈善救助活动和重大自然灾害及突发公共事件紧急救助；公益援助。参加和推动文化、教育、卫生、社会福利等社会慈善公益援助事业，组织热心支持和参与慈善公益事业志愿者队伍，开展各种形式的慈善公益活动。⑤慈善宣传交流与项目合作。组织慈善宣传，普及慈善意识，开展慈善理论研究，总结交流工作经验。加强与各省、市、县（市、区）及国外慈善机构的交往与合作，探索具有泸溪县特色的慈善事业发展途径。经县民政局批准，兴办与本会宗旨、业务相关实体和非营利事业单位，筹措慈善资金。协会设团体会员和个人会员。会员必须具备承认并遵守本会章程、热心慈善工作，积极参加本会活动、自愿申请入会，履行会员义务条件。会员入会程序是：提交入会申请书，个人会员须经本协会一名会员介绍，经常务理事会讨论通过，团体会员须经常务理事会讨论通过，由本会发文确认为会员。

《章程》规定了会员权利。选举权、被选举权和表决权；对本会工作及年度的财务收支状况批评权、建议权和监督权；参加本会举办有关理论研讨、学术考察及经验交流等活动；获得本会服务优先权；入会自愿，退会自由。

《章程》规定了会员义务。遵守本会章程，执行本会决议；接受本会监督，积极工作，廉洁奉公，维护本会团结和声誉；接受本会业务指导，完成本会委托工作；参加本会举办有关活动，关心支持并宣传国家社会福利工作方针、政策，推动慈善事业发展；向本会反映情况，提供有关资料；按时按规定交纳会费。会员退会应书面通知本会秘书处，会员如果一年不交纳会费或不参加本会活动的，视为自动退会；会员如有严重违反本章程行为，经理事会表决予以除名。

协会根据工作需要设荣誉会员、特邀会员和名誉会员：热心慈善事业，对泸溪县慈善事业有一定贡献或为本会做出一定贡献单位和个人，可授予荣誉会员称号；根据工作需要，经常务理事会决定，可吸收县内文化、艺术、宗教、企业界有威望、有影响知名人士为特邀会员；为便于同国内外（境外）合作交流，经常务理事会决定，可吸收国内外（境外）有关人士为名誉会员。

《章程》规定，协会最高权力机构是会员代表大会。会员代表大会每五年召开一次，由理事会召集，必要时会长决定可提前或延期召开。其职责是：制订和修改本会章程；决定本会工作方针和任务；听取和审议理事会工作报告和财务报告；选举和罢免理事。

理事会为会员代表大会的执行机构，理事会在会长主持下每年召开一次，其职责是：组织召开会员代表大会，执行会员代表大会决议，制定本会工作计划；向会员代表大会报告工作；选举和罢免本会常务理事、秘书长、副会长、常务副会长和会长，聘请名誉会长；筹集、管理和使用慈善事业资金；决定其他重大事宜。

协会常务理事会由会长、副会长、秘书长和若干理事组成，在会员代表大会和理事会闭会期间行使理事会职权，常务理事会每半年召开一次。其职责是：贯彻理事会决议；制定本年度工作计划和财务预算方案；审议批准会员入退会事宜；提出理事、常务理事、秘书长、副会长、常务副会长和会长的入选方案，报请理事会决定；审定本会机构、编制及主要制度。常务理事会闭会期间，重大问题由会长办公会讨论决定并向常务理事会通报，日常工作由会长领导并主持。主要职责是：贯彻执行常务理事会决议；组织实施本年度工作计划；决定本会副秘书长、各办事机构主要负责人任免事宜；研究日常工作中需要集体决定的事宜。秘书处是协会工作机构，秘书长在会长、常务副会长领导下主持秘书处工作，具体组织协调各项决议贯彻落实。

协会设会长、常务副会长、秘书长各一名，设副会长、常务理事和理事各若干名，并聘请名誉会长、名誉理事各若干名。

《章程》规定协会资金管理。经费来源：会员交纳会费；国内外社会各界捐赠和赞助；政府及有关部门资助；协会在业务范围内开展活动或服务收入；本会资金利息；其他合法收入。协会按照国家有关规定收取会员会费。经费用于本章程规定业务范围和事业发展，不得在会员中分配。

经费使用范围是：开展社会救助。主要是开展救灾、扶孤、助残、助学、助医、扶贫、济困等项目及其活动；兴办、资助各类慈善机构和社会福利公益事业；开展各种慈善活动；召开会员代表大会、理事会、常务理事会及有关会议；协会聘用工作人员工资、福利，办事机构日常办公经费。

协会编制年度慈善项目计划，提交理事会讨论通过后，由秘书长按计划督办实施。协会资金(物资)管理坚持会长一支笔审批。资金(物资)使用一次性支出在5000元以下的由秘书长审核后,报会长审批;5000元以上2万元以下的,由常务副会长审核后,报会长审批;2万元以上5万元以下的,由秘书长提请会长办公会议通过后会长审批;5万元以上的,须经常务理事会决议通过后会长审批。

《章程》规定,建立财务管理制度,设置财务机构,配备专人管理,保证会计资料合法、真实、准确、完整。配备专业资格的会计人员。会计不得兼任出纳。会计人员必须进行会计核算,实行会计监督。会计人员调动工作或离职时,必须与接管人员办清有关交接手续。资产管理执行国家规定财务管理制度,接受会员大会和财政、审计部门的监督。并将有关情况以适当方式向社会公布。协会换届或更换法定代表人之前必须接受社团登记管理机关和业务主管单位组织的财务审计。协会资产任何单位和个人不得侵占、私分、挪用、损毁。协会聘用的专职工作人员工资、福利待遇,参照国家对事业单位的有关规定执行,原则上不超过泸溪县事业单位工资平均水平。

《章程》规定修改程序。对协会章程修改须经理事会表决通过后报会员大会审议。修改的章程在会员大会通过后15日内,经业务主管单位审查同意,并报社团登记管理机关核准后生效。

终止程序及终止后财产处理。协会因完成宗旨或自行解散或由于分立、合并等原因需要注销的,由理事会提出终止动议。终止动议须经会员大会表决通过,并报业务主管单位审查同意。终止前,须在业务主管单位及有关机关指导下成立清算组织,清理债权债务,处理善后事宜。清算期间,不得开展清算以外活动。经社团登记管理机关办理注销登记手续后即为终止。终止后的剩余财产,在业务主管单位和社团登记管理机关监督下,按照国家有关规定,用于发展与本会宗旨相关事业。

(二)泸溪县慈善协会资金募集使用管理办法。县慈善协会成立后,为使慈善资金的募集、使用、管理规范化,充分发挥社会效益,根据国家有关法律法规规定和协会章程,与2013年11月制定《泸溪县慈善协会资金募集使用管理办法》。

《办法》规定资金来源。政府和有关部门的资助;国内外和港、澳、台地区单位、团体、个人的捐赠;兴办慈善实体的收入;举办慈善募捐活动收入;慈善资金增值部分60%;其他合法收入。协会工作经费的来源:财政拨款;从不定向捐赠善款中提取10%;慈善资金增值部分40%;定向捐赠和有关部门资助;会员缴纳会费;其他合法收入。

资金募集坚持自愿捐赠原则。接受捐赠后向捐赠者出具合法、有效收据。募集方式：接受境内外社会各界人士、企事业单位自愿捐赠。对捐赠物资除直接用于救助的以外，可通过变卖，变卖所得扣除必要费用后纳入捐赠收入；通过义卖、义演及各种专项慈善捐赠活动募集善款，其活动所募善款扣除实际成本后，纳入捐赠收入。

资金使用范围。慈善资金使用按量入为出原则，编制年度预算，经理事会或常务理事会批准后按计划使用。慈善救助金在使用安排上，应体现鼓励募捐积极性，各项具体救助金额按人口和捐赠款比例进行安排发放。资金使用范围：兴办社会慈善事业，资助现有慈善事业单位建设和符合本会宗旨各种慈善助困活动；对本县孤、老、残、贫等弱势群体生活、教育、康复、福利项目资助及对突发性灾难救助；对冠名定向捐赠救助资金，按捐赠者意愿办理。实行专款专用，并及时向捐赠者通报资金使用情况；必要慈善事业工作成本开支；符合本会宗旨其他合法支出。工作经费使用范围：办公经费支出；工作人员工资、福利及基本保险费用的支出；其他合法支出。协会资金在确保安全前提下，运用合法途径使其保值、增值：存入银行获取利息；委托专门银行或其他合法金融机构进行增值；购买国家债券等有价证券；购置不动产保值、增值。

资金使用审批程序。慈善资金使用审批，属于年度预算内救助资金，由会长按预算计划审批签发；发生突发性救急需要预算外追加救助资金的，使用额度在2万元以上需经常务理事会审定，由会长审批签发；1万元以上不足2万元的须由会长会议审定，由会长审批签发，1万元以下由会长审批签发；必需活动经费、办公费用和员工工资、保险福利待遇等日常开支，由会长根据预算安排和有关规定审批签发。

资金管理。严格执行财产登记、交接、保管、使用和审批制度，建立财务管理制度，实行独立核算，配备必要财会人员，开设独立慈善捐款及救助专项银行账户和工作经费银行账户，按照国家有关规定管理本会账务。慈善捐款使用和收支情况，实行半年度和年度定期报告制度，接受捐赠者、主管部门和社会各界监督；接受审计部门定期审计监督，年度审计报告向社会公示，接受全社会监督。工作经费使用和收支情况接受本会理事会、主管部门和财政部门的监督。

(三)工作范围。县慈善协会成立后，围绕发扬人道主义精神，弘扬中华民族扶贫济困传统美德，帮助社会上不幸个人和困难群体，开展多种形式社会救助工作宗旨，采取多项措施开展救灾、济困、安老、助孤、助学、扶残、助医等方面慈善救助工作。利用广播、横幅、海报、宣传栏、政务公开等多种形式，广泛开展宣传活动，增强辖区居民慈善意识，调动辖区群众捐款捐物积极性，营造"人人关心慈善、人人支持慈善、人人参与慈善"氛围。通过组织建立以企业、个人出资慈善基金，吸引外地慈善会等多种方式募集资金。发动重点民营企业成为捐助主体，扎实开展慈善"安老、助学、济困"等多项救助活动，深入了解困难家庭实际需要，解决生活上、学习上实际困难，适时开展救助活动。建立健全以筹募、接收、管理、使用等为核心内容善款管理工作制度，自觉将善款管理置于国家法律法规严格约束之下，依法依规管理善款；深化信息公开，打造阳光慈善、透明慈善，及时公布募捐活动、接收捐赠、捐赠款物等信息，保障捐赠人及社会公众的知情权、参与权和监督权，增强社会各界凝聚力，提升慈善事业公信力。

2016 年 9 月 1 日，《中华人民共和国慈善法》正式实施，9 月 5 日是全国首个"中华慈善日"。为以实际行动深入学习贯彻慈善法，迎接第一个"中华慈善日"，在全县营造出浓厚慈善氛围，县民政局在民政服务大厅前开展首个"中华慈善日"宣传活动。设置宣传展板、发放宣传单、进行有奖问答等多种形式的慈善宣传，使"你我皆可为慈善、扶贫济困暖人心"观念进一步深入人心。

至 2016 年，县慈善协会共收到社会捐款 148 万元，救助困难群众 425 人次。

第五节　儿童福利

儿童福利是指面向特定儿童和家庭服务，特别是在家庭或其他社会机构中未能满足其需求儿童，如孤儿、残疾儿童、流浪儿、被遗弃的儿童、被虐待或被忽视的儿童、家庭破碎的儿童、行为偏差或情绪困扰儿童等，这些特殊困难环境中儿童往往需要予以特别救助、保护、矫治。儿童福利一般包括实物援助和现金津贴两个方面，如实行各种形式的儿童津贴、对生育妇女的一次性补助以及单亲父母各种待遇等。

一、历史上儿童救济

中国历史上最早比较完备的恤孤养老慈善机构诞生在唐代。武周时期佛教兴盛，长安、洛阳及地方各道、州佛寺住持经营悲田养病坊，收养孤寡老人和流浪儿童。朝廷对佛寺的善举给予经济资助，这种机制发展了百余年。唐武宗会昌废佛，令僧尼还俗，并没收寺院财产，悲田养病坊一度废弛。宋代救助流浪儿童进入专业化阶段。北宋初期，慈善机构和唐代一样，往往孩子和老人乞丐病人一起养。南宋出现专门收养弃婴和流浪儿童的专业机构，慈幼局、婴儿庄等在江南、闽浙等富庶地区非常普遍，士绅、富商、宗族等民间力量加入其中。元、明时期，育婴慈幼事业衰落，直到明末才在民间复苏。明末清初，百姓因生活困难溺婴现象严重，一些有识官绅为正人心、端风俗，先后建起婴孩救助组织以遏止溺婴之风。雍正诏令地方各州府设置育婴机构，许多育婴堂经费都由地方捐助。乾隆后官方资助在逐渐增大。在管理运作上，育婴堂一般延请地方乡绅担任首事，轮流主持具体事宜，地方官员也参与其事。鸦片战争后，中国慈幼事业向近代转型，西方教会主办孤儿院、育婴堂、盲哑儿童学校等遍布全国。

(一)救济院。清雍正十一年(1733)，泸溪县知县张宏烈奉文修建房屋作收养遗弃婴幼儿场所，取名育婴堂。但由于缺乏经费支撑，没有遗弃婴孩送进堂内抚养。光绪初年(1875)，县内知名人士杨千提倡立老会，筹款四百串，后经富户章志德、殷道生、胡祥元等捐款扩充，育婴堂配备义工，开始收养遗弃婴幼儿。国民20年(1931)，改名为救济院，院址设在小东门内。自此，社会行善者日多，按收养的婴幼儿之名捐款助婴者甚多，省府、州府和县府公款公产资助逐渐增加。1938年，抗日战争爆发后，由沿海及中心城市西迁湘西民众增多，救济院收留遗弃的婴幼儿随之增多。据1940年统计，救济院最多时收留婴幼儿42名。1949年9月，泸溪县解放后，救济院解散。

1931年救济院捐款人姓名及捐款表

姓名 类别	捐户姓名																	
	老会	孙元泽	石光熙	石绍镗	杨明尧	石光檽	小桃源居士	张竹轩	章万圣	杨瑶階	周得仁礼	章次爵	张昌龙	石源清	石恒聚	张本华	各油商	城商	济昌和
捐数	铜钱四百串	铜钱10串	铜钱40串	铜钱30串	铜钱8串	铜钱30串	铜钱50串	铜钱5串	铜钱75串	铜钱5串	铜钱5串	铜钱6串	铜钱20串	牙贴一张	粮食牙贴一张	字挑一张账单	每斤四分捐	每斛斗纪5分	十九年起每年192元

救济院置业表

类别 业	卖户	田地名	坵数	载粮	卖价
置业	李弼注	天门溪岩田	一坵	一升	三十千
	汪心宽	武口洲车田	一边	三升	三十一千
	张宗德	武口洲车田	一坵	五勺	二十一千
	石平林	武口洲头新田地	一块	无	一百四十四千
	石平林	武口洲头车田地	一块	无	
	张顺家	桑木冲水田	二坵	六合	一百三十五千
	张顺家	春木冲水田	三坵		
	杨炳章	杨斌庄挂坟田	一坵		一百一十千
	杨祖得	由子界山溶水田	五坵		二十二元四角

救济院当业表

当户姓名	金圣发	金圣发	杨辅廷	张大宏	杨光毓	杨光毓	文宏琼	文宏琼	石原金	杨式如	杨式如	石学富	石贤容	刘民珠	刘民珠	龚德杰	张大胜	章绥后	石东溪	石光壁	杨祖荃	杨德根	杨德根
田地名	登里坪田	椿木坨	分水坳兔田	白兔溪岩脚下	屋脚下沙子田	小朋子田	旧场屋水田	搭子田	屋对门边山田	麻山冲桐木坳水田	窍上水田	石家寨边坝水湖田	石家寨屋门口新田	汪家冲水田	凼田	彭溪内使门口身秧田	王章冲底下水田	李丁公坝田	西门内上首店房	武口洲住屋一截	响水润凉水田	铁炉冲	低大坪井水田
坵数	一坵	二坵	一坵	一坵	一坵	一坵	一坵	一坵	一坵	三坵	一坵	一坵	一坵	二坵	一坵	一坵	八坵	一坵	一间	一股	二坵	二坵	一坵
当价	八千		十三千	十三千	一十二千以谷15担		九千八百		十六千	七千谷二运	五千谷三运	七千谷三运	十九千	五十千		六十千	五十千	三十四千谷三运	三十千	六千三百三十	四十八千	二百千	

救济院谷产业表

捐户姓名	金元奉	张远廷	张尚友	苏学喜	杨兴鸾	张经延	文裾纯	杜高印	杜高仲	文仲恒	又	周大松	杨光芝	文子焜	杜开保
捐赠名称	店房	店房	田	田	田	田	田	田	田	田	借字	田	田	田	田
田地房屋名称	中和坊下首第三店房	西门内	梨子冲边田	毛庵后长田又能上口田	野毛坪	桃溪排田又志人冲	路边四方田	硚冲水田	兴树坨湾田	小龙溪小冲屋门口路脚下田	双木冲阴水田 刘清伟借	丫山田湾田	虎头寨磨刀岩坝水田	团鱼溪水田	乌梁洞 桑树排湾里田 栗木界山田 上木冲溶田 坳上田 过硚冲边山田 桃树坨边山田 鱼小坨边山田 墨水边山田 硚冲边山田 生坪溪坝田
数目	二间	一间一进	一坵	二坵	四坵	四坵	一坵	一坵		一坵	一坵	一坵	六坵	二坵	十四坵
价值	130千年租金各10元	40千当业	6.5千加98千	5.6千	十千	十一千	30千和50千借10千			七十二千	十千	五百文	三千	一百元	

(二)浦市饥儿收恤所。民国10年(1921)腊月,湘西巡防军第二支队长贺龙率部从桃源进驻浦市,驻李家祠堂。贺龙在浦市驻扎期间,正是辛酉年大旱,贫苦饥民流离失所,到处剥树皮,挖观音土充饥。当时地主、粮商屯粮不卖,制造米价空前上涨,前后不到两月时间,米价一斗由八百钱上涨到两吊多,穷人更是难以聊生,饿死、病死不胜数计。贺龙见此情况,怜悯饥儿孤苦,即时召集浦市绅士虢宾实等商议举办饥儿收恤所,收养无依无靠饥儿。同时规定,多子女饥民可以送子女入所以救活命,四乡饥民、饥儿闻讯投所一日比一日增多,最多时有四百多饥儿。贺龙召集饥作所负责人会议,妥善研究饥儿膳宿疾病问题,固定专人负责,保证饥儿少食慢餐,有病及时治疗。除了治疗饥儿疾病,让饥儿吃饱吃好外,还布置保健员教饥儿做体操、唱歌、游戏。数百饥儿得到贺龙关怀,在饥儿所里愉快生活。五月二十三日,贺龙率部开赴四川,饥儿收恤所自行解散。

二、中华人民共和国成立后儿童福利

(一)孤儿福利。1949年11月,县人民政府成立后,设立民教科,对无依无靠孤儿进行救助。社会主义建设时期,对于无依无靠的孤儿均由城乡基层街道居民委员会和农村大队管委会给予抚养教育。每年每人给予600斤稻谷,12斤食油,60元补助,并送其免费读书,直到就业,其费用从公益金中开支,做到"幼有所养,少有所教,成年后能就业"。社会主义改革时期,农村实行两种救助方法:①集体抚养。孤儿不分责任田地,每年每人给予600斤稻谷、12斤食油、60元补助由所在原生产队(村民小组)摊派到户,国家规定一切福利照样享受,直到18岁未读书止,满十八岁后调剂分配责任田地。②亲属抚养。孤儿参加责任田地分配,由其近亲属负责抚养,享受国家规定一切福利。城镇孤儿抚养则进入福利院抚养,散居者按城镇居民标准供应粮油,政府每月补助15元。1994年,取消城镇居民粮油供应政策后,孤儿与五保户均由国家抚养,具体由县民政局负责。至2016年,散居孤儿抚养标准为每人每月600元,进入福利院抚养标准每人每月1000元,免费入学就医。

(二)流浪乞讨儿童救助。1979年前,采取救助措施主要是送收容遣送站收容管理,弄清身份后遣送原籍地,移交当地政府管理。1980年后,收容流浪乞讨儿童后送交城镇福利院暂时收养,而后遣送。2008年,县福利院建成后,民政局成立泸溪县流浪乞讨人员救助站,利用县福利院对流浪乞讨儿童及流浪乞讨人员进行救助。每年组织开展一次"接送流浪孩子回家"专项行动,对流浪乞讨儿童进行救助,县城、浦市镇、武溪镇流浪乞讨人员大幅度减少。2013年,县民政局联合公安局、妇联等部门乡镇开展"接送流浪孩子回家"专项行动。成立以分管局长为组长,社会事务股长为副组长"接送流浪孩子回家"工作领导小组。发挥部门职能积极实施街头主动救助。对流浪乞讨未成年人采取救助保护方式,主动护送返乡,派专人护送未成年人回家。对知道家庭住址的外省未成年人,一律送州救助站救助。期间共护送和协作救助返乡未成年人30人次。结合"接送流浪孩子回家"专项行动,对不愿求助流浪乞讨人员实施主动救助劝说返乡。尤其是在春节、县"两会"、五一、国庆节期间,救助站工作人员协同专项行动相关单位人员对城市主要商业街、车站、农贸市场、广场等公共场所巡查,为流浪乞讨人员提供返乡路费和食物,帮助他们返回家乡。至2016年,累计救助流浪乞讨人员1650人次,其中外省籍350人次。

(三)政策保障。2010年11月,国务院办公厅颁发《关于加强孤儿保障工作的意见》(国办发〔2010〕54号),明确对孤儿生活救助办法。

1.保障范围。失去父母、查找不到生父母且未被依法收养未满18周岁未成年人。包括亲属抚养、机构养育、家庭寄养、独立生活的孤儿；父母双方同时患精神性残疾、服刑、被强制戒毒、二级以上重度残疾或父母一方死亡、另一方患精神性残疾、服刑、被强制戒毒、二级以上重度残疾的未满18周岁未成年人（视同孤儿）；未满18周岁感染艾滋病病毒儿童；父母一方死亡、患精神性残疾、服刑、被强制戒毒、二级以上重度残疾，另一方弃养两年以上且查找联系不到信息未满18周岁未成年人；因家庭受灾或重大疾病导致家庭特别困难以及享受城乡低保一类保障标准家庭的未满18周岁未成年人。保障对象满18周岁后但仍在普通高中、中等职业学校、高等职业学校、全日制普通本科高校就读和正在服义务兵役可继续享受基本生活费补贴。

2.保障标准。社会福利机构集中养育孤儿基本生活费标准为每人每月不低于1000元；社会散居孤儿、感染艾滋病病毒儿童基本生活费标准为每人每月不低于600元；父母一方死亡、患精神性残疾、服刑、被强制戒毒、二级以上重度残疾，另一方弃养两年以上且查找联系不到信息的未满18周岁的未成年人不低于500元；因家庭受灾或重大疾病导致家庭特别困难以及享受城乡低保一类保障标准家庭未满18周岁未成年人不低于450元。符合条件的儿童领取的基本生活费不计入家庭收入，不影响其本人及其家庭其他成员继续享受城乡低保、五保等社会救助政策。

3.申请、审核、审批程序。社会散居儿童申请基本生活费，履行程序是：

申请。

(1)社会散居孤儿。由孤儿或其监护人向孤儿户籍所在地的街道（社区）或乡镇人民政府提出申请，申请时应提供：①公安机关、医疗机构或村（居）委会出具孤儿父母死亡证明，或人民法院出具宣告孤儿父母死亡或失踪证明。由村（居）委会出具的孤儿父母死亡证明的，须提供2-3名邻居知情人证明材料；②孤儿户籍证明（身份证、户口簿）；③孤儿本人近期免冠照片；④申请人填写《孤儿基本生活费申请表》。

(2)事实无人抚养儿童。由儿童或其监护人向儿童户籍所在地街道（社区）或乡（镇）人民政府提出申请，申请时应提供：①属于父母患精神性疾病、正在服刑、被强制戒毒或二级以上重度残疾未成年人，提供医疗机构、法院、公安或司法部门、残联提供相关证明；属于父母失踪或者弃养两年以上，查找联系不到父母信息的未成年人，提供人民法院出具的宣告孤儿父母死亡或失踪证明，或向公安机关的报案证明。其中父母双方一方死亡提供证明材料；②儿童户籍证明（身份证、户口簿）；③儿童本人近期免冠照片；④申请人填写的《孤儿基本生活费申请表》。

（3）贫困家庭儿童。由儿童或其监护人向儿童户籍所在地街道（社区）或乡（镇）人民政府提出申请，申请时应提供：①父母双方一方死亡提供证明材料。另一方弃养的，须提供其本人放弃抚养权书面材料或2-3名邻居知情人提供证明材料；因家庭受灾或重大疾病导致家庭特别困难的，须提供受灾情况证明或重大疾病病历；享受城乡低保一类保障标准家庭的，须提供城乡低保一类保障标准证明。②儿童户籍证明（身份证、户口簿）；③儿童本人近期免冠照片；④申请人填写的《孤儿基本生活费申请表》。（4）感染艾滋病病毒儿童申请基本生活费，由其监护人持国家医疗卫生机构开具医学证明，直接向感染儿童户籍所在地县级民政部门提出申请，并由县级民政部门核定、审批。为保护感染儿童的隐私，不得以公示的形式核实了解情况。年满18周岁后仍在普通高中、中等职业学校、高等职业学校、全日制普通本科高校就读和正在服义务兵役孤儿（含视同孤儿），须提供《录取通知书》、所在学校证明材料或《入伍通知书》、所在部队证明。

审核。街道（社区）或乡镇人民政府在收到申报材料后，在15个工作日内，对申请人情况进行核实。符合条件的，在《孤儿基本生活费申请表》上签署意见，连同相关证明材料复印件一并报县级民政部门审批；对审核不符合条件的，要书面通知申请人，并告知原因。乡镇人民政府、街道（社区）和民政部门应采取实地走访、入户调查等方式核实了解孤儿有关情况。为保护孤儿隐私，应避免以公示、评议方式核实了解孤儿情况。

审批。县级民政部门接到申报材料后，应在15个工作日内完成对申报对象材料审批工作。符合条件的，在《孤儿基本生活费申请表》上签署意见，并自提出申请之月起，发放孤儿基本生活费；对不符合条件的，要书面通知申请人，并告知原因。儿童监护人发生变化的，应按照程序重新办理有关手续。福利机构集中供养孤儿申请基本生活费，由福利机构负责汇总孤儿信息、证明材料，向主管民政部门提出申请。

第六节 残疾人福利

残疾人福利除给予基本的物质帮助之外，还要根据社会经济文化发展状况，在残疾人的康复、医疗、教育、就业、文化娱乐等方面给予相应权益保障，实现“平等、参与、共享”的残疾人保障目标。

(一)残疾人就业。国家和社会采取措施保障残疾人在劳动力市场上享有就业同等机会，采取多种形式安排残疾人就业。残疾人劳动就业，实行集中与分散相结合方针，采取优惠政策和扶持保护措施，通过多渠道、多层次、多形式，使残疾人劳动就业逐步普及、稳定、合理。残疾人就业主要有社会吸收和福利企业两种方式。

(二)残疾人教育。国家保障残疾人受教育的权利，各级政府将残疾人教育作为国家教育事业组成部分统一规划。根据残疾人特性，采取两种教育方式：对具有接受普通教育能力残疾人实施普通教育方式；对不具备接受普通教育能力残疾人实施特殊教育方式。此外，根据残疾人身心特性和特殊需要实施教育。

(三)残疾人康复。残疾人康复一般包括：及早发现病情，诊断和处理，医疗护理、社会心理和其他方面咨询和协助，进行自理训练，职业技能训练、职业培训、公开招聘和保护性就业安置，提供辅助器械、行动工具及其他设备，专门教育服务等八种服务。《中华人民共和国残疾人保障法》规定：国家和社会采取康复措施，帮助残疾人恢复或者补偿其功能，增强其参与社会生活能力。康复技术将现代康复技术与传统康复技术相结合。以康复机构为骨干，社区康复为基础，残疾人家庭为依托，以实用、易行、收益广的康复内容为重点，并开展康复新技术研究、开发和应用，为残疾人提供康复服务。

(四)残疾人文化生活。残疾人文化生活保障主要包括：通过广播、电影、电视、报刊等形式，反映残疾人生活，为残疾人服务；组织和扶持盲文读物、盲人有声读物、弱智人读物编写和出版，开办电视手语节目，在部分影视作品中增加字幕、解说；组织和扶持残疾人开展群众性文化、体育、娱乐活动，举办特殊艺术演出和特殊体育运动会，参加重大国际性比赛和交流；有计划地兴办残疾人活动场所，为残疾人提供方便和照顾。

(五)精神病人福利院。民政和卫生部门精神病人福利院的任务是收养城镇中无依无靠、无生活来源、无法定义务抚养人的精神病人，同时，也收养自费的家庭无力看管精神病人。精神病人福利院对精神病人实行开放管理，采取劳动治疗、文娱治疗、药物治疗和心理治疗四种方法。

(六)扶残助残活动。内容包括残疾人在搭乘国内公共交通工具时应给予一定照顾和方便，甚至享受减费或免费服务；盲人读物邮件可以免费寄递；残疾人申请在公共场所开设零售店或申请解困住宅、停车位，应保留其名额并优先核准；残疾人或其抚养义务人应缴纳的捐税，政府应按残疾人的残疾等级、家庭经济状况，依法给予适当减免。

1976年，县民政局成立后，肢残人和盲人、聋哑人等残疾人的福利得到进一步重视，城镇有一定劳动能力安排在县福利厂工作，对无劳动能力予以定期救济，解决其生活出路。1988年，成立县残疾人协会，下设办公室在县民政局。1991年5月，撤销泸溪县残疾人协会，设立泸溪县残疾人联合会，确定为副科级事业团体机构，归口县民政局管理。2000年5月，泸溪县残疾人联合会升为正科级独立核算单位，职能从民政局划出，隶属县政府办管理序列，残疾人福利工作从县民政局社会保障工作中正式分离。

第八章 社会事业

社会事业是指国家为社会公益目的，由国家机关或其他组织从事社会服务。在民政社会事业工作中，主要包括婚姻登记、地名管理、勘界、革命老区建设、殡葬管理、民间组织管理、收养登记、收容遣送等方面。

第一节 婚姻登记

一、婚姻习俗

清代及民国时期，泸溪县青年男女结婚受父母之命，听媒妁之言，且要求生辰“八字”相合者方可结婚，如“八字”相克者不能结合。还选择门当户对，财富相当，如有悬殊也难结合，清规戒律严格。封建制度下男女青年没有婚姻自由自主权。除父母掌握儿女婚姻大事外，还有族长势力干涉。其婚姻也经历几个程序。

(一)请媒提亲。一般先由男方家长托亲友或媒人提亲，即纳采。也有以渔利为目的媒婆为凑合婚事而掩盖真相的，故双方家长或亲属须到对方明察暗访“查根脉”，谓察亲。如双方认为对方根正苗好，门当户对则男方将生庚用干支八字请媒人转交对方，叫“发八字”。女方经“算命”认为相合，亦将姑娘生庚回给男方，叫“回八字”。若男方认为双方八字相克或女方八字不好，在七日内退还，所谓“男八字满天飞，女八字一七归”，此乃合庚，即“问名传庚”。有的人家收下对方生庚后先置于神龛上，若三天内有丢鸡失狗物损碗破现象，即以为八字相冲，必退庚。若三天内家事顺遂，则为上吉。合庚顺利，互赠信物，男方馈以服饰布料及少量财礼，外加一双未来新郎鞋样，意为“谐”。女方则报以笔砚文具，并按鞋样做一双布鞋和袜底。双方将写有“天作之合”庚书互换为据，这一过程叫定庚或订庚即“纳吉行聘”。

(二)订婚纳彩。男女订婚和结婚，男家要给女家送去猪肉、鸡、鸭、烟、酒、茶，富豪人家送珍珠、玛瑙、宝石戒指、镯子项链等彩礼，彩礼多少随男方家庭经济条件而定。此俗沿袭至今，随着生活水平的提高男方向女方送的彩礼日多。男方所送彩礼除办酒席菜肴外，一般均作女方陪嫁物品带到男方。

(三)迎娶送亲。双方定庚后，男方须给女方准备一定数量聘金和其他财物作为聘礼，女方则备嫁妆，此即纳征(亦名纳币)。接着由男方送期单，即选两个吉日催新娘过门，谓之报日，俗名看日子，即“请期预报”。女方择定其中一个日子作为婚期。婚前一两天，男方将聘礼等送往女家，叫“过礼”。女方将嫁妆用条盒(条箱)抬至男家陈设洞房，叫铺房。也有由男方接亲时抬嫁妆条盒的。新娘出嫁前一日，请已婚妇女用麻线将脸上汗毛绞掉，将鬓角之绒发和眉毛修整成形，鬓角整齐，眉毛细弯，叫开容也称开面。成婚之日，男方用四人或八人抬的花轿接亲，由媒人或家庭其他成员迎亲。新娘着凤冠、霞帔(俗称披纱)、盖红头巾。上轿前由年长妇女一手持一对灯笼(后改为马灯)，一手拿镜子在轿内外照几遍，俗称“照轿”，意以驱除邪秽。花轿接进屋时爆竹齐鸣。新娘下轿，地面铺红毡，由牵亲娘扶持使之脚不粘地，否则，认为踩了夫家也踩了娘家。新娘入洞房，新婚夫妇择吉方并肩而坐，由牵亲娘劝饮交杯酒(茶)，古称“合卺”。指一瓠分为二瓢，古时新婚夫妇各执一瓢饮合欢酒，有合二为一之意，故称合卺。牵亲娘进酒时赞以喜辞，将红枣、花生、桂子、瓜子等物掷于床上，意“早生贵子”。然后掀开新娘盖头红巾，新婚夫妇至此才能见面。礼毕，引新娘至堂屋拜见舅姑等亲属尊长及其他家庭成员。女方送嫁亲人称大亲、上亲、高亲，坐婚宴主席，男家请老亲陪新亲。

(四)吵闹洞房。又名吵新娘。这是新郎新娘结婚的当夜众客人和邻舍青年戏弄新娘一种习俗。吃完喜酒后，众客人和邻舍青年向新郎要求“看新娘”。于是新郎就陪同大家进入洞房。在进入洞房时，众人往往要念四句祝词，如“茶盘金盘，茶匝深深，夫妻相亲，早抱儿孙”之类的话。闹洞房开始，由侍娘或宾客中推一人把放在床帐里红枣灯点上，叫做“添丁”。添丁后，侍娘扶新娘同新郎站立房中宾客环坐周围。假如洞房容纳不下宾客，就在正厅吵新娘。当新娘把喜糖和茶敬给主客时，这位主客故意不收，而让给隔坐的人，隔坐的人同样再让给他的隔坐。这样新娘尽管在房内踱来踱去，大家还是不理她，于是吵新娘就开始了。随后叫新娘唱歌跳舞或要新娘新郎拥抱，有的出些难题让新娘新郎回答，有的恶作剧，将新娘和新郎床铺弄湿或放蚂蚁，使当晚难以入睡。总之，闹洞房的节目和方式多种多样，诙谐浪谑，无所禁忌。“闹洞房”、“吵新娘”是为祝福新娘和新郎而形成习俗，无论男女老少都可以大闹一番。对于新郎和新娘当然是很大的麻烦，不过也不得不接受这种“庆贺”。时至今日闹洞房的习俗虽有很大改变，且文明得多，而富时代特点，但此俗仍然沿袭下来。

(五)三朝回门。婚礼次日或第三日，新娘偕新郎回娘家省亲，叫回门，古称归宁。娘家设午宴答谢贺客，叫“办回门饭”陪新客，餐后招待烟茶。新郎此日要警惕被人捉弄，闹成笑柄。

泸溪各族人们婚姻旧时陋习颇多，诸如年龄不合，强成怨偶，或者近亲结婚造成养儿畸形，及至死亡或无后。豪富之家实行纳妾抢婚；有的还用“转房”、“上门”等形式掠夺别人家财；最为残忍的由出于礼教束缚“守节”终身，或抱灵牌结婚的。再如寡妇不准改嫁，即或允许也不准从正门离开，而要从后门出去等。从20世纪50年代始，泸溪县青年结婚实行婚姻登记制度，封建家长包办婚姻不复重演，男女双方，自由恋爱，情投意合，结为家庭。凡属新婚无论城乡，亲友来贺，迎宾宴客，喜满门庭。

二、婚姻登记程序

根据《婚姻登记条例》，婚姻登记机关是指具有依法履行婚姻登记行政职能行政机关。国家婚姻登记机关主要包括两大类：一是经省级人民政府确定具有办理内地居民之间婚姻登记职能县级人民政府民政部门和乡镇人民政府；二是具有办理涉外、涉港澳台及华侨婚姻登记职能省级人民政府民政部门或省级人民政府民政部门确定机关。

婚姻登记机关的职责：办理婚姻登记；补发婚姻证；出具婚姻登记记录证明；撤销被胁迫婚姻；宣传婚姻法律法规，倡导文明婚俗。结婚登记是国家对婚姻关系建立进行监督和管理制度。登记制度可以保障婚姻自由、一夫一妻原则贯彻实施，保证婚姻当事人及其子女身体健康，避免违法婚姻，预防婚姻家庭纠纷发生，同时也是在婚姻问题上进行法制宣传重要环节。婚姻登记程序是：

(一)结婚登记申请。中国公民在中国境内申请结婚，必须双方亲自到一方户口所在地婚姻登记机关申请结婚登记。申请时，必须持户口证明、居民身份证等证件和证明，离过婚的还应当持离婚证。离婚当事人恢复夫妻关系必须双方亲自到一方户口所在地婚姻登记机关申请复婚登记。中国公民同外国人(包括常驻中国和临时来华外国人、外籍华人、定居中国外国侨民)在中国境内申请结婚，男女双方当事人必须共同到中国公民一方户口所在地省、自治区、直辖市人民政府指定婚姻登记机关申请登记。申请登记中国公民和外国人须分别持有：中国公民须持有本人户籍证明，本人户口所在地县级人民政府或工作所在单位县级以上机关、学校、事业、企业单位出具本人姓名、性别、出生年月、民族、婚姻状况(未婚、离婚、丧偶)、职业、工作性质、申请与何人结婚证明等证件。外国人须持有本人护照或其他身份、国籍证件;公安机关签发的“外国人居留证”或外事部门颁发身份证件或临时来华入境、居留证件;经该国外交部(或外交部授权机关)和中国驻该国使、领馆认证由该国公证机关出具的婚姻状况证明,或该国驻华使领馆出具婚姻状况证明。外国侨民须持有本人护照或代替护照身份、国籍证件(无国籍者免交);公安机关签发“外国人居留证”;本人户口所在地县级人民政府或工作所在单位县级以上机关、学校、事业、企业单位出具本人姓名、性别、出生年月、民族、婚姻状况、职业、工作性质、申请与何人结婚证明。凡证件齐全、符合法律规定的中国公民和外国人可持证件和男女双方照片,到婚姻登记机关提出申请。申请婚姻登记当事人应如实向婚姻登记机关提供规定有关证件和证明,不得隐瞒真实情况。

(二)结婚登记审查。婚姻登记管理机关对当事人申请进行审查,查明结婚申请是否符合结婚条件,不明之处应向当事人询问,必要时可要求当事人提供有关证明材料或进行必要调查,或指定项目进行医学上鉴定。

(三)结婚登记。婚姻登记机关对符合结婚条件的,应即时予以登记,发给结婚证;对离过婚应注销其离婚证。但对中国公民和外国人登记申请,在收到申请后一个月内办理登记手续,发给结婚证。涉外婚姻结婚证须贴有男女双方当事人照片,并加盖办理涉外婚姻登记县级以上人民政府婚姻登记专用章。申请结婚登记当事人受单位或者他人干涉,不能获得所需证明时,婚姻登记管理机关查明确实符合结婚条件予以登记。申请人未到法定结婚年龄、非自愿、已有配偶、属于直系血亲或者三代以内旁系血亲、患有医学上认为不应当结婚疾病情形之一的,婚姻登记机关不予登记。

(四)婚前体检。由所在县民政局开具婚前体检介绍信,携介绍信到所在县妇幼保健医院进行体检,经体检证明符合条件的持体检合格证明回民政局登记注册。缴纳结婚证工本费、服务费后领取结婚证书。

(五)补办登记。修正后的《婚姻法》第八条规定“要求结婚的男女双方必须亲自到婚姻登记机关进行结婚登记。符合本法规定的,予以登记,发给结婚证,取得结婚证,即确立夫妻关系。未办理结婚登记的,应当补办登记。”补办登记主要是针对符合结婚条件男女未经登记而以夫妻名义共同生活对象,目的是引导正确认识婚姻关系和婚姻关系当事人在婚姻关系中法律地位。2001 年 12 月 24 日最高人民法院法释三十号规定:补办结婚登记的,婚姻关系效力从双方均符合《婚姻法》所规定的结婚实质要件时算起;一九九四年二月一日民政部《婚姻登记管理条例》公布实施之前,男女双方已经符合婚姻实质要件但未登记,按事实婚姻处理。一九九四年二月一日民政部《婚姻登记管理条例》公布实施后,男女双方符合结婚实质要件的,人民法院应当通知其补办结婚登记,未补办结婚登记按解除同居关系处理;补办结婚登记规范法律上认可男女双方符合结婚实质要件事实婚姻与同居现象,对于历史上遗留事实婚姻,只要符合最高人民法院有关司法解释事实婚姻要件的,仍视为事实婚姻,对于不符合事实婚姻要件视为同居。

三、婚姻登记管理

(一)婚姻登记机关。中华人民共和国成立后,县民政科设婚姻登记处。1954年前,各区设立婚姻登记机关。1955年,婚姻登记开始逐步交乡人民委员会负责,但恢复结婚、现役革命军人结婚、不同民族间结婚和离婚登记仍由县、区办理。1958年1月13日,县人民委员会下发《关于1958年婚姻登记工作交乡人民委员会办理的通知》,婚姻登记业务全部移交乡人民委员会管理,由乡秘书负责登记。1977年后,各人民公社、镇负责农村和街道的婚姻登记,民政局负责县直机关人员婚姻登记。1985年6月10日,全县统一使用婚姻登记专用章,县民政局和各乡镇配备婚姻登记员,由民政助理兼任。2000年,县民政局设立泸溪县婚姻登记管理所,各乡镇不再办理婚姻登记。

(二)婚龄。1949年前,男女结婚年龄一般为16—18岁,最早的仅14岁。1950年颁布的《婚姻法》规定:“男20岁、女18岁始得结婚”。20世纪70年代,国家提倡晚婚。1974年3月起,执行农村男为25岁、女为23岁,职工和城镇人口执行男28岁,女25岁才准许结婚规定。1980年1月1日,国家实施新婚姻法规定:“结婚年龄,男不得早于22周岁、女不得早于20周岁”。

(三)婚姻登记办法。婚姻登记分结婚登记、离婚登记、复婚登记三项。婚姻登记程序是申请、审查和登记。按照婚姻法和婚姻登记办法的规定男女双方自愿结婚,双方必须到一方户口所在地婚姻登记机关申请,申请时双方须持所在单位出具婚姻状况证明信(离过婚者须持离婚证)。婚姻登记机关审查后对符合结婚条件发给结婚证。1956年,县人民委员会提出双方持各自户口即可办理结婚登记。1957年,又规定双方需出具医院证明。1976年后,规定男女双方须持单位介绍信、工作证、医院证理,方可办理结婚登记。1980年11月11日,民政部发布《婚姻登记办法》规定，男女双方须持本人户口证明和所在生产大队或工作单位出具关于本人出生年月、民族和婚姻状况证明到一方户口所在地登记结婚。1994 年 2 月 1 日，民政部发布《婚姻登记管理条例》，规定男女双方申请结婚必须持双方户口证明、居民身份证、所在单位或村(居)民委员会出具的婚姻状况证明、婚检证明，经婚姻登记机关审查后，符合条件准予结婚并发给结婚证。2003 年 10 月 1 日，民政部发布《婚姻登记条例》后，改为男女双方持户口本、身份证，填写《结婚登记声明书》，即可办理。

离婚登记分协议离婚和判决离婚两种。男女双方自愿解除婚姻关系，并对家庭财产分割，子女抚养问题完全达成协议，须持双方户口证明、居民身份证、所在单位或村(居)委会出具介绍信、离婚协议书、结婚证，到一方户口所在地婚姻登记机关申请离婚登记。婚姻登记机关自受理离婚申请之日起一个月内进行审查，对符合离婚条件者发给离婚证，注销结婚证。协议离婚不成或一方坚决不离或一方不愿离婚而不到场者，婚姻登记机关不予受理，并由一方可向当地法院起诉。

男女双方离婚后又自愿复婚者，按结婚登记程序办理，婚姻登记机关经审查后收回离婚证，发给结婚证。男女双方可以不再进行婚前检查。

1974 年，县革命委员会发出《关于结婚登记领取办法的通知》规定结婚登记时间。各公社逢元旦、“三八”妇女节、“五一”劳动节、“五四”青年节、“七一”建党节、“八一”建军节、“十一”国庆节七个节日办理结婚登记。1981 年《新婚姻法》实施，结婚人员均在户口所在地办理，登记日期改为每周工作日期间。20 世纪 90 年代改为随到随办理。

1979 年，县民政局规定婚姻登记收费标准，结(离)婚证每张收费 2 角。1992 年 8 月，改收 3 元，含证书、申请表格等全部费用。1996 年 12 月改为 9 元。结(离)婚证由省民政部门统一印制。

(四)清理早婚私婚。民政部门在进行婚姻登记的同时，还肩负责对婚姻的管理工作，定期不定期地对婚姻进行检查，清理早婚、私婚等违法婚姻。1955 年至 1982 年，全县清理包办强迫婚姻 1148 对，处理买卖婚姻 487 对，处理其他违法婚姻 867 对。全县开展大的清理早婚私婚活动从 1985 年 11 月份开始至 1994 年结束，由民政局对 1981 年后全县早婚私婚进行登记清理，处理早婚私婚 1264 对，从而扼制早婚私婚现象。此后清理早私婚工作步入经常化、制度化。

泸溪县婚姻登记统计表

年别＼项目	准予登记结婚			恢复婚姻（对）	离婚		调解不离（对）	备注
	合计（对）	新婚（人）	再婚（人）		准予登记离婚（对）	转法院处理（对）		
1955-1985	33611	32740	871	54	1124	67	127	
1986-2000	1860	1860		2	62	29	33	
1987	1890	1889	1	4	73	32	41	
1988	1911	1909	2	1	72	39	33	
1989	1906	1906		2	81	41	40	
1990	1916	1915	1	4	85	55	30	
19914	1820	1819	1	3	80	39	41	
1992	2011	2008	3	1	68	33	35	
1993	2091	2087	4	5	101	41	60	
1994	2101	2099	2	7	94	39	55	
1995	2112	2111	1	2	125	55	70	
1996	2221	2219	2	1	112	51	61	
1997	2233	2232	1	1	85	33	52	
1998	2411	2410	1	5	151	70	81	
1999	2576	2574	2	3	171	81	90	
2000	2581	2577	4	4	190	89	101	
小计	31640	31615	25	45	1550	727	823	
2001-2010	28543	28427	116	213	2312	687	1625	
2011-2016	16720	16596	124	145	2144	643	1501	
合计	110514	109378	1136	457	7130	2124	5006	

四、婚姻登记流程

县民政局为方便群众办事，在县政府网站公布《婚姻登记服务指南》。办理婚姻登记的依据《中华人民共和国婚姻法》《婚姻登记条例》《婚姻登记工作暂行规范》相关规定。婚姻登记机关为县民政局基层社会事务股婚姻登记处。

(一)结婚登记

1.结婚登记条件。男女双方必须自愿结婚；达到男年满22周岁、女年满20周岁结婚年龄；双方均无配偶(未婚、离婚、丧偶)；双方没有直系血亲和三代以内旁系血亲关系；未患有医学上认为不应当结婚的疾病；当事人一方必须是本县常住户口居民；男女双方必须共同到婚姻登记处办理结婚登记并领取《结婚证》。

2.结婚登记提交证件。本人常住户口簿、二代有效居民身份证；离婚或丧偶者还需提供离婚证(如无法提供离婚证，则需提供法院判决书)或丧偶证明；本人无配偶以及与对方当事人没有直系血亲和三代以内旁系血亲关系签字声明(现场填写)；当事人提交3张2寸近期半身免冠彩色合影照片

3.现役军人结婚登记提交证件。二代有效居民身份证；所在单位团以上政治机关出具“军人婚姻登记证明”；“军官证”或“文职干部证”、学员证、士兵证、离休证、退休证等军人身份证件。

4.结婚登记的程序。初审—受理—审查—登记—颁证初审。审查当事人是否符合结婚登记条件；审查当事人提交证件是否合格。

受理。符合结婚条件且证件合格当事人双方各填写一份《申请结婚登记声明书》；双方当事人须在婚姻登记员面前亲自在《申请结婚登记声明书》中“声明人”一栏签名或按指纹。

审查。对当事人提交证件、声明进行审查，符合结婚登记条件的，准予登记。登记。输入电脑；当事人本人在《结婚登记处审查处理表》上“当事人领证签名或按指纹”一栏签名按指纹；打印结婚证。

颁证。给结婚登记当事人双方颁发结婚证，同时，宣布取得结婚证，确立夫妻关系；按国家标准收取结婚登记工本费每对9元。

5.办理时限及时间。每周工作日。符合条件且资料齐全的，当场予以办理。

(二)离婚登记

1.离婚登记条件。男女双方必须是合法夫妻；双方必须自愿离婚；双方均具有完全民事行为能力；当事人一方必须是本县常住户口居民；双方对子女抚养、财产

及债务处理等事项协商一致;男女双方必须共同到婚姻登记处办理离婚登记并领取离婚证。

2.离婚登记提交的证件。本人常住户口簿、二代有效居民身份证;当事人的结婚证;未成年子女常住户口簿;双方起草离婚协议书;当事人各提交2张2寸单人近期半身免冠彩色照片。

3.离婚登记程序。初审—受理—审查—登记—颁证。

初审。审查当事人是否符合离婚登记条件;审查当事人提交证件是否合格。

受理。符合离婚条件且证件合格的当事人共同填写一份《申请离婚登记声明书》,该表中"声明人"一栏的签名,必须由声明人在监誓人面前完成;双方根据自己起草离婚协议书,填写由婚姻登记机关打印正规离婚协议书,双方亲自在离婚协议书上填写对协议书意见及签名,婚姻登记员作监誓人。协议书共填写三份,双方各一份,婚姻登记处存档一份。

审查。婚姻登记员对当事人提交证件、申请离婚登记声明书、离婚协议书进行审查,符合离婚条件的,准予离婚。

登记。输入电脑;当事人本人在《离婚登记处审查处理表》上"当事人领证签名或按指纹"一栏签名或按指纹;打印离婚证;在当事人的结婚证上加盖条形印章,其注明"双方离婚,证件失效。XX婚姻登记处",注销后的结婚证退还当事人。颁证。给离婚登记当事人双方颁发离婚证,同时宣布"取得离婚证,解除夫妻关系";按国家标准收取离婚登记工本费9元。

4.办理时限及时间。每周工作日。符合条件且资料齐全的,当场予以办理。

(三)补领结(离)婚证

1.补领结(离)婚证条件。当事人依法登记结婚(离婚),现今仍然维持该状况;当事人一方必须是本县常住户口居民或当事人原办理该婚姻登记机关在本县;当事人亲自到婚姻登记机关提出申请(双方都到,则补领2本证,一方当事人到,则补领1本),当事人因故不能到婚姻登记机关申请补领婚姻登记证,可以委托他人办理。

2.补领结(离)婚证提交证件。双方常住户口簿、二代有效居民身份证;社区(村)或单位出具证明(补领结婚证的证明写明:双方于某年某月某日在何处登记结婚,结婚证已遗失,至今系合法夫妻),(补领离婚证证明写明当事人和对方于某年某月某日在何处办理离婚登记,至今未再婚);当事人提交2寸近期半身免冠彩色照片(结婚证的为双方合影照3张,离婚证的为当事人单人照2张);委托办理还应提交经公证机关公证当事人身份证件、户口本复印件和委托书。(委托书应当写明当事人办理婚姻登记时间及承办机关、目前婚姻状况、委托事由、受委托人的姓名和身份证号码,受委托人应当同时提交本人身份证)。

3.补领结(离)婚证的程序。初审—受理—审查—登记—颁证。

初审。审查当事人是否符合补领结(离)婚证条件;审查当事人提交证件是否合格。

受理。符合补领结(离)婚证条件且证件合格当事人填写一份《申请补领婚姻登记证声明书》;当事人必须在婚姻登记员面前亲自在《申请结婚登记声明书》中"声明人"一栏签名或按指纹。

审查。对当事人提交的证件、声明进行审查,符合补领结(离)婚证条件,准予补领。

登记。输入电脑;当事人本人在《补发婚姻登记证审查处理表》上"当事人领证签名或按指纹"一栏签名或按指纹。打印结(离)婚证。

颁证。给当事人颁发补领结(离)婚证;按国家标准收取补领结(离)婚证工本费每对9元。

(四)出具(无)婚姻登记记录证明

1.出具(无)婚姻登记记录证明条件。申请出具《无婚姻登记记录证明》,由当事人常住户口所在地婚姻登记机关受理,军人申请出具《无婚姻登记记录证明》,由军人部队驻地所在地婚姻登记机关受理。申请出具《婚姻登记记录证明》,由为当事人办理婚姻登记婚姻登记机关受理;当事人应达到法定婚龄;当事人亲自到婚姻登记机关提出申请;当事人因故不能到婚姻登记机关办理(无)婚姻登记记录证明,可以委托他人。

2.出具(无)婚姻登记记录证明提交证件。当事人常住户口簿、二代身份证;离婚或丧偶者还需提供离婚证或丧偶证明;超过系统查询时限的,还需社区(村)或单位出具未婚(未再婚)证明。(未婚者证明写明当事人至今未婚,未再婚者证明写明当事人于某年某月某日离婚或丧偶,至今未再婚);委托办理还应提交经公证机关公证当事人身份证件、户口本复印件、委托书、受委托人二代身份证。(委托书应写明当事人目前婚姻状况具体委托事项,受委托人姓名和身份证号码)。

3.出具(无)婚姻登记记录证明的程序。初审—受理—审查—办理。

初审。审查当事人是否符合出具(无)婚姻登记记录证明条件;审查当事人提交证件是否合格。

受理。符合出具(无)婚姻登记记录证明条件且证件合格的当事人填写一份《出具(无)婚姻登记记录证明声明书》;当事人必须在婚姻登记员面前亲自在《出具(无)婚姻登记记录证明声明书》中"声明人"一栏签名或按指纹,该栏不得空白,不得由他人代为填写,代按指纹。

审查。对当事人提交证件、声明进行审查,符合出具(无)婚姻登记记录证明条件,准予出具。

办理。婚姻登记员填写或打印(无)婚姻登记记录证明;给当事人(无)婚姻登记记录证明。

第二节　地名工作

一、地名

地名是人们赋予某一特定空间位置上自然或人文地理实体的专有名称。1986年,国务院颁发《地名管理条例》规定地名范围是:自然地理实体名称包括山、河、湖、海、岛礁、沙滩、岬角、海湾、水道、地形区等名称;行政区划名称包括各级行政区域和各级人民政府派出机构所辖区域名称;居民地名称包括城镇、开发区、自然村、片村、农林牧渔点及街、巷、居民区、楼群(含楼、门号码)、建筑物等名称;各专业部门使用的具有地名意义的台、站、港、场等名称,还包括名胜古迹、纪念地、游览地、企业事业单位等名称。

(一)地名命名原则

1. 有利于国家统一、主权和领土完整。

2. 反映当地人文或自然地理特征。

3. 使用规范汉字或少数民族文字。

4. 不以外国人名、地名命名中国地名。

5. 人民政府不驻在同一城镇的县级以上行政区域名称,其专名不应相同。一个县(市、区)内乡镇、街道办事处名称,一个乡镇内自然村名称,一个城镇内街巷、居民区名称,不应重名;国内著名自然地理实体名称不应重名;一个省、自治区、直辖市行政区域内较重要自然地理实体名称不应重名。上述不应重名范围内地名避免使用同音字。

6. 不以著名山脉、河流等自然地理实体名称作行政区域专名；自然地理实体范围超出本行政区域，亦不以其名称作本行政区域专名。

7. 县、市、市辖区不以本辖区内人民政府非驻地村镇专名命名。

8. 乡镇、街道办事处一般应以乡镇人民政府驻地居民点和街道办事处所在街巷名命名。

9. 新建和改建城镇街巷、居民区应按照层次化、序列化、规范化要求予以命名。

(二)地名申报。申报地名命名或更名时，应将命名、更名理由及拟废止旧名、拟采用新名含义、来源等一并加以说明。地名命名、更名由地名管理部门负责承办。行政区域名称命名、更名，由行政区划和地名管理部门共同协商承办。专业部门使用具有地名意义名称，其命名、更名由该专业部门负责承办，但应事先征得当地地名管理部门的同意。符合《地名管理条例》规定，并经县级以上人民政府或专业主管部门批准的地名为标准地名。标准地名原则上由专名和通名两部分组成。通名用字应反映所称地理实体地理属性(类别)。不单独使用通名词组作地名。具体技术要求，以民政部制定的技术规范为准。汉语地名中方言俗字，一般用字音(或字义)相同或相近通用字代替。对原有地名中带有一定区域性或特殊含义通名俗字，经国家语言文字工作委员会审音定字后，可以保留。少数民族自治地方及民族乡名称，一般由地域专名、民族全称(包括“族”字)和相应自治区域通名组成。由多个少数民族组成的民族自治地方名称，少数民族的称谓至多列举三个。

(三)地名标志。行政区域界位、城镇街巷、居民区、楼、院、自然村屯、主要道路和桥梁、纪念地、文物古迹、风景名胜、台、站、港、场和重要自然地理实体等地方应当设置地名标志。一定区域内的同类地名标志应当力求统一。地名标志的主要内容包括：标准地名汉字规范书写形式；标准地名汉语拼音字母规范拼写形式。在习惯于用本民族文字书写地名民族自治区域，可依据民族区域自治法有关文字书写规定，并列该民族文字规范书写形式。地名标志设置和管理由当地地名管理部门负责。其中街、巷、楼、门牌统一由地名主管部门管理，条件尚不成熟地方，地名主管部门应取得有关部门配合，共同做好标志管理工作，逐步实现统一管理。专业部门使用具有地名意义名称标志，由地名管理部门协调有关专业部门设置和管理。

二、地名普查

地名普查是一项政府工作，指由政府实施、对全国或某个行政区内地名进行全面调查统计行为。地名普查有助于政府全面掌握和了解全国或某个行政区内地名状况。政府可以根据普查结果来对某些地名进行更改。地名普查也有利于方便本国人民或外国游客旅行、迁居或定居。

1981 年,全县开展第一次地名普查,成立地名普查领导小组,制定《泸溪县第一次全国地名普查方案》,设立地名普查办公室,以县建设委员会干部为主,抽调 3 名相关部门干部组成。相关单位和乡镇(公社、镇)确定专门人员从事地名普查工作。1983 年移交县民政局管理。县地名普查领导小组历时 4 年,完成地名普查工作,编撰《泸溪县地名录》。

2014 年 11 月,开展第二次地名普查。根据上级部署,开展第二次全国地名普查,成立领导小组,制定实施方案,通过召开会议启动第二次全国地名普查工作。本次地名普查工作目标任务是:

(1)调查地名基本情况。包括行政区域,非行政区域,群众自治组织,居民点,交通运输设施,水利、电力、通信设施,纪念地、旅游景点,建筑物,单位,陆地水系,陆地地形等 11 大类地名名称、位置及相关属性信息。

(2)规范地理实体名称。根据国家地名管理有关法规,对无名称但有地名作用的地理实体进行命名;对不规范地名进行标准化处理,解决地名上存在一地多名、地名重名,地名命名罔顾传统、刻意崇洋、虚张声势、名不符实,地名译写不准确、用字不规范、含义不健康等问题。

(3)设置地名标志。根据实际需要,依据国家有关标准设置地名标志。

(4)开发、应用普查成果。利用地名普查成果,编纂出版地名图、录、典、志等出版物,建立、完善各级国家地名和区划数据库,开展地名信息化服务,开发研制地名信息化服务产品。

(5)建立地名普查档案,实现地名普查档案数字化管理。普查范围为泸溪县行政区划范围。

是年,成立泸溪县第二次全国地名普查工作领导小组,由分管民政工作副县长任组长,组织实施全县第二次全国地名普查工作,领导小组办公室设在县民政局,领导小组及其办公室负责组织实施全县地名普查工作。

领导小组职责是:安排部署全县第二次全国地名普查工作;协调解决普查中的重大问题;审议重要地名命名更名事项;承办其他地名普查有关工作。

办公室职责是:拟定泸溪县第二次全国地名普查实施方案;按照第二次全国

地名普查技术规范、全省第二次全国地名普查工作规程实施细则开展工作；负责开展泸溪县第二次全国地名普查宣传；负责领导小组成员单位的联系协调，组建泸溪县地名普查领导小组组成单位联络组，由各成员单位选派业务骨干任联络员；聘请历史、地理、语言、文化、测绘、计算机等方面的专家，研究、协调和解决地名普查中遇到重大技术问题；提供地名普查工作规程、标准规范、成果应用咨询、论证和评估意见；负责泸溪县地名普办下设机构设置和组成人员聘请、管理，负责制定政府购买服务方案；负责地名普查会议组织、业务培训、质量检查、工作指导、初步验收；拟定全县少数民族语地名用字读音审定规则实施细则；负责组织地名普查成果上报和建档工作；负责县级地名普查和地名区划管理数据库建设工作，指导各乡镇建设、完善地名普查和地名区划管理数据库；负责组织编纂、出版全县标准地名图、录、典、志等；负责组织全县地名普查信息综合开发、应用服务；承担州地名普查办和县第二次全国地名普查工作领导小组交办其他工作。

此次地名普查从 2014 年 11 月底开始，到 2018 年 6 月 30 日结束，分三个阶段实施。普查标准时点为 2014 年 12 月 31 日。其方法步骤是：

(1)制定方案。根据县第二次全国地名普查工作领导小组统一部署，结合实际，科学制定地名普查实施方案，报县地名普查领导小组审批。

(2)培训人员。组织县直有关单位及各乡镇业务骨干参加地名普查办举办的地名普查业务培训。

(3)收集资料。全面搜集与地名相关历史沿革、名称由来以及相关属性信息资料，包括图、录、典、志等，对资料进行整理、甄别、论证和审定。

(4)实地踏勘。实地调查地名现状，查清地名名称、位置及相关属性信息。

(5)标准化处理地名。根据国家地名管理有关法规，按照地名命名、更名的审批权限和程序，对无名称但有地名作用的地理实体进行命名，对普查的地名进行审定和标准化处理。

(6)设置地名标志。依据国家有关标准，设置地名标示。根据《湖南省地名条例》第二十条相关规定，尚未将门牌号码管辖归口到民政部门应归口到民政部门。

(7)建立数据库。将地名文字和图形信息及多媒体数据录入国家地名和区划数据库。根据普查成果和工作图，修改矢量地图上地名注记和变化地物。

(8)制作成果。填写各类普查成果表；标绘地名普查成果图；对普查成果和文件资料进行数字化处理；起草地名普查工作总结；起草地名普查成果上报审批报告。

(9)验收。验收内容包括组织实施和普查成果两个方面。县第二次全国地名普查工作领导小组办公室先行自查,根据自查情况改进后报州第二次全国地名普查工作领导小组办公室进行核查。

(10)成果审定。普查成果由县地名普查领导小组办公室组织审核后报州地名普查领导小组审定。

(11)上报归档。普查成果验收合格后,逐级上报。完成普查文件、资料、成果等的立卷归档工作。

(12)编纂出版地名出版物。由县地名主管部门负责组织编纂出版本行政区域的地名图、录、典、志等出版物。

(13)开展地名信息化服务建设。利用地名普查成果,完善也名网站,开发研制地名信息化服务产品。

到2016年底,第二次地名普查工作完成资料的收集整理工作,进入建立数据库工作环节。

三、地名管理

1996年修订的《地名管理条例细则》规定,地名管理任务是:依据国家关于地名管理方针、政策和法规,通过地名管理各项行政职能和技术手段,逐步实现国家地名标准化和国内外地名译写规范化,为社会主义建设和国际交往服务。国家对地名实行统一管理、分级负责制。民政部是全国地名管理主管部门。其职责是:指导和协调全国地名管理工作;制定全国地名工作规划;审核地名命名和更名;审定并组织编纂全国性标准地名资料和工具图书;指导、监督标准地名推广使用;管理地名标志和地名档案;对专业部门使用地名实行监督和协调管理。

根据《地名管理条例细则》规定,县民政局设立地名委员会办公室,与基层社会事务股合署办公,配备人员2名。地名委员会办公室主管本行政区域地名工作,职责是贯彻执行国家关于地名工作方针、政策、法律法规;落实全国地名工作规划;审核、承办本辖区地名命名、更名;推行地名标准化、规范化;设置地名标志;管理地名档案;完成国家其他地名工作任务。

四、泸溪县行政村地名录

(一)武溪镇

红土溪村　　因此村土地多为红色土壤,溪流纵横交错而得名。

红岩村　因此地很多红砂石块而得名。

刘家滩村　因刘姓人家住在沅水河滩边而得名。

天门溪村　因此村祖先搬迁到此地时天已亮(俗称天门高),村在溪旁而得名。

五里洲村　因沅江与武水交汇处一处绿洲长五里而得名。

上堡村　因村后山形似象,人们认为是宝地,故名象宝。后以谐音演变为上堡而得名。

大溪村　因村前有一条大溪而得名。

高大坪村　因村子位于高山的大坪中而得名。

暮江头村　因此村位于沅江北岸义冢起首处而得名。

蜂子岩村　因此地以前人们以养蜂为生而得名。

榆树坪村　因村子边的榆树成林而得名。

黑塘村　因村前有口大塘,水深绿呈黑色而得名。

朱食洞村　因以前村民在山洞里养猪,命名猪食洞,后谐音"朱食洞"而得名。

城北社区　因位于武溪镇城区北边而得名。

城南社区　因位于武溪镇城南而得名。

朝阳社区　因象征着希望而得名。1995 年白沙建镇时设置,均为老县城搬迁而来居住的居民。

屈望社区　因怀恋屈原而得名。1995 年白沙建镇时,改村为社区。

白沙社区　因居民点旁边有条小溪阳光一照河边的沙土略显白色得名白沙。1995 年白沙建镇时设置为兴沙,2016 年恢复白沙原名。

沅江社区　因居住地位于沅水旁而得名,1995 年白沙建镇时设置。

桥东社区　因位于铁山河大桥的东面而得名,2015 年行政区划调整时,将岩头河、铁山村合并设置。

(二)浦市镇

麻溪口村　因此村位于麻溪出口处而得名。

毛家滩村　因此村毛姓人居住较多而得名。

五果溜村　因古树坪栀子坪三村昔日盛产桃李等五种水果而得名。

岩门溪村　因村位于溪边,曾有两巨石于村前而得名。

高山坪村　因此村位于高山上的一块坪地而得名。

田家溪村　因田姓人家居住在溪边而得名。

鱼坪村　因村边有田坪，形状似鱼而得名。

李家田村　因村子李姓人家居住较多而得名。

岩头山村　因此地山高岩多，地形似塘，原名岩头塘，后演变为岩头山。

黑竹坳村　因村子在坳上，从前村下黑竹较多而得名。

城乡村　因村子处于浦市镇郊区和乡村结合部，故名。

新堡村　因此村地形象双龙抢宝故名“生宝”，后演变成新堡而得名。

银井冲村　因传说村中昔日有一水井，井中常生银辉而得名。

浦溪村　因此村位于浦溪出口处，以溪名而命名。

青草村　因附近田连阡陌庄稼茂盛，草色青青而得名。

高桥村　因此地溪水上有一座很高的石桥而得名。

都岐村　因所在地形复杂，山路崎岖而得名。

黄家桥村　因此村黄姓人居多而得名。

马王溪村　古时传说当地有巨大的蚂蟥精出没，后被道士降服，而得名蚂蟥溪，后演变成马王溪。

毛茂田村　相传古时此地原是毛草坪，后人们开垦成田地，庄家茂盛而得名。

长坪村　因村子居住在一处地势平坦而狭长的田垄边上而得名。

中塘村　因相传李氏三兄弟分居三处各建一祠堂，此村居中而得名。

麻垅村　因村位于八条田垅交汇处，故称八垅，后演变为麻垅。

庄尚村　因旧时是徐姓人的庄场，原名庄场，后演变为庄尚。

太平街社区　因此地常发生火灾，人们期望得到太平而得名。

印家桥社区　因以印姓人家为首建成一座石桥，故名印家桥，以桥得名。

十字街社区　因处在正街与上正街相接处，有一横街与之相交呈十字形而得名。

新建街社区　此社区是因五强溪电站库区淹没区移民搬迁而新设置的街道得名新建街。

(三)达岚镇

麻坪村　因此村子盛产苎麻而得名。

龙溪口村　因此村位于溪口，地形似龙而得名。

六里村　因各自然村彼此相距六里路程而得名。

覃木阳村　因此村有一片橙树，地势偏东向阳，故名橙木阳。后以谐音演变为覃木阳。

五德村　因1958年建村时提倡“五爱五德”而得名。

都用村　因以前此地是达岚镇的中心地带，不管去哪都要经过这里而得名都用。

新田村　因建村后新开的稻田较多而得名。

潮地村　因此地白天土地开坼，晚上又回潮出水而得名。

溪头村　因此地位于一条大溪的源头而得名。2015年行政区划调整从永兴场乡划入。

达岚坪社区　因传说胡姓三兄弟误饮毒酒，行至此坪时脑袋已耷拉不起，故名“耷拉”。后因谐音演变为达岚。

(四)合水镇

横坡村　因自古山地与所在地势相反，山坡成横向，村子坐落溪水两边而得名。

罩子坪村　因此地多浓雾，经常笼罩在村寨而得名。

溪洲村　村子以磨洲与乃野溪两地各取一字而得名。

祖坟山村　因此村附近山坡原为祖先坟地而得名。

木垅村　因此地松树较多，地形似龙得名木龙，后谐音木垅。

新桥村　因村子以前有一条溪使村民出行不便，后人们修建一座桥，以新桥为村名。

兴砂村　因此地沙子多而得名。2005年沙子坳与马龙口两村合并，故名。

踏虎村　因此村地形似虎，脚踏羊身而得名。

晒州田村　因此村地势较平坦，日照时间长，村前溪流环抱山包，形如小洲而得名。

麻铺村　因相传一老人买栗林，以麻布一匹抵钱款，故村名麻布。后以谐音演变为麻铺。

登云寨村　因村子处在泸溪县海拔最高的八面山山区，犹如登上云天得名。

呈田村　　因此村祖辈开荒种地，使荒野变成良田，原名成田，后演变成呈田。2015年，行政区划调整由永兴场乡划入。

合水社区　　因位于两条小溪汇合处而得名。

(五)兴隆场镇

上广村　　因此村位于大坪上，以为有矿，故名"上矿"。后以谐音演变为"上广"而得名。2015年，行政区划调整，由永兴场乡划入。

下广村　　因此村位于上广之下而得名。2015年，行政区划调整，由永兴场乡划入。

三冲坪村　　因此地原有三个冲垅，一个坪地而得名。2015年，行政区划调整，由永兴场乡划入。

密灯村　　因此村祖先对花灯戏爱得入迷，密与迷同音而得名。2015年，行政区划调整，由永兴场乡划入。

德堡村　　因旧时此村有头人修筑了一碉堡护寨，后以谐音德堡而名。

彭总管村　　因此村旧时有一彭姓人曾在辰州府当总管而得名。

烂泥田村　　因村子前是一丘丘烂泥巴的稻田而得名。

岩坡村　　因该村石头多，且住在山坡上，故名。

五里坪村　　因村前有一片长五里路程的田坪而得名。

锡瓦村　　因宋代四都(兴隆场)蛮酋在此地修建一处宫殿，以锡为屋瓦。后村以此得名锡瓦。

甘田坪村　　因此村地势平坦，水甘甜而得名。

都里坪村　　因清初一老妇逃荒到此，其外甥陈、候、杨、谭四姓全都寻踪到此，并在此地定居而得名。

武堰村　　因此村附近原有五个堰塘得名，后演变为武堰。

巴斗山村　　因所在地原为李姓人用八斗三升粮食买来的，建村时取名八斗三。后以谐音为巴斗山。

兴隆场社区　　因清末在此开设墟场，生意兴隆而得名。

(六)潭溪镇

下都村　　因明朝洪武年间，在此设都，村居都下而得名。

朱雀洞村　　因朱雀是一种吉祥神鸟，村寨地形象朱雀，且村下冲其河的龙潭有个洞，村民为逃避战乱躲进这个洞而得名。

盘古岩村　　因村寨附近有一石头酷似鼓形盘在山上，故名盘鼓岩，后演变为盘古岩。

大陂流　　村寨坐落由武水边向山坡发展，村子较大，故名大坡流。后演变为大陂流。

小陂流村　　因此村从大陂流搬来，比大陂流村小，而且居住的山坡也低于大陂流而得名。

楠木冲村　　因村庄边有许多楠木树而得名。

小能溪村　　因村居小能溪旁而得名。

且己村　　因传说古时候有且自和且己两兄弟争夺此地，后为且己所得而得名。

兴隆寨村　　因村由桌子坪搬来，人口增多，地方兴旺而得名。

松柏潭村　　因位于武水上游的一深潭边，村前苍松翠柏而得名。

新寨坪村　　因此村人家是从吉首搬来新建的村子而得名。

潭溪社区　　因此村旁有一深潭而得名。2005 年由土麻寨、张家湾两个居委会和虎食溪村合并组成社区。

(七)洗溪镇

洞头寨村　　因古时有个山洞，后人类慢慢打通，村寨位居洞头上，居住的人逐渐增多，形成山寨而得名。

能滩村　　因此村位于能溪河出口汇入武水的滩边而得名。

甘溪桥村　　因村位于干溪附近得名，后演变为甘溪。后因甘溪电站修建了桥梁，连通了望天堂村。两村合并改名为甘溪桥村。

张家坪村　　因张姓人家居住此地而得名。

邓家坪村　　因邓家人居住坪上而得名。

宋家寨村　　因宋姓人家居住在此而得名。

洞底坪村　　因位于武水洞口下面坪上而得名。

李岩村　　因李姓三兄弟分家，李岩居住此地而得名。

欧溪村　　因所在地溪水从村前流过，弯曲像牛轭，故名轭溪。后演变为欧溪。2015 年，行政区划调整，由八什坪乡并入。

杜家寨村　　因此村姓杜的人居住较多而得名。2015 年，行政区划调整，由八什坪乡并入。

三角潭村　　因村位于长溪与酉溪汇合处，有一深潭成三角形而得名。2015年，行政区划调整，由八什坪乡并入。

八什坪村　　因此地有几株大桂花树像一座花园，故名花园坪。2015年，八什坪乡撤销。为怀念原八什坪乡，将花园坪更名为八什坪。

塘食溪村　　因此村为唐姓人家居住故名唐氏溪，后演变为塘食溪。2015年，行政区划调整，由八什坪乡并入。

李什坪村　　因此村居于坪里，李树较多，故名李子坪。后演变为李什坪。2015年，行政区划调整，由八什坪乡并入。

芭蕉坪村　　因此地芭蕉树多而得名。2015年，行政区划调整，由梁家潭乡并入。

红岩村　　因村旁有一排红岩而得名红岩排。2005年，与茶坪、下湾村合并，取名红岩。2015年，行政区划调整，由梁家潭乡并入。

岩寨村　　因村寨里岩石较多而得名。2005年与猫子溪村合并。2015年，行政区划调整，由梁家潭乡并入。

梁家潭村　　因此地梁姓人家居多而得名。是原梁家潭乡政府所在地。2015年，行政区划调整，由梁家潭乡并入。

布条坪村　　因村下山洞经常发出鼓声，后来声绝故名不调坪。后谐音改为布条而得名。2015年，行政区划调整，由梁家潭乡并入。

达力寨村　　因很早以前此寨子面积较大而得名达力寨。2015年，行政区划调整，由梁家潭乡并入。

灯油坪村　　因此村对面山形似灯盏故名灯油坪。2015年，行政区划调整，由梁家潭乡并入。

鸡子潭村　　因此村传说有一深潭曾飞出一形状似鸡的鸟而得名。2015年，行政区划调整，由梁家潭乡并入。

椰木溪村　　因村溪边椰木树较多而得名。2015年，行政区划调整，由梁家潭乡并入。

洗溪社区　　因下街有一小溪与峒河交汇，每到雨季小溪山洪泥水在出口处被峒河冲洗干净，故名。2005年由上街和下街居委会合并组成社区。

(八)石榴坪乡

石榴坪村　　因以前村边有颗大石榴树而得名。

牛角冲村　　因此冲周围有六个山头，原名六角冲，后演变成牛角冲。

芒田村　　因外村人有田在此地，每逢耕作时，往返忙碌而得名忙田。后取其谐音改名芒田。

碧溪村　　因所在地有一条清澈的溪流，溪水碧澄而得名。

民力村　　1958年设置村时以“集人民的力量大力发展建设”而得名。

坪里村　　因所在位置地势较为平坦而得名。

兰村村　　因旧时相传此地人富有反抗精神，统治者认为民性蛮横而取名蛮村。中华人民共和国成立后取其谐音改名兰村。

(九)小章乡

瓦曹村　　因此村此村地形狭窄，形似瓦曹而得名。

川洞村　　因所在地有个山洞，行人能够穿过而得名。

烟竹坪村　　因此地建村时烟竹较多而得名。

白泥塘村　　因村中有一个塘，塘泥呈白色而得名。

大水坪村　　因此村位于三溪汇合处而得名。

梓木坪村　　因村里梓木较多而得名。

小章村　　因章姓兄弟避难于此，后小章在此定居而命名。

(十)白羊溪乡

周家寨村　　因村子周姓村民较多而得名。

马王溪村　　因村下溪里有一岩石似马而得名。

云上村　　因旧时与人打官司赢了而居住在此，故名赢上。后演变成云上。

麻溪村　　因有一条小溪，溪边长满了麻章树而得名。

毛坪村　　因建村之前坪地遍地长满茅草而得名。

白羊溪村　　因传说溪里一个岩洞经常有神秘白羊出没，并化身为仙女而得名。

马入田村　　因传说宋朝时，一相公骑马经过此处，马陷入田中，村寨以此而得名。

排口村　　因旧时有人在此设牌场打牌赌博故名牌口。后演变为排口。

(十一)解放岩乡

利略村　　因此村地形像铜锣，故名丽锣，后演变为利略。

水卡村　　因位于沱江旁，河水流经此地受乱石阻塞而得名。

己用村　　因传说此地过去与土司王抗争有七人牺牲，取名己勇。后因谐音改为己溶，再后改为己用，沿用成习。

场上村　因此地设立墟场而得名。

都蛮村　因传说以前此地人家民风都比较强悍而得名。

和兴村　2005年，由茨冲村和万金山村合并取名和兴村，含有和谐兴盛之意。

第三节　勘界

一、勘界工作

县境周边与吉首、古丈、凤凰、沅陵、辰溪、麻阳6县、市接壤，3条地区邻县边界线187公里，3条州内市、县界线175.40公里。

1996年，勘定省界、县界工作全面铺开，县境勘界工作从是年开始启动。1999年6月，泸溪县与麻阳县的65.20公里边界线全面勘定。1997年12月，泸溪县与吉首市边界线113.70公里完成勘定。1998年10月，泸溪县与古丈县边界线6.60公里勘定结束；11月，勘定泸溪县与凤凰县边界线55.12公里。1999年9月，沅陵县与泸溪县58.90公里边界线勘定；12月，泸溪县与辰溪县62.90公里边界线全面勘定，埋设界桩14座。历时4年，泸溪县行政区域边界线勘定工作顺利完成。

二、行政区域边界线

(一)泸溪县与吉首市行政区域界线

1.勘界情况。1997年8月15日，湘西州勘界工作领导小组批准同意吉泸两市县联合勘界实施方案。两市县勘界办公室在泸溪县召开勘界工作会议，对吉泸线勘界工作进行统一部署和安排。9月-10月，吉首、泸溪两市县勘界办公室开展室内核图，实地勘察，协商定界工作，10月9日，吉泸线全线贯通。10月7日，两市县勘界办公室在吉首市协商确定5块界桩埋设方案，10月7日至10月18日，两市县勘界办组织埋设界桩和测绘工作。1998年5月，对省测绘二院交送的吉泸线测绘技术资料进行初次审核；8月10日进行第二次核对工作；12月8日进行第三次核对工作。1999年2月5日，吉泸线资料检查验收组在州勘界办指导下在长沙再一次对资料进行对照检查。1999年3月，双方勘界办在吉首市进行勘界测绘成果检查验收和资料汇总工作，起草边界协议书。12月16日，省勘界工作领导小组办公室检查组验收组对边界协议书等资料进行核实检查。

2.涉边乡镇及界碑。吉泸两市县边界接壤有 11 个乡镇。吉首市有排绸乡、丹青乡、排吼乡、太平乡、河溪镇、双塘乡；泸溪县有八什坪乡、梁家潭乡、潭溪镇、小章乡、解放岩乡。边界线走向呈西南向东北方向从吉、泸、凤三市县边界线交会点(310122230 号界桩)起，到吉、泸、古三市县边界线交会点(310122260 号界桩)止。

3.泸溪县与吉首市边界线走向。从吉首市双塘乡周家寨村、泸溪县解放岩乡大坪村、凤凰县竿子坪乡椰木树村三县(市)交界烂碾子田 310122230 号界桩起，到吉首市排绸乡三坪村、泸溪县八什坪乡李什坪村、古丈县山枣乡磨刀村三县(市)交界处的 310122260 号界桩止，共树立了 310122230、310122001、310122002、310122003、310122004、310122005、310122260 号 7 个界桩，全长 113.70 公里。

(二)泸溪县与古丈县行政区域界线

1.勘界情况。1998 年 4 月 11 日，两县勘界办在古丈县召开边界勘定工作会议，对泸古线勘界工作进行统一部署，交换边界情况，核对边界线，协商联合踏界及界桩埋设等事宜。会后，双方组织联合踏界工作组进行联合踏界。11 月 4 日，双方勘界办在吉首再次召开边界线走向协商会议。通过双方友好协商，统一认识，实现泸古线全线顺利贯通。双方勘界办签订泸古线全线贯通协商会议纪要。与此同时，两县勘界办协助省测绘队进行补调、测绘工作。1999 年 1 月 19 日至 3 月 8 日，两县勘界测绘成果联合验收组先后三次对勘界测绘成果资料进行校核审查及验收，资料汇总。8 月 4 日，两县勘界办在吉首完成边界协议书起草工作。

2.涉边乡镇及界碑。泸溪、古丈两县边界接壤有 2 个乡 3 个村，泸溪县有八什坪乡李什坪村，古丈县有山枣乡磨刀村、林场村。边界线自西向东从吉首、泸溪、古丈三市县边界线交会点(310122260)起，到湘西自治州古丈县、泸溪县与怀化市沅陵县边界线交会点[312226120(431231004)]止。

3.边界线走向。泸溪古丈线从吉首市排绸乡三坪村、泸溪县八什坪乡李什坪村、古丈县山枣乡磨刀村三市县交界处大坳(又称矮坳)310122260 号界桩起到泸溪县八什坪乡李什坪村、古丈县山枣乡林场村、怀化市沅陵县棋坪乡背龙村三县交界处的 312226120(431231004)号界点，中间未埋设界桩，全长 6.60 公里。

(三)吉首、泸溪、古丈三市县行政区域界线

1.勘界情况。吉首、泸溪、古丈三市县勘界工作领导小组办公室于 2000 年 8 月 18 日在泸溪县就吉首、泸溪、古丈三市县边界线交会点位置及其附近边界线的走向进行协商，并达成协议。

2.涉边乡村。三市县边界线交会点(编号:310122260)位于泸溪县八什坪乡李什坪村、吉首市排绸乡三坪村、古丈县山枣乡磨刀村之间的螺蛳界矮坳(又称大坳)上十字路交叉处。从中国人民解放军总参谋部测绘局1989年1:5万地形图(图号8-49-125-丙，图名“河蓬”)量取点位平面直角坐标值:X=3147693.8 Y=19407734.6，高程为399.7米。

3.三市县边界交会点附近边界线走向。吉首市与古丈县边界线自三市县边界线交会点起，向西偏西南山湾而下约30米，再折向西偏西北延伸，界线西北面为古丈县管辖区，西南面为吉首市管辖区。古丈县与泸溪县边界线自三市县边界线交会点起，向东偏东北沿合水线下行至鸡婆溶，从鸡婆溶向北偏东北方向沿鸭板溪溪水中心线前进。界线东北面为古丈县管辖区，东南面泸溪县管辖区。泸溪县与吉首市边界线自三市县边界线交会点起，向东偏东南沿螺蛳界山脊线延伸，西南面为吉首市管辖区，界线东南面泸溪县管辖区。

(四)泸溪县与凤凰县行政区域界线

1.勘界情况。1998年5月27日，泸溪县与凤凰县两县勘界办在泸溪县城召开了勘界工作会议，对泸凤线勘界工作进行统一安排和部署，交换勘界情况，进行室内核界、协商定界工作。6-9月，双方勘界办对有争议的两处地段进一步实地踏察。10月上、中旬双方多次交换调查情况并协商预制、埋设界桩工作。11月18日，双方勘界办在凤凰县城再次召开协商会议，双方坚持遵循实事求是，顾全大局，互谅互让原则，澄清有争议地段，顺利实现全线贯通。双方勘界办签定泸凤线全线贯通协商会议纪要。1999年1月4日，双方联合勘界测绘成果检查验收组对测绘成果进行初审检查。3月9日，进行勘界测绘成果检查验收，资料汇总。8月15日，勘界办在吉首完成边界协议书起草等工作。

2.涉边乡镇及界碑。泸、凤两县边界接壤有7个乡(镇)22个村，其中泸溪县放岩乡大坪、东风、都蛮、万口、己溶、场上6个村；兴隆场镇兴隆场村、巴斗山村；踏虎乡登云寨村；凤凰县有竿子坪乡榔木树村、桐油坪村；吉信镇都吾村、新回村；木江坪乡长车、均匀坪、雷公洞、庙背、高山田、新塘、万兴7个村，桥溪口乡大管冲、茶罗村。界线由北向南从吉泸凤三市县边界交会点(310122230)起，到湘西自治州的凤凰县、泸溪县与怀化市麻阳县边界线交会点[312223120](431231010)止，全长55.10千米，全线包括起始点共埋设和测定界桩2个，止点未埋设界桩。

3.边界线走向。泸溪凤凰线从吉首市双塘乡周家寨村、泸溪县解放岩乡大坪村、凤凰县竿子坪乡椰木树村三市县边界线交会点310122230号界桩起，至泸溪县踏虎乡登云寨村、凤凰县木江坪镇新塘村、麻阳县板栗树乡楠木地村三县边界线交会点431231010(312223120)号界点止，中间只埋设312223001号一个界桩，全长55.12公里。

(五)怀化市与湘西土家族苗族自治州行政区域(泸溪县与沅陵县、辰溪县、麻阳县)界线

1.勘界情况。怀化市与湘西土家族苗族自治州行政区域(怀自线，下同)联合勘定工作由两市、州勘界工作领导小组组织实施，两市、州勘界工作领导小组办公室负责联合勘界日常工作。1999年4月9日，湖南省勘界工作领导小组批准《联合勘定怀化市与湘西土家族苗族自治州行政区域界线实施方案》。1999年7月6日至9月，两市、州在沅陵县召开怀自线第一次勘界工作联席会议，对怀自线勘界任务进行统一部署和安排。随后，相关县勘界工作领导小组办公室进行定内核界、实地踏勘、协商定界工作。12月7日至9日，两市、州在泸溪县召开第二次勘界工作联席会议，对协商定界中出现争议提出解决办法。2000年2月17日至20日，两市、州勘界办在泸溪县邮电宾馆联合召开第三次勘界工作联席会议。通过友好协商，解决大尔冲水库、鼻孔山地段边界线走向问题。2000年2月24日，实现怀自线全线贯通。2000年12月1日至7日，两市、州勘界办公室联合审查勘界办公室联合审查勘界测绘成果资料，2000年12月，经省勘办公室验收合格。

2.涉边乡镇及界碑。怀自线涉及双方7个县，48个乡镇接壤。其中怀化市有沅陵县筒车坪乡、明溪口镇、高砌头乡、落鹤坪乡、乌宿乡、清水坪苗族乡、棋坪苗族乡、栗坡乡、舒溪口乡、筲箕湾乡，辰溪县船溪乡、板桥乡、孝坪镇、辰阳镇、潭湾镇，麻阳苗族自治县吕家坪镇、兰里镇、粟坪乡、谷达坡乡、板栗树乡、石羊哨乡、谭溪寨乡、长潭乡、锦和镇、郭公坪乡；湘西土家族苗族自治州有永顺县朗溪乡、小溪乡、镇溪镇，古丈县高峰乡、岩头寨乡、草潭乡、山枣乡，泸溪县八什坪乡、武溪镇、上堡乡、白沙镇、浦市镇、长坪乡、达岚镇、石榴坪乡、合水镇、踏虎乡；凤凰县木江坪镇、官庄乡、沱江镇、水打田乡、林峰乡、茶田镇。边界线大体为由北向南走向，自张家界市、湘西土家族苗族自治州、怀化市三市(州)边界线交会点(430812310)号界线点起，至与省界湘黔线相接分界点(431231520)止，全长389.21公里。全线共埋设和测定界桩9座，其中431231001号界桩为国家三角点羊古子垴，其他分别为 431231005、431231006、431231007A、431231007B、431231008、431231009、431231011、431231012、431231002、431231003、431231004、431231010 号。

根据《湖南省市、县行政区域界线勘界测绘技术规定》要求和三县边界线交汇点位于小溪沟与小河中心线交汇处实际情况，经古丈、泸溪、沅陵三县勘界工作领导小组办公室协商，鉴于三县边界线交汇点实地和图上位置清楚，易于辨认，且实地不便埋设界桩，因此确定在“三交点”实地不埋设界桩。

第四节　革命老区

中国革命老根据地简称革命老区或老区，是指土地革命战争时期和抗日战争时期，在中国共产党和毛泽东等老一辈无产阶级革命家领导下创建的革命根据地。他分布全国大陆除新疆、青海、西藏以外的 28 个省、自治区、直辖市的 1300 多个县(市、区)。

一、革命老区划分

革命老区分为土地革命战争时期的革命根据地和抗日战争时期的抗日根据地两大类。

(一)土地革命战争时期革命根据地。土地革命战争前半期，革命根据地创立、发展可分为两个阶段：从大革命失败到第一批农村革命根据地创立(1927 年 8 月至 1930 年夏)；革命根据地在红军第三次反“围剿”斗争和党内反对“立三路线”的斗争中巩固和发展(1930 年夏至 1931 年秋)。土地革命战争后半期，革命根据地发展、演变可分为三个阶段：从“九一八”事变到中央红军主力长征前(1931 年 9 月至 1934 年冬)；红军长征时期；从中央红军长征胜利到全国抗日战争爆发前。

土地革命战争时期共计 17 块革命根据地，具体分布是：(1)井冈山革命根据地；(2)湘赣革命根据地；(3)中央革命根据地；(4)闽东、闽南、闽中革命根据地；(5)湘鄂西革命根据地；(6)通海如泰革命根据地；(7)鄂豫皖革命根据地；(8)湘鄂川黔革命根据地；(9)闽浙赣革命根据地；(10)川陕革命根据地；(11)湘鄂赣革命根据地；(12)鄂豫陕革命根据地；(13)左右江革命根据地和滇黔桂边游击区；(14)西北革命根据地；(15)海陆丰和东江革命根据地；(16)南方三年游击战争根据地；(18)琼崖革命根据地。

(二)抗日战争时期抗日根据地。抗日根据地都是在艰苦卓绝的抗日斗争中创建和发展起来的，并经历了一个曲折复杂过程。1937 年 11 月下旬至 1938 年 10 月下旬，是抗日根据地初创阶段。1938 年 10 月下旬至 1941 年 3 月，是抗日根据地发展阶段。1941 年 4 月至 1942 年底，是抗日根据地退缩和坚持阶段。1943 年 1 月至 1945 年 9 月，是抗日根据地恢复和扩大阶段。共计 18 块抗日根据地，具体分布是：(1)陕甘宁抗日根据地；(2)淮南抗日根据地；(3)晋察冀抗日根据地；(4)皖江抗日根据地；(5)晋冀鲁豫抗日根据地；(6)浙东抗日根据地；(7)晋绥抗日根据地；(8)广东抗日根据地；(9)山东抗日根据地；(10)琼崖抗日根据地；(11)苏北抗日根据地；(12)鄂豫皖湘赣抗日根据地；(13)苏中抗日根据地；(14)河南抗日根据地；(15)苏南抗日根据地；(16)闽浙赣抗日游击区；(17)淮北抗日根据地；(18)东北抗日游击区。

二、革命老区申报

2009 年 5 月，经县人民政府同意，成立革命老区申报工作领导小组，由副县长余庆友任组长，县民政局局长杨斌、副局长金有贵任副组长，县直相关单位负责人为成员，从县民政局、县档案局、县史志办等单位抽调人员集中办公。9 月，县政府向省人民政府申报革命老区县。经过近一年努力，2010 年 6 月，省人民政府正式行文认定泸溪县为革命老区县。7 月，省民政厅代表省人民政府在县委 6 楼会议室举行泸溪县革命老区认定仪式，省民政厅党组成员、纪检组长赵强，省老区办主任吴跃进出席仪式，县委、县人大、县政府、县政协、县武装部领导及县直机关负责人 100 多人参加认定仪式。

三、革命老区工作机构

为切实做好泸溪县革命老区工作，经县委常委会研究同意成立县革命老根据地经济开发促进会办公室(老区办)。2011 年 5 月 10 日，县编办以泸编办发文正式批准设置，为县民政局二级全额拨款事业单位，核定全额拨款事业编制 2 名。2012 年 10 月，县编办为县老区办增加全额拨款事业编制 1 名。

主要职责：贯彻执行党和政府有关老区工作各项方针、政策，制定老区发展规划，帮助解决老区群众实际困难和问题，促进老区经济发展；组织协调老区专项资金和贴息贷款投放管理工作；指导全县老区扶贫项目和其他项目开发考察、论证、申报工作；负责与社会各界联谊、协调配合工作；负责老区科技致富信息收集、整理、政策传播、和宣传、调研工作；及时向党委、政府提供老区建设新情况；宣传老区革命精神，编撰老区革命史，弘扬老区革命精神。

四、老区建设

(一)老区建设政策。2007年8月3日，省委、省政府下发《关于加强老区建设工作的意见》，明确从以下四个方面予以扶持：

1.大力扶持开发老区特色经济。根据老区特点，发展优质、高产、高效、生态、安全小型农业种养业项目，扶持和建设一批农产品精深加工项目；在继续推进生态建设，切实搞好退耕还林、生态公益林保护等重点生态工程建设的同时，扶持老区群众科学种植开发工业原料林和经济林；培育产业链，做大做强老区支柱产业，形成“一村一品、一乡一业”的特色产业；做好生猪等草食动物、淡水产品和柑橘、粮油棉麻等国外优良品种引进工作，优化和提升老区产业结构；充分发掘老区红色资源和山水资源，抓好红色和绿色旅游项目建设，进一步拓宽财政和农民增收门路。

2.加大对老区基础设施和公共服务体系建设投入力度。在水、电、路和教育、医疗、文化等项目资金安排上，进一步向老区倾斜。优先安排老区通村公路、农村人饮安全、小型农田水利建设和农电改造等项目；重点扶持老区建好寄宿制学校，改造学校危房，完善办学条件，提高义务教育办学水平；切实抓好老区医疗网点建设，力争老区村村设立合格卫生室。

3.积极推进老区农村劳动力技能培训工作。把提高老区农民整体素质和职业技能，培养和造就更多老区新型农民，加快老区农村剩余劳动力转移作为工作重点。积极推进老区农村劳动力技能培训工作，不断完善培训机制，在老区大力实施“农村实用技术培训工程”和“农村劳动力转移培训工程”，把剩余劳动力转化为现实生产力和经济发展增长点。

4.加强老区宣传和革命文物管理工作。开展各种形式的老区宣传活动，加强对老区革命遗址、遗迹、纪念场馆和设施管理，并采取有效措施做好保护和维修工作，争取社会各界关心老区、支持老区。

2008年11月28日，湖南省第十一届人民代表大会常务委员会第五次会议通过《革命老区发展条例》，并于2009年1月1日起施行。扶持革命老区发展资金包括：中央安排革命老区专项转移支付资金；扶贫开发资金中扶持革命老区发展的专项资金；省、设区的市、自治州人民政府扶持革命老区发展的专项资金；社会捐赠资金。扶持革命老区发展资金主要用于革命老区贫困地区基础设施、公共服务体系建设和革命文物保护。

2016年2月初，中央办公厅、国务院办公厅日前印发《关于加大脱贫攻坚力度支持革命老区开发建设的指导意见》，提出今后一个时期支持革命老区开发建设与脱贫攻坚总体要求、工作重点、主要任务、支持政策，并就加强组织领导、加快推进实施作出具体部署。

《指导意见》指出，支持革命老区开发建设与脱贫攻坚，要以改变老区发展面貌为目标，以贫困老区为重点，按照区别对待、精准施策的原则，坚持以重点区域、重点人群、重点领域为突破口，加大脱贫攻坚力度，带动老区全面振兴发展。到2020年，实现老区基础设施建设取得积极进展，特色优势产业发展壮大，生态环境质量明显改善，城乡居民人均可支配收入增长幅度高于全国平均水平，基本公共服务主要领域指标接近全国平均水平，现行标准下农村贫困人口脱贫，贫困县全部摘帽，解决区域性整体贫困。

《指导意见》要求，加快老区重大基础设施建设，尽快破解发展瓶颈制约。积极有序开发老区优势资源，切实发挥辐射带动效应。培育壮大老区特色产业，不断增强"造血"功能。切实保护生态环境，着力打造永续发展的美丽老区。全力推进老区民生改善，大幅提升基本公共服务水平。大力促进转移就业，全面增强老区群众增收致富能力。深入实施精准扶贫，加快推进老区贫困人口脱贫。积极创新体制机制，加快构建老区开放型经济新格局。

《指导意见》明确加强规划引导和重大项目建设，持续加大资金投入，强化土地政策保障，完善资源开发与生态补偿政策，提高优抚对象优待抚恤标准，促进干部人才交流和对口帮扶等一系列支持老区开发建设与脱贫攻坚政策措施。

(二)老区项目建设

1.老区项目建设实施。从2011年起，泸溪县开始实施革命老区建设项目，主要涉及基础设施建设、敬老院改扩建、乡村人饮工程、老区技能培训、革命烈士纪念建筑物建设等方面。到2016年12月，全县实施革命老区建设项目27个，投入资金285万元，其中中央财政转移支付资金205万元，财政扶贫专项资金80万元，惠及群众60431人。

对老区建设项目，按照上级有关规定，严格管理、精心组织、认真实施。坚持把好三个关口：①严把项目申报关。对各乡镇上报老区建设扶贫项目，及时派人进行实地调查，找当地群众座谈，认为切实可行，具有一定经济效益和社会效益的，予以向上申报。否则，不予申报。②严把项目建设质量关。在项目实施过程中，县民政局派人到施工现场进行质量督查，发现不符质量要求的，当即要求返工。③严把项目资金管理关。财政扶贫资金系国家专项资金，实行老区建设项目资金报账制。即项目完成后，由项目施工单位开具正式发票，项目实施单位、县老区办签署意见后经局纪检组长审核、局长审批，由局财务人员将完整资料连同相关票据送县财政局，县财政局将项目资金直接打到施工队账户上，确保资金安全运行并全部用于项目建设。

老区项目实施，在一定程度上改善泸溪县基础设施现状，为人民群众生产、生活提供方便。

2.*农村土坯房改造*。2015 年、2016 年，根据省老区办安排，泸溪县实施农村土坯房改造项目。两年共投入资金 360 万元，完成农村土坯房改造 183 栋，其中维修改造 79 栋，新建 104 栋，受惠群众 1141 人。2015 年投入资金 90 万元，完成农村土坯房改造 48 栋，2016 年投入资金 270 万元，完成农村土坯房改造 135 栋。

2011—2016 年全县老区建设项目一览表

年份	项目名称	金额（万元）	实施地点	受惠群众（人）	完成时间
2011	达岚镇敬老院改造	3	达岚坪社区	176	当年完成
2011	梁家潭乡敬老院改造	2	梁家潭村	197	当年完成
2011	浦市陆军监狱旧址维修	5	新建街社区	3859	当年变更
2011	浦市镇印家桥社区饮水工程	4	印家桥社区	6571	当年完成
2012	浦市镇印家桥社区道路硬化	3	印家桥社区	1300	当年完成
2012	合水镇晒州田村修路	2	晒州田村	1560	当年完成
2013	梁家潭乡梁家潭村道路硬化	5	梁家潭村	1740	当年完成
2013	白羊溪乡马入田村道路硬化	4	马入田村	1109	当年完成
2013	解放岩乡水卡村道路硬化	3	水卡村长潭坪	359	当年完成
2013	解放岩乡和兴村道路维修	3	和兴村万金山	406	当年完成
2013	石榴坪乡民力村人饮	4	民力村	1480	当年完成
2013	泸溪县老区项目技术培训	4	白沙镇	200	2014 年完成
2014	潭溪镇潭溪社区人饮工程	3	潭溪社区	2567	当年完成
2014	洗溪镇洞底坪村人饮工程	4	洞底坪村	1269	当年完成
2014	八什坪乡花园坪村道路硬化	3	花园坪村	1987	当年完成
2014	达岚镇新田村四组公路维修	3	新田村四组	268	当年完成

续表

2014	解放岩乡利略村人饮工程	3	利略村	1659	当年完成
2014	石榴坪乡民力村通村公路	4	民力村	896	当年完成
2014	泸溪县烈士公园配套设施	199	桥东社区	26897	当年完成
2014	武溪镇黑塘村椪柑基地建设	3	黑塘村	658	当年完成
2014	白羊溪毛坪村椪柑基地建设	3	毛坪村	359	当年完成
2015	八什坪乡欧溪村人饮工程	3	欧溪村	1689	当年完成
2015	达岚镇新田村四组公路维修	3	新田村四组	268	当年完成
2015	解放岩乡和兴村道路维修	3	和兴村万金山	406	当年完成
2015	潭溪镇下都村道路硬化	3	下都村	609	当年完成
2016	八什坪乡欧溪村道路硬化	3	欧溪村	1689	当年完成
2016	白羊溪乡排口村人饮工程	3	排口村	253	当年完成
合计		285		60431	

2015—2016年全县农村土坯房改造一览表

年份	项 目 名 称	金额（万元）	改造栋数	实施地点	受惠群众（人）	完成时间
2015	解放岩乡农村土坯房改造	50	25	解放岩乡	134	当年完成
2015	石榴坪乡农村土坯房改造	40	23	石榴坪乡	121	当年完成
2016	解放岩乡农村土坯房改造	134	67	解放岩乡	268	当年变更
2016	石榴坪乡农村土坯房改造	124	62	石榴坪乡	247	当年完成
2016	达岚镇农村土坯房改造	12	6	达岚镇	27	当年完成
合计		360	183		1141	

第五节 殡葬管理

殡葬管理是指政府运用行政、法律、经济手段，对民众殡葬活动进行指导、监督和规范一项社会行政事务管理工作。

一、丧葬习俗

泸溪各族人们丧葬习俗讲究重殓厚葬，葬礼隆重，分殓、殡、葬三个阶段进行。入殓，就是给死者穿衣下棺。人初死入殓前要给死者招魂、沐浴，一般用布帛或丝绸给尸体裹衣衾，然后把尸体装进黑色或红色棺材。入殓时往往随殓一些物品，一般人有衣、被及日常用品等物，富庶人家随葬物品繁多且贵重。殡殓，入殓后停柩于殡宫，殡期长短不一，少则三日，多则十几日，主要由奔丧者请老司择日而定。传统丧葬习俗是父母死亡儿女必奔丧，否则为不孝。而亲朋好友将来哀悼祭奠死者，称之为“吊丧”或“吊唁”。奔丧者均要着丧服，古时丧服分斩衰、齐衰、大功、小功、织麻五种，称为“五服”，用粗细不同麻布制成，按亲疏关系不同而穿不同丧服，称为“披麻戴孝”。现在均用白布做丧服，头戴白帕，城市还臂戴黑纱。旧时亲朋好友写挽词或挽联送葬，现在演变成送花圈。送葬，就是掩埋死者遗体即棺木入土。入葬前要看风水、择坟地，谓“择吉地”。送葬又叫出殡。送葬时一般是孝子在前执绋，沿路奏哀乐或敲锣打鼓送至坟地。葬后三早其亲属均上山为新坟培土，俗叫“覆山”。新坟自埋葬当年起，每年年三十，其子女要前往拜祭，俗称“送年饭”。每年清明节全家老小均上山为祖坟扫墓祭拜，俗叫“祭祖”。葬礼以后有做七、断七、百日、周年等悼念仪式，守孝三年期满，要举行缴灵法事，然后将牌位送归祠堂。丧葬也请老司做道场法事，多为青衣道士做文教道场，同时还夹杂着佛教念经文礼俗。有的地方则是红衣老司做巫教道场法事。

泸溪县各个民族在丧葬活动上都有严格规定。对夭亡者不能停灵，尸体置屋外，什么时候死什么时候埋，也不用棺木仅用木板钉一个木匣装尸。吊颈、跳水、难产而死或被刀枪杀死者其柩不能放在屋内，并且死者家里以至整个家族都要立即将盛有酸菜所有坛坛罐罐抛出屋外，摔得粉碎。如果舍不得摔碎，至少要把坛内所装物品全部倒光，置空坛于野外，过一段时间后才能拿回。

二、建立公墓

1962年，县林业局在县城小水溪建苗圃，种植桃树等果木，从事林木育苗，俗称花果山。这一带山坡成为县城殡葬之地。城里遇到亡故者，其家属直接与苗圃或责任山所有人联系安葬事宜，县城殡葬工作没有确定部门专门管理，县城老人丧葬都是民间自行安排。1995年，县城搬迁至白沙后，建设公墓山事宜进入县政府决策范围。1996年，县政府在林业局桐科所划出279亩土地作为公墓山，获得省民政厅同意批准，命名为天乐公墓山，规定由县民政局直接经营管理。当时公墓山土地权属单位县林业局桐科所单方私自将林地承包给私人管理。由此，在全州起步最早的泸溪县殡葬改革遭受挫折。此后，因为权属问题，县民政局与公墓山个体经营者纠纷不止，公墓山私方经营者没有获得民政部门授发的公墓山经营许可证，而县民政局因权属问题却又无法对其有效管理。2000年，县民政局在武溪镇花果山建设公墓山。2003年，花果山公墓投入使用，由县民政局直接经营管理，收费较低，运营有序。但由于"一县只批一座公墓山"政策规定，该公墓山长期处于不合法尴尬局面。在殡仪馆的建设上也遭受挫折，2002年在城区边缘选址，投入资金180万元建立县城殡仪馆，在营运三年后，因城市扩容建设而暂停服务。2007年，县政府决定将殡仪馆改作县公安局治安拘留所，另择他地重建殡仪馆。因为殡仪馆建设项目只能申报一次，不能重复申报，造成资金短缺，同时殡仪馆选址受到各种因素制约，导致殡仪馆建设中断。城区群众殡葬只能在街道、小区和机关单位院内举办，缺乏规范。

2014年8月，县委、县政府又把殡葬改革摆上议事日程，县委书记数次过问，县长及分管副县长多次现场办公，协调解决项目建设中存在问题和困难。10月9日，县民政局与天乐公墓山原经营者取得共识，在公墓山规划许可证等相关手续办齐后，由县民政局将经营权收回，由县民政局直接经营管理，签订移交合同。2015年9月23日，州人大常委会分管副主任一行到泸溪县考察调研推进殡葬改革、助力生态文化公园建设工作开展情况。县人大常委会分管副主任和县政府分管副县长以及县民政局局长等陪同考察调研或参加座谈会。州人大常委会考察调研组一行实地查看县殡仪馆选址以及公墓山建设情况，现场听取县直部门关于县殡仪馆选址以及公墓山建设规划情况汇报。10月24日，占地面积2000平方米的天乐公墓山殡仪馆完成选址。2016年2月正式开工建设，12月竣工投入使用。

三、殡葬管理

1997年7月11日，国务院第60次常务会议通过《殡葬管理条例》，2012年

11 月国务院进行修改，自 2013 年 1 月 1 日起施行。

《殡葬管理条例》明确殡葬管理方针是：积极地、有步骤地实行火葬，改革土葬，节约殡葬用地，革除丧葬陋俗，提倡文明节俭办丧事。国务院民政部门负责全国殡葬管理工作。县级以上地方人民政府民政部门负责本行政区域内殡葬管理工作。《条例》规定人口稠密、耕地较少、交通方便地区，应当实行火葬；暂不具备条件实行火葬地区，允许土葬。实行火葬和允许土葬地区，由省、自治区、直辖市人民政府划定，并由本级人民政府民政部门报国务院民政部门备案。在实行火葬地区，提倡以骨灰寄存方式以及其他不占或者少占土地方式处理骨灰。县级人民政府和设区的市、自治州人民政府制定实行火葬具体规划，将新建和改造殡仪馆、火葬场、骨灰堂纳入城乡建设规划和基本建设计划。允许土葬地区，县级人民政府和设区的市、自治州人民政府应当将公墓建设纳入城乡建设规划。

《条例》规定了殡葬设施管理。省、自治区、直辖市人民政府民政部门应当根据本行政区域殡葬工作规划和殡葬需要，提出殡仪馆、火葬场、骨灰堂、公墓、殡仪服务站等殡葬设施数量、布局规划，报本级人民政府审批。建设殡仪馆、火葬场，由县级人民政府和设区的市、自治区、直辖市人民政府民政部门提出方案，报本级人民政府审批；建设殡仪服务站、骨灰堂，由县级人民政府和设区的市、自治州人民政府民政部门审批；建设公墓，经县级人民政府和设区的市、自治州人民政府民政部门审核同意后，报省、自治区、直辖市人民政府民政部门审批。农村为村民设置公益性墓地，经乡级人民政府审核同意后，报县级人民政府民政部门审批。农村公益性墓地不得对村民以外人员提供墓穴用地。

《条例》规定禁止性规定。禁止建立或者恢复宗族墓地，禁止在耕地、林地，城市公园、风景名胜区和文物保护区，水库及河流堤坝附近和水源保护区，铁路、公路主干线两侧建造坟墓。办理丧事活动不得妨害公共秩序、危害公共安全，不得侵害他人合法权益。在允许土葬地区禁止在公墓和农村的公益性墓地以外其他任何地方埋葬遗体、建造坟墓。

《条例》规定处罚规定。未经批准，擅自兴建殡葬设施的，由民政部门会同建设、土地行政管理部门予以取缔，责令恢复原状，没收违法所得，可以并处违法所得 1 倍以上 3 倍以下罚款。墓穴占地面积超过规定标准，由民政部门责令限期改正，没收违法所得，可以并处违法所得 1 倍以上 3 倍以下罚款。将应当火化遗体土葬，或者在公墓和农村公益性墓地以外其他地方埋葬遗体、建造坟墓，由民政部门责令限期改正。办理丧事活动妨害公共秩序、危害公共安全、侵害他人合法权益，由民政部门予以制止;构成违反治安管理行为,由公安机关依法给予治安管理处罚;构成犯罪,依法追究刑事责任。制造、销售封建迷信殡葬用品,由民政部门会同工商行政管理部门予以没收,可以并处制造、销售金额1倍以上3倍以下罚款。

第六节 民间组织管理

一、民间组织

民间组织,是对社会团体、民办非企业单位和基金会总称。社会团体是指公民自愿组成,为实现会员共同意愿,按照其章程开展活动非营利性社会组织。民办非企业单位是指企业事业单位、社会团体和其他社会力量以及公民个人利用非国有资产举办,从事非营利性社会服务活动社会组织。基金会是指利用自然人、法人或者其他组织捐赠财产,以从事公益事业为目的而成立非营利性法人。

民间组织统一由民政部门登记管理,其他任何部门无权审批和颁发证书。坚持双重负责、分级管理,实行登记管理机关与业务主管单位双重负责的管理体制,按民间组织活动地域分级登记管理。

民间组织合法权益主要有:

(一)财产权。财产权包括物权和债权,是民间组织开展活动的物质保障,也是其承担民事责任担保,任何单位和个人不得侵占、私分或者挪用民间组织资产,违反者要承担法律责任。

(二)名称权。民间组织区别于其他法律主体重要特征,依法受到保护,任何其他单位不得冒用。

(三)名誉权。民间组织和自然人一样享有名誉权,他人不得毁损、侵犯知识产权。

(四)减免税权。作为提供社会服务的非营利性组织民间组织性质,决定他应当根据其事业相应地享有一定减免税权利。

(五)诉讼请求权。民间组织依法享有请求法院给予司法救济权利,其合法权益受到侵害,均可以向法院提起诉讼,请求法院保护合法权益。

民间组织从事非营利活动,是由民间组织本身性质决定。国务院《社会团体登记管理条例》和《民办非企业单位登记管理暂行条例》规定,前者是“非营利性社会组织”,后者是“从事非营利性社会服务活动的社会组织”。非营利性即以公益性活动为主,是社会团体和民办非企业单位与企业、公司等营利性组织根本区别。从民间组织公益性特点出发,一方面对其规定特殊优惠税收政策,一方面规定不得从事营利性经营活动。既符合民间组织性质和特点,也有利于民间组织健康发展。

二、民间组织登记

(一)民政直接登记的社会组织

1. 工商经济类行业协会(商会)。是指由同业经济组织自愿组成,以规范市场秩序,促进行业公平竞争和健康有序发展为宗旨,实行行业服务和自律非营利性社会团体。

2. 科技类社会团体。是指从事科学研究、技术开发、科技咨询与服务、科学知识传播和普及等业务非营利性社会团体。

3. 公益慈善类组织,是指从事帮助困难弱势群体改善生活健康状况、减轻突发事件造成损失和影响,从事人文关怀和心理疏导、舒缓社会矛盾、增进社会和谐、促进社会建设等公益慈善活动非营利性社会组织。

4. 社会福利类组织,是指帮助生活能力较弱儿童、妇女、老人、残疾人,提高福利待遇、实施社会照顾和服务非营利性社会组织。

5. 社区服务类组织,是指从事协助政府推进社区公共服务、开展志愿互助服务和专业社会工作服务的非营利性社会组织。

(二)民间组织成立程序

1. 成立条件。公民、法人均可以申请成立社会团体,发起人数量不限,但国家机关和具有行政管理职能事业单位不宜作为发起人,也不能成为会员。具体条件包括:有 50 个以上个人会员或者 30 个以上单位会员,个人会员和单位会员混合组成总数不少于 50 个;有规范名称、章程和相应组织机构;有固定住所;有与其业务活动相适应专职工作人员;有规定最低限额活动资金;有独立承担民事责任的能力。

2. 登记所需材料。筹备阶段申请人提交材料:关于筹备成立申请书;业务主管单位同意筹备成立文件、章程草案;住所使用权证明;验资报告;拟任负责人名单、《社会团体负责人备案表》和本人身份证明文件的复印件;负责人包括理事长(会长)、副理事长(副会长)和秘书长;会员名单(个人会员应列出姓名、工作单位及职务、联系电话,并本人签字;单位会员应列出单位名称、地址,法定代表人和联系电话)。

3. 办理程序。申请成立社会团体,须经过申请筹备成立和申请成立登记两个阶段，均先经业务主管单位审查同意，再向登记管理机关提交申请。具体程序包括：经业务主管单位审查同意，发起人向登记管理机关提交筹备成立申请材料；登记管理机关审查批准的，向发起人发出同意筹备成立文件；发起人在6个月筹备期内开展筹备工作，召开成立大会，通过章程，产生执行机构、负责人和法定代表人；发起人向业务主管单位提交成立登记申请材料；业务主管单位审查同意后，发起人向登记管理机关提交成立登记申请材料；登记管理机关审查后，准予登记发给社会团体法人登记证书；社会团体成立后，应办理组织机构代码证书，在税务部门办理税务登记，在银行开立银行账户，并报登记管理机关备案。

(三)变更登记。民间组织登记事项发生变更的，应当自业务主管单位审查同意之日起30日内，向登记管理机关申请变更登记。

1.民间组织以下登记事项改变需要办理变更登记。社会团体名称；住所；宗旨、业务范围和活动地域；法定代表人；活动资金；业务主管单位；分支机构或代表机构名称、业务范围、场所和主要负责人发生变化，进行变更登记。

2.民间组织办理名称变更登记需要提交的材料。加盖会章并有法定代表人签字的变更名称申请书；加盖会章的理事会或常务理事会审议通过的会议纪要；理事会或常务理事会审议通过新修改章程及《社会团体章程核准表》；《社会团体变更登记表》、《社会团体法人登记证书》复印件。

3. 民间组织办理法定代表人变更登记需要提交材料。《社会团体变更登记表》、《社会团体法定代表人登记表》及其身份证复印件；由会计师事务所出具前任法定代表人任职期间的财务审计报告；《社会团体法人登记证书》复印件。

4.民间组织办理住所变更登记需要提交的材料：《社会团体变更登记表》；住所证明要写清使用面积、使用期限、所在地址、邮政编码、联系电话等；《社会团体法人登记证书》复印件。

5.民间组织办理活动资金变更登记需要提交材料。《社会团体变更登记表》；社会审计机构出具验资报告；《社会团体法人登记证书》复印件。

6.社会团体办理宗旨、业务范围和活动地域变更登记需要提交材料：《社会团体变更登记表》；理事会或常务理事会审议通过的新修改的章程草案及《社会团体章程核准表》；《社会团体法人登记证书》复印件。

7.民间组织办理业务主管单位变更登记需要提交材料。加盖会章并有法定代表人签字的变更登记申请书；加盖会章的理事会或常务理事会审议通过会议纪要；原业务主管单位同意不再担任业务主管单位文件；新业务主管单位同意文件；

《社会团体变更登记表》;《社会团体法人登记证书》复印件。

8. 民间组织修改章程需要提交材料。《社会团体章程核准表》;修改后章程草案及修改说明;其他需要说明材料。

三、民间组织管理

民间组织管理工作从1991年10月纳入县民政局日常业务工作。是年,有8个社会团体组织到县民政局注册登记。至1995年,全县社会团体组织发展到24个。1996-1998年,对全县性社会团体实施全面清理整顿。清理整顿后,全县有17个社会团体和民办非企业单位依法取得合法地位。2000年11月30日,县民政局加挂泸溪县民间组织管理局牌子,成立县民办非企业单位复查登记工作领导小组,县委副书记任组长、分管县人民政府副县长和县人民政府办公室主任为副组长,县民政局局长等16个相关局级单位负责人为成员,办公室设县民政局,由一名副局长兼任办公室主任,负责全县民办非企业单位复查登记日常工作。2015年,全县依法登记注册行业协会商会共34家。

根据国务院、省、州、县关于行业协会商会脱钩改革文件精神。2016年8月26日,县民政局组织召开全县首批脱钩试点单位动员会议,成立全县行业协会商会与行政机关脱钩试点工作领导小组,制定出台《泸溪县行业协会商会与行政机关脱钩首批试点工作实施方案》《全县性行业协会商会负责人任职管理办法(试行)》,确定泸溪县道路运输行业协会、泸溪县农民专业合作社联合会、泸溪县浦市镇南杂行业商会、泸溪县沼气协会四家协会为试点定位,在9月30日完成试点工作任务。按照"五分离、五规范"要求,四家脱钩试点主管单位分别召开会议成立脱钩工作领导小组,按照脱钩程序要求上报资料,9月30日前完成与行政机关整体脱钩工作。试点工作结束后,民政局建立完善考核评估机制,针对试点中发现的问题及时调整完善,确保脱钩工作不出问题。在日常管理工作中,县民政局严格按照以下程序进行管理。

(一)完善登记审批程序。落实申请、审核、调查、集体研究、逐级审核批准、归档立卷等审批程序,把好成立、变更、注销登记等审批关口,提高审批质量。

(二)落实年检制度。加强对社会组织年检工作,及时通过下发文件和电话等方式向社会组织发布年检通知,加强与业务主管单位沟通,争取业务主管单位支持与配合。根据《社会团体登记管理条例》《民办非企业单位登记管理暂行条例》和《民办非企业单位年度检查办法》有关规定,全县社会组织每年进行一次年度检查。年检对象是经民政局核准登记社会团体、民办非企业单位，年检时间为每年3月至5月。主要检查遵守法律法规和国家政策情况；党建工作情况；开展公益活动和促进经济发展情况；社会管理综合治理和禁毒情况；是否有独立银行账户和专职的财会人员，是否有抽逃开办资金和偷税漏税等违法违纪问题，法人治理结构是否合理及劳动用工落实情况；是否及时办理变更和有关备案手续等。组织提交《年度检查报告书》、会计师事务所出具的年度财务审计报告原件、党员花名册、相关民办非企业单位前置许可证书原件和社会组织法人登记证书等材料。各社会组织填报《社会团体年度检查报告书》《民办非企业单位年度检查报告书》《社会组织党员花名册》，如实填报并经法定代表人签字后，同会计师事务所出具年度财务审计报告，一并经业务主管单位初审，确定初审结论后递交。未经初审或初审无结论的，登记管理机关不予接受年检申请，由县民政部门直接登记的社会组织不需初审，直接报登记管理机关年检。年检结论分合格、基本合格和不合格三种。对连续两年年检不合格和两年不参加年检社会组织给予撤销登记。

(三)扶持和培育发展以农村专业经济技术协会为重点社会组织。

积极扶持和培育发展农村专业经济技术协会，推动农业产业化进程和区域经济的健康发展。泸溪县金土地中药材种植协会发展个体会员712人，种植中药材品种7类，实现中药材种植生产资料统一采购、施肥用药统一管理、统一品牌包装销售“三统一模式”，形成产业集群化。泸溪县双喜养猪协会发展养殖户235人，统一为养殖户提供种猪、统一提供饲料、统一防疫灭病、统一技术指导、统一成品销售，分户饲养，促进种猪产业良性协调发展。

(四)加强诚信建设。在日常管理工作中，县民政局注重加强民办非企业单位各项规章制度建设，督促民办学校、幼儿园、培训中心等民办非企业单位建立和完善内部规章、信息披露、公益服务活动、服务承诺等各项制度，以提高自我约束、自我管理、自我教育、自我发展的能力。泸溪县小新星英语学校以服务社会、造福群众、促进社会和谐发展为目标，在服务内容、服务方式、服务责任及收费标准方面公开承诺，自觉接受社会监督，增强透明度，提高服务质量，积极开展社会公益活动，提高社会公信力。

至2016年，全县有社会组织116个，其中社会团体74个，民办非企业单位42个，这些组织涉及教育、工商、农业、体育、文化、经济等社会生活各个行业领域，初步形成门类齐全、层次不同的社会组织体系。

泸溪县社会团体登记统计表

序号	单位	成立时间	登记证号	业务主管单位	地址	社团类型	会长	秘书长	会员数		专职党员数	党建情况
									单位	个人		
1	泸溪县财政会计学会	1987.1	200705	县财政局	泸溪县武溪镇建设路259号	社会事业类	李文林	谭必杰		135	1	
2	泸溪县海外联谊会	1998.7	1998014	县委统战部	泸溪县政协办公大楼5楼	社会事业类	吕永辉	杨乾旺		78	1	
3	泸溪县教育学会	1999.9	1999016	县教体局	泸溪县武溪镇建设路408号	社会事业类	向子权	谢永良		971	2	
4	泸溪县浦市地区老龄协会	1999.9	2004004	浦市镇人民政府	泸溪县浦市镇政府办公室	社会事业类	章明非	廖东林		178	1	
5	泸溪县诗词楹联学会	2002.5	2002001	县文联	泸溪县协政办公大楼办公室	社会事业类	毛永学	米先恩		120	1	
6	泸溪县个体劳动者私营企业协会	2003.2	200301	县市质局	泸溪县武溪镇朝阳社区光彩小组人民路79号	经济类	杨宏斌	唐燕生		2348	4	
7	泸溪县消费者权益保护委员会	2003.7	2009008	县市质局	泸溪县武溪镇朝阳社区光彩小组人民路79号	经济类	杨宏斌	杨波		45	1	
8	泸溪县总商会	2004.6	200704	县工商联	泸溪县协政办公大楼5楼	经济类	符海河	石玉		310	2	
9	泸溪县农学会	2004.3	2004017	县农业局	泸溪县武溪镇临江路23号	经济类	杨官海	陈坤		78	2	
10	泸溪县曙光生物科技药材种植购销协会	2005.1	2005001	县农业局	泸溪县浦市镇堤上	经济类	李长喜	李有喜		248		
11	泸溪县五里州无公害蔬菜协会	2005.7	2005004	县农业局	泸溪县武溪镇五里洲村	经济类	曹金铁	汪义斌		210		
12	泸溪县浦市镇富民椪柑协会	2005.9	2005007	县农业局	泸溪县浦市镇麻溪口村	经济类	宋八莲			89		
13	泸溪县经纪人协会	2005.11	2005008	县市质局	泸溪县武溪镇朝阳社区光彩小学人民路79号	综合类	刘慧民	向彬		507	1	
14	泸溪县红山椪柑协会	2005.12	2005007	县农业局	泸溪县洗溪镇洞底坪村	经济类	吴勇庆			120		
15	泸溪县柑桔协会	2006.8	2006003	县农业局	泸溪县人民政府办公大楼127办公室	经济类	刘毅华	石清水		78		

续表

16	泸溪县工商行政管理学会	2006.12	2006004	县市质局	泸溪县武溪镇朝阳社区光彩小学人民路 79 号	社会事业类	杨宏斌			109	1	
17	泸溪县岩门溪灌区用水者协会	2007.4	2007007	县水利局	泸溪县浦市镇岩门溪村	社会事业类	向文喜	龚长刚		32		
18	泸溪县作家协会	2008.4	2008001	县文联	泸溪县武溪镇盘瓠广场宣传文化中心三楼	社会事业类	姚传孝	谭必杰		150	1	
19	泸溪县沼气协会	2009.4.20	2009001	无	泸溪县武溪镇四大家	经济类	刘社平	张自永		54		
20	泸溪县道路运输行业协会	2009.12.22	2009004	无	泸溪县武溪镇国道路 325 号	社会事业类	唐爱忠			110	4	
21	泸溪县老科技术工作者协会	2010.3.30	2010001	县科协	泸溪县建设路工商银行四楼	社会事业类	向宏平	杨心明		150	1	
22	泸溪县计划生育协会	2010.5.17	201006	县人民政府	泸溪县武溪镇建设路计生局内	社会事业类	杨燕新			167	2	
23	泸溪县青年志愿者协会	2010.7.27	201014	团县委	泸溪县政府大楼 511	社会事业类	曾狰	唐晰		40	4	
24	泸溪县潭溪镇万山果树协会	2011.3.23	201107	县科协	泸溪县潭溪镇且己村	经济类	田玉燕	覃长贵		180		
25	泸溪县民办教育协会	2011.11.15	201110	县教体局	泸溪县武溪镇建设路 408 号	社会事业类	杨身小祥	黄爱荣		38		
26	泸溪县武陵罗汉果专业技术协会	2012.3.19	201010	县科协	泸溪县潭溪镇小陂流村 3 组	经济类	向民松			45		
27	泸溪县双喜养猪协会	2012.3.20	201213	县科协	泸溪县洗溪镇芭蕉坪村	经济类	周双喜	周双喜		56		
28	泸溪县武溪镇城南社区红福中老年健身协会	2012.6.04	201219	县老龄委	泸溪县武溪镇城南社区原州磷矿	社会事业类	胡丽锦	曹如龙		78		
29	泸溪县台胞台属联谊会	2012.6.12	201221	县台办	泸溪县武溪镇建设路老干部局三楼	社会事业类	邓子兵	曾凡名		45	1	
30	泸溪县武溪镇城北社区中老年武韵健身协会	2012.6.20	201222	县文广新局	泸溪县武溪镇城北社区	社会事业类	杨友莲	石花		53		
31	泸溪县舞彩缤纷健身队	2012.9.13	201226	县教体局	泸溪县武溪镇党校广场	社会事业类	罗小红	谭爱玲		54		
32	泸溪县罗汉果综合科技开发协会	2012.12.11	201229	县科协	泸溪县武溪镇四大家	经济类	覃仁岗	石元富		32	1	

续表

33	泸溪县沅水诗艺协会	2013.1.5	201301	县文联	泸溪县浦市镇	社会事业类	刘云	李书清		39		
34	泸溪县养蜂专业技术协会	2013.3.4	201302	县科协	泸溪县洗溪镇三角潭村二组	经济类	杨忠庆	杨良建		40		
35	泸溪县知旺中药材种植开发专业技术协会	2013.3.4	201303	县科协	泸溪县洗溪镇杜家寨村	经济类	杜方升	杨泽礼		38		
36	泸溪县泸溪镇南杂行业商会	2013.5.29	201306	无	泸溪县浦市镇十字街	经济类	米文革	莫小军		42		
37	泸溪县交通健身队	2013.8.30	201307	县教体局	泸溪县武溪镇国道路 325 号	社会事业类	王桂玉	李四妹		81	1	
38	泸溪县冬泳协会	2014.3.26	201402	县教体局	泸溪县政府大楼体育局办公室	社会事业类	杨锋	黄阮平		30		
39	泸溪县浦市镇中老年交谊舞协会	2014.3.28	201403	县文广新局	泸溪县浦市镇粮站家属区	社会事业类	杨昌龙	张景棠		118	1	
40	泸溪县云台山山羊养殖专业技术协会	2014.5.16	201404	县科协	泸溪县武溪镇大溪村村部	经济类	陈西云	王翼		30		
41	泸溪县中老年保健协会	2015.6.24	201405	县老干局	泸溪县建设路工商银行四楼	社会事业类	张时君	谢强龙		150	2	
42	泸溪县金土地中药材种植协会	2014.6.24	201406	县科协	泸溪县洗溪镇三角潭村	经济类	张祖金	李绍友		30	1	
43	泸溪县足球协会	2014.8.4	201408	县教体局	泸溪县武溪镇株洲路 252 号	社会事业类	杨清武	周坤		31		
44	泸溪县富山油茶专业技术协会	2014.10.15	201409	县科协	泸溪县永兴场乡溪头村	经济类	杨胜宁	杨胜满		55	1	
45	泸溪县浦市镇农民用水户协会	2014.10.15	201410	县水利局	泸溪县浦市镇水利服务站	社会事业类	徐助云	李国生		38		
46	泸溪县达岚镇农民用水户协会	2014.10.15	201411	县水利局	泸溪县达岚镇水利服务站	社会事业类	李代平	刘富喜		37		
47	泸溪县兴隆场镇农民用水户协会	2014.10.15	201412	县水利局	泸溪县兴隆场镇水利服务站	社会事业类	胡家团	梁建国		34		
48	泸溪县永兴场乡农民用水户协会	2014.10.15	201413	县水利局	泸溪县永兴场乡水利服务站	社会事业类	廖小建	杨水成		32		
49	泸溪县八什坪乡农民用水户协会	2014.10.15	201413	县水利局	泸溪县洗溪镇水利服务站	社会事业类	李先庆	龚祖友		30		
50	泸溪县梁家潭乡农民用水户协会	2014.10.15	201415	县水利局	泸溪县洗溪镇水利服务站	社会事业类	李海平	覃朝爱		32		
51	泸溪县谭子兴文化研究会	2014.10.24	201416	县文联	泸溪县武溪镇县人大宿舍 5 号门面	社会事业类	谭欢儿	谭勇国		41	1	

续表

52	泸溪县军成生猪养殖专业协会	2014.10.28	201416	县畜牧局	泸溪县解放岩乡都蛮村三组	社会事业类	杨晓瑜	杨连军		30	1	
53	泸溪县象棋协会	2014.11.28	201418	县教体局	泸溪县武溪镇人民路8号物资行管办	社会事业类	金光达	杨国发		60		
54	泸溪县禁毒协会	2014.12.08	201419	县公安局	泸溪县武溪镇青少年活动中心	社会事业类	向庭书	向小伟		50	1	
55	泸溪县体育舞蹈健美操协会	2014.12.15	20140	县教体局	泸溪县武溪镇四大家19栋	社会事业类	董湘水	谢文馗		51		
56	泸溪县沅水蜂业专业技术协会	2014.12.25	201421	县科协	泸溪县武溪镇红土溪村部	社会事业类	杨元忠	许德纯		64		
57	泸溪县摄影家协会	2014.12.30	201422	县文联	泸溪县文联宣传文化中心	社会事业类	邓和生	符卫平		68		
58	泸溪县征途户外运动协会	2014.12.31	201423	县教体局	泸溪县人民政府办公楼213	社会事业类	许世和	向芬		50		
59	泸溪县蓝球协会	2015.01.07	201502	县教体局	泸溪县百纺公司内	社会事业类	杨建华	瞿慧文		50	1	
60	泸溪县乒乓球协会	2015.02.05	201503	县教体局	泸溪县思源实验学校训练馆	社会事业类	杨必利	朱金敏		50		
61	泸溪县自行车协会	2015.5.16	201506	县教体局	泸溪县武溪镇人民路34号	社会事业类	张彰	谢丽萍		50		
62	泸溪县农民专业合作社联合会	2015.7.8	201507	无	泸溪县武溪镇县供销联社四楼	经济类	张显有	王尚文		33		
63	泸溪县青年创业者协会	2015.9.6	201508	团县委	团县委办公室	经济类	向丰	宋泽松		64	1	
64	泸溪县农村青年致富带头人协会	2015.9.6	201509	团县委	团县委办公室	经济类	杨帆	宋泽松		61	1	
65	泸溪县反邪教协会	2015.11.9	201510	县委610办	泸溪县武溪镇朝阳路2号	社会事业类	张宗南	符方明		50	1	
66	泸溪县太极协会	2015.11.13	201512	县教体局	泸溪县委老干局三楼	社会事业类	宋毓江	符卫平		150	1	
67	泸溪县戏剧家协会	2015.11.13	201513	县文联	泸溪县宣传文化中心	社会事业类	杨进	唐君		53		
68	泸溪县门球协会	2015.12.28	201515	县教体局	泸溪县委老干局	社会事业类	向远秀	陈宏山		109	1	
69	泸溪县油茶专业技术协会	2016.2.23	201601	县科协	泸溪县林业局办公室	经济类	刘连元	覃仁岗		50	2	
70	泸溪县浦市镇龙舟协会	2016.5.30	201602	县教体局	泸溪县浦市镇	社会事业类	唐世青	张志明		56		

泸溪县民办非企业单位登记统计表

序号	单位	成立时间	登记证号	业务主管单位	地址	单位类型	负责人	联系人	联系电话	从业人员	专职党员数	党建情况	备注
1	泸溪县武溪镇大风车幼儿园	2007.3	200701	县教体局	泸溪县武溪镇楠木洲	教育	石湘萍			10	0		
2	泸溪县武溪镇中心幼儿园	2007.5	200705	县教体局	泸溪镇武溪镇城北社区	教育	胡丽芸			16	3		
3	泸溪县武溪镇贝贝佳幼儿园	2008.11	2010802	县教体局	泸溪县武溪镇五里州村	教育	石泽玉			15	1		
4	泸溪县小新星英语学校	2009.3.16	200901	县教体局	泸溪县武溪镇朝阳路林业局对面	教育	石文银			12	0		
5	泸溪县合水镇小明星幼儿园	2010.5.12	201003	县教体局	泸溪县合水镇斗角坪三叉路	教育	谭盛梅			12	1		
6	泸溪县小神童幼儿园	2011.3.14	201101	县教体局	泸县武溪镇沿江大道橘颂广场旁	教育	田梅			18	3		
7	泸溪县武溪镇大拇指幼儿园	2011.3.14	201102	县教体局	泸溪县武溪镇养老路段	教育	张丽娟			6	0		
8	泸溪县童星幼儿园	2011.3.21	201104	县教体局	泸溪县武溪镇建设中路大饭店内	教育	熊莉琼			8	0		
9	泸溪县潭溪镇中心幼儿园	2011.3.23	201106	县教体局	泸溪县潭溪镇场上	教育	吴云珍			12	0		
10	泸溪县武溪镇城南社区幼儿园	2011.11.23	201111	县教体局	泸溪县武溪镇城南社区	教育	张文兰			9	0		
11	泸溪县明德幼儿园	2011.12.13	201112	县教体局	泸溪县武溪镇朝阳路	教育	颜克红			35	1		
12	泸溪县白沙镇希望幼儿园	2012.1.5	201201	县教体局	泸溪县武溪镇育才路10号	教育	李君生			41	0		

续表

13	泸溪县兴隆场镇中心幼儿园	2012. 2. 21	201202	县教体局	泸溪县兴隆场镇兴隆场社区	教育	张国金			12	0		
14	泸溪县浦市镇杨丽幼儿园	2012. 3. 13	201203	县教体局	泸溪县浦市镇太平街余家巷 02 号	教育	杨桂丽			8	0		
15	泸溪县浦市镇小精灵幼儿园	2012. 3. 13	201204	县教体局	泸溪县浦市镇新建街社区四小区	教育	吴荣梅			7	0		
16	泸溪县浦市镇快乐幼儿园	2012. 3. 13	201205	县教体局	泸溪县浦市镇十字街社区	教育	刘拥政			5	0		
17	泸溪县浦市镇小太阳幼儿园	2012. 3. 13	201206	县教体局	泸溪县镇市镇太平街社区	教育	米梨云			3	0		
18	泸溪县浦市镇蓓蕾幼儿园	2012. 3. 13	201207	县教体局	泸溪县浦市镇氮肥厂家属区	教育	刘小玲			6	0		
19	泸溪县浦市镇堤上幼儿园	2012. 3. 13	201208	县教体局	泸溪县浦市镇新建街社区	教育	李五妹			6	0		
20	泸溪县浦市镇新农村幼儿园	2012. 3. 13	201209	县教体局	泸溪县浦市镇马王溪村二组	教育	毛建梅			8	0		
21	泸溪县蓝天幼儿园	2012. 3. 19	201211	县教体局	泸溪县青少年活动中心一楼	教育	李澜			11	0		
22	泸溪县兴隆场镇新蕾幼儿园	2012. 3. 19	201212	县教体局	泸溪县第三中学旁边	教育	廖小英			10	0		
23	泸溪县解放岩乡宝贝乐幼儿园	2012. 3. 23	201214	县教体局	泸溪县解放岩乡场上	教育	谢艳平			8	0		
24	泸溪县武溪镇摇篮幼儿园	2012. 3. 29	201215	县教体局	泸溪县武溪镇杨柳溪桥旁	教育	覃素洁			6	0		
25	泸溪县浦市镇中心幼儿园	2012. 5. 18	201217	县教体局	泸溪县浦市镇十字街太平宫	教育	姚学玉			10	0		
26	泸溪县石榴坪乡蒲公英幼儿园	2012. 5. 24	201218	县教体局	泸溪县石榴坪乡中学完小正对面	教育	刘海霞			6	0		
27	泸溪县金太阳幼儿园	2. 12. 6. 29	201223	县教体局	泸溪县武溪针镇屈望社区	教育	李诗花			12	0		

续表

28	泸溪县浦市镇鑫隆幼儿园	2012.11.23	201228	县教体局	泸溪县浦市镇加油站旁	教育	罗秀丽			5	0		
29	泸溪县浦市镇新苗幼儿园	2012.11.23	201229	县教体局	泸溪县浦市镇三社区	教育	张晓桂			12	0		
30	泸溪县小精灵幼儿园	2013.03.05	201304	县教体局	泸溪县白沙国道路房改办	教育	刘雪莲			8	0		
31	泸溪县石榴坪乡兰村幼儿园	2013.04.09	201305	县教体局	泸溪县石榴坪乡兰村	教育	包雪强			7	0		
32	泸溪县杨柳溪幼儿园	2013.11.17	201308	县教体局	泸溪县武溪镇德馨源小区 9 栋	教育	刘武香			23	0		
33	泸溪县欧阳画室培训班	2014.03.26	201401	县教体局	泸溪县武溪镇盘瓠广场上面	教育	阳范青			3	0		
34	泸溪县神墨教育中心	2014.05.21	201407	县教体局	泸溪县武溪镇步云小区四楼	教育	杨立武			7	0		
35	泸溪县未来星艺术培训中心	2015.01.05	201501	县教体局	泸溪县百纺公司冻库巷口	教育	贾明龙			6	0		
36	泸溪县达岚镇覃木阳村幼儿园	2015.02.26	201504	县教体局	泸溪县达岚镇覃木阳村	教育	吴小燕			5	0		
37	泸溪县小章乡贝尔乐幼儿园	2015.04.09	201505	县教体局	泸溪县小章乡小章村	教育	向先玉			3	0		
38	泸溪县武溪镇福娃幼儿园	2015.11.09	201511	县教体局	泸溪县武溪镇城北社区	教育	李澜			6	0		
39	泸溪县希望公益服务中心	2015.12.03	201514	县教体局	泸溪县人民政府 2 号车库	教育	谢丽萍			5	0		
40	泸溪县艺铭舞蹈培训学校	2015.12.28	201516	县教体局	泸溪县武溪镇桂花小区 312 号六楼	教育	杨乐			4	0		
41	泸溪县上上城国学幼儿园	2016.08.23	201603	县教体局	泸溪县武溪镇上上城十栋一楼	教育	杨晨晖			23	0		
42	泸溪县兴隆场镇九德幼儿园	2019.09.09	201604	县教体局	泸溪县兴隆场镇锡瓦村	教育	谭云艳			9	0		

第七节 收养登记

收养又称抱养、领养，系指将他人子女收为自己子女。法律上，收养视同婚生子女一种身份契约关系。由于收养会将本无真实血缘联络之人间拟制具有亲子关系，因此收养者与被收养者间又称为法定血亲或拟制血亲。收养者称为养父或养母，被收养者则称为养子或养女；被收养者之生父母称为本生父母，而对本生父母而言，被收养者称为出养子女。子女出养后，本生父母之亲权即处于暂时停止之状态。

一、收养登记机构

1992 年 4 月，《中华人民共和国收养法》颁布实施，收养制度以法律形式固定下来。《中华人民共和国收养法》规定，民政部门负责收养登记，具体由县民政局婚姻登记处负责。1999 年，民政部发布《中国公民收养子女登记办法》，规范收养登记程序。2002 年，收养登记改由县民政局社会救助股负责。2012 年 12 月，县民政局各股室职能调整，由基层社会事务股负责办理收养登记。

二、收养制度

历代社会收养制度，一般均是立嗣、传宗接代为出发点，多决定于个人意志，没有完整法律约束，也无登记。

1949 年 10 月，中华人民共和国成立，收养制度随着发生变化。1950 年颁布的《中华人民共和国婚姻法》规定：养父母与养子女间关系，与父母子女间关系相同，承认和保护合法收养关系，但对收养关系成立、效力、终止等缺乏具体规定。1979 年，最高人民法院《关于贯彻执行民事政策法律的意见》指出，收养子女必须经过生父母或监护人和养父母同意，子女有识别能力的，须取得子女同意，再经有关部门办理收养手续，进行户籍登记。1980 年修改《中华人民共和国婚姻法》，以立法形式明确收养关系具有法律效力，明确国家保护合法收养关系，养父母和养子女间权利和义务与父母子女权利和义务相同。

1992 年 4 月 1 日，《中华人民共和国收养法》实施，收养制度以法律形式固定下来。《中华人民共和国收养法》规定：收养查找不到生父母弃婴和儿童以及社会福利机构抚养孤儿，应当向民政部门登记。其他收养应当由收养人、送养人依照

《中华人民共和国收养法》规定收养、送养条件订立书面协议，并可以办理收养公证。

收养人应当同具备下列条件：无子女；有抚养教育被收养人能力；年满三十五周岁。被收养人须是不满十四周岁未成年人，且为三种情况之一者：丧失父母的孤儿；查找不到生父母的弃婴和儿童；生父母有特殊困难无力抚养子女。送养人为孤儿监护人、社会福利机构、有特殊困难无力抚养子女生父母。收养人只能收养一名子女，收养孤儿或残疾儿童可不受收养人无子女和年满三十五周岁以及收养一名限制。

1998 年 11 月，《中华人民共和国收养法》进行修订。新修订《中华人民共和国收养法》规定：收养应当向县级以上人民政府民政部门登记，收养关系自登记之日起成立。收养人应当具备条件增加“未患有在医学上认为不应当收养子女的疾病”，将年满三十五周岁改为年满三十周岁。放宽收养社会福利机构抚养的查找不到生父母弃婴和儿童条件，修改为“收养孤儿、残疾儿童或者社会福利机构抚养查找不到生父母弃婴和儿童，可以不受收养人无子女和收养一名限制”。

1999 年 5 月 25 日，民政部发布《中国公民收养子女登记办法》，明确办理收养登记的机关是县级人民政府民政部门。同时规定收养社会福利机构抚养查找不到生父母的弃婴、儿童和孤儿，在社会福利机构所在地的收养登记机关办理登记；收养非社会福利机构抚养查找不到生父母的弃婴和儿童的，在弃婴和儿童发现地收养登记机关办理登记；收养生父母有特殊困难无力抚养子女或者由监护人监护孤儿的，在被收养人生父母或者监护人常住户口所在地（组织作监护人的，在该组织所在地）的收养登记机关办理登记。

2014 年 9 月，民政部制发《关于规范生父母有特殊困难无力抚养的子女和社会散居孤儿收养工作的意见》。对生父母有特殊困难无力抚养的子女和社会散居孤儿（两类儿童）收养工作进行规范。

《意见》规范送养人和送养意愿。对两类儿童送养人进行梳理：一是生父母有特殊困难无力抚养子女由生父母作为送养人。生父母均不具备完全民事行为能力且对被收养人有严重危害可能的，由被收养人监护人作为送养人。二是社会散居孤儿由其监护人作为送养人。社会散居孤儿的监护人依法变更为社会福利机构的，可以由社会福利机构送养。送养人除可以向民政部门提出送养意愿外，也可向民政部门委托社会福利机构提出送养意愿。送养意愿提出和收养意愿提出都是收养必然环节，在一般情况下未单独予以规定。单独规定送养意愿的提出是为便于送养人提出送养意愿，也便于民政部门及早给送养人提供必要咨询和帮助。送养人也可以直接同收养人、被收养人一起到收养登记机关，以提出登记申请的方式提出送养意愿，办理收养登记。

《意见》规范送养材料。提交送养材料，送养人可以直接向县级以上人民政府民政部门提交，也可以由受委托社会福利机构转交。受委托社会福利机构应当协助送养人按照要求提交送养证明材料。提交送养材料，除提交本人及被收养人居民身份证和居民户口簿或公安机关出具户籍证明、《生父母或监护人同意送养的书面意见》外，针对不同送养人，对送养人需提交送养材料进行归纳：(1)生父母作为送养人的，应提交生父母有特殊困难无力抚养子女证明，生父母与当地卫生和计划生育部门签订的计划生育协议。如生父母一方死亡或者下落不明的，送养人还应当提交死亡证明、公安机关或者其他有关机关出具下落不明证明；经公证的死亡或者下落不明一方父母不行使优先抚养权书面声明。其中，生父母有特殊困难无力抚养证明是指生父母所在单位或者村(居)委会根据县级以上医疗机构出具重特大疾病证明、县级残疾人联合会出具重度残疾证明或者人民法院判处有期徒刑或无期徒刑、死刑判决书出具能够确定生父母有特殊困难无力抚养相关证明。生父母确因其他客观原因无力抚养子女的，乡镇人民政府、街道办事处出具有关证明可以作为生父母有特殊困难无力抚养证明使用。(2)生父母以外监护人作为送养人的，应当提交生父母死亡证明或者人民法院出具能够证明生父母双方均不具备完全民事行为能力文书；监护人所在单位或村(居)委会出具监护人实际承担监护责任证明；其他有抚养义务的人(祖父母、外祖父母、成年兄姐)出具经公证同意送养书面意见。生父母均不具备完全民事行为能力的，还应当提交生父母所在单位、村(居)委会、医疗机构、司法鉴定机构或者其他有权机关出具生父母对被收养人有严重危害可能的证明。(3)如涉外送养，送养人还应当提交被收养人照片、县级以上医疗机构出具的被收养人体检报告、被收养人成长报告。

《意见》规范收养登记办理。中国公民收养两类儿童登记。按照《中国公民收养子女登记办法》及相关规定执行。外国人收养两类儿童登记，由省级人民政府民政部门对送养人提交的涉外送养材料进行审查，并向中国儿童福利和收养中心报送。收养中心为被收养人选择外国收养人后，向省级人民政府民政部门发出《涉外送养通知》，由省级人民政府民政部门书面通知送养人，或者由受委托社会福利机构代为转交送养人。送养人接到书面通知后，省级人民政府民政部门和受委托社会福利机构应当协助送养人做好交接工作。受委托社会福利机构可在自身条件允许时，应当事人一方要求，指定人员陪同送养人和被收养人办理收养登记。

三、收养登记管理

泸溪县收养工作始于 1992 年 7 月，最初由婚姻登记处负责办理收养登记工作，民政局二级机构调整后，泸溪县婚姻登记管理所负责办理收养登记工作。

2002 年，县民政局向社会公布收养登记政策。明确收养条件和办理登记程序。收养条件必须符合《收养法》相关规定，收养登记工作有三个程序。

(一)提交收养材料。收养关系当事人应当亲自到收养登记机关办理成立收养关系登记手续。夫妻共同收养子女的，应当共同到收养登记机关办理登记手续；一方因故不能亲自前往的，应书面委托另一方办理登记手续，委托书应经过村民委员会或者居民委员会证明或者经过公证。收养人向收养登记机关提交证明材料：申请书；居民户口簿、身份证件；所在单位、村(居)民委员会或者部队团以上机关出具本人婚姻状况、有无子女和抚养教育被收养人能力等情况证明；户籍所在地县级以上医疗机构出具的未患有在医学上认为不应当收养子女疾病检查证明。收养查找不到生父母的弃婴、儿童的，还应当提交收养人经常居住地乡级计划生育机构出具收养人生育情况证明；其中收养非社会福利机构抚养查找不到生父母的弃婴、儿童的，还应提交弃婴、儿童发现地公安机关出具捡拾弃婴、儿童报案证明。

(二)审查。收养登记机关收到收养登记申请书及有关材料后，应当自次日起 30 日内进行审查。审查时，收养登记机关可以进行有关调查、对当事人进行必要询问，调查应当制作调查记录，询问应当制作询问笔录。收养查找不到生父母弃婴、儿童的，收养登记机关应当在登记前公告查找其生父母；自公告之日起满 60 日，弃婴、儿童生父母或者其他监护人未认领的，视为查找不到生父母弃婴、儿童。公告期间不计算在登记办理期限内。

(三)发证。经审查，对符合收养法规定条件的，为当事人办理收养登记，发给收养登记证，收养关系自登记之日起成立；对不符合收养法规定条件的，不予登记，并对当事人说明理由。

县民政局贯彻落实收养法和相关法规规章，依法依规开展收养工作，推进收养工作开展，保障被收养人和收养人合法权益。婚姻登记管理所定期集中组织学习《中华人民共和国收养法》《中国公民收养子女登记办法》等法律和法规，通过机关板报栏和信息中心做好收养登记有关政策文件、办理程序的宣传。进一步明确收养登记设立依据、所需条件、材料和承诺时限等注意事项，编制办理流程图，让收养人明明白白办理收养手续，增强广大群众依法收养意识。严格按照《民政部关于印发〈收养登记工作规范〉的通知》规定文书格式填写，按照申请、受理、审查、报批、登记程序规范操作，按规定时限办理，严格审查收养人收养目的、有无教育抚养能力及当事人提供证件和证明材料真实性、有效性。实行政务公开，登记人员做到语言文明、服务热情、行为规范。制定《收养档案管理制度》、《被收养人成长档案记录制度》，严格依法审核收集收养当事人提交的各种证明材料，对证明材料齐全的依法受理登记，建立完善纸质档案，实行收养登记档案集中统一管理。

至 2016 年，全县累计受理收养登记事项 61 件，准许办理 26 件，不符合法律法规和政策规定不予登记 35 件。

第八节　收容遣送

一、收容遣送制度

收容遣送制度是中华人民共和国已被废止的制度，是依据国务院相关法规制定的一种强制行政措施，由民政机关、公安机关采取限制人身自由、收容遣返措施。

收容遣送在 20 世纪 50 年代至 70 年代末为政策指导阶段。在这个历史时期，为加强对城市流浪乞讨等人员管理，国家通过发布文件命令，指导收容遣送工作。建国初期，民政部门根据党和政府指示，紧急救济和收容遣送大批灾民、难民。1953 年，针一对些农民羡慕城市生活、不安心农业生产、盲目流入城市社会问题，国务院于 1953 年发布《关于劝止农民盲目流入城市的指示》。民政部门贯彻指示精神，对盲目进城务工、找不到工作农民进行宣传，动员他们返乡。民政部门对无力返乡农民给予资助，消除农民盲目进城带来影响，在 1959—1961 年三年自然灾害困难时期，大批灾民涌入城市，国务院发布《关于安置流动人口的几项办法》，要求各级民政部门改进和加强收容遣送工作，做好自由流动人员的工作，使绝大多数流动人员得到妥善安置。1962 年后，随着国民经济日益好转，盲目流动人口减少，但仍有一些不能返家的人长期滞留城市，影响城市治安秩序。1963 年 3 月，内务部决定对这些人实行“就地收容、安置改造”政策，经各地努力，在较短的时间内取得成效。

20世纪70年代末至80年代末为法规建设阶段。1982年5月，国务院发布《城市流浪乞讨人员收容遣送办法》，民政部、公安部制定《城市流浪乞讨人员收容遣送办法实施准则》，标志着收容遣送工作步入法制化轨道。1992年，国务院制定《关于收容遣送工作改革问题的意见》，收容对象被扩大到"三无人员"（无合法证件、无固定住所、无稳定收入），即无身份证、暂住证和务工证的流动人员。要求居住3天以上非本地户口公民办理暂住证，否则视为非法居留被收容遣送。此后，收容遣送制度逐渐在实践中脱离原来社会救助立法原意，逐渐演变为限制外来人口流动强制措施。

2003年为收容遣送制废止阶段。2003年6月20日，国务院总理温家宝签署国务院令，公布《城市生活无着的流浪乞讨人员救助管理办法》，并于2003年8月1日起正式实施。《城市流浪乞讨人员收容遣送办法》被废止，随后一些城市收容遣送相关条例制度陆续废止。

二、收容遣送管理

泸溪县由于水陆交通较为方便，外流人员往来较多，其中盲流、乞讨人员为数不少，一度影响社会秩序。20世纪50年代中期，全县流浪人员收容遣送工作由民政科、公安局、劳动局等部门负责，设立收容劝阻站。1972年，成立县收容所，由民政科管理，借用县公安局干部宿舍5间190平方米，配备工作人员3名。

收容遣送所成立后，县民政科按照县委、县人民委员会要求，贯彻落实国务院关于收容遣送相关法规，采取措施会同有关部门开展工作。对农村流入县城流浪乞讨人员，及时查明是否有家可归或无依无靠等情况，做好收容后思想教育工作，派员送回社队劳动生产。他们中具体困难者由县、社、队一同协商并以社、队帮助为主，辅之以国家救济。属城镇由街道劳动部门安排劳动就业，使其生产生活有着落。对境内一些流浪者进行收容，坚持思想教育为主，辅之以解决住房等生活困难。经多次教育安置仍屡遣屡返则送到湖南省福田茶场劳动教养。对外地流入的乞讨人员及时收容，及时派员转送州收容站或临近县收容所。20世纪60年代全县收容安置自流人员3100人次，70年代收容安置2180人次，累计送福田茶场劳动教养21人。

1979年，随着湘黔枝柳铁路通车，湖南省民政厅发文宣布，将非铁路沿线的县级收容遣送所撤销。县收容遣送所因此撤销，人员安排在民政局工作，仍然从事收容遣送工作，流浪乞讨人员收容后安置在福利院。

1986年后，由于没有专门的收容遣送所，县民政局收容遣送工作以直接收容直接遣送方法进行，重点是对县城内流浪乞讨人员、精神病人进行收容遣送。查清楚身份直接遣送原居住地，属县内予以救助，县外直接移送当地民政部门，无法查清身份送州收容遣送所收容。1986年—2003年，全县累计收容遣送流浪乞讨人员和精神病人1438人次，其中遣送原籍的824人次，转外站(所)163人次；移送公安局处理25人次，自返426人次。

三、城市生活无着的流浪乞讨人员救助

(一)政策法规。2003年6月18日，国务院第12次常务会议通过《城市生活无着的流浪乞讨人员救助管理办法》，自2003年8月1日起施行。《救助管理办法》立法目的是为救助流浪乞讨人员，保障其生活权益，完善社会救助制度。

救助对象范围是在城市生活无着的流浪、乞讨人员。保障其基本生活权益是救助目的，救助对象必须同时具备四个条件：自身无力解决食宿；无亲友可以投靠；不享受城市最低生活保障或者农村五保供养；正在城市流浪乞讨度日。

民政部门是救助主管部门，《救助管理办法》第四条规定："县级以上人民政府民政部门负责流浪乞讨人员救助工作，并对救助站进行指导、监督。公安、卫生、交通、铁道、城管等部门在各自职责范围内做好相关工作"。规定明确各部门职责，防止越权和职责不清。规定明确民政部门为救助管理执法主体，加强法规社会福利性与救济性，体现政府对社会贫弱者的责任。

救助机构、救助措施和救助机构工作人员职责。《救助管理办法》第二条规定："县级以上人民政府应当根据需要设立流浪乞讨人员救助站。救助站对流浪乞讨人员的救助是一项临时性社会救助措施"，对流浪乞讨人员直接实施救助机构是各地区所设置救助站。《救助管理办法》第七条的规定，救助机构向受助人员提供下列救助：提供符合食品卫生要求食物；提供符合基本条件住处；对在站内突发急病的，及时送医院救治；帮助与其亲属或者所在单位联系；对没有交通费返回其住所地或者所在单位的，提供乘车凭证。同时，《救助管理办法》第三条规定："县级以上人民政府应当采取积极措施及时救助流浪乞讨人员，并应当将救助工作所需经费列入财政预算，予以保障。""国家鼓励、支持社会组织和个人救助流浪乞讨人员"，表明未来社会救助制度是政府和社会合作框架。

救助站职责。救助站对属于救助对象的救助人员，应及时提供救助，不得拒绝；对不属于救助对象求助人员，应当说明不予救助理由；救助站应当保障受助人

员在站内人身安全和随身携带物品安全、维护站内秩序；救助站不得向受助人员、其亲属或所在单位收取费用，不得以任何借口组织受助人员从事生产劳动；救助站应劝导受助人员返回其住所地或所在单位，不得限制受助人员离开救助站。救助站对受助残疾人、未成年人、老年人应予以照顾；对查明住址，及时通知其亲属或者所在单位领回；对无家可归，由其户籍所在地人民政府妥善安置；救助站应当建立健全站内管理各项制度，实行规范化管理。救助站工作人员职责 “八不准”：不准拘禁或者变相拘禁受助人员；不准打骂、体罚、虐待受助人员或者唆使他人打骂、体罚、虐待受助人员；不准敲诈、勒索、侵吞受助人员财物；不准克扣受助人员生活供应品；不准扣押受助人员证件、申诉控告材料；不准任用受助人员担任管理工作；不准使用受助人员为工作人员干私活；不准调戏妇女。违反上述规定构成犯罪，依法追究刑事责任；尚不构成犯罪，依法给予纪律处分。

受助人员权利和义务。《救助管理办法》对受助人员权利包括实体权利和程序权利做出详尽规定。受助人员主要有获得救助权利，人身自由权不受限制，人格尊严不受侵犯，现有财产不受剥夺四项实体权利。有提出请求、获得正当说明理由、获取告之三项程序权利。受助人员在享受以上权利同时必须履行应当遵守法律、法规和遵守救助站各项规章制度两项义务。

违法监督。《救助管理办法》第十五条规定:“救助站不履行救助职责的，求助人员可以向当地民政部门举报；民政部门经查证属实的，应当责令救助站及时提供救助，并对直接责任人员依法给予纪律处分。”对救助站违法的监督部门是民政部门，如果救助站违法，求助人员可以向民政部门投诉。民政部门建立系统层级监督体制，对救助站实行定期或不定期系统监督，并由民政部门内部专门法制机构受理投诉、申诉，使违法监督措施真正得到落实。

(二)救助管理

1.救助方式。救助方式有主动救助、机构救助、回归社会服务三种方式。主动救助包括街头救助、全天候救助。街头救助主要借助救助亭和巡回救助车对在街头流浪乞讨人员进行救助；全天候救助是指分布在城市各处流浪乞讨人员救助站，实行 24 小时开放接待救助形式，对主动求助流浪乞讨人员进入站接待和安置。机构救助包括基本生活安置及行为思想引导与矫正。流浪乞讨人员没有基本生活条件和保障，救助机构给予其生活合理安排。除物质上救助外还要给予教育，对其行为和思想进行疏导，消除其懒惰和依赖社会想法，纠正偏差行为，帮助其分析自身的长处和弱点，鼓励他们独立自强，走出困境。回归主流社会阶段服务主要包括家庭、家庭寄养和教育技术培训。

2.救助机构。2004 年，泸溪县民政局根据《城市生活无着的流浪乞讨人员救助管理办法》和省州部署，设立泸溪县城市无着落人员救助管理站，配备专门工作人员 3 人，负责全县城市生活无着的流浪乞讨人员的救助，县财政在预算民政事业费中安排救助资金。

3.救助程序。求助人员向救助管理站求助时如实提供本人下列情况：姓名、年龄、性别、居民身份证或能够证明身份其他证件，户口所在地，住所地；是否享受城市最低生活保障或者农村五保供养；流浪乞讨原因、时间、经过；近亲属和其他关系密切亲戚的姓名、地址、联系方式；随身物品的情况。然后填写求助申请表，输入电脑甄别。救助站向求助人员提供以下救助：提供符合食品卫生要求食物；提供符合基本条件住处；对在站内突发急病及时送医院救治；帮助与其亲属或者所在单位联系；对没有交通费返回其住所或者所在单位的，提供乘车凭证。2004 年至 2016 年，累计救助城市无着的流浪乞讨人员 624 人，其中遣送原籍 227 人次，自返 397 人次。

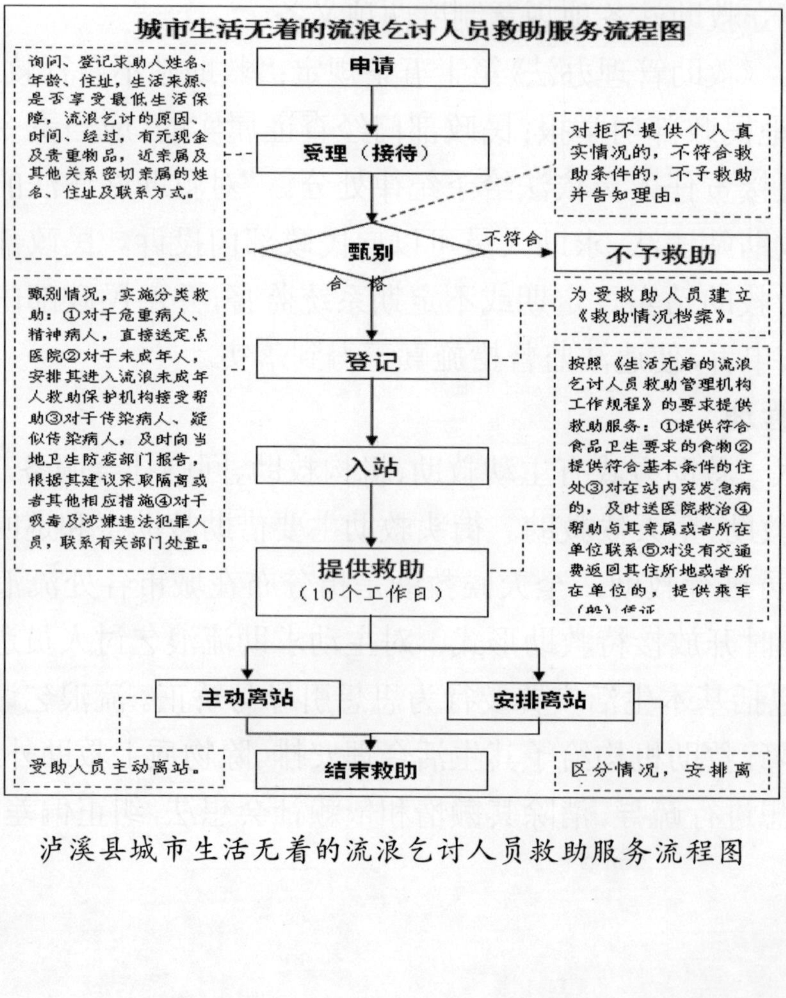

泸溪县城市生活无着的流浪乞讨人员救助服务流程图

1973年至1979年泸溪县收容站收遣工作情况统计表

每年收容人数	外省	本省	本州	包括泸溪县在内	讨饭	流窜	扒窃	流浪	疯子	其他	转站	送原籍	取走	劝走	逃跑	交公安	社队安置和收容站安置
73年341人	45	86	210	184	173	69	17	8	6	68	148	113	44	27	9		181
74年361人	31	54	276	198	117	154	39	10	8	33	44	136	99	71	11		155
75年264人	17	28	219	182	139	86	13	11	5	10	69	127	34	21	13		181
76年239人	118	21	100	82	164	44	13	7	5	6	48	66	100	17	5	3	69
77年427人	26	107	294	235	280	83	34	6	4	20	49	116	117	129	13	3	188
78年228人	3	62	163	143	141	24	27	3	6	27	24	40	73	80	9		113
79年70人	25	14	31	29	52	9	5		3	1	11	6	7	39	7		29
合计1930人	265	372	1293	1053	1066	169	148	45		169	393	604	474	386	67	6	916

第九章 经费管理

民政经费是国家用于社会优抚、社会救助，自然灾害救助、医疗救助、社区服务、社会养老、社会捐赠和福利彩票公益金等用于民政事业专项用款。国家预算安排民政事业费，是国民收入再分配中属于消费基金的一部分，是优抚安置、救灾救济、社会福利工作的主要财力保证。他政策性强、涉及面广、影响力大，对加强军队建设、促进社会稳定、体现社会主义制度优越性，具有重要意义。

第一节 民政经费

一、民政经费组成

(一)民政事业费。国家财政预算用于民政事业方面专款；地方财政预算用于民政事业专款。

(二)公益金。从福利彩票销售中按规定比例提取专项用于发展社会福利事业资金。

(三)社会捐赠资金。社会各界和个人对抗灾救灾、社会公益事业等方面提供各种形式捐赠款物。

(四)行政事业性收费。

(五)其他收入。

二、民政经费财务科目

按民政业务范围，民政财务科目分为10大类40个小项。

(一)民政事务管理费。包括行政运行费；拥军优属活动费；老龄事务费；民间组织管理费；行政区划和地名管理费；基层政权和社区建设费；其他民政管理事务费(法制建设、政策宣传、抚扶安置、救灾减灾、社会救助、社会福利、婚姻登记、社会事务、信息化建设等专项支出)。

(二)抚恤。包括死亡抚恤费；伤残抚恤费；在乡复员退伍军人生活补助费；优抚事业费；义务兵优待费；农村籍退伍兵、老年生活补助费；其他优抚支出。

(三)退役安置费。包括退役士兵安置费;军队移交地方政府的离退休人员安置费;军队移交地方政府的离退休管理机构支出。退役士兵教育培训费;其他退役安置支出。

(四)社会福利费。包括儿童福利费;老龄福利费;殡葬费;社会福利事业费;其他社会福利支出。

(五)城镇居民最低生活保障。包括城镇居民最低生活保障金;城镇居民最低生活保障对象临时补助。

(六)其他城镇生活救助。包括流浪乞讨人员救助;其他城镇生活救助(城市临时性救助)。

(七)农村最低生活保障。包括农村最低生活保障金;农村最低生活保障对象临时补助。

(八)其他农村生活救助。包括农村五保户供养;其他农村生活救助。

(九)自然灾害生活救助。地方预算安排解决受灾群众吃、穿、住等困难的救济费和发生自然灾害抢救、转移、安置、治疗等支出和为抵御自然灾害而设立地方救灾储备物资采购金。

(十)医疗保障。包括优扶对象医疗救助;城镇医疗救助;农村医疗救助。

三、民政经费筹集与使用

民政经费筹集与使用随着时代变迁、社会制度变化、社会发展而发展。民国时期,地方财政由县府会计室掌管,统一制定财政预决算,各科、局、室负责支报,民政救恤事业费由国库开支。但是事实上国库无力承担,均由地方自筹。民国28年(1939),湖南省政府依照中央政府颁发的《优待出征抗敌军人家属办法》制定实施细则,规定各县应组织优待委员会专门办理,并规定各乡镇设立支会,以便实施优待。由县召集优待出征军人家属委员讨论,制定优待出征抗敌军人家属办法。省实施细则中关于优待经费来源,由县按年通盘筹足,此外提出以各地祠庙公产补充优待经费,可使出征军人家属多沾实惠。省实施细则提出,在优待经费不足时,根据"有钱出钱,有力出力"原则,向殷实富裕人家募捐,由县统筹办理。由于县优待经费主要来源于地方各氏族贤常祠会,虽然上项公产较多,却为少数人把持,对抗缴优待款的惩处没有明确法律规定,难以办理统筹事宜。至于优待款捐募,听任各乡镇自行摊派,如附加田赋或各种货物捐税等,变成穷苦百姓和富有者共同担负这种经费,没有达到"有钱出钱"合理要求。

中华人民共和国成立初,尽管国家财力不充裕,但每年都拨出经费用于民政事业开支。1949 年至 1976 年 27 年间，国家对民政经费投入逐年增多，且民政经费都是在供给制规定范围内实行报销。1977 年至 2010 年 34 年间，特别是从 2000 年以后，民政经费不断改革创新，实行一系列重大变革：城乡社会救济多以非定期、非定量临时救济为主发展到制度性最低生活保障，农村五保供养从农民集体内部互助救济转向以国家财政供养为主；生活无着落流浪乞讨人员救助实现从强制性收容遣送向自愿受助、无偿救助关爱性救助变革；抗灾救灾实现从受灾群众生活救济向灾前预警、灾中应急响应、灾后恢复重建全过程救助覆盖；社会福利服务从主要面向特定困难人群“补缺”型向逐步面向社会公众“适度普惠”型发展；优待抚恤安置逐步与市场经济接轨实现货币安置；专项社会服务在不断规范基础上开始由管理型向服务型转变。以覆盖城乡全体居民新型社会救助为例，泸溪县城镇低保从 1999 年起步，核定标准 10 元／月，低保对象 211 户 800 人，当年发放低保金 9.60 万元，通过几次提标，到 2016 年，标准为 236 元／月，救助城市低保对象 4197 户 7788 人，累计投入城镇低保资金 1.77 亿元，覆盖面占全县非农业人口 30%，农村低保从 2006 年开始，至 2016 年，国家投入 4100 万元，救助 18976 户 266674 人，人均每月 153 元。2006 年至 2016 年，全县累计投入农村低保资金 1.80 亿元，低保覆盖面 11%。农村五保户 2006 年补助 1234 人，每月补助 74 元，年支出 110 万元，到 2016 年补助 1811 人，月人均补助 285 元，年支出 619.35 万元。医疗救助从 2005 年救助 21 人次，救助 4.39 万元，到 2016 年，救助人数 7654 人，年救助资金 405.52 万元。

第二节　专项经费管理

一、专项经费

主要是民政事业费。民政事业费是指各级政府预算安排，用于优抚安置、救灾救济和社会福利等方面工作，由民政部门负责使用与管理专项资金。

（一）民政事业费使用原则

1. 民政事业费是国家用于民政事业专款，必须按照规定使用范围实行专款专用。中央专项拨款特大自然灾害救济费只用于遭受特大自然灾害地区有困难灾民救济，不能调作他用。

2. 各项补助、救济款重点使用于经济不发达、群众生活贫困、集体经济优待和供给补助有困难地区，用于生活最贫困优抚、救济对象；救灾款重点用于灾情严重地区自力无法克服生活困难灾民。不得平均分配和发放。

3. 民政事业单位经费和其他民政事业费贯彻勤俭办事业方针，厉行节约，反对浪费，提高使用效果。逐步改革事业单位经费使用办法，实行经费包干。

4. 民政事业费使用，坚持民主理财原则，预算安排、指标分配以及数额较大开支，须经领导集体讨论决定。发放临时补助、救济费和救灾款，实行群众评议与领导审批相结合的办法。

(二)民政事业费的使用范围

1. 抚恤事业费。用于牺牲病故抚恤、伤残抚恤、烈军属、复员退伍军人生活补助、烈士纪念建筑物管理维修、优抚事业单位补助、节日慰问、重点优抚对象“三难”临时救济，现役义务兵军人家属优待金等。

2. 安置经费。用于移交地方安置的军队离退休人员经费、军队离退休干部管理机构经费和退伍军人安置费。

3. 社会救济福利事业费。用于农村社会救济、城镇社会救济、农村特困户生活救助、农村医疗救助、城市医疗救助、社会福利事业单位补助、残疾人事业、殡葬事业以及流浪乞讨人员生活救助等。

4. 城市居民最低生活保障金。用于城市居民最低生活保障对象救济支出。

5. 自然灾害救济事业费。用于解决灾区群众自力无法克服的衣、食、住、医等生活困难救济，扶持困难群众生产自救；在发生特大自然灾害紧急情况下临时安置、抢救、转移群众及恢复重建和救灾物资储备等。发放使用重点是重灾区和重灾户。

6. 其他民政事业费。用于慰问、民间组织管理、行政区划和地名管理、民政救济对象来信来访、专业会议、大宗印刷、档案资料管理、法制宣传，以及开展婚姻登记、基层政权建设及其他业务支出等。

7. 其他款项用于民政支出资金。①福利彩票公益金。用于扶弱、助残、助学、济贫、解困以及城乡社会福利和社会公益事业。②捐赠款。民政部门对接受社会损赠款必须建立专用账户，实行专账管理，对捐赠人有指定用途按指定用途使用，没有指定用途视同救灾资金进行管理。

二、经费管理

(一)严格财务管理。 1949 年 10 月至 1952 年，民政事业费列入中央财政预算，由省民政厅和州民政部门逐级下拨，年终由县民政科据实造册至省民政厅报销。1953 年，实行条块结合，分级管理。自然灾害救济款列入中央财政，灾后由省民政厅核拨。其余民政事业费年初由县民政科造表预算，然后会同县财政局联合行文，分配预算指标。县民政科在分配的指标内，向县财政局造表预算领款，报送决算报表核销。1963 年，推行使用民政事业费专用账簿。民政事业费实行分级包干，除特大自然灾害救济费等由中央专项拨付外，其余所需民政事业经费均由县级财政部门自主安排和管理。1976 年，泸溪县民政局成立，设立财会股(后为计财股)，负责民政财务使用管理。1977 年至 1986 年，民政事业费由县财政年初核定数额，预算批准后，按月到县财政局领拨经费。民政局根据抚恤、救济事业费预算指标，统筹安排，合理分配，根据实际需要分批拨给乡镇或事业单位。向乡镇拨款的，一方面将款通过银行渠道汇往乡镇营业所或信用社，另一方面以拨款通知书通知各乡镇民政助理员与银行联系进账。各相关事业单位按民政局核定数额、款别，分月到县民政局领拨资金，月底前到财务室核准支出。重大资金项目支出集体研究决定，正常支出由各主管局长签批。分配自然灾害救济款时，根据灾情提出分配意见，报请主管领导批准，拨付给有关乡镇。各乡镇建立民政事业费专账。固定性开支、各种人头费依照各种证件、名册，由乡镇财政所监督发放；救灾救济款及临时性开支采取个人申请、群众公议、村委会审查、乡镇批准的办法发放。同时采取发放前调查、发放中审查、发放后抽查的办法，用三联单手续发放到民政对象手中。

1986 年后，财政体制进行改革。县民政事业费由县财政局年初核定后，乡镇所需部分由县财政局直接拨付到各乡镇财政所，不再经民政局拨付，由民政办负责发放到人。机关事业经费县财政局核定后，由民政局按月到财政局核拨经费。经费支出由局长一支笔审批。从 1996 年开始，各事业单位按报账制经局长审批后到机关计财股报销，各乡镇事业经费仍由县财政局拨付。

2003 年，民政局下属单位财务实行由计财股统管办法，各下属单位分设报账员，其资产所有权不变、管理权不变、支配权不变，实行集中管理，分别核算。是年，城镇低保资金采取通过银行发放办法。2004 年，各乡镇民政办建立民政专账，设置“拨入救灾款”“拨入优抚款”“救灾支出”“优抚支出”等规范统一的收支科目，使得乡镇民政资金发放流程更清晰，为民政经费独立核算、专款专用提供保障。2007 年，因乡镇民政办不具备法人资格，财务基础薄弱，民政资金核算存在账务处理不规范等问题，取消乡镇民政办民政资金专账，改由乡镇财政所设民政专户单独核算。2008 年，民政局计财股实行财务核算电算化。2009 年 7 月，实行县财政集中支付制度，在清理预算单位银行账户基础上，建立国库单一账户体系，进一步规范民政经费财务管理，强化民政经费财务监督。2012年，城乡低保、五保、孤儿、医疗救助等资金全部实行社会化发放，采取民政局编制发放方案，财政局审核拨付，银行机构代理直达个人账户的措施，减少资金发放中间环节，确保各项民政资金使用安全高效。

(二)制定民政经费管理制度。县民政局自成立之日起，重视民政经费制度管理，把民政经费管理和制度制定延伸到基层，在民政经费数额较大、民政对象比较集中的村组制定民政经费管理办法。为提高民政资金管理水平，充分发挥民政资金使用效益，县民政局每年都结合民政工作实际，修改和健全民政经费使用管理制度。2012年，根据民政业务范围扩大，结合民政部、财政部和湖南省制定的民政资金使用原则和使用范围，对原有的制度作较大的修改。修订后的《泸溪县民政经费使用和管理制度》主要有以下内容：

1.民政经费使用原则。民政事业费是国家用于民政事业的专款，按规定使用范围实行专款专用。中央专项拨款的特大自然灾害救济费只用于遭受特大自然灾害地区有困难的灾民救济，不能调作他用。各项补助、救济款重点使用于经济不发达，群众生活贫困，集体经济优待和补助有困难的地区，用于生活最贫困优抚、救济对象和救灾对象。救灾款重点用于灾情严重地区自力无法克服生活困难灾民，不得平均分配和发放。民政事业单位经费和其他民政事业费贯彻勤俭办事业方针，厉行节约，反对浪费，提高使用效果。民政事业费使用坚持民主理财原则，预算安排、指标分配以及数额较大开支须经领导集体讨论决定。发放临时补助、救济和救灾款贯彻群众路线，实行群众评议与领导审批相结合的办法。

2.民政经费发放及管理。(1)民政资金会计核算适用于现行《事业单位会计制度》，会计基础工作必须符合《会计基础工作规范》要求。(2)民政资金实行专户管理、专款专用。优抚抚恤金用于优抚对象优待抚恤、定期定量生活补助、优抚事业单位建设和其他优抚政策落实。城乡居民最低生活保障资金用于解决城乡低保对象及其他城乡特殊困难对象的生活保障问题。救灾救济资金用于特大自然灾害、灾民紧急抢救和转移安置，解决因自然灾害造成无力克服和临时衣、食、住、医等生活困难，因灾倒塌房屋恢复重建和损坏房屋修缮补助等。农村五保供养金用于农村五保对象吃、穿、住、医、葬等方面保障需要。城乡医疗救助金用于城乡特困群众重病、疑难病、慢性病医疗补助救助。(3)发放程序。①优抚抚恤金发放对象是：在乡复员军人、带病回乡退伍军人、参战参核退伍军人、革命伤残军人等对象，由民政局按标准分季度向财政局提供分配方案，经财政局审核由民政局负责将资金实行社会化发放，优抚对象持证领取。现役军人的优待金由县民政局根据现役军人情况，拟定年度军人优待金分配方案，报县领导审批后拨付到乡镇，支付到个人。②退役士兵安置保障金发放程序是：民政局负责审核退役士兵档案，在核准符合安置政策、人数的基础上，按照县政府确定的安置标准报县政府纳入当年财政预算，将资金兑付到个人，报财政局备案。乡镇民政办负责造册发放工作，并将发放情况进行汇报。③城乡居民最低生活保障资金发放程序是：城镇低保金的发放程序：本人申请→社区入户调查核实（民主评议、公示）→乡镇审核（公示）→民政局审批（公示）→社会化发放。农村低保金的发放程序：本人申请→村入户调查核实（民主评议、公示）→乡镇审核（公示）→民政局审批（公示）→乡镇编制补助对象花名册→民政局核拨资金→社会化发放。④救灾救济资金（含捐赠资金）发放程序是：县民政局根据乡镇上报情况，在据实核查基础上，提出资金分配建议方案并与县财政局协商后，报县政府审定，由县财政局将资金划拨到民政局，再由民政局拨付给乡镇。办理程序：救助对象申请→村委会审查→乡镇审核→民政局审批。救灾救济资金的发放：县民政、财政部门根据乡镇灾情、灾区群众自救能力等因素提出资金分配意见，报县政府同意后拨付到乡镇。乡镇在接到县上拨款文件后，根据灾情严重程度制定分配方案，编制发放花名册，在 10 个工作日内发放给灾民，冬春救灾资金在 15 个工作日内发放，并由乡镇驻村干部及时通知救济对象，村级组织不得代领代发；对于无能力领取救灾资金物资的老弱病残人员，由乡镇人民政府负责直接将救灾资金物资送到救济对象中，并妥善办理相关手续。⑤农村五保供养金发放程序是：个人申请→村委会审查、公示、申报→乡镇审核→民政局审批发证、编制资金分配方案→财政局核拨资金实行社会化发放。乡镇在接到资金发放通知后，在 15 个工作日内完成《农村五保供养资金发放花名册》《五保供养证》填写、审核，将当期五保供养资金及时发放到户。对人员相对固定的（如优抚、农村低保、五保对象和军队离退休人员、城镇退役士兵等），逐步通过银行实行社会化发放；对人员不固定或暂不具备发放条件的（如救灾救济、医疗救助人员及偏远地区等），由县民政局和乡镇负责发放，便于群众监督。没有当事人明确委托的，不得指定人员转送或代领、互领。(4)具体规定。按照“专户管理，专款专用，封闭运行，社会化发放，资金直达个人”要求，除退役士兵安置保障金由县民政局直接发放给个人外，城乡低保、农村五保供养金和城乡医疗救助、优抚抚恤定补，救灾救济直达个人专项资金实行社会化发放，乡镇民政办备案。乡镇民政办对县下拨民政资金按照规定时限发放，按要求定期公开公示，及时报民政局核销。对账上滞留民政资金余额过大、单据未核销、未公开公示、问题未整改到位的乡镇，分配资金时只分配计划，待整改到位后再予拨付。对民政资金管理使用情况定期组织开展全面或专项检查。对检查出的问题应视具体情况，提出处理或整改意见，凡涉及违纪违法的移交有关部门处理。县审计局每年对民政专项资金审计一次，确保民政资金安全、有效使用。乡镇民政办建立民政资金台账，及时掌握资金使用情况，主动接受各级监督。所有民政资金审批和分配，必须严格程序，杜绝暗箱操作、违规审批等现象发生。县民政局负责资金分配使用、划拨，审计，监察局负责对民政资金管理使用情况进行监督。资金分配出问题追究民政局当事人责任，资金运行管理出问题追究财政部门当事人的责任，资金使用出问题追究乡镇政府及相关责任人责任。

3.规范工作人员行为。(1)不准以任何名义侵吞私分民政经费。(2)不准以权谋私，多占多用或优亲厚友。(3)不准冒名顶替、虚假冒领民政经费。(4)不准以任何名义，任何方式挪用民政经费救济国家干部、职工。(5)不准用民政经费对基层干部实行特殊照顾。(6)不准用民政经费请客送礼。(7)不准超出统一规定使用范围挪用民政经费。(8)不准平均分配民政经费。

4.实行责任追究。(1)对在管理使用中违法违纪行为处理。①对党员的纪律处分：警告、严重警告、撤销党内职务、留党察看、开除党籍。②对国家公务员行政处分：警告、记过、记大过、降级、撤职、开除。③对违法违纪单位和责任人行政处理、处罚：停拨或缓拨资金、收缴违规资金、没收违法所得、罚款。④对违法违纪情节较轻单位和个人给予组织处理：口头告诫、书面告诫、戒免谈话、通报批评、责令限期整改、离岗培训、调离岗位、责令辞职、免职。⑤对违法违纪党员同时又具有公务员身份的，应当同时进行行政处理和党纪处分；党员领导干部从重处分。(2)对在资金管理使用中违法违纪行为责任追究。①乡镇及有关部门的主要领导和分管领导，对民政资金管理、监督和使用负主要领导责任和直接领导责任，直接负责主管人员和工作人员负直接责任。②对在审计、检查中发现严重违反财经纪律，且未按审计、检查决定纠正、整改的部门，县政府给予通报批评，并追究主要领导、分管领导和主管人员及其他责任人员的责任。③对因监督不力、工作不实、底子不清、使用不当，贪污、私分、挪用、乱支、虚报、冒领的单位和个人，除追回经济损失外，还要视情节轻重，严肃追究有关领导及其他责任人责任，给予党纪、政纪处分；触犯刑律，依法追究刑事责任。④监察机关对在民政政策落实、民政资金管理使用情况监督检查中发现的违规违纪行为，依法提出监察建议，责成有关部门或人员限期纠正,对拒不纠正的,严肃追究责任。⑤民政部门工作人员在民政政策落实、民政资金管理使用监督检查中徇私舞弊、不履行或不认真履行职责,按有关规定追究相关责任人责任,涉及犯罪移送司法机关处理。⑥对村干部在民政资金管理使用中有违纪行为,由乡镇政府责令整改,逾期不整改者通报批评,情节严重的移交司法机关追究法律责任。(3)有下列行为之一,依纪依法追究责任,情节严重移交司法机关追究法律责任:①民政专项款物不按规定审批、下拨和发放到户影响受灾、困难群众生活,造成严重后果的。②克扣、冒领、截留、拖欠、挪用、贪污、虚列、虚支民政专项款物的。③不按程序操作,擅自增减人员名额,或优亲厚友,造成严重不良社会影响的。④因管理不善致使民政专项款物遗失的。⑤其他弄虚作假、滥用职权、玩忽职守、徇私舞弊的。⑥救助对象采取欺骗、贿赂等非法手段申请或获取民政资金(物资)的,尚不构成犯罪的,责令限期交回骗取的款物;情节严重的移交纪检监察或司法部门,依纪依法追究相关人员责任。

(三)制定机关财务管理制度。为加强民政财务管理,确保各项民政经费正确使用,县民政局建立财务管理制度,实现管理规范化、制度化。

1.财务管理。(1)县民政局配备专职会计人员,统一管理事业财会工作。会计、出纳分设,账、钱、物分人管理。(2)民政事业费与其他资金分清渠道,分设账户、分别核算、在银行分别开户。(3)民政会计人员支付、汇拨和报销事业费的凭证,须经本机关或单位财务主管负责人审核批签。(4)民政事业费必须按预算有计划地使用,用款计划控制支出,按国家规定使用范围和标准执行。凡未列入预算的需办事项,应先确定经费来源和财务处理方法后方可实行。(5)凡支出后收回款项须冲减当年支出,不准转作预算外资金。事业单位收入须抵扣事业单位经费支出。民政企业上缴盈利可列入预算外收入,主要用于扩大再生产、职工集体福利和弥补亏损,也可适当用于社会福利等事业单位基础设施修建。(6)用民政事业费购置物资须设立相应账册,指定人员管理,实行收发、领报制度。(7)凡经管民政事业费的财会人员、民政助理员调动工作时,须办理账款移交手续,须经接任人员复核无误,主管领导批准方可离职。(8)经费使用管理。①遵守财经纪律,专项经费由局长签字审批,办公经费由分管财务副局长签字审批。大额业务专项经费支出,由分管领导与相关股室研究提出方案后报局党组研究决定,必要时报县政府领导审批。日常工作经费支出1000元以下(含1000元),由分管财务副局长决定;1000元以上10000元以下(含10000元)由局长、分管业务副局长、分管财务副局长协商决定;10000元以上由局长办公会议研究决定。上访路费根据上访人员路途远近可酌情给予解决，接待方面发票一律经局长审核后由分管财务副局长签字后报销。②局办公用品由办公室统一购买、发放，特殊办公用品由各股室造出所需计划后，报分管领导审批，由办公室统一购买。③日常工作正常开支每月月底结账一次。④一般不借支差旅费，但因外出时间长、路途远、需钱数量大的差旅费，1000 元以下（含 1000 元）由分管财务副局长审批，1000 元以上由局长审批，回局后应在一周内报账结清。⑤本局工作人员不得代办代领救济款物。

2.财务人员职责。⑴会计主管人员岗位责任。领导和组织本单位财务会计工作；组织制定本单位各项财务制度，并督促贯彻执行，及时总结经验，修订和完善各项财务会计制度；组织编制和执行本单位财务方面各项计划，并及时检查执行情况，提出改善建议和措施；充分利用会计资料为领导决策当好参谋助手；负责完成各项上交任务，按照规定督促办理解缴应上缴款项，做到按期足额上缴；负责审查上报财务会计报表、资料，搞好年终决算；负责组织财会人员学习政治理论和业务技术，建立学习制度，不断提高会计人员政治业务水平。⑵出纳人员岗位责任。严格按照国家有关现金管理和银行结算制度规定，办理款项收付，对于重大项目开支必须经过单位领导审批审核签章方可办理。不可以"白条"抵充库存现金，更不得任意挪用现金；登记现金和国库存款日账，根据已经办理完毕的收付款凭证及时登记现金或国库存款日记账，并结出余额，做到账实相符；保管库存现金和有价证券，确保现金和有价证券安全完整；保管有关印章和空白收据，出纳人员必须妥善保管所管的印章，严格按照规定用途使用，空白收据要专设登记簿登记，认真办理领用、注销手续。

(四)组织检查与监督。为确保民政事业经费正确使用，县民政局在内部建立预算→执行→支付→决算→绩效评估循环监督机制，每个环节严格把关，环环相扣，做到事前、事中、事后全过程监督。在外部，加强与各职能部门，尤其是纪检监察、财政、审计等部门联系，做到信息共享、定期沟通，充分利用部门优势，随时掌握民政资金的运行情况。扩大社会监督面，利用网络和电话监督，开通政务公开网，确保人民群众有反馈和监督渠道。对人民群众反映或自身发现问题认真受理，充分调查，及时解决。对不具备网络监督条件乡镇民政部门采用广播、电视、公告栏等方式广泛宣传，使人民群众及时、准确、清晰地了解各民政资金发放条件、补助标准。聘请民政行风监督员，定期通报民政资金发放情况。通过上述监督方式，使民政资金在阳光下公开、透明运行。

县民政局将民政经费检查作为重要工作来抓，形成了普查与抽查、全面检查与专项检查、内部检查与联合检查、定期检查与不定期检查、年度检查与季度检查相结合的民政经费检查机制。对贪污、挪用民政经费的现象始终保持高压态势。防止民政资金使用过程中容易发生的各类违法违纪行为，在六十七年时间里，对在检查中有违规违纪问题 7 名民政工作人员进行了党纪政纪处分。

第三节 民政统计

民政统计是民政工作的重要组成部分，他是将归口民政各项业务数据，分乡镇、分类别用表格形式分类汇总，便于直观地掌握情况，准确的民政统计数据，可以反映一个地方民政事业，社会服务情况，是民政工作的重要参考依据。泸溪县民政统计最早见于 1972 年 1 月。根据民政事业发展，1973 年建立民政统计台账，2002 年按民政业务工作范围建立 10 类 40 种民政对象，民政业务单位和民政业务统计电子台账，并实行月报、季报、年报制度。为使民政统计工作规范化，县民政局根据《中华人民共和国统计法》《民政部统计工作管理办法》《湖南省民政事业统计工作细则》有关规定和要求，结合民政工作实际，制定民政统计工作相关实施细则。规定民政各项工作统计要求，明确统计工作重要性，对民政统计数据采集和编制、统计资料管理和公布，统计人员配备、信息化建设、民政统计工作奖励办法等方面作出规定。建立民政统计工作检查监督制度，对各乡镇民政统计工作进行定期检查，建立民政工作检查通报制度，将民政统计工作列入年度考核。

县民政局把民政统计工作重点放在乡镇，从抓基层做起，致力于数据真实，为确保繁杂的统计种类和项目不出差错，为乡镇统计人员配备了专用电脑，通过专用电脑录入基础数据，便于及时汇总和上报。根据民政统计指标变化频繁，统计报表软件更新快和基层统计人员变动大的特点，每年举办统计业务知识和统计软件培训，聘请民政统计方面专家、软件工程师进行专题讲课，对统计工作基础较薄弱乡（镇）和新接手统计工作同志进行培训和指导，每年累计培训各类统计人员 50 人次。

为保证统计数据真实准确，县民政局要求做到统计数据、业务数据、财务数据与历史数据相衔接、相统一，杜绝各自为政，确保数出一门。各基层统计人员在上报有关数据和提供数据时，主动与相关业务股（室）联系和协调，填报前进行数据核对、签订数据核村表，对优抚、城乡居民生活最低保障、医疗救助、社会救助、孤儿等人员类数据及区划、社会组织、社区服务设施、基层群众自治组织逐一核对，业务部门、财务部门负责人双方认可后签字，最终达到统计数据“四统一”。

2014年，县民政局对民政管理单位填报比例不合格数年据进行清理，发现5个单位(指标)填报比例不合格，并对此进行逐项分析，按照类别，区域分别整理，将问题数据逐项要求所在单位乡镇核实、修改、分析、检查、并反馈给相关业务股室，协调业务股室配合乡镇统计人员共同核实，修改错误信息，提高了信息填报的准确性。

第四节　财务分析

一、财务分析

是以会计核算和报表资料及其他相关资料为依据，采用一系列专门的分析技术和方法，对经济组织过去和现在有关投资活动、分配活动和增长能力状况等进行分析与评价经济管理活动。他是为了解过去、评价现状、预测未来做出正确决策提供准确的信息或依据的经济应用学科。民政财务分析方法有三种：

(一)比较分析法。比较分析法，是通过对比两期或连续数期财务报告中相同指标，确定其增减变动的方向、数额和幅度来说明财务状况或经营成果变动趋势的一种方法。比较分析法具体运用主要有重要财务指标比较、会计报表比较和会计报表项目构成比较三种。

(二)比率分析法。比率分析法是通过计算各种比率指标来确定财务活动变动程度方法。比率指标的类型主要有构成比率、效率比率和相关比率三类。

(三)因素分析法。因素分析法是依据分析指标与其影响因素的关系，从数量上确定各因素对分析指标影响方向和影响程度的一种方法。因素分析法具体有连环替代法和差额分析法两种方法。

县民政局自1976年设立后，根据民政事业费收支情况，每年底由财务室(计财股)进行一次财务分析，通过财务分析总结成绩，查找经费管理中存在的问题和管理缺陷，并及时进行纠正，为次年民政事业费管理打好基础。

二、2015—2016年财务分析

(一)2015年财务分析。2015年，民政局机关行政编制12名，年末在职人员10名；下属二级事业单位7个(其中参公单位一个)，事业编制34名，年末在职人员31人，其他聘用人员3名。局机关在编车辆3台。由于中央取消部分财务经济科目，单位账目部分科目进行调整。

2014 年 2081301 科目流浪乞讨人员救济，2015 年调整为 2082002	支出 523120 元
2014 年 2081399 科目其他城市救济，2015 年调整为 2082501	支出 76400 元
2014 年 2081801 科目农村五保供养，2015 年调整为 2082102	支出 146580 元
2014 年 2081899 科目其他农村生活救济，2015 年调整为 2082502	支出 49500 元

县民政局管理全县各类民政专项资金，其中 2015 年退役士兵自谋职业一次性生活补助 873905 元，在退职(役)费中列支。城乡低保资金、自然灾害救济资金、临时生活救助资金等民政救助资金共计 70776277.06 元，在救济费中列支。由于日常工作业务量大，工作人员少，办公经费开支项目较多，2015 年由于新增民政工作业务，临时聘用 5 名工作人员，长期聘用 3 名临时人员，临时聘用 5 名工作人员工资福利在报表中分摊到这 3 名临时人员中，出现人均工资福利费过高情况。

2015 年，县民政局严格按照公务接待规定执行接待工作，全年公务接待 582 批 2381 人次，人均接待费 149.98 元，包含各项接待开支。支出公务用车运行维护费 241422.86 万元，由于民政工作业务量大，经常下乡检查指导工作，公务用车运行维护费支出较高；国家对民政经费要求越来越规范，2015 年民政工作量较 2014 年增加 20%，日常公用经费增加 701970.69 元。

(二)2016 年民政经费预算

(1)职能职责。按国家抚恤政策规定，发放优抚对象生活补助；按社会救助政策管理要求，发放城乡低保、城乡医疗救助资金、农村五保户、孤儿基本生活补助及其他社会救济人员救助资金。

(2)部门预算收支情况。①收入预算。2016 年年初预算数 21792043.36 元，其中财政拨款 21792043.36 元，上年结转预算拨款(补助)结转 13480983.49 元。②支出预算。2016 年年初预算数 35273026.85 元，其中一般公共服务支出 35273026.85 元。

2015年泸溪县民政局公共财政拨款支出预算表

（单位：元）

科目编码	科目名称	合计	基本支出	项目支出
2080201	行政运行	888416.00	888416.00	
2080205	老龄事务	462200.00	462200.00	
2080299	其他民政管理事务支出	10623272.00	10623272.00	
20808	抚恤事业费	3814040.00	3814040.00	
20809	安置	841174.00	841174.00	
20810	社会福利	119539.00	119539.00	
20815	自然灾害生活补助	500000.00	500000.00	
20819	最低生活保障支出	4000000.00	4000000.00	
20821	五保户供养	9693188.00	9693188.00	
20825	农村生活救助	121200.00	121200.00	
20899	其他社会保障和就业支出	3200000.00	3200000.00	
21005	医疗卫生	241887.00	241887.00	
	合计	24944016.00	24944016.00	

2015年泸溪县民政局收支预算总表

（单位：元）

收入		支出			
一、公共财政拨款	24944016.00	一、一般性公共服务	38490894.74	十七、住房保障支出	
经费拨款	24767016.00	二、公共安全		十八、粮油储备等事务	
纳入公共预算的非税收入拨款	177000.00	三、教育		十九、其他支出	
二、政府性基金拨款		四、科学技术		本年度支出合计	
三、纳入专户管理的非税收入拨款		五、文化体育及传媒		二十、结转下年	
四、中央财政补贴		六、医疗卫生			
五、事业单位经营收入		七、			
六、其他收入		八、节能环保			
		九、城乡社区事务			
		十、农林水事务			
		十一、交通运输			
		十二、资源勘探电力信息等事务			
本年合计	24944016.00	十三、商业服务业等事务			
六、上年结转	13546878.74	十四、金融监管等事务			
七、用事业基金弥补收支差额		十五、地震灾后重建等事务			
收入总计	38490894.74	十六、国土资源气象等事务		支出总计	38490894.74

2016年收支预算总表

收入		支出	
项目	本年预算	项目	本年预算
一、一般预算拨款	21,792,043.36	一、基本支出	25,574,426.85
预算拨款(补助)	16,865,825.36	工资福利支出	4,788,898.36
专项收入拨款	4,613,200.00	日常商品和服务支出	4,751,443.85
行政事业性收费拨款	48,262.00	对个人和家庭的补助	16,034,084.64
罚没收入拨款		二、项目支出	9,698,600.00
其他收入拨款	264,756.00	专项商品和服务支出	75,000.00
二、政府性基金拨款		工资福利支出(项目)	
纳入预算管理的政府性基金拨款		对个人和家庭的补助(项目)	7,383,600.00
财政专户政府性基金拨款		对企事业单位的补贴	
三、财政专户管理的非税拨款		债务利息支出	
专项收入拨款(专户)		债务还本支出	
行政事业性收费拨款(专户)		其他资本性支出	2,240,000.00
罚没收入拨款(专户)		其他支出	
其他收入拨款(专户)			
四、其他收入			
本年收入合计	21,792,043.36	本年支出合计	35,273,026.85
五、用事业基金弥补收支差额		事业单位经营支出	
六、上年结转	13,480,983.49	上缴上级支出	
预算拨款(补助)结转	13,480,983.49		

续表

预算管理的专项收入拨款结转			
预算管理的其他非税收入拨款结转			
政府性基金拨款结转			
财政专户管理的非税收入拨款结转			
其他结转			
收　入　总　计	35,273,026.85	支　出　总　计	35,273,026.85

2016 年非税征收计划

单位:元

	征收数总计	留用数总计	纳入预算管理	财政专户管理		
			征收数	财政批准单位留用数	征收数（专户）	财政批准单位留用数（专户）
合计			353,018.00	313,018.00	353,018.00	313,018.00
县民政局			353,018.00	313,018.00	353,018.00	313,018.00
县民政局		国内捐赠收入	224,756.00	224,756.00	224,756.00	224,756.00
县民政局		婚姻登记证书工本费	48262.00	48,262.00	48,262.00	48,262.00
县民政局		殡葬收费	80,000.00	40,000.00	80,000.00	40,000.00

附　录

一、行政区域界线勘定

怀化市人民政府与湘西土家族苗族自治州人民政府联合勘定行政区域界线协议书

第一部分　勘界工作概况

第一条　怀化市与湘西土家族苗族自治州行政区域界线（以下简称怀自线，代号431231）历史上从未勘定过。两市、州边界线基本上由传统习惯线和争议线组成。根据《国务院关于开展勘定省、县两级行政区域界线工作有关问题的通知》（国发〔1996〕32号）《湖南省人民政府关于开展勘定行政区域界线工作有关问题的通知》（湘政发〔1996〕54号）文件精神，怀化市、湘西土家族苗族自治州勘界工作领导小组于1999年3月25日共同制定了《联合勘定怀化市与湘西土家族苗族自治州行政区域界线实施方案》。双方商定：

联合勘定怀自两市州行政区域界线，要尊重历史，立足现实，从有利于行政管理、有利于经济发展、有利于当地人民群众生产生活、有利于边界地区各族人民的团结和社会稳定的大局出发，本着实事求是、顾全大局、互谅互让的原则，由双方毗邻县共同实地踏勘，友好协商，划定两市州行政区域边界线。

确定怀自线的原则是：（略）

怀自线联合勘定工作由两市、州勘界工作领导小组组织实施，两市、州勘界工作领导小组办公室负责联合勘界的日常工作。1999年4月9日湖南省勘界工作领导小组批准了《联合勘定怀化市与湘西土家族苗族自治州行政区域界线实施方案》。1999年7月6日至9月两市、州在沅陵县共同主持召开了怀自线第一次勘界工作联席会议，对怀自线的勘界工作任务进行了统一部署和安排。随后，相关县勘界工作领导小组办公室进行了定内核界、实地踏勘、协商定界工作。12月7日至9日，两市、州在泸溪县召开了第二次勘界工作联席会议，对协商定界中出现的争议提出了解决办法。2000年2月17日至20日，两市、州勘界办在泸溪县邮电宾馆联合召开了第三次勘界工作联席席会议。通过友好协商，解决了大尔冲水库、鼻孔山地段的边界线走向问题。2000 年 2 月 24 日，实现了怀自线的全线贯通。2000 年 12 月 1 日至 7 日，两市、州勘界办公室联合审查了勘界办公室联合审查了勘界测绘成果资料。2000 年 12 月下旬，经省勘办公室验收合格。

第二条　怀自线涉及双方 7 个县，48 个乡镇接壤。其中怀化市有沅陵县的筒车坪乡、明溪口镇、高砌头乡、落鹤坪乡、乌宿乡、清水坪苗族乡、棋坪苗族乡、栗坡乡、舒溪口乡、筲箕湾乡，辰溪县的船溪乡、板桥乡、孝坪镇、辰阳镇、潭湾镇，麻阳苗族自治县的吕家坪镇、兰里镇、粟坪乡、谷达坡乡、板栗树乡、石羊哨乡、谭溪寨乡、长潭乡、锦和镇、郭公坪乡；湘西土家族苗族自治州有永顺县的朗溪乡、小溪乡、镇溪镇，古丈县的高峰乡、岩头寨乡、草潭乡、山枣乡，泸溪县八什坪乡、武溪镇、上堡乡、白沙镇、浦市镇、长坪乡、达岚镇、石榴坪乡、合水镇、踏虎乡，凤凰县的木江坪镇、官庄乡、沱江镇、水打田乡、林峰乡、茶田镇。边界线大体为由北向南走向，自张家界市场、湘西土家族苗族自治州、怀化市三市(州)边界线的交会点(430812310)号界线点起，至与省界湘黔线相接的分界点(431231520)止，全长389.21 公里。包括起止点在内全线共埋设和测定界桩 9 座，其中 431231001 号界桩为国家三角点羊古子垴，其他分为 431231005、431231006、431231007A、431231007B、431231008、431231009、431231011、431231012、431231002、431231003、431231004、431231010 为空号。

第三条(略)

第四条(略)

第五条(略)

第六条(略)

第二部分　重要问题说明

第七条　怀自线的土地、山林、矿产等自然资源互相插花复杂，边界线勘定后，两侧的飞地、插花地及其他自然资源仍维持勘界前的现状不变，不影响勘界地区群众的生产生活。

第八条　本边界线上的第 2、4、10 三个界桩(点)号分别为湘西土家族苗族自治州“古丈永顺”、“泸溪凤凰”县级行政区域界线的止点，埋设界桩，本协议书附图中只绘了符号，未注编号。

第三部分　边界线走向说明和界桩位置说明

第九条　边界线走向说明(沅陵县与永顺县、古丈县，麻阳县与凤凰县的边

界走向略—编者）

从431231005号界桩起，界线向东南沿水沟东北侧行约150米，转西南先沿水沟行约250米，再沿山冲上行至山头，经鞍部小路交叉后沿山脊曲行至上桃溪西南约150米处山冲中的小路，折向南偏西南沿水沟曲行过两座小桥、经水沟与大龙溪相交处北端。然后沿大龙溪向西行约400米，横过大龙溪和小路后向西南行约50米，又转东南横过山脊至大龙溪，大体向南沿大龙溪下行至178米山头东偏东南约200米处，折向南偏西南沿洼子上行横过小路至小山头。由此，界线大体向东穿过湾里居民区至大龙溪，向东南沿大龙溪曲行至李家村东南约600米处，转西南沿山脊上行约300米，又转东偏东南下行至大龙溪，沿大龙溪大体向南过人行桥至沅水主航道中心线。由此，界线向西偏西北沿沅水主航道中心线上行约1200米，转南上岸横过小路上山脊至称坨山(252米)高地，向东南下行至洼子，转东偏东北沿合水线行约400米，折向东偏东南沿山脊经191米山头至168米山头，再转南偏西南横过小路，沿山脊曲行，又横过鞍部小路，过山头至193米山头西侧约200米处稻田。然后，向东偏东南横过山脊，再沿山冲曲行经小路至沙层岭西偏西南约200米处小洼子中小路，转西偏西北沿山脚行约200米，再转南偏东南先沿山坡经鞍部小路至山头，向南沿山脊行约560米至山头，往东至龙家北偏西北约250米处山头，折向北行约100米，转东偏东南横过小路，继续沿山坡行约250米，跨过洼子，经山脊小路和小路交叉至水沟转弯处。由此，界线向南偏东南沿山脊行约1000米，转东北沿山番下行约250米至洼子，向东经306米山头后沿山脊下行经小路与水沟相交处、沿水沟北侧小路横过水沟后，继续行约250米至山头，又转西南下行至小路，折向东南先沿山脚至小路交叉，再沿山坡越岭过沟至银华山(323米)高地。由此，界线向西南沿山脊横过两条小路至一山头，转东行约300米至洼子，又转南偏东南行约250米至山脊，折向西南横过老公路后继续行约50米，大体向东偏东南曲行经王仕冲东侧山头、穿过稻田、跨过319国道、沿山冲行至消溪东北小路交叉处的431231006号界桩。该段界线长度为31.50公里。(此段为泸溪县与沅陵县边界线—编者注)

从431231006号界桩起，界线向南偏东南沿山脚行约550米，转西行约250米，大体向南偏西南沿山坡曲行经322米山头，横过两条小路后继续行约50米，转南偏东南沿山脚行约300米至小路东侧，又转西偏西北曲行至小路，再转西偏西南曲行经水塘东北角至水塘堤北端。由此，界线向北偏西北先沿合水线行至小路交叉点东侧约50米、穿过211米山头、经铁山河大桥西南侧至沅水主航道中心线，(此段为泸溪县与沅陵县边界线—编者注)沿沅水主航道中心线向上行经桐木坳人渡、沙溪坪人渡、黄家坨人渡、铁柱潭人渡、麻溪口人渡、全家坪人渡、王福州与鲤鱼州之间河道至球岔人渡沅水南北两岸的 431231007A 桩和 4312310078 桩连线与主航道中心线相交的界点上。该段界线长度为 27.70 公里。(此段为泸溪县与辰溪县边界线—编者注)

从 431231007 号界点起,界线沿沅水主航道中心向西至河道拐弯,转南偏西南继续沿沅水主航道中心线经浦市镇人渡、小岸坪与当江洲之间人渡至马子桥东侧、朱家人北侧的河道,向南离开沅水上岸。然后向南行约 200 米,向西跨过乡村路至朱家人居民房西侧,向南偏西南曲行约 470 米至山嘴,转南偏东南沿山脊经 173 米山头继续行约 350 米至小山头, 向西偏西北沿山脊行约 640 米至山头,转南偏西南沿山脊横过小路下山沿山脚曲行至大尔冲西侧约 150 米处,又转西偏西北沿山脚曲行至水塘西北角。由此,界线向西南沿水塘堤行约 130 米,转东偏东南沿水塘南侧行约 300 米,折向西沿山脊行约 350 米,转南偏西南沿山脊下山横过小路上至小山头,转南偏东南沿小山脊经鞍部小路后行约 280 米,向东北先沿山脊行约 350 米,再沿山冲曲行约 250 米至小路,转南行约 200 米,折向西南沿山脊横过小路继续行约 80 米,向东行约 180 米,转南偏东南沿山脊下行跨过洼子又沿山脊上行约 650 米至山顶。然后大体向南偏西南沿山坡曲行横过乡村路转弯,经 209 米山头西侧后,再沿水塘东侧和山脊穿过小路。经 233 米山头至小路交叉点东侧 80 米处。由此,界线向北偏西北穿过鞍部先沿山脊再沿洼子曲行约 900 米,转西南横过山脊小路后下洼子曲行再过小路后沿山脊至一山头,下山横过山洼子中的小路,又沿山脊至另一山头,向东南曲行约 200 米,折向东北行约 200 米,大体向南曲行经小路后向东北至一山头。然后向西偏西南曲行约 400 米绕过水塘东、南、西三面后,折向北偏西北行约 100 米,向西行约 120 米,转向南沿山脊行约 600 米,折向西北绕过马金坪水库西侧后向西南至水塘东北角,转南偏东南沿水塘东侧小路至塘坎南端,折向西至水塘西南角,又转北偏西北沿水塘西侧至小路。由此,界线向西沿山脊行至鞍部,转南沿山脊至蛮子冲东侧山头南端,又转东偏东南沿山坡行约 300 米,转西行约 100 米,折向南偏东南沿山脊过小路至山头,又转南偏西南沿山脊过鞍部小路至一小山头。由此,界线向西北沿山坡行约 350 米,又转南沿小山脊行至山头,再转西偏西南沿山脊过小路至 235 米山头,向南偏东南至另一山头,折向西沿柏杉水库北侧山坡行约 670 米,转西南横过山冲沿山脊至鞍部小路。由此,界线向西北下行约 450 米至山嘴,折向南沿山脚行约 200 米,又大体向西偏西北沿山脚曲行至交叉路东侧约 50 米处,转向南沿稻田东面山脚至小路与乡村路相交处,折向北至交叉路。由此,界线向北再行约 140 米后离开乡村路折向西偏西北沿洼子至鞍部小路，转南行约350米，又折向西北行约120米，再转南偏西南行约350米，又向西北行约150米，再大体向南曲行翻过山脊至油榨坡西南的431231008号界桩。该段界线长度为35.50公里。(此段为泸溪县与辰溪县边界线—编者注)

从431231008号界桩起，界线转北偏西北沿山脊曲行约250米，向西沿洼子下行约250米，转向北横过小路后行约200米，向西至洼子，向南经336米山头过小路上至另一山头，大体向西南经小路和水沟后沿山脊经313米山头西南侧行约750米向西至洼子小路，转南偏东南经242米山头，过鞍部小路至山门坳南面的山嘴，向南偏东南沿山脊横过乡村路至水沟拐弯处，继续沿水沟行约350米，转西偏西南沿水沟过人行桥至谢家湾西侧约200米水沟转弯处。然后向南偏东南过稻田，沿洼子曲行至羊里冲东侧牲口房，大体沿山脊向南经222米山头至小路，转西北沿小山脊上行约300米，折向南行约150米，向西经水闸南侧至水沟转弯处，转向南过山坡至水沟南边，沿水沟向北偏西北行约350米，转西南横过鞍部、再过小路至太平溪。(此段为泸溪县与辰溪县边界线—编者注)由此，界线至太平溪向南至小路交叉处，再沿洼子至水塘南侧，转向西过小路至洼子，沿山冲向南至小路西侧，转西偏西北沿山脊行约700米，折向西曲行过洼子至另一山脊，向北至机耕路，转向西经山脚小路与乡村路相交处西北约50米处乡村路。然后向南沿乡村路至天星寨，折向西偏西南沿山脊曲行至吕家坪鞍部，转北沿山脊小路行约400米，向西偏西南沿山脊曲行横过小路至315米山头，转北偏东北沿山脊横过乡村路至326米山头。由此，界线向西偏西北经乡村路、跨过山冲和小路后山脊上行约150米，折向西行约400米，大体转西北沿山脊下行经水沟和小路后，离开水沟沿山脊上行至292米山顶西北侧鞍部处，折向西南沿山脊至山头，又折向西北至另一山头。然后向南偏西南经白米冲居民地西侧后再行约200米。向西偏西北行约680米经小路至大塘垅水库边，大体向北曲行经391米山头东侧至大坡东约500米处水沟，折向西偏西北行约250米，再转东偏东北沿山脊行约250米，向北经295米山头后再前行约100米，又向西沿山脊行至271米高程点南侧山头。由此，界线向西北横走小路后沿山脊行约500米，向南沿洼子下行约250米，转西北行至小路转弯处，沿小路向西行约180米，向南偏西南行约370米至山脊，大体向南过沟越岭经乡村路和水沟拐弯处后，沿山脊行动小路，继续沿小路行约250米，转西偏西南经一山头，横过山冲，又沿山脊经一山头至鞍部。然后向西北跨过洼子经346米山头至山脚，大体向北穿过稻田，沿山坡横过乡村路后行约500米，西行约220米，向西北沿山脊至小路，转西偏西北沿山脊行约300米，又转北偏东北行约150米，折向西北穿过鞍部行约200米，大体向西沿山脊行约600米，转西南沿山脊曲行至一山头，沿山脊向西横过乡村路继续行约400米，折向南偏东南至水塘东北角。由此，界线向西南沿水塘东南边线横过小路至一山头，转西北曲行过山冲至503米山头，折向南沿山脊约200米至山头，又转西曲行过沟越岭至小路，从小路向西行约150米，转西南沿山脊经山头至456米山头东侧鞍部，大体向南下行经小路后，再沿山脊至小路交叉处西侧，然后转西沿山坡横过山冲、山脊、小路至山脊，沿山脊向西偏西北曲行至乡村路，沿乡村路行约600米后继续行约660米山头，折向北偏东北沿山脊下行至机耕路南边的431231009号界桩。该段界线长度为43.10公里。(此段为泸溪县与麻阳县边界线一编者注)

从431231009号界桩起，界线向北横过机耕路行约120米，大体转西偏西北过沟越岭横过四条小路至鸡家坨437米山头，向北横过两条小路后行约600米，转西横过小路经细羊田行约600米至山头，又转西偏西南横过三拄岩北侧小路交叉继续行约300米至一山头。然后向北偏东北沿山脊横过小路行约500米，大体向西偏西南沿山坡曲行横过小路继续行约450米后，折向西行约120米至山冲，转北沿山冲行约300米，转西行至山头，又转南偏西南沿山脊过小路至小路交叉点西侧，向西行约200米，转北偏东北沿山坡行约300米至山脊，再转西偏西南沿山脊行约550米，转北偏东北沿山冲经谭家至486米山头西侧约350米处小路。由此，界线向西偏西北沿山脊至鞍部小路，大体向西沿山坡曲行横过鞍部小路至512米山头南约100米的另一小路拐弯处，向南偏西南沿山冲行至小路，折向西沿山冲过小路交叉点南侧约50米，又过另一小路交叉点东南侧50米后继续行约310米至山头，向西偏西南横过两条小路经412米山头至鞍部，转西北沿山脊行约300米，折向南沿合水线过小路后行约150米，向西沿山冲横过小路行约400米，向南行约200米，转西沿山坡曲行至水沟边。然后向南沿水沟东侧行约160米后继续行约130米至360米高程点西侧山坡，向西跨过鞍部，转向北沿山脊下行过小路和水沟转弯处至洼子口，向西北至山头，转北偏西北继续沿山脊经379米山头，横过机耕路和茶坪东侧小路，又经393米山头，横过小路后又沿山脊行约300米至山冲，向北偏东北沿山冲上行经山脊上小路，再下山过沟曲行经老黄山东北的山头和小路及油房元人行桥东侧小路至水沟，再沿水沟上行至水沟交汇处，向北偏西北过山脊和山冲至山头，向东北沿山脊行至位于鞍部的湘西土家族苗族自治州“泸溪凤凰线”的止点。由此，界线向西偏西北沿洼子穿过鞍部上山头，又穿过洼子至571米山头，转西南沿山脊行约350米，又转西偏西；又沿洼子行约300米，折向南沿山脊行至582米山头西约170米处山头，再转西横过小路至山头。然后向南偏东南横过小路行约200米至山脊，转西先沿山脊横过小路至山头，经两个小山头再到小路，沿洼子行约500米，再转南沿山坡行约350米，大体向北偏西北沿山坡经537米山头曲行至冲中小路。由此，界线向西行至公路，转南偏东南沿公路西侧曲行约580米，折向西偏西南跨过隧道至山头，跨过山冲又至另一山头，转西北沿山脊穿过洼子上山头继续行约120米，转西大体沿山脊行约750米，向北偏西北先沿山脊再沿山脚稻田西侧行约750米至山嘴。由此，界线向西偏西南横过小路，沿山脊至山头，又沿山脊向南约300米至山头，向西南跨过小路至556米山头，大体向南沿山脊曲行，穿过王沙冲继续行约450米至山头，西行220米，转东南过山冲至主山脊山头，折向南偏西南沿山脊下行至水沟，再转东南穿过水沟和小路，沿山脊行约450米，向西偏西南过山冲沿山坡经鸬子坪横过小路至冲中小路。由此，界线向南偏东南沿山脊曲行至538米山头西侧，转西南下行至小路，转东南过山头行约560米至小路，再转南经水塘东侧、横过小路、经518米山头，又沿山坡过小路穿过稻田上行至山脊。然后向西偏西北沿山脊过小路，经479 米山头，横过小路后羹行约50米，再转西南横过水沟，经一山头过冲中小路又至另一山头，向南跨过洼子中小路至山头，向西偏西南行约580米，沿山脊向南至水沟。由此，界线向东南沿水沟行约500米，离开水沟向东翻过杨家山脊过水沟至胡家小路交叉，折向西偏西南横过水沟和小路后继续行约100米，向西南沿山脊上行约300米至山头，转东南下行至冲中小路，沿小路向西偏西南行约300米，南行约200米至山脊，转西南先沿山脊再沿合水线经钳矿硐口西侧横过冲中小路至467米山头。然后大体向西沿山坡曲行横过冲中小路和机耕路至三塘村北边小路交叉处，再转南偏西南先沿山脊行约850米小路，继续过沟越岭曲行经青山坳(434米)至494米山头。由此，界线向西偏西北过沟经488米山头继续沿山脊行约300米，转南沿山脊下行至埋设在雨落溪东南山嘴上小路边的431231011号界桩。该段界线长度为30.50公里。(此段为泸溪县与麻阳县边界线—编者注)

第十条　　界桩位置说明

……431231005号界桩为单位双面型花岗岩界桩，位于怀化市沅陵县栗坡乡界溪村与湘西土家族苗族自治州泸溪县上堡乡暮江头村交界的桐溪水沟东侧。在磁方位角105° 30/、距离42米处为房角；在磁方位角155° 30/、距离110米处另一房角；在磁方位角209° 00/、距离110米处为又一房角。

431231006号界桩为单位双面型花岗岩界桩，位于怀化市沅陵县筲箕湾乡鹿村坳村与湘西土家族苗族自治州泸溪县白沙镇岩头河村交界319国道国东面的小路边，在磁方位角 82° 00/、距离 270 米处为小路交叉；在磁方位角 230° 00/、距离 160 米年为另一小路交叉； 在磁方位角 286° 00/、距离 480 米处为坎子端点。

431231007 号界桩位于沅水航道中心线上， 埋设同号双立双面型花岗岩界桩。A 桩位于湘西家族苗族自治州泸溪县浦市镇五果溜村人渡处。在磁方位角 61° 00/、距离 22.8 米处为河坎拐弯处点；在磁方位角 211° 12/、距离 11.6 米处为河坎与小路交叉点；在磁方位角 298° 00/、距离 19.2 米处为田埂与小路交叉点。B 桩位于怀化市辰溪县孝坪镇球岔村人渡处。在磁方位角 31° 12/、距离 7.2 米处为一房角；在磁方位角 118° 48/、距离 30.3 米处为另一房角；在磁方位角 242° 12/、距离 3.7 米处为加固坎子拐角。A 桩与 B 桩的距离为 545 米，磁方位角 135° 30/。

431231008 号界桩为单位双面型花岗岩界桩，位于怀化市麻阳苗族自治州吕家镇茶溪村与湘西土家族苗族自治州泸溪县达岚镇新桥村交界的油榨坡水库西南侧山坡上。在磁方位角 24° 30/、距离 170 米处为水库堤坝西南端；在磁方位角 238° 00/、距离 60 米处为一山头(342 米)；在磁方位角 342° 00/、距离 215 米处为另一山头(325.2 米)。

431231009 号界桩为单位双面型大理石界桩，位于怀化市麻阳苗族自治县粟坪乡庙坪村与湘西土家族苗族自治州泸溪县合水镇杨家仁村的机耕路南侧。在磁方位角 68° 48/、距离 295 米处为一山头；在磁方位角 195° 24/、距离 328 米处为另一山头(383 米)；在磁方位角 230° 00/、距离 260 米处为又一山头(361 米)。

第四部分 边界线的维护和管理

第十一条至第十五条(略)

第五部分 最后条款

第十六条至第二十条(略)

2000 年 12 月 18 日

关于怀化市、湘西州行政区域界线辰溪与泸溪鼻孔山地段的勘定纪要

2000 年 2 月 21 日至 22 日，怀化市勘界办与湘西自治州勘界办及辰溪、泸溪两县人民政府主要负责同志就怀自线辰溪与泸溪溪未贯通的鼻孔山地段，各自向

省勘界办陈述了双方县人民政府的主张及理由。省勘界办在充分听取双方县、市(州)意见的基础上,对鼻孔山地段的市、州行政区域界线的走向提出了裁定意见,双方都表示服从裁决并做好本县所在乡村干部群众的思想工作,确保边界地区的稳定。此段界线已标绘在中国人民解放军总参测绘局1977年版的8-49-137-甲(图名:泸溪县)1:5万比例尺她形图上。就鼻孔山地段的边界线,双方达成以下意见共同遵守。

1、此行政区域界线勘定后,只作为行政区域界线,不作为自然资源权属线,故不作为解决土地权属的依据;此处土地权属纠纷由有关部门按相关法律法规解决。

2、行政区域界线勘定后,界线两侧的经营管理和群众生产生活仍维持勘界前的现状不变。

3、此线勘定后,双方均不得以此线作为自然资源权属线而挑起新的事端。

4、双方县人民政府必须做好双方群众的思想工作,确保本地区的稳定。

二〇〇〇年二月二十二日

关于辰溪县与泸溪县第四次勘界工作纪要

二〇〇〇年二月二十四日由怀化市、湘西自治州勘界办组织辰溪县与泸溪县的领导和两县勘界办的同志在辰溪县城召开协调核界会。与会人员有:怀化市张在晓(市勘界办主任)、徐长华(副主任),湘西自治州张芝登(勘界办主任)、石维义(勘界办副主任),辰溪县张才魏(调研员)、刘平(勘界办主任)、刘际富(副主任)、秦树庭(副主任)、满佳发(技术员)、柴泽友(技术员)、郑祖琪(工作人员),泸溪县邓兴金(调研员)、廖浩富(民政局局长、勘界领导小组副组长)、宋铭(工程师)、符海河(勘办工作人员)。会议由怀化市勘界办主任张在晓和湘西自治州勘界办主任张芝登主持。现将会议情况纪要如下:

一、对图幅H-49-137-(28)鼻孔山段边界线走向按省勘界办二月二十二日提出的裁定意见(附《关于怀化市、湘西自治州行政区域界线辰溪与泸溪鼻孔山地段的勘办纪要》。起点1B×=3121250,y=37423110, 至溪口出沅江河边点B×-3121700,y=37422755)。双方均表示服从裁决,认真遵守双方达成的四条意见,并认真做好双方群众的思想工作,确保本地区稳定。

二、辰泸线联合勘定工作从一九九九年七月七日开始启动至二〇〇〇年二月

二十四日,全线 73.5 公里全部贯通。、

三、将 1:10000 地形图转绘到 1:50000 地形图上,经双方县领导签字认定。

四、拟定联合勘界成果上报。

二〇〇〇年二月二十四日

吉首、泸溪、古丈三市县行政区域界线交会点协议书

据国发〔1996〕32 号和湘政发〔1996〕54 号文件精神和州勘界工作领导小组办公室 1997 年度勘界工作任务安排,吉首、泸溪、古丈三市、县勘界工作领导小组办公室于二 000 年八月十八日在泸溪县就吉首、泸溪、古丈三市县边界线交会点位置及其附近边界线的走向进行协商,并达成如下协议:

一、三市县边界线交会点(编号:310122260)位于泸溪县八什坪乡李什坪村、吉首市排绸乡三坪村、古丈县山枣乡磨刀村之间的螺蛳界矮坳(又称大坳)上十字路交叉处。从中国人民解放军总参谋部测绘局 1989 年 1:5 万地形图(图号 8-49-125- 两,图名"河蓬")上量取点位平面直角坐标值:X=3147693.8 Y=19407734.6,高程为 399.7 米。

二、三市县边界交会点附近边界线走向说明

(一)吉首市与古丈县边界线自三市县边界线交会点起,向西偏西南山湾而下约 30 米,再折向西偏西北延伸,界线西北面为古丈县管辖区,西南面为吉首市管辖区(见附图红线)。

(二)古丈县与泸溪县边界线自三市、县边界线交会点起,向东偏东北沿合水线下行至鸡婆溶,从鸡婆溶向北偏东北方向沿鸭板溪溪水中心线前进。界线东北面为古丈县管辖区,东南面属泸溪县管辖区(见附图红线)。

(三)泸溪县与吉首市边界线自三市县边界线交会点起,向东偏东南沿螺蛳界山脊线延伸,西南面为吉首市管辖区,界线东南面为泸溪县管辖区(见附图红线)。

三、界桩点与方位物的相关位置

三市县边界线交会点界桩为单立三面型钢筋混凝土制成。在界桩点磁方位角 127 度 18 分,距离 411.0 米处为高程 418.7 米山头;在磁方位角 147 度 24 分,距离 149.0 米处为高程 448.0 米山头;在磁方位角 351 度 54 分,距离 335.0 米处为一无名山头。

四、三市县边界线交会点由三市县勘界工作测绘技术人员共同标绘在中国人民解放总参谋部测绘局1989年版1:5万地形图(8-49-125-两“河蓬”)图幅上。

五、界桩点的维护管理

(一)为有效地维护三交点界桩标志,三方共同维护管理。

(二)任何一方发现界桩被移动或损坏,应立即通知牵头方,由牵头方负责组织,并在另两方在场的情况下,在原处恢复和重竖,所需资金三方平均分担。

(三)对于界桩的恢复或重竖,三方共同作好记录,如果另行选择地点竖立界桩,三方应就此签订文件,按《技术规定》填写界桩登记表。上述记录、文件经三方签署后即成为本协议的补充附件,并报省人民政府备案。

六、本协议书一式15份上报省勘界工作领导小组办公室3份,报州勘界工作领导小组办公室3份,三市、县各自保存3份;协议书附图标绘原件1份,复印14份;标绘原件上报省勘界工作领导小组办公室。复印件与原件具有同等法律效力。

七、本协议书自签字之日起生效。

二OOO年八月十八日

古丈、泸溪、沅陵三县行政区域线交汇点协议书

根据州勘界工作领导小组办公室1998年度勘界工作任务安排,古丈、泸溪、沅陵三县勘界领导小组办公室于1998年2月26日至4月10日就三县边界线交汇点位置及其附近的边界线走向进行了协商,并达成以下协议:

一、三县边界线交汇点位于古丈县山枣乡茶场村、泸溪县八什坪乡李什坪村、沅陵县棋坪乡田坳村之间的山枣电站下方小溪沟与河中心线(当地人称山枣溪)的相交之处(见附图圆圈中心点处),从中国人民解放军总参谋部测绘局1989年版1:5万地形图(8～49～125～两,图名“河蓬”)上量取点平面直角坐标值X=3149415,Y=19411900,高程为188米。无界桩。

二、三县边界结交汇点附近走向说明

(一)古丈、泸溪两县边界线自三县交合点起,沿河流中心线向西南折向西北方向延伸,河流中心线西南为泸溪县辖区,河流中心线西北的为古丈县辖区(见附图红线)。

(二)古丈、沅陵两县边界线自三县交合点起,沿小溪沟向东方向延伸,小溪沟的东面为沅陵县辖区,小溪沟的西面为古丈县辖区(见附红图线)

(三)泸溪、沅陵两县边界线自三县交合点起,沿河流中心线向东南方向延伸,

河流中心线的东北为沅陵线辖区，河流中心线的西南为泸溪县辖区（见附图红线）。

三、根据《湖南省市、县行政区域界线勘界测绘技术规定》（湘勘办发〔1997〕02号）要求和三县边界线交汇点位于小溪沟与小河中心线交汇处的实际情况，经古丈、泸溪、沅陵三县勘界工作领导小组办公室协商：鉴于三县边界线交汇点实地和图上位置清楚，易于辨认，且实地不便埋设界桩，因此确定在"三交点"实地不埋设界桩。

四、三县边界结交汇点由三县勘界工作技术人员共同标绘在中国人民解放军总参谋点测绘局 1989 年版 1:5 万地形图上，图号 8-49-125- 两，图名"河蓬"。

五、本协议一式五份，上报省、州勘界工作领导小组办公室各一份，三县各自保存一份。协议书附图标绘原件一份，复印件四份，标绘原件上报省勘界工作领导小组办公室，复印件四份，上报州勘界办公室一份，由三县各自保存一份。复印件与原件具有同等效力。

六、本协议自签字之日起生效。

一九九八年四月十日

凤凰、麻阳、泸溪三县行政区域界线交会点协议书

根据湘西自州、怀化市勘界工作领导小组办公室 1998 年勘界工作任务部署，凤凰、麻阳、泸溪三县勘界办公室于 1998 年 5 月 19 日在凤凰县勘界工作办公室进行边界交汇点位置协商，并达成以下协议：

一、三县边界线交汇点位于凤凰县木江坪镇新塘村、泸溪县踏虎乡登云寨村、麻阳县板栗树乡楠木地村之间（见附图圆圈中心处）。从中国人民解放军总参谋部测绘局 1977 年出版的 1:50000 地形图（图号 8-49-136-J，图名"兴隆场"）上量取，点位平面直角坐标值：X=3102140，Y=19380305，高程 635 米。

二、根据《湖南省市、自治州行政区域界线勘界测绘技术规定》，国勘办发〔1996〕6 号文件要求和三县边界线交汇点位置的实际情况，经凤凰、麻阳、泸溪三县勘界工作办公室协商，一致认为，交会点实地和图上位置清楚，易于辨认，且通过三县技工员共同标绘在中国人民解放军总参谋部测绘局 1977 年版 1:50000 地形图上（图号 8-49-136-J，图名"兴隆场"）。

三、本协议一式五份，上报省、州勘界工作领导小组各一份，三县各自保存一份。协议书附图标绘原件一份，复印四份，原件上报省勘界工作领导小组办公室，

两市、州勘界办和三县各自保存,复印件与原件具有同等效力。

四、经三县协商交会位置明确,且当地村民公认,交汇点不作界桩埋设。

五、本协议书自签字之日起生效。

一九九八年五月十九日

吉首市人民政府和泸溪县人民政府联合勘定行政区域界线协议书

第一部　勘界工作概况

第一条　　吉首市与泸溪县行政区域界线(以下简称吉泸线)历史上没有勘定过。两市县边界线基本上由传统习惯线和争议线组成。根据国务院《关于开展勘定省、县两级行政区域界线有关问题的通知》(国发〔1996〕32号),吉泸两市县勘界工作领导小组于1997年8月10日共同制定了《吉首泸溪两市县联合勘定行政区域界线实施方案》,双方商定:

联合勘定吉泸两市县行政区域界线,要尊重历史,立足现实,要从有利于行政管理、有利于经济发展、有利于当地人民群众生产生活、有利于边界地区社会稳定酌大局出发,按照国发(1996)32号文件的要求,本着实事求是,顾全大局,互谅互让的原则,由双方毗邻县共同到实地,友好协商,划定两市县行政区域界线。确定吉泸边界线的具体办法是:

(一)双方已明确划定或者核定的边界线,包括国务院在确定行政区划时明确划定的吉、泸两市县的界线,双方县级以上人民政府或者国务院明确划定争议地区的界线,双方县级以上人民政府在发生争议之前核定一致的界线,按照有关文件、协议、地图予以核定。以往粗略划分过,但未落实的边界线,以有关文件、协议、地图为基础,协商确定边界线。

(二)在国家土地利用现状调查中,经双方县级以上人民政府核定一致并签定协议的无争议的界线,勘界中应予认定。

(三)赊上述两种情况外的其他边界线地段,以国务院勘界工作领导小组办公室提供的吉、泸两市县根据1980年国家测绘局、民政部《关于请标绘省、市、自治区行政区域界线酌通知》标绘上报的吉、泸两市县行政区域界线图为基础确定边界线。(1)双方标绘的边界线二致且与实际行政管辖相符的地段,以双方一致的画法确定边界线。(2)双方标绘的边界线虽不一致,但双方目前的实际管辖无争议的地段,根据实地的行政区域管辖情况确定边界线。(3)对于实地管辖的情况有争议的地段，按照《行政区域边界争议处理条例》解决争议并确定边界线。(四)吉、泸线跨勘定，原则上要与自然资源权属相一致。特殊情况必须分开的，在划定边界线的同时，要明确跨越边界线的自然资源权属。对骑线的地物、文物、自然保护区及不可分割的自然资源，在划分边界线的同时，要根据有关法律、法规和政策的规定，明确管理和使用的办法。联合勘定吉泸线的工作由两市县勘界工作领导小组组织实施，两市县勘界工作领导小组办公负责联合勘界的日常工作。1997 年 8 月 15 日，湘西州勘界工作领导小组批准同意了吉泸两市县联合勘界实施方案。

1997 年 8 月 15 日，两市县勘界办公室在泸溪县共同召开了勘界工作会议，对吉泸线的勘界工作进行了统一部署和安排。9 月 -10 月，吉首、泸溪两市县勘界办公室进行室内核图，实地勘察，协商定界工作，于 1997 年 10 月 9 日吉泸线全线贯通。10 月 7 日两市县勘界办公室在吉首市协商确定了 5 块界桩的埋设方案，10 月 7 日至 10 月 18 日，两市县勘界办及时组织了埋设界桩和测绘工作。对省测绘二院交送的吉泸线测绘技术资料，1998 年 5 月进行了初次审核工作；1998 年 8 月 10 日进行第二次核对工作；1998 年 12 月 8 日进行了第三次核对工作；1999 年 2 月 5 日，吉泸线资料检查验收组在州勘界办的指导下在长沙再一次对资料进行对照检查。1999 年 3 月双方勘界办在吉首市进行了勘界测绘成果的检查验收和资料汇总工作，并起草了边界协议书。1999 年 12 月 16 日，省勘界工作领导小组办公室检查组验收组对边界协议书等资料进行核实检查。

第二条　吉泸两市县边界接壤的有 11 个乡镇。其中吉首市有排绸乡、丹青乡、排吼乡、太平乡、河溪镇、双塘乡；泸溪县有八什坪乡、梁家潭乡、潭溪镇、小章乡、解放岩乡。边界线走向呈西南向东北方向从吉、泸、凤三市县边界线交会点(310122230 号界桩)起，到吉、泸、古三市县边界线交会点(310122260 号界桩)止，全长 113.7 公里。共埋设和测定界桩 7 块。

边界线走向和界桩位置标绘在中国人民解放军总参谋部测绘局 1977 年、1989 年分别出版的 1:5 万地形图上，作为本协议书的附图。

界桩登记表和界桩成果表记载了各界桩内情况，界桩成果表作为本协议书的附件，界桩登记表 1:5 万定界和修测工作用图报湖南省勘界工作领导小组办公室存。

第三条　吉泸凤三市县边界线交会点于 1997 年 11 月 12 日在实地埋设了界桩，成果资料由吉首市勘界办整理上报。吉、泸、古三市县边界线交会点 1997 年 11 月 20 日在实地埋设了界桩，成果资料由泸溪县勘界办另行上报。

第四条

一、本协议书所记载的界线长度从1:5万协议书附图上量取，以公里为单位。

二、在本协议书第三部分叙述边界线走向时使用16方位制，其含义如下：1、北 348° 45/-11° 15/， 2、北偏东北 11° 15/-33° 45/， 3、东北 33° 45/-56° 15/， 4、东偏东北 56° 15/-78° 45/，5、东 348° 45/-11° 15/，6、东偏东南 101° 15/-123° 45/，7、东南 133° 45/-146° 15/，8、南偏东南 146° 15/-168° 45/，9、南 168° 45/-191° 15/，10、南偏西南 191° 15/-213° 45/，11、西南 213° 45/-236° 15/，12、西偏西南 236° 15/-258° 45/，13、西 2581° 45/-281° 15/，14、西偏西北 281° 15/-303° 45/，15、西北 303° 45/-326° 15/，16、北偏西北 326° 15/-348° 45/。

第二部分 重要问题说明

一、本协议书签定后，两市县在行政区域界线上由于历史原因形成各类插花地、飞地和建筑物、水利设施、供电设施等的所有权、使用权除国家法规和双方另有协议外，仍维持勘界前的状况不变，不影响边界地区群众的生产生活。

二、吉泸行政区域界线的夹水湾风景林(另名青龙山)，约3亩地，吉首市排绸乡三坪村椰木坪组与泸溪县梁家潭乡桌子潭村曾为该风景林地的权属发生多次争议，吉泸两市县勘界办、两市县的乡人民政府及有关村、组协商意见是，由双方勘界办出资3000元(其中吉首2000元，泸溪1000元)，补偿给泸溪县桌子潭村，将夹水湾风景林划归椰木坪组。并于1997年10月7日两市县边界乡、村、组立下了《关于解决夹水湾争议协议书》。

第三部分 边界线走向说明和界桩位置说明

第五条 边界线走向文字说明

吉首泸溪线从吉首市双塘乡周家寨村、泸溪县解放岩乡大坪村，凤凰县竿子坪乡椰木树村三县(市)交界的烂碾子田310122230号界桩起，到吉首市的排绸乡三坪村、泸溪县八什坪乡李什坪村、古丈县山枣乡磨刀村三县（市）交界处的310122260号界桩止，共竖立了310122230、310122001、310122002、310122003、310122004、310122005、310122260号7个界桩，全长113.7公里。其边界线走向详细说明如下：

从三县(市)交界处的烂碾子田310122230号界桩起，界线向东偏东南方向沿焦柳铁路西侧至洞坨埂南面山冲，再向东跨过铁路转向南偏西南方向到将军岔向西又跨过铁路，再沿山脚南行经马冲到淹水垄。从淹水垄向东跨过焦柳铁路直上长云坡 368 米山头南面山坡，然后大体向南行进在小路东侧山坡并曲折前进至、403 米高程点，再大体向东偏东北方向沿合水线而下，横过山沟上行至山坡后，向北到 310122001 号界桩。这段界线长为 4.8 公里。

从 310122001 号界桩起，界线跨过公路先沿公路北侧东行约 300 米，向北偏东北方向跨过小溪，再沿小溪北侧到宋家坨对面山脚后，再向西行穿过牛皮大湾后，沿山脊向北曲折前进到马鞍坡，接着转向南偏东南方向沿山脊到亭子桥西南端跨过小溪，沿龙颈大湾山脊到 461 米山头，再向东沿山脊分水线下至沱江边的虾颈，然后过河到龙颈，离开龙颈向南至江南岸北面，向东行约 200 米，然后向北上山至尖尖坡山顶。从尖尖坡山顶向东南方向沿山脊经过高程为 347 米的鞍部至白岩冲西南小山头后，向南沿山腰跨过山沟到高程为 447 米和 444.8 米的两个山头中间鞍部，再从 444.8 米山顶西、北、东三面环绕后，向东北方向先沿山腰跨山脊、山谷，再沿山脊至白羊抱脑，转北偏东北方向沿山脊小路至沟中小路，再沿山脊上行到达风箱坡山顶(424 米)。接着向东偏东南方向沿山脊下行至毛家田大桥南边小河西侧，沿小河西侧向北偏东北力向行约 350 米后，折向西北方向上行到山头，然后又向东下山至渔粮坝，从渔粮坝大体向东穿过八仙湖西侧和南侧的两条小溪，再沿山脊上至高程为 437 米的山头，然后先向北后向东北方向绕山腰上至高程为 434.3 米的山头，再向东方向沿山脊至高程为 453 米的山头后折向东南方向下到山沟，再向南偏东南方向横过小路上行到 493 米的山头，从 493 米山头大体向东经化岩冲到达 494 米山头南面的大坡，转向东偏东南方向横过小路沿山谷上至 470.1 米高程，从 470.1 米高程点向东偏东北方向沿山脊行 300 米后，折向东偏东南方向行至双溪河边小路北侧，从小路北侧向东仍沿小路北侧行 400 米后，折向东南行约 150 米，又转向西北方向行约 150 米后，再折向东北方向至 471 米山头， 从 471 米山头向东行约 100 米折向西北方向沿小路行约 200 米后，又转向东偏东南方向沿山脊行约 250 米到小路边，从小路边向东偏东北方向行约 300 米后，又大体折向西北方向至猫儿田小溪源头处，从小溪源头处沿小溪西侧小路行约 200 米后离开小路，沿小溪西侧向北行约 250 米，又折向西偏西南方向行 150 米至小山脊上，从小山脊向北站山脊行 200 米后，转向东北方向下山至猫儿田小溪西侧，跨过小溪，向东偏东北方向上山至 485 米的山头西边约 20 米处的山坡上。然后沿山脊向北偏西北方向行约 400 米后，向北偏东北方向下山，沿山脚过小路至两叉溪西北小溪桥头，向东偏东南方向沿溪东侧上行到达两叉溪。在两叉溪向东南方向沿山冲上山至 471 米山头，再向东行约 200 米后，折向北偏西北方向沿小路东侧山坡曲折行至灯盏坨。从灯盏坨大体向北环绕330米高程点东面山坡至433米的山头，折向东北方向沿山脊行约250米至狗儿湾东南小路，然后沿小路向东南方向下山到冲中，再向北绕过一小山脊后至另一山谷中，再沿马头山山脚行至照立坪西侧水沟，再向西北方向沿小溪中心到四斗岩，再转东方向沿山脊行约150米，折向东北方向行约200米，再折向西行至小溪东侧，尔后向北方向沿山坡上山到透苞脑(346米)。从透苞脑东行约300米后，折向北偏东北方向行约400米，再转向西沿山脊行至大岩洞，然后向东行约200米再转向西北方向至小路，又向东沿山脊至友塘坪。从灰塘坪向北偏西北方向经人行地、鹅梨坳西侧山坡和西北曲脊，然后向东偏东南方向沿山坡经罗桥虎冲后，再沿小路行约300米，转东北方向跨过山谷至449米山顶西北山脊，再转向西北方向沿山脊到尖尖苞山，再转北偏东北方向跨过山谷，再沿山脊经415米山顶行至379.3米的山头，再向北沿山坡下山，到达319国道旁310122002号界桩，这段界线长为34.9公里。

从310122002号界桩起，界线向东北方向沿319国道行约200米后，横跨武水到卷角坪上岸，向北偏东北经牛皮地山坡坡嘴，沿山脊上行至牛皮地山顶，向西行约250米，再折向北过磨燕岩，再向西北下到坡脚至一小溪，再沿小溪东侧至打虎屋场。由此向西北方向继续沿小溪行300米后，跨过小溪，折向东南方向沿打虎屋场西面山脊至345米山头，从345米山头向北偏西北方向先沿山脊行约350米后，跨过狗儿拨山谷沿合水线至359米山顶东北侧鞍部，继续前行约300米后，再折向东至燕子坪。从燕子坪向西北方向行约700米，再转向东行约200米至357米山头西侧山坡，再向北偏东北方向行约300米，新向东至黄牯运沙脑顶，继续向北至铁夹信；从铁夹信大体向东沿北坡曲折行至新田冲，从新田冲向北偏西北方向跨过小路后上至一小山脊，再折向东北方向行约550米至山咀上，然后沿山脊向东南方向行至海螺朝天，又向北偏东北方向至后门坡，再沿山脊到寒风坳(402米)山顶西侧约100米处，从该处向北偏西北方向沿山脊下行约500米跨过小溪，从此处折向东北方向行约400米，转向东南方向行至兔子形403米的山头，从403米山头向东北方向至黄牛坪，从黄牛坪向西北方向下山沿新田冲山脚向北行约500米，再折向东至塘坝坳至王皮溪与塘坝坳至度龙田小路交叉西侧约50米处，从此处向南行200米转东北方向400米后又转向南偏东南方向行约150米再向东行150米至塘坝坳南边山头。从此向东偏东南方向沿山脊至鸡卜坨山顶(376米)北边60米处，从此处起，界线大体向东方向沿山脊至吃血坳东南150米处的山脊，向北行约400米后，再向东先沿山坡，后沿山脊至尖山。从尖山向东沿山脊行约200米后，再大体向北行经梨木坳西侧山谷至鱼虫溪边，又向南偏东南方向沿小溪行200米后，折向东沿山坡，过山嘴到两溪流汇合处，再沿小河中心线向东南方向到杉木坪小溪交叉处，向东方向沿小河中心线行约700米上至小溪南岸，再转东偏东北方向跨过小溪后前行约150米，再转西偏西北行约150米，再转东跨过小溪和两岔溪后至310122003号界桩。这段界线长为22.3公里。

从310122003号界桩起，界线大体向东北方向沿马鞍山西面山腰至小死狗溪，从小死狗溪大体向东行约600米至小路西边，跨过小路向东行约150米，折向南偏西南行约150米后，又折向东北方向行至吼哦溪，跨过吼哦溪，大体向北沿吼哦溪东边山坡行约900米跨过小溪，沿小溪西侧行至滴水洞。从滴水洞往东跨过小溪沿小路北侧行至247.8高程点处，向南沿山脊到357.8米山顶，折向东；曲折前行，跨过山脊小路至孟公老北边高程为410米的鞍部，接着向东偏东北方向行至439.0米山头的南面山坡，从此处起，沿山坡向南偏东南方向行至364.5米山头，从364.5米山头向东南方向经夯谷溪南边山坡行至公路，沿公路中心行至310122004号界桩，这段界线长11.0公里。

从310122004号界桩起，界线向东北方向沿山脊经过330.0米高程处，再大体向东南方向沿兜兜石西面半山坡到施茶溪北面第一个山头上(298.0米)，从该山头向东北方向沿山脊而下行至冲其河中心，转向北顺河中心上行约900米到149.0米高程处。然后大体向北曲折上山经338.5米山头和铜坪坳后，沿合水绒下至扶儒溪，再折向西北方向沿扶儒溪中心直至扶儒溪与花岩溪汇合处。从汇合处起，沿花岩溪中心向东北方向行约1400米后，转向东上至高粱坳，从高粱坳向东沿山脊行至340.3米山头。从此处起，界线向北先经牛栏冲山谷，再船五里坡北面山腰跨过山脊小路后至日潭坳，再向北行至大湾。再转南偏西南上至山脊，再大体向西北方向沿山脊至一小河东侧，再向北沿山脚行约200米后，跨过小河，往西偏西北方向至白云坳，从白云坳大体向北偏西北方向沿山脊至369米高程点东南山坡，再大体向东，经打鬼冲至大坳。从大坳大体向北，基本沿山脊至歇凉坳南面山头，再沿歇凉坳东北侧山坡至小坳。从小坳向东北方向经黑潭冲至贝溪冲，转西北方向沿山腰至矮坪湾。从矮坪湾大体向西南方向经蓬竹坳到达雀儿湾，从雀儿湾向西北方向沿合水线下山至宝山西面小冲中，再往东沿山脚至宝山，向北沿山脚行至小路交叉处，转西北方向沿小路到溶田小路拐弯处，再折向西方向沿山脊上行至桐油坪坳，从桐油坪坳向西北方向跨过小路后沿合水线上行至419.0米山顶。从419.0米山顶向东北方向行至428米山头，从428米山头行经排地跨过山沟至卜路都南面山顶，从该山顶向东北方向横过小路沿山脊行至木六宝

(454.0 米)山顶。从木六宝山顶向北行约 80 米后，折向东行约 200 米，再沿合水线上行至山脊后，大体向北方向沿山脊行至小路交叉处，然后转向西北方向沿山脊行经鸡龙山(481.3 米)后，沿山坡行至鹅梨坳。从鹅梨坳向东北方向沿合水线行至猴子冲的小溪后，沿溪东行 300 米，过小溪，转向北偏东北才向沿合水线上行至雷公顶西北侧鞍部，跨过鞍部，向东沿山脊下至茶溪冲南的小溪东侧，再转北沿该小溪东倒行约 500 米后，转东沿合水线上至钴子岩南的山脊，跨过山脊，再沿合水线下至阿扎溪小路边，再沿阿扎溪小路西侧向东南方向至三月山冲沟与阿扎溪汇合处，再折向东北方向沿合水线上行至三月山山顶，然后往东南方向沿山脊下山后再上到坳田西北侧山脊上。从此处起界线向北偏东北侧行约 400 米后，大体向东北方向沿山坡跨过椰木坪至桌子潭的小路后到芝麻溪南面山脊，再折向东偏东南方向沿山脊行至酉溪河岸边 310122005 号界桩。这段界线长为 38.0 公里。从 310122005 号界桩起，界线向东北方向沿酉溪河中心上行约 250 米后上岸至乡村路，沿乡村路行约 200 米后，又至酉溪河中心，沿河中心线上行 300 米至河拐弯处。从河拐弯处离开酉溪河向东北方向沿合水线上行至 436.7 米高程点处。从 436.7 高程点处向北行经螺蛳界 446.0 米山头西侧 80 米处，继续向北沿山脊至狮子坳的 310122260 号界桩，这段界线长为 2.7 公里。

第六条　界桩位置文字说明

310122230 号界桩为单立三面型混凝土屏桩，位于吉首市双塘乡周家寨村、泸溪县解放岩乡大坪村、凤凰县等子坪乡椰木树村三县(市)交界处大地坨坡脚下烂碾子田的小路北侧。在磁方位角 78 度 06 分，距离 551 米处为一山头(425.4 米)；在磁方位角 172 度 30 分，距离 305 米处为一山头(401.8 米)；在磁方位角 265 度 00 分，距离 340 米处为一山头(307.1 米)。

310122001 号界桩为单立双面型混凝土界桩，位于吉首市双塘乡冲虎村、泸溪县解放岩乡大塘坳村两县(市)交界处沙田拱桥南 130 米处公路南面陡次上。在磁方位角 24 度 00 分，距离 440 米处为一山头(313.9 米)；在磁方位角 314 度 00 分，距离 220 米处为公路涵洞东侧同水孔；在磁方位角 335 度 00 分，距离 348 米处为房子的东南角。

310122002 号界桩为单立双面型混凝土界桩，位于吉首市河溪镇新建村，泸溪县潭溪镇松柏潭村两县(市)交界处 319 国道东南侧。在磁方位角 244 度 55 分，距离 130 米处为 319 国道涵滑出水口；在磁方位角 296 度 00 分，距离为 400.6 米处为一山头 (286.0 米)； 在磁力位确 358 度 25 分， 距离 480.7 米处为一山头(301.6 米)。

310122003 号界桩为单立双面型混凝土界柱，位于吉首市排吼乡芭蕉村，泸溪县潭溪镇朱雀洞村两县(市)交界处的两岔溪公路东北边缘上。在磁方位角 7 度 24 分，距离 240 米处为一山头(275.4 米)；在磁方位角 119 度 24 分，距离 18.5 米处为一房屋西南角；在磁方位角 271 度 00 分，距离 352.0 米处为一山头(311.0 米)。

310122004 号界桩为单立双面型混凝土界桩，位于吉首市排绸乡河坪村，泸溪县潭溪镇盘古岩村两县(市)交界的冲其河北岸简易公路东侧。在磁方位角 143 度 42 分，距离 431.0 米处为一山头(218.0 米)；在磁方位角 201 度 48 分，距离 629.0 米处为一山头(258.0 米)；在磁方位角 325 度 06 分，距离 312.0 米处为一山头(286.7 米)。

310122005 号界桩为单立双面型混凝土界桩，位于吉首市排绸乡三坪村，泸溪县梁家潭乡桌子潭村两县(市)交界的酉溪河西北岸芝麻溪，梁家潭乡至古丈的公路西北侧 3.5 米处。在磁方位角 112 度 00 分，距离 545 米处为一山头(450.7 米)；在磁方位角 137 度 00 分，距离 552 米处为一山头(436.7 米)；在磁方位角 210 度 00 分，距离 14.0 米处是梁家潭乡至古丈县公路 32 公里里程碑。

310122260 号界桩为单立三面型混凝土界桩，位于吉首市排绸乡三坪村、泸溪县八什坪乡李什坪村、古丈县山枣乡磨刀村三县(市)交界处鞍部小路交叉中心。在磁方位角 127 度 18 分，距离 411 米处为一山头(418.7 米)；在磁方位角 147 度 24 分，距离 149.0 米处为一山头(448. 0 米)；在磁方位角 351 度 54 分，距离 335 米处为一山头。

第四部分　边界线的维护和管理

第七条　　界桩是行政区域界线永久性标志，双方应采取有力措施加以保护，防止自然或人为的对界桩及界桩方位物的移动和破坏。任何一方不得单方面另立新界桩或其他边界线标志。

第八条

一、为了有效地维护界柱和其他边界线标志，双方分担责任如下：边界线上的标志由双方负责。

二、任何一方如果发现界桩被移动或损坏，应立即通知另一方。双方在场的情况下，在原处恢复或重树，不能在原处恢复或重树的，应在不改变边界线走向的原则下，由双方协商，另行选择适当地树立。

三、对于界桩的恢复或重树，双方应共同作好记录，如果另行选择地点树立界桩或增树新的界桩，双方应就此鉴定文件，按照测绘技术规定填写界桩登记。上述记录，文件经双方签署后，即成为本协议书的补充附件，由两市县共同上报省、州勘界工作领导小组办公室备案。

第九条　为了使边界线易于管理和辨认，防止出现骑线村庄和建筑物，以保持边界线走向清楚和稳定，在边界线两侧各五米的地带内，严禁建立新房屋和其他永久性的建筑物。

第十条　双方对于任意移动，损坏界桩及迎界线标志的单位和个人，应按有关规定予以追究处理。

第十一条　本协议生效后，双方按国家主管部门要求定期或不定期进行联合检查。由于某种原因，经一芦要求并报国家主管部门同意后，双方可对界线的特定地阶段进行临时性的联合检查。每次联合检查后，要写出检查报告并报国家主管部门。

第五部分　最后条款

第十二条　本协议书所附边界线地形图为总参谋部测绘局于 1977 年、1989 年出版的 54 北京坐标系 1∶5 万地形图共 7 幅。双方在勘界中，根据规定要求、补调、修测 1∶5 万地形图 7 幅。

第十三条　本协议书所附的边界线地形图，延用彩色原图标绘成一份，依据此图复印 10 份。标绘的边界线地形图和复印图，经双方人民政府代表签字后，具有同等法律效力。如果复印图不清，以标绘的彩色原图为准。

第十四条　当协议书边界线走向的文字叙述与附图不尽一致时，附图为准。有关双方勘界所形成的档案，按照有关规定上报国务院。

本协议书于 2000 年 6 月 10 日在吉首市经两市县人民政府代表签字后，按照法律程序报省人民政府审批，从批准之日起生效。

本协议一式 30 份，双方县市各存 4 份，州勘界办存 3 份，上报省勘界办 19 份。

二〇〇〇年六月十日

泸溪县人民政府与凤凰县人民政府联合勘定行政区域界线协议书

第一部分　勘界工作概况

第一条　泸溪县与凤凰县行政区域界线（以下简称泸凤线）历史上从没有勘定过。两县边界线基本上由传统习惯线和争议线组成。根据《国务院关于开展勘定省、县两级行政区域界线有关问题的通知》(国发〔1996〕32号)和《湖南省人民政府关于开展勘定行政区域界线工作有关问题的通知》(湘政发〔1996〕54号)精神,泸、凤两县勘界工作领导小组于1998年5月15日共同制定了《联合勘定泸溪县与凤凰县行政区域界线实施方案》。5月28号,州勘界工作领导小组批准同意了泸、凤两县联合勘界实施方案。双方商定:

联合勘定泸、凤两县行政区域界线,要尊重历史、立足现实,要从有利于行政管理、有利于经济发展、有利于当地人民群众生产生活、有利于边界地区社会稳定出发,按照国家有关政策、法规,本着实事求是,顾全大局,互谅互让的原则,友好协商,划定两县行政区域界线。确定泸凤边界线均原则是:

(一)双方已明确划定或者核定的边界线,包括国务院在确定行政区划时明确划定的泸、凤两县的界线;双方县级以上人民政府在发生争议之前核定一致的界线,按照有关文件、协议、地图予以核定;以往粗略划分过但未落实的边界线,以有关文件、协议、地图为基础,协商确定边界线。

(二)在国有土地利用现状调查中,经双方县级以上人民政府核定一致并签定协议的无争议的界线,勘界中应予以认定。

(三)除上述两种情况外的其他边界线地段;双方以国家土地利用现状调查资料为基础,根据有关资料,结合行政区域实际管辖状况确定边界线。并将边界线走向标绘在湖南省地质局测绘队1983年版1∶1万比例尺地形图上。双方各自标绘边界线后,在核界时按以下情况确定边界线:双方标绘的边界线一致旦与实际行政管辖相符的地段,以双方一致的画法为基础确定边界线;双方标绘的边界线虽不一致,但双方目前的实际管辖无争议的地段,根据实地的行政区域辖情况确定边界线;双方标绘的边界线不一致,对于实地管辖的情况又有争议的地段,按照《行政区域边界争议处理条例》解决争议并确定边界线。

(四)泸凤线的勘定,原则上要与自然资源权属相一致。特殊情况必须分开的,在划定边界线的同时,要明确跨越边界线的自然资源权属。

联合勘定泸凤线的工作由两县勘界工非领导小组组织实施,两县勘界工作领导小组办公室负责联合勘界的日常工作。1998年5月27日两县勘界办在泸溪县城召开了勘界工作会议,对泸凤线的勘界工作进行了统一安排和部署,交换了勘界情况,进行了室内核界、友好协商定界工作。6-9月双方勘界办对有争议的两处地段进一步作了实地勘察。10月上、中旬双方多次对话交换调查情况并协商预制、埋设界桩工作。11月18日双方勘界办在凤凰县城再次召开协商会议,双方坚持遵循实事求是,顾全大局,互谅互让的原则,解决一处地段,澄清一处无争议地段,顺利实现全线贯通。双方勘界办签定了泸凤线全线贯通协商会议纪要。与此同时，双方及时组织了界桩埋设和测绘工作。1999 年 1 月 4 日双方联合勘界测绘成果检查验收组对测绘成果进行初审检查。3 月 9 日在进行了勘界测绘成果的检查验收，资料汇总。8 月 15 日，勘界办在吉首完成了边界协议书的起草等工作。

第二条　泸、凤两县边界接壤的有 7 个乡(镇)22 个村，其中泸溪县放岩乡的大坪、东风、都蛮、万口、己溶、场上 6 个村；兴隆场镇的兴隆场村、巴斗山村；踏虎乡的登云寨村；凤凰县有竿子坪乡的椰木树村、桐油坪村；吉信镇的都吾村、新回村；木江坪乡的长车、均匀坪、雷公洞、庙背、高山田、新塘、万兴 7 个桥溪口乡的大管冲、茶罗村。界线由北向南从吉泸凤三市县边界交会点(310122230)起，到湘西自治州的凤凰县、泸溪县与怀化市的麻阳县边界线交会点[312223120](431231010)止，全长 55.1 公里，全线包括起始点共埋设和测定界桩 2 个，止点未埋设界桩。

边界线走向和界桩位置标绘在中国入民解放军总参谋部测绘局 1977 年版 1:5 万比例尺地形图 H-49-136- 丙吉信 H-49-136- 丁兴隆场的两幅图上，作为本协议书的附图。界桩登记表和界桩成果表记载了各界桩的情泥。界桩成果表作为本协议书的附件，界桩登记表、1∶5 万比例尺定界工作用图和 1:1 万比例尺修、补测地形图报湖南省勘界工作领导小组办公室存档。

第三条　吉、泸、凤三市县边界线交会点于 1997 年 12 月 9 日在泸溪县协商确定，成果资料由吉首、泸溪、凤凰三市勘界办另行联合上报。

第四条

一、本协议书所记载的界长线长度是从 1∶1 万比例尺工作图上量取的，以公里为单位。

二、本协议书第三部分叙述边界线走向时使厢的方向采用 16 方位制，其含义如下：1、北 348° 45/-11° 15/，2、北偏东北 11° 15/-34° 45/，3、东北 33° 45/-56° 15/，4、东偏东北 65° 15/-78° 45/，5、东 78° 45/-101° 15/，6、东偏东南 101° 15/-123° 45/，7、东南 123° 45/-146° 15/，8、南偏东南 146° 15/-168° 45/，9、南 168° 45/-191° 15/，10、南偏西南 191° 15/-213° 45/，11、西南 213° 45/-236° 15/，12、西偏西南 236° 15/-258° 45/，13、西 258° 45/-281° 15/，14、西偏西北 281° 15/-303° 45/，15、西北 303° 45/-326° 15/，16、北偏西北 326° 15/-348° 45/。

第二部分　重要问题说明

第五条　泸、凤两县边界线上的土地、山林相互插花现象多，特别是巴斗山老庵堂一带更复杂。边界线确定后，其两侧的“飞地”插花田、地、坟山、森林、水、矿产等自然资源权属及原生产、生活设施权属仍维持勘界前的现状不变。

第三部分　边界线走向说明和界桩位置说明

边界线走向文字说明

第六条　泸溪凤凰线从吉首市双塘乡周家寨村，泸溪县解放岩乡大坪村，凤凰县竽子坪乡榔木树村三市、县边界线交会点（烂碾子田）310122230号界桩起，到泸溪县踏虎乡登云寨村，凤凰县木江坪镇新塘村，怀化市所属麻阳攀板栗树乡楠木地村三县边界线交会点(灯盏坨)431231010(312223120)号界点止，中间只埋设了312223001号一个界桩，全长55.1公里。其边界线走向详细说明如下：

从三市、县交界处的烂碾子田310122230号界桩起，界线向西偏西南行约150米后折向西南方向行约150米至小溪，沿溪上行约550米离开小溪向西上山行约120米再向西南方向行约170米过溪后，继续向西南方向行约230米至小溪中心，沿小溪中心线上行至黑冲，从黑冲向南偏东南方向仍沿小溪中心线行至吉子巴岭山咀下。从此处转向西偏西南方向依旧沿小溪中心线行约250米至小溪拐弯处，从小溪拐弯处向西北方向上山至大田朗山顶，再沿山脊行经椅子坡400米后折向西南方向顺山坡下行至双岔溪小路边，横过小路，向西偏西南方向下山行至小溪边，沿小溪中心线向西南方向行约430米至牛屁股，从牛屁股离开小溪上山向西南方向沿山脊行至长冲至屋场坨西侧之间山头西侧山咀上，从比处转向西北方向下山过冲，翻过马鞍山至361.4米高程点东南约50米处，折向东南方向行至麻坪小溪边，向东横过小瀑后沿小溪南侧向东行约500米至岩子洞，从岩子洞离开小溪向南上山行约170米至大洞门前，从大洞门前折、向西偏西南方向行约100米再折向西偏西北继续上山，转过山脊向西南方向行约480米至云板垅，从云板垅大体向南偏西南方向沿半山腰行约250米后折向西南方向行约450米至大拉上，从大拉上向西南方向经阴沟垅至老湾水洞，从老湾水洞向南偏东南方向行约180米再折向西南方向行约220米至岩湾，从岩湾向东偏东南方向上行350米至山脊，从山脊折向西南方向至千里岩山三角点(555.3米)，从千里岩山三角点向西偏西北方向行至啄啄岩山顶，从啄啄岩折向南行约300米后，又折向北偏西北行至416.5米高程点南约80米处。从此处向南偏西南方向沿山脊东侧约20-50米山顶经雷打坳至大田角水库尾部，从大回角水库尾部向东偏东南方向沿水库南侧山脚行至苗婆裙山坡脚下。从比处向南沿王茶垅西侧山脚行至长坳

350.5 米高程点北偏东北约 50 米处，从此处向南偏东南方向横过小路约 20 米，再折向东北方向行约 250 米后，折向东南方向上行约 80 米又折向南偏西南方向行约 200 米后又转向沿山坡东行约 80 米再沿山脊上山顶后新向东北方向前进 500 米至野猪塘，从此处向南偏东南上行经酸婆子岭 494 米高程点西南侧约 20 米处，继续下行至马鞍山山脚的溪边小路，沿溪西北侧小路向东行约 170 米后，向南横过小路与小溪至灵官台山廓，沿山脚折向西行约 250 米至牛角湾东侧山咀再折向西南方向上山沿山脊行约 320 米再大体向南曲折前进经马子坡至黄泥坨坳小路，从黄泥坨坳小路向东偏东南行约 150 米再折向南横过小路曲折前进 150 米后，从黄毛坡上山，向西翻过山顶，再向西偏西南下山至小溪溪边，跨过小溪，沿溪南侧向西行约 250 米后离开小溪向西偏西南方向曲折上行至肖溪里去楠木坨的小路边。

从此小路边折向东偏东南方向行约 600 米后的折向南上山，翻过山脊向南上山坳折向西行约 100 米，再大体向南曲折下山至烂草冲口大溪溪边，沿大溪溪中心线大体向东偏东北方向曲折下行到与小溪交汇处，从交汇处沿溪中心线下行至白沙溪后，离开溪水向东南方向行上至 428 米高程点东北侧绘 50 米处。从此处向东经猫耳岩 411 米山头到晒田坪至大管冲小路边，跨过小路向南沿小路东侧行约 200 米后，折向东行约 70 米再大体折向东北方向经蒌岩至峰子岩，从峰子岩大体向东偏东北方向经野鸡坨横过上万溶至晒田坪小路，经清水坳南侧至庙岭上的小溪边，跨过小溪后，向东南方向经辣子坳至梨子山，从梨子山向东偏东南方向经大坡过焦柳铁路至大地湾，从大地湾向南偏东南方向沿合水线上行至六直角顶，从六直角顶向东偏东北方向沿山脊经大人湾至严木寨(行距约 80 米)，从严木寨向北偏东北方向大体沿山脊至水井湾沱江西岸简易公路东边的 312223001 号界桩，这段界线长 29.2 公里。

从 312223001 号界桩起，界线向东北方向跨过沱江上行至 276 米高程处，从此处向东行约 30 米再折向南行约 100 米后回到沱江东小路边，从小路边大体向东上行 250 米后，向南偏西南方向行至猫儿口电站房屋东侧的山坡上（行路 50 米），从此处大体向东偏东北方向上行约 300 米折向东南向行约 170 米再折向东偏东北行约 150 米，经腊山冲再大折向东偏东北方向曲折前进约 180 米再折向南偏东南方向行约 150 米至苏家垅，从苏家垅向南偏东南方向至养猪田，养猪田大体向东偏东南方向横过小路行约 450 米到达两小交叉口东 100 米处，从此处折向东北方向行约 450 米至小垅小路边，从小溪垅小路边转向东南方向行约 250 米至长坡，从长泥坡大体向北行约 200 米折向东行为 100 米再大折向北偏东北行约

320 米至 332.0 米高程点北侧约 50 米，从此处横过小路向南行约 150 米折向东偏东南行约 70 米，再折向南行约 80 米，再折向西南行约 80 米后，再折向南东南行约 150 米至秃田西侧小路边。从小路文体向东顺山下山至小溪，沿小溪中心线上行约 70 米至秃田的溪交汇，从交汇处大体向东沿小溪中心线上行约 500 米后上岸，沿水南侧向东曲折前进，横过小路后上山行约 250 米再折向行约 170 米至 335.2 米山头西北方向 160 米的地方，从此处东南方向翻过山梁，沿合水线下行至天心潭的山坡上(行距 600 米)，从此处向西行约 100 米后折向东南方向至小溪北路边，横过小路，跨过小溪上山，向南行至桃把坳东侧山坡约 100 米处，从此处折向东行约 50 米再折向南行约 150 米至 496 米高程点北面 30 米处，从此处向东偏东南方向沿山脊前进约 400 米后从老师湾折向南下山，跨过小溪向南偏东方向经大坡坡脚、路板冲至田湾(离溪约 900 米处)，从田湾向西北方向行约 100 米后折向北曲折前进约 400 米至贰蹬坎顶 509 米高程点西北侧约 50 米处，从此处沿山脊向南行约 500 米，转向东偏东北方向行 150 米后又折向南偏西南行约 150 米至 545 米高程点东北约 60 米处，从此处大体向东偏东南方向沿山脊下山至山坳，再大体向东上山至 483 米高程点。北侧约 40 米处，从此处大体向东南方向行至 463 米山头从 463 米山头向东偏东北方向沿山脊上行经长湾南侧山岭行至 544 米高程处，从此处向西北方向行约 200 米后，转向东北方向行约 70 米再转向东行约 300 米，再转向南偏东南行约 130 米，再转向东横过小路后至哆落坪(583 米)，从哆落坪向南偏西南方向沿山脊行至红岩山，从红岩山向东南方向顺山坡下山过沟再上山行约 420 米后，又向东行约 150 米再大体折向西南方向行经黄鸡湾约 220 米处再折向西偏西北方向上行至大坟坨(565 米)西北的小路交叉处，从小路交叉处向南沿山脊小路东侧经扦坡垴、界皮岭至挡风坳，从挡风坳向南沿山脊至桑藉湾岭(587 米)，从桑树湾岭向西南方沿山坡行至红岩山菇(行距约 200 米)，从红岩山垅向南行 150 米后折向东北方向上行至山脊小路西南 60 米处，从此处转向南偏西南方向行约 150 米后，又折向东北方向上行约 150 米至山脊，沿山脊大体向东南方向经无对角折向西南方向约 100 米再折向东偏东北方向行约 120 米再向南偏东南方向行约 100 米至大坡垴，从大坡垴向西行约 150 米又折向西北方向行约 175 米再向西行至埋丑坟，从埋丑坟向东南方向行约 250 米至坡堂庵，从坡堂庵向西偏西南方向下坡行约 100 米再折向西行约 230 米，再折向南行至洞脑上村寨北缘，从洞脑上村寨北缘至出村下山小路向东行约 100 米，再大体向南偏东南方向经犀牛岩至吊马冲，从吊马冲向东偏东北沿山脊至 710 米山头，从 710 米山头向南沿山脊至岩子湾岭，从岩子湾岭向西沿山脊行约 200 米折向南经牛角湾冲翻过山坡至老师湾，认老师湾向南偏东南方向上山至山脊后，折向西南方向沿山脊经生田岭行至关湾冲乡村路边(行距约 400 米)，沿乡村路北侧向西偏西北行约 150 米后，向南偏东南方向横过乡村路再折向南偏西南行至观音坐莲，从观音坐莲向南偏西南方向沿山脊经八面山(老庵堂)三角点、新庵堂，再折向南偏东南约 150 米，再转向西南过新庵堂至登云寨小路至大坡堖，从大坡堖向西偏西南方向沿山脊至灯盏坨 431231010(312223120)号边界线终点(未埋界桩)，这段界线长 25.9 公里。

界桩位置文字说明

第七条　310122230 号界桩为单立三面型混凝土柱，位于吉首市双塘乡周家寨村、泸溪县解放岩乡大坪村、凤凰县竿子坪乡槲木树村三市、县边界线交会处(烂碾子田)。在磁方位角 78 度 06 分，距离 551.0 米处为一山头(425.4 米)；在磁方位角 172 度 30 分，距离 305.0 米处为一山头(401.8 米)；在磁方位确 265 度 00 分，距离 340.0 米处为一山头(307.1 米)。

312223001 号界桩为单位双面型混凝土桩，位于泸溪县放岩乡万口村，凤凰县木江坪镇长车村沱江西侧简易公路东侧边线上，在磁方位角 38 度 48 分，距离 220 米处为一山头(276.0 米)；在磁方位角 73 度 15 分，距离 380 米处为一山头(347.0 米)；在磁方位角 96 度 42 分，距离 142 米处为一山头(304.0 米)。

第四部分　边界线的维护和管理

第八条　界桩是行政区域界线永久性标志，双方应采取有力措施加以保护，防止自然或人为的对界桩方位物酌移动和破坏。任何一方不得单方面另立新界桩或其他边界线标志。

第九条

一、为了有效地维护界桩和其他边界线标志，泸凤线埋设的一个界桩，双方负责共同管理。具体责任为泸溪县负责牵头，凤凰县负责配合。

二、任何一方如果发现界桩被移动或损坏，应立即通知另一方。应在另一方在场的情况下，在原处恢复或重竖，不能在原处恢复或重竖的，应在不改变边界线走向的原则下，由双方协商，另行选择适当地点竖立。

三、对于界桩的恢复或重竖，双方应共同作好记录。如果另行选择地点竖立界桩或增竖新的界桩，双方应就此签定文，按照测绘技术规定填写界桩登记表。上述记录、文件经双方签署后，即成为本协议书的补充附件，由两县共同上报州勘界工作领导小组办令室备案。

第十条　为了使边界线易于管理和辨认，防止出现骑线衬庄和建筑物，以保持边界线走向清楚和稳定，在边界线两侧各五米的地带内，严禁建立新房屋和其他永久性的建筑物。

第十一条　双方对于任意移动、损坏界桩及边界线标志的单位和个人，应按有关规定予以追究处理。

第十二条　本协议生效后，双方按国家主管部门要求定期或不定期进行联合检查。由于某种原因，经一方要求并报上级主管部门同意后，双方可对边界线的特定地段进行临时的联合检查。每次联合检查后，要写出检查报告；并报上级主管部门。

第五部分　最后条款

第十三条　本协议书所附边界线地形图为中国人民解放军总参谋部测绘局于 1977 年出版的 1954 年北京坐标系 1∶5 万比例尺形图 2 幅。双方在勘界中，根据技术规定要求，勘界工作用图补调、修测用图为湖南省地质局测绘队 1983 年版 1:1 万比尺地形图各 7 幅。

第十四条　本协议书所附边界线地形图，使用彩色原图标绘成 1 份，依据此图复印 12 份。标绘的边界线地形图和复印图，经方人民政府代表签字后，具有同等法律效力。如果复印图清，以标绘的彩色原图为准。

第十五条

当协议书边界线走向的文字叙述与附。图不尽一致时，附图为准；若附图仍不清楚时，以工作图为准。

第十六条

有关双方勘界所形成的档案，按照有关规定上报国务院和省、州勘界工作领导小组办公室。

第十七条

本协议书于二〇〇〇年八月十八日在泸溪县经两县人民政府代表签字后，按照法律程序上报省人民政府审批，从批审之日起生效。

本协议书一式 28 份，生效后由国务院、省人民政府存 19 份，州、两县人民政府各存 3 份。

二〇〇〇年八月十八日

泸溪县人民政府与古丈县人民政府联合勘定行政区域界线协议书

第一部分　勘界工作概况

第一条　　泸溪县与古丈县行政区域界线(以下简称泸古线)历史上从没有勘定过。两县边界线基本上由传统习惯线和争议线组成。根据《国务院关于开展勘定省、县两级行政区域界线工作有关问题的通知》(国发〔1996〕32 号)和《湖南省人民政府关于开展勘定行政区域界线工作有关问题的通知》(湘政发〔1996〕54 号),泸、古两县勘界工作领导小组. 于 1998 年 4 月 9 日共同制定了《联合勘定泸溪县与古丈县行政区域界线实施方案》。4 月 16 日,州勘界工作领导小组批准同意了泸古线联合勘界实施方案。双方商定:

联合勘定泸、古两县行政区域界线,要尊重历史、立足现实,要从有利于行政管理、有利于经济发展、有利于当地人民群众生产生活、有利于边界地 + 区社会稳定. 出发,按照国家有关政策、法规,本着实事求是、顾全大局、互谅互让的原则,由双方友好协商,划定两县行政区域界线。确定边界线昀原则是:

(一)双方已明确划定或者核定的边界线,包括国务院在确定行政区赳时明确划定的泸、古两县的界线;双方县级以上人民政府在发生争议之前核定一致的界线,按照有关文件、协议、地图予以核定;以往粗略划分过但未落实的边界线以有关文件、协议、地图为基础,协商确定边界线。

(二)在国家土地利用现状调查中,经双方县级以上人民政府核定一致并签定协议的无争议的界线,勘界中应予以认定。

(三)除上述两种情况的其他边界线地段,双方以国家土地利用现状调查资料为基础,根据有关资料,结合行政区域实际管辖状况确定边界线。并将边界线走向标绘在湖南省测绘局 1983 年版 1∶1 万比例尺地形图上。在各自标绘边界线的基础上,双方核界时按以下三种情况确定边界线:双方标绘的边界线一致且与实际行政管辖相符的地段,以双方一致的画法确定边界线;双方标绘的边界线虽不一致,但双方目前的实际管辖无争议的地段,根据实地的行政区域管辖情况确定边界线;双方标绘的边界线不一致,对于实地管辖的情况又有争议的地段,按照《行政区域边界争议处理条例》解决争议并确定边界线。

(四)泸古线的勘定,原则上要与自然资源权属相一致。特殊情况必须分开的,在划定边界线的同时,要明确跨越边线的自然资源权属。联合勘定泸古线的工作由两县勘界工作领导小组组织实施,两县勘界工作领导小组办公室负责联舍勘界的日常工作。

1998年4月11日，两县勘界办在古丈县共同主持召开了边界工作会议，对泸古线的勘界工作进行了统一部署，交换了边界情况，核对了边界线，并协商联合踏界及界桩埋设等。会后双方组织了联合踏界工作组进行了联合踏界，实地核界。因双方村、组对某一地段边界线的走向存在分歧，两县勘界办决定分别再进驻到村、组，去实地作进一步调查。11月4日双方勘界办在吉首再次召开边界线走向协商会议。通过双方友好协商，统一认识，实现了泸古线全线顺利贯通。双方勘界办签订了泸古线全线贯通协商会议纪要。与此同时，两县勘界办协助省测绘队进行了补调、修测等测绘工作。两县勘界测绘成果联合验收组于1999年1月19日至3月8日先后三次对勘界测绘成果资料进行了校核审查及验收，资料汇总。8月4日，两县勘界办在吉首完成了边界协议书的起草等工作。

第二条　　泸、古两县边界接壤有2个乡3个村，其中泸溪县有八什坪乡李什坪村，古丈县有山枣乡磨刀村、林场村。边界线自西向东从吉首、泸溪、古丈三市县边界线交会点(310122260)起，到湘西自治州的古丈县、泸溪县与怀化市的沅陵县边界线交会点[312226120(431231004)]止，全长6.6公里，起始点埋设界桩一个。

边界线走向和界桩位置标绘在中国人民解放军总参谋部烈绘局1989年出版的1∶5万比例天地形图8-49-125-丙河蓬图幅上，作为本协议书的附图。

界桩登记表和界桩成果表记载了各界桩的情况，界桩成果表作为本协议书的附件，界桩登记表、1∶5万比例尺定界工作用图和1∶1万比例尺修、补测地形图报湖南省勘界工作领导小组办公室存档。

第三条　　吉首、泸溪、古丈三市县边界线交会点于1997年12月25日在泸溪县协商确定，成果资料由泸溪牵头，联合吉首、古丈两县市勘界办另行上报。湘西自治州的古丈县、泸溪县与怀化市的沅陵县边界界址点于1998年4月11日在古丈协商确定，成果资料由古丈县牵头，联合泸溪、沅陵两县勘界办另行上报。

第四条

一、本协议书所记载的界线长度是从1∶1万比例尺工作图上量取的，以公里为单位。

二、在本协议书第三部分叙述边界线走向时使用的方向采用16方位制，其含义如下：1、北348°45/-11°25/，2、北偏东北11°15/-33°45/，3、东北33°45/-56°15/，4、东偏东北56°15/-78°45/，5、东--78°45/-101°15/，6、东偏东南101°15/-123°45/，7、东南123°45/-146°15/，8、南偏东南146°15/-168°15/，9、南168°45/-191°15/，10、南偏西南191°15/-213°45/，11、西南213°45/-236°15/，12、西偏西南236°15/-258°15/，13、西258°

45/-281° 15/,14. 西偏西北 281° 15/-203° 45/,15、西北 303° 45/-326° 15/,16、北偏西北 326° 15/-348° 15/。

第二部分 重要问题说明

第五条 泸、古两县边界线上的土地、山林相互插花现象多而且复杂。边界线确定后，其两侧的“飞地”、插花田地、坟山、森林、水、矿产等自然资源权属及原生产、生活设施权属仍维持均界前的现状不变。

第三部分 边界线走向说明和界柱位置说明

边界线走向文字说明

第六条 泸溪古丈线从吉首市排绸乡三坪村、泸溪县八什坪乡李什坪村、古丈县山枣乡磨刀村三市、县交零处曲大坳(又称矮坳)310122260 号界桩起到泸溪县八什坪乡李什坪村、古丈县山枣乡林场村，怀化市的沅陵县棋坪乡背龙村三县交界处的 312226120(431231004)号界点止。中间未埋设界桩，全长 6.6 公里，其边界走向详细说明如下：

从三市、县交界处的大坳 310122260 号界桩起，界线向东沿合水线下行至鸡婆溶，从鸡婆溶向北偏东北方向沿鸭板溪溪水中心 线上行约 550 米后，折向东偏东北方向沿鸭板溪溪水中心线前进 350 米，又折向北沿溪水中心线上行约 250 米，再折向北偏西北方向沿溪水中心线前进约 350 米后，大体转向东继续沿溪水中心线行至拦河坝，从拦河坝离开鸭板溪上岸，向东沿山坡上行至龙崩山，从龙崩山向东北方向顺山坡下行过黑冲再一沿山坡上行至竹子堡，从竹子堡大体转向东沿山脊行至 539.3 米山顶北侧约 15 米处，再继续向东顺山坡下约 200 米，再折向东北方向过山沟，再横过别州村至饿狗溪自然村的小路后，沿山坡从 518 米山头西北侧 100 米处经过，继续向东偏东北方向沿山脊行至茶子包，从茶子包向东北方向顺山坡下行约 400 米后，继续向东北方向沿合水线下行至小溶出口，从小溶出口转向东南方向沿山枣溪的中心线下行约 1.20 公里，再折向东北方向仍沿山枣溪溪中心线下行至山枣溪电站下游的 312226120(431231004)号界点。这条边界线长为 6.6 公里。

界桩位置文字说明

第七条 310122260 号界桩为单立三面型混凝土界桩，位于吉首市排绸乡三坪村、泸溪县八什坪乡李什坪村、古丈县山枣乡磨刀村三市、县交界处大坳鞍部小路交叉中心。在磁方位角 147 度 18 分，距离 411 米处为一山头(418.7 米)；在磁方位角 147 度 24 分距离 149 米处为一山头(448.0 米)；在磁方位角 351 度

54 分距离 335 米处为一山头。

312226120(431231004)号界点因在沅水凤溪口水中，未埋没界桩。其测量成果在图上量取。

第四部分　边界线的维护和管理

第八条　界桩是行政区域界线永久性标志，双方应采取有力措施加以保护，防止自然或人为的对界桩及界桩方位物的移动和破坏。任何一方不得单方面另立新界桩或其他边界线标志。

第九条　吉首、泸溪、古丈三市县边界线交会点界柱的维护和管理按吉、泸、古三交点协议书执行；自治州的古丈县、泸溪县和怀化市的沅陵县边界线交会点界桩的维护和管理，按自治州、怀化市行政区域边界线协议书办。

第五部分　最后条款

第十条　本协议书所附边界线地形图为中国人民解放军总参谋部测绘局于 1989 年出版的 1954 年北京坐标系 1∶5 万比例尺地形图 1 幅，双方在勘界中，根据技术规定要求，勘界工作用图和补调、修测用图为湖南省测绘局 1983 年版 1∶1 万比例尺地形图各 3 幅。

第十一条　本协议书所附边界线地形图，使用彩色原图标绘成一份，依据此图复印 12 份。标绘的边界线地形图和复印图，经双方人民政府代表签字后，具有同等法律效力。如果复印图不清以标绘的彩色图为准。

第十二条　当协议书边界线走向的文字叙述号附图不尽一致时，以附图为准；若附图仍不清楚时，以工作图为准。

第十三条　有关双方勘界所形成的档案，按照有是规定上报国务院和省、州勘界工作领导小组办公室。

第十四条　本协议书于二 000 年八月十八日在泸溪县经泸溪、古丈两县人民政府代表签字后，由两县人民欢府上报省人民政府审批，从批准之日起生效。本协议书一式 28 份，生效后由国务院、省人民政府存 19 份，州、两县人民政府各存 3 份。

附件：1、泸溪县人民政府和古丈县人民政府联合劫定的行政区域界线协议书附图；2、界桩成果表。

二〇〇〇年八月十八日

二、泸溪县自然村地名录

武溪镇自然村名录(一)

乡镇	自然村名	来历
武溪镇	赵家溶	因此地是一条山溶,多为赵姓人家居住而得名
	沙洲坪	因位于沅江边的一块沙坪上而得名
	红土溪屋场坪	因此地有很多屋场而得名
	凤形地	因此地地形像只凤凰而得名
	双水排	因此地以前有两口水井并列而得名
	老白洋溪	因此地位于溪边而得名
	符家寨	因此地多为符姓人家居住而得名
	上桃溪	因此地位于村寨上方,周围有很多桃树而得名
	上堡花山	因此地满地都是野花而得名
	八里槽	因此地山坡下有条小溪,长达八里,远远看去就像一条水槽而得名
	条家坪	因此地下面的田地比较平,两面是高山而得名
	斧头寨	因此地形状像虎头,原名虎头寨,后改为斧头寨
	红土溪	因此村的地块均为红色土壤而得名
	朱食洞烂泥田	因此寨位于朱食洞村,田地都是烂泥而得名
	低大坪	因此地地势低且平坦,相对高大坪村而得名
	高大坪	因此村寨地势高,有一块平地而得名
	好汉坡	因此地位于很陡的山坡上,当地人说能上去的都是好汉而得名
	杨斌庄	因此地以前住着一个叫杨斌的人而得名
	朱食洞屋场坪	因此地屋门前有块坪而得名
	朱食洞	因以前有人在山洞喂猪,朱同“猪”而得名
	辛女村	原名称为侯家村,后因此地信奉神女而更名
	上堡龙头上	因位于上堡村,地形像个龙头而得名
	托南溪	因此地原来是一条小溪而得名
	麻阳坳	因此地种植了很多苎麻而得名
	燕子尾	因此地地形像燕子的尾巴而得名
	叫化排	因此地前辈在此地开荒耕作,当时田少人多,到处乞讨为生而得名

武溪镇自然村名录(二)

乡镇	自然村名	来历
武溪镇	大树坳	因此地周围有一片大树林而得名
	高大坪千丘田	因以前寨子是一处庄场,有垅田 1000 丘而得名
	大树坳	因村寨周围有一片大树林而得名
	下桃溪	因此地位于村寨下方,周围有很多桃树而得名
	高大坪唐家	因村寨位于高大坪村,多为唐姓人家居住而得名
	下断渠	因寨子后面有天然渠,此地位于天然渠下边而得名
	上断渠	因寨子后面有天然渠,此地位于天然渠上边而得名
	文家	因寨子多为文姓人家居住而得名
	曹家	因寨子多为曹姓人家居住而得名
	桐溪	因寨子周围种有桐树而得名
	张家	因寨子多为张姓人家居住而得名
	甲腊坪	因寨子由方言音译而得名
	黄金坨	因寨子位于山脚坳地,土质肥沃物产丰富而得名
	少白洋溪	因寨子位于溪边,多白杨树而得名
	顺江田	因寨子地形像船,取船顺江行之意而得名
	朱食洞王家岭	因寨子多为王姓人家居住而得名
	邹家	因寨子多为邹姓人家居住而得名
	陀螺山	因寨子地形像陀螺而得名
	田家岭	因寨子多为田氏家族集中居住而得名
	合岩溪	寨子因传说溪旁洞内有一活动的岩石而得名
	水井溶	因村里有一口水井而得名
	杨柳溪	因寨子以前溪边有几棵杨柳树而得名
	桔园	因该居民点以前种桔子树多而得名
	新建村	因是新建的居民点而得名
	椰木冲	因寨子多椰木树而得名
	田金山	因田氏家族曾经在此山集中居住而得名
	沟水溪	因村子旁有几条水沟小溪,水源充足而得名
	天门溪周家寨	因位于天门溪村,寨子周氏家族集中居住而得名
	天门溪龙家	因寨子龙氏人家集中居住而得名

武溪镇自然村名录(三)

乡镇	自然村名	来历
武溪镇	莫家岭	因寨子莫氏人家集中居住而得名
	天星寨	因村寨居住在高山上,离天上的星星很近而得名
	刘家滩龙家	因寨子全是姓龙的人而得名
	大毛坪	因寨子有很多茅草屋而得名
	儿婆塘	因寨子以前有孙儿和婆婆住在这里而得名
	郑家坡	因寨子郑姓人家在此居住而得名
	大溪梨子坪	因位于大溪村,以前寨子种植了很多梨子树而得名
	黑塘上寨	因村子位于黑塘村上面而得名
	印家岭	因寨子全部都是姓印的人而得名
	下溪尾	因寨子位于小溪尾部而得名
	黑塘下寨	因寨子位于黑塘村最底下而得名
	旧村	因原来这里是谢姓人旧居而得名
	坳里	因寨子居住在坳里而得名
	覃家庄	因寨子姓覃人居多而得名
	宝中寨	因寨子四周有大山,像位于元宝中间而得名
	山脚下	因寨子住在山脚下而得名
	下马寨	寨子因传说有个省城官员骑马而下,经过此地而得名
	曾家岭	因寨子以前曾姓人家居住在这里而得名
	刘家滩	因寨子刘姓人居住在沅水河滩边而得名
	八方头	因寨子是第八位兄弟分家后在此居住而得名
	楼屋	因寨子居住的房屋都是木房而得名
	李家岭	因寨子全部都是姓李的人多而得名
	杨家岭	因寨子全部都是姓杨的人多而得名
	溪里	因寨子住在溪边,近水而得名
	殿方台	因寨子边有一座纪念地而得名
	中等	因寨子居住在中间而得名
	椪柑山莊	因房子后面全是椪柑而得名
	枞山	因此地枞树较多而得名
	继娘家	因寨子以前本地有名的女性被被人认作干娘而得名
	岩角	因寨子居住在高山石角下而得名

武溪镇自然村名录(四)

乡镇	自然村名	来历
武溪镇	刘家滩黄土坡	因位于刘家滩村,很多黄色的土而得名
	刘家滩湾里	位于刘家滩村,因寨子前有条小溪且在湾里而得名
	坳门前	因位于山坳前而得名
	李家庄	因此地姓李人居多而得名
	红杉坨	因寨子以前有很多红杉而得名
	狮子山	因寨子地形形状像狮子而得名
	小岩排	因此地红色岩石很多,排成很多排而得名
	公排岭	因树木茂盛,寨子在半山腰而得名
	大溪杨家寨	因寨子杨姓人家居住在这里而得名
	六球弯	因寨子以前有六户人家住在弯弯里而得名
	石家岭	因寨子以前石姓人家居住在这里而得名
	大溪王家岭	因寨子王姓人家住在这里而得名
	蒲溪	因寨子位于蒲溪河旁边而得名
	蜂子岩	因寨子以前居住在此的人们以养蜂为生而得名
	山羊冲	因人们经常在此放山羊,后定居在此而得名
	蜂子岩梨子坪	因位于蜂子岩村,地形似梨子而得名
	尾寨	因寨子位于长界岭尾部而得名
	蜂子岩中寨	因寨子位于蜂子岩村长界岭中腰而得名
	蜂子岩上寨	因位于蜂子岩寨子上方而得名
	乱岩窠	因此地很多岩石而得名
	郑家坨	因此地居住了很多郑姓人家而得名
	秤砣山	因寨子旁边的一座山像秤砣而得名
	洲尾	因寨子处于五里洲的最尾端而得名
	五里洲杨家寨	因寨子姓杨的多而得名
	灾民新村	因 1997 年五强溪水库淹没去移民在此建村而得名
	张家寨	因寨子姓张的较多而得名
	洲中	因寨子位于五里洲洲中的居民点而得名
	洲头	因寨子处于五里洲的最前端而得名
	黄氏冲	因黄氏人家居住在此而得名

武溪镇自然村名录(五)

乡镇	自然村名	来历
武溪镇	肖溪	因肖氏人家居住在小溪边而得名
	胡氏冲	因胡氏人居住在此而得名
	四角	因寨子四面绕山呈四角形而得名
	九角	因居住在山脚,村头有九棵大树而得名。
	榆树坪黄泥田	位于榆树坪村,因稻田以黄泥土为主而得名
	罗家坪	因寨子全是罗姓人家的而得名
	翁水坪	因传说村内有两口井常淹死小孩，人们用锅把井盖住而得名
	狗坐岩	因村子里有一块大岩石,狗喜欢坐在岩石上而得名
	榆树坪	因寨子榆树较多而得名
	周家庄	因寨子姓周人居多而得名
	唐家排	因寨子处在平地上,唐姓人多而得名
	九子田	因村寨中的稻田似九字一样而得名
	塘田	因寨子田边有个山塘而得名
	岩坪	因寨子的地坪中岩石多而得名
	张家湾	因寨子全部都是姓张的人而得名
	来溪	因此寨有一条小溪是从外村流入而得名
	杨子溪	因寨子位于小溪边,且周围有很多杨树而得名
	枣子坪	因寨子四周种了很多枣树而得名
	溶口	因寨子建在溶的出口处而得名
	田子冲	因寨子地形像个田字而得名
	白牛洞	因寨子形状像牛且旁边有个山洞而得名

(二)浦市镇

浦市镇自然村名录(一)

乡镇	自然村名	来历
浦市镇	板寨	因此村由新堡搬来,原名搬庄,后演变为板寨,故而得名
	盖皮冲	因此村位于山冲,生活富裕,盖过邻村而得名
	温水洞	因村边有有一洞,泉水微温而得名
	蒋家垅	因蒋姓人家居住田垅边而得名
	老子场	因相传祖先以一石粮起家,建村后取名老石场,后演变为老子场,故而得名
	李家田院子	因位于李家田村,这个自然村的房屋建筑都有个院子而得名
	杨后洞	因寨子附近有许多洞,姓杨的人居住较多而得名
	水香坪	因此地的水有香味而得名
	深泥田	因寨子田地里的泥巴颜色都很深而得名
	打狗冲	因这个村以前野狗被打死在冲内而得名
	高桥姚家人	位于高桥村,因姚姓人家居住在此而得名
	红禾冲	因传说村里有丘稻田,禾茎是红色的而得名
	岩洞头	因该村在岩石山的前面而的名
	邓家岭	因寨子姓邓的人比较多而得名
	横岭上	因此村位于大山岭上,一座座山横着连在一起而得名
	吕木溪	因村庄门口对面山下有一条小溪,村民在此砍树,故名雷木溪,后演变为吕木溪,故而得名
	拦牛坳	因昔日牧童常在寨子坳赶牛归栏而得名
	毛家滩白岩头	位于毛家滩村,寨子靠近的岩石是白色的而得名
	徐家岭	因徐姓人家居住山岭上而得名
	李家田	因姓李的人比较多,村边还有水田而的名
	庄屋岭	因村庄修了一个仓库(庄屋)而得名
	毛家滩	因寨子居住毛姓人家较多而得名
	下高桥	因寨子位于一座桥下而得名
	上高桥	因寨子位于石桥上方而得名
	李家田白岩头	位于李家田村,因寨子有白色岩石而得名
	桐坪寨	因寨子后面种的桐树而得名

浦市镇自然村名录(二)

乡镇	自然村名	来历
	马嘴上	因寨子形状像马嘴而得名
	下坳后地	因自然村位于山坳背后而得名
	张家岭	因村子姓张的人很多而得名
	向家寨	因寨子向姓人家居住于此而得名
	中坪	因寨子位于三个居民点中间而得名
	长坪田冲	位于长坪村,因山冲下有块很大的田而得名
	石家寨	因石姓人家居住于此而得名
	长坪岩冲	位于长坪村,因山冲里很多岩石而名
	长坪边山	因该居民点位于长坪村,在山边而得名
	峰堆	因寨子有一个大山峰堆起而得名
	当门坡	因村与上坪村山坡相对而望而得名
	晚担冲	因位于山冲,祖先在同辈兄弟中生的最晚而得名
	刘家园	因寨子刘氏人家居住在此而得名
	长坪唐家	因寨子位于长坪村,居住的唐姓人家多而得名
	茅冲	因寨子茅草较多而得名
	长坪大寨	位于长坪村,因寨子很大而得名
	都岐岩屋口	位于都岐村,因寨子在一个石洞出口附近而得名
	硬晒	因寨子地势平坦,太阳光充足而得名
	贺家寨	因寨子贺氏人家居住在此而得名
	李贺	因寨子同居李、贺两姓氏而得名
	雷家寨	因寨子雷姓人家居住于此而得名
	山湾岭	因此村位于山岭上,村下有三道湾而得名
	黄家桥	因此村黄姓人家较多而得名
	土墙溪	因此村位于小溪边,房屋多为土墙而得名
	上庵	因村边原有一庵堂而得名
	吉家头	因吉姓人家多而得名
	张吴	因寨子同居张、吴两姓氏而得名
	高山坪杨家寨	位于高山坪村,因寨子居住的杨姓人家多而得名
	栎树林	因寨子原来栎树成林而得名

浦市镇自然村名录(三)

乡镇	自然村名	来历
浦市镇	边山寨	因此寨位于山脚边而得名
	中塘刘家坡	位于中塘村,因刘家人居住山坡旁而得名
	高寨坡	因此村位于高山坡上而得名
	椰木坳	因该村子坳上有一颗很大的椰木树而得名
	团圆山	因相传有兄弟五人在此山同饮团圆酒而得名
	大禾冲	因相传此村为长子所建,故称大牛冲,后演变为大禾冲而得名
	海螺冲	因寨子处于冲溶,地形似海螺而得名
	接龙坳	因寨子位于两垅相接处的山坳上而得名
	罗家寨	因寨子地形似锣鼓,原名锣鼓寨后演变成罗家寨
	杜家垅	因寨子杜姓人家居住田垅边而得名
	桐木冲	因此寨位于山冲,油桐树较多而得名
	剥鹿冲	因传说建村初曾在此剥过野鹿的皮而得名
	黄金冲	因此村森林资源丰富,胜如黄金而得名
	姚家湾	因姚姓人家居住溪湾而得名
	余家坨	因寨子处于山坨,居住的余姓人家而得名
	姚家岭	因山岭下居住的是姓姚的人家而得名
	城乡张家湾	位于城乡村,因张姓人家居住山湾而得名
	磨家冲	相传有一猎户寻找猎狗至此,后安家建村。原名逻狗冲后演变为磨家冲而得名
	辉吉坳	因村民寓意吉祥辉煌而得名
	黑竹坳	因村在坳上,从前村下黑竹较多而得名
	高岩坎	因此处的岩石很高大而得名
	鱼坪下寨	因寨子位于鱼坪村下方而得名
	大溪口	因寨子在一条大溪的口边而得名
	鱼坪	因村边有一田坪,形状似鱼而得名
	麻垅	因村位于八条田垅交汇处,故称八垅,后演变为麻垅而得名
	中塘	因相传李氏三兄弟分居三处各建一祠堂,此村居中得名
	下垄	因位于上垄的下边而得名
	鸡龙洞	因在一个山洞下外形似鸡似龙而得名

浦市镇自然村名录(四)

乡镇	自然村名	来历
浦市镇	鱼坪上寨	因位于村部上方而得名
	逻寨	据传此村祖人寻找牲口至此,后安家建村,方言称“寻”为“逻”故名逻寨
	下密从	因寨子处在一山林茂密的下方而得名
	长坨	因寨子处的山坨很长而得名
	姚家岭下寨	因寨子在姚家岭下方而得名
	毛家坡	因寨子毛姓人家居住小坡上而得名
	老坪冲	因建村历史悠久,位于山冲坪中而得名
	罗家村下	因寨子罗姓人家居住此地靠下方而得名
	罗家村上	因罗姓人家居住此地靠上方而得名
	桐木垅	因此村位于田垅附近,村旁桐林成片而得名
	溪对门	因此寨在溪的对面而得名
	刘家	因寨子刘氏人家居住此地而得名
	广皮冲	因此村位于山冲,山冲地势平坦而得名
	木横井	因传说寨子掘井时,发现一横木而得名
	刘场坳	因寨子有个刘民在此山坳开了个场而得名
	叶家坡	因寨子叶姓人较多,居住在山坡旁而得名
	岩门溪下寨	因寨子位于岩门溪村下方而得名
	水井坎	村前坎下有一水井,故名。
	荷花坪	因传说此寨旁有个坪上画了荷花而得名
	黄土坝	村前筑有一条黄土提坎,故名。
	吴木寨	因村寨边有很多树木全是姓吴的人而得名
	岩头山大坪	因位于岩头山村一个很大的坪地里而得名
	马王溪旧寨	因此村位于马王溪村,比周围村子历史较久而得名
	桥头	因此村位于桥头而得名
	毛家	因寨子毛姓人家居住此地而得名
	岩门溪烂泥田	因位于岩门溪村,寨子周围田地都是烂泥巴而得名
	陈家岭	因寨子姓陈的人较多而得名
	刘家庄	因以前有一个山庄,山庄里全是姓刘的人而得名
	唐家坨	因寨子唐姓人很多居住在一起而得名

浦市镇自然村名录（五）

乡镇	自然村名	来历
浦市镇	莲溪湾	因此村位于西溪交汇拐弯处而得名
	毛寨	因一个寨子里全是姓毛的人而得名
	水尾	因寨子处于河边远看就像尾巴一样而得名
	李家寨	因寨里全是李姓人而得名
	石家头	因位于石姓家居住此地而得名
	坡脚	此村位于山坡脚下，故名。
	引家冲	因寨子全是姓印的人，旁边有很多山冲田垅而得名
	岩头山张家湾	因位于岩头山村，在山湾里居住的是张姓的人而得名
	张家头	因寨子是张家人居住的地方而得名
	叶家山	因寨子山边住有叶姓人家而得名
	秦家人	因寨子全是姓秦的人而得名
	铁炉湾	因寨子以前有铁矿在附近而得名
	碑石坳	因此村位于坳上且有个碑石而得名
	桐林溪	因寨子溪边有许多桐木树林而得名
	后洞	因村后有一石洞而得名
	梨子园	因寨子以前有片园林种了很多梨树而得名
	垅上	因寨子位于山垅的上方而得名
	垅下	因寨子位于山垅的下方而得名
	陈家坪	因寨子坪地里有许多陈姓人而得名
	岩头山新田冲	位于岩头山村，寨子因位于才开发出来的田冲边而得名
	瞿家寨	因寨里全是姓瞿的人而得名
	傍坎	因寨子的房子修在傍山处的一个台子上而得名
	黑力界	因寨子树林很深呈黑色而得名
	龚母寨	因寨子龚姓人家的老母亲居住在此而得名
	灰洞坳	因寨子山坳有石灰岩而得名
	虾蚣垅	因寨子的溪里有许多虾米而得名
	岩门溪香炉岩	位于岩门溪村，因有块岩石像香炉而得名
	白连溪	因村边原有一溪，溪中白色巨石似莲花而得名
	岩门溪花园坪	位于岩门溪村，因以前有一片花园而得名

浦市镇自然村名录(六)

乡镇	自然村名	来历
浦市镇	岩门溪王家人	位于岩门溪村，因寨子全是王姓人家而得名
	小麻	因是麻溪一小支流，流经叶家山、杨家人、三房台、四房台、下寨、傍坎六村，故将这一带总称小麻而得名
	塘冲	因此村位于塘边的一个冲里而得名
	银井冲	因传说村中昔日有一水井，井中常生银辉而得名
	李家人	因此村的人多数姓李而得名
	矮头冲	因居住在一个较矮的山头冲里而得名
	大树脚	因此村建在一个大树的脚边而得名
	晒头	因此村处山头，日出晒至日落而得名
	谭家	因谭姓人家居住此地而得名
	石家	因石姓人家居住此地而得名
	周家	因周氏人家居住此地而得名
	岩门溪四方头	因位于岩门溪村，系杨姓人家第四房人居住而得名
	石桥	因村前有一个石桥而得名
	新堡岩坡	因位于新堡村，山坡多岩石而得名
	新堡	因此村地形像双龙抢宝故名“生宝”，后演变成新堡而得名
	新堡下湾	因位于新堡村，此村居住在新堡下方的山湾里而得名
	浦溪半坡	因位于浦溪村半坡上而得名
	上冲头	因寨子位于上冲的上边而得名
	下冲头	因寨子位于上冲的下方而得名
	大禾坵	因寨子种了许多禾苗而得名
	新堡岩坪	因此村位于新堡村，地势平坦多石而得名
	浦溪姚家人	位于浦溪村，因寨子居住的多为姚姓人家而得名
	浦溪黄家人	位于浦溪村，因该地居住的多为黄姓人家而得名
	新堡后寨	因在新堡村下湾寨子的后边而得名
	横溪	因寨子有一小溪横贯此地而得名
	岩边	因寨子有一个岩石碑而得名
	马子桥	因寨子地形似马村边上有一石桥而得名
	龙船坪	因寨子地形似一个龙船而得名

浦市镇自然村名录(七)

乡镇	自然村名	来历
浦市镇	猪圈上	因寨子以前有人在这里养猪修了一个大猪圈而得名
	宋家人	因该地居住的多为宋姓人家而得名
	茶园	因寨子有一个种植茶叶的大园子而得名
	浦溪龙头上	位于浦溪村,因寨子在岩龙头上方而得名
	浦溪唐家人	位于浦溪村,因该地居住的多为唐姓人家而得名
	覃家人	因寨子居住的多为覃姓人家而得名
	庄尚	因寨子以前是徐姓人的庄场,原名庄场,后为庄尚
	清江洞	因寨子有三个石洞,旁边有条江而得名
	杨几冲	因该处有几个山冲为杨姓人家所有而得名
	蒋家人	因此处姓蒋的人比较多而得名
	青草唐家人	位于青草村,因唐姓人家在此居住而得名
	土桥溪	因寨子一条小溪上有三座土桥而得名
	青草杨家人	位于青草村,因杨姓人家居住此地而得名
	栀子坪	因寨子种有栀子花而得名
	棺木塘	因寨子地形似棺木的居民点而得名
	麻溪口白马坪	位于麻溪口村,相传有人寻找白马至此,后在此坪安家而得名
	坡杨人	因杨姓人家在此居住,位于杨家人坡上而得名
	铁柱潭	因村前潭中有一铁柱而得名
	瞿家人	因瞿姓人家居住此地而得名
	青草黄家人	位于青草村,因黄氏人家在此居住而得名
	西公寨	因寨子相传村民在此练习弓箭而得名
	古树坪	因寨子以前有一棵一百多年的古树而得名
	高龙头	因此寨子地势高,形似龙头而得名
	印家坡	因印氏人家在此居住而得名
	擂鼓坡	寨子坐落在山坡上，传说古时每逢干旱村民常擂鼓舞草求雨而得名
	段家人	因段姓人家居住此地而得名
	廖家人	因廖姓人家居住此地而得名
	麻溪口田家人	位于麻溪口村,因田姓人居住此地而得名
	桃子坳	因寨子坳上以前有很多的桃树而得名

浦市镇自然村名录(八)

乡镇	自然村名	来历
浦市镇	胡家湾	因胡氏人家在此居住而得名
	上下陇	因寨子中门有一条陇而得名
	五果溜唐家人	位于五果溜村,因以前是唐姓人家居住的地方而得名
	解放岩	因此村村民从解放岩迁移过来的而得名
	麻溪口香炉岩	位于麻溪口村,因寨子前一岩似香炉的岩石而得名
	戴家人	因戴姓人家居住此地而得名
	麻溪口唐家人	位于麻溪口村,因唐姓人居住此地而得名
	米家洲	因此地有米姓人家在此居住而得名
	羊儿冲	因寨子村民以前以哺育小羊为生而得名
	冲河垅	相传昔日此地常发生火灾,村民常用河水灭火而得名
	合水桥	因寨子处在两溪汇合处,溪上有一座桥而得名
	白头溪	因相传古时罗姓三兄弟平叛有功,饮酒时被奸臣投毒,行至此处,药性发作,摆头不止而得名摆头溪,后谐音白头溪而得名
	毛茂田	因寨子的茅草茂盛、田土肥沃而得名
	莫家人	因莫姓人家居住此地而得名
	钟家寨	因此地居住钟姓人家而得名
	小岸坪	因位于沅江西岸小坪上而得名
	浦溪刘家人	位于浦溪村,因居住的多为刘姓人家而得名
	大岩头	因寨子山头上有很大一块的岩石而得名
	岩头坡	因寨居山坡,岩石较多而得名
	岩田	因寨子田里石头较多而得名
	岩门溪	因此村位于溪边,村前曾有两巨石对立如门而得名
	岩龙头	因村边有块岩石形状似龙头而得名
	康家冲	因寨子康姓人家居住较多而得名
	斋堂坡	因昔日寨后坡上有一斋堂而得名
	新村	因 1996 年大水后村民搬到此地形成新的居民点而得名
	浦溪	因此村位于浦溪出口处以溪而得名
	牛栏冲	因昔日村民常在冲内放牛,建寨后以牛栏冲而得名
	牛角湾	因寨子位于山湾中,地形像牛角一样而得名
	大岩头	因寨子山头有很大一块的岩石而得名

浦市镇自然村名录(九)

乡镇	自然村名	来历
浦市镇	田家溪	因寨子田姓人家居住溪边而得名
	磨刀岩	因传说寨子昔日村民杀牛,常在村边石上磨石而得名
	秧田冲	因寨子边的田用于做秧田而得名
	管山	因此村人家曾管理山岭而得名
	老溪	因位于溪边,历史悠久而得名
	野鸡岩	因寨子后山有一块像野鸡的石头而得名
	铜盆井	因此地地形似铜盆村中有一水井而得名
	长坪	因寨子外有一块很大很长的田坪而得名
	长溶	因寨子位于很长山溶里而得名
	陈家冲	因陈氏人家在此居住而得名
	风上坪	因在地势平坦,但位置较高常年风大而得名
	黄土坡	因黄姓人家居住在土坡上而得名
	上坪	因此村位于高山坪村上方而得名
	上密从	因此处在一山林茂密的上方而得名
	下坪	寨子因位于三个居民点下方而得名
	冲头	因位于村后的冲头里面而得名
	后冲	因位于山冲后面村寨而得名
	上坪	因此村位于高山坪村上方而得名

(三)达岚镇

达岚镇自然村名录(一)

乡镇	自然村名	来历
达岚镇	车头	因寨子地形似车头而得名
	麻子冲	因寨子冲溶里有很多麻粟树而得名
	新田坨里	因寨子在坨下湾里而得名
	新田半坡	因寨子位于新田村半山坡上而得名
	阳都司	因寨子曾有一杨姓人做过都司而得名,谐音"阳"
	白坪	因寨子土地在开垦时挖出很多白色的泥土而得名
	五方台	因寨子地形像一个五边形的方台而得名
	五德大院子	寨子位于五德村,前人从长坪中堂打猎捕鱼,看到这里环境优越适合居住于此,修建大院定居而得名
	五德下寨	因从达岚坪社区谢家坡迁至西冲之地,不久再迁至西冲之地下面而得名
	麻坪高寨	因此寨位于麻坪村,地势高而得名
	老司坡	因此处曾有巫师居住过而得名,谐音"司"
	碳冲	因寨子有很多碳而得名
	五德新屋场	位于五德村,因从大院迁往此地建造新屋而得名
	学头田	因此处以前出过官员,为励志村民多读书而得名
	天星堂	因此处很适合观看星星而得名
	覃木阳黑冲	因寨子边一条冲溶山常年见不到阳光而得名
	罩子坡	因寨子地形像一个罩子而得名
	毛家台	因毛姓人家居住在此而得名
	潮地沙坪溪	位于潮地村,因寨子有一块大沙坪而得名
	黑屋	因寨子祖先曾住在光线暗淡的岩洞而得名
	大岩洲	因寨子有一块大岩石,突起如洲而得名
	王潭	因村旁有一潭大而深而得名
	塘山坪	因此处位于两山之间的一个坪里而得名
	富家冲	因希望居住的地方富有而得名
	溪头长冲	位于溪头村,因一个很长的山冲里而得名
	溪头唐家寨	位于溪头村,因此村大部分居住的是唐姓人而得名
	潮地岩冲	位于潮地村,因此处冲溶岩石很多而得名
	护国寨	因此村出了一个精忠报国的武将而得名

达岚镇自然村名录(二)

乡镇	自然村名	来历
达岚镇	塘里	因寨子位于山塘后边而得名
	夕阳田	因此地能够看到夕阳而得名
	下麻冲	因寨子位于麻子冲下方而得名
	上麻冲	因寨子位于麻子冲上方而得名
	瓦子冲	因寨子冲里有一片瓦渣地而得名
	太阳田	因此地在高处,太阳照射时间长,适合居住而得名
	溪头杨家坡	位于溪头村,因杨姓人家居住在坡上而得名
	土家坡	因此坡土家族人较多而得名
	姚冲	因此处曾经有一个窑场,谐音“姚”而得名
	狗老坡	因此处曾经有很多野狗出没而得名
	达岚坪岩寨	位于达岚坪社区,因此处岩石很多而得名
	下岩门黄家	因此处有块岩石像一扇门,分为上下两个寨,此处为下方而得名
	龙头坪	因此处地形像一个龙头而得名
	林场	因寨子位于龙溪口村林场而得名
	公羊	因从前有人在此地捕到一个公羊,后来人们搬迁到此地而得名
	达岚坪社区坨里	因此处地形像簸箕而得名
	珠玉田	因此处流传曾有珠玉宝器而得名
	官岩岭	因此村曾有一个大官居住在此而得名
	蛇湾	因此处曾经有很多蛇而得名
	凉坪冲	因此地过去山冲里有一块坪地,树木茂盛是乘凉的好地方而命名
	刘家坡	因位于半坡上,并且此居民均姓刘而得名
	水冲	因此处以前被大水淹没而得名
	六里大湾	因此处的湾比较大而得名
	岩牛山寨	因寨子位于岩牛山而得名
	台冲	因寨子地面很平像桌子一样而得名
	红旗队	因 1958 年大跃进时搬到此处居住而得名红旗
	眉毛冲	因寨子地形像人的眉毛而得名
	田家溪寨	因寨子田姓人家居住在此而得名
	丛树埇	因此村长有一棵很大的丛树而得名

达岚镇自然村名录(三)

乡镇	自然村名	来历
达岚镇	毛寨垅	因寨子水里毛草繁茂而得名
	五德岩屋口	位于五德村,因寨子边一个大岩洞像小屋一样而得名
	园里	因寨子从大院迁往此地,居住地像个园子而得名
	猪槽洞	因寨子下面有口洞,洞口外有个石槽像猪槽而得名
	达岚坳	因位于达岚附近一个山坳而得名
	龙王口	因居住的地方从高处看像一条长龙而得名
	六里黄泥田	因此寨位于六里村,都是黄泥土而得名
	六里坡脑上	因位于六里村一个山坡的半山腰上而得名
	邓家湾	因居住在这里的人都姓邓而得名
	潮地	因寨子土地潮湿,宜于耕作而得名
	进冲	因进潮地冲内都要经过的地方而得名
	脂肪冲	因此处有一个油坊打油而得名
	先生冲	因此处曾有一个地理先生比较出名,后人为了祭奠他而得名
	谢家坡	因此处大多数为谢姓人家居住而得名
	木子湾	因此地有很多树木而得名
	上岩门古堡寨	因此处有块岩石像一扇门,分为上下两个寨,此寨子为上方而得名
	冲木	因此处靠近冲垅,周围树木较多而得名
	黄毛田	因此处长有很多黄色的茅草而得名
	覃木阳竹园	因寨子竹子多而得名
	新桥上	因此处有一座新桥而得名
	白岩	因此处有很多白色的岩石而得名
	企冲	因以前有人经过这里听到鸡叫而得名,谐音"企冲"
	黄岩溪	因此处一块岩石边上长有一棵黄连树而得名
	麻坪	因此处曾种有苎麻而得名
	后垅	因位于高寨后面而得名
	麻坪田冲	因位于麻坪村,此处有很多田地而得名
	麻坪对面坡	因此处与高寨相对而得名
	向家山寨	因向姓人家居住在此而得名
	旧场	因此村建在旧屋场上而得名

达岚镇自然村名录(四)

乡镇	自然村名	来历
达岚镇	二房台	因过去分房,二房姨太太分到此处而得名
	桥家台	因此处要经过一座桥而得名
	亮坪	因此处光线充足而得名
	竹园虎	因此处种有竹子而得名
	都用	因以前寨子是达岚的中心地带，不管去哪都要经过这里而得名都用
	徐家坡	因徐姓人家居住较多而得名
	槐子湾	因过去很穷,村民常外出讨米,故叫化子湾而得名,谐音槐子湾
	中路上	因此地位于三座山脉居中之地而得名
	梓木溪	因此村溪边有一棵梓木树而得名
	冲里	因此处位于山冲里而得名
	上坡岭	因经过此处时需要走一个上坡而得名
	人脑壳	因居住的地形像人的头部而得名
	天堂坡	因此处地势高,似天堂而得名
	马家坳	因此处地形像一匹马而得名

(四)合水镇

合水镇自然村名录(一)

乡镇	自然村名	来历
合水镇	横坡杨家仁	因寨子村民姓杨,仁义好客而得名
	狭岩冲	因寨子的冲垄地形狭窄,多岩石而得名
	摺冲	因居冲里,后村人大部分迁出,只留少数而得名
	塘坎上	因此村位于溪边塘坎上而得名
	守眼坪	因以前有个老人死在这里,他儿子就一直守在这里,直到眼睛都瞎了而得名
	踏虎徐家人	因徐姓人家居住在此而得名
	塘坨湾	因此处位于一个山湾里而得名
	王泥塘	因此处有一黄色泥塘而得名,谐音“王”
	踏虎梁家人	位于踏虎村,因梁姓人家居住在此而得名
	兴砂大冲	位于兴砂村,因此处有一个很大的冲溶而得名
	踏虎龙头寨	位于踏虎村,因此处山岭似龙形,此村位于头部而得名
	岩板枪	因此村多板石,偃伏堆叠,为狩猎的好卡子,故名岩板戕,后演变成岩板枪而得名
	清水冲	因此处的水很清澈而得名
	踏虎黄家人	位于踏虎村,因黄姓人家居住在此而得名
	烂屋场	因以前这里的房子很破烂而得名
	烟竹湾	因此处曾长有很多烟竹而得名
	东港冲	因从前整个冲垄为一片竹林像港子一样得名
	凉坪岭	因寨子位于山岭上,村下坪边有一股凉水而得名
	茶斗山	因寨子以前有座茶山而得名
	印家人保泥田	因村旁有一山坎,能防洪保田而得名
	兴砂三角坪	因此村地形为三角形而得名
	二组李家人	因李姓人家居住此地而得名
	磨洲唐家人	因唐姓人家居住在此而得名
	红通垅	因寨子的土质呈红色而得名
	板桥冲	因寨子有一个木板搭成的桥而得名
	架桥溪	因村前架一小桥而得名
	踏虎桐坪	位于踏虎村,因坪里种桐树较多而得名

合水镇自然村名录(二)

乡镇	自然村名	来历
合水镇	安老坡	因曾有安姓老人居住在此而得名
	六塘	因此处曾有六个山塘而得名
	两达田	因此村位于架桥溪与茶冲两地搭界处,因“搭”与“达”同音而得名
	茶冲	因此村位于山冲,茶林较多而得名
	寨上杨	因此处有很多姓杨的人家居住而得名
	溪洲田家人	因田姓人家居住此地而得名
	迷水坪	因溪水经常子在此坪上消失,渗入地下,故名没水坪,后演变成迷水坪而得名
	罩子坪杨家人	位于罩子坪村,因居住的多为杨姓人家而得名
	下徐家	因寨子徐姓人家居住在横坡下方而得名
	祖坟山老头冲	位于祖坟山村,因茅头冲与黑冲相汇成一大冲,村位此冲顶头而得名
	祖坟山	因此村附近山坡原为祖先坟地而得名
	新桥杨家仁	因此村的人都姓杨而得名
	龙舟坪	因村为坪上,地形似龙舟而得名
	合水社区李家湾	因李姓人家居住在此湾而得名
	新桥边山	因此村位于山脚溪边上而得名
	合水社区新屋场	因此村从合水迁来,屋场、住宅都是新建的而得名
	双江口	因寨子位于两条溪的交汇处而得名
	罩子坪徐家人	因寨子居住的多为徐姓人家而得名
	阳重	因村后山峰重叠,阳光普照而得名
	市场坳	因居住地在山坳上,曾开过墟场而得名
	罩子坪田家人	因居住的多为田姓人家而得名
	王家寨	因此地过去多黄狗,故名黄狗寨,后演变成王家寨而得名
	旧冲	因此村位于山冲,建村时间较久而得名
	朱司冲	因居住地是个山冲,多为康姓居民,康与糠同音便戏称猪饲冲,后以谐音雅化为朱司冲而得名
	茅坪	因建村以前是一片毛草坪而得名
	祖坟山黑冲	因此村四面是山,树木茂密,光线较暗而得名
	祖坟山三角坪	因此村位于三角形坪上而得名
	蝴蟆坳	因村前有一小山坳,形似蛤蟆而得名

合水镇自然村名录(三)

乡镇	自然村名	来历
合水镇	罩子坪新屋场	因此村从外地迁来,新开屋场建村而得名
	拦坳	因村居坳上,村前横卧一岭而得名
	问野	因传说养牛娃走失一牛,遍山寻问而得名
	中垅山	因此村位于三条田垅中间的山坡上而得名
	上徐家	因徐姓人家居住在横坡上方而得名
	袁家场	因袁姓人家居住在此而得名
	谭家人	因居住的多为谭姓人家而得名
	罩子坪屋场坪	因位于罩子坪村,居住地较平坦而得名
	老古脑	因此村很古老而且在一个山脑上而得名
	马龙口	因村位两山出口处,一山似马,一山似龙而得名
	兴砂刘家湾	位于兴砂村,因刘姓人家居住在此湾而得名
	沙木坨	因此村很多沙子,树木也多而得名
	砂子坳	因寨子位于砂岩山坳上而得名
	满口边	因此村位于山脚边,满姓人家居住而得名
	横坡上寨	因位于横坡寨子的上方而得名
	横坡下寨	因位于横坡寨子的下方而得名
	同古塘	因村子下方有一个大塘而得名
	蛮坪	因古时相传此村人民民风比较彪悍,蛮横而得名
	横坡瓦屋场	因此村多瓦屋,对面曾开过墟场而得名
	来龙寨	因此处位于坡下,地形似来龙而得名
	横坡弯里	因此村位于横坡垅拐弯处而得名
	垅里	因此村位于山垅里面而得名
	大连冲	因村旁几条小冲汇成一大冲而得名
	拱冲	因此村在大山冲与小山冲相交拐弯处而得名
	舒家人	因舒姓人家居住在此而得名
	冲口	因此处位于山冲下面的垅田而得名
	蓄鱼塘	此村处在一处名臭泥塘边,故名臭泥塘。后更名为蓄鱼塘而得名
	黄坪	因曾有黄姓人家居住在此而得名
	细头冲	因山上有一条小溪,溪水一直流到下面,细水长流而得名

合水镇自然村名录(四)

乡镇	自然村名	来历
合水镇	坡上黄	因住在这里的人姓黄而得名
	登云寨老寨	此村位于登云寨村,因年代久远而得名
	长埇上	因此地形呈长方形,又在山坳上而得名
	登云寨塘坳	因此处有一座山塘而得名
	过路冲	因以前行人都要经过此处而得名
	呈田	因此村祖辈开荒种地,使荒野变成良田,原名成田,后演变成呈田而得名
	踏虎三角坪	因此村地形为三角形而得名
	东边	因寨子位于东边而得名
	张家人	因张姓人家居住在此而得名
	王茅枪	因此地山高路险,茅草丛生,经常有野兽出没,为猎户狩猎的卡子,故称王茅戕,后演变成王茅枪而得名
	踏虎场上	因墟场设此而得名
	麻铺上寨	因位于麻铺村的上方而得名
	麻铺下寨	因位于麻铺村的下方而得名
	抛火冲	因此地居民长期抛火烤鱼而得名
	晒州田坪里	因此村位于晒州田坪里而得名
	杨家湾	因杨姓人家居住在此而得名
	渔水湾	因以前在这里养鱼而得名
	四方坨	因此处地形呈四方形而得名
	长岭坡	因此村位于一个长坡上而得名
	宗家坨	因宗姓人家居住此坨而得名
	廖家坨	因廖姓人居住在坨里而得名
	老儿坪	因此村原名老李坪,后演变为老儿坪而得名
	下老头冲	因位于老头冲下方而得名
	南洪溪	因村下小溪中有一岩如闩,拦截山洪,故名拦洪溪后演变成南洪溪
	老院子	因此村年代久远,一直延续下来而得名
	枫树坳	因此村枫树较多而得名
	野猫塘	因此村曾有很多野猫而得名
	合水社区场上	因墟场设此而得名
	李家人	寨子因李姓人家居住此地而得名

合水镇自然村名录(五)

乡镇	自然村名	来历
	巴坨	因此村以前有多处芭蕉树而得名
	干冲	因此村位于一个没有水的山冲而得名
	桃树坪	因此处一处平地上曾种植的桃树多而得名
	棉花坪	因以前此村种植棉花而得名
	椰木树	因此村曾有一棵椰木树而得名
	磨家溪	因此村像磨心,溪水三面环绕而得名
	老冲	因此处曾有一棵老板栗树,故名老栗树,后简称老冲而得名
	长岭上	因位于长山岭上而得名

(五)兴隆场镇

兴隆场镇自然村名录(一)

乡镇	自然村名	来历
兴隆场镇	田家	因此寨都姓田,故名
	田坨	因寨子多田地而得名
	岩坡中寨	因此寨位于岩坡村中间而得名
	白岩冲	因寨子岩石是白色而得名
	糜家人	因寨子都是姓糜的而得名
	新坨	因此寨子是从另一寨子分开来的,位于坨地上而得名
	大冲	因地面平坦而有山冲而得名
	杉树坨	因此地多杉树,是一个山坨而得名
	坪地杨	因寨子处在平地上,杨姓人居住而得名
	养育坡	因此地有一个老人捡到一个婴儿养育成人而得名
	岩坡杨家人	位于岩坡村,因该地村民多姓杨而得名
	都里坪张家岭	位于都里坪村,因此地张姓人多而得名
	六宝田	因此地前有六块岩石像珠宝而得名
	密灯下寨	因此地在密灯寨的下边,故名
	甘田坪老头冲	位于甘田坪村,因山冲有一巨石像老人一样而得名
	大冲坪	因村寨后面的冲垄是一个大坪,住房位置较平而得名
	密灯塘冲湾	因位于密灯村一山塘旁的冲湾里而得名
	台边坨	因在村里最边缘,位置较低而得名
	坪沙溪	因此地以前是在一条小溪边的一块沙坪而得名
	庵堂边	因此寨位于一庵堂旁边而得名
	野坟坡	因寨前坡地有座无主坟而得名
	下打皮冲	因此地位于像皮一样的坡下面而得名
	黄岩冲	因此地的岩石是黄色而得名
	上打皮冲	因此地位于像皮一样的坡上面而得名
	甘田坪长冲	因此地位于甘田坪村一条狭长的山冲而得名
	桐木脑	因寨子的山坳上生长了很多桐木树而得名
	塘地坡	因此地位于山坡的塘边而得名
	细坨	因此地旁原有一个小坨而得名
	麦坨	因此地以前种植小麦而得名

兴隆场镇自然村名录(二)

乡镇	自然村名	来历
兴隆场镇	都兰山	清初,因异姓数户相约来此定居,故名都来山。后演变为都兰山
	冲塘	因所在地是个山冲,冲里有个山塘而得名
	寨家	因此地一寨数姓,亲如一家而得名
	新安寨	因寨子以前从外地搬迁落户到此而得名
	雷家坨	因寨子雷姓人家居住而得名
	坪布亮	因此地"十年九旱",受灾时要赔补钱粮,故名"赔补粮",后改名坪布亮
	上广湾里	位于上广村,因此地有个小湾而得名
	黄泥冲	因此地土壤是黄色的而得名
	下豆荚	因此地形状像豆荚位于村下方而得名
	大溪田	因此地位于大溪居民点附近而得名
	天台垅	因此地后面有一个庙宇,晚上点灯时如在天上,故名"天灯笼"。后演变为天台垅而得名
	高家台	因此地多为高姓人家居住而得名
	毛极坳	因此地位于深山老林,毛草极多之地而得名
	上广烟竹坪	位于上广村,因此地以前有很多烟竹而得名
	上广沙坪溪	位于上广村,因有一块沙坪,边上有条小溪而得名
	坪木坨	因此地的坪上有一个凹起的小包而得名
	龙井村	因此地有一口龙形的水井而得名
	上广	寨子因位于墟场上部而得名
	密灯高寨	位于密灯村,因寨子位置在全寨最高而得名
	甘田坪	因此地地势平坦井水甘甜而得名
	欧家人	因此地是欧姓人家居住而得名
	杨柳塘	因此地的塘边有很大的一颗杨柳树而得名
	五爪田	因此地房屋分布像五只爪子而得名
	桥边	因村寨中间有一座小桥,两边是民居而得名
	台碧	因此村的石台象壁板一样而得名
	岩坡	因寨子石头多而得名
	荒冲	因此寨在开发之前是一处荒地而得名
	大方台	因寨子处在四方形台地上而得名
	德堡下寨	因位于德堡村的下方而得名

兴隆场镇自然村名录(三)

乡镇	自然村名	来历
兴隆场	德堡上寨	因位于德堡的上方而得名
	白莲山	因寨子周围生长了许多白莲树而得名
	德堡老屋场	寨子位于德堡村,因历史悠久而得名
	德堡王家人	位于德堡村,因居住的都为王姓居民而得名
	吴家人	因寨子居住的都为吴姓居民而得名
	邹家湾	因寨子所在地是一个湾,居住的都为邹姓居民而得名
	秦弯	因寨子所在地是一个山湾,旧时居住的多为秦姓居民而得名
	辞良坳	因寨子的祖辈曾与好友在此分别而得名
	坪里	因寨子地势平坦,宜居而得名
	新田	因寨子所在地是新开垦的而得名
	刚屋坪	因老人说有一块平地中间有一个石洞像个刚屋而得名
	武堰大院子	位于武堰村,因有几个大院子而得名
	贴上	因寨子位于新开垦田的上方,原称"田上",后改贴上而得名
	桥眼田	因寨子的田边有一座桥而得名
	马头上	因此地房屋排列像一个马头而得名
	二房头	因寨子老人养四个儿子,儿子长大分家,二子分到此地而得名
	陈家湾	因此地有陈姓人家居住而得名
	甘田坪龙头寨	位于甘田坪村,因地形似龙头而得名
	甘田坪唐家人	位于甘田坪村,因此地唐氏人家较多而得名
	巴斗山	因原为李姓人用八斗三升粮买来的,建村时取名八斗三,后以谐音为巴斗山而得名
	锡瓦大坳	此寨位于锡瓦村,因所在山坳较大而得名
	下刘家	因多刘姓人家居住且位于村子的下方而得名
	上刘家	因多刘姓人家居住且位于村子上方而得名
	梁家	因此地多为梁姓人家居住而得名
	坳花坨	因此地以前屋后有一个小坳,遍地黄花而得名
	曹家寨	因此地多为曹姓人家而得名
	梁家边	因此地梁姓人家很多而得名
	上豆荚	因此地形状像豆荚位于村上方而得名

兴隆场镇自然村名录(四)

乡镇	自然村名	来历
	塘处湾	因寨子村民房子盖在塘边而得名
	大寨垅	因此寨比较大又在垅里而得名
	老竹园	因此地以前是一片竹林而得名
	偏坑上	因此地在山脚边而得名
	上广场上	因此地民国初年建集市,取名场上
	俄坡	因此地寨后像个俄犁而得名
	冲军	因此地后山有水冲下而得名
	三冲坪大溪	位于三冲坪村,因寨子在大溪附近而得名
	坳头寨	因寨子位于山坳而得名
	廖家寨	因此地多为廖姓人家居住而得名
	七家坪	因此地以前只住了七户人家而得名
	三冲坪桐木冲	位于三冲坪村,因此地周围种了很多桐树而得名
	唐家冲	因此地多为唐姓人家居住而得名
	铁家冲	因此地多为铁姓人家居住而得名
	五里坪梁家人	位于五里坪村,因多为梁姓人家居住而得名
	五里坪唐家人	位于五里坪村,因此地多为唐姓人家居住而得名
	兴隆场社区场上	清末时期因在此设立墟场而得名
	烂泥田	因村前有丘大田,泥烂水冷而得名
	德堡新屋场	位于德堡村,二十世纪五十年代搬迁过来新修了很多房屋而得名
	南湾冲	因此地位于村寨南边的一冲湾里而得名
	铝矿岭	因寨子附近有铝土矿而得名
	半冲	因此村子位于长冲的中部而得名
	老虎孔	因此寨地形形似老虎张开大口一样而得名
	磨冲	因寨子呈圆形,像石磨一样而得名
	岩门	因此地有一块像门一样的岩石而得名
	鱼水坪	因此地地势较平,塘边有块石头像鱼而得名
	大坪	因寨子前面有一处大田坪而得名
	大塘	因此地有一口大塘而得名
	后塘	因寨子位于一口山塘后面而得名

兴隆场镇自然村名录(五)

乡镇	自然村名	来历
	桐木坳	因寨子处于坳上,栽植很多桐木而得名
	三层坡	因此地位于坡上,行人来往要走过三层山坡而得名
	五里坪	因寨子外有五里长的田坪而得名
	朱家人	因寨子多为朱姓人家居住而得名
	杉树湾	因寨子周围长满了杉树而得名
	枫木岭	因此地位于田垅边,村旁枫树多而得名
	罗家人	因此地多为罗姓人家居住而得名
	马家冲	因该地处于一个山冲内,姓马人多而得名

(六)潭溪镇

潭溪镇自然村名录(一)

乡镇	自然村名	来历
潭溪镇	楠竹溪	因此村溪边楠竹较多而得名
	下且己	因此村位于中且己下方而得名
	上茶麻虎	土家语,意为茶麻虎上寨。寨子处于茶麻溪上面而得名
	小能溪千丘田	位于小能溪村,因从寨头到寨尾有一千丘田而得名
	棚家坡	因有一猎户曾在此坡搭一茅棚居住,建村后取名棚家寨,后更名为棚家坡而得名
	葫芦形	因寨子地形像葫芦而得名
	姑婆溪	因村位于溪边,住地是上且己人送给姑婆的,原名姑婆坨,后更名为姑婆溪而得名
	落坪桥	因寨子边有一石桥名落坪桥而得名
	中且己	因寨子位于且己村中部而得名
	下茶木虎	土家语,寨子处于茶麻溪下方而得名
	上且己	因此村位于中且己上方而得名
	且己桐木冲	位于且己村,因此村位于一山冲里,桐木较多而得名
	多家坨	因该寨座落在坨里,原来只有一家,后增加数户而得名
	新寨	因解放后才搬到此处建寨而得名
	栗木寨	因寨子前有大片的栗木树而得名
	海螺溪	因村位于溪边,地形似海螺而得名
	沙婆寨	因寨子古时有一个婆婆在这纺纱而得名
	新寨坪后门冲	位于新寨坪村,因居住地在老屋冲寨子的后面而得名
	新寨坪老屋场	位于新寨坪村,因此村人口增多,另建新村,故称原村为老屋场而得名
	朱雀洞瓦窑坪	位于朱雀洞村,因村民以烧瓦为生而得名
	牛困塘	因寨子附近有一个牛洗澡的池塘里而得名
	潭溪口	因寨子处于峒河和丹青河的汇合处而得名
	竹山冲寨	因寨子在一条冲里,有很多竹子而得名
	桃竹潭	因寨子中间是河,山两边有桃树和竹子而得名
	谷池	因田地很多稻谷,粮食堆积如池而得名
	扯夫溪	因以前有一个水碾,妇女们常扯丈夫来碾米而得名

潭溪镇自然村名录(二)

乡镇	自然村名	来历
潭溪镇	朱雀洞油坊坪	位于朱雀洞村,因寨子建有油坊而得名
	女私田	因寨子的田是作为女子出嫁时,娘家作为嫁妆打发的而得名
	龙池坪	因寨子前田坪以前是一个叫龙池的人的而得名
	急河坪	因坐落在洞河边,这一段水流很湍急而得名
	铺锄	土家语。因寨子旧时建有驿站,行人在此投宿而得名
	木丛溪	因寨子在小溪旁,有很多树木而得名
	二家坪	因有两个姓氏的人在这里居住而得名
	其山坡	因原属于其它村,后归属本村而得名
	石板溪	因寨子处于小溪旁,有几块大石板而得名
	婆落寨	土家语。因坐落在山坡上而得名
	长潭尾	因寨子位于能溪河河边一处深潭尾部而得名
	猫儿岩	因寨子前有个大石头像猫一样形状而得名
	符家坪	因寨子处于一处很坪的地块,村民姓符而得名
	土麻寨	因居住在这里的人是土家族而得名
	下都	因明朝洪武年间,在此设都,村居下而得名
	松柏潭新田冲	位于松柏潭村,因此村由石干界搬来,在村边山冲开垦新田而得名
	松柏潭红岩洞	位于松柏潭村,因该地有一个红色岩石的山洞而得名
	松柏潭	因该寨位于峒河上游一潭边,村前苍松翠柏成行而得名
	何家	因寨子人氏姓何而得名
	鸬鹚嘴	因寨子该地像鸬鹚的嘴巴而得名
	芭蕉潭	寨子处于峒河边,有口深潭叫芭蕉潭,深不可测而得名
	小能溪上寨	位于小能溪村,处于寨子上部而得名
	小能溪下寨	位于小能溪村,因处于寨子下部而得名
	药角坪	因以前人们在此种有药材而得名
	龙家冲	因寨子人氏姓龙而得名
	斗篷弯	因寨子地形像斗篷而得名
	跳岩弯	因溪中有一块跳岩的石头的山湾而得名
	朱雀洞上寨	因位于朱雀洞村,寨子大,故分成上下寨而得名
	朱雀洞下寨	因位于朱雀洞村,寨子大,故分成上下寨而得名

潭溪镇自然村名录(三)

乡镇	自然村名	来历
潭溪镇	鱼从溪	因寨子处于溪边,有很多鱼而得名
	中婆伍	因传说一妇女出走,夫家追寻自此,后在此定居,取名婆屋,苗语中为“寻人”之意,后以谐音婆伍而得名
	坡头溪	因寨子处在溪头而得名
	上婆伍	因寨子处在中婆伍上方而得名
	下婆伍	因寨子处在中婆伍下方而得名
	桐龙坪	因寨子有棵桐树像一条龙而得名
	交虎寨	因寨子以前此地多老虎而得名
	小陂流大寨	位于小陂流村,因居住集中,寨子很大而得名
	上河坪	因寨子处在洞河边而得名
	虎形地	因寨子地形像虎形状而得名
	干田坪	因此村周围田地缺水易旱而得名
	狭窄坪	因此村位于斜坡小坪,地形狭窄而得名
	新寨坪老屋冲	位于新寨坪村,因建村时间最早而得名
	枞树坡	因该寨子位于半山坡,周围枞树较多而得名
	船坪坳	因此地地形狭窄,似一船停在山坳坪上而得名
	下坝冲	因寨子在一个坝的下面,位于山冲而得名
	独垅田	因此村在一独垅田上而得名
	黄牛坪	因寨子有一个大坪,曾经养牛而得名
	桌子坪	因此村地形像桌子而得名
	扯蓬溪	因此村溪边稻田全靠戽水抗旱而得名
	大塘溪	因以前溪边有一个大池塘而得名
	兴隆寨油坊坪	位于兴隆寨村,因以前桌子坪有一油坊在此而得名
	上烂泥田	因此村位于垅田上边,稻田土质肥沃而得名
	下烂泥田	因此村位于垅田下边,稻田土质肥沃而得名
	寒风坳	因此村位于高山坳上,寒冬风大而得名
	兴隆寨	因寨子人口增多兴旺发达而得名
	杨家	因寨子姓杨的人较多而得名
	富独角	因此村有一大岩石,建村时仅一户富裕而得名
	茶壶溪	因寨子在西边,地形像茶壶而得名

潭溪镇自然村名录(四)

乡镇	自然村名	来历
潭溪镇	火麻冲	因村位于冲里常遭遇火灾,为了防火而得名
	五家坨	因此村坐落在坨里,原来只有五家而得名
	一家坨	因此村坐落在坨里,原来只有一家而得名
	罗坪溪	因寨子有一块坪地落在溪边而得名
	河边	因该村位于河边而得名
	深桥	因这里有一座旧桥,后重建一座新桥而得名。深即新
	施茶溪	因寨子处于大路边,以前有人在此施舍茶水而得名
	三角岩	因有三个山坡承三角夹在一起,石头多而得名
	阿湾溪	因屋后有一条弯曲小溪,苗语中“阿”即“水”的意思而得名
	桐油坪寨	因寨子以前种植很多油桐树而得名
	盘古岩	因寨子有个打石头像盘古形状而得名
	虎食溪老寨	因寨子以前溪边有老虎觅食而得名
	虎食溪新寨	因虎食溪寨子滑坡,搬迁到此建房而得名
	楠木坨	因寨子种植很多楠木树而得名
	胡家坨	因寨子里姓胡的人多而得名
	松柏潭牛角田	位于松柏潭村,因村边有块田像牛角而得名
	大鹏湾	因寨子居住的形状像大鹏鸟一样而得名
	大坝	因寨子下方有个很大的水坝而得名
	李家坪	因寨子人都姓李而得名
	新寨坪	因此村人家是从吉首搬来的,新建的寨子而得名
	楠木冲	因寨子里楠木树多而得名
	牛打溪	因村位于溪边,有人来此犁田,常将牛赶来过夜而得名
	雀儿溪	因寨子小溪两边有很多画眉鸟而得名
	鸡坨溪	因寨子溪边常有野鸡洗澡而得名

(七)洗溪镇

洗溪镇自然村名录(一)

乡镇	自然村名	来历
	二房头	因寨子以前两兄弟分家而得名
	岩寨旧寨	位于岩寨村,因寨子历史悠久而得名
	桐油坪	因此寨生长许多桐树而得名
	店上	因此寨位于大道上,古时建有店铺而得名
	洪水坪	因此村坪地多为红砂土,下雨时洪水横溢而得名
	茶溪	因此寨种植茶树而得名
	黄金坳	因位于坳上,地形似黄鹿形状而得名。后演变为黄金坳
	杉树寨	因寨子杉树种植多而得名
	邓家坪	因邓家人住在坪上而得名
	土脚坡	因古人以捕猎土鸡为生,后在此起房居住原名土鸡坡。1901 年改名为土脚坡而得名
	洞底	因寨子位于峒河一天然岩洞下方而得名
	麦里山寨	因寨子的麦李子多而得名
	纸棚	因以前寨子的人居住的房子都用牛毡或牛皮纸盖房而得名
	毛九寨	因此寨处于高山坡毛草多而得名
	下梅溪	因寨子有条小溪,溪边有梅子树而得名
	太阳冲寨	因寨子民居多朝向东方,太阳一出就照着寨子而得名
	排龟	因村后有一排小山像乌龟形状而得名
	湾潭	因寨子位于小溪转弯处的深潭边而得名
	下构皮溪	因寨子多构皮且位于小溪下方而得名
	烟坨	因寨子三面环山,烟雾缭绕而得名
	李岩	因李岩居住于此而得名
	小寨	位于岩寨,因比岩寨小而得名
	春木冲	因寨子位于山冲,椿木树木较多而得名
	岩寨金子坪	位于岩寨村,因以前有村民在此捡到过金子而得名
	李岩溪边寨	因位于李岩村下溪边而得名
	茅坨	因村寨边茅草从生而得名
	烧肉溪	因传说古时有一清官在溪边烧肉充饥,寨子因此而得名
	布条坪大坪	位于布条坪村,因寨子平地较大而得名

洗溪镇自然村名录(二)

乡镇	自然村名	来历
	芭蕉坪周家	位于芭蕉坪村，因此地姓周的人居多而得名
	仲溪	因寨子处在仲溪边的山坡上而得名
	三角潭桃坨	因寨子处在高山的坨里，桃树多而得名
	上构皮溪	因居住的地方绕山依水，生长构皮树而得名
	高家岭	因高姓人家居住在岭上而得名
	八方界	因寨子原为杨姓第八房人居住而得名
	欧溪曹家	因寨子曹姓人家多而得名
	邓家坪新屋场	位于邓家坪村，因寨子新搬迁来而得名
	老鸦溪	因寨子溪边老鸦多而得名
	榔木溪印家	因印姓人家居住此地而得名
	猪食溪小寨	因位于猪食溪大寨下面而得名
	下覃家坡	因覃姓人家曾在此居住而得名
	铁炉冲	因村旁山冲建有一座炼铁炉而得名
	猢狲滩	因传说以前此处河滩生活着一群猴子，寨子因此得名
	对冲	因寨子地形像石碓形状而得名
	芭蕉溪寨	因寨子多芭蕉树又在溪边而得名
	磨岩坪寨	因寨子形状像磨石形状而得名
	昌蓬坳	因此村位于山坳，坳下有一田溶，生长许多昌蓬而得名
	桐油坨	因寨子位于坨里，盛产桐油而得名
	庵堂岭	因寨子处于一座庵堂边而得名
	邓家坪穆家棚	因穆姓人家在此地搭棚建村而得名
	下土地坪	因此村在一块地坪下方而得名
	趴潭	因位于酉溪边的半山坡上，要从江边步行到山坡，像爬行一样才能上去而得名
	向家岭寨	因此村人姓向且居住在山岭里而得名
	布条坪桃坨	因寨子桃树多而得名
	许家	因寨子许姓人家多而得名
	二郎坪	因传说此寨子前面有两座山形似二郎神形象而得名
	黑溪	因村下溪沟两旁树木茂密，光线较暗而得名
	秀金岭	因此村山清水秀有金矿而得名

洗溪镇自然村名录(三)

乡镇	自然村名	来历
	梁家坡	因梁姓人家迁来此处居住而得名
	球木坪	因寨子四周多楸木而得名
	唐家寨	因唐姓人家居住而得名
	猢狲洞	因寨子此地两面环山,山间有瀑布,山上有猴子出没而得名
	大长坡	因比小长坡寨子大而得名
	脉重坡	因两支山脉在村后相交而得名
	小长坡	因此村坐落狭长的山坡上,村落较小而得名
	上云界	因此村位于高山上上,经常云雾不散而得名
	上田溶	因位于田溶的上方而得名
	双凤溪	因此村有两座山岭形似双凤朝阳而得名
	高村	因海拔较高,居住于山间而得名
	榔木溪坪里	寨子位于榔木溪村,因建在一块坪地而得名
	洞头寨后寨	寨子因位于洞头寨村大寨的后面而得名
	猪食溪大寨	因旧时寨子养猪多,又处于溪边而得名
	黄家	因此地黄姓人家居多而得名
	咚鼓坪	因村前有一小坪,村后山洞滴水发出击鼓声而得名
	官寨	因此寨明代出了个县官而得名
	池塘	因此寨位于池塘边而得名
	猫子溪	因寨子处于溪边,晚上有很多猫叫而得名
	桌子潭	因此寨中有块大石头像桌子处于深潭边上而得名
	芭蕉坪	因此寨芭蕉树较多而得名
	斗篷界	因此寨后面有座山形如斗篷而得名
	红岩排	因村旁有一排红岩而得名
	下湾	因此村位于小溪下游转弯处而得名
	浸水溪	因村前井水浸入溪里而得名
	塘食溪	因唐姓人家居住在此而得名
	大村潭	因此组在西溪边,有一深潭,居住人口比较多而得名
	三角潭	因此村居住在西溪边,与桃坨溪沙交汇处,形成三角形而得名
	茶坪	因此村来往行人必经之地,过去曾开设茶馆而得名

洗溪镇自然村名录(四)

乡镇	自然村名	来历
	梯溪坪	因此寨处于溪边,房子是成排结构,像梯子一样而得名
	达力寨	因此寨子面积及居住的人都比相邻寨子要多而得名
	李家岭寨	因李姓人家居住在山岭上而得名
	下白土坪	因寨子土地颜色为黄白色而得名
	王家	因王姓人家居住此地而得名
	殿湾	因寨子位于山湾的一座殿堂里而得名
	大烟坨	因此村在烟竹坨片村中较大而得名
	石家田	因此田地原为石姓人家所耕种而得名
	洗溪社区印家	因印家人居住在此而得名
	大方头	因此符氏宗族来此村时,长子居住在此而得名
	洞头寨	因古时有个山洞,寨子在山洞上面而得名
	黄连坡	因村边坡上盛产黄连而得名
	洞底坪下寨	因此寨位于洞底下方而得名
	洞底坪上寨	因此寨位于洞底上方而得名
	洞底坪屋场坪	位于洞底坪村,因原为老屋场而得名
	丛林寨	因寨子原是一片森林的而得名
	李岩坨里	因寨子位于李岩村一凹形地里而得名
	邓家坪老屋场	因此村居住的人最早,历史悠久而得名
	下田溶	因位于田溶的下方而得名
	梁儿寨	因此村由上良寨和坨里两个小寨合并而得名
	宋家寨	因宋姓人曾在此居住而得名
	上坪寨	因寨子位于中寨上方,又一块平地而得名
	八什坪	据说过去此地有个商人夸口说他家有八十坪地而得名八十坪,后谐音八什坪
	香炉排	因此地三个坡形成了一个香炉形状,房屋依山排列而得名
	卧狗溪	因此村地形似狗卧在溪边而得名
	李什坪	因村居坪里,李树较多而得名
	牛食坡	因此地青草茂盛,以前经常在此放牛而得名
	上白土坪	因寨子的土地的颜色都为黄白色,居住在上方而得名
	椰木溪老屋场	因此地为祖先开始居住的地方而得名

洗溪镇自然村名录(五)

乡镇	自然村名	来历
洗溪镇	小烟坨	因此村在烟竹坨片村中较小而得名
	椰木溪	因此村溪边椰木树多而得名
	红岩湾里	因位于红岩村一湾里而得名
	岩寨老屋场	因祖屋在这,历史悠久而得名
	啊坡岭	因坡上山岭多而得名
	龙瓜坪	因寨子地势形状似一个龙的爪子而得名
	岩寨	因村里很多岩石而得名
	黄金凹	因古时多有黄鹿子而得名,后谐音黄金凹
	栗林	因寨子栗树成林而得名
	下坪寨	因位于中寨下方而得名
	杜家寨	因寨子里姓杜的人居住而得名
	大地坪	因田坪宽阔,比较平坦而得名
	梯溪口	因位于梯溪出口处而得名
	八零村	因 1980 年从桃坨大寨搬迁而来,以公元为依据,取名八零而得名
	三角潭唐家	位于三角潭村,因村人以姓唐为主而得名
	倒水坪	因村旁溪水受阻而倒流而得名
	岩板滩	因寨子处在酉溪边,岩石板多而得名
	上土地坪	因此村在土地坪上方而得名
	亮排坡	因祖先连夜赶到这里的时刚好天亮了,在此定居而得名
	茶坪溪	因溪水绕田适合生存而得名
	军田坪	因寨子旧时曾经给部队提供粮食而得名
	婆田	寨子的田因是婆婆的而得名
	龙湾	寨子因地形像龙形状而得名
	牛家	寨子因牛姓人居住而得名
	候家	寨子因候姓人居住而得名
	欧溪老寨	位于欧溪村,因寨子年代久远而得名
	能滩	因位于能溪河出口滩处而得名
	金花洞	因附近有个岩洞,洞内岩石似金银花从而得名
	洞头寨高寨	因寨子位于洞头寨村一座山的最高处而得名

洗溪镇自然村名录(六)

乡镇	自然村名	来历
洗溪镇	六方头	因符氏宗族的六子居住在此而得名
	边木冲	因位于大寨边缘部，茅草多而得名
	洞头寨四方头	因位于洞头寨村，符氏宗族的四子居住在此而得名
	冬瓜坪	因寨子旁边有一石头像冬瓜而得名
	梁家潭杨家寨	位于梁家潭村，因杨家人居住而得名
	覃家寨	因寨子覃姓人家居住而得名
	梁家潭场上	寨子因设墟场而得名
	李家棚	因李姓人家在此搭棚建村而得名
	苏溪	因寨子处于苏木溪边而得名
	螃蟹塘	因寨子的山塘里有很多螃蟹而得名
	洗溪社区穆家棚	因以前这里住着姓穆的人家而得名
	上屋场	因此地为屋场之上而得名
	中岭寨	因杨姓人家居住在中间山岭里而得名
	灯油坪溪边寨	因居住在溪边而得名
	枞岭	因寨子多枞树又处于岭上而得名
	唐家坪	因唐姓人家居住在此而得名
	塘食溪石家寨	因石姓人家居住在此而得名
	布条坪	因此地像一块布条一样而得名
	张家坪竹坪	位于张家坪村，因寨子周围竹子多而得名
	卡屋	因寨子边有一处大岩屋，人们迁到此处时居住在此而得名。卡屋属苗语，即岩屋之意
	下望天堂	因位于望天堂寨子下方而得名
	张家坪石家寨	因姓石人在此居住的较多而得名
	高家	以居住在此的高氏家族而得名
	下甘溪	寨子因位于甘甜的溪流的下方而得名
	张家坪曹家	因寨子居住曹姓人家而得名
	恋团湾	因寨子住在峒河边，河流在此转一个大弯而得名
	上望天堂	因寨子的田土易受旱，修的山塘无水，只有望天降水，寨子在上方而得名
	锣鼓坪	因祖先居住此地，地处山顶上，地形似锣鼓而得名

洗溪镇自然村名录(七)

乡镇	自然村名	来历
洗溪镇	大云盘	因山比较高离天上云比较接近,清代曾驻扎军队而得名
	当背寨	因寨子正当前有座山,而山的背面是条大河而得名
	坪冲	因祖先居住此地,在冲里有一处平地而得名
	上甘溪	因位于甘溪溪流的上方而得名
	新岩	因村下一旧坝被水冲坏后,新修建岩坝而得名
	保儿坪	因相传此村祖先保儿接代而得名
	岩塘	因寨子四周都是石头,形成一个塘而得名
	鸡子潭白马坪	因传说有人在此看到一匹白色仙马而得名
	下芋头溪	因该寨子位于芋头溪的下方而得名
	捡儿坪	因有一猎人在此坪捡到一个婴儿而得名
	鸡溪坳	因鸡子潭飞出的“鸡”落到此坳而得名
	拖船坡	因村后山坡似船,村前山岭丝缆绳而得名
	鸡子潭	因传说有一水潭,曾飞出一形状似鸡的鸟而得名
	鸡子潭杨柳溪	因位于鸡子潭村,溪边有几颗柳树而得名
	大风岭	因此村坐落在山岭上常刮大风而得名
	上芋头溪	因溪边田里出产芋头,村在芋头溪上方而得名
	洗溪	因下街有一小溪与峒河交汇,每到雨季小溪山洪泥水在出口处被峒河冲洗干净,故名。
	人形岭	因村后山岭似人形而得名
	土马坪	因坪中有一小土包似马而得名
	大坳	因有个很大的山坳而得名
	大溶	因此地很大冲溶而得名
	学堂坪	因位于学堂附近而得名
	屋脚坪	因位于屋脚的一块坪地上而得名
	岩子坪	因此地岩石多而得名
	岭上	因半山腰有古建筑而得名
	巴冲	因原山冲芭蕉树较多而得名
	庙坪	因寨子外面有个庙而得名
	张家坪	因以前居住姓张氏人而得名
	龙背山	因此寨坐落在龙背上而得名

洗溪镇自然村名录(八)

乡镇	自然村名	来历
洗溪镇	当风岭	因居住在当风的岭而得名
	旧屋场	因此村建寨最早,历史悠久而得名
	桑树坪	寨子因桑树较多而得名
	欧溪	因溪水流经贯穿寨子而得名
	洪水溪	因此地有条小溪,曾经溪水是红色的而得名
	花园坪	因村原有几株大桂花树,形似花园而得名
	长潭头	因祖先以打鱼为生,河中有一个潭,水潭比较长,位于水潭的尽头而得名
	黄泥溪	因此村位于溪边,黄泥较多而得名

(八)石榴坪乡

石榴坪乡自然村名录(一)

乡镇	自然村名	来历
石榴坪乡	坳上	因此村位于山坳上而得名
	芒田	外村人有田在此地,每逢耕作时,往返忙碌,故名忙田,后取谐音为芒田
	陡岩戕	因此村山势陡峭,有一岩坎,是围猎戕口而得名
	长田坎	因所在地有一条很长的田坎而得名
	盘儿戕	1984 年石榴坪改社设乡后，村委根据以前的生产队改编而命名
	坪里刘家人	位于坪里村,因多为刘姓人家而得名
	、坪里杨家坡	位于坪里村,因此地全为杨姓人家而得名
	土溪	因山高路险,行人多在此歇息吐气,故名吐气。后以谐音土溪而得名
	宋家垅	因原来有姓宋的人居住在田垅边而得名
	土桥	因以前村旁有一座土木结构的桥而得名
	大良冲	因此村位于山冲,相传村民长期打猎得名打猎冲,后以谐音大良冲而得名
	白里坪	因此地四边都有白栎树,得名白栎坳,1968 年后改为白里坪而得名
	安堂坡	因寨子姓李的人在此处修了一个庵堂而得名
	黑潭垅	因此地位于一条很长的垅,垅口处有口黑潭而得名
	宽口田	因传说以前兄弟分家，留一丘田作为款待来客的开支得名款客田,后以谐音演变成宽口田
	故马冲	因传说李家有一姑妈去世之后葬在此冲得名姑妈冲,后以谐音演变成故马冲
	界世冲	因传说以前有一庄稼人在此地走失一条狗，故名狗失冲,后以谐音界世冲而得名
	板桥村	因村前有一木桥而得名
	屯里	因此地富饶,有粮仓之称而得名
	要不分	因相传兄弟三人曾为了一匹布发生争执，老大老三主张不分,老二简直要分而得名
	桐木嘴	因此村位于一山嘴上,桐树较多而得名
	老冲堖	因寨子位于山冲坡堖上,且历史悠久而得名
	田坎上	因此村位于稻田坎边上而得名
	莲树观	因有几棵大莲树而得名

石榴坪乡自然村名录(二)

乡镇	自然村名	来历
石榴坪乡	牛角冲竹园	位于牛角冲村,因原有一块竹林而得名
	园田	因屋边有几亩圆形稻田而得名
	高椅坡	因地理位置像一个高脚椅而得名
	冲儿湾	因此地位于山冲拐湾处而得名
	碧溪塘冲湾	因此地位于碧溪村的一个湾冲,地形像口塘而得名
	桐坨	因此处是坨地,桐树较多而得名
	苗枪龙	因苗枪龙原名是塘弯,1957 年长田坎人搬到塘弯居住,长田坎人是苗族人而得名
	油坊园	因原板桥村的人搬过来在这里榨油而得名
	王狗湾	因此村位于山湾,地形似狗而得名
	天星庄	因此村地势较高,晚上远望,灯火如星而得名
	旺里	因该居民点与塘湾相望,原名望岭,后塘湾人搬来,更加兴旺而得名
	塘湾	因原有一口大塘而得名
	沙湾	因以前居住在溪湾沙滩边上而得名
	包家脑	因多为包姓人家居住而得名
	园田坪	因村寨下面有一个圆形田坪而得名
	老大田	因刘姓三兄弟分家,老大的田分在此处后而得名
	王银匠	因以前一个王姓的银匠迁居此地而得名
	廖里	因村庄后山脉弯曲,如了字得名了里,后取谐音廖里
	石榴坪坨里	村子位于石榴坪村,因坐落在山坨里而得名
	三村	因在解放后由三个小自然寨合并在一起而得名
	富山冲	因当地居民希望村子里的人都能富裕而得名
	军家湾	寨子因以前有军队驻扎在山湾里而得名
	石榴坪黄家人	位于石榴坪村,因居住的多为黄姓人家而得名
	付家人	寨子因居住的多为付姓人家而得名
	棚里	寨子因祖辈初来此地搭茅棚居住而得名
	石榴坪坡脑上	因位于石榴坪村的一山坡脑上而得名
	石榴坪田家人	位于石榴坪村,因迁来田姓人家居住而得名
	羊古脑	因人们居住在坡以上,地形似羊而得名
	红岩坳	因此坳似龙形,村子位于龙眼上得名龙眼坳,1968 年以谐音红岩坳而得名

石榴坪乡自然村名录(三)

乡镇	自然村名	来历
石榴坪乡	人头坳	因寨子地势像人头形状而得名
	小溪	因居住地旁一条小溪而得名
	蒋家坪	因以前有姓蒋的人家在这居住而得名

(九)小章乡

小章乡自然村名录(一)

乡镇	自然村名	来历
小章乡	大黄泥冲	因此村较大,土质黄色而得名
	桥排坡	寨子因前人在坡脚修桥而得名
	梓木坪老寨	位于梓木坪村,因村子较古老而命名
	略寨	因苗语称略寨而得名
	旧寨坡	因单独一个寨子居于山坡上而得名
	川洞金子坪	位于川洞村,因寨子地势平坦,屋外稻子金黄而得名
	白泥塘	寨子因有个塘的塘泥是白色而得名
	拦杨寨	因以前曾阻拦杨姓人家居住,侵占此地而得名
	梓木坪竹坪	因位于梓木坪村,村里竹子较多而命名
	缸子坟	因瑶族人称坟为缸子而命名
	瓦窑田	因村里有个烧瓦的瓦窑而命名
	大木冲	因寨子处于冲溶里,旁边全是大树而命名
	小黄泥冲	因此村较小,村里泥土为黄色而得名
	上能溪河	因寨子处于正西面与兴隆场镇交界之处的能溪河而得名
	庄屋冲	因庄的意义为屯田之处而命名
	牛洞	因村前有一个洞形状像牛形状而命名
	大章	因寨子里多张姓居民,张谐音章而得名
	池凉	因寨子外形像个很大的池子,夏天凉快而得名
	马达听	因岩板上留有马蹄印记而得名
	烟竹坪大寨	位于烟竹坪村,因居民人口多、寨子大而命名
	烟竹坪长冲	因此村位于一个狭长的山冲而命名
	烟竹坪小寨	位于烟竹坪村,因寨子小而命名
	大西龙	因寨子处于溪边一条大垄,此地风调雨顺而命名
	瓦曹	因此村地形狭窄,形似瓦曹而得名
	庙堂	因寨子有个庙而得名
	川洞后门冲	寨子位于川洞村寨后的一个冲而得名
	旧寨坨	因位于坨上,是个最旧的寨子而得名
	山也桥	因寨子有一座桥,来往行人都要从这里通过而得名

小章乡自然村名录(二)

乡镇	自然村名	来历
小章乡	下能溪河	因位于能溪河的下游而命名
	红毛垅	因寨子处于一条冲垄里,茅草呈红色而命名
	新开田	寨子因张氏祖先建寨时新挖的田而命名
	卡管	寨子因人们每到此地就被卡管而命名
	谢家坨	因谢氏家族集中居住于此而命名
	烟竹坪	寨子因多产烟竹而命名
	禾场坳	寨子因禾苗多,形成扮禾的场地而命名
	头上寨	因居住在烟竹坪的上方而命名
	隔婆溪	寨子因发大水,婆婆被溪水阻隔而得名
	坪不亮	因从兴隆场坪不亮搬迁而来而得名
	池塘龙	因寨子前有一个池塘形状像龙而得名
	洞上	因搬迁至山洞上面的寨子而得名
	水打田	因涨水田会被水淹没而得名
	白泥塘杨家坡	位于白泥塘村,因杨姓人家居住于此而得名
	白泥塘上寨	寨子因搬家到上寨而得名
	白泥塘下寨	位于白泥塘村,因兄弟分家,一个搬上,一个搬下而得名
	夯自来	因此地原是垅田,苗语中"垅"叫"夯","田"叫"自来"而得名。属苗语
	龙角坳	因寨子的山形像龙角而得名
	切草坳	因寨子茅草多,村民在此切草喂牛马而得名
	黄泥垅	因寨子的垅里土质为黄色而得名
	告央	苗语。因位于村寨最里面而得名
	龙井	因寨子地形似龙,又有一口井而得名
	夯不收	苗语。因村寨与临村交界处而得名
	大水坪	因位于三水溪的汇合处,洪水期水势较大而得名
	梓木坪	寨子因许多梓木而得名
	打耙冲	因寨子处于冲垄,形状像农民种田的塔耙而得名
	冷水田	因寨子里的田里水较冷而得名
	吊边溪	因村民住在溪的两边而得名
	塘坪	因此地地势较平,有口大塘而得名

小章乡自然村名录(三)

乡镇	自然村名	来历
小章乡	棉花坳	因此地棉花种植较多而得名
	甘田冲	因田地没有水源经常受旱而得名干田冲,后谐音甘田冲
	竹山冲	因寨子山上竹子较多而得名
	蛇冲	因寨子处于山冲里,蛇较多而得名
	野鸡冲	因寨子周边山头野鸡较多而命名

(十)白羊溪乡

白羊溪乡自然村名录(一)

乡镇	自然村名	来历
白羊溪	大土墙	因房子的墙都是土做而得名
	马入田下寨	位于马入田村,因戴姓人家分居三寨,此寨位居下房而得名
	戴家寨	因寨子里姓戴的人家较多而得名
	麻溪	因寨子有很多石头像麻子一样而得名
	上石家岭	因石姓家人居住在此,分为上下两个寨子,此寨子位于上方而得名
	湖马田	因村下田坎边一岩石似蛤蟆,方言称“蛤蟆”为“湖马”而得名
	打头冲	因寨子处于一个大冲的最顶端而得名
	榆水寨	因寨子多榆树而得名
	黑塘坪	因寨子平地里有一块黑色的池塘而得名
	下湾水	因寨子处于溪水大湾下面而得名
	周家寨旧寨	位于周家寨村,因此村系老屋旧址而得名
	前排口	因位于排口村前而得名
	后排口	因位于排口村后而得名
	中湾水	因寨子处于溪水大湾中部而得名
	黄树坪	因寨子有一个古树的树叶是黄的而得名
	桐坪	因寨子位于坪上,桐木树较多而得名
	上湾水	因寨子处于溪水大湾上面而得名
	高家寨	因高姓人家居住此地而得名
	上李家	因位于下李家上面,寨子全姓李而得名
	下李家	因位于上李家的下方而得名
	麻溪边山	位于麻溪村,因寨子在山的旁边而得名
	毛坪	因建村之前遍地茅草而得名
	鱼条冲	因此寨位于似鱼形的冲里而得名
	仓路上	因以前路边有个人用来囤积粮食用的大谷包而得名
	开是坨	因此地是先人最先开始居住的地方而得名,谐音开是坨
	对明坡	因此寨居住在山坡上而得名
	力抬筒	因村子里有个很大的树木筒,村民合力搭进村子得名

白羊溪乡自然村名录(二)

乡镇	自然村名	来历
白羊溪	三方坨	因此寨是兄弟老三在此居住而得名
	云上寨	因向往神仙的悠闲日子居住位置又高而得名
	双树湾	因村前有两株古树而得名
	报木坨寨	因此地处山区较多,以报木树为最多而得名
	周家寨	因村子周姓人家多而得名
	湖田	因寨子建在一个似天湖的地方而得名
	双溪	因寨子健在两溪的交合处而得名
	来不恼	寨子因居民不想有烦恼而得名
	爬山	因寨子出门就爬坡而得名
	珠溪坪	因此地野猪多常损害庄稼,故名猪吃坪,后演变为珠溪坪
	土马田	因地形似马, 全寨人都姓田而得名
	乡脚坪	因传说有一香客与当地人争吵, 后经评理, 赔香一担,故得名香脚坪, 后演变为乡脚坪而得名
	桐木岭	因寨子有很多桐树而得名
	川坳	因山洪经常从寨边的一个山坳而得名
	马王溪	寨子因在两溪的交合处,有一地象马的岩石而得名
	马王溪大坪	位于马王溪村,因寨子较大多田而得名
	坨里	因寨子位于山坨里面而得名
	马入田	因传说宋朝时,一相公骑马经过此处,马陷田中而得名
	老寨坪	因寨子处于一块平地上,年代古老而得名
	土地树	因寨前有一古树,设有一处土地堂而得名
	产坨	因村寨前有一长形小山坨而演变为产坨得名
	瓦屋场	因迁来时所建瓦屋较多而得名
	新冲	因从江西迁来发现的一个新的冲而得名
	水井湾	因位于山湾,村旁有口水井而得名

(十一)解放岩乡

解放岩乡自然村名录(一)

乡镇	自然村名	来历
解放岩	己用大寨	因由几个小寨合并而成而得名
	油麻寨	因此地原种植芝麻而得名。油麻即芝麻
	妹儿溪	因小溪边有一洞,传说有两兄妹经常出入溪洞而得名
	冒州	因位于河滩,有泉水冒出而得名
	都蛮坡	因寨子民风彪悍位于东山坡上而得名
	司堡寨	因寨子原来有个大土司而得名
	己用中寨	因位于己用村之间而得名
	粘坳	因坐落在山坳上而得名
	都蛮大溪	位于都蛮村,因是两条溪流汇合而成,比较宽而得名
	江南岸	因位于沱江南边而得名
	淹水龙	因村旁有深坑,水流入坑内,似龙饮水而得名
	乌锄	因村边有一洲,曾名乌洲,沿用成习而得名
	长潭坪	因位于沱江长潭河边坪地而得名
	大树湾	因旁边有一片大树而得名
	破牛坪	因寨子旧时有很多牛此地打架,把地方搞得很破而得名
	网戗	因相传此地原为他人所有,祖先强行抢占建村得名往抢,后以谐音网戗
	三房	因寨子住了杨家第三房而得名
	倒头坡	因寨子地貌像倒过来的头而得名
	老林坨	因寨子从前是老树林而得名
	岩落潭	因寨子有岩石并有个大水潭而命名
	万口	因寨子的口子较多而得名
	腊洞坪	因有人在一个很大的山洞里面熏腊肉而得名
	滚龙溪	因寨子位于溪边,小溪宛如滚龙而得名
	四路溪	因寨子位于四条小溪汇合处而得名
	多啰坪	苗语。因是苗族人居住地而得名
	土蛮冲	因寨子曾是土家人居住而得名
	和兴坨里	因寨子地势四周高中间低而得名

解放岩乡自然村名录(二)

乡镇	自然村名	来历
解放岩	己用桐坪	位于己用村,因寨子位于坪上,原来有棵大桐树而得名
	江家坪	因江氏人家居住在此寨而得名
	和兴大寨	因比附近的寨子大户数多而得名
	和兴刘家湾	位于和兴村,因多为姓刘的人居住而得名
	庵堂坪	因寨子位于坪上,原有一座庵堂而得名
	马金坡	因寨子位于高坡,地形似马而得名
	冲板	因寨子在冲垄里的岩板上而取名
	场上小寨	因以前此寨人口稀少而得名
	滕家岭	因以前寨子住了三个姓滕的大户人家而得名
	忙耕	因寨子山田比较多,常需抢水耕田而得名
	场上田坪	因寨子位于田旁的坪上而得名
	冲皮湾	因寨子位于一个很急的一个河流湾里而得名
	沅边	因位于沱江的边上而得名
	坳口垅	因寨子在山的坳口上,田下边有田垅而得名
	臭水坪	因寨子传说有口井的水很臭而得名
	场上	因设墟场而得名
	贺家坪	因寨子以前曾有姓贺人家居住而得名
	姚家坡	因原来有姓姚的人家居住在这里而得名
	六房	因居住的是杨家第六房而得名
	撮箕坳	因寨子地形像撮箕而得名
	保家楼	因杨姓祖先在此修建大院落保护家产而得名
	板仓头	因有钱人的粮仓建在此地,用板子围了起来而得名
	水井头	因寨子在口井的上面而得名
	码头上	因寨子有一个码头而得名
	跳岩上	因处在有条小溪,人们修砌跳岩过溪而得名
	都蛮院子	因寨子以前有个大户人家修了很大的院子而得名
	白羊坨	因寨子建寨时曾有神秘白羊出现而得名
	万溪坪	因寨子位于万家山溪水边的坪上而得名
	黄老凹	因山坳形状似狗,方言称为“老”而得名

解放岩乡自然村名录(三)

乡镇	自然村名	来历
	沙坪	因寨子处于沙土坪上而得名
	雷洞冲	因位于山冲,附近一个洞里的回声如雷一般响亮而得名
	和兴中寨	因位于刘家湾和庵堂坪之间而得名
	利略小寨	因寨子面积较小人口少而得名
	宋家坨	因此地曾经居住姓宋的人而得名
	利略田坪	因村口有一块大坪而得名
	大塘坳	因村里处于山坳上,有片大池塘而得名而得名
	对门塘	寨子因位于村前的山塘,面朝对面而得名
	己用弯里	因寨子位于弯里而得名
	己用半坡	因寨子位于半山坡之间而得名
	角弯	因处于村寨较偏僻处而得名
	王家水井	因寨子的王姓人家打了一口水井而得名
	上马岩	因传说有人以前看到仙人路过此地,在此上马而得名
	马打定	因以前的人以养马为生,马在此打住而得名
	龙同坪	因寨子位于垅里,地势似龙的形状而得名
	打岩场	因此村位于岩场处而得名
	水碾	因寨子又一座水碾而得名
	己用坨里	因寨子位于山坨里而得名
	对门拉	因寨子的冲口狭窄似洞口而得名
	十八场	因寨子位于十八道沟渠的附近而得名
	黄毛坪	因建寨时是一片荒草丛生之地而得名
	尖里坨	因寨子位于尖冲里而得名
	肖家	因此地姓肖的人较多而得名
	勾腰湾	因山湾地形似人弓腰而得名
	水卡	因位于沱江河边,受乱石阻塞而得名
	忙冒	因寨子属于苗语而取名
	檀木坡	因寨子旁边有檀木树而得名
	岩坳	因寨子位于岩石的坳上而得名
	巴拉河	因寨子位于小河边而得名

解放岩乡自然村名录(四)

乡镇	自然村名	来历
解放岩乡	八房	因是杨家第八房居住的地方而得名
	双岔溪	因村边有两条溪流汇合而得名
	岩坎	因村民位于岩坎之下而得名
	杨家坨	因杨姓人家居住于山坨而得名
	老屋场	因寨子建寨入住最早,历史悠久而得名
	黄豆坪	因寨子人们多种植黄豆而得名

后 记

2016 年 3 月，泸溪县民政局与县史志办决定编纂《泸溪民政志》，聘请有政治文化修养的退休老同志负责编撰，两局（办）抽调工作人员参与编写工作。

《泸溪民政志》所载资料，上至梁天监十年（公元 511 年）下至 2017 年 6 月，跨越 1500 多年时空，历史悠久，编修工程浩繁。编辑人员在利用多种渠道查阅档案、搜集整理大量资料基础上，钩沉扶正，去伪存真，远略近详，还原历史，清晰的记叙了泸溪民政事业发展历程，尤其是新中国成立后泸溪民政工作取得的辉煌成就。

《泸溪民政志》编写过程中，得到县档案局和县民政局各股室工作人员的鼎力支持。县民政局办公室和相关部门、乡镇提供了大量的图片资料，编辑人员对所缺图片资料进行了补充拍摄，使志书图文并茂。

志书编纂凝结着全体编辑人员的心血，是集体智慧的结晶。在此，谨向为志书编纂提供无私帮助的各相关单位、各级领导和各位同仁，表示衷心感谢！

《泸溪民政志》笔耕二载，数易其稿，四位编辑分章编写，众手成书。然而，由于我们水平有限，虽几经修改和多次校勘，纰漏之处仍在所难免，恳请广大读者批评指正。

编　者

2017 年 7 月

参考书目及网站资料

一、参考书目

1、《泸溪县志》清乾隆二十年版
2、《泸溪续修县志》民国版
3、《泸溪县志》1993 年版
4、《泸溪县志》2005 年版
5、《中共泸溪县历代大事记》
6、《泸溪县民政志》1985 年内部刊物
7、《泸溪统计年鉴》
8、《中国共产党湖南省泸溪县组织史》
9、《中国共产党泸溪历史》
10、《泸溪县民族志》

二、网站

相关网站资料